ZEITSCHRIFT DES HISTORISCHEN VEREINS FÜR SCHWABEN
113. BAND

Zum Umschlagbild:
Blatt einer liturgischen Handschrift aus St. Ulrich und Afra mit Wappen des Abtes Johannes VI Schrott, Werkstatt Nikolaus Bertschi?, Augsburg 1518 (2 Cod Aug 512) (für Beitrag Karl-Georg Pfändtner, Bericht der Staats- und Stadtbibliothek Augsburg 2019–2020, ab S. 53)

ZEITSCHRIFT DES HISTORISCHEN VEREINS FÜR SCHWABEN

113. BAND

AUGSBURG 2021

Herausgegeben vom Historischen Verein für Schwaben

Schriftleitung:
Prof. Dr. Christof Paulus

Der Verein dankt der Stadt Augsburg und dem Sparkassen-Bezirksverband Schwaben für Zuschussmittel zur Publikation dieses Bandes.

Geschäftsstelle:
Historischer Verein für Schwaben, Schaezlerstr. 25, 86152 Augsburg

Redaktionsstelle:
Prof. Dr. Christof Paulus, Ulmenweg 3, 86169 Augsburg

Internet: www.hv-schwaben.de

Rezensionsexemplare an:
Prof. Dr. Christof Paulus, Ulmenweg 3, 86169 Augsburg
oder: Wißner-Verlag, Im Tal 12, 86179 Augsburg

Satz: Wißner-Verlag, Augsburg
Druck: Joh. Walch, Augsburg

Bibliografische Information der Deutschen Nationalbibliothek
Die Deutsche Nationalbibliothek verzeichnet diese Publikation in der Deutschen Nationalbibliografie; detaillierte bibliografische Daten sind im Internet über http://dnb.dnb.de abrufbar.

ISSN 0342-3131
ISBN 978-3-95786-250-1

© Wißner-Verlag, Augsburg 2021
www.wissner.com

Das Werk und seine Teile sind urheberrechtlich geschützt. Jede Verwertung in anderen als den gesetzlich zugelassenen Fällen bedarf deshalb der vorherigen schriftlichen Einwilligung des Verlages.

Inhaltsverzeichnis

Mark Häberlein
Globalgeschichte und Regionalgeschichte. Bayerisch-Schwaben und die
außereuropäische Welt in der Frühen Neuzeit 11

Aus Bibliotheken, Archiven und Institutionen

Michaela Hermann
Stadtarchäologie: Das neue Archäologische Zentraldepot. Bestände,
Aufgaben, Ziele 45

Karl-Georg Pfändtner
Bericht der Staats- und Stadtbibliothek Augsburg 2019–2020 53

Anke Sczesny
Aus der Arbeit der Schwäbischen Forschungsgemeinschaft e.V. 63

Rainer Jedlitschka / Patrick Rieblinger
Staatsarchiv Augsburg: »Die ›Erbpolizei‹ im *Dritten Reich*. Staatliche Gesundheitsämter in Schwaben«. Ausstellung des Staatsarchivs Augsburg in Zusammenarbeit mit dem Staatlichen Gesundheitsamt Neuburg-Schrobenhausen ... 67

Miscellanea Suevica

Felix Guffler
Decuriones municipii et IIIIviri. Zur Verwaltung des römischen Augsburgs   75

Christian Later
Eine karolingisch-ottonische Emailscheibenfibel mit Pfauendarstellung aus
Langweid am Lech (Lkr. Augsburg) 81

Claus-Peter Clasen (†)
Die Augsburger Schneider und ihre Gewerkschaft 89

Klaus Wolf
»Hofganger«. Ein liberaler schwäbischer Verteidiger des
»Kraftbayerischen«. Germanistische Überlegungen zum 100. Todestag des
Schwaben Ludwig Ganghofer 95

Weitere Zeitschriftenbeiträge

Konstantin Moritz Langmaier
Quellen zur Geschichte der Feme im Herzogtum Bayern 109

Ernst L. Schlee
Perspektivierungsversuche bei Augsburger Werken der Maximilianszeit.
Rehlingeraltar von 1517 – Jörg Breus d.Ä. Zeichnung mit nackten
Kämpfern – Epitaphien der Fuggerkapelle bei St. Anna 171

Thomas Pfundner
Historische Grenzsteine in Bayerisch-Schwaben. Ergänzungen und
Berichtigungen 2016–2019 205

Claudius Stein
Die Medaille auf den Augsburger Fürstbischof Johann Egolph von
Knöringen im Ingolstädter universitäts- und sammlungsgeschichtlichen
Kontext 221

Wolfgang Wüst
Bier und Brauer im Spiegel städtisch-ländlicher Herrschaftskonzepte –
Schwaben und Franken im Fokus 251

Thomas Freller
Joseph Ignaz von Leyden – Stationen der Karriere eines Diplomaten,
Hofmarschalls und Patrioten am Ende des Ancien Régime 279

Dominik Feldmann
Zwischen Stadtverwaltung und Zwangsinnung. Augsburg und die
Fotografie 1900 bis 1945 303

Gerhard Neumeier
Soziale Mobilität und weitere demographische Prozesse in Fürstenfeldbruck vom späten 19. bis zum Ende des 20. Jahrhunderts 321

Andreas Rau / Christoph Weller
Die Etablierung der Friedens- und Konfliktforschung in der Friedensstadt
Augsburg 337

* * *

Etienne François
Nachruf Rolf Kießling 361

Totentafel 366

Gisela Drossbach
Vereinschronik 2020 367

Buchbesprechungen 369
Stefan F. PFAHL, Namenstempel auf römischen Reibschüsseln *(mortaria)* aus
    Deutschland *(Martin Luik)* 369
Jochen HABERSTROH / Irmtraut HEITMEIER (Hg.), Gründerzeit. Siedlung in Bayern
    zwischen Spätantike und frühem Mittelalter *(Immo Eberl)* 371
Peter WIESINGER / Albrecht GREULE, Baiern und Romanen. Zum Verhältnis der
    frühmittelalterlichen Ethnien aus der Sicht der Sprachwissenschaft und
    Namenforschung *(Klaus Wolf)* 373
Felix GROLLMANN, Vom bayerischen Stammesrecht zur karolingischen
    Rechtsreform. Zur Integration Bayerns in das Frankenreich *(Immo Eberl)* 376
Roland ZINGG (Bearb./Übers.), Die St. Galler Annalistik *(Christof Paulus)* 378
Thomas WOZNIAK, Naturereignisse im Frühen Mittelalter. Das Zeugnis der
    Geschichtsschreibung vom 6. bis 11. Jahrhundert *(Barbara Schratzenstaller)* 379
Walter BERSCHIN / Angelika HÄSE (Bearb. / Übers.), Gerhard von Augsburg. Vita
    Sancti Uodalrici. Die älteste Lebensbeschreibung des heiligen Ulrich lateinisch-
    deutsch *(Christof Paulus)* 381
Klaus HERBERS (Bearb.), Hieronymus Münzer. Itinerarium *(Christof Paulus)* 383
Peer FRIESS, Zwischen Kooperation und Widerstand. Die oberschwäbischen
    Reichsstädte in der Krise des Fürstenaufstandes von 1552 *(Robert Rebitsch)* 384
Reinhard BAUMANN, Mythos Frundsberg. Familie, Weggefährten, Gegner des
    Vaters der Landsknechte *(Christof Paulus)* 386
Claudius STEIN, Die Kunstkammern der Universität Ingolstadt. Schenkungen des
    Domherrn Johann Egolph von Knöringen und des Jesuiten Ferdinand Orban
    (Christof Paulus) 387
Wolfgang MÄHRLE (Hg.), Spätrenaissance in Schwaben. Wissen – Literatur – Kunst
    (Helmut Gier) 388
Sarah HADRY, Kartographie, Chorographie und Territorialverwaltung um 1600. Die
    Pfalz-Neuburgische Landesaufnahme (1579/84–1604) *(Wolfgang Wüst)* 393
Gerhard SEIBOLD (Bearb.), Stammbücher aus Schwaben, Alt-Bayern und der
    Oberpfalz. Fünf kommentierte Editionen *(Wolfgang Augustyn)* 395
Johannes MOOSDIELE-HITZLER, Konfessionskultur – Pietismus – Erweckungs-
    bewegung. Die Ritterherrschaft Bächingen zwischen »lutherischem Spanien«
    und »schwäbischem Rom« *(Markus Christopher Müller)* 397
Markus WESCHE (Bearb.), Zwei Bayern in Brasilien. Johann Baptist Spix und
    Carl Friedrich Philipp Martius auf Forschungsreise 1817 bis 1820. Eine andere
    Geschichte *(Christof Paulus)* 399
Dietmar SCHIERSNER (Red.), Regionale Katholizismen im 19. und 20. Jahrhundert
    (Markus Raasch) 400
Rafael SELIGMANN, Lauf, Ludwig, lauf! Eine Jugend zwischen Fußball und
    Synagoge *(Klaus Wolf)* 401
Anna-Maria GRILLMAIER, Fleisch für die Stadt. Ochsenimporte nach Augsburg und
    Schwaben im 15. und 16. Jahrhundert *(Thomas Ertl)* 403
LANDKREIS AICHACH-FRIEDBERG (Hg.), Altbayern in Schwaben. Jahrbuch für
    Geschichte und Kultur 2019 *(Christoph Lang)* 405

Abkürzungs- und Siglenverzeichnis 407

Mitarbeiter

Prof. Dr. Wolfgang Augustyn, Stellvertretender Direktor des Zentralinstituts für Kunstgeschichte in München, Leiter des Reallexikons zur Deutschen Kunstgeschichte, Katharina-von-Bora-Str. 10, 80333 München

Dieter Benning, Gartenstraße 18, 86152 Augsburg

Prof. Claus-Peter Clasen (†), Königsbrunn

Prof. Dr. Gisela Drossbach, Universität Augsburg, Bayerische und Schwäbische Landesgeschichte, Universitätsstr. 10, 86135 Augsburg

Prof. Dr. Immo Eberl M.A., Eberhard Karls Universität Tübingen, Philosophische Fakultät, FB Geschichtswissenschaft, Seminar für mittelalterliche Geschichte, Wilhelmstr. 36, 72074 Tübingen

Prof. Dr. Thomas Ertl, Freie Universität Berlin, Friedrich-Meinecke-Institut, Koserstraße 20, 14195 Berlin

Dr. Dominik Feldmann, Stadtarchiv Augsburg, Zur Kammgarnspinnerei 11, 86153 Augsburg

Prof. Dr. Etienne François, Professor em. für Geschichte an der Universität Paris-I und an der Freien Universität Berlin, Am Fuchspaß 38, 14169 Berlin

Thomas Freller, Rechenberger Str. 23, 73489 Jagstzell

Dr. Helmut Gier, Bibliotheksdirektor i.R., Ellensindstr. 9, 86179 Augsburg

Felix Guffler M.A., Heimatpflege des Bezirks Schwaben, Prinzregentenstraße 8, 86150 Augsburg

Prof. Dr. Mark Häberlein, Lehrstuhl für Neuere Geschichte unter Einbeziehung der Landesgeschichte, Otto-Friedrich-Universität Bamberg, Fischstraße 5/7, 96045 Bamberg

Michaela Hermann M.A., Kunstsammlungen und Museen – Stadtarchäologie, Zur Kammgarnspinnerei 9, 86153 Augsburg

Rainer Jedlitschka M.A., Archivoberrat, Staatsarchiv Augsburg, Salomon-Idler-Str. 2, 86159 Augsburg

Christoph Lang M.A., Leiter des Stadtarchivs und Stadtmuseums Aichach, Schulstr. 2, 86551 Aichach

Dr. Konstantin M. Langmaier, 83355 Grabenstätt am Chiemsee

Dr. Christian Later, Bayerisches Landesamt für Denkmalpflege, Referat Z I – Denkmalliste und Denkmaltopographie, Hofgraben 4, 80539 München

PD Dr. Martin Luik, Silcherstr. 27, 73257 Köngen

Dr. Markus Christopher Müller, Wissenschaftlicher Mitarbeiter, Ludwig-Maximilians-Universität München, Institut für Bayerische Geschichte, Geschwister-Scholl-Platz 1, 80539 München

Dr. Gerhard Neumeier, Archivar/Historiker, Stadtarchiv Fürstenfeldbruck, Theresianumweg 1 RG, 82256 Fürstenfeldbruck

Prof. Dr. Christof Paulus, Haus der Bayerischen Geschichte, Zeuggasse 7, 86150 Augsburg

Dr. Karl-Georg Pfändtner, Bibliotheksleiter Staats- und Stadtbibliothek Augsburg, Schaezlerstraße 25, 86152 Augsburg

Thomas Pfundner, Pfarrer in Holzschwang und Weißenhorn, St.-Georg-Str. 14, 89233 Neu-Ulm

PD Dr. Markus Raasch, wissenschaftlicher Mitarbeiter am Arbeitsbereich Zeitgeschichte der Johannes Gutenberg-Universität Mainz, Jakob-Welder-Weg 18, 55128 Mainz

Andreas Rau, Stadtarchiv Augsburg, Zur Kammgarnspinnerei 11, 86153 Augsburg

PD Dr. Robert Rebitsch, Institut für Geschichtswissenschaften und Europäische Ethnologie und projekt.service.büro der Universität Innsbruck, Innrain 52, A-6020 Innsbruck, Österreich

Patrick Rieblinger B.A., Archivinspektor, Staatsarchiv Augsburg, Salomon-Idler-Str. 2, 86159 Augsburg

Dr. Ernst L. Schlee, Kunsthistoriker, ehem. Kunstsammlungen und Museen Augsburg, Hugo-Wolf-Str. 10, 86157 Augsburg

Barbara Schratzenstaller M.A., Grammersbergstraße 3A, 83661 Lenggries

Dr. Anke Sczesny, Schwäbische Forschungsgemeinschaft e.V., Schwäbische Forschungsstelle der Kommission für bayerische Landesgeschichte, Eichleitnerstr. 30, 86159 Augsburg

Dr. Claudius Stein, Regierungsrat am Universitätsarchiv München, Pfleger des Archivs und der Sammlungen des Herzoglichen Georgianums, Geschwister-Scholl-Platz 1, 80539 München

Prof. Dr. Christoph Weller, Lehrstuhl für Politikwissenschaft, Friedens- und Konfliktforschung, Universität Augsburg, 86135 Augsburg

Prof. Dr. Klaus Wolf, Universität Augsburg, Deutsche Literatur und Sprache des Mittelalters und der Frühen Neuzeit mit dem Schwerpunkt Bayern, Universitätsstr. 10, 86159 Augsburg

Prof. Dr. Wolfgang Wüst, Universität Erlangen-Nürnberg, Lehrstuhl für Bayerische und Fränkische Landesgeschichte, Kochstr. 4, 91054 Erlangen

Mark Häberlein

Globalgeschichte und Regionalgeschichte.
Bayerisch-Schwaben und die außereuropäische Welt in der Frühen Neuzeit

Abstractum: Am Beispiel Bayerisch-Schwabens geht dieser Beitrag der Frage nach, wie sich Regionalgeschichte und Globalgeschichte der Frühen Neuzeit miteinander verbinden lassen. Bereits vor dem Dreißigjährigen Krieg war die Metropole Augsburg in globale Verflechtungen eingebunden. Augsburger Handelshäuser engagierten sich zwar nur sporadisch außerhalb Europas, sie wirkten durch den Handel mit Silber, Kupfer, Quecksilber, Zucker, Gewürzen und Edelsteinen jedoch an der Ausgestaltung interkontinentaler Wirtschaftsbeziehungen mit. Im späten 17. und 18. Jahrhundert blieb Augsburg ein Zentrum der Verarbeitung globaler Güter sowie der Verbreitung von Informationen über die außereuropäische Welt. Dabei wirkte sich die Bikonfessionalität der Reichsstadt auch auf die Wissensproduktion aus: Katholische und pietistische Kreise verbreiteten konkurrierende Darstellungen Asiens und Amerikas. Nach 1650 machten Medien wie Missionsberichte oder Deckengemälde in Kirchen Bilder der überseeischen Welt im gesamten bayerisch-schwäbischen Raum bekannt, wobei in katholischen Gebieten die Kirche als Multiplikatorin fungierte, während in protestantischen Städten die niederländische Ostindienkompanie als attraktive Arbeitgeberin erschien.

1. Einleitung

Wie andere Geistes- und Kulturwissenschaften wird auch die Geschichtswissenschaft seit einigen Jahrzehnten in immer kürzeren Abständen von Modewellen, Trends und »turns« erfasst; längst nicht alle dieser Richtungen haben indessen das Potenzial, unsere Sicht auf die Geschichte grundlegend zu verändern. Einiges spricht freilich dafür, dass sich die Globalgeschichte in den letzten 25 Jahren als ein grundlegendes geschichtswissenschaftliches Paradigma etabliert hat. Ausgehend von der Gegenwartserfahrung einer beschleunigten Globalisierung, die Lebensstile, Konsumverhalten und Kommunikationstechniken dramatisch beeinflusst, haben sich zahlreiche Historikerinnen und Historiker der Geschichte globaler Entwicklungen, Verflechtungen und Wechselwirkungen zugewandt.[1]

---

[1] Vgl. zur Einführung Michael GEYER/Charles BRIGHT, World History in a Global Age, in: American Historical Review 100 (1995) S. 1034–1060; Margarethe GRANDNER/Diet-

Von der älteren Welt- bzw. Universalgeschichte unterscheidet sich die moderne Globalgeschichte insbesondere durch ihren relationalen, offenen und pluralistischen Charakter. Gunilla Budde zufolge ist es »vor allem eine neue Perspektive, eine besondere Form des Hinsehens und Fragens, die die Globalgeschichte kennzeichnet.«[2] Sebastian Conrad, einer der profiliertesten deutschen Globalhistoriker, beschreibt das Kernanliegen dieses Zweigs der Geschichtswissenschaften folgendermaßen: »Im Mittelpunkt stehen grenzüberschreitende Prozesse, Austauschbeziehungen, aber auch Vergleiche im Rahmen globaler Zusammenhänge. Die Verflechtung der Welt ist dabei stets der Ausgangspunkt, und die Zirkulation von und der Austausch zwischen Dingen, Menschen, Ideen und Institutionen gehören zu den wichtigsten Gegenständen dieses Zugriffs.«[3] Der Fokus auf Beziehungen und Transferprozesse verbindet sich für Forscher wie Roland Wenzlhuemer zudem mit einem besonderen Interesse an historischen Akteuren: »Im Kern sollte es der Globalgeschichte darum gehen, wie durch das Handeln von Menschen globale Verbindungen entstehen und wie diese wiederum auf das Denken, Fühlen und Handeln zurückwirken.«[4]

Die Geschichte des Globalisierungsprozesses, verstanden als zunehmende Vernetzung der Welt durch Kapital- und Warenströme, Migration, Kommunikation und globale Arbeitsteilung, bildet einen von mehreren zentralen Aspekten der Globalgeschichte. Ausgangspunkt für Historikerinnen und Historiker, die sich mit dem Phänomen der Globalisierung befassen, ist Jürgen Osterhammel und Niels P. Petersson zufolge die »Gegenwartsdiagnose« einer massiven Zunahme und Beschleunigung weltweiter Verflechtungen seit dem späten 20. Jahrhundert, deren Ursprünge, Entwicklung und Konsequenzen sie zu erklären versuchen.[5] Dabei bestehen hinsicht-

---

mar ROTHERMUND / Wolfgang SCHWENTKER (Hg.), Globalisierung und Globalgeschichte (Globalgeschichte und Entwicklungspolitik 1) Wien 2005; Sebastian CONRAD / Andreas ECKERT / Ulrike FREITAG (Hg.), Globalgeschichte. Theorien, Ansätze, Themen, Frankfurt a. Main / New York 2007; Birgit SCHÄBLER (Hg.), Area studies und die Welt. Weltregionen und neue Globalgeschichte (Globalgeschichte und Entwicklungspolitik 5) Wien 2007; Jürgen OSTERHAMMEL, Globalgeschichte, in: Hans-Jürgen GOERTZ (Hg.), Geschichte. Ein Grundkurs (rowohlts enzyklopädie 55576) Reinbek ³2007, S. 592–610; Pamela Kyle CROSSLEY, What is Global History?, Cambridge 2008; Andrea KOMLOSY, Globalgeschichte. Methoden und Theorien (UTB 3564) Wien 2011; Sebastian CONRAD, Globalgeschichte. Eine Einführung (Beck'sche Reihe 6079) München 2013; Boris BARTH / Stefanie GÄNGER / Niels P. PETERSSON (Hg.), Globalgeschichten. Bestandsaufnahme und Perspektiven, Frankfurt a. Main / New York 2014; James BELICH u. a. (Hg.), The Prospect of Global History, Oxford / New York 2016.

2 Gunilla BUDDE, Warum Globalgeschichte? Chancen und Grenzen einer »Modewelle« in der Geschichtswissenschaft, in: Kirchliche Zeitgeschichte 22 (2009) S. 170–186, hier 178.
3 CONRAD, Globalgeschichte (wie Anm. 1) S. 9.
4 Roland WENZLHUEMER, Globalgeschichte schreiben. Eine Einführung in 6 Episoden (UTB 2017) Stuttgart 2017, S. 20.
5 Jürgen OSTERHAMMEL / Niels P. PETERSSON, Geschichte der Globalisierung. Dimensionen, Prozesse, Epochen (Beck'sche Reihe 2320) München ⁴2007, S. 7–10.

lich der Frage, wie weit dieser Prozess in die Geschichte zurückreicht, allerdings erhebliche Differenzen. Dies gilt auch und gerade für die Frühe Neuzeit, in der zwar eine signifikante Zunahme globaler Güter-, Migrations- und Warenströme feststellbar ist, aber wichtige makroökonomische Indikatoren für eine genuine weltwirtschaftliche Verflechtung – insbesondere eine Konvergenz der Preise zwischen wirtschaftlichen Großräumen – noch nicht feststellbar sind.[6]

Wenn Globalgeschichte aber vor allem eine spezifische Perspektive auf weiträumige Verflechtungen und interkontinentale Transfers ist, dann hat sie auch das Potential, neue Sichtweisen auf die Geschichte einzelner Städte und Regionen zu eröffnen. Wie waren etwa süddeutsche Gemeinden und Regionen zwischen dem 16. und dem 18. Jahrhundert in globale Migrations- und Güterströme eingebunden? Wie wirkte sich die Verfügbarkeit globaler Güter auf lokale und regionale Konsumgewohnheiten aus? Wie veränderten Informationen über außereuropäische Kontinente die Sicht der Menschen auf die Welt? »Die spannendsten Fragen«, meint jedenfalls Sebastian Conrad, »stellen sich häufig am Schnittpunkt globaler Prozesse und ihrer lokalen Manifestationen.«[7]

Wie sich globale und kleinräumige Perspektiven produktiv miteinander verknüpfen lassen, haben in den letzten Jahren bereits mehrere Historikerinnen und Historiker gezeigt. Andrea Komlosy etwa hat ihr Postulat, dass »jeder einzelne Ort Gegenstand von Globalgeschichte sein kann«, am Beispiel Wiens, des Waldviertels und Galiziens exemplifiziert. Die Residenzstadt Wien war bis 1918 nicht nur Verwaltungszentrum des habsburgischen Imperiums, sondern auch ein »Schmelztiegel« für Zuwanderer aus verschiedenen Teilen dieses Reichs. Nach dem Zweiten Weltkrieg hat die österreichische Hauptstadt sodann als Sitz internationaler Organisation ein neues Profil gewonnen. Die Entwicklung der ländlichen Textilproduktion im Waldviertel zeigt Komlosy zufolge, »dass Industriegeschichte immer eine kleinräumige Basis hat, im Zuge der Einbindung der Regionen in eine überregionale Arbeitsteilung aber nur als Globalgeschichte verständlich ist.« Auch die Geschichte des 1772 in die

---

[6] Vgl. als wichtige Debattenbeiträge dazu Jeffrey G. WILLIAMSON/Kevin H. O'ROURKE, When did Globalisation begin?, in: European Reviews of Economic History 6 (2002) S. 23–50; Dennis O. FLYNN/Arturo GIRALDEZ, Path Dependence, Time Lags and the Birth of Globalisation. A Critique of O'Rourke and Williamson, in: European Review of Economic History 8 (2004) S. 81–108; Cátia ANTUNES, Globalisation in the Early Modern Period. The Economic Relationship between Amsterdam and Lisbon, 1640–1705, Amsterdam 2004; Klas RÖNNBÄCK, Integration of Global Commodity Markets in the Early Modern Era, in: European Review of Economic History 13 (2009) S. 95–120; Kevin H. O'ROURKE/Jeffrey G. WILLIAMSON, Did Vasco da Gama matter for European markets?, in: Economic History Review 62 (2009) S. 655–684; Jan DE VRIES, The Limits of Globalization in the Early Modern World, in: Economic History Review 63 (2010) S. 710–733; Bernd HAUSBERGER, Die Verknüpfung der Welt. Geschichte der frühen Globalisierung vom 16. bis zum 18. Jahrhundert (Expansion – Interaktion – Akkulturation. Globalhistorische Skizzen) Wien 2015.
[7] CONRAD, Globalgeschichte (wie Anm. 1) S. 9 f.

Habsburgermonarchie eingegliederten, ethnisch und kulturell überaus vielfältigen Kronlandes Galizien kann angesichts seiner wechselnden staatlichen Zugehörigkeit sowie seiner wirtschaftlichen Rolle im Transithandel und in der marktorientierten Agrarproduktion unter globalgeschichtlichen Perspektiven betrachtet werden.[8]

James Livesey, ein Spezialist für die französische Geschichte des 18. Jahrhunderts, untersucht in seinem jüngsten Buch die Integration des Languedoc in globale Prozesse. Im Kern geht es ihm um die Frage, wie sich in dieser agrarisch geprägten Region im Südwesten Frankreichs eine Wissenskultur (»knowledge culture«) herausbilden konnte, die langfristig Innovationen und Wirtschaftswachstum ermöglichte. Durch die Akkumulation, Verfeinerung und Systematisierung ökonomischen, medizinischen, botanischen und agronomischen Wissens sowie durch dessen praktische Anwendung sei das Languedoc Teil einer globalen Kultur der Innovation geworden.[9] Die Einbindung der Wissenskultur des Languedoc in europäische und globale Netzwerke exemplifiziert Livesey unter anderem anhand der botanischen Aktivitäten an der Universität Montpellier, der 1706 gegründeten Société royal des sciences sowie anhand von experimentierfreudigen und innovativen Gärtnern wie dem armenischen Zuwanderer Joannis Althen, der Pflanzen aus Kleinasien einführte.[10] Durch derartige Aktivitäten wurde die südwestfranzösische Provinz »one of the many nodes of interaction around which global networks were woven«.[11]

Blickt man vor diesem Hintergrund auf die Reichsstadt Augsburg in der Frühen Neuzeit, so scheint die Verbindung von Lokal- und Globalgeschichte auf den ersten Blick nicht gerade neu zu sein: Schließlich beschäftigen sich Historiker und Publizisten bereits seit über 150 Jahren mit den großen Augsburger Handelshäusern und ihren weltweiten Beziehungen.[12] Die Vorstellung, dass die Unternehmen

---

[8] KOMLOSY, Globalgeschichte (wie Anm. 1) S. 211–247, Zitate 211, 235, 243.
[9] James LIVESEY, Provincializing Global History. Money, Ideas, and Things in the Languedoc, 1680–1830, New Haven/London 2020, S. 5 f.
[10] Ebd. S. 73, 81, 90 f.
[11] Ebd. S. 166.
[12] Vgl. exemplarisch: Konrad HAEBLER, Die überseeischen Unternehmungen der Welser und ihrer Gesellschafter, Leipzig 1903; Franz HÜMMERICH, Die erste deutsche Handelsfahrt nach Indien 1505/6. Ein Unternehmen der Welser, Fugger und anderer Augsburger sowie Nürnberger Häuser, München/Berlin 1922; Karl Heinrich PANHORST, Deutschland und Amerika. Ein Rückblick auf das Zeitalter der Entdeckungen und die ersten deutsch-amerikanischen Verbindungen unter besonderer Beachtung der Unternehmungen der Fugger und Welser, München 1928; Enrique OTTE, Die Welser auf Santo Domingo, in: FS für Johannes Vincke zum 11. Mai 1962, Bd. 2, Madrid 1962/63, S. 475–516 (wieder abgedruckt in: DERS., Von Bankiers und Kaufleuten, Räten, Reedern und Piraten, Hintermännern und Strohmännern. Aufsätze zur atlantischen Expansion Spaniens, hg. von Günter VOLLMER/Horst PIETSCHMANN, Stuttgart 2004, S. 117–159); Theodor Gustav WERNER, Die Beteiligung der Nürnberger Welser und der Augsburger Fugger an der Eroberung des Rio de la Plata und der Gründung von Buenos Aires, in: Stadtarchiv Nürnberg (Hg.), Beiträge zur Wirtschaftsgeschichte Nürnbergs, Bd. 1, Nürnberg 1967, S. 494–592; Hermann KELLENBENZ, The Role of the Great Upper German Merchants in Financing the Discoveries,

der Fugger und Welser zu den »global players« am Beginn der Neuzeit gehörten, hat auch in der Augsburger Erinnerungskultur einen festen Platz.[13] Dennoch argumentiert dieser Beitrag, dass die moderne Globalgeschichte in mehrfacher Hinsicht neue Zugangsweisen zur Geschichte Augsburgs und Bayerisch-Schwabens eröffnet. Erstens ist zwar seit langem bekannt, dass sich Augsburger Handelshäuser im »langen« 16. Jahrhundert an der europäischen Expansion beteiligten, aber über den Charakter dieses Engagements und dessen Rückwirkungen auf die Stadt besteht noch kein Konsens. Zweitens ist Augsburgs Rolle im 17. und 18. Jahrhundert unter globalgeschichtlicher Perspektive neu zu gewichten: Die Kaufleute und Bankiers der Reichsstadt knüpften zwar nur noch sporadisch direkte Beziehungen nach Übersee, doch konnte die Stadt ihre Rolle als wirtschaftliches, publizistisches und künstlerisches Zentrum in dieser Zeit behaupten und in manchen Bereichen sogar noch ausbauen. Drittens – und dies ist vielleicht der interessanteste Aspekt – wurden nach 1650 auch andere Städte und Gebiete Ostschwabens verstärkt in globale Austauschbeziehungen und Netzwerke integriert.

2. Augsburg und die europäische Expansion im 16. Jahrhundert: Charakter und Grenzen

Und uns Augspurgern ains groß lob ist, als für die ersten Teutschen, die India suchen.[14] Dieser bekannte und häufig zitierte Satz des Stadtschreibers Konrad Peutinger (1465–1547) wirft ein prägnantes Schlaglicht auf die Tatsache, dass die großen

---

in: Terrae Incognitae 10 (1978) S. 45–59; DERS., Die Fugger in Spanien und Portugal bis 1560. Ein Großunternehmen des 16. Jahrhunderts, 2 Bde. und Dokumentenbd. (Schriften der Philosophischen Fakultäten der Universität Augsburg, Historisch-sozialwissenschaftliche Reihe 33) München 1990; Wolfgang KNABE, Auf den Spuren der ersten deutschen Kaufleute in Indien. Forschungsexpedition mit der Mercator entlang der Westküste und zu den Aminen, Anhausen 1993; Kuzhippali Skaria MATHEW, Indo-Portuguese Trade and the Fuggers of Germany. Sixteenth Century, New Delhi 1997; Pius MALEKANDATHIL, The Germans, the Portuguese and India, Münster 1999; Götz SIMMER, Gold und Sklaven. Die Provinz Venezuela während der Welser-Verwaltung (1528–1556), Berlin 2000; Jörg DENZER, Die Konquista der Augsburger Welser-Gesellschaft in Südamerika 1528–1556. Historische Rekonstruktion, Historiografie und lokale Erinnerungskultur in Kolumbien und Venezuela (Schriftenreihe zur Zs. für Unternehmensgeschichte 15) München 2005; Rolf WALTER, Die Welser und ihre Partner im »World Wide Web« der Frühen Neuzeit, in: Angelika WESTERMANN / Stefanie VON WELSER (Hg.), Neunhofer Dialog, Bd. 1: Einblicke in die Geschichte des Handelshauses Welser, St. Katharinen 2009, S. 11–27; Maximilian KALUS, Pfeffer – Kupfer – Nachrichten. Kaufmannsnetzwerke und Handelsstrukturen im europäisch-asiatischen Handel am Ende des 16. Jahrhunderts (Materialien zur Geschichte der Fugger 6) Augsburg 2010.

[13] Diesem Aspekt räumt etwa das 2014 in Augsburg eröffnete »Fugger und Welser Erlebnismuseum« breiten Raum ein: https://www.fugger-und-welser-museum.de/ [eingesehen am 15.7.2020].

[14] Erich KÖNIG (Bearb.), Konrad Peutingers Briefwechsel. München 1923, S. 50.

Handelsgesellschaften der schwäbischen Reichsstadt rasch auf die überseeische Expansion der iberischen Mächte reagierten. Nur wenige Jahre nachdem Vasco da Gama 1497 bis 1499 im Auftrag der portugiesischen Krone den Seeweg nach Indien entdeckt und damit eine neue Route für den interkontinentalen Gewürzhandel erschlossen hatte, gründeten mehrere Augsburger Handelshäuser Niederlassungen in Lissabon, und 1505 beteiligten sich die Fugger, Welser-Vöhlin, Höchstetter und Gossembrot an der Finanzierung und Ausrüstung der von Francisco de Almeida kommandierten Indienflotte.[15] In den folgenden Jahren investierten die Welser in Zuckerproduktion und -handel auf Madeira und der Kanareninsel La Palma, und 1526 – nur ein Jahr, nachdem Kaiser Karl V. den Amerikahandel offiziell für Nicht-Kastilier geöffnet hatte – schickten sie eigene Vertreter auf die Karibikinsel Hispaniola, wo sie eine Niederlassung in Santo Domingo aufbauten und eine Zuckermühle erwarben.[16] 1528 sicherten sich Bartholomäus Welser (1484–1561) und seine Gesellschaft Lizenzen für den Transport von 4.000 afrikanischen Sklaven in die Neue Welt sowie die Statthalterschaft über die südamerikanische Provinz Venezuela, die sie bis 1556 innehatten.[17] Im letzten Viertel des 16. Jahrhunderts schlossen Augsburger Kaufleute – zunächst Konrad Rott (um 1530–1610) und einige Jahre nach dessen Bankrott 1580 die Georg Fuggerischen Erben sowie Matthäus und Marx Welser – mit der portugiesischen Krone große Lieferkontrakte für indischen Pfeffer ab.[18]

---

[15] Vgl. neben HÜMMERICH, Die erste deutsche Handelsfahrt (wie Anm. 12), v. a. Walter GROSSHAUPT, Commercial Relations between Portugal and the Merchants of Augsburg and Nuremberg, in: Jean AUBIN (Hg.), La Découverte, le Portugal et l'Europe. Actes du Colloque Paris, les 26, 27 et 28 mai 1988, Paris 1990, S. 359–397; Jürgen POHLE, Deutschland und die überseeische Expansion Portugals im 15. und 16. Jahrhundert (Historia profana et ecclesiastica 2) Münster/Hamburg/London 2000, S. 99–122; Stephan MICHAELSEN, German Participation in the India Fleet in 1505/06, in: Pius MALEKANDATHIL/Jamal MOHAMMED (Hg.), The Portuguese, the Indian Ocean and European Bridgeheads 1500–1800. FS in Honour of Prof. K. S. Mathew, Tellicherry 2001, S. 86–98.

[16] Vgl. OTTE, Die Welser auf Santo Domingo (wie Anm. 12); Mark HÄBERLEIN, Atlantic Sugar and Southern German Merchant Capital in the Sixteenth Century, in: Susanne LACHENICHT (Hg.), Europeans Engaging the Atlantic. Knowledge and Trade, 1500–1800, Frankfurt a. Main/New York 2014, S. 47–71.

[17] Vgl. bes. SIMMER, Gold und Sklaven; DENZER, Die Konquista der Augsburger Welser-Gesellschaft (bd. wie Anm. 12); Eberhard SCHMITT, Konquista als Konzernpolitik. Die Welser-Statthalterschaft über Venezuela 1528–1556 (Kleine Beitr. zur europäischen Überseegeschichte 18) Bamberg 1992; Wolfgang WÜST, »… nur zu ihrem eigenen persönlichen Interesse, Erfolg und Nutzen«? Die Lateinamerika-Mission des Augsburger Handelshauses Welser, in: Peter Claus HARTMANN/Alois SCHMID (Hg.), Bayern in Lateinamerika. Transatlantische Verbindungen und interkultureller Austausch (ZBLG Beih. 40) München 2011, S. 51–75.

[18] Reinhard HILDEBRANDT, Die »Georg Fuggerischen Erben«. Kaufmännische Tätigkeit und sozialer Status 1555–1620 (Schriften zur Wirtschafts- und Sozialgeschichte 6) Berlin 1966, bes. S. 145–172; MATHEW, Indo-Portuguese Trade, S. 151–194; KALUS, Pfeffer – Kupfer – Nachrichten (bd. wie Anm. 12).

Zudem reisten mehrere Augsburger im 16. und zu Beginn des 17. Jahrhunderts selbst nach Amerika oder Asien. Der um 1555 in der Lechstadt geborene Sebald Lins d. J. ging 1578 nach Pernambuco in Brasilien, wo sich bereits zwei Vettern aus dem Ulmer Zweig seiner Familie aufhielten. Er heiratete dort die Tochter eines portugiesischen Adeligen und einer indigenen Frau und prosperierte als Zuckerpflanzer und -händler in Pernambuco und Olinda.[19] Daniel Hoechstetter d. J. (1553–1638), dessen gleichnamiger Vater 1564 als Geschäftsführer der englischen Bergwerke der Augsburger Haug-Langnauer-Gesellschaft nach Keswick in der Grafschaft Cumberland übergesiedelt war, hielt sich 1585/86 wahrscheinlich zu metallurgischen Erkundungen in der kurzlebigen Koloniegründung Sir Walter Raleighs auf Roanoke Island vor der Küste des heutigen North Carolina auf.[20] Ferdinand Cron (1554–1637), der Sohn eines Augsburger Kistlers und Bürgermeisters, reiste 1586 im Auftrag der Fugger und Welser nach Indien, stieg zu einem der erfolgreichsten Kaufleute in der Kolonialmetropole Goa auf und spann ein Netz von Handelsbeziehungen, das zeitweilig bis nach China reichte.[21] Anton Schorer, Spross einer weitverzweigten oberdeutschen Kaufmannsfamilie, begab sich 1602 im Auftrag der neugegründeten niederländischen Ostindienkompanie an die Koromandelküste, wo er bis 1615 im Kontor von Masulipatnam arbeitete.[22]

So eindrucksvoll sich diese Aktivitäten einerseits ausnehmen, so sehr neigte die wissenschaftliche und populäre Literatur andererseits immer wieder zu deren nationalistischer oder lokalpatriotischer Überschätzung. Ein gutes Beispiel dafür ist die »Welserflotte«, die angeblich unter der Flagge des Augsburger Handelshauses zwischen Spanien und Amerika unterwegs gewesen sein soll. Enrique Otte wies

---

[19] Henrique Oscar WIEDERSPAHN, Dos Lins de Ulm e Augsburgo aos Lins de Pernambuco, in: Revista do Instituto arqueológico, histórico e geráfico Pernambuco 47 (1961) S. 7–98; Mark HÄBERLEIN, Augsburger Handelshäuser und die Neue Welt. Interessen und Initiativen im atlantischen Raum (16.–18. Jahrhundert), in: Philipp GASSERT u. a. (Hg.), Augsburg und Amerika. Aneignungen und globale Verflechtungen in einer Stadt (Documenta Augustana 24) Augsburg 2014, S. 19–38, hier 32.

[20] Gary Carl GRASSL, The Search for the First English Settlement in America. America's First Science Center, Bloomington (Ind.) 2006, S. 113–115, 145, 214–219; James HORN, A Kingdom Strange. The Brief and Tragic History of the Lost Colony of Roanoke, New York 2011, S. 67, 78; HÄBERLEIN, Augsburger Handelshäuser (wie Anm. 19) S. 33.

[21] Vgl. Hermann KELLENBENZ, Ferdinand Cron, in: Wolfgang ZORN (Hg.), Lebensbilder aus dem Bayerischen Schwaben, Bd. 9, Weißenhorn 1966, S. 194–210; Sanjay SUBRAHMANYAM, An Augsburger in Ásia Portuguesa. Further Light on the Commercial World of Ferdinand Cron, 1587–1624, in: Roderich PTAK / Dietmar ROTHERMUND (Hg.), Emporia, Commodities and Entrepreneurs in Asian Maritime Trade, c. 1400–1750 (Beitr. zur Südasienforschung 141) Stuttgart 1991, S. 401–425.

[22] SuStBA 4° Cod. Aug. 55, S. 42; Mark HÄBERLEIN, Fremdsprachen in den Netzwerken Augsburger Handelsgesellschaften des 16. und frühen 17. Jahrhunderts, in: DERS. / Christian KUHN (Hg.), Fremde Sprachen in frühneuzeitlichen Städten. Lernende, Lehrende und Lehrwerke (Fremdsprachen in Geschichte und Gegenwart 7) Wiesbaden 2010, S. 23–45, hier 25.

zwar bereits vor fast sechs Jahrzehnten nach, dass von einer solchen Flotte keine Rede sein kann und die Welser stattdessen Frachtraum auf spanischen Schiffen für ihren (begrenzten) Warenverkehr mit Amerika charterten,[23] und Michaela Schmölz-Häberlein zeigte, dass es sich bei der »Welserflotte« um eine Imagination von Historikern handelte, die offenkundig im Bann der Flottenbegeisterung des Wilhelminischen Zeitalters standen.[24] Dennoch segelt diese Geisterflotte weiter durch die Literatur: Bei dem ansonsten um die Augsburger Stadtgeschichte so verdienten Bernd Roeck[25] findet sie sich ebenso wie in einer Publikation von Wolfgang Knabe und Dieter Noli über den Fund eines portugiesischen Schiffswracks vor der Küste Namibias – dort sogar mit fantasievollen Zahlen zu den angeblich märchenhaften Gewinnen des Unternehmens angereichert.[26]

Dies führt zu der grundsätzlichen Frage, wie die überseeischen Aktivitäten Augsburger Handelshäuser des 16. Jahrhunderts einzuordnen und zu gewichten sind. Tatsächlich spricht Vieles dafür, von einem zeitlich limitierten und finanziell überschaubaren Engagement im interkontinentalen Handel zu sprechen.[27] Dies gilt vor allem für die Fugger: Sieht man von der 1586–1592 bestehenden Faktorei in Goa ab, existierten zu keinem Zeitpunkt feste Niederlassungen des führenden süddeutschen Handelshauses seiner Zeit außerhalb Europas. Ein 1530/31 von ihrem Faktor Veit Hörl mit dem Indienrat der spanischen Krone ausgehandelter Vertrag über die Kolonisation eines Gebiets in Südamerika, das in etwa dem heutigen Südperu und Chile entspricht, wurde von Karl V. nicht ratifiziert, und die Fugger verfolgten das Projekt anschließend nicht weiter.[28] Die Beträge, welche Jakob Fugger der Reiche (1459–1525) in überseeische Aktivitäten investierte – 4.000 Dukaten in die portugiesische Indienflotte von 1505, 10.000 Dukaten in eine spanische Moluk-

---

[23] Otte, Welser auf Santo Domingo (wie Anm. 12) S. 122–128.
[24] Michaela Schmölz-Häberlein, Kaufleute, Kolonisten, Forscher. Die Rezeption des Venezuela-Unternehmens der Welser in wissenschaftlichen und populären Darstellungen, in: Mark Häberlein/Johannes Burkhardt (Hg.), Die Welser. Neue Forschungen zur Geschichte und Kultur des oberdeutschen Handelshauses (Colloquia Augustana 16) Berlin 2002, S. 320–344, bes. 325 f.
[25] Bernd Roeck, Geschichte Augsburgs, München 2005, S. 121.
[26] Wolfgang Knabe/Dieter Noli, Die versunkenen Schätze der Bom Jesus. Sensationsfund eines Indienseglers aus der Frühzeit des Welthandels, Berlin 2012, S. 52 f.: »Zeitweise tragen ein Drittel aller Schiffe, die in die Neue Welt unterwegs sind, die Flagge der Welserreederei. Durch diesen Transatlantik-Warenverkehr streicht die Welsersche Reederei in Spanien bis 1535 einen Gewinn von vier Millionen Gulden ein.«
[27] Vgl. dazu auch Häberlein, Augsburger Handelshäuser (wie Anm. 19) S. 36; Ders., Production, Trade and Finance, in: Ders./B. Ann Tlusty (Hg.), A Companion to Late Medieval and Early Modern Augsburg (Brill's Companions to European History 20) Leiden/Boston 2020, S. 101–122, hier 110 f.
[28] Vgl. Kellenbenz, Fugger in Spanien und Portugal, Bd. 1, S. 157–162, 170; Denzer, Konquista (bd. wie Anm. 12) S. 55–57; Häberlein, Augsburger Handelshäuser (wie Anm. 19) S. 27.

kenexpedition 1522²⁹ – waren zwar nicht unbedeutend, doch im Vergleich zu den enormen Summen, welche sein Unternehmen in den Tiroler Bergbau, den oberungarischen Montanhandel oder die Pacht der Güter der spanischen Ritterorden steckte, doch sehr überschaubar.³⁰ Aber auch die Welser investierten nach 1534 offenbar kaum noch in ihre Kolonie Venezuela, die unter der Leitung der von dem Handelshaus ernannten Gouverneure und Generalkapitäne rasch zu einem reinen Feldzugs-, Beute- und Sklavenfangunternehmen degenerierte.³¹

Abgesehen von den beiden bekanntesten Augsburger Handelshäusern betätigten sich nur wenige Kaufleute der schwäbischen Reichsstadt aktiv an maritimen und außereuropäischen Unternehmungen. Zu nennen sind hier neben der bereits im Kontext der Indienflotte von 1505 genannten Hoechstetter-Gesellschaft³² insbesondere die Aktivitäten der Herwart im Handel mit indischen Edelsteinen in den 1520er- und 30er-Jahren,³³ die amerikanischen Interessen Sebastian Neidharts (1496?–1554),³⁴ das Engagement Melchior Manlichs (1513–1576) und seiner Gesellschaft im Levantehandel, das 1574 im Konkurs endete,³⁵ und das ebenfalls spek-

---

29 Vgl. Konrad HAEBLER, Die Fugger und der spanische Gewürzhandel, Leipzig 1897, S. 36; WERNER, Beteiligung (wie Anm. 12) S. 521–524; Hermann KELLENBENZ, Die Finanzierung der spanischen Entdeckungen, in: Vierteljahrschrift für Sozial- und Wirtschaftsgeschichte 69 (1982) S. 153–181, hier 168 f.; DERS., The Role (wie Anm. 12) S. 49 f.; Christine R. JOHNSON, The German Discovery of the World. Renaissance Encounters with the Strange and Marvelous (Studies in Modern German History) Charlottesville/London 2008, S. 96, 98, 232 Anm. 28.

30 Vgl. zu diesen Geschäftsfeldern Mark HÄBERLEIN, Die Fugger. Geschichte einer Augsburger Familie (1367–1650), Stuttgart 2006, S. 36–119.

31 Vgl. Juan FRIEDE, Das Venezuelageschäft der Welser, in: Jb. für Geschichte von Staat, Wirtschaft und Gesellschaft in Lateinamerika 4 (1967) S. 162–175; Jörg DENZER, Die Welser in Venezuela. Das Scheitern ihrer wirtschaftlichen Ziele, in: HÄBERLEIN/BURKHARDT, Die Welser (wie Anm. 24) S. 285–319. Vgl. auch die in Anm. 17 genannte Literatur.

32 Vgl. zu ihr jetzt Thomas Max SAFLEY, Family Firms and Merchant Capitalism in Early Modern Europe. The Business, Bankruptcy, and Resilience of the Hoechstetters of Augsburg, London/New York 2019.

33 Hermann KELLENBENZ, The Herwarts of Augsburg and their Indian Trade during the First Half of the Sixteenth Century, in: Kuzhippali Skaria MATHEW (Hg.), Studies in Maritime History, Pondicherry 1990, S. 69–83; DERS., Neues zum oberdeutschen Ostindienhandel, insbesondere der Herwart in der ersten Hälfte des 16. Jahrhunderts, in: Pankraz FRIED (Hg.), Forschungen zur schwäbischen Geschichte (Augsburger Beitr. zur Landesgeschichte Bayerisch-Schwabens 4) Sigmaringen 1991, S. 81–96.

34 Vgl. zusammenfassend HÄBERLEIN, Augsburger Handelshäuser (wie Anm. 19) S. 26 f.

35 André-E. SAYOUS, Le commerce de Melchior Manlich et Cie d'Augsbourg à Marseille et dans toute la Méditerrannée entre 1571 et 1574, in: Revue Historique 176 (1935) S. 389–411; Hermann KELLENBENZ, Le banqueroute de Melchior Manlich en 1574 et ses répercussions en France, in: Monique BOURIN (Hg.), Villes, bonnes villes, cités et capitales. Études d'histoire urbaine (12ᵉ–18ᵉ siècle) offertes à Bernard Chevalier (Collection varia 10) Tours 1989, S. 153–159; DERS., From Melchior Manlich to Ferdinand Cron. German Levantine and Oriental Trade Relations (Second Half of the the XVIᵗʰ and Beginning of the XVIIᵗʰ Centuries), in: Journal of European Economic History 19 (1990) S. 611–622;

takulär gescheiterte Projekt Konrad Rotts, zwischen 1576 und 1580 ein europäisches Pfefferhandelsmonopol aufzubauen.[36]

Ein dauerhaftes Engagement außerhalb Europas hätte angesichts der Risiken und Unwägbarkeiten des interkontinentalen Handels im 16. Jahrhundert selbst die Mittel der kapitalkräftigsten reichsstädtischen Handelshäuser weit überstiegen. Die vorsichtigeren Unternehmer beließen es daher bei begrenzten und zeitlich befristeten Investitionen in den Amerika-, Levante- und Indienhandel; die waghalsigeren mussten schwere Rückschläge einstecken und im Extremfall Bankrott machen. Dazu passt auch eine Beobachtung der amerikanischen Historikerin Christine Johnson, die sich mit den Auswirkungen der spanischen und portugiesischen Entdeckungen auf Deutschland befasst hat: Nicht anders als im innereuropäischen Handel ging es Augsburger und Nürnberger Kaufleuten demnach auch im Überseehandel um die Ermittlung potentiell lukrativer Geschäftsfelder sowie um die Abwägung kommerzieller Chancen und Risiken. Die Schwierigkeiten, mit denen reichsstädtische Handelshäuser in diesem Bereich konfrontiert waren, und ihren Rückzug aus maritimen Aktivitäten im späten 16. Jahrhundert führt Johnson primär auf die restriktive Handelspolitik der iberischen Mächte zurück.[37]

Ähnliche Beobachtungen wie zum interkontinentalen Handel lassen sich auch im Hinblick auf das Sammeln und Publizieren von Nachrichten über die außereuropäische Welt im Augsburg der Renaissance anstellen: Obwohl reichsstädtische Patrizier und Gelehrte schon früh ein ausgeprägtes Interesse an den iberischen Expansionsbestrebungen zeigten, hielten sich ihre wissenschaftlichen und publizistischen Aktivitäten letztlich in Grenzen. Zu nennen ist hier vor allem der Stadtschreiber und Humanist Konrad Peutinger: Dieser trug eine Sammlung von Manuskripten über die Amerikareisen Amerigo Vespuccis und die ersten portugiesischen Indienexpeditionen zusammen, die »zu jener Zeit wohl einzigartig in Deutschland« war.[38]

Gerhard SEIBOLD, Die Manlich. Geschichte einer Augsburger Kaufmannsfamilie (Abh. zur Geschichte der Stadt Augsburg 35) Sigmaringen 1995, S. 140–153; Mark HÄBERLEIN, Maritime Risiken aus der Perspektive süddeutscher Kaufleute des 16. Jahrhunderts, in: Jb. für europäische Überseegeschichte 18 (2018) S. 9–38, bes. 19, 27–30.

[36] Reinhard HILDEBRANDT, Wirtschaftsentwicklung und Konzentration im 16. Jahrhundert. Konrad Rot und die Finanzierungsprobleme seines interkontinentalen Handels, in: Scripta Mercaturae 4 (1970) S. 25–50; Markus BERGER, Der Projektemacher als Pionier globalen Handels. Der Augsburger Kaufmann Konrad Rott und sein gescheitertes Pfefferhandelsmonopol 1579/80, in: Annales Mercaturae 5 (2019) S. 117–134.

[37] JOHNSON, The German Discovery (wie Anm. 29) S. 88–122, 166–195.

[38] Benedikt GREIFF (Bearb.), Briefe und Berichte über die frühesten Reisen nach Amerika und Ostindien aus den Jahren 1497 bis 1506 aus Dr. Conrad Peutingers Nachlaß, in: Jahresbericht des historischen Kreisvereins im Regierungsbezirk von Schwaben und Neuburg 16 (1861) S. 111–176; Heinrich LUTZ, Conrad Peutinger. Beiträge zu einer politischen Biographie (Abh. zur Geschichte der Stadt Augsburg 9) Augsburg 1958, S. 54 (Zitat); vgl. dazu und zum Folgenden auch Christine R. JOHNSON, The Image of America in Sixteenth-Century Augsburg, in: GASSERT u. a., Augsburg und Amerika (wie Anm. 19) S. 39–56, bes. 39–47.

Gemeinsam mit seinem Schwager Christoph Welser übertrug er zudem einen Bericht über Vasco da Gamas zweite Indienfahrt aus dem Italienischen ins Deutsche.[39] Peutingers anhaltendes Interesse an der außereuropäischen Welt demonstriert ein Manuskript mit einer Beschreibung der afrikanischen Küsten und einem portugiesischen Bericht über die Indienexpedition von 1505, das er von dem Buchdrucker Valentim Fernandes (gest. 1518/19) aus Lissabon erhalten hatte, welcher als zentraler Vermittler zwischen Portugal und Oberdeutschland um 1500 gilt.[40] Im Besitz des Augsburger Stadtschreibers befand sich ferner eine portugiesische Manuskriptkarte, die zu den frühesten kartographischen Darstellungen Amerikas nördlich der Alpen zählt.[41] Peutingers eigenhändiger Katalog seiner Bibliothek aus dem Jahre 1523 listet nicht weniger als 42 kosmographische Schriften auf, darunter neben Entdeckungsberichten auch die Kosmographie Martin Waldseemüllers (um 1472/75–1520) und Matthias Ringmanns (1482–1511) sowie zwei Schriften des fränkischen Humanisten Johann Schöner (1477–1547).[42] Mit seiner Bücher- und Handschriftensammlung gehörte Peutinger zweifellos zu den am besten über die Entwicklung der Kosmographie sowie über die geographischen Entdeckungen informierten Mitteleuropäern seiner Zeit. Seine Kenntnisse dürften auch der Welser-Gesellschaft bei der Vorbereitung der Indienfahrt von 1505 gute Dienste geleistet haben.[43]

Zudem leistete der Augsburger Buchdruck mit Flugschriften wie der um 1515 gedruckten, offensichtlich auf einen kaufmännischen Bericht zurückgehenden »Copia der Newen Zeitung aus Presilg Landt« sowie mit Reise- und Eroberungsberichten wie den 1550 von Philipp Ulhart d. Ä. (gest. 1567/68) gedruckten Briefen des Konquistadors Hernán Cortés einen namhaften Beitrag zur Verbreitung von Informationen über die iberische Expansion.[44] Aber auch hier ist es wichtig, diese Aktivitäten nicht überzubewerten: Das von Peutinger gesammelte Wissen zirkulierte nur in ei-

---

[39] GREIFF, Briefe und Berichte (wie Anm. 38) S. 133–138; Yvonne HENDRICH, Valentim Fernandes. Ein deutscher Buchdrucker in Portugal um die Wende vom 15. zum 16. Jahrhundert und sein Umkreis (Mainzer Studien zur neueren Geschichte 21) Frankfurt a. Main 2007, S. 223.

[40] LUTZ, Conrad Peutinger (wie Anm. 38) S. 55 f.

[41] Renate PIEPER, Die Vermittlung einer neuen Welt. Amerika im Nachrichtennetz des habsburgischen Imperiums 1493–1598 (Veröffentlichungen des Instituts für Europäische Geschichte Mainz, Abt. für Universalgeschichte 163) Mainz 2000, S. 142.

[42] Klaus A. VOGEL, Neue Horizonte der Kosmographie. Die kosmographischen Bücherlisten Hartmann Schedels (um 1498) und Konrad Peutingers (1523), in: Anzeiger des Germanischen Nationalmuseums 1991, S. 77–85.

[43] Vgl. LUTZ, Conrad Peutinger (wie Anm. 38) S. 56 f.; POHLE, Deutschland und die Expansion Portugals (wie Anm. 15) S. 228–232.

[44] Mark HÄBERLEIN, Monster und Missionare. Die außereuropäische Welt in Augsburger Drucken der frühen Neuzeit, in: Helmut GIER / Johannes JANOTA (Hg.), Augsburger Buchdruck und Verlagswesen. Von den Anfängen bis zur Gegenwart, Wiesbaden 1997, S. 353–380, bes. 354–358; JOHNSON, The Image of America (wie Anm. 38) S. 48–51; Regina DAUSER, The Dissemination of News, in: TLUSTY / HÄBERLEIN, Companion to Late Medieval and Early Modern Augsburg (wie Anm. 27) S. 391–414, bes. 395–397.

nem kleinen Zirkel von Humanisten und Kaufleuten; Werke über außereuropäische Themen machten lediglich einen geringen Teil der Augsburger Buchproduktion aus; und auch in der reichsstädtischen Chronistik schlugen sich die Unternehmungen der Handelshäuser außerhalb Europas nur sporadisch nieder.[45] Auch die als »Fuggerzeitungen« bezeichnete Sammlung handschriftlicher Nachrichtenbriefe – die heute nicht mehr als exklusives firmeninternes Informationsmedium, sondern vielmehr als Produkt eines entstehenden europäischen Nachrichtenmarkts gilt – enthält zwar Berichte über spanische und portugiesische Überseefahrten sowie über Aktivitäten englischer und niederländischer Freibeuter, doch machen diese ebenfalls nur einen kleinen Teil des gesamten Nachrichtenbestandes aus.[46] Von einem breiten Echo der reichsstädtischen Öffentlichkeit auf die Expansion der iberischen Mächte kann somit kaum die Rede sein.

In einer Beziehung spielten die Handelshäuser der schwäbischen Reichsstadt – allen voran die Fugger und Welser – allerdings tatsächlich eine zentrale Rolle für die Entwicklung globaler Handelsbeziehungen: durch die Waren, die sie anzubieten hatten. Für Kupfer und Silber ist dies von Philipp R. Rössner nachdrücklich betont worden: Nach der Entdeckung des Seewegs nach Indien verfügten die Portugiesen zwar über einen direkten Zugang zu den begehrten Gewürzen Asiens; ihnen fehlten aber geeignete Tauschwaren, da fast alles, was Europa damals anzubieten hatte, in Asien in vergleichbarer oder besserer Qualität hergestellt wurde. Die einzige Ausnahme bildeten Bunt- und Edelmetalle, die in Süd- und Südostasien nur in geringen Mengen vorkommen. Die Portugiesen waren somit gezwungen, ihre Indienflotten mit großen Mengen an Silber und Kupfer ausstatten, die sie von Augsburger Firmen wie den Fugger und Hoechstetter in Lissabon und Antwerpen bezogen. Rössner schätzt, dass mindestens zwei Drittel des Silbers und Kupfers, das im frühen 16. Jahrhundert in Tirol, Oberungarn und Mitteldeutschland gefördert wurde, in den portugiesischen Überseehandel gelangte. Die Anfänge des maritimen Asienhandels wurden somit durch eine gravierende Edelmetallknappheit im Reich erkauft.[47]

Die Beobachtung, dass die führenden Augsburger Handelshäuser des 16. Jahrhunderts einen maßgeblichen Beitrag zur globalen Warenzirkulation leisteten, ohne sich selbst allzu stark außerhalb Europas zu engagieren, lässt sich auch auf andere Handelsgüter ausweiten. Barchent – als Mischprodukt aus mediterraner Baumwolle

---

[45] Vgl. die Beispiele bei HÄBERLEIN, Maritime Risiken (wie Anm. 35) S. 20–23.
[46] Vgl. Renate PIEPER, Die Berichterstattung aus der Neuen Welt im ausgehenden 16. Jahrhundert am Beispiel der Fuggerzeitungen, in: Adriano PROSPERI / Wolfgang REINHARD (Hg.), Die Neue Welt im Bewußtsein der Italiener und Deutschen des 16. Jahrhunderts (Schriften des Italienisch-Deutschen Historischen Instituts Trient 6) Berlin 1993, S. 157–173; Oswald BAUER, Zeitungen vor der Zeitung. Die Fuggerzeitungen (1568–1605) und das frühmoderne Nachrichtensystem (Colloquia Augustana 28) Berlin 2011; sowie als knapper Überblick DAUSER, The Dissemination of News (wie Anm. 44) S. 403–406.
[47] Philipp R. RÖSSNER, Deflation – Devaluation – Rebellion. Geld im Zeitalter der Reformation (Vierteljahrschrift für Sozial- und Wirtschaftsgeschichte, Beih. 219) Stuttgart 2012, S. 251–310.

und mitteleuropäischem Leinengarn an sich schon ein globales Gut – wurde von den Fuggern in den 1540er- und 50er-Jahren über Sevilla nach Amerika exportiert. In derselben Stadt nahm das Augsburger Handelshaus auch amerikanisches Silber, Perlen und Edelsteine zur Tilgung von Darlehen an die spanische Krone in Empfang. Quecksilber aus den Minen von Almadén, welche die Fugger zwischen 1525 und 1550 mit Unterbrechungen und von 1562 bis ins 17. Jahrhundert hinein durchgehend kontrollierten, wurde nach der Entdeckung des Amalgamierungsverfahrens zur Extraktion von Silber aus mittel- und südamerikanischem Silbererz ein eminent wichtiges und hochprofitables Handelsgut. Die Welser indessen kauften über Jahrzehnte hinweg große Mengen asiatischer Gewürze (Pfeffer, Gewürznelken, Muskatnuss, Muskatblüte und Zimt) in Lissabon und Antwerpen ein.[48] Ihre weiträumigen Handelsbeziehungen versetzten reichsstädtische Patrizier und Kaufleute überdies in die Lage, exotische Objekte, Arzneimittel, Pflanzen und Tiere für ihre eigenen Haushalte und Gärten zu erwerben und sie an Verwandte, Freunde sowie fürstliche Patrone weiterzugeben.[49]

Indem sie sich in globale Netzwerke der Güterzirkulation einschalteten, leisteten Augsburger Handelshäuser letztlich einen wichtigeren Beitrag zur Globalisierung des frühneuzeitlichen Handels als durch ihr begrenztes direktes Engagement außerhalb Europas. Im frühen 17. Jahrhundert gingen einige reichsstädtische Kaufleute und Patrizier diesen Weg zunächst konsequent weiter, indem sie Aktien niederländischer und englischer überseeischer Handelsgesellschaften erwarben.[50] Die großen Kapitalverluste Augsburger Handelshäuser im Dreißigjährigen Krieg[51] setzten dieser Investitionsstrategie jedoch Grenzen.

---

[48] Dieser Absatz fasst das zentrale Argument von Mark HÄBERLEIN, Aufbruch ins globale Zeitalter. Die Handelswelt der Fugger und Welser, Stuttgart 2016 zusammen. Vgl. auch DERS., Asiatische Gewürze auf europäischen Märkten. Das Beispiel der Augsburger Welser-Gesellschaft von 1498 bis 1580, in: Jb. für europäische Überseegeschichte 14 (2014) S. 41–62, und zur Rolle der Fugger im interkontinentalen Handel mit Edelsteinen Kim SIEBENHÜNER, Die Spur der Juwelen. Materielle Kultur und transkontinentale Verbindungen zwischen Indien und Europa in der Frühen Neuzeit (Ding, Materialität, Geschichte 3) Köln/Weimar/Wien 2018, S. 231–253.

[49] Vgl. Regina DAUSER, *Stainlin für grieß* und andere Wundermittel. Hans Fuggers Korrespondenz über medizinische Exotica, in: Johannes BURKHARDT/Franz KARG (Hg.), Die Welt des Hans Fugger (1531–1598) (Materialien zur Geschichte der Fugger 1) Augsburg 2007, S. 51–58; Michaela SCHMÖLZ-HÄBERLEIN, Außereuropäische Pflanzen in realen und imaginären Gärten des 16. Jahrhunderts, in: Mark HÄBERLEIN/Robert ZINK (Hg.), Städtische Gartenkulturen im historischen Wandel. 51. Arbeitstagung in Bamberg, 23. bis 25. November 2012 (Stadt in der Geschichte 40) Ostfildern 2015, S. 39–71, bes. 39–50; HÄBERLEIN, Aufbruch ins globale Zeitalter (wie Anm. 48) S. 152–163.

[50] Vgl. Reinhard HILDEBRANDT, Interkontinentale Wirtschaftsbeziehungen und ihre Finanzierung in der ersten Hälfte des 17. Jahrhunderts, in: Hermann KELLENBENZ (Hg.), Weltwirtschaftliche und währungspolitische Probleme seit dem Ausgang des Mittelalters (Forschungen zur Sozial- und Wirtschaftsgeschichte 23) Stuttgart/New York 1981, S. 61–76, bes. 66–70.

[51] Vgl. Bernd ROECK, Eine Stadt in Krieg und Frieden. Studien zur Geschichte der Reichsstadt Augsburg zwischen Kalenderstreit und Parität, 2 Bde. (Schriftenreihe der Histo-

3. Augsburg in globalen Netzwerken des 17. und 18. Jahrhunderts

Zwischen dem Ende des Dreißigjährigen Krieges und der Mediatisierung der Reichsstadt beteiligten sich Augsburger Handelshäuser nur noch vereinzelt an Unternehmungen außerhalb Europas. Das bemerkenswerteste Beispiel dafür bietet das Bankhaus der Gebrüder Joseph Anton (1730–1795) und Peter Paul von Obwexer (1739–1817), die seit 1778 Augsburger Kattune und schlesische Leinenwaren über Amsterdam auf die niederländische Karibikinsel Curaçao exportierten, wo ihr wallonischer Interessenvertreter Pierre Brion deren Distribution in die spanischen und französischen Karibikkolonien organisierte und Kolonialwaren wie Zucker, Kaffee, Kakao und Indigo einkaufte. Dieses ambitionierte Unternehmen, für das bis zu fünf Schiffe gleichzeitig Güter über den Atlantik beförderten, erlitt jedoch bereits im Amerikanischen Unabhängigkeitskrieg erhebliche Einbußen und geriet nach Ausbruch der Koalitionskriege 1792 endgültig in Schwierigkeiten. Nicht zuletzt aufgrund der Verluste aus seinem karibischen Handel ging das führende katholische Bankhaus Augsburgs 1811/12 bankrott.[52]

Aber auch für die Spätzeit der Reichsstadt gilt, dass sich globale wirtschaftliche Verflechtungen keineswegs in direkten Handelskontakten mit Außereuropa erschöpfen. Für einen der wichtigsten Zweige der Augsburger Wirtschaft im 18. Jahrhundert, den Kattundruck, spielten aus Ostindien importierte Kattune, die von Unternehmern wie Johann Heinrich (von) Schüle (1720–1811) vorwiegend aus Amsterdam bezogen wurden, eine zentrale Rolle. Die Einfuhren hochwertiger südasiatischer Stoffe waren ein wesentlicher Grund für die Auseinandersetzungen

---

rischen Kommission bei der Bayerischen Akademie der Wissenschaften 37) Göttingen 1989, Bd. 2, S. 914–949.

[52] Erstmals auf die überseeischen Aktivitäten der Obwexer hat Wolfgang Zorn hingewiesen: vgl. Wolfgang ZORN, Joseph Anton und Peter Paul von Obwexer, in: Götz FRHR. VON PÖLNITZ (Hg.), Lebensbilder aus dem Bayerischen Schwaben, Bd. 5, München 1953, S. 270–280; DERS., Handels- und Industriegeschichte Bayerisch-Schwabens 1648–1870. Wirtschafts-, Sozial- und Kulturgeschichte des Schwäbischen Unternehmertums (Studien zur Geschichte des Bayerischen Schwabens 6) Augsburg 1961, S. 56 f., 61 f., 66. Umfassend erforscht wurde dieses Unternehmen in Mark HÄBERLEIN/Michaela SCHMÖLZ-HÄBERLEIN, Die Erben der Welser. Der Karibikhandel der Augsburger Firma Obwexer im Zeitalter der Revolutionen (Studien zur Geschichte des Bayerischen Schwabens 21) Augsburg 1995. Vgl. auch Michaela SCHMÖLZ-HÄBERLEIN, Art. Obwexer, in: Thomas ADAM (Hg.), Germany and the Americas. Culture, Politics, and History. A Multidisciplinary Encyclopedia, 3 Bde., Santa Barbara u. a. 2005, Bd. 3, S. 843 f.; DIES., Die Kriegszeiten trieben viele alteingesessene Unternehmerfamilien in den Ruin, in: Margot HAMM u. a. (Hg.), Napoleon und Bayern. Katalog zur bayerischen Landesausstellung 2015 (Veröffentlichungen zur Bayerischen Geschichte und Kultur 64) Augsburg 2015, S. 286 f., 291; HÄBERLEIN, Augsburger Handelshäuser (wie Anm. 19) S. 35; Gerhard SEIBOLD, Wirtschaftlicher Erfolg in Zeiten des politischen Niedergangs. Augsburger und Nürnberger Unternehmer in den Jahren zwischen 1648 und 1806, 2 Bde. (Studien zur Geschichte des Bayerischen Schwaben 42) Augsburg 2014, S. 227–237.

zwischen reichsstädtischen Webern, Kaufleuten und Kattundruckern, die sich gegen Ende des 18. Jahrhunderts in Aufständen entluden.[53] Mit *gummi arabicum* fand ein westafrikanisches Handelsgut bei der Herstellung von Haft- und Beizmitteln für den Kattundruck Verwendung. In den frühen 1770er-Jahren erwarb Schüle große Mengen dieses Materials von einem Partner des jüdischen Frankfurter Handelshauses Lehmann Isaak Hanau & Co.[54] Die Kattundruckerei Schöppler & Hartmann kaufte zwischen 1783 und 1791 jährlich rund 8.700 Pfund *gummi arabicum*; außerdem erwarb sie große Mengen ostindischer Kattune und Rohbaumwolle aus Surinam in Amsterdam und Rotterdam, Baumwollstoffe aus dem Osmanischen Reich in den italienischen Mittelmeerhäfen Genua, Livorno und Triest sowie tropische Farbstoffe und Farbhölzer, die unter anderem über Geschäftspartner in Frankfurt bezogen wurden.[55]

Ein anderer bedeutender Wirtschaftszweig, das druckgraphische Gewerbe, profitierte ebenfalls von der Einbindung der Reichsstadt in globale Netzwerke: Führende Augsburger Kupferstecher und Verleger wie Elias Baeck (1679–1747), Jeremias Wolff (1663–1724), Joseph Friedrich Leopold (1668–1726) und Martin Engelbrecht (1684–1756) produzierten im frühen 18. Jahrhundert ganze Serien von Stichen mit ostasiatischen Motiven, die zumeist auf Vorlagen aus niederländischen und französischen Reiseberichten basierten. Wie Friederike Ulrichs ausführt, stellte das leistungsstarke Augsburger Verlagswesen »ein eingespieltes System dar, das die China-Mode sofort aufgreifen und gewinnbringend vermarkten konnte.« Zusammen mit ihren Nürnberger Pendants wurden die Augsburger Vorlagenstiche »prägend für das China-Bild« im süddeutschen Kunsthandwerk.[56] Die Konjunktur der Ostasien-Mode strahlte auch auf Branchen wie die Porzellanmalerei und die Möbelschreinerei aus,[57] und das sogenannte Porzellanzimmer in Schloss Aystetten, das

---

[53] Zorn, Handels- und Industriegeschichte, S. 44, 51 f.; Häberlein/Schmölz-Häberlein, Die Erben der Welser (bd. wie Anm. 52) S. 38; Claus-Peter Clasen, Streiks und Aufstände der Augsburger Weber im 17. und 18. Jahrhundert (Studien zur Geschichte des Bayerischen Schwabens 20) Augsburg 1993, S. 167–319; Ders., Textilherstellung in Augsburg in der Frühen Neuzeit, Bd. 2: Textilveredelung, Augsburg 1995, S. 465–469.

[54] Vgl. dazu Jutta Wimmler, From Senegal to Augsburg. Gum Arabic and the Central European Textile Industry in the Eighteenth Century, in: Textile History 50 (2019) S. 4–22.

[55] Karl Borromäus Murr/Michaela Breil, Textile Printing in Early Modern Augsburg. At the Crossroads of Local and Global Histories of Industry, in: Kim Siebenhüner/John Jordan/Gabi Schopf (Hg.), Cotton in Context. Manufacturing, Marketing, and Consuming Textiles in the German-Speaking World (1500–1900) (Ding, Materialität, Geschichte 4) Wien/Köln/Weimar 2019, S. 91–118, bes. 96–100.

[56] Friederike Ulrichs, Von Nieuhof bis Engelbrecht. Das Bild Chinas in süddeutschen Vorlagenstichen und ihre Verwendung im Kunsthandwerk, in: Renate Eikelmann (Hg.), Die Wittelsbacher und das Reich der Mitte. 450 Jahre China und Bayern, München 2009, S. 292–302, Zitate 293, 300.

[57] Vgl. Christine Werkstetter, »… sie verstunden es nicht genug«? Die China-Mode und das Augsburger Kunsthandwerk, in: Eikelmann, Die Wittelsbacher und das Reich der Mitte (wie Anm. 56) S. 303–313.

der Augsburger Bankier Christian von Münch d. Ä. (1690–1757) um 1740 einrichten ließ, bietet ein bemerkenswertes Beispiel für die Adaption von Kupferstichvorlagen Martin Engelbrechts im Bereich der Raumausstattung.[58] Generell bestätigen die leistungsstarken Textil- und Graphikgewerbe Augsburgs eindrücklich James Liveseys oben skizziertes Argument, dass die Einbindung in globale Beziehungsnetze zur Herausbildung einer regionalen Innovationskultur beitragen konnte.[59]

Ausgesprochen intensiv war die Rezeption außereuropäischer Themen auch im Augsburger Buchdruck. Die anhaltende Bedeutung der Reichsstadt als Verlags-, Kommunikations- und Nachrichtenzentrum im späten 17. und 18. Jahrhundert[60] basierte zu einem nicht geringen Teil auf der Produktion von Werken, die überseeische und globale Sujets aufbereiteten; gerade in diesem Bereich zeigt sich eine »durchgängige Kontinuität« der Informationsvermittlung.[61] Folgerichtig hat Rainald Becker in seiner Studie über süddeutsche Amerikabilder eine Verschiebung der geographischen Perspektive vorgenommen: Betrachtete die Forschung bis dahin norddeutsche Städte wie Göttingen, Halle, Hamburg und Berlin als Zentren des deutschen Amerikadiskurses im 18. Jahrhundert, rückt er Städte wie Augsburg, Ulm und Nürnberg in den Fokus. Dabei geht Becker von der Prämisse aus, dass die territoriale Vielgestaltigkeit und Polyzentralität des Alten Reiches zu einer großen »Vielfalt der gelehrten und kulturellen Diskurse« sowie zur Herausbildung von unterschiedlichen »Milieus, Wissenszirkeln und Kommunikationskreisen« führte.[62]

Beckers Auswertung zufolge war Augsburg zwischen 1676 und 1750 mit 117 Publikationen, die sich (auch) mit Amerika befassten, ein signifikanter Druck- und Verlagsort für »Überseeliteratur«, dessen Bedeutung noch bis zur Mitte des 18. Jahrhunderts anstieg. Erst nach 1750 verlor Augsburg in dieser Hinsicht an Bedeutung.[63] Ein Charakteristikum der schwäbischen Reichsstadt bestand zudem darin, dass sowohl katholische als auch protestantische Netzwerke zur Verbreitung und Rezeption von »Überseewissen« beitrugen; die Bikonfessionalität der Reichsstadt

---

[58] ULRICHS, Von Nieuhof bis Engelbrecht (wie Anm. 56) S. 296.
[59] LIVESEY, Provincializing Global History (wie Anm. 9).
[60] Vgl. als Überblicke Helmut GIER, Buchdruck und Verlagswesen in Augsburg vom Dreißigjährigen Krieg bis zum Ende der Reichsstadt, in: DERS./JANOTA, Augsburger Buchdruck und Verlagswesen, S. 479–516; DAUSER, The Dissemination of News (bd. wie Anm. 44) S. 406–410.
[61] Vgl. Rainald BECKER, Augsburger Amerikabilder im 18. Jahrhundert. Gelehrte Publizistik – Kommunikationsmilieus – Deutungsmuster, in: GASSERT u. a., Augsburg und Amerika (wie Anm. 19) S. 57–80, hier 57.
[62] Rainald BECKER, Nordamerika aus süddeutscher Perspektive. Die Neue Welt in der gelehrten Kommunikation des 18. Jahrhunderts (Transatlantische Historische Studien 47) Stuttgart 2012, S. 16 f.
[63] Ebd. S. 49–60; Rainald BECKER, Überseewissen in Süddeutschland. Gelehrte Publizistik und visuelle Praxis im 17. und 18. Jahrhundert, in: Marian FÜSSEL/Philipp KNÄBLE/Nina ELSEMANN (Hg.), Wissen und Wirtschaft. Expertenkulturen und Märkte vom 13. bis 18. Jahrhundert, Göttingen 2017, S. 243–276, hier 255–257; DERS., Augsburger Amerikabilder (wie Anm. 61) S. 61 f.

schlug sich demnach auch in konkurrierenden Deutungen der Geschichte und Gegenwart außereuropäischer Weltregionen nieder.[64] Die konfessionelle, aber auch die soziale Vielfalt der süddeutschen Gelehrtenmilieus führte laut Becker dazu, »dass sich die süddeutsche Amerika-Wahrnehmung auf ein erstaunlich breit gefächertes Methodenfundament beziehen konnte«, das von der Missionshistoriographie über die Migrationsgeschichte bis zur Reichs- und Staatengeschichte reichte.[65]

Eine zentrale Rolle für die Tradition der in Augsburg produzierten Außereuropa-Drucke spielten die Netzwerke der religiösen Orden und deren Beziehungen zu reichsstädtischen Druckern und Verlegern. Diese Tradition setzte bereits vor dem Dreißigjährigen Krieg ein, als katholische Drucker wie Christoph Mang (um 1570–1617), seine Witwe Sara und Chrysostomus Dabertzhofer (belegt 1610–1614) neben Entdeckungsberichten sowie Flugschriften über politische und militärische Ereignisse in Übersee auch Übersetzungen von Missionsberichten aus Ostasien und Amerika – darunter den von dem Patrizier Paul Welser (1555–1620) übersetzten Bericht Nicolas Trigaults (1577–1628) über die Anfänge der Jesuitenmission in China – publizierten.[66] An der Wende vom 17. zum 18. Jahrhundert wurden die Missionsberichte des italienischen Kapuziners Dionigi Carli (1635–nach 1690) sowie des bayerischen Franziskaners Theodor Krump (1672–1724) in Augsburg verlegt; 1733/35 publizierte Matthias Wolff (gest. 1738) einen wenige Jahre zuvor in Wien gedruckten Bericht über die Mission der Jesuiten in Paraguay in lateinischer Übersetzung; und 1738 legte Anton Maximilian Heiß (belegt 1718–1748) eine deutsche Fassung der voluminösen japanischen Kirchengeschichte des französischen Jesuiten Jean Crasset (1618–1692) auf.[67]

Besonders nachhaltig wirkte indessen der von dem aus Oettingen im Ries stammenden Jesuiten Joseph Stöcklein (1676–1733) redigierte »Neue Welt-Bott«, dessen erste drei Bände zwischen 1726 und 1736 von der Verlagsbuchhandlung Veith

---

[64] Vgl. BECKER, Überseewissen (wie Anm. 63) S. 257 f.; DERS., Augsburger Amerikabilder (wie Anm. 61) S. 63–79.
[65] BECKER, Nordamerika (wie Anm. 62) S. 329.
[66] Vgl. HÄBERLEIN, Monster und Missionare (wie Anm. 44) S. 358–363; Galaxis BORJA GONZÁLEZ, Jesuitische Berichterstattung über die Neue Welt. Zur Veröffentlichungs-, Verbreitungs- und Rezeptionsgeschichte jesuitischer Americana auf dem deutschen Buchmarkt im Zeitalter der Aufklärung (Veröffentlichungen des Instituts für Europäische Geschichte Mainz, Abt. für Abendländische Religionsgeschichte 226) Göttingen 2011, S. 80–84; Magnus Ulrich FERBER, Übersetzungswerkstatt Welser, z. Zt. in Haft. Der Autor der »Secretissima instructio« im Spiegel der Rader-Briefe, in: Mark HÄBERLEIN/Stefan PAULUS/Gregor WEBER (Hg.), Geschichte(n) des Wissens. FS für Wolfgang E. J. Weber zum 65. Geburtstag, Augsburg 2015, S. 355–362, hier 361.
[67] HÄBERLEIN, Monster und Missionare (wie Anm. 44) S. 363–369; Rainald BECKER, Rom – Brücke nach Afrika. Die Äthiopienreise des Franziskaners Theodor Krump (1672–1724), in: DERS./Dieter J. WEISS (Hg.), Bayerische Römer – römische Bayern. Lebensgeschichten aus Vor- und Frühmoderne (Bayerische Landesgeschichte und europäische Regionalgeschichte 2) St. Ottilien 2016, S. 321–352; BORJA GONZÁLEZ, Jesuitische Berichterstattung (wie Anm. 66) S. 100–109.

in Augsburg und Graz hergestellt wurden. Der schließlich fünf Bände und 40 Teile umfassende »Neue Welt-Bott« gilt als Prototyp der katholischen deutschsprachigen Missionszeitschrift; er versammelt über 800 Briefe von Jesuitenmissionaren aus Amerika, Asien, dem pazifischen Raum und dem Nahen Osten, die Stöcklein und seine Nachfolger teilweise aus der französischsprachigen Vorgängerpublikation »Lettres édifiantes et curieuses« übersetzten, teilweise über das globale Netzwerk der Jesuiten bezogen. Diese Briefe, die in einer einheitlichen Typographie und Textgestaltung präsentiert wurden, sollten ihren Lesern die weltweite Missionstätigkeit der Jesuiten nahebringen und zugleich geographisches und ethnographisches Wissen vermitteln. Wie Galaxis Borja González betont, betätigte sich Stöcklein dabei in zweifacher Hinsicht als Übersetzer – einerseits indem er lateinisch-, französisch-, italienisch- und spanischsprachige Texte ins Deutsche übertrug (und deutschsprachige Originalbriefe standardisierte), andererseits indem er fremdartige Welten in seinen Lesern vertraute Erzähl- und Deutungsmuster übertrug. Die doppelte Zielsetzung der »Wissensvermittlung und Erbauung« wurde konsequent verfolgt und mit bemerkenswertem Erfolg umgesetzt. Damit förderten Stöcklein und seine Nachfolger zugleich die »Vorstellung eines gemeinsamen Identitätsraumes zwischen jesuitischen Missionaren, katholischen Gläubigen im Reich und indigenen Einwohnern« fremder Kontinente.[68]

Wie das globale Missions- und Kommunikationsnetzwerk der Jesuiten auf die Stadt zurückwirkte, zeigt eindrücklich das von dem amerikanischen Historiker Ronnie Po-Chia Hsia rekonstruierte Beispiel der Maria Theresia Fugger von Wellenburg (1690–1762). Ende 1736 begegnete die früh verwitwete Reichsgräfin in Augsburg zwei jungen Mitgliedern der böhmischen Jesuitenprovinz, Florian Bahr (1706–1771) und Johann Siebert, die sich auf dem Weg von Prag nach Genua, befanden, um sich nach Fernost einzuschiffen. Während der Kontakt zu Siebert, der nach Cochinchina (Vietnam) ging, bald einschlief, erstreckte sich der Briefwechsel zwischen Florian Bahr in Peking und der schwäbischen Adeligen über ein Vierteljahrhundert. 1737 legte Maria Theresia überdies 16.000 Reichstaler – was etwa zwei Dritteln ihres Vermögens entsprach – bei den Prager Jesuiten an, um die Chinamission des Ordens aus den Zinserträgen zu unterstützen. Ferner korrespondierte sie mit französischen Jesuiten und weckte das Interesse der Kaiserwitwe Amalia, deren Oberhofmeisterin sie 1748 wurde, am Schicksal des Christentums in China. Die Gräfin avancierte so zu einer zentralen Vermittlerfigur in einem katho-

---

[68] BORJA GONZÁLEZ, Jesuitische Berichterstattung (wie Anm. 66) S. 124–166, Zitate 145, 165. Vgl. ferner Claudia VON COLLANI, »Der neue Welt-Bott«. A Preliminary Survey, in: Sino-Western Cultural Relations Journal 25 (2003) S. 16–43; Renate DÜRR, Der »Neue Welt-Bott« als Markt der Informationen? Wissenstransfer als Moment jesuitischer Identitätsbildung, in: ZHF 34 (2007) S. 441–466; Peter DOWNES, Die Wahrnehmung des Anderen. Jesuitenmissionare und Indios im »Neuen Welt-Bott«, in: Johannes MEIER (Hg.), Sendung – Eroberung – Begegnung. Franz Xaver, die Gesellschaft Jesu und die katholische Weltkirche im Zeitalter des Barock (Studien zur Außereuropäischen Christentumsgeschichte [Asien, Afrika, Lateinamerika] 8) Wiesbaden 2005, S. 341–354; BECKER, Nordamerika (wie Anm. 62) S. 193–213.

lischen Korrespondenznetzwerk, das Augsburg, München und Paris mit Ostasien verknüpfte und über welches Geld und Informationen ebenso zirkulierten wie Geschenke und exotische Objekte.[69]

Für die Verbindung des Augsburger Protestantismus mit außereuropäischen Weltregionen kommt der Reformbewegung des Pietismus entscheidende Bedeutung zu. Gemeinsam mit den Glauchaschen Anstalten in Halle, der anglikanischen Society for Promoting Christian Knowledge und der lutherischen Hofkapelle in London wirkte der Senior der evangelischen Kirche in Augsburg, Samuel Urlsperger (1685–1772), in den Jahren 1733 bis 1741 an der Organisation von vier Transporten Salzburger Protestanten, die aus dem Erzstift ausgewiesen worden waren, in die britische Kolonie Georgia mit. In enger Zusammenarbeit mit dem Bankier Christian von Münch d. Ä. bereitete Urlsperger zudem die Überfahrt schwäbischer Auswanderer aus der Gegend von Ulm nach Georgia in den Jahren 1750–1752 vor. Ferner redigierte (und zensierte) der Augsburger Pastor die Tagebücher der lutherischen Geistlichen in Georgia, ehe er sie zur Veröffentlichung nach Halle weiterleitete. Die in Halle und Augsburg verlegten vielbändigen Publikationen »Ausführliche Nachrichten von den Saltzburgischen Emigranten, die sich in America niedergelassen haben« (1735–1751) und »Americanisches Ackerwerk Gottes oder zuverlässige Nachrichten, den Zustand der americanischen englischen und von saltzburgischen Emigranten erbauten Pflanzstadt Eben-Ezer in Georgien betreffend« (1754–1767) zeichneten anhand der Briefe und Amtsdiarien der unter den Salzburgern wirkenden pietistischen Pastoren das Bild einer protestantischen Mustergemeinde in der Neuen Welt.[70] Dabei betrachtete Urlsperger sein Publikationsprojekt bewusst als

---

[69] Ronnie Po-Chia Hsia, Noble Patronage and Jesuit Missions. Maria Theresia von Fugger-Wellenburg (1690–1762) and Jesuit Missionaries in China and Vietnam, Rom 2006; Ders., Gräfin Maria Theresia Fugger von Wellenburg (1690–1762). Adelige Frömmigkeit und die ferne Welt der Jesuitenmission in China (Studien zur Fuggergeschichte 35) Augsburg 2015; vgl. auch Friederike Wappenschmidt, Christliche Mildtätigkeit, moralische Ansprüche und der Austausch von Geschenken. Aus dem Briefwechsel der Gräfin Maria Theresia von Fugger-Wellenburg mit dem Jesuitenmissionar Florian Bahr in Peking, in: Eikelmann, Die Wittelsbacher und das Reich der Mitte (wie Anm. 56) S. 148–153.

[70] Die beiden ausführlichsten Studien zur Migration der Salzburger nach Georgia, die auch die Rolle Urlspergers umfassend berücksichtigen, sind Charlotte E. Haver, Von Salzburg nach Amerika. Mobilität und Kultur einer Gruppe religiöser Emigranten im 18. Jahrhundert (Studien zur Historischen Migrationsforschung 21) Paderborn u. a. 2011, und Alexander Pyrges, Das Kolonialprojekt EbenEzer. Formen und Mechanismen protestantischer Expansion in der atlantischen Welt des 18. Jahrhunderts (Transatlantische historische Studien 53) Stuttgart 2015. Vgl. ferner George Fenwick Jones, The Salzburger Saga. Religious Exiles and Other Germans along the Savannah, Athens (Ga.) 1984; Ders., Urlsperger und Eben-Ezer, in: Reinhard Schwarz (Hg.), Samuel Urlsperger (1685–1772). Augsburger Pietismus zwischen Außenwirkungen und Binnenwelt (Colloquia Augustana 4) Berlin 1996, S. 191–199; Stefan W. Römmelt, »Georgien in Teutschland«. Der Augsburger Pastor Samuel Urlsperger (1685–1772) und die pietistische Publizistik über das Siedlungsprojekt Eben-Ezer (Georgia), in: Wolfgang Wüst/Georg Kreuzer/David Petry (Hg.), Grenzüberschreitungen. Die Außenbeziehungen Schwabens in Mittelalter und

Gegenentwurf zu den jesuitischen Missionsschriften und legitimierte es »mit dem Nimbus von Augsburg als Sitz der *Confessio Augustana*, als Vorort des weltweiten Protestantismus«.[71]

Wie zuletzt Alexander Pyrges nochmals hervorgehoben hat, spielte der bereits erwähnte Silberhändler und Bankier Christian von Münch d. Ä. in dem Netzwerk, das die Salzburger-Gemeinde in Georgia mit Europa verband, ebenfalls eine zentrale Rolle: Er verwaltete die in Mitteleuropa für die Siedlung Ebenezer gesammelten Spendengelder, transferierte diese per Wechselbriefen nach London und Nordamerika und kümmerte sich um Erbschaftsangelegenheit schwäbischer Auswanderer.[72] Münch schickte auch Waren nach Georgia und entsandte um 1750 sogar einen Geometer dorthin, um Land für eine Plantage vermessen zu lassen. Seine Pläne, sich in der Neuen Welt als Großgrundbesitzer (und mutmaßlich als Sklavenhalter) zu etablieren, konnte der Augsburger Kaufmannsbankier jedoch nicht realisieren.[73]

Eine instruktive Fallstudie zur Beschäftigung eines Augsburger Protestanten mit der außereuropäischen Welt in der Spätzeit der Reichsstadt hat Renate Pfeuffer über den Pfarrer Gottlieb Tobias Wilhelm (1758–1811) vorgelegt. Der Prediger zu den Barfüßern machte sich vor allem als Autor populärer naturkundlicher Werke einen Namen: In seinen »Unterhaltungen aus der Naturgeschichte«, von denen zwischen 1792 und seinem Tod 19 Bände erschienen, versuchte Wilhelm das damals rasch anwachsende botanische, zoologische und anthropologische Wissen in ansprechender Form für junge Leserinnen und Leser aufzubereiten. Dabei profitierte er von der naturgeschichtlichen Bibliothek und dem Naturalienkabinett des katholischen Kaufmanns und Bankiers Joseph Paul von Cobres (1737?–1823) und stand darüber hinaus mit einer Reihe naturwissenschaftlich interessierter Pfarrer, Lehrer und Kunsthandwerker in Kontakt. Die reich illustrierten »Unterhaltungen« erschienen im Augsburger Verlag Engelbrecht, der in der druckgraphischen Umsetzung außereuropäischer Motive – wie oben bereits erwähnt – über reiche Erfahrung verfügte.[74]

Neuzeit (ZHVS 100) Augsburg 2008, S. 249–266; BECKER, Nordamerika (wie Anm. 62) S. 218–238; Rudolf FREUDENBERGER, Samuel Urlsperger und die Salzburger in Georgia. Eine pietistische Beziehung Augsburgs nach Nordamerika im 18. Jahrhundert, in: GASSERT u. a., Augsburg und Amerika (wie Anm. 19) S. 81–101.

[71] BECKER, Nordamerika (wie Anm. 62) S. 220.
[72] PYRGES, Das Kolonialprojekt EbenEzer (wie Anm. 70) S. 229–231, 238–247 und passim (vgl. Register).
[73] Vgl. ZORN, Handels- und Industriegeschichte (wie Anm. 52) S. 38, 301; George Fenwick JONES, The Georgia Dutch. From the Rhine and Danube to the Savannah, 1733–1783, Athens (Ga.)/London 1992; Anthony G. ROEBER, Palatines, Liberty, and Property. German Lutherans in Colonial British America, Baltimore/London 1993, S. 114; HÄBERLEIN, Augsburger Handelshäuser (wie Anm. 19) S. 35.
[74] Renate PFEUFFER, ... *manchem Menschen Verdienst, tausenden aber Belehrung und Vergnügen* ... Die »Unterhaltungen aus der Naturgeschichte« des Pfarrers zu den Barfüßern Gottlieb Tobias Wilhelm (1758–1811), in: Rolf KIESSLING (Hg.), Neue Forschungen zur Geschichte der Stadt Augsburg (Augsburger Beitr. zur Landesgeschichte Bayerisch-Schwabens 12) Augsburg 2011, S. 231–278.

Drei zwischen 1804 und 1806 publizierte Bände dieser Reihe widmete Wilhelm unter dem Titel »Unterhaltungen über den Menschen« der Anthropologie. Im ersten Band setzte er sich ausführlich mit zeitgenössischen »rassenkundlichen« Vorstellungen sowie mit den Themen Sklavenhandel und Sklaverei auseinander. Während Renate Pfeuffer in ihrer ansonsten sehr verdienstvollen Studie postuliert, dass Wilhelm ein strikter Gegner jeglicher Form von Rassismus und Diskriminierung gewesen sei, zeigt eine genauere Analyse, dass der Augsburger Pfarrer zwar die Sklaverei ablehnte und einige damals kursierende Rassentheorien kritisierte, aber gleichwohl an zeitgebundenen Vorstellungen menschlicher Entwicklungsstufen und rassischer Hierarchien festhielt.[75]

4. Die Welt in der Region: Bayerisch-Schwaben und Außereuropa 1650–1800

Inwieweit waren jedoch auch Gemeinden jenseits der Wirtschaftsmetropole Augsburg in globale Beziehungen eingebunden? Inwiefern nahmen Menschen aus kleineren Städten und Dörfern im östlichen Schwaben an weiträumigen Migrations- und Kommunikationsprozessen teil, und welches Bild machten sie sich von der Welt außerhalb Europas? Für die Zeit vor dem Dreißigjährigen Krieg gibt es dafür nur punktuelle Belege wie die Veröffentlichung der ersten Lebensbeschreibung des Pioniers der jesuitischen Asienmission Franz Xaver (1506–1552) in Dillingen[76] oder den Druck des Reiseberichts des Augsburger Arztes und Orientreisenden Leonhard Rauwolf (1535?–1596) in Laugen im Jahre 1582.[77] Für den Zeitraum

---

[75] Vgl. PFEUFFER, Gottlieb Tobias Wilhelm (wie Anm. 74) S. 268 f., sowie demnächst Mark HÄBERLEIN, An Augsburg Pastor's View of Africans, the Slave Trade, and Slavery. Gottlieb Tobias Wilhelm's »Conversations about Man«, in: Rebekka VON MALLINCKRODT / Josef KÖSTLBAUER / Sarah LENTZ (Hg.), Traces of the Slave Trade and Slavery in Germany, Leiden / Boston 2021 (im Druck).

[76] Vgl. Christine SCHNEIDER, Franz Xaver in Druckerzeugnissen der Dillinger Akademischen Presse, anlässlich des 500. Geburtstages des Hl. Franz Xaver SJ, Dillingen 2006; BORJA GONZÁLEZ, Jesuitische Berichterstattung (wie Anm. 66) S. 78.

[77] Vgl. zu ihm Karl H. DANNENFELDT, Leonhard Rauwolf. Sixteenth-Century Physician, Botanist, and Traveler, Cambridge (Mass.) 1968; Mark HÄBERLEIN, *Mehrerlay Secten vnnd Religionen*. Der Augsburger Arzt Leonhard Rauwolf und die Erfahrung religiöser Vielfalt im 16. Jahrhundert, in: Johannes BURKHARDT / Thomas Max SAFLEY / Sabine ULLMANN (Hg.), Geschichte in Räumen. FS für Rolf Kießling zum 65. Geburtstag, Konstanz 2006, S. 225–240; DERS., Botanisches Wissen, ökonomischer Nutzen und sozialer Aufstieg im 16. Jahrhundert. Der Augsburger Arzt und Orientreisende Leonhard Rauwolf, in: Gernot Michael MÜLLER (Hg.), Humanismus und Renaissance in Augsburg. Kulturgeschichte einer Stadt zwischen Spätmittelalter und Dreißigjährigem Krieg (Frühe Neuzeit 144) Berlin / New York 2010, S. 101–116; Tilmann WALTER, Eine Reise ins (Un-)Bekannte. Grenzräume des Wissens bei Leonhard Rauwolf (1535–1596), in: N.T.M. Zs. für Geschichte der Wissenschaften, Technik und Medizin 17 (2009) S. 359–385; Simone HERDE / DERS.,

zwischen dem Westfälischen Frieden und dem Ende des Alten Reiches liegt hingegen eine Reihe von Anhaltspunkten vor, die es gerechtfertigt erscheinen lassen, von einer zunehmenden Einbindung der Region Bayerisch-Schwaben in globale Prozesse und der allmählichen Ausprägung eines globalen Bewusstseins zu sprechen.

Ein besonders spektakuläres Beispiel dafür bietet der Memminger Bäckergeselle Martin Wintergerst (1670–1728), der als schwäbischer Weltreisender des Barockzeitalters bezeichnet werden kann. Eine Reise nach Venedig im Jahre 1688 bildete für ihn den Auftakt zu einer 22-jährigen Wanderschaft, die ihn auf alle vier damals bekannten Erdteile führte. Wintergerst heuerte auf einem niederländischen Kaperfahrer im Mittelmeer an, kämpfte in spanischen Diensten gegen nordafrikanische Barbaresken und in venezianischen Diensten gegen die Osmanen in der Ägäis und fuhr auf Fischerbooten im Nordatlantik. 1699 trat er in die Dienste der Kammer Seeland der niederländischen Ostindienkompanie (VOC), auf deren Schiffen er zwei Reisen nach Ceylon, Indien und Java (mit Berührungen der Küste Brasiliens und Zwischenaufenthalten am Kap der Guten Hoffnung) unternahm. Nach seiner Rückkehr nach Memmingen 1710 verfasste er den zwei Jahre später gedruckten Reisebericht »Der durch Europam lauffende, durch Asiam fahrende, an Americam und Africam anländende und in Ostindien lange Zeit gebliebene Schwabe«. Der Autor des Artikels über Wintergerst in der Allgemeinen Deutschen Biographie erachtete dieses Werk als »culturhistorisch höchst merkwürdig, da es wie kaum eine andere Reisebeschreibung des 17. und 18. Jahrhunderts Einblicke in das Leben und die Denkungsweise des gemeinen Mannes jener Zeit gewährt.«[78] In einer profunden Studie hat Jürgen Lauchner diese Einschätzung differenziert und die Mischung von Gattungsmerkmalen des Reiseberichts, der Autobiographie, des pikaresken Romans, der Utopie sowie des Erbauungsbuchs bei Wintergerst herausgearbeitet.[79] Dabei hat Lauchner auch auf die Entfremdung des Memmingers von seiner Heimatstadt hingewiesen: *Nun muß ich bekennen,* heißt es gegen Ende der Reisebeschreibung, *daß es mir [...] unaussprechlich fremd und ungewohnt in Europa vorkam / und stund mein Sinn immer eher wieder nach Ceylon als nach Schwaben / derowegen wolte ichs versuchen es am ersten Orth wieder anzufangen.*[80]

So abenteuerlich sich der Lebenslauf dieses frühneuzeitlichen Globetrotters ausnimmt, so sehr ist auch zu betonen, dass er sich in etablierte Muster großräumiger Arbeitsmigration einfügt. Die Niederlande, die im 17. Jahrhundert ein globales

---

Neues zur Biographie des Augsburger Arztes und Orientreisenden Leonhard Rauwolf (1535?–1596), in: Sudhoffs Archiv 94 (2010) S. 129–156.

[78] Viktor Hantzsch, Art. Wintergerst, Martin, in: ADB 43 (1898) S. 496 f. [online-Version]; URL: https://www.deutsche-biographie.de/pnd123943884.html#adbcontent [eingesehen am 30.6.2020]. Vgl. auch Stefanie Helmschrott, Heimweh nach der Fremde. Martin Wintergersts literarisierte Indien-Erfahrungen, in: Schwabenspiegel 2014, S. 96–103.

[79] Jürgen Lauchner, *Itur procul atque reditur*. Martin Wintergerst 1670–1728, in: Memminger Geschichtsblätter 1985/86, S. 7–135.

[80] Zitiert ebd. S. 95.

Handels- und Kolonialimperium aufgebaut hatten, waren in hohem Maße auf ausländische Arbeitskräfte angewiesen, um ihren Personalbedarf zu decken. Die VOC schickte als größte europäische Überseehandelsgesellschaft ihrer Zeit zwischen ihrem Gründungsjahr 1602 und ihrer Aufhebung 1800 fast eine Million Menschen als Verwaltungsangestellte, Handelsdiener, Handwerker, Seeleute und Soldaten nach Asien. Im Jahre 1700 arbeiteten rund 18.000 Angestellte in ihren asiatischen Festungen, Kontoren und Stützpunkten. Aufgrund einer hohen Sterblichkeit musste die VOC im 17. Jahrhundert jedes Jahr etwa 4.000, im folgenden Jahrhundert sogar 7.000 Europäer nach Asien schicken, um ihren Personalbestand zu halten. Da sich die Rekrutierung von neuem Personal in den Niederlanden, wo es zahlreiche attraktivere Tätigkeitsfelder gab, zunehmend schwieriger gestaltete, stellte die VOC immer mehr ausländische, in erster Linie deutsche Arbeitskräfte an. Niederländischen Historikern zufolge beschäftigte sie »während ihres gesamten Bestehens ungefähr 60% ausländische Soldaten und ungefähr 40% ausländische Seeleute«. Aus Sicht der deutschen Kompanieangestellten war der Dienst in Übersee ein möglicher Ausweg aus Armut, Perspektivlosigkeit und schwierigen Lebensumständen. Nicht wenige dürften sich indessen wie Martin Wintergerst auch aus Fernweh und Abenteuerlust auf den Weg nach Asien gemacht haben.[81] Die Digitalisierung der Soldbücher der Ost- und Westindienkompanien im niederländischen Nationalarchiv bietet seit einigen Jahren die Möglichkeit, die Reichweite ihres Rekrutierungsnetzes für bestimmte Regionen genauer zu untersuchen; die entsprechenden Forschungsmöglichkeiten sind bislang allerdings erst ansatzweise genutzt worden.[82] Eine einfache Abfrage der Datenbank ergibt z. B. 23 Treffer für Memmingen, 18 für Kempten und sechs für Nördlingen.[83]

Obwohl nur eine kleine Minderheit dieser deutschen Ostindienfahrer Reiseberichte und autobiographische Texte verfasst hat, stellt Martin Wintergerst auch in

---

[81] Roelof VAN GELDER, Das ostindische Abenteuer. Deutsche in Diensten der Vereinigten Ostindischen Kompanie der Niederlande (VOC) 1600–1800 (Schriften des Deutschen Schiffahrtsmuseums 61) Hamburg 2004, S. 27–50 (Zitat 42). Überblicke über die Geschichte der VOC bieten Femme S. GAASTRA, The Dutch East India Company. Expansion and Decline, Zutphen 2003; Jürgen G. NAGEL, Abenteuer Fernhandel. Die Ostindienkompanien, Darmstadt 2007, S. 100–126. Zur Zusammensetzung des Personals vgl. auch Jan LUCASSEN, A Multinational and its Labor Force. The Dutch East India Company, 1595–1799, in: International Labor and Working-Class History 66 (2004) S. 12–39.

[82] Vgl. insbesondere Mareike MENNE, Elendes Volk, vor Batavia ertrunken. Nordwestdeutsche als Angestellte der niederländischen Ostindienkompanie, in: Paderborner Historische Mitteilungen 27 (2014) S. 102–124; Stefan EHRENPREIS, Big Data and the History of Early Modern Individuals. The Case of VOC Employees from the Habsburg Territories, in: Thomas WALLNIG/Marion ROMBERG/Joelle WEIS (Hg.), Digital Eighteenth Century. Central European Perspectives / Achtzehntes Jahrhundert digital. Zentraleuropäische Perspektiven (Jb. der Österreichischen Gesellschaft zur Erforschung des achtzehnten Jahrhunderts 34) Wien 2019, S. 123–133.

[83] https://www.nationaalarchief.nl/onderzoeken/zoekhulpen/voc-opvarenden [eingesehen am 30.6.2020].

dieser Hinsicht keinen singulären Fall dar. In einer grundlegenden Studie hat Roelof van Gelder Texte von 47 deutschen Angestellten der VOC ausgewertet. Diese schreibenden Asienreisenden charakterisiert er allgemein als »unverheiratete, gebildete Männer in den Zwanzigern, die meist ein Handwerk erlernt hatten und Lutheraner waren« – Merkmale, die auch auf den Memminger Bäckergesellen zutreffen.[84]

Während die umfassende Erforschung protestantischer Angestellter der VOC aus Bayerisch-Schwaben noch aussteht, ist eine kleinere Gruppe von Katholiken mit globalen Lebensläufen – mitteleuropäische Jesuitenmissionare in Mittel- und Südamerika – in einem Mainzer Forschungsprojekt eingehend biographisch und prosopographisch untersucht worden. Da Spanien und Portugal zunehmend Schwierigkeiten hatten, einheimisches geistliches Personal für ihre weitläufigen Kolonialgebiete in der Neuen Welt zu rekrutieren, griffen sie vereinzelt seit 1615 und verstärkt seit 1665 auf ausländische Ordensmitglieder zurück. Bis zur Ausweisung der Jesuiten aus dem spanischen Kolonialreich 1767 gingen über 400 deutschsprachige Ordensmitglieder nach Mittel- und Südamerika. In die Ordensprovinz Neugranada, welche ungefähr das Gebiet der heutigen Staaten Kolumbien, Venezuela, Panama und Ecuador umfasste, wurden zwischen 1662 und 1753 15 Mitglieder der Oberdeutschen Provinz entsandt, darunter aus dem heutigen Regierungsbezirk Bayerisch-Schwaben Matthias Pilz aus Haunswies (1700–1780) im Jahre 1722, Innozenz Hochstätter aus Mindelheim (1691–1747) und Anton Zlattinger aus Augsburg (1704–1724) im Jahre 1723, Joseph Schnitzer aus Bernbeuren (1715–1758) im Jahre 1743 sowie Johannes Michael Schlesinger aus Dillingen (1729–1793) und Leonhard Wilhelm aus Mindelheim (1722–1767) im Jahre 1754. Der ausgebildete Apotheker Innozenz Hochstätter arbeitete von 1723 bis 1736 in der Apotheke des Jesuitenkollegs von Bogotá (in der später auch Leonhard Wilhelm tätig war) und übernahm anschließend die Verwaltung mehrerer der Universität von Bogotá gehörender, mit Sklavenarbeit bewirtschafteter Landsitze. Johannes Michael Schlesinger leitete den Bau der Kollegskirche in Cartagena de Indias und war auch mit Bauaufträgen in Caracas betraut. Einige dieser bayerisch-schwäbischen Jesuiten hielten den Kontakt mit ihrer Heimat aufrecht: Von Schlesinger ist ein Brief aus dem Jahre 1754 überliefert, und zehn Jahre später gab er einem nach Europa reisenden Ordensbruder Geld für seine Schwester in Dillingen mit auf den Weg.[85]

In der Ordensprovinz Peru konnte Uwe Glüsenkamp ebenfalls sechs Jesuitenmissionare aus Bayerisch-Schwaben identifizieren. Kaspar Rueß (1585–1624) aus Haunstetten bei Augsburg und Michael Durst aus Zusmarshausen (1591–1662) ge-

---

[84] GELDER, Das ostindische Abenteuer (wie Anm. 81) S. 51–56, Zitat 55.
[85] Christoph NEBGEN, Jesuiten aus Bayern, Franken und Schwaben in Neugranada im 17. und 18. Jahrhundert, in: HARTMANN / SCHMID, Bayern in Lateinamerika (wie Anm. 17) S. 135–172; Johannes MEIER (Hg.) / Christoph NEBGEN (Bearb.), Jesuiten aus Zentraleuropa in Portugiesisch- und Spanisch-Amerika. Ein bio-bibliographisches Handbuch, Bd. 3: Neugranada (1618–1771), Münster 2008, S. 193 f. (Schnitzer), 199 f. (Zlattinger), 204 f. (Hochstätter), 215 f. (Pilz), 218–222 (Schlesinger), 225 f. (Wilhelm).

hörten 1616/17 zu den ersten mitteleuropäischen Jesuitenmissionaren überhaupt, die nach Südamerika gingen. Ihnen folgten 1716–1718 Franz Xaver Dirrheim aus Augsburg (1679–1748), 1723 Joseph Anton Reisner aus Dillingen (1693–1768) und Nikolaus Meges (1703–1746) aus Günzburg sowie 1749–1751 Johann Georg Sporer (1718–1780) aus Laugna im heutigen Landkreis Dillingen.[86] Mehrere dieser Geistlichen arbeiteten in Missionssiedlungen (Reduktionen) in der Tiefebene von Moxos im Nordosten des heutigen Bolivien,[87] wo Franz Xaver Dirrheim überdies den Neubau der Missionskirche von Santa Ana leitete. Auch die schwäbischen Jesuiten in Peru blieben mit ihrer Heimatregion in Kontakt und initiierten kulturelle Transferprozesse: Caspar Rueß bat den Abt von St. Ulrich und Afra in Augsburg im Jahre 1618 »im Auftrag der Jesuiten von Lima um Übersendung eines Plans des sogenannten Grab- oder Erinnerungsmals Christi, das jedes Jahr in der Osterwoche in der Abteikirche aufgestellt wurde«, und ersuchte ihn um die Übersendung von Reliquien aus dem Bestand des Klosters. »Wegen der Unerhörtheit des Ereignisses, dass Deutsche in so entlegene Weltgegenden gelangten, um das Evangelium zu predigen, und weil der aus unserem Herrschaftsgebiet stammende Pater einer der ersten gewesen ist«, wurde Rueß' Reisebericht in die Annalen von St. Ulrich und Afra eingefügt.[88] Franz Xaver Dirrheim, der Sohn eines Augsburger Juristen, verfasste einen Bericht über seine Reise nach Amerika, der in der Bayerischen Staatsbibliothek erhalten ist, und eine Reihe von Briefen nach Oberdeutschland, darunter 1732 ein Schreiben an seinen Verwandten Pater Marquard Dirrheim.[89]

Enge Beziehungen nach Bayerisch-Schwaben hatte zudem der aus Wald bei Meßkirch stammende, in Dillingen ausgebildete und seit 1719 ebenfalls in der Region Moxos als Missionar tätige Dominikus Mayr (1680–1741). Drei seiner Briefe an den Provinzial der oberdeutschen Jesuiten Peter Riederer in München und an seinen Mitbruder Konrad Wirth in Augsburg wurden in Joseph Stöckleins »Welt-Bott« gedruckt und 1747 zusammen mit vier Schreiben an Verwandte in Oberdeutschland von einem Neffen des Missionars, dem Augsburger Buchdrucker Bernhard Homo-

---

[86] Uwe GLÜSENKAMP, Missionare aus Bayern, Franken und Schwaben in der jesuitischen Ordensprovinz Peru, in: HARTMANN/SCHMID, Bayern in Lateinamerika (wie Anm. 85) S. 173–193; Johannes MEIER (Hg.)/Uwe GLÜSENKAMP (Bearb.), Jesuiten aus Zentraleuropa in Portugiesisch- und Spanisch-Amerika. Ein bio-bibliographisches Handbuch, Bd. 5: Peru (1617–1768), Münster 2013, S. 187–197 (Dirrheim), 197–200 (Durst), 249–253 (Meges), 262–265 (Reisner), 278–286 (Rueß), 340–343 (Sporer).

[87] Zur dortigen Jesuitenmission vgl. David BLOCK, Mission Culture on the Upper Amazon. Native Tradition, Jesuit Enterprise, and Secular Policy in Moxos, 1660–1880, Lincoln (Neb.) 1994.

[88] GLÜSENKAMP, Missionare (wie Anm. 86) S. 185, 190 f.; vgl. Arthur LOTZ, Der Weg des Caspar Rueß. Frühe süddeutsche Kontakte mit Peru und Bolivien, München 1969.

[89] Karl-Heinz STADELMANN (Bearb.), Franz Xaver Dirrheim. Biennium Itineris oder Reisebericht in die Missionen des Vizekönigreichs Peru im Jahre 1718 (Bibliotheca Suevica 27) Konstanz/Eggingen 2008; GLÜSENKAMP, Missionare, S. 175, 179–181; MEIER/GLÜSENKAMP, Jesuiten aus Zentraleuropa, Bd. 5 (bd. wie Anm. 86) S. 192–196.

deus Mayr (gest. 1752), separat unter dem Titel »Neu-aufgerichteter Americanischer Mayerhof« verlegt. Sie trugen damit zur Verbreitung von Nachrichten über Südamerika im katholischen Süddeutschland bei und vermittelten »ein Bild vom Jesuitenmissionar, der trotz der Ferne und Fremdheit der amerikanischen Realität seine missionarischen Pflichten zu erfüllen wusste.«[90]

Wie diese Beispiele zeigen, waren neben den Augsburger auch die Dillinger Jesuiten eng in das globale Informations- und Kommunikationsnetzwerk des Ordens[91] eingebunden. Die geographische Nähe des Ausbildungsseminars der Oberdeutschen Jesuitenprovinz in Landsberg am Lech[92] dürfte ebenso zur Rekrutierung bayerisch-schwäbischer Missionare beigetragen haben wie die »Medienoffensive« des Ordens, der ein breites Spektrum schriftlicher, visueller und performativer Medien – Missionarsbriefe, Reiseberichte, Dramenaufführungen, Lieder und bildliche Darstellungen – einsetzte, um den Missionsgedanken zu propagieren.[93] Die mehr als 1.300 erhaltenen Bewerbungsschreiben deutscher Missionskandidaten um eine Entsendung nach Übersee (»Litterae Indipetarum«) bezeugen generell den Erfolg der jesuitischen Überzeugungsarbeit in katholischen Gebieten des Heiligen Römischen Reiches.[94]

---

[90] Galaxis BORJA GONZÁLEZ, Die jesuitische Berichterstattung über die Neue Welt. Zur Verbreitungsgeschichte von Amerika-Nachrichten am Beispiel der Briefe des Dominikus Mayer, in: MEIER, Sendung – Eroberung – Begegnung (wie Anm. 6) S. 355–382, Zitat 366; DIES., Die jesuitische Berichterstattung (wie Anm. 66) S. 109–123. Vgl. ferner HÄBERLEIN, Monster und Missionare (wie Anm. 44) S. 370 f., 374 f.; MEIER/GLÜSENKAMP, Jesuiten aus Zentraleuropa, Bd. 5, S. 232–249; GLÜSENKAMP, Missionare (bd. wie Anm. 86) S. 191 f.; Karl-Heinz STADELMANN (Bearb.), Dominikus Mayr. Terra Amazonum oder Landschafft der streitbahren Weiber (Bibliotheca Suevica 2) Konstanz/Eggingen 2002.

[91] Vgl. dazu Markus FRIEDRICH, Der lange Arm Roms? Globale Verwaltung und Kommunikation im Jesuitenorden 1540–1773, Frankfurt a. Main/New York 2011; DERS., Organisations- und Kommunikationsstrukturen der Gesellschaft Jesu in der Frühen Neuzeit, in: Klaus KOSCHORKE (Hg.), Etappen der Globalisierung in christentumsgeschichtlicher Perspektive / Phases of Globalization in the History of Christianity (Studien zur außereuropäischen Christentumsgeschichte [Asien, Afrika, Lateinamerika] 19) Wiesbaden 2012, S. 83–104.

[92] Vgl. Michael MÜLLER, Bayerns Tor nach Übersee. Das Missionsnoviziat der oberdeutschen Jesuitenprovinz in Landsberg am Lech, in: Konrad AMMANN u.a. (Hg.), Bayern und Europa. FS für Peter Claus Hartmann zum 65. Geburtstag, Frankfurt a. Main u.a. 2005, S. 169–184; Claudia VON COLLANI, Allen alles werden – katholische Missionarsausbildung in der Frühen Neuzeit, in: Jobst RELLER (Hg.), Ausbildung für Mission. Das Missionsseminar Hermannsburg von 1849–2012, Berlin 2015, S. 9–42, hier 24 f.

[93] Rainald Becker zufolge ist in den Aktivitäten des Jesuitenordens »geradezu ein ›ganzheitlicher‹, unterschiedliche Medien- und Gattungsformen miteinander verbindender Ansatz der Wissensvermittlung zu erkennen«. BECKER, Überseewissen (wie Anm. 63) S. 246.

[94] Diese Bewerbungsschreiben sind eingehend untersucht in Christoph NEBGEN, Missionarsberufungen nach Übersee in drei Deutschen Provinzen der Gesellschaft Jesu im 17. und 18. Jahrhundert (Jesuitica. Quellen und Studien zu Geschichte, Kunst und Literatur der Gesellschaft Jesu im deutschsprachigen Raum 14) Regensburg 2007.

Dillingen kam hierbei als Universitätsstandort,[95] aber auch als Druckzentrum eine nicht zu unterschätzende Rolle zu: 1658 erschienen dort Missionsberichte aus Mexiko, und zwischen 1676 und 1750 wurden nicht weniger als 23 Amerikadrucke in der Stadt an der Donau produziert.[96]

Wie intensiv sich jesuitische Gelehrte in Schwaben mit der außereuropäischen Welt befassten, hat Rainald Becker anhand der Arbeiten des Dillinger Professors Heinrich Scherer (1628–1704) aufgezeigt. Scherer hatte sich selbst erfolglos um eine Entsendung nach Übersee beworben und stattdessen als Prinzenerzieher und Hochschullehrer Karriere gemacht. Als Ergebnis seiner jahrzehntelangen Beschäftigung mit der Geographie der Welt legte er 1703 einen siebenbändigen »Atlas Novus« vor, der bei dem in Augsburg und Dillingen tätigen Drucker und Verleger Johann Caspar Bencard (1649–1720) erschien. Scherers Werk war Becker zufolge als »spirituelle Geographie« konzipiert, »die mit den empirischen Methoden von Mathematik, Physik, Astronomie und Geschichte die Handschrift des Schöpfergottes im Buch der Natur zu entschlüsseln hilft«. Der »Atlas Novus« machte demnach die »spezifische Deutungskompetenz« der Societas Jesu für Amerika geltend.[97] Jesuiten wie Scherer waren laut Becker hinsichtlich ihres geographischen Informationsstands auf der Höhe ihrer Zeit, sie richteten ihre Arbeiten jedoch »nicht auf die partikulare Einzelansicht, sondern auf die Synthese der empirischen Vielfalt im Sinn eines ontologischen Erkenntnisauftrags zum Einen im Göttlichen« aus. So konstruierte Scherer – im Einklang mit den Missionsschwerpunkten seines Ordens – ein hispanisch dominiertes Nordamerikabild, das um Mexiko und die spanischen Grenzregionen im Südwesten der heutigen USA zentriert war. Dabei griff er unter anderem auf Informationen zur geographischen Erkundung Kaliforniens zurück, die er von dem aus dem Trentino stammenden Missionar Eusebius Franziskus Kino (1645–1711) – den Scherer selbst als seinen Schüler bezeichnete – erhalten hatte.[98]

Auf ein besonders bemerkenswertes Resultat der »barocken Medienoffensive« der katholischen Kirche hat Marion Romberg in ihrer Studie über Erdteilallegorien in schwäbischen Dorfkirchen hingewiesen: Im 18. Jahrhundert erfreuten sich Allegorien der damals bekannten vier Erdteile vor allem im süddeutschen Raum großer Beliebtheit, doch innerhalb des sich vom Bodensee bis nach Altbayern erstreckenden »Erdteilallegoriengürtels« lässt sich nochmals ein markanter

---

[95] Vgl. Rolf KIESSLING (Hg.), Die Universität Dillingen und ihre Nachfolger. Stationen und Aspekte einer Hochschule in Schwaben (Jb. des HV für Dillingen 100) Dillingen 1999.

[96] Vgl. BORJA GONZÁLEZ, Jesuitische Berichterstattung (wie Anm. 66) S. 79, 164; BECKER, Überseewissen (wie Anm. 63) S. 250, 256 f. »Überseewissen« konnte Becker zufolge auch in Form von Thesenblättern anlässlich von Dillinger Disputationen transportiert werden: ebd. S. 250–253.

[97] BECKER, Überseewissen (wie Anm. 63) S. 250, 262–268, Zitat 262; DERS., Nordamerika (wie Anm. 62) S. 64–66, 90–96, Zitat 93.

[98] BECKER, Nordamerika (wie Anm. 62) S. 91 (Zitat), 98–112.

Schwerpunkt im weltlichen und geistlichen Herrschaftsbereich der Augsburger Fürstbischöfe ausmachen. Von 310 Erdteildarstellungen in der barocken Wand- und Deckenmalerei, die ein Wiener Forschungsprojekt identifiziert und beschrieben hat,[99] finden sich allein 117 und damit mehr als ein Drittel im ehemaligen Fürstbistum Augsburg. Während 20 Prozent dieser Darstellungen in Klosterkirchen und 15 Prozent in Profanbauten zu finden sind, machen die 69 Dorfkirchen, auf die sich Rombergs Untersuchung konzentriert, 65 Prozent des Gesamtbestandes aus.[100] Die einzigartige Dichte solcher Erdteilallegorien im Raum zwischen Günzburg und Donauwörth bedeutet, dass Tausende von Dorfbewohnern dort regelmäßig Darstellungen der Kontinente Asien, Afrika und Amerika in Form fremdartig aussehender, exotisch gewandeter und geschmückter Menschen, die häufig von »typischen« Attributen wie Pyramiden, Kamelen und Papageien begleitet waren, zu Gesicht bekamen. Angesichts der Bedeutung der Kirche als kommunikativer, sozialer und kultureller Mittelpunkt des dörflichen Lebens dürfte die Wirkung dieser Abbildungen ferner Weltteile keineswegs gering zu veranschlagen sein.

Natürlich ging es den Geistlichen und gebildeten Laien, die diese Bildprogramme konzipierten, und den Künstlern, die sie ausführten, nicht um ethnographische Genauigkeit oder Wissensvermittlung im strengen Wortsinn. Im Zentrum stand vielmehr die »Darstellung der universalen Gültigkeit der christlichen Glaubenslehre und der Macht der katholischen Kirche«.[101] Romberg sieht die Konjunktur dieses Motivs in schwäbischen Dorfkirchen, die kurz nach 1700 einsetzte und in den 1750er-Jahren ihren Höhepunkt erreichte, als Resultat eines horizontalen und vertikalen Kulturtransfers – horizontal, weil der zunächst in Italien und den Niederlanden entwickelte Typus der Erdteilallegorie durch die Migration von Künstlern und motivische Übernahmen nach Süddeutschland transferiert wurde, und vertikal, weil sich viele der in barocken Dorfkirchen arbeitenden Künstler nachweislich an druckgraphischen Vorlagen orientierten. Als Vermittlungszentrum erweist sich hier einmal mehr Augsburg, wo Künstler wie Johann Georg Bergmüller (1688–1762) und Gottfried Bernhard Göz (1708–1774) breit rezipierte Vorlagen schufen und wo viele der insgesamt 39 als Schöpfer schwäbischer Erdteildarstellungen fassbaren Künstler ihre Ausbildung erhielten.[102]

Wichtig ist ferner die Beobachtung, dass die vier Kontinente im Kirchenraum nicht autonom dargestellt wurden, sondern stets im Kontext der Verehrung Christi, Mariens oder der Kirchenpatrone; sie waren also »Teil eines missionarischen oder

---

[99] https://erdteilallegorien.univie.ac.at/ [eingesehen am 30.6.2020]; vgl. dazu Wolfgang SCHMALE/Marion ROMBERG/Josef KÖSTLBAUER (Hg.), The Language of Continent Allegories in Baroque Central Europe, Stuttgart 2016.
[100] Marion ROMBERG, Die Welt im Dienst des Glaubens. Erdteilallegorien in Dorfkirchen auf dem Gebiet des Fürstbistums Augsburg im 18. Jahrhundert, Stuttgart 2017, S. 48, 54.
[101] Ebd. S. 15.
[102] Ebd. S. 241, 243, 251 f., 256 f.

huldigenden Ausstattungskontextes«.[103] Einerseits konstruierten sie eine Hierarchie, in der Europa und Asien als die »zivilisierten«, Afrika und Amerika hingegen als die »barbarischen« Kontinente erscheinen; andererseits vereinigen sich die Erdteile häufig im Gestus der Verehrung und symbolisieren damit die globale Gemeinschaft der Gläubigen sowie den universalen Geltungs- und Missionsanspruch der katholischen Kirche.[104] »Durch die Einbindung der Erdteilallegorien in ein Bildprogramm«, schreibt Romberg, werde die »lokale Verehrung der Kirchengemeinde automatisch globaler Natur.«[105]

Ausgesprochen spannend ist schließlich die Frage, in welcher Beziehung die Verdichtung dieses Bildtypus im Fürstbistum Augsburg zur Rekrutierung von Missionaren aus diesem Raum sowie zur Berichterstattung über die Jesuitenmission steht. Direkte Zusammenhänge sind hier zwar quellenmäßig schwer greifbar; dennoch erscheinen sie naheliegend. Gerade die enge Verzahnung und wechselseitige Verstärkung schriftlicher, bildlicher und performativer Medien dürfte nicht wenige katholische Schwaben bewogen haben, sich selbst in den Dienst des Glaubens zu stellen und sich unter Umständen sogar als Missionare nach Übersee zu bewerben.[106]

5. Schluss

Bis zum Dreißigjährigen Krieg ist die Einbindung der bayerisch-schwäbischen Region in globale Verflechtungen vor allem über die Aktivitäten von Kaufleuten, Humanisten und Buchdruckern in der Wirtschafts- und Kulturmetropole Augsburg fassbar. Wenn man die führenden reichsstädtischen Handelshäuser, allen voran die Fugger und Welser, als »global players« des 16. Jahrhunderts bezeichnet, so trifft dies jedoch eher für ihre zentrale Rolle im Handel mit globalen Gütern wie Silber, Kupfer, Quecksilber, Zucker und Gewürzen zu als auf ihr direktes Engagement außerhalb Europas, das insgesamt begrenzt und eher sporadisch war. Im späten 17. und 18. Jahrhundert blieb Augsburg ein wichtiges Zentrum der Verarbeitung globaler Güter sowie der Verbreitung von Informationen über die Welt außerhalb Europas, wobei sich die bikonfessionelle Situation der Reichsstadt auch auf die Genese von »Überseewissen« (Rainald Becker) auswirkte: Katholische und pietistische Kreise unterhielten konfessionsspezifische Netzwerke und propagierten konkurrierende Deutungen der religiösen, historischen und politischen Entwicklungen in Asien und

---

[103] Ebd. S. 339.
[104] Ebd. S. 340–460.
[105] Ebd. S. 467. Vgl. auch Marion ROMBERG, Allsonntägliche Exotik in süddeutschen Dorfkirchen. Ein Beispiel vertikalen Kulturtransfers, in: Karl MÖSENEDER / Michael THIMANN (Hg.), Barocke Kunst und Kultur im Donauraum, Bd. 2, Petersberg 2014, S. 484–498.
[106] Vgl. ROMBERG, Die Welt im Dienst des Glaubens (wie Anm. 100) S. 347–349; NEBGEN, Missionarsberufungen (wie Anm. 94) S. 115; BECKER, Nordamerika (wie Anm. 62) S. 81.

Amerika. Nach 1650 erfasste die »barocke Überseekonjunktur«[107] schließlich über Augsburg hinaus den gesamten bayerisch-schwäbischen Raum, wobei in katholischen Gebieten die Kirche als wichtige Multiplikatorin hervortritt, während sich in protestantischen Städten die Attraktivität der niederländischen Ostindienkompanie als Arbeitgeberin bemerkbar machte.

Während die globalen Verbindungen Augsburgs vor dem Dreißigjährigen Krieg mittlerweile gut erforscht sind, bestehen für das späte 17. und 18. Jahrhundert noch etliche Desiderate: Neben der umfassenden Rekonstruktion der Karrieren und Erfahrungen schwäbischer Angestellter der niederländischen Ost- und Westindienkompanien wäre hier etwa an die lokale und regionale Aneignung »exotischer« Konsumgüter und Genussmittel wie Zucker, Tabak, Kaffee, Tee und Schokolade,[108] an die Berichterstattung über Außereuropa in der periodischen Presse,[109] an die Abbildungen »exotischer« Pflanzen, die Künstler und Verleger wie Johann Jacob Haid (1704–1767) anfertigten und verbreiteten, an die Tätigkeit von Missionaren der Herrnhuter Brüdergemeine aus schwäbischen Städten[110] oder an Multiplikatoren wie den Kemptner Stadtsyndikus Johann Martin (von) Abele (1753–1805) zu denken, der Guillaume Raynals und Denis Diderots Bestseller »Die Geschichte beider Indien« übersetzte und in der Reichsstadt verlegen ließ.[111] Betrachtet man diese Themenfelder im Zusammenhang mit der mittlerweile gründlich erforschten Resonanz der Jesuitenmission, dem Wirken von Gelehrten wie Heinrich Scherer in Dillingen und den Erdteilallegorien in schwäbischen Dorfkirchen, dann erscheint es in der Tat gerechtfertigt, bereits für die Frühe Neuzeit von der allmählichen Ausprä-

---

[107] BECKER, Überseewissen (wie Anm. 63) S. 268.

[108] Vgl. als Überblick: Annerose MENNINGER, Genuss im kulturellen Wandel. Tabak, Kaffee, Tee und Schokolade in Europa (16.–19. Jahrhundert) (Beitr. zur Wirtschafts- und Sozialgeschichte 102) Stuttgart 2004. Zu lokal- und regionalhistorischen Perspektiven auf dieses Thema siehe Christian HOCHMUTH, Globale Güter – lokale Aneignung. Kaffee, Tee, Schokolade und Tabak im frühneuzeitlichen Dresden (Konflikte und Kultur – historische Perspektiven 17) Konstanz 2008; Wolfgang WÜST, Frühmoderner Konsum. Zu einem neuen landeshistorischen Wissens- und Forschungsfeld, in: HÄBERLEIN/PAULUS/WEBER, Geschichte(n) des Wissens (wie Anm. 66) S. 397–411.

[109] Die Erforschung dieses Themas wird durch die Digitalisierung einschlägiger Periodika wie der »Augspurgische[n] Ordinari Postzeitung« erheblich vereinfacht; siehe http://digital.bib-bvb.de/R/88PIGVMMH75B3BD86U937177BVB45QT9XXDKJM5ILD6XTPXQB7-02960?func=collections&collection_id=2677# [eingesehen am 30.6.2020].

[110] Hier wäre etwa der aus Kempten stammende Georg Ohneberg zu nennen, der von 1751 bis 1758 als Herrnhuter Missionar auf den dänischen Jungferninseln wirkte und 1760 in Bethlehem/Pennsylvania starb. Vgl. Christian Georg Andreas Oldendorp, Geschichte der Mission der evangelischen Brüder auf den caraibischen Inseln S. Thomas, S. Croix und S. Jan, hg. von Johann Jakob Bossart, Bd. 2, Barby 1777, S. 783 f., 851, 854, 857, 866, 880, 899, 980; Horst WEIGELT, Geschichte des Pietismus in Bayern, Anfänge – Entwicklung – Bedeutung (Arbeiten zur Geschichte des Pietismus 40) Göttingen 2001, S. 359.

[111] Guillaume Raynal/Denis Diderot, Die Geschichte beider Indien. Ausgewählt und erläutert von Hans-Jürgen LÜSEBRINK, Nördlingen 1988, S. 325–327.

gung eines globalen Bewusstseins im östlichen Schwaben zu sprechen.[112] Ob sich über Augsburg hinaus auch anderswo in der Region Tendenzen zur Einbindung in eine globale Innovationskultur im Sinne James Liveseys ausmachen lassen,[113] ist eine weitere Frage, deren Erforschung sich lohnen könnte.

---

[112] In der ansonsten äußerst verdienstvollen Regionalgeschichte von Rolf Kießling spielt dieser Aspekt kaum eine Rolle: Rolf KIESSLING, Kleine Geschichte Schwabens, Regensburg 2009.
[113] Vgl. LIVESEY, Provincializing Global History (wie Anm. 9).

Aus Bibliotheken,
Archiven und Institutionen

Aus der Tätigkeit der Stadtarchäologie

Das neue Archäologische Zentraldepot: Bestände, Aufgaben, Ziele

Im März 2017 wurde in einem alten Produktionsgebäude der ehemaligen Augsburger Kammgarnspinnerei das erste moderne Archäologiedepot in Bayern und gleichzeitig das größte in nichtstaatlicher Trägerschaft eröffnet.[1] Nach verschiedenen Standorten im Laufe von fast 200 Jahren ist das neue Archäologische Zentraldepot nun endlich die endgültige Heimat einer der ältesten und wichtigsten archäologischen Sammlungen in Bayern. Erstmals sind die seit dem 19. Jahrhundert in Augsburg gesammelten »Alterthümer«, zahlreiche schon in der Renaissance bekannte römische Inschriftensteine, Funde aus Grabungen des frühen 20. Jahrhunderts sowie die laufenden Neuzugänge aus aktuellen Grabungen in Augsburg an einem Standort vereint. Ihre zeitliche Spanne reicht vom Neolithikum bis in die Neuzeit, wobei die Funde aus der römischen Provinzhauptstadt *Augusta Vindelicum* ein essenzieller Teil der Sammlung sind.[2] Drei Jahre nach dem Einzug sind fast alle Objekte eingeräumt und neu geordnet. Dies ist ein geeigneter Zeitpunkt, das Archäologische Zentraldepots und einige seiner Aufgaben und Ziele kurz vorzustellen.

Der Altbestand der Sammlung

Die heutige archäologische Sammlung geht auf die erste Hälfte des 19. Jahrhunderts zurück. So beherbergt das Archäologische Zentraldepot die ab 1822 im Antiquarium Romanum ausgestellten Objekte. 1835 wurde das Antiquarium vom Historischen Verein übernommen, der dessen Bestände in das 1855/56 gegründete Maximilianmuseum überführte. 1909 gab er seine Zuständigkeit für das Maximilianmuseum an die Stadt Augsburg ab. Ständige Zuwächse erhielt die Sammlung im 19. Jahrhundert durch neue Funde aus Augsburg und aus dem Regierungsbezirk Schwaben und Neuburg. Daneben kaufte der Verein regelmäßig Funde von Privatleuten und Händlern und erhielt Privatsammlungen, die nicht selten aus Antiquitäten des Mittelmeerraums bestanden. In den Jahresberichten des Historischen Vereins sind diese Neuerwerbungen in der Regel akribisch aufgezählt.

---

[1] Michaela HERMANN, Alles unter einem Dach. Das neue Archäologische Zentraldepot in Augsburg, in: museum heute 51 (2017) S. 20–24; DIES., Das neue Archäologische Zentraldepot in Augsburg, in: Das Archäologische Jahr in Bayern 2017 (2018) S. 188–190.

[2] Bettina DEININGER/Michaela HERMANN, Eine archäologische Sammlung im neuen Zuhause. Das Augsburger Archäologische Zentraldepot zweieinhalb Jahre nach seiner Fertigstellung, in: museum heute 56 (2019) S. 22–27.

1862 erstellte Moriz Mezger ein erstes systematisches Verzeichnis, das sich zunächst nur auf die römischen Steindenkmäler und Kleininschriften beschränkte.[3] Mit der Inventarisierung der weiteren Funde begann schließlich 1880 der Kustos des Maximilianmuseums, Josef Schweiger. Bis 1883 verzeichnete er im »Catalog der roemischen Anticaglien des Maximilians Museum zu Augsburg« 276 fortlaufende Nummern (Abb. 1). Sein Nachfolger, der Kustos Josef Munk, setzte das Verzeichnis bis ins Jahr 1913 bis zur Nummer 468 fort. Allerdings hatte er aufgrund eines Lesefehlers die Nummern 310–399 ausgelassen. Während die mezgersche Nummerierung der Steindenkmäler im frühen 20. Jahrhundert einem neuen System weichen musste, schrieb man diesen »Catalog« mehrmals um und erfasste bis in die 1960er-Jahre knapp 2.000 Sammlungseinheiten, hinter denen sich etwa 10.000 Einzelobjekte verbergen.

Dieser Altbestand mit seinen zahlreichen anschaulichen Einzelobjekten, etwa vollständigen oder ergänzten Keramikgefäßen, einer Vielzahl von Metallgegenständen, bedeutenden Fundensembles der Region und reichen Inventaren frühmittelalterlicher Gräberfelder ist prädestiniert für eine großzügige Aufstellung im sogenannten Schaudepot. Hier werden die wichtigsten Objekte übersichtlich in Schubladen oder gut sichtbar in Glasvitrinen präsentiert, was die Erschließung des Bestands erheblich erleichtert (Abb. 2). Daneben ist diese Art der Aufstellung geeignet, Besuchern im Rahmen von öffentlichen Führungen einen unmittelbaren Zugang zu archäologischen Funden zu ermöglichen. Ein Museum kann und soll das Schaudepot jedoch nicht ersetzen

Ausgrabungsfunde von älteren Projekten des 20. Jahrhunderts

Parallel zu diesem Altinventar, das – um es von den anderen Inventaren des Maximilianmuseums abzugrenzen – in den 1950er-Jahren den Zusatz VF für »Vor- und Frühgeschichte« erhielt, listete man die Funde einzelner Fundplätze und verschiedener Grabungskampagnen aus den beiden ersten Dritteln des 20. Jahrhunderts in eigenständigen, sehr unterschiedlich strukturierten Verzeichnissen auf. Dazu zählen beispielsweise die Funde von Augsburg-Oberhausen (1913), aus denen man in der älteren Forschung zunächst auf ein römisches (Doppel-)Legionslager schloss, außerdem Funde der 1936–1938 ausgegrabenen römischen Therme an der Pettenkoferstraße, der Grabungen bei St. Ulrich und Afra (1961–1968), bei St. Gallus (1958 und 1960) oder die Funde des frühmittelalterlichen Gräberfelds von Marktoberdorf (1966). Den gesamten Bestand verlagerte man 1966 in das neu gegründete Römische Museum in der Dominikanerkirche, an dem 1978 eine Stabsstelle

---

[3] Moriz MEZGER, Die römischen Steindenkmäler, Inschriften und Gefäßstempel im Maximilians-Museum in Augsburg (27. Jahresbericht des Historischen Kreisvereins von Schwaben und Neuburg, Beilage) Augsburg 1862.

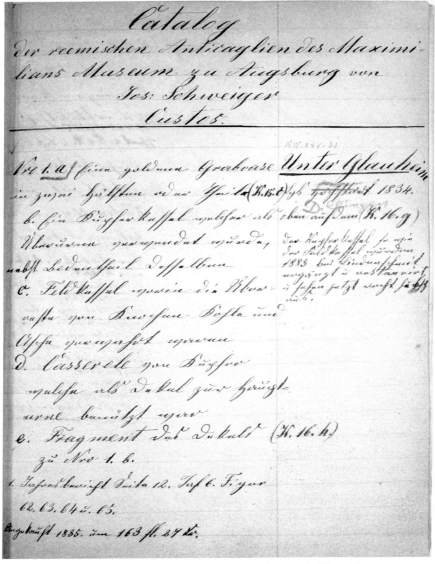

Abb. 1: »Catalog der roemischen Anticaglien des Maximilians Museum zu Augsburg«, begonnen im Jahr 1880 von Kustos Josef Schweiger (Foto: Stadtarchäologie Augsburg)

für einen Stadtarchäologen eingerichtet wurde. Damit spiegelt der Altbestand der archäologischen Sammlung nicht zuletzt auch einen Teil der wechselvollen Augsburger Museumsgeschichte.

Abb. 2: Archäologisches Zentraldepot Augsburg.
Übersichtliche Aufbewahrung von Funden des Altbestandes im Schaudepot
(Foto: Landesstelle für die nichtstaatlichen Museen/Alexander Bernhard)

Die Funde aus jüngeren Ausgrabungen

Nicht erst die Schließung des Römischen Museums im Dezember 2012 machte deutlich, wie notwendig bereits seinerzeit ein funktionierendes Depot gewesen wäre. Denn schon seit den 1970er-Jahren sahen sich Denkmalbehörden und andere Ausgrabungen durchführende Institutionen mit einer sprunghaft anwachsenden Fundmenge konfrontiert, da infolge der neu erlassenen Denkmalschutzgesetze der Länder die Ausgrabungsintensität überall zunahm. Auch in Augsburg reichte der vorhandene Platz für die Neufunde der großen Grabungen seit den 1980er-Jahren bald nicht mehr aus, so dass im Laufe der Jahre immer neue Lagerflächen angemietet wurden, die immer weniger den Anforderungen an die Lagerung von Kulturgut entsprachen. Schon in dieser Zeit formulierten die Verantwortlichen gegenüber der Stadtverwaltung den Bedarf eines zentralen Depots für die Archäologie, aber erst mit der Einrichtung des neuen Archäologischen Zentraldepots konnte ein Jahrzehnte andauernder Missstand nachhaltig beseitigt werden.

Die Funde aus den laufenden Ausgrabungen bilden den weitaus umfangreichsten und stets weiter wachsenden Bestand. Sie werden seit 1978 in einem einheitlichen Inventar verzeichnet, das bis heute fast 200.000 Sammlungseinheiten zählt. In genormte Kisten verpackt, wird der größte Teil der Funde im Hauptmagazin aufbewahrt, das in der zentralen, 1.135 m² großen Shedhalle eingerichtet wurde. Das Heraussuchen besonderer Funde, z. B. für die wissenschaftliche Bearbeitung, gewährleisten qualifizierte Inhaltsverzeichnisse, die im Zuge der Inventarisierung von allen Fundkisten angefertigt werden. Dabei werden seit langem die Kleinfunde, also Funde von besonderer Aussagekraft, konsequent aussortiert und können nun im neuen Depot in zwei kleineren Magazinräumen übersichtlich nach Material, Grabungskampagne und Inventarnummer geordnet gelagert werden. Somit können Forscher direkt an den Objekten recherchieren. Zusätzlich werden zu ausgewählten Fundgruppen Studiensammlungen gebildet. Diese maßgebliche Vorarbeit hat bereits in der Vergangenheit etliche Auswertungsarbeiten und Publikationen zu verschiedenen Materialgruppen ermöglicht[4] und wird am neuen Standort gezielt weiterentwickelt.

Unerlässlich für die archäologische Forschung und für Grabungsauswertungen sind zudem die aus Zeichnungen, Plänen, Berichten, Fotos etc. bestehenden Dokumentationen der durch die Ausgrabung selbst zerstörten Befunde. Die zunehmend in digitaler Form vorliegenden Dokumentationen werden zentral archiviert, um sie für weitere Forschungen sowie andere übergreifende Projekte (z. B. archäologischer Kataster, geografische Informationssysteme) nutzen zu können.

Erschließen und forschen

Das Zusammenführen aller Funde und Dokumente sowie der Arbeitsplätze unter einem Dach erlaubt nun noch effizientere Arbeitsabläufe. Die neuen Ausgrabungsfunde werden zügiger bearbeitet und archiviert, um sie für weiterführende Auswertungs- oder Ausstellungsprojekte zugänglich zu machen. Im Zuge der Eingliederung in das neue Depot bestand nun erstmals die Möglichkeit, die Altbestände vollständig zu sichten und zu überprüfen, nicht zuletzt, weil nun auch das zugehöri-

---

[4] Gertrud PLATZ-HORSTER, Kleine Bilder – große Mythen. Antike Gemmen aus Augsburg, Friedberg 2012; Martina PAUL, Fibeln und Gürtelzubehör der späten römischen Kaiserzeit aus *Augusta Vindelicum*/Augsburg (Münchner Beitr. zur Provinzialrömischen Archäologie 3) Wiesbaden 2013; Ferdinand HEIMERL, Nordafrikanische Sigillata, Küchenkeramik und Lampen aus *Augusta Vindelicum*/Augsburg (Münchner Beitr. zur Provinzialrömischen Archäologie 6) Wiesbaden 2014; Stefan SCHMIDT, Wertvolle Miniaturen. Antike Bronzestatuetten aus Augsburger Ausgrabungen und Sammlungen, Friedberg 2015; Martina PAULI, Die früh- und mittelkaiserzeitlichen Fibeln aus *Augusta Vindelicum*/Augsburg. Technologische und materialkundliche Untersuchungen (Diss. München 2015, Drucklegung in der Reihe Augsburger Beitr. zur Archäologie in Vorbereitung); Stefan F. PFAHL, Namensstempel auf römischen Reibschüsseln *(mortaria)* aus Deutschland (Augsburger Beitr. zur Archäologie 8) Augsburg 2018; Juan Manuel BERMÚDEZ LORENZO, The Epigraphy on The Histrian and Eastern Amphorae of Raetia. New Findings, in: Zs. für Papyrologie und Epigraphik 210 (2019) S. 271–274.

ge Archivmaterial hinzugezogen werden konnte. Die dabei erstellten Verzeichnisse können später für die Erstellung von Datenbanken herangezogen werden.

Aus Termingründen musste die Materialaufnahme zu einigen wissenschaftlichen Arbeiten bereits vor bzw. während der komplexen Umzugsphase beginnen. Diese zusätzliche Herausforderung konnte jedoch gemeistert werden, weil die Funde im Anschluss problemlos in das neue Magazin eingefügt werden konnten. Einige dieser Arbeiten sind mittlerweile gedruckt, bei anderen dauert die langwierige Forschung, zu der in vielen Fällen Materialanalysen und andere naturwissenschaftliche Untersuchungen gehören, noch an.[5]

Mit dem Ziel, die römischen Inschriften aus Augsburg im Rahmen des Corpus Inscriptionum Latinarum neu zu edieren[6], unterzogen PD Dr. Ulrike Ehmig (Berlin) und Prof. Dr. Rudolf Haensch (München) bei mehreren Forschungsaufenthalten zwischen März 2018 und Januar 2020 in Augsburg sowohl die bereits bekannten römischen Inschriften als auch die neu gefundenen Inschriften(-fragmente) einer neuen kritischen Lesung. Ohne die nun erfolgte Zusammenführung der meisten Inschriftensteine im Steinmagazin (Abb. 3) wäre dieses Projekt kaum durchführbar gewesen.

Abb. 3: Das Steinmagazin im Keller unter dem Schaudepot
(Foto: Eckhart Matthäus, Wertingen)

---

[5] Z.B. Ken MASSY, Gräber der Frühbronzezeit im südlichen Bayern (Materialhefte zur bayerischen Archäologie 107) Kallmünz i.d. Opf. 2018. – Derzeit in Bearbeitung ist das Dissertationsvorhaben von Antonia VANCA an der Ludwig-Maximilians-Universität München zu spätbronzezeitlichen und urnenfelderzeitlichen Gräbern im Lechtal.

[6] Weitere Informationen unter www.cil.bbaw.de.

Zwischenbilanz und ungewisser Blick in die Zukunft

Das Archäologische Zentraldepot ist gleichzeitig das Depot für das Römische Museum bzw. für ein neues archäologisches Museum, das letztendlich die Plattform für die öffentliche Darstellung der Archäologie in Augsburg sein muss. Im neuen Zentraldepot sind alle Voraussetzungen für die konzeptionelle Grundlagenarbeit sowie die wissenschaftliche Auswertung der alten und neuen Ausgrabungen geschaffen, deren Ergebnisse in ein neues Museumskonzept einfließen müssen. Aber das neue Zentraldepot spricht die interessierte Öffentlichkeit auch direkt an. Besucher können bei regelmäßigen Führungen im Schaudepot einen Einblick in die Arbeitsweise der Archäologie außerhalb von Ausgrabungen erhalten. In der Bibliothek finden archäologische Fachvorträge statt und im großzügigen Foyer und der Galerie im Eingangsbereich besteht die Möglichkeit für kleine Ausstellungen.

Die laufenden und künftigen Aufgaben können nur mit einer entsprechenden Personalausstattung gelingen. Ein wichtiger Schritt in diese Richtung war die Durchführung einer Organisationsuntersuchung, die im Herbst 2019 in der Schaffung neuer Planstellen mündete, darunter für Depotverwaltung, Inventarisation, Fundbestimmung, Grafik sowie Dokumentation, wobei in einigen Fällen bereits bestehenden Funktionen endlich in Planstellen umgewandelt wurden. Bedauerlicherweise fand in der betreffenden Beschlussvorlage die aus fachlicher Sicht zur Betreuung einer so bedeutenden Sammlung unerlässliche Stelle für eine/n archäologische/n Fachrestaurator/in keine Berücksichtigung.

Einige der neugeschaffenen Stellen können aktuell wegen eines Einstellungsstopps nicht besetzt werden. Es bleibt zu hoffen, dass trotz der corona-bedingten Finanzschwierigkeiten der Stadt Augsburg die Besetzung dieser Stellen und die Einrichtung der Restauratorenstelle in nächster Zeit verwirklicht werden kann, da sie zur Bewältigung der Aufgaben des Archäologischen Zentraldepots unverzichtbar sind.

Michaela Hermann

Bericht der Staats- und Stadtbibliothek Augsburg 2019–2020

Ausstellungen

Wie bereits in den letzten Jahren konnte die Staats- und Stadtbibliothek Augsburg 2019 und 2020 einige hochinteressante Ausstellungen organisieren.

Gleich zu Beginn 2019, zum Gedenken an die Räterepublik, gelang in Kooperation mit der Brecht-Forschungsstätte der Stadt Augsburg und Prof. Dr. Prof. h.c. Jürgen Hillesheim die Schau »*... vollens ganz zum Bolschewisten geworden...? Die Räterepublik 1919 in der Wahrnehmung Bertolt Brechts*«. Thematisiert wurde die Zeit zwischen der Kapitulation Deutschlands im Ersten Weltkrieg und der Räterepublik, die maßgeblichen Einfluss auf Brechts Denken und gesamtes Werk nahm. Zu der im Unteren Cimeliensaal gezeigten Ausstellung (1. März bis 26. April 2019) erschien ein Katalogbuch (Reihe Cimeliensaal Bd. 5) mit Texten von internationalen Brechtforschern aus fünf Ländern, dessen Herstellungskosten maßgeblich die Stadt Augsburg übernehmen konnte. Die gut besuchte Ausstellung wurde in der überregionalen Presse (F.A.Z., Süddeutsche Zeitung) sehr positiv besprochen.

Vom 23. Mai bis 19. Juli 2019 fand in der Universitätsbibliothek Augsburg die Präsentation »Augsburger Pflanzenbücher aus sechs Jahrhunderten« statt – eine Kooperation der Staats- und Stadtbibliothek Augsburg mit der Universitätsbibliothek Augsburg, dem Botanischen Garten und der Professur für Deutsche Literatur und Sprache des Mittelalters und der Frühen Neuzeit mit dem Schwerpunkt Bayern.

Eine weitere naturwissenschaftliche Präsentation konnte vom 5. bis 19. Juli 2019 im Unteren Cimeliensaal besichtigt werden: In Kooperation mit dem Naturwissenschaftlichen Verein für Schwaben e.V. wurde die außerordentlich gut besuchte Ausstellung »Faszination Libellen. Drachenhuren und Wasserjungfern, Teufelsnadeln und Himmelspferde« gezeigt, in der historische Libellendarstellungen aktueller Naturfotografie gegenübergestellt wurden.

Mit hervorragenden Leihgaben war die Staats- und Stadtbibliothek Augsburg auf der vom 17. Oktober 2018 bis 7. Juli 2019 laufenden Ausstellung »Gott, die Welt und Bayern. 100 Kostbarkeiten aus den Regionalen Staatlichen Bibliotheken Bayerns« in der Bayerischen Staatsbibliothek in München vertreten. Auch hierzu erschien ein reich illustrierter Katalog.

In unserer Bibliothek fanden noch zwei weitere Ausstellungen statt, zur Augsburger Europawoche »Irsee. Europäische Perspektiven einer schwäbischen Bibliothek«. Das zugehörige Katalogbuch (Reihe Cimeliensaal Bd. 3), herausgegeben von Helmut ZÄH, Stefan RAUEISER, Petra WEBER und Karl-Georg PFÄNDTNER, war für diese und eine zuvor im Stadtmuseum Kaufbeuren gezeigten erste Schau mit verändertem Schwerpunkt angelegt.

Im Rahmen der Tagung der International Association of Music Libraries, Archives and Documentation Centres (IAML), Ländergruppe Deutschland, in Augsburg konnte unsere Bibliothek im Unteren Cimeliensaal vom 12. bis 27. September 2019 die Ausstellung »Im Zentrum Mozart. Musik aus 1000 Jahren in der Staats- und Stadtbibliothek Augsburg« präsentieren. Glanzpunkte waren neben bedeutenden Musikhandschriften und -drucken sämtliche in unserem Hause gehüteten Mozart-Autografe (von Leopold Mozart, Wolfgang Amadeus und dem Nannerl), die den Musikwissenschaftlern des Kongresses – die in mehreren Gruppen durch die Ausstellung geführt wurden – großteils unbekannt waren und entsprechende Begeisterung entlockten.

Die Ausstellung »Leus Tierleben. Naturkunde gelebt, geliebt, gemalt vom Augsburger Forscher Johann Friedrich Leu (1808–1882)«, erneut eine Kooperation mit dem Naturwissenschaftlichen Verein für Schwaben e.V., fand unter den entsprechenden Corona-Vorgaben vom 16. September bis 6. November 2020 im Unteren Cimeliensaal statt. Das Katalogbuch, verfasst von Renate Pfeuffer M.A. und finanziert durch den Naturwissenschaftlichen Verein für Schwaben e.V., erschien als Band 6 unserer Cimeliensaal-Reihe. Leu, Augsburger Kürschner, Pelzhändler und Naturforscher, hinterließ eine 96 handschriftliche Bände umfassende Naturgeschichte der Wirbeltiere, u. a. mit großartigen leuchtenden Gouachen illustriert – eine Augenweide, die hier erstmals einem breiteren Publikum präsentiert wurde und die unermüdliche Arbeitsweise des Vereinsmitbegründers Leu zeigte.

Für die Sonderausstellung »Jesuitentheater in Augsburg« verliehen wir ans Leopold-Mozart-Haus in Augsburg sechs Periochen aus unserem Augustana-Bestand, die vom 28. Februar bis 16. August 2020 (mit Corona-Unterbrechungen) zu sehen waren und die Bühnenerfahrung des erst vierjährigen Leopold Mozart beleuchten.

Einer der bedeutendsten Einblattdrucke der Staats- und Stadtbibliothek Augsburg, die Maria im Ährenkleid, um 1465 (Einblattdr. vor 1500, Nr. 36a [Cim 34]) wurde in eines der bestbesuchten Museen in Österreich, das Obere Belvedere in Wien, für die Ausstellung »Der Meister von Mondsee« ausgeliehen und dort vom 7. Februar bis 13. September 2020 (ebenso Unterbrechungen während der Corona-Krise) präsentiert.

Vorträge

Vorträge fanden nur im Jahr 2019 statt. 2020 mussten alle analog geplanten Vorträge wegen der Corona-Krise abgesagt werden.

Am 14. Mai 2019 sprach Prof. Dr. Hubertus Günther über »Die Wende vom Mittelalter zur Neuzeit in den Wissenschaften«, eine Kooperationsveranstaltung der Bibliothek mit der Initiative Staats- und Stadtbibliothek Augsburg e.V., am 6. Juni 2019 fand – eine Kooperation unseres Hauses mit dem Historischen Verein für Schwaben – der Vortrag von Katharina Depner M.A. über »Das Papiernotgeld Schwabens 1914–1923 – ein Kapitel bayerischer Geschichte« statt. In Kooperation mit der Brecht-Forschungsstätte Augsburg konnte Dr. Tanja Kinkel zu einem Vortrag »Ein beredtes Streitgespräch im Münchner Humanisten- und Augsburger Renaissance-Deutsch – Lion Feuchtwanger und Bertolt Brecht« gewonnen werden.

Neuerwerbungen

In den Jahren 2019 bis 2020 konnten wiederum bedeutende Stücke für unsere Bibliothek erworben werden. Am wichtigsten ist hier wohl der Kauf eines illuminierten Einzelblattes einer liturgischen Handschrift aus dem Augsburger Benediktinerkloster St. Ulrich und Afra aus französischem Kunsthandel. Datiert 1518 zeigt es im bas-de-page die Darstellungen der Heiligen Ulrich, Afra, Simpert sowie des Abtes Johannes VI. (Schrott 1510 – res. 1527), in der Initiale König David, ein wichtiges Zeugnis der Augsburger Buchmalerei der Maximilianszeit, das bisher noch keinem Buchmaler zugeordnet werden konnte, aber aufgrund des Stils nur in Augsburg im Umkreis oder in der Werkstatt von Nikolaus Bertschi entstanden sein kann (2 Cod Aug 512; Abb. 1).

Hervorzuheben ist ebenfalls der Erwerb des altkolorierten Einblattdrucks (Holzschnitt) *Tödtliche Ableibung: Des Durchleuchtigsten Fürsten und Herren, Herrn Philippen deß dritten zu Hispanien* mit der Darstellung des aufgebahrten Königs, in Augsburg von Hanns Mayr (bis ca. 1666) im Jahr 1621 gedruckt, somit das einzige in unserer Bibliothek nachgewiesene Zeugnis dieses Druckers (11 PB 4; Abb. 2; digital: http://digital.bib-bvb.de/webclient/DeliveryManager?pid=14772639&custom_att_2=simple_viewer).

Unsere international renommierte Einbandsammlung konnte gleichfalls durch erstklassige Stücke bereichert werden, so u. a. durch einen um 1730 datierbaren Einband mit Silberbeschlägen und -schließen, gestempelt vom in Augsburg tätigen Goldschmied Franz Thaddäus Lang (1693–1773) aus Schwaz in Tirol (ES A 82; Abb. 3).

Für die Sammlung der Schreibmeisterbücher gelang der Ankauf eines gedruckten deutschen Schreibmeisterbuches aus der Mitte des 18. Jahrhunderts mit reicher Kalligraphie.

Auch für die Musiksammlung unserer Bibliothek konnten bedeutende Neuerwerbungen getätigt werden. Hervorgehoben seien die autografe Partitur von Arthur Piechlers (1896–1974) Augsburger Jahrtausendspiel, das zur 1000-Jahrfeier der Schlacht auf dem Lechfeld in Augsburg im Jahr 1955 uraufgeführt wurde, für unsere Mozart-Sammlung frühe Abschriften von Gesangspartien aus Don Giovanni sowie Auszüge aus der Zauberflöte für Streichquartett von Wolfgang Amadeus Mozart.

Als Schenkung aus Familienbesitz gelangte die Reinschrift der Lebenserinnerungen Paula Banholzers (1901–1989), Bert Brechts Jugendliebe und Mutter seines Sohnes Frank, in unser Haus, Vorlage für die Bücher »So viel wie eine Liebe. Der unbekannte Brecht« aus dem Jahr 1981 sowie »So viel wie eine Liebe. Ungeordnetes Verhältnis mit Bert Brecht« aus dem Jahr 2016.

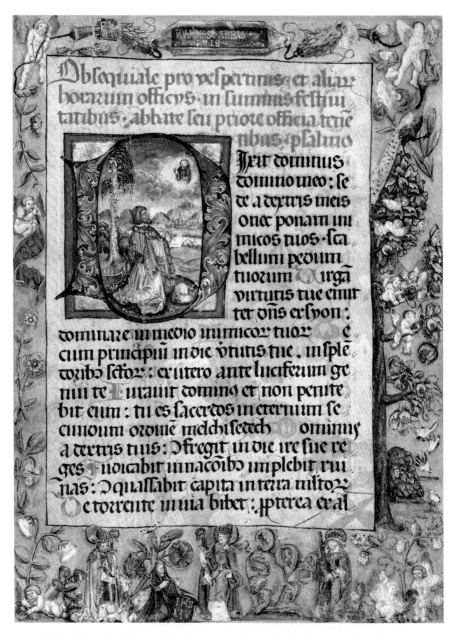

Abb. 1: Blatt einer liturgischen Handschrift aus St. Ulrich und Afra mit Wappen des Abtes Johannes VI Schrott, Werkstatt Nikolaus Bertschi?, Augsburg 1518 (2 Cod Aug 512)

Abb. 2: Einblattdruck mit der Darstellung des aufgebahrten Königs Philipp III. von Spanien, Hanns Mayr, Augsburg 1621 (11 PB 4)

Abb. 3: Schließe eines Einbandes mit Augsburger Silberbeschlägen, Thaddäus Lang, Augsburg, um 1730 (ES A 82)

Die Initiative Staats- und Stadtbibliothek Augsburg e.V., unser Freundeskreis, überreichte der Bibliothek im September 2019 wertvolle Buchgeschenke. Ein größeres Konvolut von in Augsburg gedruckten, hervorragend erhaltenen Theaterlibretti des 18. Jahrhunderts, darunter etwa Karl Gotthelf Lessings Die reiche Frau (Ein Lustspiel in fünf Aufzügen) von 1776 oder Johann Wolfgang von Goethes Clavigo (Ein Trauerspiel in fünf Aufzügen).

Gestiftet wurden auch Augsburger Erbauungsbücher des 17. und 18. Jahrhunderts, ein 1792 in Augsburg gedrucktes Kochbuch, dessen erstes Rezept die Zubereitung einer Sago-Suppe beschreibt, und die handschriftliche Fassung eines Vortrags über die Malerfamilie Burgkmair aus dem Jahr 1874.

Außerdem konnten 2020 im Zusammenhang mit der Leu-Ausstellung zwei weitere Bände dieses renommierten »Augsburger Brehms« als Schenkung in den Bestand aufgenommen werden: eine frühe Handschrift mit zahlreichen von Johann Friedrich Leu selbst gemalten Illustrationen und ein handschriftlicher Reisebericht von Leus Reise nach Italien im Jahr 1845 (im Volltext abrufbar über die Digitalen Sammlungen auf unserer Website).

Neufunde

Die Durchsicht der aus Einbänden meist im frühen 20. Jahrhundert ausgelösten Fragmente in der Staats- und Stadtbibliothek Augsburg brachte einige interessante Stücke ans Licht, die bisher nicht beachtet und publiziert waren, darunter auch ein leider arg beschädigtes Fragment (Makulatur, Mappe 33) eines Kupferstichs (Abb. 4) des hl. Antonius des Einsiedlers von Martin Schongauer (Hollstein Nr. 53). Dieses war zusammen mit Fragmenten eines Defensoriums Ecclesiae adversus Laurentium Corvinum Lutherane heresos (Krakau 1531) als Einbandmakulatur verwendet worden. Sowohl die sieben Blätter des Defensorium als auch das Vorsatzblatt, auf dem der Kupferstich aufgeklebt war, zeigen starke Wurmschädigungen, sicher der Anlass den Einband der in Augsburg bei Heinrich Stayner im Jahr 1536 gedruckten *Kellermeisterei*[1] (heutige Signatur 4 Ldw 125) – erworben 1952 – zu ersetzen. Die Wurmschäden finden sich auch am Ende des einstigen Trägerbandes, so dass diese Fragmente ursprünglich im Rückdeckel gewesen sein müssen. Heute sieht man an diesem Buch keine originalen Spuren vom alten Einband mehr. Das Fragment des Kupferstichs zeigt den hl. Antonius, ist aber oben am Haupt beschädigt, im Binnenfeld mit z.T. großen Wurmlöchern, das untere linke Drittel abgerissen. Zu unbekannter Zeit – noch vor der Makulation? – wurde zumindest der Kreuzstab und vor allem das Haupt in Tinte wieder vervollständigt, allerdings ohne die charakteristische Kappe, d.h. die ergänzende Hand kannte wohl kein vollständig erhaltenes Exemplar des Kupferstichs. Am linken oberen Rand erkennt man Federproben.

Abb. 4: Fragmentiert und von Hand ergänzter Kupferstich des hl. Antonius des Einsiedlers, Martin Schongauer, um 1470 (Makulatur, Mappe 33)

---

[1] Kellermaisterey. Gründlicher bericht wie man alle Wein / Teutscher und Welscher landen, Augsburg: Haynrich Stayner, am 20. Tag May / des M.D. XXXVI. Jars.

Erschließung und Digitalisierungen

Ab November 2020 startete ein zweijähriges Projekt zur Erschließung und Digitalisierung der Musikhandschriften bis zur Mitte des 17. Jahrhunderts der Staats- und Stadtbibliothek Augsburg, das zusammen mit der Bayerischen Staatsbibliothek in München bei der DFG beantragt worden war und genehmigt wurde. Im Zuge dieses Projektes werden 79 Musikhandschriften dieses Zeitraums im Vorfeld restauriert und dann von Musikwissenschaftler*innen in der Bayerischen Staatsbibliothek katalogisiert und digitalisiert, ein wichtiger Beitrag zum Erhalt und zur Erschließung unseres Altbestandes. Mit dem im Juli 2020 abgeschlossenen Google-Digitalisierungsprojekt sind nun über 88.000 Drucke des 16.–19. Jahrhunderts unseres Hauses weltweit kostenfrei im Volltext einseh- und abrufbar. Ebenso im Juli 2020 konnten die Digitalisate des Großteils unserer Augsburger Thesenblätter der Barockzeit online gestellt werden (http://digital.bib-bvb.de/webclient/DeliveryManager?custom_att_2=simple_viewer&pid=16865564), ein Desiderat der Forschung zur Augsburger Kunst (Abb. 5).

Publikationen zum Bestand

Bei einer Durchsicht der Handschriften und Inkunabeln der Staats- und Stadtbibliothek Augsburg wurde eine Reihe von hervorragenden italienischen Ausstattungen des 14. und 15. Jahrhunderts entdeckt, darunter eine größere Gruppe aus der Lombardei. Diese bis auf Ausnahmen bisher unbekannten illuminierten Bücher konnten in einem Aufsatz in einer renommierten, von der Österreichischen Nationalbibliothek in Wien herausgegebenen Zeitschrift vorgestellt werden (Karl-Georg PFÄNDTNER, Italienische Miniaturen in Handschriften und Inkunabeln der Staats- und Stadtbibliothek Augsburg, in: Codices Manuscripti & Impressi 119 [2020] S. 23–48).

Karl-Georg Pfändtner

Abb. 5: Thesenblatt mit der Darstellung der Anbetung des Kindes,
Georg Kilian nach Hyacinthe Rigaud, Augsburg 1713 (Graph Kilian G 006)

Aus der Arbeit
der Schwäbischen Forschungsgemeinschaft e.V.

Im Zeitraum 2019/20 führte die Schwäbische Forschungsgemeinschaft trotz der Einschränkungen infolge der Corona-Pandemie ihre Tätigkeiten erfolgreich weiter.

Im Frühjahr 2020 konnte die 6. Lieferung des Historischen Atlas von Bayerisch-Schwaben vorgelegt werden, herausgegeben von Hans Frei, Gerhard Hetzer und Rolf Kiessling (Wißner-Verlag, Augsburg 2019, € 29,50). Die umfangreiche Lieferung mit 25 Karten in zehn Themenbereichen und erläuternden Texten bietet eine Zusammenschau historisch-landeskundlicher Forschungsergebnisse, die vom Hochmittelalter bis in unsere Zeit reichen. Das thematische Spektrum führt dabei von den mittelalterlichen Königspfalzen über frühneuzeitliche jüdische Siedlungen bis zu den Veränderungen der Kulturlandschaft im 20. Jahrhundert. Der Themenbereich der Altkarten wird von Michael Ritter und Wolfgang Wüst bestritten. Während Ritter einen Ausschnitt der 1725 in Augsburg erschienenen und von Matthäus Seutter gestochenen Karte Suevia Universa erläutert und als wichtige Quelle der Herrschafts-, Siedlungs- und Verkehrsstrukturen auszeichnet, lässt der Grundrissplan des im heutigen Landkreis Günzburg liegenden Dorfes Kleinbeuren, der 1734 von Johann Kaspar Klickh erstellt wurde, einen genauen Blick auf Besitzgrößen, Flurgestaltung und Wegenetze zu. Hans Frei, Markus Hilpert und Wolfgang Hatz haben sich der Entwicklungsgeschichte der Kulturlandschaften gewidmet, die in den letzten Jahrzehnten massive Veränderungen durchlaufen hat. Am Beispiel der Stadt Augsburg und ihres Umlandes sowie des Raumes Aichach-Friedberg werden historisch-geographische und agrarwirtschaftliche Umbrüche ausgebreitet. Die politische Geschichte des Mittelalters greift Christof Paulus anhand der Königsaufenthalte von den Karolingern bis zu den Staufern auf und kann den Stellenwert Augsburgs und des heutigen Schwabenraumes als Aufenthaltsort detailliert nachweisen. Paul Hoser visualisiert anhand umfangreicher Kartierungen nicht nur die Wahlergebnisse der Nationalsozialisten zwischen 1928 und 1933, sondern auch die Organisationsformen von NSDAP und Parteigliederungen sowie des Reichsnährstandes mit den Kreisbauernschaften. Erstmals ist damit die politische Geschichte des 20. Jahrhunderts aus der Zeit des Nationalsozialismus aufgegriffen worden. Eine Karte gilt der Verbreitung der KZ-Außenlager. Kirchengeschichtliche Inhalte hat Walter Ansbacher aufgegriffen, indem er die Niederlassungen von Orden um 1900 und Klöster und geistliche Gemeinschaften um 2000 im Bistum Augsburg vergleichend ermittelt hat. Werner Lengger nimmt die Verbreitung und die räumliche Verteilung weiterführender Schulen sowie der Hochschulen nach 1945 in den Fokus, wodurch sich mittels des Bildungswesens eine wichtige Komponente des gesellschaftlichen Wandels im 20. Jahrhundert ablesen lässt. Verkehrsgeschichtliche Aspekte greift Gerhard Hetzer mit der Darstellung des Eisenbahnnetzes und der staatlichen Bahnbehörden nach 1945 auf, wobei der Rückzug der Eisenbahn aus der Fläche mit vielen Stilllegungen von Strecken für den Personen- und Güterverkehr frappierend ist. Anhand des in Schwaben seit dem Mittelalter bedeutenden Weberhandwerks kann Anke SCZESNY die Entstehung und Entwicklung von den in der Forschung noch wenig beachteten ländlichen Zünften nachzeichnen. Ganz aktuell ist die Karte zur Energiegewinnung und -erzeugung von Stephan BOSCH, die den Stand von 2019 aufzeigt und Wasserkraftwerke, Solar- und Windparkanlagen, Biomasseanlagen, Erdöllager und schließlich Kernkraftwerke – diese auch bereits mit dem Abschaltjahr – akribisch verortet. Rolf Kießling und Sabine ULLMANN nehmen sich der jüdischen Bevölkerungsentwicklung an. Mittels dreier Karten können jüdische Siedlungen und Gemeinden in Stadt und Land bis 1519, dann von 1520 bis zum Ende des Alten Reiches und schließlich, als letzten Zeitabschnitt, bis zum Dritten Reich nachvollzogen werden, wobei auch Einrichtungen wie Synagogen und Friedhöfe erfasst sind. Den Schluss des Kartenwerks bildet die Darstellung von Sprachräumen und Dialektregionen in Nord- und Mittelschwaben, die durch die Erhebungen und Untersuchungen von Werner KÖNIG und Simon PRÖLL erarbeitet werden konnten. Mit dieser 6. Lieferung erweist sich wieder, dass mit kartographischen Darstellungen geschichtliche Verläufe verständlicher werden und einen schnelleren Zugang zu historischen Ereignissen und Gegebenheiten ermöglichen, als dies Texte allein können.

In der Reihe 1 (Studien zur Geschichte des bayerischen Schwaben) ist die Arbeit von Felix BELLAIRE: Augsburg 1939–1945. Eine Stadt im Kriegszustand (512 Seiten, 34 Abb., Friedberg 2020) erschienen. Am Beispiel Augsburgs untersucht die Studie die Wahrnehmung des Krieges und dessen konkrete Auswirkungen auf eine Stadt an der »Heimatfront«, wobei neben Wirtschaft, Versorgungslage und Luftkriegsgeschehen vor allem bislang in der Forschung weniger beachtete Bereiche und Aspekte wie beispielsweise der Kulturbereich oder das kirchliche Leben im Vordergrund stehen. Deutlich wird, dass der Zweite Weltkrieg keinen Bereich des Lebens der Stadtbevölkerung unberührt ließ und zu einer allumfassenden Erfahrung wurde. Allein die zunehmenden Luftangriffe rückten den Krieg immer näher, bis große Teile Augsburgs bei den Bombardierungen vom Februar 1944 in Schutt und Asche versanken. Entbehrungen, Mangel und teilweise Repressionen prägten das Augsburger Alltagsleben, vor allem auch in den späteren Kriegsjahren. Als im April 1945 amerikanische Truppen in Augsburg einrückten, war die zeitweise weit verbreitete Siegeszuversicht einer apathischen Haltung und dem Fatalismus gewichen.

Leider muss die Schwäbische Forschungsgemeinschaft unter ihren Mitgliedern mehrere Todesfälle betrauern.

Am 2. Mai 2019 starb Horst Gaiser, geboren 1939 in Pirmasens, der sich als Rechtsanwalt in Neu-Ulm niedergelassen hatte. Noch während seines Jurastudiums in Tübingen hatte er 1950 die Pflege für die kommunalen Archive des Landkreises Neu-Ulm übernommen und wurde später dort Kreisarchivar. Seit 1966 war er Leiter des Heimatmuseums Neu-Ulm und seit 1977 Erster Vorsitzender des Vereins für Kunst und Altertum in Ulm und Oberschwaben. Er trat mit zahlreichen Veröffentlichungen zum Ulmer Raum hervor.

Der 1931 in Berlin geborene Claus-Peter Clasen, der 1962 nach seinem Studium an der Freien Universität in die USA gegangen war, verstarb am 28. Juli 2019 in Königsbrunn. Clasen wurde 1962 mit einer Arbeit über »Wiedertäufer im Herzogtum Württemberg und in benachbarten Herrschaften« promoviert, durchlief Assistenzprofessuren an der Yale University und an der University of California in Los Angeles, wo er von 1973 bis zu seiner Pensionierung 1991 eine Professur innehatte. Nach seiner Rückkehr nach Deutschland im selben Jahr widmete er sich ganz der Augsburger Handwerksgeschichte, beispielsweise den Webern sowie den Gerbern und Schuhmachern, aber auch den Streiks und Aufstandsbewegungen in verschiedenen Jahrhunderten (siehe auch die posthum veröffentliche Miszelle in dieser Zeitschrift). Allein in der SFG veröffentlichte er sechs Bände.

Am 8. Oktober 2019 verstarb Universitätsprofessor em. Dr. P. Ulrich Faust OSB, der lange Jahre in Ottobeuren wirkte. Geboren 1935 in Harburg-Wilhelmsburg, trat Ulrich Jürgen Faust als junger Mann in die Benediktinerabtei Ottobeuren ein und studierte in Salzburg, Rom, München und Tübingen. Er wurde 1960 zum Priester geweiht und promovierte in Theologie (1962) und Philosophie (1976). Er wirkte als Gymnasiallehrer und Universitätsdozent in Salzburg und Graz. 1983 wurde er für Allgemeine Kirchengeschichte habilitiert, 1990 zum außerordentlichen Professor berufen. Darüber hinaus war er seit 1986 für die Schriftleitung der Germania Benedictina und seit 1990 für die Studien und Mitteilungen zur Geschichte des Benediktinerordens und seiner Zweige verantwortlich. In Ottobeuren und Marienberg war er für bedeutende Bibliotheken bzw. Bibliotheksbauten zuständig, in Marienberg verstarb er schließlich nach langer Krankheit.

Der 1937 geborene Franz Schaffer, seit 1977 Mitglied der SFG, studierte von 1957–1963 Geographie, Chemie, Biologie für das Lehramt an Gymnasien und wurde 1966 am Geographischen Institut der Technischen Hochschule München mit einer Arbeit zu »Untersuchungen zur sozialgeographischen Situation und regionalen Mobilität in neuen Großwohngebieten am Beispiel Ulm-Eselsberg« promoviert. 1971 erfolgte die Habilitation zum Thema »Wirkungen der räumlichen Mobilität auf die innere Differenzierung der Stadt«. Von 1973 bis 2003 hatte Franz Schaffer den Lehrstuhl für Sozial- und Wirtschaftsgeographie an der Universität Augsburg inne, 2008 erhielt er das Bundesverdienstkreuz. Er starb am 25. Februar 2020.

Der langjährige Erste Vorsitzende der SFG Rolf Kießling verstarb unerwartet am 22. Juni 2020 (siehe auch den Nachruf in diesem Band von Étienne François). 1941 in Augsburg geboren, studierte Rolf Kießling in München für das Lehramt Gymnasium die Fächer Geschichte, Deutsch und Geographie und schloss 1970 mit dem 2. Staatsexamen ab. Schon 1969 aber wurde er mit einer wegweisenden Arbeit über die »Bürgerliche Gesellschaft und Kirche in Augsburg im Spätmittelalter«, betreut von Karl Bosl, promoviert. Während seiner Tätigkeit am Bayernkolleg habilitierte er sich 1985 an der Universität Augsburg im Fach Mittlere und Neuere Geschichte mit besonderer Berücksichtigung der Landesgeschichte mit der Schrift »Die Stadt und ihr Land. Umlandpolitik, Bürgerbesitz und Wirtschaftsgefüge in Ostschwaben vom 14. bis ins 16. Jahrhundert«, erschienen im Druck 1989. Von 1992 bis 1994 lehrte er an der Katholischen Universität Eichstätt im Rahmen einer Vertretungsprofessur für Theorie und Didaktik der Geschichte. 1994 wurde er an die Universität Augsburg auf den Lehrstuhl für Bayerische und Schwäbische Landesgeschichte berufen, den er bis 2007 innehatte. In der SFG war Rolf Kießling seit 1974 Mitglied, seit 2000 bis 2016 war er Erster Vorsitzender. In dieser Zeit hatte er große Herausforderungen zu bewältigen: Es galt, die Stelle der wissenschaftlichen Mitarbeiterin auf Dauer zu sichern und die drängenden Raumfragen zu lösen. Schrittweise bezog die SFG die heutigen Geschäftsräume im alten Universitätsgebäude an der Eichleitnerstraße. Die Förderung durch den Bezirk Schwaben, die seit Jahrzehnten gegeben war, wurde auf eine neue Grundlage gestellt und durch eine entsprechende Satzungsänderung die Verbindung zum Bezirk und zum Lehrstuhl für bayerische und schwäbische Landesgeschichte an der Universität Augsburg verstetigt. Zudem war Rolf Kießling Leiter der Schwäbischen Forschungsstelle Augsburg, die das Gelenk zwischen der Forschungsgemeinschaft und der Kommission für bayerische Landesgeschichte bei der Bayerischen Akademie der Wissenschaften bildet. Der vielfache Preisträger hat sich für das überregionale wissenschaftliche Ansehen und für die Publikationstätigkeit der SFG eingesetzt, sichtbar an den 66 Publikationen, die unter seiner Ägide der Öffentlichkeit präsentiert werden konnten. Das zeitliche Spektrum reichte dabei vom Frühmittelalter bis in das 20. Jahrhundert. Neben langjährigen Autoren erhielten zahlreiche junge Historikerinnen und Historiker die Möglichkeit, sich einen Namen zu machen. Rolf Kießling war ein Ideengeber, der den fachlichen Austausch pflegte und immer für Neues aufgeschlossen war, wenn es seinem hohen wissenschaftlichen Anspruch genügte.

Am 28. Juli 2020 veranstaltete die SFG eine Gedenkfeier für Rolf Kießling in dessen Tauf- und Konfirmationskirche St. Jakob in Augsburg. Stadtdekan Frank Kreiselmeier schilderte unter anderem Kießlings Engagement für die Erforschung der evangelischen Kirchengeschichte in Augsburg und die Sicherung der Pfarrarchive vor Ort. Der Inhaber des Lehrstuhls für mittelalterliche Geschichte an der Universität Augsburg, Martin Kaufhold, zeichnete ein Bild von Rolf Kießling als Wissenschaftler, Lehrer, Kollege und Mensch. Gerhard Hetzer, der jetzige Erste Vorsitzende der SFG, würdigte die Arbeit des Verstorbenen für die Forschungsgemeinschaft im Verbund mit anderen Einrichtungen als Anreger und Begleiter von Fragestellungen und Arbeiten wie als Förderer von Nachwuchswissenschaftlern für die regionale Forschung.

All diesen Verstorbenen werden wir ein ehrendes Andenken bewahren.

Anke Sczesny

Aus der Tätigkeit des Staatsarchivs Augsburg

»Die ›Erbpolizei‹ im *Dritten Reich*. Staatliche Gesundheitsämter in Schwaben« Ausstellung des Staatsarchivs Augsburg in Zusammenarbeit mit dem Staatlichen Gesundheitsamt Neuburg-Schrobenhausen

Am 4. März 2020 wurde im Staatsarchiv Augsburg die Ausstellung »Die ›Erbpolizei‹ im *Dritten Reich*. Staatliche Gesundheitsämter in Schwaben« eröffnet. Sie war von Mitarbeitern des Staatsarchivs zusammen mit Dr. Johannes Donhauser, dem Leiter des Staatlichen Gesundheitsamtes für Neuburg-Schrobenhausen, erarbeitet worden. Etwa 50 Interessierte waren an diesem Abend gekommen, verfolgten aufmerksam Dr. Donhausers Eröffnungsvortrag »Erb- und Rassenpflege im Gesundheitsamt. Zwangssterilisation und Kindereuthanasie im Nationalsozialismus« und beteiligten sich rege an der anschließenden Diskussion. In seinem stellenweise sehr bewegenden Vortrag analysierte der durch umfangreiche eigene Forschungen ausgewiesene Referent Funktion und Verhalten des Öffentlichen Gesundheitsdienstes im Nationalsozialismus. Dabei beschrieb er fußend auf intensiver Quellenarbeit, wie die Ideologie von der Erbgesundheit das Leben einzelner zerstören konnte.

Abb. 1: Die Ausstellungsmacher (v.l.n.r.): Dr. med. Johannes Donhauser, Patrick Rieblinger B.A., Rainer Jedlitschka M.A., Stefanie Schweigkofler, Richard Helfrich (Foto: Paul John, Staatsarchiv Augsburg)

Anschließend lud die *Societas Amicorum*, der Freundeskreis des schwäbischen Staatsarchivs, zu einem kleinen Umtrunk ein. Die Ausstellungsmacher standen für Fragen und Erläuterung der Exponate zur Verfügung. Ein Begleitheft lag zur Mitnahme aus und kann beim Staatsarchiv weiterhin bezogen werden.

Ziel war es, das Thema quellennah anhand einzelner Schicksale begreifbar zu machen. So musste sich etwa im Februar 1937 eine dreizehnjährige Schülerin aus einem Ort im Unterallgäu der schwersten Bedrohung ihres jungen Lebens stellen. Der Dorflehrer war einer Aufforderung der NSDAP im Gau Schwaben gefolgt und hatte das seh- und hörbehinderte Mädchen als »erbkrank« denunziert. Das zuständige Gesundheitsamt in Mindelheim hatte zu entscheiden, ob ein Antrag auf Zwangssterilisation gestellt wurde. Damit drohte ihr körperliche Verstümmelung in einer Operation, die nicht selten tödlich endete. Die Denunziation des Lehrers ist nur eines von vielen Beispielen, wie »normale« Bürger ihre Mitmenschen zur Bewahrung eines angeblich »gesunden Volkskörpers« staatlicher Willkür auslieferten; Ärzte und Hebammen waren zu dieser Meldung sogar verpflichtet. Rund 400.000 Menschen wurden während der Zeit des Nationalsozialismus in Deutschland von Amts wegen zwangssterilisiert. Grundlage dieser Maßnahme war das »Gesetz zur Verhinderung erbkranken Nachwuchses«, in dem es hieß: »Wer erbkrank ist, kann durch (chirurgischen) Eingriff unfruchtbar gemacht werden, wenn nach den Erfahrungen der ärztlichen Wissenschaft mit großer Wahrscheinlichkeit zu erwarten ist, dass seine Nachkommen an schweren körperlichen oder geistigen Erbschäden leiden werden.«

Amtierender Amtsarzt im Bezirksamt Neuburg an der Donau war zu dieser Zeit Dr. Ernst Holländer. Der 1879 im damals pfälzischen Homburg geborene Mediziner sollte sich als williger Vollstrecker der nationalsozialistischen »Erb- und Rassenpflege« erweisen. Den Neuburger Anton S., Mitte 40, verheiratet, Vater von sieben Kindern und berufstätig, lud er wegen eines angeborenen Klumpfußes zur Untersuchung vor. Bei dieser diagnostizierte der Amtsarzt eine Erbkrankheit. Er meldete den Fall an das Erbgesundheitsgericht Augsburg und empfahl, Anton S. zu sterilisieren. Dieser wehrte sich und flehte das Gericht in einem erschütternden Brief an, ihn zu verschonen. Doch auch eine Selbstmorddrohung konnte das Erbgesundheitsgericht nicht davon abbringen, auf Unfruchtbarmachung zu entscheiden. Nachdem eine Berufung erfolglos war, floh Anton S. nach Österreich. Nun setzte Dr. Holländer zum zweiten

Abb. 2: Dr. Ernst Holländer, 1934
(StAA Spruchkammer Neuburg H 231)

Schlag gegen Anton S. an, als er bei der Stadtverwaltung Neuburg erwirkte, Zwangsmaßnahmen gegen S. und dessen Familie einzuleiten. Anton S. musste sich nun in sein Schicksal fügen. Im städtischen Krankenhaus Augsburg wurde er zwangsweise sterilisiert. In einer abschließenden Untersuchung einige Wochen nach der Operation sollte Dr. Holländer noch feststellen, ob der Eingriff negative Nachwirkungen zeige. In seinem Gutachten ließ sich der Amtsarzt zu der Bemerkung herab, dass Anton S. nach allem, was ihm widerfahren ist, an *leichter nervöser Erregbarkeit* leide. Dr. Holländers Persönlichkeit scheint in diesen wenigen Worten klar durch.

Geschichten wie jene des Unterallgäuer Lehrers oder die des Neuburger Amtsarztes Holländer machen die Schrecken der Zeit greifbar; und sie decken auf, dass viele der Täter nach Ende des Zweiten Weltkriegs nicht für ihre Taten belangt wurden und sogar wieder in ihren Beruf zurückkehren durften. So konnte der Lehrer, als »Mitläufer« entnazifiziert, schon 1948 wieder in den schwäbischen Schuldienst eintreten, wo er bis zu seiner Pension 1968 verblieb. Auch viele belastete Ärzte wurden aufgrund Personalmangels nach dem Krieg rasch in den Dienst zurückgeholt. Ein Beamter des Innenministeriums versuchte, auch Dr. Holländer auf seinen alten Posten nach Neuburg zu bringen. Dies scheiterte aber vermutlich an dessen hohem Alter. Unterlagen aus dem Spruchkammerverfahren gegen den Amtsarzt geben erschreckende Einblicke in dessen Haltung auch nach 1945. So schimpfte dieser über die Belastungszeugen der Spruchkammer: *Gewürdigt wurden überhaupt nur die belastenden Aussagen von Geisteskranken, Psychopathen, Schwachsinnigen, Erbkranken, verbrecherischen oder asozialen Elementen.* Die eigene Verstrickung in das NS-Unrechtsregime konnte er nicht erkennen.

Rassenhygienische Gesetze und Dienstordnungen hatten sich auch nach 1945 kaum verändert bzw. blieben – wenn auch nur formal – noch lange in Kraft. So wurde das Gesetz zur Verhütung erbkranken Nachwuchses, das die Grundlage der Zwangssterilisierungen bildete, auf Bundesebene erst 1974 formal aufgehoben. Eine Aufarbeitung der eigenen Vergangenheit fand lange nicht statt. Die Rolle des Öffentlichen Gesundheitsdienstes im Nationalsozialismus wurde bis in die 1980er-Jahre verdrängt und verharmlost.

Die Augsburger Ausstellung arbeitete auf, wie es durch Ideologie, aber auch durch Bürokratie zu Verstümmelung und Euthanasie kommen konnte. Dies wird belegt durch zeitgenössische Dokumente wie Büchern zu Rassenkunde, Erbkarteikarten, Sippentafeln, dem Runderlass des damaligen Reichsministers des Innern über eine *Meldepflicht für mißgestaltete usw. Neugeborene* vom August 1939 sowie amtsärztliche Anträge und Gutachten. Sie zeigen, dass die Unrechtsmaßnahmen im »Dritten Reich« überwiegend formal legal begründet und bürokratisch ausgefeilt umgesetzt wurden. Mit oben erwähntem geheimem Runderlass beteiligte man die öffentliche Gesundheitsverwaltung an der administrativen Zuarbeit zum zentral organisierten Krankenmord. Amtsärzte hatten die eingehenden Meldungen von Hebammen und Leitern von Entbindungsanstalten über »auffällige Kinder« auf Plausibilität zu prüfen und dann an die Tarnorganisation des Krankenmords, den »Reichsausschuss zur wissenschaftlichen Erfassung von erb- und anlagebedingten schweren Leiden« nach

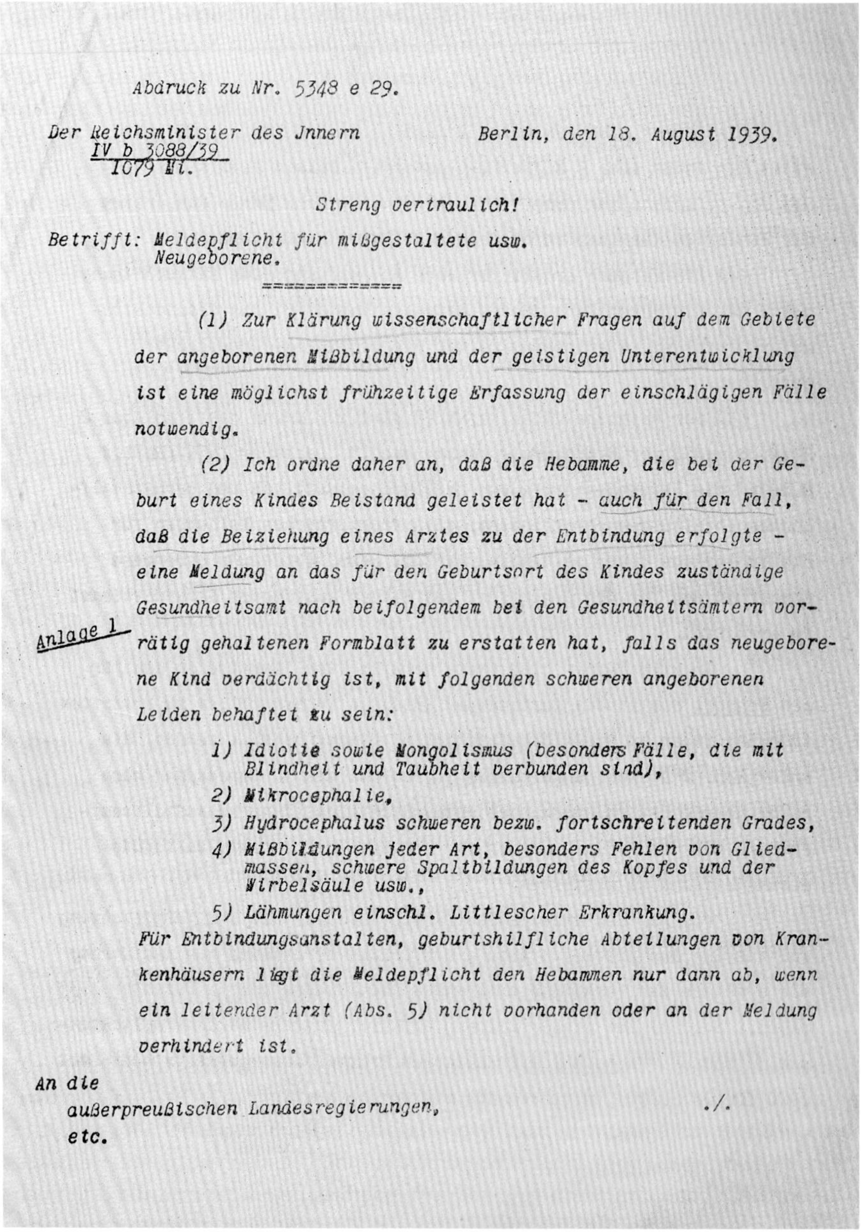

Abdruck zu Nr. 5348 e 29.

Der Reichsminister des Jnnern   Berlin, den 18. August 1939.
IV b 3088/39
1079 MI.

Streng vertraulich!

Betrifft: Meldepflicht für mißgestaltete usw.
Neugeborene.

(1) Zur Klärung wissenschaftlicher Fragen auf dem Gebiete der angeborenen Mißbildung und der geistigen Unterentwicklung ist eine möglichst frühzeitige Erfassung der einschlägigen Fälle notwendig.

(2) Ich ordne daher an, daß die Hebamme, die bei der Geburt eines Kindes Beistand geleistet hat – auch für den Fall, daß die Beiziehung eines Arztes zu der Entbindung erfolgte – eine Meldung an das für den Geburtsort des Kindes zuständige Gesundheitsamt nach beifolgendem bei den Gesundheitsämtern vorrätig gehaltenen Formblatt zu erstatten hat, falls das neugeborene Kind verdächtig ist, mit folgenden schweren angeborenen Leiden behaftet zu sein: *(Anlage 1)*

   1) Idiotie sowie Mongolismus (besonders Fälle, die mit Blindheit und Taubheit verbunden sind),
   2) Mikrocephalie,
   3) Hydrocephalus schweren bezw. fortschreitenden Grades,
   4) Mißbildungen jeder Art, besonders Fehlen von Gliedmassen, schwere Spaltbildungen des Kopfes und der Wirbelsäule usw.,
   5) Lähmungen einschl. Littlescher Erkrankung.

Für Entbindungsanstalten, geburtshilfliche Abteilungen von Krankenhäusern liegt die Meldepflicht den Hebammen nur dann ab, wenn ein leitender Arzt (Abs. 5) nicht vorhanden oder an der Meldung verhindert ist.

An die
außerpreußischen Landesregierungen,   ./.
etc.

Abb. 3: Runderlass des Reichsministeriums des Innern IV b 3088/39-1079 MI vom 18.8.1939, vervielfältigtes Schreiben, insg. 4 S. – hier die 1. Seite (StAA Gesundheitsamt Nördlingen 45)

Abb. 4: Arbeitszimmer von Dr. Holländer mit Originalmöbeln des Gesundheitsamts Neuburg (vor 1945) – Installation im Foyer des Staatsarchivs Augsburg
(Foto: Paul John, Staatsarchiv Augsburg)

Berlin zu senden. Für Hebammen gab es sogar ein »Kopfgeld« von 2 Mark pro Meldung. Entschied der »Reichsausschuss« auf »Behandlung«, wurden die Gesundheitsämter verständigt und hatten für die Einweisung der zumeist noch in ihren Familien lebenden Kinder zu sorgen. Im Rahmen der »Erwachsenen-Euthanasie« war dies nur in Ausnahmen nötig, da Erwachsene häufig bereits in Heil- und Pflegeanstalten untergebracht waren. Im Nachhinein werten Historiker dies als Auftakt zur sogenannten »Euthanasie«, jene von den Nationalsozialisten zentral und geheim organisierte Ermordung von psychisch kranken und behinderten Menschen, der mindestens 5.000 Kinder und Jugendliche und ca. 200.000 Erwachsene zum Opfer fielen. Diese Thematik wurde in der Ausstellung am Beispiel des kleinen Johann veranschaulicht. Johann war gerade sieben Jahre alt, als er in höchster Lebensgefahr schwebte. Der vermutlich geistig behinderte Junge aus dem Raum Neuburg war 1942 für einige Wochen in die Pflegeanstalt Eglfing-Haar bei München eingewiesen worden. Wie sich aus den Akten ergibt, holte ihn die Mutter gegen den Willen der Ärzte aus der Anstalt und rettete ihm so das Leben. Neben all den genannten Dokumenten aus den Beständen des Staatsarchivs Augsburg versetzte besonders ein Sprechzimmer mit originalen Möbeln und medizinischen Instrumenten des früheren Gesundheitsamtes Neuburg an der Donau die Ausstellungsbesucher in die damalige Zeit und machte die grausamen Taten der Amtsärzte erlebbar.

Rainer Jedlitschka / Patrick Rieblinger

Miscellanea Suevica

Felix Guffler

Decuriones municipii et IIIIviri.
Zur Verwaltung des römischen Augsburgs*

Abstractum: Nach einer grundlegenden Revision quattuorviral verwalteter Municipia auf der Iberischen Halbinsel können die neuen Erkenntnisse auch auf das römische Augsburg übertragen werden. So muss für Augusta Vindelicum gleichfalls angenommen werden, dass die Stadt von vier *Quattuorviri* geleitet wurde, die sich einteilen lassen in zwei *Quattuorviri iure dicundo* und in zwei *Quattuorviri aedilicia potestate*. Fehlen bei diesem Titel die Spezifizierungen, wie dies in Augsburg beim *Decurio* und *Quattuorvir* Caius Iulianius Iulius der Fall ist, so handelt es sich hierbei um *Quattuorviri iure dicundo*.

Seit vielen Jahren ist das Wissen über das römische Augsburg bezüglich seiner Verwaltung auf demselben Stand geblieben. Mit Ausnahme der Funde von der Hofer Straße in Augsburg-Oberhausen vom Sommer 1998 bzw. Winter 1999 hat sich auch das Fundmaterial für diese Fragestellung nicht grundlegend erweitert.¹ Obwohl die lokale Quellenlage entsprechend unerfreulich und alleinstehend wenig aussagekräftig war, wurde die Verwaltung Augsburgs lange Zeit nicht mit Studien aus anderen Regionen des Imperium Romanum verglichen. Häufig wurden dieselben Standardwerke in Bezug auf die Stadtverwaltung zitiert; der Blick in die immer breiter werdende fremdsprachige, oft grundlegende Forschung (v. a. spanisch, italienisch, rumänisch) hingegen ist bei provinzialrömischer Geschichtsforschung bislang meist unterblieben. Gerade für Augsburg bieten die neuesten Forschungen von der Iberischen Halbinsel neue Erkenntnisse zur Verwaltung und Organisation, die in diesem Umfang bislang im deutschen Sprachraum in Bezug auf provinzialrömische Geschichtsforschung noch nicht rezipiert wurden. Zur Konturierung soll zunächst die bislang gültige Auffassung der Stadtverwaltung an dieser Stelle kurz skizziert werden.²

---

* Verwendete Abkürzungen: AE = L'année épigraphique; DNP = Der neue Pauly. Enzyklopädie der Antike; HD = Epigraphische Datenbank Heidelberg; Lupa = Bilddatenbank Ubi erat lupa; TM = Trismegistos Textdatenbank.
1 Bei Bauarbeiten am Gebäude der Landesversicherungsanstalt Schwaben, heute Deutsche Rentenversicherung Schwaben, in der Hofer Straße in Augsburg-Oberhausen wurden drei bedeutende Steindenkmäler gefunden: 1. das hervorragend erhaltene Pfeilerdenkmal des Sevir und Pragmaticus Marcus Aurelius Carus (AE 1998, 1001a = HD049086 = Lupa 6439 = TM 216808), 2. der Grabstein des Decurio Marcus Buccinius Melo (AE 1998, 1001b = AE 2001, 1562 = HD047105 = Lupa 2743 = TM 216771) und 3. der Grabstein des Iulius Restitutus (AE 1998, 01001c = Lupa 2802 = TM 400381).
2 Gunther GOTTLIEB, Rechtsstellung und Verwaltung, in: DERS. u. a. (Hg.), Geschichte der Stadt Augsburg. Von der Römerzeit bis zur Gegenwart, Stuttgart 1984, S. 50–56; Lothar

Geleitet wurde das Municipium von einer Gruppe wohlhabender Männer, den Decurionen. Für die Aufnahme in den *ordo decurionum* war ein Mindestvermögen sowie eine Aufnahmegebühr erforderlich, über dessen Bezahlung die *duoviri quinquennales* wachten. Bei diesen handelte es sich um angesehene Decurionen, die aufgrund ihrer *auctoritas* dazu ernannt worden waren. Diese *auctoritas* hatten sie sich üblicherweise durch eine politische Karriere innerhalb des *ordo decurionum* erarbeitet. Über die Geschicke der Stadt wachte ein jährlich aus dem Kreis der Decurionen gewähltes Kollegium aus vier Männern. In Augsburg wurden diese aufgrund der Nennung auf dem sogenannten. Biberbacher Grabstein[3] *Quattuorviri* genannt, in anderen Städten wurde hierbei differenziert in zwei *Duumviri iure dicundo* und in zwei *Aediles*. Die *Duumviri* waren in Anlehnung an die römischen Konsul mit der Rechtsprechung betraut, sie beriefen die Volksversammlungen ein, saßen der *curia*, in der sich der *ordo decurionum* konstituierte, vor und verantworteten die Wahlen innerhalb der Stadt. Darüber hinaus waren sie für die Vertretung der Stadt nach außen verantwortlich.[4] Die *Aediles* hatten die Aufsicht über die öffentlichen Gebäude und Plätze und übten die Gerichtsbarkeit auf lokaler Ebene aus.[5] Aus diesem Kollegium ist bislang lediglich der *Quattuorvir* Caius Iulianius Iulius bekannt, der sich auf dem Grabstein seiner Frau so bezeichnet. Auffällig hierbei ist eben die Benennung als *Quattuorvir* und nicht die Ausdifferenzierung der Tätigkeiten. Vorschnell wurde gefolgert, dass Iulianius daher Aedil gewesen sein müsse, da er sich selbst ansonsten als *Duumvir* bezeichnet hätte.[6] Auf diese Weise habe er durch die Verwendung des unpräziseren Ausdrucks, der beide Ämter einschloss, sein eigenes Renommee umso glanzvoller darstellen können.

BAKKER, Das *municipium Aelium Augustum* und seine Verwaltung, in: Michael PETZET (Hg.), Die Römer in Schwaben. Jubiläumsausstellung 2000 Jahre Augsburg, veranstaltet vom Bayerischen Landesamt für Denkmalpflege und der Stadt Augsburg, Zeughaus, 23. Mai–3. November 1985 (Arbeitshefte des Bayerischen Landesamts für Denkmalpflege 27) München 1985, S. 96–98; DERS., Siedlungsgeschichte und Archäologie in Augusta Vindelicum/Augsburg, in: Günther GRÜNSTEUDEL/Günter HÄGELE/Rudolf FRANKENBERGER (Hg.), Augsburger Stadtlexikon, Augsburg ²1998, S. 28–39, hier 32; Hans-Jörg KELLNER, Das zivile Leben in der Provinz, in: DERS. u. a. (Hg.), Die Römer in Bayern, Stuttgart 1995, S. 309–357, hier 300.

3   CIL III, 5825 = HD058569 = Lupa 6465 = TM 217088. Zu einer ausführlichen Diskussion der Inschrift vgl. Felix GUFFLER, Der Biberbacher Grabstein. Analyse und Interpretation einer bedeutenden Augsburger Inschrift, in: Jb. des HV für den Landkreis Augsburg 35 (in Vorbereitung).
4   Christian GIZEWSKI, Art. Duoviri, Duumviri, in: DNP 3 (1997) Sp. 843–845.
5   Christian GIZEWSKI, Art. Aediles, in: DNP 1 (1996) Sp. 140 f.
6   Vgl. Felix GUFFLER, Der Biberbacher Grabstein. Forschungsgeschichte einer berühmten Augsburger Inschrift, in: ZHVS 109 (2017), S. 113–142, hier 116; ebenso KELLNER, Das zivile Leben in der Provinz (wie Anm. 2) S. 300. Für Spanien nun auch Géza ALFÖLDY, La sociedad del municipio de Carmo, in: Antonio F. CABALLOS RUFINO (Hg.), Carmona romana. Actas del II Congreso de Historia de Carmona, 29 de septiembre a 2 de octubre de 1999, S. 381–396, hier 387 (vgl. http://hdl.handle.net/10637/2416 [eingesehen am 20.10.2019]).

Diese Auffassung muss aufgrund neuer Forschungsergebnisse aus den letzten Jahren, in denen die Verwaltung der italischen und iberischen Municipia untersucht wurde, in Frage gestellt werden. Besonders die spanischsprachige Forschung, vor allem die der Schule der Universität Sevilla, hat in jüngerer Zeit umfassende Untersuchungen bezüglich der Verwaltung, Organisation und Selbstverständnis der römischen Städte und ihrer Führungsschichten publiziert.[7] Zahlreiche Fallstudien und Einzeluntersuchungen haben dabei einem bislang in der altertumswissenschaftlichen Forschung zwar immer wieder gestreiften, jedoch nur selten eingehend untersuchten Gegenstand neue Impulse verliehen. Dies war auch dadurch möglich, dass über den Zugriff auf die epigraphischen Datenbanken ein immer breiteres Quellenmaterial untersucht werden kann. Dabei wurde die Bedeutung der Existenz von *Quattuorviri* für die Verwaltung einer Stadt neu diskutiert.[8]

Zunächst wurden die Namenunterschiede im Zusammenhang mit unterschiedlichen Rechtssystemen der Städte gesehen: *Quattuorviri* gab es in Städten mit colonialem oder municipalem Recht, andere Städte hatten zunächst *Duumviri*. Durch Rangerhöhungen änderten sich Name und Status der höchsten lokalen Magistratur. Bislang stand – auch für Augsburg – die Annahme im Raum, dass sich die *Quattuorviri* die Aufgaben der *Duumviri iure dicundo* und der *Aediles* teilten. Sie waren demnach als Kollegium angesehen, in dem es interne Rangabstufungen mit einer festen Rollenverteilung gab. Hierauf wird zurückzukommen sein. Eine Neuuntersuchung der Inschriften von der Iberischen Halbinsel durch Antonio Pérez Zurita stellte dies in Frage.[9] Er plädierte für eine interne Homogenität und Ranggleichheit der *Quattuorviri* und dafür, dass die gelegentliche Erwähnung von *quattuorviri aedilicia potestate* eine außerordentliche Amtsausübung von aedilen Aufgaben durch einen *Quattuorvir* bedeute. Folgende Argumente werden ins Felde geführt:
1. Ein Paar von *Quattuorviri* taucht auf Münzen der Stadt Carteia an der Straße von Gibraltar auf.
2. In Clunia (Zentralspanien) erscheinen Namen von vier *Quattuorviri* auf Münzen, ohne dass dort eine Rangabstufung erkenntlich wäre.

---

[7] Antonio F. CABALLOS RUFINO (Hg.), Del municipio a la corte. La renovación de las élites romanas (Historia y geografía 208) Sevilla 2012; Enrique MELCHOR GIL/Antonio D. PÉREZ ZURITA/Juan Franco RODRÍGUEZ NEILA (Hg.), Senados municipales y decuriones en el Occidente romano (Historia y geografía 249) Sevilla 2013; Estíbaliz ORTIZ DE URBINA ALAVA (Hg.), Magistrados locales de Hispania. Aspectos históricos, jurídicos, lingüísticos (Anejos de Veleia. Series Acta 13) Vitoria 2013; Antonio F. CABALLOS RUFINO/Enrique MELCHOR GIL (Hg.), De Roma a la provincias. Las elites como instrument de proyección de Roma. Juan Francisco Rodríguez Neila in honorem (Historia y Geografía 287) Sevilla 2014; Antonio F. CABALLOS RUFINO (Hg.), De Trajano a Adriano. Roma matura, Roma mutans (Historia y geografía 351) Sevilla 2019.

[8] Umfassender Überblick über die Situation und Diskussion auf der Iberischen Halbinsel, worauf sich auch die folgenden Ausführungen beziehen, durch Leonard A. CURCHIN, A Supplement to the Local Magistrates of Roman Spain, Waterloo 2015, S. 8 f.

[9] Vgl. Antonio D. PÉREZ ZURITA, Reflexiones en torno al cuatorvirato en la Hispania Romana, in: Polis. Revista de ideas y formas politicas de la Antigüedad Clásica 16 (2004) S. 133–168.

3. Auf den Inschriften finden sich lediglich die Erwähnungen von *IIIIviri*, ohne dass sich dort der Zusatz *iure dicundo* fände. Daher müsse es sich um ein Viererkollegium handeln, neben dem es außerdem noch die *Aedilen* gegeben habe.

Diese Argumentationsführung wurde von Leonard Curchin mit dem Hinweis auf ihre Lückenhaftigkeit abgelehnt. Zudem sind nach Patrick Le Roux[10] interne Rangabstufungen nicht unbedingt durch die epigraphischen Quellen fassbar. Es müsse deshalb weiterhin ein Kollegium angenommen werden, das zwar als *Quattuorviri* bezeichnet worden wäre, in dem jedoch die *Duumviri iure dicundo* und die *Aediles* eine ganz klare Rollenverteilung gehabt hätten. *Duumviri* wären damit klar Teil der *Quattuorviri*.

Diese Forschungskontroverse konnte von Enrique Melchor Gil gelöst werden.[11] Dieser ging davon aus, dass die *Quattuorviri iure dicundo* von ihnen nachgeordneten *Quattuorviri aedilicia potestate* und die *Duumviri* von den ihnen nachgeordneten *Aediles* unterstützt worden seien. Daraus folgt, dass das gleichzeitige Auftauchen von *Quattuorviri* und *Aediles* keine Koexistenz unterschiedlicher Kollegien bedeutet – und auch nicht die Existenz von sechs Personen an der Spitze des Municipiums –, sondern dass die Bezeichnung *Aediles* grundsätzlich als Abkürzung für *Quattuorviri aedilicia potestate* oder *Quattuorviri aediles* verwendet wurde. Demnach wurden seit der Mitte des 1. Jahrhunderts n. Chr. die Magistrate *iure dicundo* in Municipien mit *Quattuorviri* an der Spitze der Magistratur entweder als *Quattuorviri iure dicundo* oder schlicht als *IIIIviri* bezeichnet. Melchor Gil spricht sich damit nachvollziehbar für eine Umdeutung der bislang bestehenden Annahme aus, dass *IIIIvir* keine verkappte Bezeichnung für Aedil sei, während sich die diesen vorstehenden *Duumviri* stets als *Duumvir (iure dicundo)* bezeichnet hätten, sondern vielmehr einen *Quattuorvir iure dicundo* meine. Dabei fällt eine Unterscheidung von Municipia mit *Quattuorviri* und Municipien mit *Duumviri* und *Aediles* an ihrer Spitze, was jedoch aufgrund der neuesten Forschungsergebnisse nicht haltbar ist. Für Augsburg gilt nun folgende Feststellung: Die Stadt wurde von *Quattuorviri* geleitet. Der *IIIIvir* Caius Iulianius Iulius war demnach *Quattuorvir iure dicundo* und hatte damit das höchste Amt der städtischen Magistratur erreicht. Zuvor war er *Quattuorvir aedilicia potestate* gewesen.

Weiterhin wurden auch Veränderungen im System der quattuorviral verwalteten Städte und der duumviral verwalteten Städte untersucht. Aus Ilipula Minor (Los Corrales, Sevilla) und in Aeso (Isona, Lleida) sind lokale Magistrate bekannt, die sich sowohl als *Quattuorvir* als auch als *Duumvir* bezeichneten. Daraus wird abgeleitet, dass im Rahmen der Erhebung der Städte zu Municipien die Titel der lokalen

---

[10] Vgl. Patrick LE ROUX, Le juge et le citoyen dans le municipe d'Irni, in: Cahiers du Centre Gustav Glotz 2 (1991) S. 99–124.
[11] Vgl. Enrique MELCHOR GIL, Quattuorviri y Aediles in los municipios de constitución cuatorviral a fines de la República y en la época Altoimperial, in: Rivista storica dell'antichità 43 (2013) S. 133–152.

Würdenträger geändert wurden. Bei Gades (Cádiz) ist dies noch deutlicher zu profilieren: Nachdem die Stadt zum Municipium geworden war, wurde sie statt von *Quattuorviri* von *Duumviri* geleitet.[12] Für Augsburg würde dieser Befund bedeuten, die Stadt sei wesentlich früher (als bisher angenommen) zum Municipium oder gar zur Provinzhauptstadt geworden.[13] Diese Feststellungen gelten jedoch nur für die frühe Kaiserzeit.[14] Zwar existieren die Benennungen von *Quattuorviri* lediglich von ca. 60 v. Chr. bis zum Ende des 2. Jahrhunderts (hierzu liegen nur für die Iberische Halbinsel Untersuchungen vor).[15] Danach wurden die Städte wohl von einem neuen System aus *Duumviri* und *Aediles* geleitet,[16] das sich durch eine neue Rollenverteilung innerhalb der *Quattuorviri* herausgebildet hatte.[17] Dies änderte jedoch nichts an der ursprünglichen Rollenbezeichnung; diese wurde beibehalten.

Auf Augsburg lassen sich derartige Veränderungen in der Lokalverwaltung auch aus chronologischen Gründen nicht übertragen. Dies hängt wiederum mit dem erwähnten Biberbacher Grabstein zusammen. Einerseits muss er in die Zeit um das Jahr 200 n. Chr. datiert werden.[18] Die Ernennung Augsburgs zum Municipium wird andererseits üblicherweise mit dem Aufenthalt Hadrians in der Provinz im Jahr 121 n. Chr. in Verbindung gebracht,[19] jedenfalls nicht wesentlich später. Auf dem Biberbacher Grabstein steht darüber hinaus der Titel des Municipiums direkt neben dem Amt des Quattuorvirs, ein eigentlich unvereinbarer Widerspruch nach der obigen Interpretation, der lediglich dadurch gelöst werden könnte, dass Caius Iulianius Iulius *Quattuorvir* war, bevor Augsburg zum Municipium wurde. Dies lässt sich jedoch in keiner Weise chronologisch vereinbaren, weder synchron in der Augsburger Stadtgeschichte noch diachron mit den Forschungsergebnissen von der Iberischen Halbinsel. Demnach darf dieser Befund für die spanischen Städte nicht auf die raetische Provinzhauptstadt übertragen werden. Zusammengefasst bedeuten die neuen Erkenntnisse für Augsburg, dass der *Decurio* und *Quattuorvir* Caius Iulianius Iulius die Befugnisse und Aufgaben eines *Duumvir iure dicundo* innehatte und nicht wie bisher vermutet nur die eines Aedils. Für Aussagen zum Charakter der Stadt als Municipium oder gar als Provinzhauptstadt helfen die neuen Erkenntnisse jedoch nicht weiter.

---

[12] CURCHIN, Magistrates (wie Anm. 8) S. 8.
[13] Zur Diskussion um die Frage des Statthaltersitzes vgl. Robert ROLLINGER, Cambodunum versus Augusta Vindelicum. Zur Frage des Statthaltersitzes der Provinz Raetien im 1. Jh. n. Chr., in: Tyche 19 (2004) S. 149–155.
[14] Vgl. MELCHOR GIL, Quattuorviri (wie Anm. 11) S. 147–151.
[15] Vgl. PÉREZ ZURITA, Reflexiones (wie Anm. 9) S. 151.
[16] Vgl. MELCHOR GIL, Quattuorviri (wie Anm. 11) S. 152.
[17] Vgl. Edward BISPHAM, From Asculum to Actium. The Municipalization of Italy from the Social War to Actium (Oxford Classical Monographs) Oxford 2007, S. 292 f. und 373 f.
[18] Vgl. GUFFLER, Analyse (wie Anm. 3).
[19] Vgl. exemplarisch Karlheinz DIETZ, Art. Augusta Vindelicum, in: DNP 2 (1997) Sp. 290 f.

Christian Later

Eine karolingisch-ottonische Emailscheibenfibel mit Pfauendarstellung aus Langweid am Lech (Lkr. Augsburg)

Abstractum: Im Jahr 2020 wurde dem Arbeitskreis für Vor- und Frühgeschichte im Heimatverein für den Landkreis Augsburg e.V. eine frühmittelalterliche Emailscheibenfibel mit Pfauendarstellung übergeben. Der Beitrag ordnet diesen Einzelfund typologisch und chronologisch durch Vergleichsfunde überregional ein und diskutiert die Deutungsmöglichkeiten und Aussagekraft des christlichen Motivs vor dem Hintergrund der karolingisch-ottonischen Emailkunst des 8.–10. Jahrhunderts.

Fundgeschichte und Quellenkritik

Vor bald 20 Jahren, etwa im Jahr 2003, wurde südlich von Langweid am Lech (Lkr. Augsburg) aus dem seitlich neben der Trasse gelagerten Bauaushub der B2 unter Zuhilfenahme einer Metallsonde eine karolingisch-ottonische Emailscheibenfibel aufgelesen. Nach längerem Verbleib in Privatbesitz wurde das Stück durch den Finder im Jahr 2020 dem Arbeitskreis für Vor- und Frühgeschichte im Heimatverein für den Landkreis Augsburg e.V. überlassen und in diesem Zuge gemäß Art. 8 des Bayerischen Denkmalschutzgesetzes (BayDSchG) auch dem Bayerischen Landesamt für Denkmalpflege (BLfD) gemeldet.[1]

Scheibenfibeln dienten im frühen und beginnenden hohen Mittelalter zum Verschluss eines mantelartigen Umhangs, wie vor allem karolingisch-ottonische Miniaturen, z. B. im Stuttgarter Psalter aus dem frühen 9. Jahrhundert, gut illustrieren. Denn da ab der ersten Hälfte des 8. Jahrhunderts mit dem Ende der Merowingerzeit

---

[1] Ortsakt BLfD Thierhaupten, Aktenzeichen E-2020-838-1. – Fundverbleib: Depot des Arbeitskreises für Vor- und Frühgeschichte im Heimatverein für den Landkreis Augsburg e.V., Inv. LNGW(3)2003.01; Frau Dipl.-Ing. Gisela Mahnkopf sei für die Bekanntgabe des Fundes und die Ermöglichung der Publikation herzlich gedankt. – Auf die Problematik von Sondenfunden und ihre denkmalfachliche und wissenschaftliche Aussagekraft wird an dieser Stelle nicht weiter eingegangen, vgl. hierzu z. B. Christian LATER, Karolingische Militaria und die Nachnutzung vor- und frühgeschichtlicher Befestigungen im 8./9. Jahrhundert in Bayern, in: Maximilian DIESENBERGER/Stefan EICHERT/Katharina WINCKLER (Hg.), Der Ostalpenraum im Frühmittelalter. Herrschaftsstrukturen, Raumorganisation und archäologisch-historischer Vergleich (Österreichische Akademie der Wissenschaften, Philosophisch-Historische Klasse, Denkschrift 511 = Forschungen zur Geschichte des Mittelalters 23) Wien 2020, S. 135–152, hier 139–141.

mit einem Wandel der Bestattungssitten kaum mehr metallene Kleidungsbestandteile oder sonstige persönliche Habe ins Grab gelangten, liegen entsprechende Fibeln in Altbayern fast ausschließlich als Einzelfunde vor.[2] Nur wenige Stücke wurden bislang bei Siedlungsgrabungen geborgen und können in diesen Fällen als Verlustfunde oder unbrauchbar gewordene Kleidungsbestandteile aus der Nutzungszeit der Siedlung angesprochen werden.[3] Zeitgleiche Funde, Siedlungen oder Bestattungsplätze sind aus dem näheren Umfeld der Fundstelle der Langweider Fibel aber nicht bekannt, genauso wenig wie der exakte Fundort. Die Fibel ist daher aus archäologischer Sicht ebenfalls als Einzelfund einzustufen. Auch wenn aus diesem Grund die denkmalfachliche Aussagekraft gering ist, handelt es sich um ein wissenschaftlich interessantes Stück, das das Spektrum der bislang bekannten, mit Tierdarstellungen versehenen Emailscheibenfibeln des älteren Mittelalters in Altbayern und Schwaben erweitert und daher an dieser Stelle vorgelegt werden soll.

Fundbeschreibung

Die 29,9 x 30,7 mm große Scheibenfibel aus einer Buntmetall-Legierung besitzt ein kastenartig erhöhtes Zierfeld (H. 2,5 mm) mit farbiger Emaileinlage in qualitativ guter Grubenschmelztechnik, die von einem schmalen, mitgegossenen Perlrand umschlossen wird (Abb. 1). Die ehemals angelötete Nadelkonstruktion auf der Rückseite ist nicht mehr erhalten, aber aufgrund schwacher Lotspuren zu erahnen, so dass die Nadel annähernd senkrecht zum Bild auf der Schauseite stehend rekonstruiert werden kann. Das medaillonartige Zierfeld zeigt vor einem blau emaillierten Hintergrund einen nach rechts gewandten Vogel in Seitenansicht mit tropfenförmigem Körper und angelegtem, mit gelbem Email gefülltem Flügel. Die ebenfalls durch gelbe Glasmasse betonten Füße stehen auf dem unteren Rand des Medaillons. Aufgrund der Federkrone auf dem Kopf lässt sich der Vogel sicher als Pfau identi-

---

[2] Nur ganz vereinzelt lassen sich südlich der Donau überhaupt Bestattungen mit Grabbeigaben bzw. Belassungen des 9./10. Jahrhunderts fassen. Vor allem Schmuck (Ohrringe, Fibeln) gelangte vereinzelt noch in Frauengräber, z. B. in Purk-Langwied (Lkr. Fürstenfeldbruck), St. Peter und Paul, Grab 1 (Fundchronik für die Jahre 1965–1967, in: Bayerische Vorgeschichtsblätter 37 [1972] S. 73–245, hier 219). Auch Schmuck, der bei Kirchengrabungen als Lesefund zutage trat, dürfte in der Regel aus zerstörten Gräbern stammen, wie z. B. eine Fibel aus St. Jakobus in Gersthofen (Lkr. Augsburg) (Otto SCHNEIDER, Vor- und Frühgeschichte, in: Johannes KRAUSSE [Hg.], Chronik der Stadt Gersthofen 969–1989, Gersthofen 1989, S. 29–64, hier 59–61 Abb. 26) oder zwei Fibeln aus St. Peter in Straubing (Stadt Straubing) (Walter SAGE, Die Ausgrabungen in St. Peter in Straubing, in: Jb. des HV Straubing 79 [1976] S. 113–128, hier 123 f. Abb. 5,2–6). In anderen Regionen, wie z. B. Nordbayern oder im südöstlichen Alpenraum, setzt diese Entwicklung später ein, so dass dort entsprechende Grabfunde häufiger vorkommen.

[3] Jürgen SCHMID, *Phaffencelle*. Eine karolingisch-ottonische Siedlung bei Affing-Pfaffenzell (Lkr. Aichach-Friedberg), in: ZHVS 89 (1996) S. 7–48, hier 19 Abb. 6.

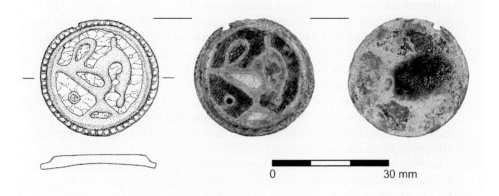

Abb. 1: Langweid am Lech, Lkr. Augsburg. Emailscheibenfibel mit Pfauendarstellung
(Zeichnung: Siegfried Köglmeier; Fotos: Matthias Blana)

fizieren, seine Schwanzfedern sind entsprechend auch zum charakteristischen Rad geschlagen, das mit grüner Glasmasse gefüllt ist. Im Schnabel hält der Vogel einen stark stilisierten dreiblättrigen Zweig, vermutlich eines Olivenbaumes, oder eine Weinranke. Der Hintergrund zwischen Brust, Schnabel und Olivenzweig ist ebenfalls mit grüner Glasmasse emailliert. Die Fläche zwischen Rand und Unterleib des Vogels ist durch eine mit roter Glasmasse ausgefüllte Rundel aufgelockert.

Das Motiv – christliche Kleinkunst und offen getragenes Glaubensbekenntnis

Es ist vor allem das stilisiert wiedergegebene Motiv – Pfau mit Olivenzweig oder Weinranke im Schnabel – das das Stück unter den zahlreich aus Altbayern bekannten frühmittelalterlichen Emailscheibenfibeln des 9.–11. Jahrhunderts hervorhebt, ist es doch äußerst selten. Der Motivkanon von Tierdarstellungen ist vor allem auf zurückblickende Vierfüßer (oft als Agnus Dei gedeutet) und aufsteigende Adler mit ausgebreiteten Schwingen, vereinzelt auch Greife und sitzende Vögel beschränkt.[4]

---

[4] Überblicksartig: Jochen GIESLER, Art. § 9 Ottonischer Emailschmuck, in: ²Reallexikon der Germanischen Altertumskunde 7 (1989) S. 230–240; zum Bestand in Bayern vgl. Christian LATER, Ottonische Emailscheibenfibeln aus Eching, Lkr. Freising (Oberbayern), in: Bayerische Vorgeschichtsblätter 74 (2009) S. 199–213; zum südöstlich anschließenden Alpenraum und hinsichtlich der chronologischen Einordnung vgl. Stefan EICHERT, Die frühmittelalterlichen Grabfunde Kärntens. Die materielle Kultur Karantaniens anhand der Grabfunde vom Ende der Spätantike bis ins 11. Jahrhundert (Aus Forschung und Kunst 37) Klagenfurt a. Wörthersee 2010, S. 78–87; Stefan EICHERT, Die frühmittelal-

Aus Bayern sind mehr oder weniger naturalistische Pfauendarstellungen als Fibelmotiv derzeit einzig mit zwei Exemplaren aus dem Landkreis Dingolfing-Landau bekannt: Eine Fibel stammt als Grabfund zusammen mit einem emaillierten lunulaförmigem Ohrring aus einer 1999 aufgedeckten Frauenbestattung (Grab 43/99) in der Kirche St. Laurentius in Zeholfing und kann aufgrund der Stratigraphie wohl in das 10. Jahrhundert datiert werden.[5] Eine zweite Scheibenfibel aus Pilsting ist bislang unpubliziert.[6] In beiden Fällen blickt der Pfau jedoch nach links und nicht nach rechts. Wenige weitere Fibeln dieser Motivgattung stammen aus der Steiermark, England und Frankreich und zeigen an, dass das Motiv trotz seiner Seltenheit überregional verbreitet war.[7]

Der Pfau galt in der spätantik-frühchristlichen Kunst vor allem aufgrund der jedes Jahr im Winter ausfallenden und im Frühjahr nachwachsenden Schwanzfedern ähnlich wie der Phönix als Symbol der Wiederauferstehung und des ewigen Lebens. Er findet sich daher vorrangig im Zusammenhang mit dem Auferstehungsglauben und in der alttestamentlichen Paradiessymbolik.[8] Ein klassisches Motiv der frühchristlich-mediterranen, aber auch der karolingischen Kunst ist das zweier gegenständig angeordneter Pfauen, die aus einem Kelch oder einer Brunnenschale trinken, aus der Weinranken als Sinnbild des Baums des Lebens sprießen. Entsprechend können Pfauen auch gegenständig ein Kreuz flankieren, wird dieses doch ebenfalls als Baum des Lebens verstanden; die häufige Kombi-

---

    terlichen Funde aus dem Kirchenfriedhof von St. Peter, in: Kurt KARPF/Therese MEYER (Hg.), Sterben in St. Peter. Das frühmittelalterliche Gräberfeld von St. Peter bei Spittal/Drau in Kärnten (Beitr. zur Kulturgeschichte Oberkärntens 6) Spittal a. d. Drau 2010, S. 150–191, hier 150–163.

[5] Florian EIBL, Eine Grabung in der Pfarrkirche St. Laurentius in Zeholfing, Stadt Landau a. d. Isar. Ein Vorbericht, in: Karl SCHMOTZ (Hg.), Vorträge des 19. Niederbayerischen Archäologentages, Rahden 2001, S. 219–241, hier 237–239 Abb. 17; Florian EIBL, Zur Kenntnis altbayerischer älter- bis spätmittelalterlicher Bestattungen in und um Kirchen, in: Miloslav CHYTRÁČEK u. a. (Hg.), Archäologische Arbeitsgemeinschaft Ostbayern/West- und Südböhmen. 14. Treffen, 23. bis 26. Juni 2004 in Heřmaň bei Písek, Rahden 2005, S. 223–245, hier 234 Abb. 7.

[6] Stefan EICHERT, Byzantinische Vorbilder für karantanischen Schmuck? Zur Rezeption des Greifen- und Vogelmotivs im frühmittelalterlichen Ostalpenraum, in: Ivan BUGARSKI u. a. (Hg.), GrenzÜbergänge. Spätrömisch, frühchristlich, frühbyzantinisch als Kategorien der historisch-archäologischen Forschung an der mittleren Donau. Akten des 27. Internationalen Symposiums der Grundprobleme der frühgeschichtlichen Entwicklung im mittleren Donauraum, Ruma, 4.–7.11.2015 (Forschungen zu Spätantike und Mittelalter 4) Remshalden 2016, S. 311–325, hier 313 f. Abb. 4; Stefan EICHERT, Der frühmittelalterliche Ostalpenraum und die mediterrane Welt. Zur Rezeption mediterraner Vorbilder für die Motivik frühmittelalterlicher Emailscheibenfibeln, in: Ines DÖRFLER u. a. (Hg.), *Ad Amussim*. FS zum 65. Geburtstag von Franz Glaser (Kärntner Museumsschriften 85) Klagenfurt a. Wörthersee 2017, S. 301–323, hier 305 Abb. 4.

[7] EICHERT, Mediterrane Welt (wie Anm. 6) S. 305 mit Nachweisen.

[8] Hierzu und im Folgenden: EICHERT, Mediterrane Welt (wie Anm. 6) S. 305 f. Abb. 3 und 4; vgl. auch: Art. Pfau, in: Lexikon der Kunst 5 (1993) S. 550 f.

nation mit Kelch und Trauben ist möglicherweise auch in Zusammenhang mit der Eucharistie zu sehen.

Der bei der Langweider Fibel im Schnabel gehaltene Olivenzweig ist jedoch einem anderen Bild entliehen, nämlich der in der Genesis geschilderten Aussendung einer Taube durch Noah und ihrer Rückkehr auf die Arche mit einem Olivenzweig im Schnabel als Zeichen für das baldige Ende der Sintflut, den Frieden mit Gott und einen Neuanfang des Lebens an Land. Daher gilt der Olivenzweig im Christentum auch als Friedenszeichen und die Taube als Symbol für den Heiligen Geist. Insbesondere in der Kleinkunst des frühen Mittelalter vermischten sich oftmals diese unterschiedlichen Motive und so konnte der Pfau – genauso wie Adler oder Hahn – ikonographisch auch die Funktion der Taube übernehmen.[9] Gerade bei den aus technischen Gründen im Detailreichtum eingeschränkten, als Massenware hergestellten Scheibenfibeln ist dabei eine starke Stilisierung der Motive festzustellen, die bei Tieren oder pflanzlichen Ornamenten selbst eine grobe Artzuweisung oft unmöglich macht. Daher ist es im vorliegenden Fall auch möglich, dass es sich bei dem Olivenzweig eigentlich um eine stark stilisierte Weinranke handelt, denn der Weinstock wird in der christlichen Kunst oftmals mit dem Lebensbaum gleichgesetzt, an dem wiederum Vögel – Tauben oder Pfauen – Trauben picken.

Vor diesem Hintergrund – der Wein als Blut Christi – könnte die rote Rundel unter dem Langweider Pfau auch als Blutstropfen Christi und damit möglicherweise als Symbol für die Eucharistie interpretiert werden, mit der Pfau und Olivenzweig bzw. Weinrebe in engem Zusammenhang stehen. Andererseits lassen sich farbige Rundeln auch bei anderen Werken der frühmittelalterlichen Emailkunst beobachten, bei denen eine andere als eine rein ornamentale, flächenfüllende bzw. auflockernde Funktionen kaum zu erkennen ist.[10] So füllen zahlreiche farbige, oft rote Rundeln zusammen mit Blütenscheiben den Hintergrund zwischen zwei Bestien am Lebensbaum (Greife auf der Vorder- bzw. Löwen auf der Rückseite) auf den zentralen Emailfeldern der sogenannten Kanne Karls des Großen (reg. 768–814, Ks. 800) im Schatz der Abtei Saint-Maurice d'Agaune (Kt. Wallis). Die Emailfelder dieser Kanne, die in der heutigen Gestalt wohl das Ergebnis mehrerer Umarbeitungen darstellt, stammen vermutlich aus dem östlichen Mittelmeerraum und sind hinsichtlich ihrer Entstehung zwischen dem 6. und dem 9. Jahrhundert in der Forschung nach wie vor umstritten.[11] Auch auf dem älteren Lindauer Buchdeckel, der wohl

---

[9] EICHERT, Byzantinische Vorbilder (wie Anm. 6) S. 313 f.; EICHERT, Mediterrane Welt (wie Anm. 6) S. 305 f.

[10] Grundlegend immer noch: Günther HASELOFF, Email im frühen Mittelalter. Frühchristliche Kunst von der Spätantike bis zu den Karolingern (Marburger Studien zur Vor- und Frühgeschichte, Sonderbd. 1) Marburg 1990.

[11] Andreas ALFÖLDI, Die Goldkanne von Saint-Maurice d'Agaune, in: Zs. für Archäologie und Kunstgeschichte 10/2 (1948/49) S. 1–27; zuletzt z. B. Peter C. CLAUSSEN, Gold und Edelstein. Die Schätze der Heiligen. Reliquiare und andere sakrale Goldschmiedekunst aus dem Frühmittelalter, in: Markus RIEK / Jürg GOLL / Georges DESCŒUDRES (Hg.), Die Zeit Karls des Großen in der Schweiz, Sulgen 2013, S. 172–193, hier 177 f. Abb. 2.

im späten 8. Jahrhundert im Umfeld der »Hofschule« von Herzog Tassilo III. von Bayern (reg. 748–788) entstand, zeigt eines der rechteckigen Emailplättchen am linken unteren Rand (Feld 1) orange gefüllte Rundeln. Generell sind rote Rundeln auf zahlreichen Emailplättchen dieses einzigartigen Buchdeckels zu erkennen, aufgrund der Technik in Zellenemail aber zumeist durch erkennbare Stege mit den dort dargestellten Vögeln, Seewesen oder Vierfüßern verbunden, so dass sie – zumindest zum Teil – am ehesten als Fortsätze des Federkleides, als Zungen, Lippen oder Nackenschopf zu deuten sind.[12] Daher muss die Rundel auf der Langweider Scheibenfibel nicht unbedingt mit einem christlichen Inhalt ausgedeutet werden. Es ist auch gut möglich, dass die Vorbilder für diese Szene aufgrund einer qualitätvolleren technischen Ausführung in Zellenemail mit eingelötetem Stegwerk solche Rundeln zeigten, das Motiv aber in dem etwas einfacheren Grubenemail nicht vollständig umgesetzt werden konnte.

Zur Datierung

Die Datierung von karolingisch-ottonischem Emailschmuck ist aus archäologischer Sicht nach wie vor mit Problemen behaftet. In jüngerer Zeit kristallisierte sich jedoch heraus, dass die von Jochen Giesler erarbeitete und lange akzeptierte Datierung ostalpiner Emailfibeln erst ab der Mitte des 10. Jahrhunderts deutlich zu spät ansetzt.[13] Stefan Eichert konnte nachweisen, dass die entsprechenden Fibeltypen und die mit ihnen vergesellschafteten Lunulaohrringe mindestens das fortgeschrittene 9. und 10. Jahrhundert hindurch gebräuchlich waren, wobei die Motive im Lauf der Zeit einer zunehmenden Stilisierung unterlagen.[14] Auch zeichnet sich eine chronologisch relevante Stilentwicklung einzelner Fibeltypen ab, von auf karolingischen Formen fußenden schmalen Rändern und flächigem Emaildekor hin zu ottonisch-salischen Formen mit breiten Rändern und nur partiell emaillierten Zierfeldern. Demnach scheinen schmale, deutlich abgesetzte, kräftig profilierte Perlränder wie beim vorliegenden Stück ältere Stilelemente des 9. Jahrhunderts zu

---

[12] Zum Buchdeckel zuletzt mit guten Abbildungen und älterer Literatur: Egon WAMERS, Cum thesauris ac familia. Zur Schatzkunst und Hofschule Tassilos III., in: DERS. (Hg.), Der Tassilo-Liutpirc-Kelch im Stift Kremsmünster. Geschichte – Archäologie – Kunst (Schriften des Archäologischen Museums Frankfurt 5) Regensburg 2019, S. 377–449, hier 388–391 Abb. 3; CLAUSSEN, Gold und Edelstein (wie Anm. 11) S. 187–192 Abb. 14; vgl. auch Günther HASELOFF, Art. § 6 Die Zeit der Karolinger, in: ²Reallexikon der Germanischen Altertumskunde 7 (1989) S. 209–228, hier 218–220 Abb. 47 (Umzeichnung der Felder 1–12).
[13] Jochen GIESLER, Zur Archäologie des Ostalpenraumes vom 8. bis 11. Jahrhundert, in: Archäologisches Korrespondenzblatt 10 (1980) S. 85–98.
[14] EICHERT, Grabfunde Kärnten (wie Anm. 4) S. 78–87 und 170–173; EICHERT, St. Peter (wie Anm. 4) S. 150–163.

repräsentieren.[15] An ihre Stelle treten bei erst im 10. Jahrhundert gefertigten Fibeln breitere Randzonen, welche die Perlränder – wenn überhaupt – nur noch in rudimentären bzw. vereinfachten Formen rezipieren. Auch die möglichen Vorbilder für die kleine rote Rundel auf der Fibel lassen sich eher in der Zellenemailkunst des 8. und 9. Jahrhunderts verorten als in der von Grubenemail geprägten Kunst der ottonischen Zeit. Daher ist es wahrscheinlich, dass die Pfauenfibel aus Langweid noch ins 9. Jahrhundert, allenfalls an den Beginn des 10. Jahrhunderts zu datieren ist. Zukünftige vergleichbare Funde werden vielleicht helfen, diesen Zeitansatz weiter zu präzisieren.

---

[15] Vgl. Egon WAMERS, Die frühmittelalterlichen Lesefunde aus der Löhrstraße (Baustelle Hilton II) in Mainz (Mainzer Archäologische Schriften 1) Mainz 1994, S. 77–79 Abb. 50,1. – Christian LATER, Ausgewählte ^{14}C-datierte Gräber des frühen und älteren Mittelalters in Bayern. Ein absolutchronologisches Korrektiv für Funde und Befunde?, in: Bericht der Bayerischen Bodendenkmalpflege 54 (2013) S. 409–417, hier 413 f.

Claus-Peter Clasen (†)

Die Augsburger Schneider und ihre Gewerkschaft

Abstractum: Berichte über Versammlungen der Gewerkschaften sind eine wertvolle Quelle für eine Darstellung der Vorstellungswelt, der Probleme und Forderungen der Handwerker und Arbeiter in der Vergangenheit. In Augsburg wohnte jeder Versammlung der Gewerkschaften ein Polizeibeamter bei, der dann einen Bericht über die dort gehaltenen Reden und Diskussionen vorzulegen hatte. So war es auch im Fall der Versammlungen der Gewerkschaft der Augsburger Schneider.[1]

Zu den Gewerkschaftsversammlungen

In der Industrie- und Gewerbestadt Augsburg zählten die Schneider Ende des 19. Jahrhunderts zu den größeren Gewerben. Im Jahr 1870 gab es in Augsburg 168 Schneidermeister. Ihre Zahl stieg bis 1891 auf 255. Die Zahl der Gesellen oder Gehilfen belief sich 1905 auf etwa 300. Am 2. November 1869 wurde in Augsburg eine Gewerkschaft der Schneider gegründet,[2] die als Zweigverein des im Frühjahr 1869 gegründeten Allgemeinen Deutschen Schneidervereins erscheint. Im August 1876 gehörten 380 Schneider (wohl einschließlich Gesellen) der Augsburger Filiale des Schneidervereins an.[3] Doch dann scheint die Zahl der Mitglieder stark gefallen zu sein. 1878 soll die Augsburger Filiale nur noch 26 Mitglieder gezählt haben.[4] Der Bevollmächtigte der Augsburger Filiale, Friedrich Hahn, gab 1878 zu, man habe in letzter Zeit viele Mitglieder verloren.[5] Die geringe Beteiligung zeige, dass viele Gesellen den Sinn für allgemeine Themen verloren hätten. Da nicht jeder seine Pflicht erfülle, sei es zu Störungen gekommen. Zudem entrichte nicht jeder seinen Mitgliedsbeitrag rechtzeitig. Hahn sah drei Gründe für diesen Rückschritt: Die Arbeiter verdienten nicht genug, um sich und ihren Familien Brot zum Essen zu kaufen. Sie seien zu arm, um die wenigen Pfennige Monatsbeitrag zu leisten. Ein zweiter Grund sei das Vorgehen der Augsburger Polizeibehörde. Da die Gewerkschaft zum poli-

---

[1] StAA Regierung 10116, Versammlungen des allgemeinen deutschen Schneidervereins 1875.
[2] Ilse FISCHER, Industrialisierung, sozialer Konflikt und politische Willensbildung in der Stadtgemeinde. Ein Beitrag zur Sozialgeschichte Augsburg 1840–1914 (Abh. zur Geschichte der Stadt Augsburg 24) Augsburg 1977, S. 250; Susanne MUTERT, Die bayerischen Gewerkschaften im 19. Jahrhundert. Von den Anfängen bis zum Ende des Sozialistengesetzes (1868/69–1890) (Veröffentlichungen des Instituts zur Erforschung der Europäischen Arbeiterbewegungen A 7) Essen 1997, S. 48.
[3] StAA Regierung 10116, 16. August 1876.
[4] StAA Regierung 10015, 16. Juli 1878.
[5] StAA Regierung 10116, 30. April 1878.

tischen Verein erklärt worden sei, glaube mancher, die Auflösung stehe bevor. Die eingezahlten Beiträge gingen dann verloren. Der dritte und verwerflichste Grund sei die allgemeine *Flauheit* für *Parteiangelegenheiten*.

Auch andere Redner gaben der allgemeinen »Lauheit« die Schuld am geringen Interesse für Versammlungen. Sie betonten die Wichtigkeit der gewerkschaftlichen Vereinigung und riefen immer wieder zum Beitritt in den Allgemeinen Deutschen Schneiderverein auf. Doch wer sich anschließe, nur um momentanen Nutzen zu haben, den könne man dort nicht brauchen. Man sei zwar bereit, jeden, der sich anschließe, zu unterstützen und den letzten Pfennig zu opfern, aber jeder müsse sich dafür auch mit den Prinzipien der Gewerkschaft vertraut machen. Man müsse sich vor allem bemühen, junge Leute in die Gewerkschaft zuführen. Bei den jetzigen gesellschaftlichen Verhältnissen werde zwar gestraft, aber keine Abhilfe für soziale Missstände geschaffen. Wenn der Bettler aus der Haft komme, müsse er wieder betteln. Immerhin nahm die Zahl der Mitglieder in der Gewerkschaft von 32 Arbeitern (1898) auf 150 (1900) zu.[6] Wie die Gesellen anderer Gewerbe oder die Fabrikarbeiter traten die in ihrer Gewerkschaft organisierten Augsburger Schneidergesellen entschieden für ihre Rechte ein.

Nach kleineren Streiks 1900 und 1903 kam es 1905 zu einer größeren Aussperrung, als sich zahlreiche Gesellen der schriftliche Erklärung verweigerten, jede vom Arbeitgeber zugewiesene Arbeit auch auszuführen.[7] 1907 führte ein umstrittener Tarifentwurf zur erneuten Aussperrung. 1910 wurden zahlreiche Schneider in Augsburg in einen Arbeitskampf der Münchner Konfektionsschneider hineingezogen. 1912 kam es im Zusammenhang mit einem allgemeinen Arbeitskampf des Arbeitgeberverbands für das Schneidergewerbe und den Gewerkschaften der Schneidergesellen zu Streik und Aussperrung in Augsburg. Einblick in die sozialen Schwierigkeiten bieten die Reden und Diskussionen in den Versammlungen der Schneidergewerkschaft, über die wir allerdings nur aus den Jahren 1875 bis 1883 unterrichtet sind; aber auch sie sind aufschlussreich. Aus dieser Zeit sind 22 Versammlungen bekannt. Die meisten fanden in der Gastwirtschaft »Prinz von Oranien« statt, nur ein paar woanders.[8] Im Oktober 1877 wurde beschlossen, die Versammlungen alle 14 Tage abzuhalten.[9]

Vier Personen waren in der Gewerkschaft besonders tätig: Friedrich Hahn als Delegierter zu den Generalversammlungen und als Bevollmächtigter; Ignaz Hilpert ebenfalls als Delegierter und Redner; Jakob Hanaan als Einberufener von Ver-

---

[6] Max HENGGE, Die Gewerkschaftsbewegung in Augsburg, München 1913, Tab. VI.
[7] Eine Darstellung von Ursachen und Verlauf der Schneiderstreiks findet sich in Claus-Peter CLASEN, Arbeitskämpfe in Augsburg um 1900. Streik, Aussperrung und Boykott (Studien zur Geschichte des bayerischen Schwaben 41) Augsburg 2012, S. 275–282.
[8] Prinz von Oranien (Maximilianstraße 54), Finstere Stube (Am Hinteren Perlachberg 1), Wolfsche Brauerei (Karrergäßchen 5), in der Wirtschaft Zum Holzlen, im Plätzle und in der Schützenhalle (Wintergasse 7).
[9] StAA Regierung 10116, 9. Oktober 1877.

sammlungen und Redner; auch der Schneidermeister Nepomuk Eisenlohr spielte als Vorsitzender eine bedeutende Rolle. Im Durchschnitt nahmen gut 30 Personen an den Versammlungen teil.[10] Doch als im Juli 1877 das Problem der Zuchthausarbeit besprochen wurde, kamen 83 Personen zur Versammlung. Im Allgemeinen nahm aber die Zahl der Teilnehmer ab. Im Oktober 1876 erscheinen nur acht Personen, im Laufe des Abends noch fünf weitere. Im Juli 1878 war die Teilnehmerzahl am niedrigsten (elf Personen). Auch in anderen Gewerkschaften – so bei den Schustern – erlahmte zu dieser Zeit das Interesse an Versammlungen.[11] Ausländer durften nicht teilnehmen. 1878 löste der anwesende Polizeibeamte eine Versammlung kurzerhand auf, als sich der Vorsitzende weigerte, ihm die Namen der Redner zu nennen, unter denen ein ausländischer Agitator vermutet wurde.[12]

Natürlich schickte der Augsburger Verein auch Delegierte zu den Generalversammlungen des Deutschen Schneidervereins. Die Generalversammlungen fanden unter anderem in Erfurt, Hannover und Hanau statt. Man betrachtete die Generalversammlung als »gesetzgebenden Faktor«, die dort gefassten Beschlüsse als bindend.[13] Die Anträge, welche die Augsburger Delegierten in der Generalversammlung einbringen wollten – so etwa über Änderung der Gewerkschaftsstatuten oder die Bestimmungen der Hilfskasse –, wurden zunächst im Verein diskutiert. Ein Teil der Vereinseinnahmen musste nämlich an die Zentralkasse überwiesen werden.[14]

Die materielle Lage der Schneidergesellen

In den 1870er-Jahren arbeitete nur die Hälfte der Schneidergesellen in der Werkstatt des Meisters, die anderen in ihrer eigenen Wohnung. Frau und Kinder mussten bei der Arbeit helfen. Oft wurde im gleichen Raum gearbeitet, gekocht, geschlafen und gestorben. Eine Folge der räumlichen Verhältnisse war die Verbreitung von Lungentuberkulose. Der Vorsitzende Eisenlohr suchte mit Hilfe einer statistischen Zusammenstellung der Lebensbedürfnisse und der durchschnittlichen Verdienste den Beweis zu führen, dass die Löhne unzureichend seien.[15] In einer Schilderung der Arbeiterverhältnisse hatte eine »ultramontane« Zeitung erklärt, in den schlimmsten Verhältnissen würden Metallarbeiter leben, junge Menschen sollten daher lieber Schuster oder Schneider werden. Diese Gewerbe würden noch die besten Verdienst-

---

[10] Von zwei Versammlungen ist die Teilnehmerzahl nicht überliefert.
[11] Claus-Peter CLASEN, Die politische und soziale Welt der Augsburger Schuhmacher am Ende des 19. Jahrhunderts, in: Jb. für Forschungen zur Geschichte der Arbeiterbewegung 1 (2014) S. 114–137.
[12] StAA Regierung 10116, 30. April 1878.
[13] StAA Regierung 10116, 28. August 1877.
[14] Für das dritte Quartal 1877 beliefen sich etwa die Einnahmen des Vereins auf 84 Mark, 9 Pfennige, die Ausgaben auf 67 Mark, 68 Pfennige. Vom Rest kam die Hälfte an die Hauptkasse, vgl. StAA Regierung 10116, 8. Oktober 1877.
[15] StAA Regierung 10116, 12. Januar 1875.

möglichkeiten eröffnen, zumal Arbeitermangel bestehe. Der Schneidergeselle Hilpert widerlegte nun diese Behauptungen. Es bestehe kein Überschuss, aber auch kein Mangel an Schneidern. Die Löhne seien zudem seit vielen Jahren gleich geblieben. Würde die Zahl der Schneider zunehmen, sei Lohnsenkung die Folge und die Schneider kämen in die gleiche Lage wie die Metallarbeiter.[16]

Lehrlinge und Kapitalismuskritik

Ein Problem stellte die Lehrlingsausbildung dar. In der Regel, so hieß es, würden Lehrlinge weniger zum »Geschäfte« als vielmehr zu häuslichen Arbeiten herangezogen.[17] Nach der Lehre könnten sie nichts und würden maximal in jüdischen Konfektionsgeschäften unterkommen. Nach Hilpert sei eine vielseitige Ausbildung, wie zu Zunftzeiten üblich, bei der jetzigen Produktionsweise nicht mehr möglich. Eine Wiedereinführung der alten Verhältnisse, wie von der deutschkonservativen Partei im Reichstag gefordert, führe zu nichts. Die Arbeiter müssten daher das Problem selbst in die Hand nehmen. Der Sozialdemokrat Hilpert kritisierte das bestehende Wirtschaftssystem.[18] Der Arbeitgeber nehme keine Rücksicht auf technisch gut ausgebildete Gesellen. Er setze tüchtige Gehilfen an die Luft, sobald die Lehrlinge ihr Handwerk beherrschen, denn so könne billiger produziert werden. Man müsse eine Verständigung mit anderen Gewerkschaften anstreben, denn nur ein Zusammengehen aller Gleichgesinnten verspreche Erfolg. Streiks gegenüber den Kapitalgewerkschaften seien gegenwärtig kaum wirksam. Jetzt beherrsche das Kapital alle Bereiche. Wer sich den Anforderungen der Fabrikanten nicht füge, müsse »Arbeiteraussperrungen« befürchten. Die Rede Hilperts wurde mit Bravo-Rufen bedacht. Allerdings war eine grundsätzliche Kapitalismuskritik unter den Schneidern eher selten, anders als bei den Metallarbeitern.

Zuchthausarbeit

Dringendes Problem war die Schneiderarbeit in den Zuchthäusern. Seit Einführung der Gewerbefreiheit 1868 – so wurde kritisiert[19] – betreibe der Staat in Verbindung mit dem Großkapital fabrikmäßige Geschäfte. »Geldmänner« würden sich mit den Gefängnisdirektoren in Verbindung setzen und Arbeitskräfte pachten. So würden Leute zur Schneiderei abkommandiert, die das Metier nicht beherrschten. Ihre schwielig-harten Finger würden nicht zum Schneiderhandwerk passen. Die Pro-

---

[16] StAA Regierung 10116, 18. Juni 1877. Der Name des ultramontanen Organs ist unbekannt. In der Augsburger Postzeitung findet sich jedenfalls kein entsprechender Artikel.
[17] StAA Regierung 10116, 20. März 1876.
[18] StAA Regierung 10116, 10. April 1877.
[19] StAA Regierung 10116, 19. August 1877.

dukte würden billig verkauft und durch schlechte Arbeit verliere die Käuferschaft den guten Geschmack. Den Gefängnisdirektoren gehe es nur darum, die Häftlinge für ein paar Stunden zu beschäftigen. Vor allem gute Schneider litten unter diesen Verhältnissen, da sich Qualitätsarbeit nicht mehr verkaufen lasse. Aber auch *Kleinmeister* seien die Leidtragenden, da der Großkonfektionär billiger verkaufen könne. Es komme zu Hass und Misstrauen, weil die Meister ihren Gesellen nicht mehr genügend Lohn zahlen könnten. So vereine beide der gleiche Feind, den es zu bekämpfen gelte.

Die Zuchthausarbeit schade dem Gewerbe und dem Staat. Letzterer untergrabe durch diese Konkurrenz den Produktionszweig, doch was gewinne er dabei? Da es sich um eine Unterwerfung der Bürger durch das Großkapital handle, könne und müsse der Staat helfen. Das Volk müsse jetzt seine Rechte einfordern und von den Abgeordneten – Reichs- und Landtag – Abhilfe verlangen. Man wolle ja nicht die Zuchthausarbeit abschaffen, aber die Häftlinge sollten möglichst ihren alten Berufen nachgehen. Zudem könnte man sie doch für Straßen- oder Kanalisationsarbeiten einsetzen. Sei das zu teuer, so könne man fragen: »Ist das stehende Heer etwa billig?« In der Diskussion wurde heftig am Einsatzwillen des Staats gezweifelt, denn hier gehe es um Interessenwahrung. Auch fehle – was allerdings nicht unwidersprochen blieb – der Gesetzgebung die tatsächliche Kraft. *Gemeinsam, ruhig und taktvoll*, doch auch deutlich seien die Klagen vorzubringen, dann komme es zu einem Wandel. So wurde auch eine Landtagseingabe verabschiedet.

Die Diskussion kam auch kurz auf die Einführung der Nähmaschine zu sprechen. Man verwies auf die Weber, die ebenfalls gehofft hätten, den Kampf gegen die Maschine zu bestehen. Auch bei den Schneidern sei der Sieg der Maschine nur eine Frage der Zeit. Obwohl kein politischer Verein, wurden die »Gesetze gegen die gemeingefährlichen Bestrebungen der Sozialdemokratie« vom Oktober 1878 abgelehnt. Eisenlohr nannte die Anweisungen über den Ausschluss von Sozialdemokraten aus den Fabriken ein *Ukas*.[20] So etwas sei unzeitgemäß. Er würde sich nicht wundern, wenn bald Scheiterhaufen für die Sozialdemokraten errichtet würden, polemisierte Eisenlohr. Es sei eine *Schande und Spott. Pfui Teufel*.[21]

Krankenkasse

Nach dem Vorsitzenden Hahn war die Krankenkasse Hauptaufgabe der Gewerkschaft (1878). 1876 zählte die Krankenkasse des Allgemeinen Deutschen Schneidervereins angeblich 3800 Mitglieder, die des Augsburger Vereins 785.[22] Kassier und Revisoren wurden aus den Reihen der Mitglieder gewählt. Jedes Quartal er-

---

[20] Unrechtserlass, benannt nach den Edikten der zaristischen bzw. kaiserlichen Regierung in Russland.
[21] StAA Regierung 10116, 18. Juni 1878.
[22] StAA Regierung 10116, 16. August 1876.

folgte eine Rechnungslegung über Einnahmen und Ausgaben, so auch im Oktober 1877 (für das dritte Quartal):
Einnahmen: 157 Mark, 41 Pfennige
Ausgaben: 110 Mark, 39 Pfennige
Vom Überschuss wurde ein Viertel an die Hauptkasse abgeführt.[23]

Auflösung

Als die Polizei 1878 die Gewerkschaft der Schneider zum politischen Verein erklärte, erhob sich dort massive Kritik: Man habe nicht politisiert und wolle deshalb Beschwerde bei der Regierung einlegen. Beschlossen wurde aber auch, zunächst keine neuen Mitglieder aufzunehmen und keine Versammlungen durchzuführen. Bereits im Juli 1878 war eine Vereinsauflösung angedacht worden angesichts des schwachen Besuchs der Versammlungen.[24] Auch zählte damals die Gewerkschaft nur noch wenige Mitglieder, 1878 waren es 26 Personen. Kaum einer wollte ein Vereinsamt übernehmen. Zudem regierte die Sorge, dass nach Erlass des Sozialistengesetzes auch die Gewerkschaft verboten würde. So wurde im Oktober 1878 eine Vereinsauflösung ernsthaft ins Auge gefasst, doch konnten die Mitglieder bei der Bundesgewerkschaft bleiben.[25] Sie mussten ihre Beiträge an die Hauptkasse in Gießen entrichten. Die Krankenkasse indes bestand anscheinend weiter. Die Beiträge waren vierzehntäglich einzuzahlen. 1883 kam es zu einer Neuerung.

Deutscher Krankenunterstützungsbund

Im September 1883 wurde in einer Versammlung der Beitritt zum Deutschen Krankenunterstützungsbund der Schneider und die dortige Hilfskasse besprochen – die letzte Nachricht über die Versammlungen der Augsburger Schneidergewerkschaft. Der Bund mit Sitz in Braunschweig hatte Einladungsschreiben und Statuten verschickt.[26] Den Versammelten wurden die Vorzüge erklärt: Der Bund leiste mehr als das am 1. Dezember 1884 in Kraft tretende Krankenkassengesetz. Wer ihm beitrete, könnte zum Eintritt in eine allgemeine Krankenversicherung nicht gezwungen werden. Von den 50 Anwesenden erklärten 29 sofort ihren Beitritt.

---

[23] StAA Regierung 10116, 9. Oktober 1877.
[24] StAA Regierung 10116, 15. Juli 1878.
[25] StAA Regierung 10116, 1. Oktober 1878.
[26] StAA Regierung 10116, 18. September 1883.

Klaus Wolf

»Hofganger«. Ein liberaler schwäbischer Verteidiger des »Kraftbayerischen«

Germanistische Überlegungen zum 100. Todestag des Schwaben Ludwig Ganghofer

Abstractum: Ludwig Ganghofer starb am 24. Juli 1920 in Tegernsee. Der scheinbare Paradebayer war herkunftsmäßig Schwabe: nicht nur wegen seiner Geburtsstadt Kaufbeuren, sondern vor allem wegen seiner Kinder- und Jugendjahre in Welden. Dort wurde der Schriftsteller, dessen Millionenauflagen zu Lebzeiten allenfalls mit Karl May vergleichbar waren, nachhaltig dialektal schwäbisch geprägt. Nicht zu unterschätzen und literarisch lange nachwirkend ist auch Ganghofers intensives Erleben der Wälder um Welden, dem sogenannten Holzwinkel, wo sein Vater königlich bayerischer Förster war. Zudem lassen sich manche Einzelheiten in den Alpenromanen auf Gestalten und Ereignisse in Welden zurückführen.

»Ich bin so glücklich«, so lauteten die letzten Worte Ludwig Ganghofers, jedenfalls geht die Überlieferung übereinstimmend in diese Richtung. »Ich bin so glücklich«, sagte er also auf seinem Totenbett und schon seine Autobiographie hieß ja Lebenslauf eines Optimisten. Und dieser Lebenslauf beginnt mit Geklirr.[1] Kapitel 1 im »Lebenslauf eines Optimisten« hebt folgendermaßen pathetisch an:

> »Ein entsetzliches Spektakel mit Geklirr und Gerassel – grelles Licht – dann finstere Nacht, in der ich schreien mußte vor Angst. Das ist die älteste unter den Erinnerungen an meine Kinderzeit in Kaufbeuren. Als ich vor vielen Jahren meiner Mutter einmal sagte, daß diese Erinnerung in mir wäre, mußte sie sich lange besinnen, bevor sie das Rätsel lösen konnte. Sie hatte mich, ein anderthalbjähriges Bübchen, an einem Winterabend auf den Boden der Wohnstube gesetzt und war in die Küche gegangen: da hörte sie diesen klirrenden Spektakel; und als sie dem Lärm erschrocken nachlief, fand sie eine finstere Stube, in der ich schrie, als wär' ich an einen Spieß gebohrt; sie machte Licht, und da saß ich zeternd auf dem Tisch, während die Stehlampe in Scherben auf dem Boden lag.«[2]

---

[1] Vgl. zur Biographie hier und im Folgenden: Emil Karl BRAITO, Ludwig Ganghofer und seine Zeit, Innsbruck 2005.
[2] Ludwig Ganghofer, Lebenslauf eines Optimisten. 3 Tle., Tl. 1: Buch der Kindheit, Stuttgart 1909–1911, S. 11–58; Permalink: http://www.zeno.org/nid/20004793048 [eingesehen am 20.10.2020].

Lesen wir zum Vergleich den Beginn einer anderen großen Autobiographie, nämlich »Dichtung und Wahrheit« – Goethes Autobiographie. Und das Erste, was Goethe von sich berichtet, ist folgende kleine Begebenheit, die ebenfalls etwas mit Geklirr und Zerstörung zu tun hat:

> »Es war eben Topfmarkt gewesen, und man hatte nicht allein die Küche für die nächste Zeit mit solchen Waren versorgt, sondern auch uns Kindern dergleichen Geschirr im kleinen zu spielender Beschäftigung eingekauft. An einem schönen Nachmittag, da alles ruhig im Hause war, trieb ich im Geräms mit meinen Schüsseln und Töpfen mein Wesen, und da weiter nichts dabei herauskommen wollte, warf ich ein Geschirr auf die Straße und freute mich, daß es so lustig zerbrach. Die von Ochsenstein, welche sahen, wie ich mich daran ergetzte, daß ich so fröhlich in die Händchen patschte, riefen: Noch mehr! Ich säumte nicht, sogleich einen Topf und, auf immer fortwährendes Rufen: Noch mehr! Nach und nach sämtliche Schüsselchen, Tiegelchen, Kännchen gegen das Pflaster zu schleudern. Meine Nachbarn fuhren fort, ihren Beifall zu bezeigen und ich war höchlich froh, ihnen Vergnügen zu machen. Mein Vorrat aber war aufgezehrt, und sie riefen immer: Noch mehr! Ich eilte daher stracks in die Küche und holte die irdenen Teller, welche nun freilich im Zerbrechen noch ein lustigeres Schauspiel gaben; und so lief ich und wieder, brachte einen Teller nach dem andern, wie ich sie auf dem Topfbrett der Reihe nach erreichen konnte...«[3]

Abb. 1: Der junge Ludwig Ganghofer (Markt Welden)

Bei Ganghofers frühestem Kindheitserlebnis oder seiner frühesten Erinnerung fragen wir uns durchaus: Hat er das tatsächlich erlebt oder erlesen? Sich angelesen? War es Dichtung oder Wahrheit? – frei nach Goethe.

Denn dass Ganghofer Goethe kannte, war bei dem promovierten Germanisten ohnehin klar. Festeren Boden gewinnen wir, wenn wir uns die späteren Jahre anschauen, als er nicht mehr in Kaufbeuren lebte, sondern als – heute würde man sagen – Grundschüler und später auch als Gymnasiast in Welden hinter Augsburg lebte, im sogenannten Holzwinkel.

---

[3] Johann Wolfgang Goethe, Dichtung und Wahrheit (insel taschenbuch 2288) Frankfurt a. Main / Leipzig 1998, S. 16 f.

Kapitel 2 seines »Lebenslaufs eines Optimisten« beginnt folgendermaßen:

> »Kommt man auf der schwäbischen Poststraße von Augsburg her, und fuhr man an den alten Schlössern von Hamel und Aystetten vorüber, so versinkt die Straße in dunklen Fichtenwäldern, die fast kein Ende mehr nehmen wollen. Das ist der Adelsrieder Forst. In der Mitte des Waldes stand ein Kreuz; da wurde vor hundert Jahren eine Bäuerin mit ihrer Tochter von Wölfen zerrissen. Dann wieder Wald und Wald, bis die dunkelgrünen Schatten sich endlich öffnen zu einem hellen, hügeligen Wiesengelände. An diesem Tor des Waldes sagte wohl mein Vater damals bei jener Winterreise zu der Mutter: ›Schau Lottchen, da fängt mein Revier an! Und vier Stunden braucht man bis zur anderen Grenze.‹ Man fährt an dem Dorf Kruichen, an dem Mühlweiler Ehgatten vorüber; und nach einem Stündchen, das nur vierzig Minuten hat, kommst du im schmalen Tal der Laugna nach Welden im Holzwinkel. Das ist zu Winterszeiten keine gemütliche Landschaft. Aber der Frühling schüttet liebliche Schönheit über dieses stille Bachtal, das sich zu einem stundenweiten Rund von sanft gewellten Hügeln auseinanderdehnt. Ein dicht geschlossener Kranz von Wäldern, in denen das strenge Nadelholz nur kleine Laubparzellen duldet, schließt sich als ein blaudunkler Wall um diesen Kessel dörflicher Kultur. Getreidefelder und Wiesen sind noch zahlreich von kleinen Gehölzen durchsetzt, die in der Nähe der Häuser zusammenfließen mit den Weißdornhecken und den blühenden Obstbäumen der Gärten. Heute ist Welden eine stattliche Ortschaft mit Eisenbahn und Telegraf. Damals in meiner Kindheit, vor 48 Jahren, war's ein Dorf mit 800 Seelen, wie der Pfarrer zu sagen pflegte und der Postbote mußte täglich drei Stunden weit nach Zusmarshausen laufen, um die vier Zeitungen und sieben Briefe zu holen. Einmal in der Woche fuhr ein Bote, der Stanger, mit seinem langen Blachenwagen nach Augsburg hinein und brachte, was man im ›Botebüchle‹ bei ihm bestellte. Das war die Verbindung des Holzwinkels mit der großen Welt.«[4]

Die große Welt war Ludwig Ganghofer somit zunächst nicht in die Wiege gelegt. Sein Vater arbeitete als Förster, der sich um eine Reform des königlich-bayerischen Forstwesens bemühte. Er war aber ein Reformer, der zunächst Anfeindungen auch als Beamter ausgesetzt war und es erst in seinen letzten Lebensjahren zum Ministerialrat, ja bis zum Adelstitel – allerdings ein nicht erblicher Adelstitel – unter Prinzregent Luitpold brachte. Ludwig Ganghofer wuchs also tatsächlich in einem damals gottverlassenen Nest, in einer dörflichen, bäuerlichen Gegend auf. Er beschreibt die Grundschule in Welden als nicht sehr effektiv, was seine Bildung anbelangte. Allerdings fand er in Welden viele gute Freunde und er wuchs in der dörflichen Umgebung und vor allem in den Wäldern auf. Die weitere Schulzeit war nicht so einfach. Er wechselte häufig die Gymnasien. Er war zunächst in Neuburg

---

[4] Ganghofer, Lebenslauf 1 (wie Anm. 2) S. 58–95.

Abb. 2: Das noch heute gut erhaltene Forst- und Wohnhaus der Ganghofers in Welden. Ludwigs Zimmer befand sich im Dachgeschoß mit Blick auf den Theklaberg. (Markt Welden)

an der Donau, dann in Augsburg auf einem Gymnasium, das er allerdings aufgrund eines verbotenen Theaterbesuchs wieder verlassen musste, wobei dasselbe Neuburger Gymnasium später auch Ludwig Thoma mit ähnlich schlechtem Erfolg besuchte und das Augsburger Gymnasium viel später Bert Brecht als Schüler hatte. Schließlich legte Ludwig Ganghofer in Regensburg sein Abitur ab. Ganghofer war anfangs sehr technisch orientiert und absolvierte ein Praktikum in einer Augsburger Maschinenbaufirma, studierte anschließend Ingenieurwissenschaften, um zu erkennen, dass ihm das nicht wirklich lag und wechselte schließlich zur Germanistik. Die Studien führten ihn nach Würzburg und schließlich zur Promotion nach Leipzig, Ganghofer promovierte über Fischart und dessen französische Quellen,[5] wobei das Französische Rabelais noch heute zum Anspruchvollsten gehört, womit sich der literarisch gebildete Franzose schmücken kann. Ganghofer beherrschte neben dem Französischen noch viele Fremdsprachen und war tatsächlich polyglott sowie hochgebildet. Beruflich versuchte der junge Germanist zunächst beim Theater Fuß zu fassen. Er lebte deshalb einige Jahre in Wien und ließ sich von dieser damals modernen Theatermetropole prägen. Lesen wir hierzu einen Auszug aus seiner Autobiographie über die Wiener Zeit:

---

[5] Ludwig Ganghofer, Johann Fischart und seine Verdeutschung des Rabelais, München 1881.

Abb. 3: Ganghofer-Gedenkstätte (Markt Welden)

»Eines Nachmittags führte mich Brüll in ein Kaffeehaus auf dem Kohlmarkt. Wir fanden dazwischen ein paar Leuten, an die ich mich nicht mehr erinnere, einen untersetzten, breitschultrigen Mann mit einem rötlich gebarteten Haupte, halb Zeus und halb Wotan. Als ich ihm vorgestellt wurde, nickte er wie einer, der was ist und verlangen kann, daß man es weiß. Aber ich kannte ihn nicht. Und ein Freund von schweren Gesprächen schien er zu sein. Nach zwanzig Worten waren wir bei Spinoza und Kant. Was er sagte, hatte wuchtiges Fundament. Ein Gelehrter? Nein. Doch wohl ein Künstler! Es war etwas Freies, Festes und Herrschendes in seinem Blick. Ich riet auf einen Bildhauer, der berühmt sein mußte, ohne daß ich seinen Namen zu erraten vermochte. Als er ging, fragte ich Brüll: ›Wer war das?‹ ›Johannes Brahms.‹ Mir verschlug's den Atem. Und da hatte ich nun seit zwei Jahren sein radiertes Porträt, das ich mir aus einer Zeitschrift herausgeschnitten, in meiner Stube hängen. Die Bildnisse berühmter Menschen sind eine unzuverlässige Sache. Vorwurfsvoll murrte ich: ›Warum haben Sie mir denn das nicht gesagt?‹ ›Damit Sie nicht über Musik mit ihm sprechen.‹ Und neben diese Geschichte meiner ersten Begegnung mit Brahms will ich gleich das Bild der letzten stellen. Das war viele Jahre später, bei Max Kalbeck. Der gab ein Festmahl zu Ehren eines berühmten Quartetts. Und zwischen den gefeierten Geigern saßen Johann Strauß und Max Burckhard. Zu oberst an der Tafel Meister Brahms, mit abgezehrtem Körper, das Gesicht vergilbt von dieser unerbittlichen Krankheit. Ich unten am Tische neben dem Bratschisten des Quartetts. Der sprach zwei Stunden lang nur von seinem Instrument. Bei aller Verehrung und Höflichkeit machte mich das ein bißchen müde. Und als der schwarze Kaffee serviert wurde, rief plötzlich Johannes Brahms über die lange Tafel zu mir herunter: ›Ganghofer!‹ Und winkte. Ich rannte zu ihm hinauf: ›Meister?‹ Da nahm er mich bei der Hand und sagte: ›Kommen Sie her da, Sie Ärmster! Setzen Sie sich zu mir! Ich seh doch, der da drunten bohrt Ihnen mit seiner Bratsche ein Loch in den geduldigen Bauch!‹ In allen großen Menschen ist ein großes Mitleid.«[6]

Im Kontext der zunächst angesprochenen Philosophen Spinoza und Kant ist auch das zuletzt genannte »große Mitleid« kaum zufällig. Die bislang nicht erkannte philosophische Anspielung richtet sich an die Mitleidsethik des notorischen Pessimisten sowie damaligen Modephilosophen Arthur Schopenhauer, der noch für Thomas Manns »Buddenbrooks« wie auch für den »Zauberberg« prägend war.[7] Der kühne, eher pantheistische Spinoza und der aufklärerisch-kritische Kant zeigen zusammen mit dem buddhistisch inspirierten Schopenhauer eher religionskritische Vorlieben von Ludwig Ganghofer, die auch zu seinen antikatholischen Stellungnahmen im Kulturkampf passen. Ganghofer war hier politisch-weltanschaulich ganz ein Kind seiner Zeit. Er sah im Liberalismus und in den Naturwissenschaften die Zukunft, während gleichzeitig die katholische Kirche – besonders nach dem ersten vatikanischen Konzil – bis weit in das frühe 20. Jahrhundert hinein (letztlich als Reaktion auf das staatsliberale Risorgimento in Italien) gerade Liberalismus und Naturwissenschaften sogar mit einem Antimodernisteneid bekämpfte.[8] Ganghofer gehörte im frühen 20. Jahrhundert zu den modernen und gerade nicht zu den reaktionären Kräften.

Der frisch promovierte Ludwig Ganghofer arbeitete folgerichtig für das liberale Feuilleton, er kannte die damals moderne Literatur und sein erster Theatererfolg war »Der Herrgottschnitzer von Ammergau«, der weniger im bayerischen München reüssierte als vor allem im preußischen Berlin. Tatsächlich waren diese bayerischen Stücke besonders außerhalb von Bayern ein Riesenerfolg. Allerdings beherrschte Ganghofer anfangs noch nicht das Geschäft, sondern er wurde von seinem Theateragenten über den Tisch gezogen und verlor dabei die Rechte an einem »Herrgottschnitzer«. Deshalb verarbeitete er das Sujet zum zweiten Mal in einer anderen Gattung und so machte er aus dem »Herrgottschnitzer« einen Roman. Dieser »Herrgottschnitzer von Ammergau«[9] wurde ebenfalls ein Erfolg in vielen Auflagen, wie überhaupt Ludwig Ganghofer Millionenauflagen erreichte.

---

[6] Ludwig Ganghofer, Lebenslauf eines Optimisten. 3 Tle., Tl. 3: Buch der Freiheit, Stuttgart 1909–1911, S. 364–424; Permalink: http://www.zeno.org/nid/20004793323 [eingesehen am 20.10.2020].

[7] Vgl. Børge Kristiansen, Thomas Manns Zauberberg und Schopenhauers Metaphysik, Bonn ²1986.

[8] Vgl. Klaus Wolf, Joseph Bernhart – ein Autor des Renouveau Catholique?, in: Ders./Thomas Groll (Hg.), Perspektiven bayerisch-schwäbischer Literaturgeschichtsschreibung, Lindenberg 2015, S. 269–277.

[9] Vgl. zum Ganzen Ludwig Ganghofer, Der Herrgottschnitzer von Ammergau. Volksschauspiel in 5 Aufzügen, Augsburg 1880, sowie Ludwig Ganghofer, Der Herrgottschnitzer von Ammergau. Erzählung. Mit einem Nachwort von Gerd Holzheimer, München 2004.

Lesen wir also eine kleine Episode aus Ganghofers wohl berühmtesten Roman:

»›Sakrafix!‹ klang plötzlich die Stimme der Alten mit einem halblauten Aufschrei, und ihr linker Daumen, der von einem unvorsichtigen Hammerschlag getroffen war, fuhr hurtig nach dem Munde. ›Ja, was machst denn, Traudl?‹ rief es durch die geöffnete Tür. ›Auf den Nagel mußt schlagen und net auf deine Finger!‹ ›Jetzt, wenn das net der Lehnl is, nachher will ich am Karfreitag Kirchweih feiern!‹ lachte Traudl, während sie mit ein paar Hammerschlägen den Nagel vollends befestigte. Dann ließ sie den Hammer sinken und drehte sich zur Tür. ›No freilich!‹ Auf der Schwelle stand ein alter Mann, dessen weißes Haar darauf schließen ließ, daß er wohl schon die Sechzig auf dem Rücken haben mochte. Mit der einen Hand in der Hosentasche und die andere an der Pfeife, die zwischen seinen Zähnen hing, so stand er da, und mit den Augen, um die ein leiser Zug von spottender Überlegenheit spielte, zwinkerte er der Alten zu, die ihn schon lange kannte und ihm ebenso gut und gewogen war wie das ganze Dorf.«[10]

Der im Roman erwähnte Alte mit Namen Lehnl ist freilich keine Person, die Ganghofer in Oberammergau, wo er sich häufig aufhielt, erlebte, nein, hinter diesem Lehnl verbirgt sich ein alter Mann aus Ganghofers schwäbischer Heimat Welden. Hier zeigt sich augenfällig Ganghofers Montagetechnik, die authentische Erlebnisse, aber auch Angelesenes zu einem neuen Romangewebe verknüpft. Man kann hier durchaus mit modernen Kategorien von Intertextualität sprechen und der Germanist hatte tatsächlich nicht nur die deutsche, sondern auch die Weltliteratur kennengelernt. Er betrieb auch eifrig historische Studien für seine großartigen historischen Romane. Ganghofer war eben alles andere als ein trivialer Autor, wie er in den 70er-Jahren mit Berufung auf den Germanisten Schwerte in einer Dissertation und sonst öfter abgefertigt wurde. Schwerte übrigens ist jener Germanist, der im NS- Reich zunächst für die SS arbeitete und nach 1945 seinen Namen änderte, um erneut als Germanist in Aachen Professor zu werden.[11] Es waren also zweifelhafte germanistische Werturteile, die Ganghofer vor allem in den 70er-Jahren als Trivialautor abstempelten. Ludwig Ganghofer war sicherlich mehr.

Von hohem Niveau sind Ganghofers historische Romane, die auf gründlicher historiographischer Archivrecherche beruhen. Sie sind sicher, was das Mittelalter und die Frühe Neuzeit anbelangt, besser recherchiert als viele Geschichtsromane, die heute auf dem Buchmarkt zu finden sind. Hervorzuheben wäre etwa »Der Mann im Salz«.[12] In diesem Roman geht es um den Hexenwahn und Ganghofer nimmt

---

[10] Ganghofer, Herrgottschnitzer 2004 (wie Anm. 9) S. 12.
[11] Zur Problematik vgl. Astrid PELLENGAHR/Jürgen KRAUS (Hg.), Kehrseite eines Klischees. Der Schriftsteller Ludwig Ganghofer (Kaufbeurer Schriftenreihe von Stadtarchiv und Heimatverein Kaufbeuren 6) Thalhofen 2005; ferner Ludwig JÄGER, Art. Schneider, Hans Ernst, in: NDB 23 (2007) S. 296–298.
[12] Ludwig Ganghofer, Der Mann im Salz. Historischer Roman, Köln 2005.

dort auch dezidiert Stellung zugunsten der Juden und er wendet sich gegen antisemitische Vorurteile, also ein historischer Roman mit progressiver Gesinnung. Und Ganghofer war anders als viele Zeitgenossen, anders auch als Ludwig Thoma etwa, neben dem er begraben ist, kein Antisemit. Dies zeigt beispielsweise seine Autobiographie:

> »Man rühmt den Familiensinn der Juden, ihre treue, jede Not des Lebens und auch das Grab überdauernde Kindesliebe. Dieser kostbare Besitz der jüdischen Familie quillt aus keiner Eigenart der Rasse. Nein! Ich war zehn Jahre Journalist in Wien. Da lernt man Juden kennen. Sehr viele. Und ich habe gefunden, daß in jüdischen Familien alle Wichtigkeiten der Menschwerdung vor den Kindern viel natürlicher und verständiger genommen und besprochen werden, als die verkrüppelte Sittlichkeit unserer ›christlich-arischen Kultur‹ das zuläßt. Die jüdischen Väter und Mütter genießen in der tieferen Liebe ihrer Kinder die Frucht des Vernünftigen.«[13]

Überhaupt kommen in vielen seiner Alpenromane immer wieder auch vermeintlich fremde Gestalten vor, wie etwa Gastarbeiter aus Italien, und für ihn sind diese Menschen integral Bestandteil der einheimischen Bevölkerung, sei es in Bayern oder Österreich. Ganghofer hat eben – bei aller Volkstümlichkeit – keine völkische Weltanschauung. Heimat ist bei ihm durchaus divers. Das ist das, was ihn im Gegensatz zu anderen sogenannten Heimatdichtern unbedingt auszeichnet. Seine in den Alpen spielenden Romane könnte man heute zur gehobenen Unterhaltungsliteratur zählen. Er war nicht umsonst ein Zeitgenosse von Karl May, der eben auch einige Romane, die in den Alpen spielten, schrieb. Modern ist dagegen Ganghofers Interesse für den Film. Er suchte noch zu Lebzeiten – er starb 1920 – sich um die Verfilmung seiner Werke selbst zu kümmern. Dass er nach 1945 in eher qualitativ schlechteren Filmen noch bekannter wurde, das kann man ihm nicht zum Vorwurf machen. Die Filme sind natürlich seichter als die geschriebenen Romane. Sein Interesse an der neuen Technik Film – am Medium Film – zeigt aber auf der anderen Seite, dass er – so würden wir ihn heute nennen – ein »Technikfreak« war. Sein abgebrochenes Ingenieurstudium hinderte ihn nicht daran, später naturwissenschaftliche Instrumente zu sammeln, mit Elektrizität zu experimentieren und sich technisch immer auf dem neuesten Stand zu halten.

Wie sieht es nun um den politischen Menschen Ganghofer aus? Er war, ich habe es bereits erwähnt, kein Antisemit. Entsprechende Äußerungen sind in seiner Autobiographie im Gegenteil eher philosemitisch und er wendet sich gegen antijüdische Vorurteile vehement. Politisch war er, wie sein Vater, ein Anhänger eines preußisch-kleindeutsch orientierten Liberalismus, also 1866 war sein Vater für die Preußen

---

[13] Ganghofer, Lebenslauf eines Optimisten 1 (wie Anm. 2) S. 95–172.

und gegen die mit Österreich verbündeten Bayern, obwohl er selbst ja bayerischer Beamter war. Für Ganghofers Vater und ihn selbst war die kleindeutsche Lösung unter Bismarck die erhoffte staatsbürgerliche Erlösung nach langer Zerstrittenheit deutscher Staaten. Da war er sicher nicht alleine. Andererseits besuchte der Student Ganghofer Versammlungen der SPD, er verfasste in späteren Jahren dann Manifeste für Sozialreformen zur Verbesserung der Situation der Arbeiter. Ganghofer unterschrieb auf einem Aufruf gegen das preußische Drei-Klassen-Wahlrecht, also er war sicher ein Demokrat.

Ein anderes Kapitel ist seine Propaganda-Tätigkeit im Ersten Weltkrieg. Da gibt es Schriften wie »Eiserne Zither«,[14] da gibt es Berichte von der Westfront und von der Ostfront. Diese Dinge wurden viel gedruckt und viel gelesen und der große Satiriker Karl Kraus verarbeitet in seinem monumentalen Werk »Die letzten Tage der Menschheit« auch die bekannte Vorliebe Kaiser Wilhelms II. für Ganghofer. Ganghofer hatte das Pech, Lieblingsdichter von Kaiser Wilhelm II. zu sein. Deshalb schmähte der Münchner Schriftsteller Josef Ruederer seinen Konkurrenten Ganghofer als »Hofganger«. Bei Karl Kraus hören wir von einer Begegnung an der Front, wo Wilhelm II. und Ganghofer sich treffen. Das Ganze wird extrem satirisch überzeichnet, natürlich sind sich die beiden wiederholt begegnet. Tatsächlich sind diese Propagandaschriften Ganghofers kein Ruhmesblatt, freilich nicht viele Intellektuelle gab es, die sich der Kriegsbegeisterung, der Euphorie, entgegenstellten. In Bayern sind bei den Kriegsbegeisterten Ludwig Thoma, aber auch Lena Christ zu nennen. Und Thomas Mann verfasste in seinem – so wörtlich – »Waffendienst mit Worten« als Kriegsschriften beispielsweise die »Gedanken im Kriege« oder den Traktat »Friedrich und die große Koalition«, die sehr Entente-feindlich waren. Das Gift des Nationalismus hatte viele erfasst. Nur wenige wie Hermann Hesse oder Joseph Bernhart wiederstanden der fanatischen Kriegspropaganda anno 1914.[15]

Warum sollen wir Ganghofer heute noch lesen? Was macht ihn heute aktuell? Wir leben in der Zeit des Waldbadens, die Wiederentdeckung der bewaldeten Natur. Solche Bewegungen wie das Waldbaden, die Waldmystik, das findet man immer wieder in den Werken Ganghofers. Und im Holzwinkel, in Welden, hat er auf vielen intensiven Streifzügen im Wald diese intensive Prägung erfahren. Wir erfahren in seinen Lebenserinnerungen aber nicht nur, wie er auch schon als Jugendlicher zu Jagd geht, sondern auch, wie er in der Lederhose den Theklaberg herunterrutscht, jener Berg, wo sein Vater eine Lindenallee pflanzte, damals kleine Bäumchen, heute eine gewaltige Allee. Der Vater, der Forstreformer in Welden, hatte also auch zur Verschönerung dieses Ortes beigetragen. Dort findet man auch durch die Regio Tourismus Schwaben ausgearbeitete Wanderrouten für Jung und Alt.[16]

---

[14] Ludwig Ganghofer, Eiserne Zither. Kriegslieder, Stuttgart 1914.
[15] Zum Ganzen ausführlich Klaus WOLF, Bayerische Literaturgeschichte. Von Tassilo bis Gerhard Polt. München 2018, passim.
[16] https://www.augsburg-tourismus.de/de/ludwig-ganghofer [eingesehen am 20.10.2020].

Abb.4: Kapelle auf dem Theklaberg in Welden (Foto: Wikipedia)

Aber Ganghofer ist nicht nur der Beschreiber des Waldes, seine literaturgeschichtliche Stellung ist in die Zeit der Industrialisierung zu präzisieren. Seine vermeintliche Naturidylle ist in Wirklichkeit eine gebrochene. Die verschmutzten Industriestädte wie Berlin und Augsburg, das Manchester Bayerns, hatte er ja kennengelernt. Und auch das industrielle München und das industrielle Wien waren ihm bekannt. Die Sehnsucht nach der Natur, nach einer heilen Welt, das findet man auch ganz ähnlich beim Zeitgenossen Hermann Hesse und vielen anderen. Gleichzeit war Ganghofer auch ein technologisch interessierter Autor. Dass er dennoch aber die Alpen zu einem wesentlichen Roman und Theatersujet machte, hängt mit einer breiteren Bewegung zusammen. Diese Bewegung begann einerseits in der Romantik des frühen 19. Jahrhunderts, andererseits aber auch in der touristischen Entdeckung der Alpen. Hier ist der aus Aichach stammende Ludwig Steub zu nennen, der den Alpinismus geradezu literarisch erfand. Flankiert wird diese Begeisterung für die Alpen durch Mundartdichter wie Franz von Kobell, dessen Brandner Kaspar bis heute unsterblich ist, der aber auch viele Mundartgedichte in riesigen Auflagen verfasste. Von der Bedeutung in der Auflagenstärke mit Ganghofer an eine Seite zu stellen ist der freilich ältere Erfolgsschriftsteller Maximilian Schmidt, genannt Waldschmidt, der ebenfalls mit ländlichen alpinen Sujets ungemein Furore machte.[17] Diese Art der Literatur war äußerst erfolgreich. Auch Ludwig Thoma partizipierte daran, freilich ist er der sozialkritischere und durchaus in Berlin nicht weniger erfolgreiche Autor als Ganghofer. Thoma und Ganghofer bildeten ein Paar, das dann später sogar Lion Feuchtwanger in seinem Roman »Erfolg« freilich satirisch verewigte. Und diese innige Freundschaft zwischen Thoma und Ganghofer, wobei Ganghofer auch bei den schwierigen Frauengeschichten Thomas eine wichtige vermittelnde, um nicht zu sagen, seelsorgerische Rolle spielte, machte Georg Queri, der vielfach ange-

---

[17] Vgl. Ulrich HOHOFF, Voralpenland und bayerische Alpen in Erzählungen und Romanen. Bibliographie der Jahre 1850–1920 (Editio Bavarica 6) Regensburg 2018.

feindete Verfasser des Buchs »Kraftbayrisch« komplett.[18] Diese enge Verbindung zwischen Ganghofer und Thoma kulminierte darin, dass beide ihre Grabstätten nebeneinander am Tegernsee fanden. Denn Ludwig Thoma sollte Ludwig Ganghofer nicht lange überleben. Weniger als ein Jahr später erlag er einem Magenkrebsleiden und beide verbrachten ihre letzten Tage somit am Tegernsee, wo sie auch begraben wurden. Während Thoma aber von einer jüngsten Biographie zu Recht als zorniger Literat[19] beschrieben wird, dessen antisemitische Ausbrüche in den letzten Lebensjahren heute kaum mehr erträglich sind, muss man Ganghofer von derlei Vorwürfen freisprechen. Er blieb lebenslänglich ein Menschenfreund, vor allem auch ein Förderer der modernen Kunst. Er hat Rilke unterstützt, ebenso Wedekind. Ganghofer wusste, dass er diesen großen Dichtern nicht immer das Wasser reichen konnte, besaß aber dennoch immer die Generosität diese zu fördern. Das Haus der Ganghofers war ein wichtiger literarischer Salon in München, wo Intellektuelle wie Bernstein und andere verkehrten. Und wenn auch nicht alle Romane Ganghofers heute lesenswert sind – die historischen Romane möchte ich davon ausdrücklich ausnehmen –, verdiente Ganghofer es doch, dass man den literarischen Beziehungen und dem kreativen Geflecht im München der Prinzregentenzeit mit dem Fokus auf Ludwig Ganghofer in Zukunft näher nachgehen würde.

---

[18] Vgl. Martha SCHAD, Ludwig Thoma und die Frauen, Regensburg 1995.
[19] Vgl. Getrud RÖSCH, Ludwig Thoma. Der zornige Literat (kleine bayerische biografien) Regensburg 2012.

Weitere Zeitschriftenbeiträge

Konstantin Moritz Langmaier

Quellen zur Geschichte der Feme im Herzogtum Bayern*

Abstractum: Juristische Streitigkeiten »gemeiner Leute« bildeten eher selten den Überlieferungsgegenstand innerhalb fürstlicher Kanzleien. Ein solcher Fall liegt uns in der »Causa Ul« vor, in der die Interessen Herzog Albrechts III. von Bayern-München (1401–60) auf exemplarische Weise tangiert wurden. Die im Rahmen des anfallenden Prozesses eingegangenen Schriftstücke verwahrte man deshalb im herzoglichen Archiv, weil sie bei Klagen von Territorialinsassen an landfremde westfälische Femegerichte als »Schulbeispiel« für zukünftige Auseinandersetzungen dienen konnten. Der folgende Beitrag bietet die Edition der einschlägigen Dokumente.

Der Fall Ulrich Erhart (1452–56): Eine Präzedenzakte im herzoglichen Archiv

Im Bayerischen Hauptstaatsarchiv (München) sind in den Beständen Kurbayern und Kloster Fürstenfeld rund 30 Urkunden und Konzepte erhalten, in denen Bezug auf einen einfachen Landmann aus dem Raum Augsburg genommen wird, der Mitte des 15. Jahrhunderts den Herzog von Bayern-München ebenso wie das Kloster Fürstenfeld in einen diffizilen und kostspieligen Rechtsstreit verwickelte. Es handelt sich dabei um die Auseinandersetzung zwischen dem *paur* Ulrich Erhart von Kissing aus Bruck[1], genannt Ul, mit dem Kloster Fürstenfeld: Ulrich Erharts Lehengut war von Hans Wild, dem Klosterrichter der Zisterzienserabtei und Untergebenen des dortigen Abtes Paul Herzmann, eingezogen worden. Die Ursache für die daraus entstehenden Komplikationen lag darin, dass der Bauer nach örtlicher Rechtsver-

---

* Verwendete Abkürzungen: KbU = Kurbayern Urkunden; Lasch = Agathe Lasch, Mittelniederdeutsche Grammatik (Sammlung kurzer Grammatiken germanischer Dialekte 9) Halle a. d. Saale 1914; Lexer = Matthias Lexer (Hg.), Mittelhochdeutsches Handwörterbuch, hg. von, 3 Bde., Leipzig 1872–1878; Lindow = Wolfgang Lindow u. a. (Hg.), Niederdeutsche Grammatik (Schriften des Instituts für niederdeutsche Sprache. Dokumentation 20) Bremen 1998; MndWB = Karl Schiller / August Lübben (Hg.), Mittelniederdeutsches Wörterbuch, 6 Bde., Bremen 1875–1881; MB = Monumenta Boica; OA = Oberbayerisches Archiv (für vaterländische Geschichte); RhWB =Josef Müller u. a. (Hg.), Rheinisches Wörterbuch, 9 Bde., Bonn 1928–1971; Schmeller = Johannes Andreas Schmeller (Hg.), Bayerisches Wörterbuch, 2 Bde., München 1877.
1 Er selbst nannte sich *Ůlrich Erhart von Kyssingen* (heute: Kissing, Lkr. Aichach-Friedberg), was Rückschlüsse auf seine eigentliche Herkunft zulässt. Vgl. BayHStA KbU 6003 (hier Nr. 4).

weigerung und Rechtsbeugung an einen scheinbar sicheren Ort floh (Augsburg) und in prekärer persönlicher Lage an eines der Femegerichte Westfalens appellierte, welche bei solchen Gelegenheiten vorzugsweise angerufen wurden.[2] Dies erregte – wie in ähnlich gelagerten Fällen – den Widerwillen der örtlichen Instanzen ebenso wie den des Landesherrn. Energische Abwehrmaßnahmen wurden dabei nicht so sehr deswegen ergriffen, weil die Exekutoren der westfälischen Gerichte bzw. die »Helfer« der Kläger im wittelsbachischen Herrschaftsbereich ihre Namen nicht preisgaben oder gar fiktiv mit »Gewalt« drohten – hatte ein solches Femeurteil doch nur sehr selten für den Angeklagten physische Konsequenzen. Entscheidend war die Unterminierung der Rechtsautorität der Territorialfürsten und der von ihnen abhängigen lokalen Gerichte.

Hatte Ernest Geiss[3] die »causa Ul« bereits vor über 150 Jahren im Oberbayerischen Archiv geschildert, unternahm ich in der Westfälischen Zeitschrift[4] den

---

[2] Vgl. die grundlegenden Darstellungen von: Theodor LINDNER, Die Veme, Paderborn 1896 (EA 1888; zu benützen im ND von 1989 mit einigen Anmerkungen von Wilhelm Janssen zum neueren Forschungsstand); Eberhard FRICKE, Die westfälische Veme im Bild. Geschichte, Verbreitung und Einfluss der westfälischen Vemegerichtsbarkeit, Münster 2002; DERS., Die westfälische Veme im Bild. Weitere Denkwürdigkeiten und Merkwürdigkeiten zur Geschichte der westfälischen Vemegerichtsbarkeit, Supplementbd., Münster 2011. Ferner Bernhardt THIERSCH, Vervemung des Herzogs Heinrich des Reichen von Baiern durch die heimliche Acht in Westphalen. Ein vollständiger Vemprozeß nach neuentdeckten Urkunden, Essen 1835; Albert Michael KOENIGER, Ein Vemegerichtsprozess der Stadt Lauingen, in: Jb. des HV Dillingen 19 (1906) S. 86–133; Joseph HÖRNER, Eingriffe der Vemgerichte in das Hochstift Wirzburg unter besonderer Berücksichtigung von Urkunden des Archivs der Stadt Wirzburg, Würzburg 1898; Ludwig VEIT, Nürnberg und die Feme. Der Kampf einer Reichsstadt gegen den Jurisdiktionsanspruch der westfälischen Gerichte (Nürnberger Forschungen 2) Nürnberg 1955; Wilhelm ENGEL, Mainfranken und die westfälischen Femegerichte im 15. Jahrhundert, in: Die Mainlande 6 (1955) S. 74 f.; Eberhard FRICKE, Die Verurteilung des Herzogs Heinrich von Bayern-Landshut durch das Frei- und Vemegericht Limburg (1429), in: Heimatblätter für Hohenlimburg 40 (1979) S. 101–111, 121–131; DERS., Hinweise auf die westfälische Frei- und Vemegerichtsbarkeit in der politischen und privaten Korrespondenz des Herzogs Adolf I. von Jülich und Berg (1423–1437) mit dem Herzogshaus Bayern-München, in: OA 109 (1984) S. 275–290; DERS., 1464. Ein Verfahren gegen die Reichsstadt Nördlingen am Freistuhl vor der Pforte zu (Berg-)Neustadt, in: Zs. des Bergischen Geschichtsvereins 98 (1997/98) S. 9–28; Klaus BAAKE, Der Imhoff-Prozeß. Die freie Reichsstadt Nürnberg gegen die westfälischen Femegerichte (Historische Forschungen 45) Rheinfelden 1999; Adalbert BUSL, Das Westfälische Gericht in Nordbayern, in: Oberpfälzer Heimat 50 (2005) S. 37–46. – Bezüglich der übrigen Literatur ist auf meinen in Druck befindlichen Beitrag in der Westfälischen Zs. zu verweisen (Wo finde ich mein Recht? Ulrich Erhart gegen Kloster, Herzog und Reichsstadt. Der »arme Mann« in den Mühlen der Justiz. Die westfälische Feme aus bayerisch-oberdeutscher Sicht).

[3] Ernest GEISS, Beiträge zur Geschichte der westphälischen Gerichte in Bayern, in: OA 12 (1851/52) S. 185–202, hier 188–198 (im Folgenden als GEISS, Beiträge); vgl. auch die Erwähnungen bei: Johann Nepomuk BUCHINGER, Geschichtliche Nachrichten über die ehemalige Grafschaft und das Landgericht Dachau, in: OA 6 (1845) S. 3–59, 261–278, 323–400, hier 331 f.; Eduard ROSENTHAL, Geschichte des Gerichtswesens und der Ver-

Versuch, den Fall eingehender aus der Sicht moderner Geschichtswissenschaft zu bewerten, wobei v. a. Erkenntnisse der bayerischen Rechtsgeschichte berücksichtigt wurden[5]: Festzustellen ist, dass die Angelegenheit bereits zu Lebzeiten der Akteure auf breit gefächertes Interesse stieß. Dies lässt sich nicht nur an der hohen Zahl der aufgebotenen Zeugen, welche der Bauer benannte (40 an der Zahl!), ablesen, sondern ebenso an der Tatsache, dass man mindestens neun Parteien zu einer schriftlichen Stellungnahme veranlasste. Der umfangreiche Schriftwechsel, welcher mit der fürstlichen Kanzlei geführt wurde, ist besonders auffällig, da unter ständisch-sozialen Gesichtspunkten betrachtet, eine große Distanz zum herzoglichen Hof bestand. Wichtigstes Resultat des Aufsatzes ist die Erkenntnis, dass Femegerichte solange als Notinstanzen im Falle örtlicher Rechtsverweigerung Legitimität für sich beanspruchen konnten, als es den Landesherren nicht gelang, derartige Insuffizienzen durch mittlere und oberste Instanzen (d. h. durch die Rentmeister bzw. durch das Hofgericht) wirksam zu neutralisieren. Unterlag der *paur* kläglich, zwangen derartige Rechtshändel die herzogliche Zentrale trotzdem auf lange Sicht hin, den »gemeinen Mann« als politischen Faktor wahrzunehmen. Die »Sache Ul« ist somit kennzeichnend für eine Übergangszeit, in der sich eine zunehmende »Verdichtung« und Professionalisierung der Rechtsprechung im altbayerischen Raum abzeichnete, welche letztlich eine Autoritätssteigerung landesfürstlicher Gewalt auf unterer Ebene bewirkte, weil sie dem Gedanken des »gemeinen Nutzens« folgte.

Dass Vorgänge wie die um den Bauern Ul langfristig die Einsicht förderten, Mittelinstanzen schaffen bzw. stärken zu müssen, um für »Kontrolle« und »Ordnung« im engeren lokalen Rahmen zu sorgen, darf unterstellt werden: Gute und gerechte Rechtsprechung schuf Rechtsautorität.[6] Rechtsautorität hinwiederum bewirkte gesteigertes öffentliches Ansehen. Sie trug dazu bei, die fürstliche Macht im Territorium auszubauen. Wurden Gerichtsverhältnisse und Rechtssicherheit deshalb zur Mitte des Jahrhunderts im Allgemeinen als dürftig und unzureichend empfunden, galt es bei Rechtsverweigerung vor Ort grundsätzlich als rechtlich legal, Hilfe bei den mit königlichem Gerichtsbann ausgestatteten Freigerichten zu suchen. Appellationen in den hohen Norden waren in der damaligen Zeit folglich etwas durchaus Gewöhnliches: Unrecht konnte daraus nur dann abgeleitet werden, wenn objektiv gesehen an unmittelbar zuständiger Stelle die Möglichkeit gegeben war, vor Gericht

---

waltungsorganisation Baierns, Bd. 1, Würzburg 1889, S. 28 f.; Sigmund RIEZLER, Geschichte Baierns, Bd. 3: 1347–1508, Gotha 1889, S. 697.

4   LANGMAIER, Wo finde ich mein Recht (wie Anm. 2).
5   Wichtig: Hans SCHLOSSER, Spätmittelalterlicher Zivilprozess nach bayerischen Quellen. Gerichtsverfassung und Rechtsgang (Forschungen zur deutschen Rechtsgeschichte 8) Köln/Wien 1971.
6   Hingewiesen sei in diesem Zusammenhang v. a. auf: Helmut RANKL, Der bayerische Rentmeister in der frühen Neuzeit. Generalkontrolleur der Finanzen und Justiz. Mittler zwischen Fürst und Bevölkerung, Promotor der »baierischen Libertät«, in: ZBLG 60 (1997) S. 617–648. Tatsächlich wird in den hier edierten Unterlagen immer wieder Bezug auf einen Rentmeister genommen, in diesem Fall Hans Schmidhauser. Vgl. auch Anm. 8.

einen fairen Prozess zu führen. »Schikanierte« eine untere Instanz einen Landsassen, machte sie das Verfahren für ihn undurchführbar, war es nur bedingt möglich, diesem die Appellation zu verweigern, da gegenteilige Reaktionen die Gefahr von stillem Widerstand bzw. heimlicher Fehde, aber auch von offenem Aufruhr begünstigten.

Bemerkenswert ist der Fall des Bauern Ul vor allem deshalb, weil mit ihm ein einzelner »armer Mann« zum unmittelbaren Gegenstand einer umfangreicheren fürstlichen Korrespondenz wurde, was im Allgemeinen dann eintraf, wenn der Rechtsstreit Grundsätzliches berührte oder von anderweitiger, übergeordneter Bedeutung war. Bleibt manches in der »Causa Ul« ungeklärt, ist es von generellem kulturgeschichtlichen Interesse, wie man während eines solchen Prozesses mit Sprachbarrieren innerhalb des Reiches umging, welche Boten beauftragt wurden, welchen Unterstützerkreis die Parteien aktivierten, wo der Prozessführende logierte oder wie und von wem ein Femebrief öffentlich gemacht wurde, ganz zu schweigen von der Finanzierung einer solch komplizierten Rechtsstreitigkeit.

Ergibt sich der Quellenwert der hier zugänglich gemachten Archivalien aus den oben angeführten Beobachtungen, zeigte sich die dringende Notwendigkeit einer Publikation, als etliche der Dokumente durch Schimmelbefall endgültig verloren zu gehen drohten. War es geboten, Teile des Materials zu »retten«, schien es sinnvoll, die Schriftstücke in ihrer Gesamtheit kritisch zu edieren, zeugen sie immerhin von einem umfangreichen »Verwaltungsvorgang« bzw. von einem vielschichtigen rechtlichen Akt, der viele Instanzen und Gerichte beschäftigte, forderte der Bauer doch in letzter Konsequenz in überaus öffentlichkeitswirksamer Weise landesfürstliche Ehre und Recht heraus. Obwohl es sich nicht mit letzter Sicherheit beweisen lässt, ist anzunehmen, dass die meisten der in diesem Zusammenhang entstandenen Dokumente als Bestandteil einer Präzedenzakte wenigstens vorübergehend als Dossier in der herzoglichen Kanzlei bzw. im herzoglichen Archiv gelagert wurden. Hierauf deutet die teilweise gegebene Nähe der Signaturen zueinander sowie die Tatsache, dass das Gros der Quellen mit nur wenigen Ausnahmen im Bestand Kurbayern zu finden ist. Anfragen zum Thema Ulrich Erhart an die Archive in Ulm, Augsburg und in Hagen verliefen ergebnislos. Dies bedeutet freilich nicht, dass keine weiteren Unterlagen zum Prozess entdeckt werden können. So ließ sich anhand Tübinger und Stuttgarter Quellen nachweisen, dass die Forderung des Bauern nach Gerechtigkeit üble Folgen zeitigte. Ul wurde zur heimlichen Flucht gezwungen, an deren schlimmem Ende zu Ulm Scheiterhaufen und qualvoller Feuertod auf ihn warteten.[7]

---

[7] Württembergische Landesbibliothek Stuttgart Cod. Don. 660, fol. 20r; Universitätsbibliothek Tübingen Mc 130, fol. 35r.

Editionsgrundsätze

Ziel der Edition ist keine Regestierung der Dokumente, sondern die direkte Wiedergabe ihres Inhalts, was aus konservatorischen wie aus inhaltlichen Gründen erforderlich scheint. Dem Benutzer soll auf diese Weise nicht allein die große sprachliche Distanz zwischen dem damaligen Oberdeutschen und Niederdeutschen vergegenwärtigt, sondern ebenso die Möglichkeit geboten werden, den sprachlichen Duktus hinsichtlich der Anrede-, der Gruß- und Befehlsformeln eingehender analysieren zu können. Berücksichtigt wurden nur Urkunden, Briefe und Konzepte, welche vom Schimmelfraß nicht gänzlich entstellt sind.

Die Ordnung der edierten Quellen erfolgt nicht primär chronologisch, sondern orientiert sich an deren ursprünglicher Provenienz:

I.	Urkunden des Ulrich Erhart von Kissingen	Nr. 1–7
II.	Urkunden Fürstenfelder Provenienz	Nr. 8–9
III.	Urkunden aus der Kanzlei Albrechts III.	Nr. 10–17
IV.	Urkunden von Augsburger Seite	Nr. 18–20
IV.I	Brief des Augsburger Rates	Nr. 18
IV.II	Brief des Lienhart Rott	Nr. 19
IV.III	Urkunde des Heilig-Kreuz-Stiftes in Augsburg	Nr. 20
V.	Urkunden des Kölner Erzbischofs Dietrich von Moers	Nr. 21–24
VI.	Briefe des Johann von Gardenwech, Freigraf von Limburg	Nr. 25–30

Die einzelnen Stücke sind durchnummeriert. Es folgt am linken oberen Zeilenende Jahr, Monat, Tag und Ort der Ausstellung. Darunter werden kurze Angaben zur Überlieferungsart, zum Aufbewahrungsort, zum Empfänger, Aussteller, zur Besiegelung und zum Beschreibstoff sowie zu Drucken und Erwähnungen in der Literatur gemacht. Da der vollständige Urkundentext wiedergegeben wird, wurde auf ein Kopfregest verzichtet. Soweit nicht anders angegeben, handelt es sich beim Beschreibstoff stets um Papier. Sämtliche Urkunden stammen aus der Abteilung I des Bayerischen Hauptstaatsarchivs. Benutzt wurden die Bestände Kurbayern (28 Stück) und Kloster Fürstenfeld (zwei Stück; kein Bestandteil der herzoglichen Präzedenzakte).

Die Transkription soll einen vorlagennahen, zugleich aber auch lesbaren Text bieten. Das Dokument wird im Wesentlichen graphiegetreu wiedergegeben. Es gelten dabei die Regeln für die Transkription deutscher Texte der Bayerischen Archivschule. Nachträgliche Einfügungen durch das Kanzleipersonal wurden mit Vergleichszeichen (< >) gekennzeichnet. Römische Zahlen wurden dem damaligen Usus entsprechend klein geschrieben. Die zeitgenössische, oft nur angedeutete Diphthongierung wurde, soweit sie erkennbar ist, beibehalten bzw. wegen oft nicht möglicher Unterscheidbarkeit vereinfacht. Sie kennzeichnet nicht nur Umlaute, sondern beispielsweise auch lang gesprochene Vokale. Da es sich um keine lateinischen, sondern um ober- bzw. niederdeutsche Quellen handelt, sind vielfach alternative Lesarten möglich, die im Apparat am Ende des Beitrags eigens kenntlich gemacht wurden. Satzanfänge, Personen- und Ortsnamen werden groß geschrieben, alle übrigen Wörter klein. Berufsbezeichnungen sind groß geschrieben, sofern sie als Spitz- bzw. Rufname an die Stelle des eigentlichen Familiennamens treten können. /cz/ wird durchgängig als /tz/ transkribiert. Offensichtliche Verschreibungen werden nicht berücksichtigt bzw. korrigiert. Die Zeichensetzung erfolgt nach modernen Kriterien. Sie soll den Lesefluss erleichtern. Gleiches gilt auch für Wörter, welche im Original getrennt voneinander sind, die aber dem heutigen Empfinden nach zusammengehören. Die Angaben zu den in der Quelle genannten Personen beanspruchen keine Vollständigkeit, können aber als Grundlage für weitere prosopographische Recherchen dienen. Dies muss dem Forschenden allein schon wegen des zahlreichen ungedruckten Materials und der vielfachen Möglichkeiten der Namenverwechslung überlassen bleiben. Wörter, von denen angenommen werden kann, dass sie dem modernen Leser bzw. dem Dialektunkundigen unbekannt sind, wurden mit Verweis auf die einschlägigen Lexika kommentiert.

Als Nebenziel schien es zweckmäßig, »oberdeutschen« Benutzern eine umfassende sprachliche Kommentierung zu bieten, die umso nötiger ist, als etliche Dokumente in oft schwer zu verstehenden niederdeutschen Dialekten verfasst sind (was weniger auf den Kölner als den Limburger Dialekt zutrifft). Umgekehrt soll bezüglich der Urkunden süddeutscher Provenienz auf Basis prosopographischer und rechtshistorischer Angaben dem norddeutschen Historiker die Möglichkeit eröffnet werden, anhand unveröffentlichter Quellen die Wirksamkeit der Feme in einem für spätmittelalterliche Begriffe weit entfernten Territorium nachzuvollziehen.

Die Kommentierung erfolgt über arabisch nummerierte Fußnoten am Seitenende, Angaben zu Transkription oder Lesart erfolgen wegen der besseren Lesbarkeit ebenfalls über arabische Querverweise, die jedoch zur Unterscheidung von den Kommentarfußnoten unterstrichen sind und als Endnoten am Ende des Beitrags erscheinen.

I. Urkunden des Ulrich Erhart von Kissingen

[1.] 1455, Dezember 08, [o. O.]

Orig., Kurbayern, Urk. 6026

Aussteller/Empfänger: Ulrich Erhart (Bauer)/Herzog Albrecht III. von Bayern-München
Siegel: rücks. eingedrückt
Literatur: GEISS, Beiträge, S. 192.

Im armen willigen dienst. Gnädiger hochgeborner fürst und her, ich füg üwern gnauden ze wissen, das mŭr min brieff nit werden mŭgen von den von Augspurg und auch die andern brieff, die mir abgesetzt sind worden, als ich gefangen ward.

Und umb sollichs[1] *kan ich für üwer gnad nit komen zů recht, wann ich miner brieff mangel han*[2] *und bett also üwer fürstlich gnad, das die so demütig sin wel, das mir die und ander min brieff*[3] *wider werden*[4]*. Und me lauss ich üwer fürstlich gnaud wissen, das der Schmidhauser*[8] *gemacht hant, das ich den brobst vom hailgen crütz*[9] *geladen han, und*[5] *hant mir zůgesagt, der brobst vom hailgen crütz hab die müllin*[10] *kauff und habs noch in und anders nieman und hant den freygrauffen selber betten umb den ladtbrieff. Me lass ich üwer fürstlich gnad wissen, das ain brieff ussgangen ist von üwer gnaden, ir seyen in den koff gestanden. Solt ich dann mit üwren gnaden rechten, so üwer gnad die müllin inhant, darinn han ich ain gross beschwär. Gnädiger edler fürst, ich wil noch gern in güttikait von der müllin wegen und von aller miner sprüch wegen gern kommen uff ain raut von Augspurg und das das geschech hie zwischen des weissen sunnentags, des beger ich üwer gütig verschriben antwurt. Geben am mentag nach sant nyclaustag im lv jar.*

Üll Paur

[Rückseite:] *Dem durchlüchtigen fürsten und heren her Aulbrechten, hertzeg in Bayrn und pfaltzgrauff bei Rein*[6] *und grauff zů Voburg*[11] *minem gnädigen heren etc.*

Ül Pawr

[von späterer Hand:] *1455. Montag nach s. niclas*

---

[8] Hans Schmidhauser, Rentmeister in Oberbayern von ca. 1451 bis 1460 sowie Anwalt und Rat Albrechts III.; von niederer Geburt; vgl. RANKL, Der bayerische Rentmeister (wie Anm. 6) S. 617–648; Heinz LIEBERICH, Landherren und Landleute. Zur politischen Führungsschicht Baierns im Spätmittelalter (Schriftenreihe zur bayerischen Landesgeschichte 63) München 1964, S. 133 mit Anm. 723, 148; Gerda Maria LUCHA, Kanzleischriftgut, Kanzlei, Rat und Regierungssystem unter Herzog Albrecht III. von Bayern-München 1438–1460 (Europäische Hochschulschriften III/3, 545) Frankfurt a. Main u.a. 1993, S. 248–250.

[9] Hans Dachs; Probst des Stiftes Heilig-Kreuz in Augsburg; aus altem Augsburger Geschlecht stammend; vgl. Michael HÖRMANN, Die Augustiner-Chorherrn in Augsburg im Mittelalter, Bottrop 1932, S. 34–38; Paul von Stetten, Geschichte der adelichen Geschlechter in der freyen Reichs-Stadt Augsburg [...], Augsburg 1762, S. 50.

[10] Die Martinsmühle in Mering; folgt man bildlichen Darstellungen, war Mering sicherlich ein ausgezeichneter Mühlenstandort; vgl. Klaus STOPP, Die Handwerkskundschaften mit Ortsansichten. Beschreibender Katalog der Arbeitsattestate wandernder Handwerksgesellen (1731–1830), Stuttgart 1983, S. 836 f.

[11] Vohburg an der Donau; Stadt im Lkr. Pfaffenhofen an der Ilm.

[2.] **1456 Mai 27, [o. O.]**

Orig., Kurbayern, Urk. 6002

Aussteller/Empfänger: Ulrich Erhart (Bauer)/Herzog Albrecht III. von Bayern-München
Siegel: kein Siegel
Literatur: GEISS, Beiträge, S. 193.

Hochgeborner fürst, genediger herre. Als ewrn fürstlichen genaden von meinen wegen geschriben ist worden von meinem genedigen herrn von Kólen[12], *auch von den andern des freyenstůls, darauff pit ich, ewr fürstlich genad welle so genedig sein und mir ain freys sichers <gůtz*[13]*> gelait schicken und geben zům rechten und vom rechten und widerumb wol an mein gewarenhait, nach dem und mir des notturft ist, für ewr genad und für ewr edel råte und für alle die ewrn, der ewr genad mechtig und gewaltig ist, auff drey viertzehen tag und trey tag*[14] *in ainer kůrtz bescheche, zů schreiben und rechttag ze setzen, so wil ich mich durch mein gůt fründ und herrn auch gůtlich bedencken und vÿnden lassen nach redlichen und pillichen sachen, doch also, das ich und alle mein gůt fründ, herren und gůnner, wie die genannt sind, dartzů auch mit mir versichert und bewart sein nach freys, sichers gůtz gelaitzrecht zů solchem rechten oder tågen zů kummen*[1] *und allen den, die darunder verdacht oder gewandt*[15] *sind von uns, gewarenhait*[16] *wider an unser gewarenhait und gewarsame*[17], *nach aller notturfft und pillichhait als sich gepůrt, wann mir des nottůt, nach allem harkummen; und wann ich und die meinen des gelaitz versichert seyen in obgeschriben mas, so wil ich selb für ewr fürstlich genad mit den meinen kummen oder durch meinen anwalt erscheynen.*[18] *Welt aber ewr genad des nicht tůn noch selbs richter sein, so pitt ich ewer fürstlich genad durch gotes willen, mich und die meinen fůro ungehindert und mir mein gerechtikait, brief und anders volgen lassen, nachdem als ewer genad got da von anwurten sol. Ewren genaden verschriben antwurt beger ich zů wissen <gen Kyssingen, dem Erhart Schmid*[19] *meinen*

---

[12] Vgl. Anm. 59.
[13] Nachträglich eingefügt.
[14] Vgl. SCHLOSSER, Spätmittelalterlicher Zivilprozess (wie Anm. 5) S. 232 mit Anm. 39 (entspricht dem Zeitraum von drei gebotenen Dingen).
[15] vermuten; vgl. GRIMM 27, Sp. 654.
[16] Sicherheit, Schutz; GRIMM 6, Sp. 4859.
[17] Damit wird vermutlich zum Ausdruck gebracht, dass diejenigen, die in den Prozess involviert waren und für Ul aussagen sollten, Sicherheit gewährt bekommen sollten und zwar eine Sicherheit, die unter die für den Bauern verbriefte fiel.
[18] Zum allgemeinen Gerichtsverfahren vgl. Hans SCHLOSSER/Ingo SCHWAB (Bearb.), Oberbayerisches Landrecht Kaiser Ludwigs des Bayern von 1346. Edition, Übersetzung und juristischer Kommentar, Köln u. a. 2000; Wilhelm VOLKERT (Bearb.), Das Rechtsbuch Kaiser Ludwigs des Bayern von 1346 (Bayerische Rechtsquellen 4) München 2010: jeweils Artikel 8, 9, 10.
[19] Unklar. Vgl. Anm. 85.

vater.> Datum an unsers herrn fronleichnamstag anno M°cccc° und im sechs und fünfftzigstem jare etc.

Ůlrich Erhart von Kyssingen

[Rückseite:] *Dem hochgeporen fürsten und hern hern Aulbrechten, hertzog in Bayren, zů Můnchen, meinen genedigen hern etc.*

[3.] 1456, Juni 12, [o. O.]

Orig., Kurbayern, Urk. 5918

Aussteller/Empfänger: Ulrich Erhart (Bauer)/Johann von Gardenwech
Siegel: rücks. eingedrückt
Literatur: vgl. GEISS, Beiträge, S. 194.

Mein willig undertănig beraitt dienst. Seÿen ewch mit willen zůvoran beraitt. Lieber her frÿgrăf[20]: Nach dem und sich die sach zwischen mein und herrn Albrechts hertzog in Baÿrn etc. verlőffen und gemacht hăt, mit allem herkomen des nit not tůt, alles ze schriben, dazwischen dann ir und mein gnădiger herre, der bÿschoff zů Kőln[21], ain satzung gemacht habend, wie das ich recht nemen sőlle vor desselben hertzog Albrechts răten. Und zů sőllichem rechten mir alsdenn mein brief herus gegeben werden süllen und die bůrgen quidt ledig gesaget. Das will er nit thůn, sunder er will mir erst mein brief herus geben, wenn sich das recht erget. Das wil mir nÿemand rătten. Auch die můle hătt er noch selber innen und sich der understanden. Und auch uff das schreÿben, so ir und mein gnădiger herr von Kőln von meinen wegen im getăn habend, daruff er mir kain antwurt nicht geben hătt. Hierummb lieber her frÿgrăf, bitt ich euch[8] mit allem vleÿs ernstlich durch gots willen und rŭff euch[9] an als ain frÿgrafen, mir in den sachen wőllend ze hilff kommen und das recht widerumbe uff die von Augspurg schieben, damit mir meiner sachen nach ewerm und desselben meines gnădigen herrn von Kőlns spruch năchgegangen werde, wann es mir ÿe sunst nit gedeichen mag on ewer[10] hilff, wil ich mit willen umb ewch[11] altzeit williglich[12] gedienen. Geben uff sampstag năchst vor sant veits tag. Anno domini M° cccc° lvj°.

Ůl Erhart von Kÿssingen

[Rückseite:] *Dem vesten weÿsen Hannsen Garanweg, freÿgraefen zů Lÿmmburg an der Lĕn*

[von späterer Hand:] *1456. Sambstag[13] vor s. veits tag*

---

[20] Zu Johann von Gardenwech vgl. LINDNER, Veme (wie Anm. 2) S. 87, 109, 491.
[21] Vgl. Anm. 59.

[4.] **1456, Juni 14, [o. O.]**

Orig., Kurbayern, Urk. 6003

Aussteller/Empfänger: Ulrich Erhart (Bauer)/Herzog Albrecht III. von Bayern-München
Siegel: rücks. eingedrückt; nicht mehr erhalten
Literatur: GEISS, Beiträge, S. 194.

Edler hochgeporner fürst, genädiger herr[14], ewr genaden verschriben antwurt hån ich undertånigclich vernumen, als von ains gelaitz wegen[15]; ist mir ain gantz wolgefallen, dann allain das ich mein brief vor ewren genaden und edlen råten vor im rechten hab und wil darnach dann dem rechten also gern nachkumen, doch nach meins genedigen herrn[16] von Kölen spruch getån hat zwischen ewrn fürstlichen genaden mein und allen meinen ursachern. Dem wil ich also nachkummen, wann ich sein[22] täglich scheden nym solchs vertziehen. Und beger uff söllichs von ewrn genaden ewr verschriben antwurt. Datum an sant veitz aubent im lvj etc.

Ülrich Erhart von Kyssingen

[Rückseite:] *Dem hochgeboren fürsten und herrn herrn Aulbrechten, hertzogen in Bairen und grauff zü Vochpurg*

[5.] **1456, Juli 10, [o. O.]**

Orig., Kurbayern, Urk. 6007; teilweise beschädigt bzw. fragmentiert

Aussteller/Empfänger: Ulrich Erhart (Bauer)/Herzog Albrecht III. von Bayern-München
Siegel: rücks. eingedrückt
Literatur: GEISS, Beiträge, S. 194.

Durchleuchtiger[17] hochgeporner fürst, genediger herr, mein wilig undertånig dienste, sein ewrn fürstlichen genaden zůvor berait. Genediger für[s]t und herr, mir hat Johan Gardenwegk, freygreff, yetz etlich brieff zůgeschickt und under anderm geschriben, wie er die ding und sachen gesetzt und ewrn gena[d]en auch desgleichen zůgeschriben hab, als das sein brief mit mer worten melt etc. Auff sollich sein zůschreiben mir getån, pit ich ewr fürstlich genad [mi]t undertånigem fleys[23] zu wissen, das ich dem also meinenthalben geren[24] nachkummen [w]il, die sachen also vollenden, doch das mir von ewrn gnaden daruff veliche[n][25] und gelait nach aller redlicher nottürft, mir und den mein oder meinem g[ew]althaber zůgeschriben und

---

[22] Unklar; vielleicht im Sinne von *sain* = langsam; vgl. GRIMM 16, Sp. 365; SCHMELLER 2, S. 251.
[23] Sorgfalt; Eifer; vgl. GRIMM 3, Sp. 1763.
[24] gern; vgl. GRIMM 5, Sp. 3629.
[25] sicheres; vgl. GRIMM 3, Sp. 1430.

tag gesetzt werde, darmit mir meiner sachen e[nd] *und ustrag werde und mir nach klag kost und müe ab*²⁶ *und* [vertragen²⁷ werde]*, beger ich umb ewr fürstlich genad mit williger undertánikait zů verdienen. Ewr genedige verschribne antwurt pit ich mich wisse*[n] *lassen. Darnach müge mich zů richten. Datum in die Felicitate*²⁸ *anno etc. lvj.*

Ewrn fürstlichen genaden willig

Ülin Pãwr

[Rückseite:] *Dem durchleuchtigen*¹⁸ *hochgeporn fürsten und hern hern Aulbrechten, pfaltzgrauven bey Rein, hertzogen in Bayren und graven zů Vohburg, meinem genädigen hern etc.*

Ull Pawr

[von späterer Hand:] *1456. In die Felicitatis der ain, der ander freÿtag nach jodoci*²⁹ ¹⁹

[6.] 1456, September 04, [o. O.]

Orig., Kurbayern, Urk. 6030
[Anmerkung: leichter Schimmelbefall]

Aussteller/Empfänger: Ulrich Erhart (Bauer)/Herzog Albrecht III. von Bayern-München
Siegel: kein Siegel
Literatur: GEISS, Beiträge, S. 196.

Durchleuchtiger hochgeporner fürst, genediger edler herre. Das sind zuigen und ursacher meiner sach, die nachgeschriben und den sůllt ir allen pietten lassen zů recht. Des pitt und beger ich von ewrn genaden trewlich.

und des ersten
*item dem abbt von Fürstenveld*³⁰ *und dem convent daselbst*
*item dem Conrat Forcher*³¹ *und dem gericht zů Möringen*³²

---

²⁶ gutmachen; »abgelten«; vgl. GRIMM 1, Sp. 141.
²⁷ verglichen werde; vgl. GRIMM 25, Sp. 1926 bzw. 1934.
²⁸ Dieser Tag fällt im Bistum Augsburg auf den 10. Juli.
²⁹ Was mit der zweiten Datierung gemeint ist, ist unklar.
³⁰ Michael Pistorius I. (1454–57); vgl. Anm. 60.
³¹ Konrad Vorcher; Richter bzw. Landrichter zu Mering von ca. 1443 bis 1458; Ernest GEISS, Die Reihenfolgen der Gerichts- und Verwaltungsbeamten Altbayerns nach ihrem urkundlichen Vorkommen vom XIII. Jahrhundert bis zum Jahre 1803, Abt. 1: Oberbayern, in: OA 26 (1865/66) S. 26–158, hier 90.
³² Mering; Markt im Lkr. Aichach-Friedberg.

item Berchtold Zoller von Prugg[33] *und Hannsen Obermůller daselbst*
item Claus Kretzler[34]*, zů Brytrichingen*[35] *gesessen*
item dem Renggel Weinkeller und Wilhalm Wind, knecht, genant Spett, und Ůlin Dasperger[36]*, des von Fůrstenfelds knecht und Haintz Schuis*[20]*, wagenknecht*[37] *des von Fůrstenfelds, und der Hegel Můller*
item Jǒrg Adeltzhausser[38] *von Mǒringen und seinem knecht Peter*
item abbt Pauls von Fůrstenfeld[39] *und Hanns Wild*[40]*, seinem richtter*
item dem Scherer von Mǒringen und Peter Hofmair und dem Reschen, der etwen amptman zů Mǒringen gewesen ist und dem Wilhalm Ungewitter und dem Ůllin Dǒckler
<item Haintz Wagner von Geyssingen[41]*>*
item dem Jerg, amptman von Starenberg[42]
item Conrat Lieber von Pǔch[43]
item dem Zecherlin und dem Contz Schneider von Prugg[44]
item dem Ůl Kaiser von Fůrstenfeld
item dem jungen Obermůller und dem Haintz Egeloff von Prugg
item dem Antdorffer zů Mǔnchen[45]*, der der Steberin*[46] *vorsprech ist gewesen*

---

[33] Vgl. Anm. 208. Zu Hans Obermüller vgl. Anm. 209.
[34] Unklar; möglicherweise Verwandtschaft mit den Krätzl. Vgl. Dr. Wiguleus Hundt's bayrischen Stammenbuchs Dritter Theil, Mit den Zusätzen des Archivar Libius, in: Max VON FREYBERG (Bearb.), Sammlung historischer Schriften und Urkunden, Bd. 3, Stuttgart / Tübingen 1830, S. 11–797, hier 445 f.
[35] Prittriching, Lkr. Landsberg am Lech.
[36] Unklar; vielleicht identisch oder verwandt mit Ulrich Dachsberger, ehemaliger Pfleger bzw. Kastner des Amtes Weilhart bei Braunau. Vgl. Ernest GEISS, Die Reihenfolgen der Gerichts- und Verwaltungsbeamten Altbayerns, Abt. 2: Niederbayern, in: OA 28 (1868/69) S. 1–108, hier 101 f.; FREYBERG, Hundt's bayrisches Stammenbuch (wie Anm. 34) S. 271 f. Da dieser Dachsperger als *knecht* des Abtes von Fürstenfeld bezeichnet wird, scheint hier lediglich eine Namensgleichheit vorzuliegen. Vgl. Anm. 107.
[37] Unklar; wohl nicht als *schuiswagenknecht* oder *schaiswagenknecht* zu transkribieren; der Familienname Schieß scheint in dieser Gegend recht verbreitet gewesen zu sein. Vgl. SCHMELLER 2, S. 475.
[38] Georg der Adelzhauser; Pfleger zu Mering von ca. 1441 bis 1456; GEISS, Reihenfolgen / Oberbayern (wie Anm. 31) S. 90; LUCHA, Kanzleischriftgut (wie Anm. 8) S. 268. Vgl. Anm. 132.
[39] Paul Herzmann (1451–54), der alte Abt; vgl. Anm. 6.
[40] Richter des Klosters Fürstenfeld von ca. 1444 bis 1458; vgl. GEISS, Reihenfolgen / Oberbayern (wie Anm. 31) S. 61.
[41] Unklar; vielleicht: Kissing, Lkr. Aichach-Friedberg.
[42] Starnberg; Kreisstadt des gleichnamigen Landkreises im Regierungsbezirk Oberbayern.
[43] Puch; heute Stadtteil der Großen Kreisstadt Fürstenfeldbruck.
[44] Unklar.
[45] Unklar; vielleicht identisch mit Johannes Antdorfer von Weilheim; vgl. Elfriede KERN u. a. (Bearb.), Notare und Notarssignete vom Mittelalter bis zum Jahr 1600 aus den Beständen der Staatlichen Archive Bayerns, München 2008, S. 593.
[46] Agnes Stober. Vgl. GEISS, Beiträge, S. 188 f., die Verkäuferin der Martinsmühle.

*item dem Gastel zů Partelkirch*⁴⁷
*item Contz Vindenschalck*⁴⁸ *und dem Lehenmair und dem Jăcklin Mǔller von Hainrichshofen*⁴⁹
<*item Hanns Erhart von Pachen*⁵⁰>
*item dem Martin Schǔsder von Rǔden, Fridberg*⁵¹
*item dem pfarrer*⁵², *dem Claus Mǔller und dem Engelschalck von Mǒringen*
*item dem Hanns Schmidhausser*⁵³ *und dem Urban Wernstorffer*⁵⁴

*Also pit ich ewr fǔrstlich genad, das mir mein brief, die mir genumen sind worden auch zum rechten geantwurt werden auch mein gelt, spies und schwert*⁵⁵, *das sy mir genumen haben und mein plǔt, das ich in ewrm sichern gelait und in des von Fǔrstenfelds und seins conventz gelait auch*²¹ *in der von Augspurg gelait verrert*⁵⁶, *und mir das, wider got und recht genumen hand etc., wider keren und mein gros schǎden, die ich tǎglich nÿm. Geben am sampstag vor sant mangen tag im lvj.*

Ůlrich Erhart von Kyssingen, der genannt Pawr.

[Rückseite:] [von späterer Hand:] *1456. Sambstag vor s. mangen tag.*

---

⁴⁷ Partenkirchen; heute: Garmisch-Partenkirchen, Markt und Kreishauptort des Landkreises Garmisch-Partenkirchen.
⁴⁸ Vgl. Anm. 188. Der Schwager des Bauern Ul.
⁴⁹ Heinrichshofen; heute Ortsteil von Egling an der Paar, Lkr. Landsberg am Lech.
⁵⁰ Bachern; Ortsteil von Friedberg, Stadt im Lkr. Aichach-Friedberg; vielleicht ein Verwandter des Ulrich Erhart.
⁵¹ Rieden bei Friedberg, heute Ortsteil der Gemeinde Dasing, Lkr. Aichach-Friedberg oder, was näher liegt, Ried bei Mering, Lkr. Aichach-Friedberg.
⁵² Das Patronatsrecht gehörte dem Kloster Ettal. Vgl. RI VII/3, Nr. 429; MB 7, S. 246 f.; Dieter ALBRECHT, Die Klostergerichte Benediktbeuern und Ettal (HAB Altbayern 6) München 1953, S. 30 f.
⁵³ Vgl. Anm. 8.
⁵⁴ Stammte aus einem alten Münchner Geschlecht. Vgl. FREYBERG, Hundt's bayrisches Stammenbuch (wie Anm. 34) S. 770.
⁵⁵ Eine derartige Bewaffnung war beim *gemainen Mann* damals weitverbreitet und diente dem Selbstschutz. Durch diese Maßnahme sollte Ul vermutlich wehrlos und der Fehde unfähig gemacht werden. Zeitgenössische Darstellungen von Bauern zeigen diese sehr oft mit langen Messern und ähnlichen Waffen; vgl. etwa: Werner RÖSENER, Bauern im Mittelalter, München ³1987, Abb. 12, 14, 22, 24, 27, 28, 32, 35, 36, 38.
⁵⁶ vergossen; vgl. GRIMM 25, Sp. 1000.

[7.] **1456 September 09, [o. O.]**

Orig., Kurbayern, Urk. 5844

Aussteller/Empfänger: Ulrich Erhart (Bauer)/Herzog Albrecht III. von Bayern-München (nicht namentlich genannt)
Besiegler: Erasmus Diepoltskirchner, Augsburger Stadtvogt; Jörg Pfister, Augsburger Burggraf
Siegel: zwei Papiersiegel vorne eingedrückt
Literatur: GEISS, Beiträge, S. 197.

Ich Ůlrich Erhart, genant bawͤr von Kissingen, bechenn und vergich[57] an dem offenn brief und tůn kůnt allermenglichen, das ich mit gůtem willen, wolbedachticlich meinen vollen gewalt und gantz macht ůber und ufgeben hãn und gibe ach also wissentlich in urchunde und mit kraft ditz briefs dem erbern Paulsen Keller von Babenhusen[58], zaiger ditz briefs als zů dem tage und rechten, so danne der hochwirdig in got vatter, mein gnãdigister here von Cŏln[59] etc. zwischen der erwirdigen heren heren Michels Růrer[60], abtt ze Fůrstenveld, und seins convents daselbs desgeleichen hern Paulsen[61], des alten abts daselbs, ach der von Mŏringen und darzů mer etlicher ander, zů den ich zůsprechen, als ich die danne dem hochgeboren fůrsten und meinem gnãdigen hern hertzog Albrechten etc. durch sein zůentbietten in geschrift geben und geschickt hãn; an ainem und mein des andern tails angeredt und gen Můnchen fůr des benanten meins gnãdigen heren rãtte gesetzt hat, den rechttage rechticlich[22] zů sůchen mit eingang des rechten ze mittelen[62] [23] und enden als sich danne ÿm rechten haischen[63] und gepůren wůrdt nach aller redlicher notturft zůgewÿn oder zůverlust und zů allem rechten. Und was der vorgenant mein procurator und anwalt uf den benant rechttage zů Můnchen handelt, tůt oder lãst mit recht als vorgeschri-

---

[57] aussagen, bekennen; vgl. GRIMM 25, Sp. 432.
[58] Unklar; stammte vielleicht aus Babenhausen, Lkr. Unterallgäu, oder, was wahrscheinlicher ist, aus Pobenhausen, Lkr. Neuburg-Schrobenhausen; vgl. Anm. 100.
[59] Dietrich II. von Moers, Erzbischof von Köln; vgl. etwa: Erich WISPLINGHOFF, Art. Dietrich II. Graf von Mörs, in: NDB 3 (1957) S. 677 f.; Georg DROEGE, Verfassung und Wirtschaft in Kurköln unter Dietrich von Moers (1414–1463) (Rheinisches Archiv 50) Bonn 1957; DERS., Dietrich von Moers, Erzbischof und Kurfürst von Köln (etwa 1385–1463), in: Edmund STRUTZ (Hg.), Rheinische Lebensbilder, Bd. 1, Düsseldorf u. a. 1961, S. 49–65; Franz BOSBACH, Art. Moers, Dietrich Graf von († 1463) 1414–1463. Kurfürst-Erzbischof von Köln und Administrator des Bistums Paderborn, in: Erwin GATZ (Hg.), Die Bischöfe der Heiligen Römischen Reichs 1448 bis 1648. Ein biographisches Lexikon, Berlin 1996, S. 480–485.
[60] Michael Pistorius I. (1454–57); vgl. Klaus WOLLENBERG, Die Zusammensetzung des Konvents von Kloster Fürstenfeld, in: Werner SCHIEDERMAIR (Hg.), Kloster Fürstenfeld, Lindenberg 2006, S. 284–293, hier 287.
[61] Paul Herzmann (1451–54); vgl. ebd. S. 287.
[62] vermitteln; GRIMM 12, Sp. 2404.
[63] begehren, bitten, fordern; vgl. GRIMM 10, Sp. 897.

ben stat, will ich stǎt⁶⁴ halten, ufnemen⁶⁵, volfǔren⁶⁶ und dabÿ beleiben in all der mas und weise als ob ich selb personlich da engagen wǎr. Und des alles ze warem urchunde gibe ich im disen meinem offenn gewaltzbriefe, der versigelt ist mit der vesten ersamen und weisen Erasem Dietperskirchers⁶⁷, statvogt⁶⁸ ze Augspurg und Jǒrigen Pfisters⁶⁹, burggrafe⁷⁰ daselbs, beder insigelen, die si durch mein flissig bet daruf gedruckt hǎnd zǔ gezǔicknus innen und iren erben ǎn schaden darunder ich mich verbinde, stǎt zǔ halten, was vorgeschriben stat, der bett umb die insigel sind die gezǔigen die erbern Ůlrich Torwǎrttel⁷¹ und Stephan Scheÿringer⁷², bed burger ze Augspurg. Geben des nechsten tags nach unsrer lieben frawentage, als sie geboren ward, nach Christi gepurt tusent vierhundert fǔnfftzig und sechs jare etc.

[Rückseite:] [von späterer Hand:] *1456. Die nativitatis b. mariae*

II. Urkunden Fürstenfelder Provenienz

[8.] **1452, Mai 24, [o. O.]**

Orig.; Kloster Fürstenfeld, 1452-05-24 (früher: GU Dachau Urk. 1192)
Kopie; Kloster Fürstenfeld, Urk. 1090

Aussteller/Empfänger: Ulrich Adoltzhover (Pfleger), Jacob Kretzlin (Landrichter), Leonhart Pfister, Ludwig Hörlin (Bürger), Albrecht Schrag, Conrat Osthaimer (Stadtdiener)/Ulrich Erhart (Bauer), Kloster Fürstenfeld
Besiegler: Leonhart Pfister, Ludwig Hörlin, Albrecht Schrag und Conrat Osthaimer
Siegel: vier Hängesiegel, jeweils an einem Pergamentstreifen angebracht

---

64 leise, still; vgl. GRIMM 17, Sp. 415, 934.
65 günstig oder ungünstig »aufnehmen«; vgl. GRIMM 1, Sp. 696.
66 vollziehen; vollenden; vgl. GRIMM 26, Sp. 644.
67 Erasmus Diepoltskirchner; vgl. Richard KLIER, Zur Genealogie der Bergunternehmerfamilie Schütz in Nürnberg und Mitteldeutschland im 15. und 16. Jahrhundert, in: Mitteilungen des Vereins für Geschichte der Stadt Nürnberg 55 (1967/68) S. 185–213, hier 186; Stadtvogt von Augsburg; 1464 Richter/Landrichter in Mering; 1467 Richter/Landrichter in Aibling, 1469 am Hofgericht in München; GEISS, Reihenfolgen/Oberbayern (wie Anm. 31) S. 27, 90; Sebastian DACHAUER, Beiträge zur Chronik mehrerer Ortschaften Oberbayerns aus der Umgegend um Brannenburg, Fortsetzung, in: OA 5 (1844) S. 372–406, hier 390; Paul von Stetten, Geschichte der Heil. Röm. Reichs Freyen Stadt Augsburg […], Frankfurt a. Main u. a. 1743, S. 178.
68 Eugen LIEDL, Gerichtsverfassung und Zivilprozess der freien Reichsstadt Augsburg (Abh. zur Geschichte der Stadt Augsburg 12) Augsburg 1958, S. 27 f.
69 Vgl. Stetten, Geschichte der adelichen Geschlechter (wie Anm. 9) S. 171.
70 Vgl. LIEDL, Gerichtsverfassung (wie Anm. 68) S. 26 f.
71 Unklar.
72 Unklar.

Beschreibstoff: Pergament
Druck: MB 9, S. 275–278.
Literatur: GEISS, Beiträge, S. 188.

Wir nachbenenten Ulrich Adoltzhover[73]*, pfleger zů Swaben, und Jacob Kretzlin*[74]*, lantrichter daselbs, Leonhart Pfister*[75]*, Ludwig Hőrlin*[76]*, bůrger zů Augspůrg, Albrecht Schrag*[77] *und Conrat Osthaimer*[78]*, der statdiener*[79] *daselbs, alle der nachbenenten sachen von beden partheien gebeten taidingsleute*[80]*, bekennen offennlich mit disem brieve vor allermeniglichen:*
Von solcher zwitracht und vordrůng wegen, so Ůl̇ Erhart, den man nent pawŕ von Průck, fůrgenomen und getan hat, gen dem erwirdigen gaistlichen herren herrn

---

[73] GEISS, Reihenfolgen/Oberbayern (wie Anm. 31) S. 124.
[74] Ebd. S. 125 (dort wird ein »Hanns Krätzel« erwähnt).
[75] Ein bedeutender Augsburger Bürger. 1467 bezüglich des geschätzten Vermögens mit 5.400 bis 10.800 Florin an 14. Stelle in der Bürgerschaft; 1461 mit 7.920 Florin an 6. Stelle. Vgl. Jacob STRIEDTER, Zur Genesis des modernen Kapitalismus. Forschungen zur Entstehung der großen bürgerlichen Kapitalvermögen am Ausgange des Mittelalters und zu Beginn der Neuzeit, zunächst in Augsburg, bearb. von Franz Freiherr Karaisl von Karais, München/Leipzig ²1935, S. 11 bzw. S. 15; Stetten, Geschichte der adelichen Geschlechter (wie Anm. 9) S. 170 f.
[76] Ludwig Hörnlin, der Jüngere, Bürgermeister 1454, der Zunft der Metzger zugehörig; ebenfalls ein wichtiger Augsburger Bürger; befand sich 1461 bezüglich seines Vermögens an 17. Stelle (5.280 Florin, 1467 an 30. Stelle innerhalb Augsburgs (4.050 bis 8.100 Florin); Bürgermeister; vgl. David Langenmantel/Johann Jakob Brucker, Historie des Regiments in des Heil. Röm. Reichs Stadt Augsburg [...], Augsburg 1734, S. 53; Stetten, Geschichte der adelichen Geschlechter (wie Anm. 9) S. 199; Katarina SIEH-BURENS, Die Augsburger Stadtverfassung um 1500, in: ZHVS 77 (1983) S. 125–149; Pius DIRR, Studien zur Geschichte der Augsburger Zunftverfassung, in: ZHVS 39 (1913) S. 144–243.
[77] Albrecht Schrag von Emersacker; MB 22, S. 480; 23, S. 479, hatte die gleiche Funktion wie Conrat Osthaimer; wurde auch mit militärischen Aufgaben betraut; vgl. Gabriel ZEILINGER, Lebensformen im Krieg. Eine Alltags- und Erfahrungsgeschichte des süddeutschen Städtekriegs 1449/50 (Vierteljahrschrift für Sozial- und Wirtschaftsgeschichte, Beih. 196) Stuttgart 2007, S. 52.
[78] Cunrat Osthamer zu Setz. Vermutlich in Ettring in Oberschwaben begütert, vielleicht ein Freischöffe. Vgl. Richard DERTSCH (Bearb.), Die Urkunden der Stadt Kaufbeuren. Stadt, Spital, Pfarrei, Kloster 1240–1500 (SFG IIa/3) Augsburg 1955, S. 288; ein Konrad Osthaimer erscheint 1419 als Pfleger in Schongau. Vgl. GEISS, Reihenfolgen/Oberbayern (wie Anm. 31) S. 121; MB 22, S. 480, und 23, S. 479. Aufschlussreich: Joseph CHMEL (Bearb.), Regesta chronologico-diplomatica Friderici IV. Romanorum Regis (Imperatoris III.), Tl. 1, Wien 1838, Nr. 1924 (1445, Juni 1, Wien; K. Friedrich verleiht dem Conrad Osthaimer einen Mairhof zu Oetring mit Zugehör).
[79] Vermutlich ein »Waibel«, der als Gerichtsbote fungierte bzw. als Person, die bei Gericht für Ruhe und Ordnung sorgte. Vgl. LIEDL, Gerichtsverfassung (wie Anm. 68) S. 32.
[80] Beide Bürger waren vermutlich Teil der »Einung«, einer Art Schiedsbehörde, die im Vorfeld Prozesse entschärfen sollte. Vgl. ebd. S. 30; zum gerichtlichen Güteverfahren auf bayerischer Seite vgl. SCHLOSSER, Spätmittelalterlicher Zivilprozess (wie Anm. 5) S. 223–225.

Paulsen[81]*, apte des gotzshaůs zů Fůrstenfeld, seinem gotzhaůs, auch seinem richter Hansen Wilden*[82] *daselbs, dorůmb er si mit westvälischem rechten fůrgenomen hat, der sachen ain gůtlicher tage here gen Aůgspůrg gemacht ist, dortzů wir von beder taile bete wegen geordnet und komen sind zů versůchen, si gůtlichen zu entschaiden. Also wir beder taile rede und widerrede verhörte und si umb alle ir zwitracht, vordrůng und clage, die sie bis uff disen heůtigen tage gen ainander gehabt, gantz aller dinge mit ir beder taile willen und wissen, gůtlichen vertaidingt und veraint haben, als hernach geschriben stete, dobeÿ bede taÿle zů pleiben, und dem nachzůkomen, nemlich der obgenant unnser here von Fůrstenfeld fůr sich, seinen convent, gotzhaůs und nachkomen glaůplich versprochen und Ůl Erhart mit hantgeben trěwen globt haben:*

Zum ersten, das Ůl Erhart sein fůrnemen mit dem westvälischen gerichte gen unnserm herrn von Fůrstenfeld, seinem gotzhaůs und seinem richter und den seinen gantz abtůn und wider si nit mere gepraůchen sol, in dhainer weise. Und dartzů so sol Ůl Erhart fůr sich, sein hausfräwen, kinde und erben dem obgenanten unnserm herrn von Fůrstenfeld und seinem gotzhaůs, alles das er von dem gotzhaůs besitzt, påwet, neusset[24] *und innhat, es seÿ im verlihen oder vererbt worden, es seÿ heůser, hofstat, garten, anger, holtzampt wie das namen hat, aller seiner gerechtigkait und sachen gantz, nichts usgenomen, zu seinen handen ledig sagen, und ledig sol sein, und dem gotzhaus ungeirt volgen lassen, doran gantz kain gerechtikait mere zů haben, in kaineweise, domit unnser herre von Fůrstenfeld und sein nachkomen als mit irem aigin ledigen gůt tůn sollen und mügen, wie si wollen, on irrůng. Ůl Erharts, Elsen*[83]*, seiner haůsfrawen, aller seiner erben, Erhart sunds*[84]*, seins vaters*[85] *und allermeniglichs: Also das si umb alle sachen, die si genainander zů tůn gehabt, wie sich die ergangen und gemacht haben fůr bede obgemelt partheien, das gotzhaůs, den richter obgenant und alle die iren und die under den sachen von beden tailen verdacht*[86] *und gewant*[87] *gewest sind und nemlich Ůl Erharts haůsfräwen und vater obgenant, die gegenwertig dorein verwilligt haben, und meniglich von iren wegen gantz dorauff veraint, gerichte und geslicht sein und pleiben und der sachen kain vordrůng, clage noch ansprache nymmermer haben noch tůn sollen, in kaineweise on alles geverde.*

Und dorumb, so sol unser herre von Fůrstenfeld Ůl Erharten geben itzo zwaintzig guldin rinischer, die er im bezalt hat, und uff Sand Jacobstage[88] *schierst*[89] *acht*

---

[81] Vgl. Anm. 61.
[82] Richter des Klosters Fürstenfeld von ca. 1444 bis 1458; vgl. GEISS, Reihenfolgen/Oberbayern (wie Anm. 31) S. 61.
[83] Unklar.
[84] Unklar.
[85] Erhart Schmid von Kissingen. Vgl. Anm. 19.
[86] Vgl. Anm. 372.
[87] Vgl. Anm. 15.
[88] 25. Juli 1452.
[89] nächst kommend; schnell, rasch erfolgend, eintretend, kommend; vgl. GRIMM 15, Sp. 18 f.

tage vor oder nach ungevarlich auch zwaintzig gŭldin rinischer hie zŭ Augspurg in Conrat Eslingers[90] *haŭs, demselben seinem wirte, antwortten und bezalen, domit Ůl Erhart gantz umb alle seine gerechtikait der ŭbergeben und nachgelassen gŭt, ampt, vordrŭng, scheden und aller sachen usgericht ist, uff sein gŭt benŭgen.*

Dortzů so sol unnser herre von Fŭrstenveld gen unnserm gnadigen herrn hertzog Albrechten und seiner gnaden lannde der obgeschriben ergangen sachen halb als von seinen, seins gotzhaus, seins amptmans obgenant und aller der seinen wegen Ůl Erharten sicherhait und landshulde[91] *erwerben, bestellen und verkŭnden und unser here von Fŭrstenfeld sol Ůl Erharten dortzů seins leibsaigenschaft fŭr sich, sein nachkomen und gotzhaus gantz ledig sagen und im sein verboten habe und gŭt in seinem gerichte ledig schaffen und volgen lassen:*

Dorauff si also gantz vereint sein und pleiben und dem nachkomen sollen, wie obgeschriben stet, alles on geverde. Und von der bŭrgen wegen, so Ůl Erhart dem richter zů Tachǎw[92] *gesetzt hat, die sollen der sachen, sovil si unserm herrn von Fŭrstenfeld und den seinen behafft sind, von im ledig gesagt werdden, doch sovil si dem landrichter daselbs oder jemand anders verpflicht und behaft weren, denselben sey ir gerechtikait behalten. Des also zu warem urkŭnde geben wir jedem taile ainen taidingsbrieve, gleiche laŭtende, versigelt von unser obgenant taidingsleŭthe aller wegen mit unnser obgenant Leonhart Pfisters, Ludwig Hŏrlins, Albrecht Schragen und Conrat Osthaimers*[25] *insigeln, uns und unnsern erben on schaden, der wir uns die andern disemmale mit gepraŭchen. Geben und geschehen uff mitwochen vor dem hailigen pfingstage nach Christi gepŭrt viertzehenhŭndert fŭnfftzig und zway jare.*

[Rückseite:] *teidinzbrief zwischen dez us Fŭrstenveld und Ůllen Paurn etc.*

---

[90] Unklar. Der genaue Ort des Hauses des Eslinger konnte bisher nicht ausfindig gemacht werden. In jedem Fall darf angenommen werden, dass Ul wie die meisten Gäste in einem offenen Wirtshaus zu logieren hatte.

[91] ROSENTHAL, Geschichte des Gerichtswesens (wie Anm. 3) S. 432 (sicherlich eine unabdingbare Voraussetzung, um Rechtsstreitigkeiten friedlich beizulegen).

[92] Hanns der Stätzlinger nach GEISS, Reihenfolgen/Oberbayern (wie Anm. 31) S. 46. Vgl. FREYBERG, Sammlung historischer Schriften (wie Anm. 34) S. 668 (aus einem Münchner Geschlecht); nach Fried hieß der Landrichter Ulrich Stätzlinger (von Eisolzried). Vgl. Pankraz FRIED, Herrschaftsgeschichte der altbayerischen Landgerichte Dachau und Kranzberg im Hoch- und Spätmittelalter sowie in der frühen Neuzeit (Studien zur bayerischen Verfassungs- und Sozialgeschichte 1) München 1962, S. 148.

[9.] **1456, September 16, [o. O.]**

Orig., Kloster Fürstenfeld, 1456-09-16

Aussteller/Empfänger: Stephan Schmiecher (Hofmeister, Vorsitzender des Hofgerichts
                im Namen Albrechts III.)/Ulrich Erhart (Bauer), Kloster Fürstenfeld
Siegel: ein Hängesiegel
Beschreibstoff: Pergament
Druck: MB 9, S. 285–291.
Literatur: GEISS, Beiträge, S. 197; erwähnt bei: Max VON FREYBERG, Über das altdeutsche öffentliche Gerichts-Verfahren, Landshut 1824, S. 180–182.

Ich Steffan von Smiehen, hofmaister[93] *etc., bekenn und tůn kund offenlich mit dem brief, das ich auff hewt geben diss briefs nach bevelhnuss*[26] *des dủrchlauchtigen hochgeborn fůrsten und herrn herrn Albrechts, pfallentzgraven bei Rein, hertzogen in Bayren und graven zu Voburg etc., meins gnadigen herrn mit den hernach geschriben seiner gnaden råten mit namen her Ulrichen Aresinger*[94]*, thůmbherrn zu Freysingen, her Conraten, brobst*[95] *der stifft zu Illmůnnster, her Cristoffen von Parsperg, her Jorgen Marschalk*[96]*, rittern, Conraten vom Eglofstain, camermaister, Ulrichen Ewsenhofer, Albrechten Stawffer*[97]*, Eberhartten Torrer*[98]*, Sigmůnden Puchperger, Veitten vom Eglofstain, Wilhalmen von Riethaim, Hannsen Pelhaimer, Wilhalmen Schellenberger, Fridrichen Aichstetter, Petern Rudolff und Hannsen Rosler*[99]*, cantzler, hofgericht besessen hab; kom fůr mich und die råt in recht Pauls Keller von Babenhausen*[100]*, mit vollem gewallt Ulrichen Erharts, genant Pawr, und begert ains*

---

[93] Stephan Schmiecher, Hofmeister; aus Schwaben; 1450 im Lehengericht; befand sich oft unter den rechtsprechenden Räten im Hofgericht; 1452 Vorsitzender des Münchner Hofgerichts; vgl. LUCHA, Kanzleischriftgut (wie Anm. 8) S. 215 f., 719 (Register); LIEBERICH, Landherren und Landleute (wie Anm. 8) S. 132; offensichtlich oft mit Taidingssprüchen und Angelegenheiten bezüglich der Stadt Augsburg betraut. Vgl. Johann Martin Maximilian Einzinger von Einzig, Bayerische Adelshistorie, Bd. 2, München 1768, S. 495–498.

[94] Dr. Ulrich Aresinger, Freisinger Domprobst, *legum doctor*, Sohn des fürstlichen Kammermeisters Paul Aresinger. Vgl. LUCHA, Kanzleischriftgut (wie Anm. 8) S. 254; LIEBERICH, Landherren und Landleute (wie Anm. 8) S. 154; Ernest GEISS, Geschichte der Stadtpfarrei St. Peter in München, München 1868, S. 61–65.

[95] Zu den im Folgenden genannten Mitgliedern des Hofgerichts vgl. die Listen bei: LUCHA, Kanzleischriftgut (wie Anm. 8) S. 491 (betrifft die Jahre 1455 und 1457).

[96] Vgl. Anm. 126.

[97] Herzoglicher Rat; vgl. LUCHA, Kanzleischriftgut (wie Anm. 8) S. 294; LIEBERICH, Landherren und Landleute (wie Anm. 8) S. 133.

[98] Herzoglicher Rat; vgl. LUCHA, Kanzleischriftgut (wie Anm. 8) S. 295; LIEBERICH, Landherren und Landleute (wie Anm. 8) S. 133 mit Anm. 721.

[99] Kanzler, 1455 Mitglied des Hofgerichts; vgl. LUCHA, Kanzleischriftgut (wie Anm. 8) S. 162–167, 491; LIEBERICH, Landherren und Landleute (wie Anm. 8) S. 132 f.

[100] Vgl. Anm. 58.

furlegers[101]*, der im erlaubt ward, und zu dinget alles, das hofgerichts*[102] *recht ist, on gevard*[103]*: und liess den reden, wie ain abred durch meinen gnadigen herrn, den ertzbischof zu Coln*[104]*, zwischen sein und seiner widerparthei beschehen sei, die er pat zu verlesen; die also verlesen ward; und under annderm innhallt, das Ullein Pawr mit seinen widertailn fur meinen gnadigen herrn hertzog Albrechten und sein råte umb sein sprůch und gebreche ko̊men und da recht nemen soll; und was da mit recht erkannt und gesprochen werd, dabei soll es beleiben, und von bayden tailn nachgannen und gehallten werden. Er bat aůch mer zu verlesen ainen gelaitsbrief, von meinem herrn von Furstenfeld und seinem convent ausganngen, der under annderm innhallt, wie sy im ir sicherhait und gelaitt geben, zů ainem tag gen Aůgspůrg zu komen*[105]*, dabei zu sein, als lanng des notdůrfft ist, und wider von dann bis an sein gewar*[106] *etc.; und redt darauff, als er von sollichem tag zu Augspurg ausgangen, sei er in dem obgenanten des abbts und seins convents gelaitt bey der nacht gefanngen, hartt geslagen und gewůndet, auch sein brief, gellt, messer und annder sein gut genomen worden: bei sollichem des abbts knecht mit namen der Dachsperger*[107] *gewesen sei. Es sein auch der lewt*[108] *ains tails, die in also gefanngen haben, des wegs ettwe verr*[109] *als bis gen Ottmaring*[110] *auf des von Furstenveld wagen und mit seinen rossen gefurt worden: getraw er, seitmaln und im das in des von Furstenfeld und seins convents gelaitt beschehen, dabei und mit des von Furstenfeld knecht, wågen und ros gewesen sein, so soll durch unnsern rechtlichen spruch erkannt werden, das im der von Furstenfeld und sein convent sollich sein genomen gůt, brief, gellt, messer und annders widergeben und kern sollen, auch im umb sein småch, schaden und smerzen, wanndel und abtrag tůn. Dargegen stunden in recht der wirdig here her Michel*[111]*, abbt, von sein selbs wegen, und her Lienhart*[112]*, prior, und her Herman*[113]*, capplan zu Sand Lienhart*[114] *und conventbruder zu Furstenfeld, mit vollem gewalld*

---

[101] ein Rechtsvertreter; eigentlich ein Wortführer; vgl. GRIMM 4, Sp. 768.
[102] Eine Appellationsinstanz zuständig für alle gegen den Landesherrn gerichteten privatrechtlichen Klagen. Vgl. SCHLOSSER, Spätmittelalterlicher Zivilprozess (wie Anm. 5) S. 82 f.; ROSENTHAL, Geschichte des Gerichtswesens (wie Anm. 3) S. 108–153; Helmut RANKL, Landvolk und frühmoderner Staat in Bayern 1400–1800, Bd. 1 (Studien zur bayerischen Verfassungs- und Sozialgeschichte XVII/1) München 1999, S. 37.
[103] ohne »Gefahr«; List; Arglist; vgl. GRIMM 4, Sp. 2061 f.
[104] Vgl. Anm. 59.
[105] Vgl. BayHStA Kloster Fürstenfeld, 1452-05-24 (hier Nr. 8).
[106] der Besitz (in den er eingewiesen worden war); vgl. GRIMM 6, Sp. 4785.
[107] Vgl. Anm. 36.
[108] Vgl. BayHStA KbU 6030 (hier Nr. 6).
[109] fern; vgl. GRIMM 3, Sp. 1540.
[110] Ottmaring; heute einer von 14 Stadtteilen von Friedberg, Lkr. Aichach-Friedberg.
[111] Vgl. Anm. 60.
[112] Unklar; möglicherweise schon: Leonhard Egenhofer; vgl. Martin SCHÜTZ, In Tal und Einsamkeit. 725 Jahre Kloster Fürstenfeld. Die Zisterzienser im alten Bayern, Bd. 1, Fürstenfeldbruck ²1988, S. 300 f.; WOLLENBERG, Zusammensetzung (wie Anm. 60) S. 287.
[113] Unklar; vgl. ebd. S. 287.
[114] Sankt Leonhard in Bruck. Franz MACHILEK, Kloster Fürstenfeld und seine Pfarreien und

des convents daselbst, und begerten ains fŭrlegers[115] *und zudingten anweyser*[116]*, wărner*[117] *und alles, das ains gefŭrsten prelaten und gaistlicher lewt und hofgerichts recht ist, an gevărd; und liessen irn furleger reden: man hiett Ullein Pawren clag, so er zu in gesetzet wol gehort; nu sei mein gnadiger here hertzog Albrecht ir lanndsfurst, obrister vogt und schermer; und was der mit in schaff in weltlichen sachen, das mussen sy tŭn; und hab gewallt, ros, wagen, knecht und annders in seinem*[27] *gotzhauss zu nemen, so er des notdurfftig sei; und werden nit albeg*[118] *gefragt, zu wew*[119] *sein gnad das prauchen und nutzen well; das mocht an dem end auch beschehen sein. Und das man verstŭnd, wie die sachen herkomen wărn; so hab Ull Pawr sy und ander, die meinem gnadigen heren zugehorn, gen Westvaln*[28] *mit fromden gerichten furgenomen, darŭmb sy dann wider herauf fŭr die von Augspurg geweyst sein, nach innhallt ainer*[29] *conpromis, des in dann von den von Augspurg tag gesetzt gewesen sei, dem sy dann nachkomen und dem rechten gen Ullein Pawren aufgewart haben nach innhallt der conpromis, aber Ullein Pawr nicht und sei selbs aus der conpromis, dem glaitt und rechten gangen, mit dem als er sein clag gegen dem von Furstenfeld vor den von Augspurg dargelegt; da hab das recht zwischen des von Furstenfeld und Ullein Pawren ainen schub gewonnen; also seien die andern meins gnadigen heren mit namen Conraten Vorher*[120] *und ander, den dann auch tag von den von Augspurg gesetzt gewesen und in der conpromis begriffen, furgestannden; und begert, das Ull Pawr sein clag gen in setzen sollt nach innhallt der conpromis: darzŭ wollten sy im antwurten nach innhallt der conpromis, des aber Ull Pawr nicht tun hab wellen; und begeret darumb ainen kuntschafftbrief, von den von Aŭgspŭrg ausgangen, zu verlesen, der das mit mer worten innhiellt; und redt dabei, das der Ull Pawr nach solhen ergangen dingen und sich der tag vor den von Aŭgspŭrg geendet hett und er von dem rechten gangen, wol bei vier oder funff tagen ungevarlich zu Augspurg in der stat gewesen sei und darnach erst haimlich bei nacht und nebel aus der stat gegangen, dardurch man gar aigenlich verstŭnd, das er selbs aus der conpromis, glaitt und rechten gangen wăr; hiet mein gnadiger here getan als der landsfŭrst, nach dem und er selbs aus dem glaitt gangen sei als man vorgehort hab, und nach dem Ullein Pawrn stellen und vahen*[121] *lassen, das doch an ir wissen und willen beschehen sei; von sollichs wegen sei mein obgenanter gnadiger here, sy und ander zu Westvaln*[30] *furgenomen worden, darŭmb sein gnad hinabgeschickt und sich daniden verantwurten hab lassen; und als nŭ der freigraf und die stulherren der sa-*

Wallfahrtsstätten, in: SCHIEDERMAIR, Kloster Fürstenfeld (wie Anm. 60) S. 348–365, hier 364 (mit weiteren Angaben).
[115] Vgl. Anm. 101.
[116] Vgl. SCHLOSSER, Spätmittelalterlicher Zivilprozess (wie Anm. 5) S. 200 f., 206.
[117] Vgl. ebd. S. 218–220.
[118] allweg; immer; GRIMM 1, Sp. 241.
[119] warum, wozu; vgl. SCHMELLER 2 (1877) S. 826.
[120] Konrad Vorcher; Richter bzw. Landrichter zu Mering von ca. 1443 bis 1458; GEISS, Reihenfolgen/Oberbayern (wie Anm. 31) S. 90.
[121] fangen; fassen; vgl. GRIMM 3, Sp. 1236.

chen underricht sein worden, also daz sollich glaitt und conpromis an Ullein Pawren nicht verprochen als an sy gepracht sei, darůmb dann sollich vordrung gen dem obgenanten meinen gnadigen herrn und allen denen, die darinn vorwant sein, abgetan worden und quit ledig gelassen; als er dez ainen versigelten brief von dem freyen graven zu Westvaln ausgangen, genant Johann Gardenberch[122] *verlesen lies, der das under anderm innhallt: darumb nem sy sollich clag frombd und unpillichen darinn, angesehen, daz sy vormals umb die sach furgenomen und darůmb ledig gesagt end erkannt sein; dann nyndert*[123] *recht sei, daz ainer mit zwain rutten umb ain sach geslagen soll werden; getrawen sy nach hanndlung und gestallt der sachen, daz sy Ullein Pawren von der clag wegen nichtz schuldig sein. Darzu Ullein Pawrn anwalt reden lies, der brief, der da verhort wǎr worden, von dem freyen graven ausgangen, bekǒmert in nichts. Er sei auch nach innhallt desselben briefs nicht hieher geweist, sůnder nach ainer abred von dem von Coln ausgangen und da im rechten lag; darzů, so sei der brief von dem freigraven hinder sein willen und wissen ausgangen, wann solt er darzu gevordert sein gewesen, er hett sein notdurfft dawider geredt und furbracht und wol gehofft, daz sollicher brief dawider nicht ausgangen war: darumb so getraw er, das in der brief nicht pinden und an schaden sein soll; und als der von Furstenfeld red, daz mein gnadiger here, hertzog Albrecht, sein landsfurst und obrister vogt*[124] *sei; und was der mit in schaff in weltlichen sachen, daz muss er tůn. Nů main er, das der von Furstenfeld noch kain piderman nit schuldig sei, was ain here mit im schaff, das im nicht ze tůn oder nit pillich oder recht wǎr; auch als der von Furstenfeld meld, das sollichs an sein wissen beschehen sei, wǎr nů das on sein wissen beschehen, so solt er den knecht nymer eingenomen haben, und wolt sich allso damit bedecken, daz doch das recht nit haben well, sunder daz glaitt soll aufgerechen*[31] *sein und kain schonung haben, und seitmalen*[32] *im ain aufgerechens*[125]*, ungeverlichs glait von dem von Furstenfelt und seinem convent geben sei zu dem tag zu komen, dabei zu sein und wider davon bis an sein gewar und er nů in sollichem glaitt nit verr von Augspurg, und ee er an sein gewar komen, gefangen; und sein gut genomen worden sei, dabei und mit des von Furstenfelt leůt, ros und wagen gewesen sein; und wann nů nichtz hǒhers sei dann das glaitt, das ain yeder schuldig sei trewlich zu hallten, so getraw er in mas als vor, im soll sein genomen gut wider geben werden, auch umb sein smǎch und schaden, wandel und abtrag beschehen. Darzu der von Furstenfelt und sein convent reden liessen, gleich in mas als vor und des mer; als Ull Pawr da meld, wie der brief an sein wissen von dem freygraven ausgangen sei, nem in frombd, dann als mein gnadiger herr sein potschafft darůmb hab hinab geschickt,*

---

[122] Vgl. Anm. 20.
[123] nirgendwo; vgl. GRIMM 13, Sp. 830.
[124] Der Landesherr verfügte über die Possess über das Kloster und war damit dessen Herr. Vgl. v. a. Helmut RANKL, Das vorreformatorische landesherrliche Kirchenregiment in Bayern (1378–1526) (Miscellanea Bavarica Monacensia 34) München 1971.
[125] »aufrichtig«; vgl. SCHMELLER 2 (1877) S. 18; vgl. auch: GRIMM 5, Sp. 3593: *gerechen* = fertig machen, bereiten.

sei Ull Pawr auch daniden gewesen und meins herrn potschaft gen dem freygraven und Ullein Pawren vor meinen herrn von Coln verhort worden nach notdurfft; darümb der Ull Pawr solhs unpillichen fürgeb; und nachdem und der Ull Pawr selbs haimlichen aus dem glaitt und conpromis bei nacht und nebel gangen sei; auch mein gnadiger here, er und die andern darümb zu Westvaln absolviert und ledig erkannt sein; so getrawen sy, daz sy dem Ullein Pawren darumb abtrags, kerung noch wandels nicht schuldig sein und daz ward also mit vil mer dergleichen worten zům rechten gesetzt. Des hab ich gefragt her Jorgen Marschalk[126]*, der hat sich mit den andern råten*[33] *underredt und ertailt, als er da baider tail clag, antwort, red und widerred gehort hab, und sünder den brieff von dem freigraven ausgangen, darinn begriffen ist, das mein gnadiger herr hertzog Albrecht und alle die, die darinn verdacht*[127] *und gewant*[128] *umb die handlung, so an Ullein Pawren des glaitz halben beschehen solt sein, absolviert und quit gelassen sind. So sprech er zu recht auf seinen ayd, das er bei dem selben brieff pillichen beleibe und der von Furstenfelt und sein convent sein im von dez zuspruchs*[129] *wegen dez glaitz halben nichtz schuldig; hiett aber der Ull Pawr nach laut dez von Coln abred icht zu clagen, daz mocht er tůn und sollte darauf beschehen daz recht ist. Die haben im die andern råt all verfolgt auf ir aid. Daraůff dez Ull Pawrn anwalt reden lies, wie daz er in der gesprochen urtail beswart wår, dinget und berueffet sich der für den hochwirdigisten fursten, meinen gnadigen herrn, den ertzbischof zu Coln*[34]*; dawider aber der von Furstenfelt und sein convent reden lies, daz des nicht ensein solt, und wollten auch davon nit hallten, der ursach halben*[35]*, wann es stund in dez von Coln abred, was da gesprochen wurd, dabei solt es beleiben und von baiden tailen gehallten werden; darzu so wår der von Coln nicht meins gnadigen herrn hertzog Albrechtz obrer, sünder der romisch kayser, fur den soll man von meinem gnadigen herrn hertzog Albrechten und seinem hofgericht dingen. Des ergangen rechtens begerten baid tail urtailbrief, die in zu geben erkannt*[36] *sind und ich in gib von hofgerichts wegen, mit meins vorgenant gnadigen heren hofgerichtz insigel versigelt. Daz ist beschehen an pfintztag in der quatember vor sand michaelstag, nach Christi geburd, was die zal viertzehenhundert und im sechsundfunfftzigistem jare.*

[Rückseite:] *Ein verzichtbrief umb den Ull Pauwren*

[von späterer Hand:] *Abschied contra Ulrich Påwer*

---

[126] Jörg, Marschall zu Pappenheim; in Bayern nicht ansässig, d. h. ein hochrangiger Adeliger; vgl. LUCHA, Kanzleischriftgut (wie Anm. 8) S. 286; LIEBERICH, Landherren und Landleute (wie Anm. 8) S. 132 f. mit Anm. 720; Hans SCHWACKENHOFER, Die Reichserbmarschälle. Grafen und Herren von und zu Pappenheim (Beitr. zu Kultur und Geschichte von Stadt, Haus und ehemaliger Herrschaft Pappenheim 2) Berlin 2002, S. 141, 152, 170, 189. Vgl. Anm. 96.
[127] Vgl. Anm. 372.
[128] Vgl. Anm. 15.
[129] von des Rechtsanspruchs wegen; vgl. GRIMM 32, Sp. 838.

III. Urkunden aus der Kanzlei Albrechts III.

[10.] 1455, Juni 07, München

Orig., Kurbayern, Urk. 6011; teilweise beschädigt

Aussteller/Empfänger: Herzog Albrecht III. von Bayern-München/Konrad von Freyberg[130] (Rat des Herzogs)
Siegel: rücks. eingedrückt; recht gut erhalten
Literatur: GEISS, Beiträge, S. 191; LUCHA, Kanzleischriftgut (wie Anm. 8) S. 662 Nr. 1334.

Von gottes gnaden Albrecht, hertzog in Bairn und grave zů Voburg etc.

Unnsern grůs zůvor lieber getrewer. Wir schicken dir hieinn verslossen ettlich brief, uns dem von Furstenveld und den von Moringen herauf von Westvaln geschickt, wirdestu wol vernemen; und die obgenanten brief sind bei der nacht all miteinander in ainem půtrich[131] an die kirchtůr zu Moringen gehengkt worden und wissen nicht, wer das getan hat; und man hat die brief des morgens frue[37] also an der kirchtůr funden hangen, die uns Jorg Adeltzhauser[132] unnser Pfleger zu Moringen fůro zubracht hat. Nů haben wir Symon unnsern jägerknecht[133] <und ettlich mer sein borgen[134]> zu dem Ůll Pawrn gen Augspurg geschickt; von des wegen dann die sach hergeet und in darumb lassen begagnen[135], ob im ycht darumb wissentlich sei. Der stet nů der sach in langen und will nichts darumb wissen und hat begert zu uns zu komen und walt sich gern in den sachen gen ůns verantwurten; und so dir aber die westvalischen recht und sachen vast kůndig und wissent sein, so begern wir von dir mit ernst, ůns in den sachen deinen rat und maynung in geschrift aigenlich wissen zu lassen, was wir und die unnsern darinn mit geschrifften oder potscheften hanndeln tůn oder[38] lassen sollen. Desgleichen begern wir von dir deins rats nachdem und der Ůll Pawr begert, zů uns zu komen, ob wir den zu ůns lassen sollen oder nit und ob dein rat wurd, das wir den zu ůns komen lassen sollten, was wir dann mit im aus den sachen und auf die obgemellten brief reden und darinn hanndeln und tůn sollten, damit wir und die ůnnsern nach dem pessten ab den sachen kamen. Ůns wirdet auch dabei furbracht[136], wie der Ůll Pawr zu Westvaln gewesen sei. Was aber er daniden gehanndelt hab, wissen[39] wir dir nit aigenlich zu schreiben; und auf solhes alles wellest[40] ůns deinen rat und maynung aigenlich in geschrift bei disem

---

[130] Vgl. LUCHA, Kanzleischriftgut (wie Anm. 8) S. 275–280.
[131] Einem Behälter bzw. Transportgefäß für Salz oder Flüssigkeit.
[132] Vgl. Anm. 38.
[133] Unklar.
[134] Gemeint sind wohl Bürgen; vgl. GRIMM 2, Sp. 536.
[135] Wohl im Sinne von »entgegentreten und fragen lassen«; vgl. GRIMM 1, Sp. 1283.
[136] darlegen; »vorbringen«; vgl. GRIMM 4, Sp. 670.

*unnserm*⁴¹ *boten wissen lassen; uns furo*¹³⁷ *darnach kŏnnen anrichten. Daran tustu unnser maynung und gut wolgevallen. Datum Munchen, an sambstag nach unnsers lieben*⁴² *herrn fronleichnamstag anno etc. lv*ᵗᵒ.

Du solt [em]⁴³ *auch die brief von westvaln mi*[t]⁴⁴ *dem boten herunder schicken.*

[Rückseite:] *Unnserm rat und lieben getrewen Conraten von Freyberg zu Wal*

[von späterer Hand] *1455. Sambstag nach fronlaichnamstag*

[11.] **1455, September 21, München**

Orig., Konzept; Kurbayern, Urk. 6046¹³⁸

Aussteller / Empfänger: Herzog Albrecht III. von Bayern-München / Ulrich Erhart von Kissingen

Literatur: GEISS, Beiträge, S. 191; LUCHA, Kanzleischriftgut (wie Anm. 8) S. 663 Nr. 1342.

[fol. 1] *Albrecht*

Embieten Ŭllein Pawrn. Als durch den hochwirdigen unnsern lieben <*herrn und*> *frŭnd, den erzbischove zu Kŏln*¹³⁹, *mit unnserm anwalt Hannsen Smidhauser*¹⁴⁰ *ein abred gescheen ist, daz du von uns und den unsern vor unsern rǎten recht nemen und frid und glaitt darzu haben sollest, daz dann seiner lieb durch den vorgenanten unsern anwalt von unsern wegen zugesagt ist, und* <*die*> *sŏllich frŏmbd fŭrnemen*¹⁴¹ *gĕn uns und den unsern seiner lieb zu gevallen ergeben*¹⁴² *haben.*⁴⁵ <*Harumb*> *so setzen und bescheiden wir dir umb dein sprŭch und vodrunng, wie du die gĕn uns oder den unsern vermainst zu haben, einen rechtag fŭr unnser rǎten in unser stat Mŭnchen auf*⁴⁶ *der aindliftausent mayd tag*¹⁴³ *schirst*¹⁴⁴ *ze nacht an der herberg zu sein und furo*¹⁴⁵ *des rechtens ze warten als da*⁴⁷ *dir umb dieselben dein sprŭch*

---

¹³⁷ weiterhin, fernerhin; vgl. GRIMM 4, Sp. 784.
¹³⁸ Zum selben Geleitbrief wurde vom kaiserlichen Notar Heinrich im Hof eine beglaubigte Abschrift erstellt. Vgl. BayHStA KbU 6033 [hier nicht ediert; starker Schimmelbefall!]. Vgl. Peter-Johannes SCHULER, Notare Südwestdeutschlands. Ein prosopographisches Verzeichnis für die Zeit von 1300 bis ca. 1520, Bd. 1: Textband (Veröffentlichungen der Kommission für geschichtliche Landeskunde in Baden-Württemberg B90) Stuttgart 1987, S. 195 Nr. 552.
¹³⁹ Vgl. Anm. 59.
¹⁴⁰ Vgl. Anm. 8.
¹⁴¹ Vorhaben; Unternehmen; vgl. GRIMM 4, Sp. 776–781.
¹⁴² Vgl. GRIMM 3, Sp. 816.
¹⁴³ 21. Oktober 1455.
¹⁴⁴ bald, schnell; schnellstens; vgl. GRIMM 15, Sp. 19.
¹⁴⁵ weiterhin; fernerhin; vgl. GRIMM 4, Sp. 784.

*sovil ergeen und widerfarn solt, das recht ist.*⁴⁸ *Und ob du darzu glaitz notdurftig mainst zu sein, wiewol du dez über das vorgenannt*⁴⁹ *zusagen und*⁵⁰ *vorgeben*¹⁴⁶ *nit bedörfftest noch, dannoch so geben wir dir unnser ungevarlich gut sicherhait und glaitt für uns und alle die unsern bis auf sant märthinstag*¹⁴⁷ *schirst denselben tag über*⁵¹ [fol. 1v] *und dazwischen dem vorgenanten unnserm gesetzten rechtag nachzekomen. <Und zu wem du sprüch mainst ze haben und den du zu sprechen wellest, die lasz uns*⁵² *füderlich*¹⁴⁸ *mit namen in unnser cantzlei*¹⁴⁹ *verschriben wissen; die wellen wir dir alsdann auf sollichen gesetzten rechtag vordern.> Und allso gepieten wir allen unnsern pflegern, richtern, ambtleuten und sunst allen andern den unsern ernstlich und vesticlich, daz ir ditz unnser glaitt an dem vorgenanten Ulein Pawrn getreulichen hallet und dawider nit tut in dhain weÿse treulich und ungevarlich. Geben under unserm*⁵³ *secret zu München an sant mathes dez heiligen zwelfpoten tag anno etc. lv*ᵗᵒ.

[Nachtrag:] *Item dem Ül Pawrn ist ein ander rechtag gesetzt <als vor> auf sant paulstag tag conversionis*¹⁵⁰ *h[er]zukomen*⁵⁴ *und ein glaitt geben bis auf den weissen suntag*¹⁵¹ *und dabei geschriben, wie wir nit glauben, das im die von Augspurg kainerlai brief*⁵⁵ *von unsern wegen vorhallten, wann wir nit wissen, ob er brief bei in hab und mainen nit schuldig sein, im die zu seiner hand zu bringen. Aber alles daz du*⁵⁶ *durch den von Koln mit dem Smidhauser*⁵⁷ *abgeredt. <Sei dem wells. Wir getrewlichen nachgeen. Actum an sant tomastag cantuariensis anno lvj*ᵗᵒ¹⁵²>.

[12.] **1455, November 18, München**

Orig., Konzept; Kurbayern, Urk. 6024

Aussteller/Empfänger: Albrecht III. von Bayern-München/Peter von Schaumberg, Bischof von Augsburg¹⁵³

Literatur: GEISS Beiträge, S. 192; LUCHA, Kanzleischriftgut (wie Anm. 8) S. 664 mit Anm. 1346.

Hochwirdigister in gotvatter besunder lieber herr und frewnd, únser freúntlich dienst zeveor: Uns ist anprácht, wie Üllin Paur unsern lieben andächtigen, den probst zům heiligen kreutz zu Augspurg von ainer múl wegen zů Möringen, genant

---

¹⁴⁶ Angabe bzw. etwas, was im Voraus gegeben wird; vgl. GRIMM 4, Sp. 729.
¹⁴⁷ 11. November 1455.
¹⁴⁸ schnell; vgl. GRIMM 3, Sp. 1890.
¹⁴⁹ Der Kanzler Albrechts III. war Hans Rösler. Vgl. Anm. 176.
¹⁵⁰ 25. Januar 1456.
¹⁵¹ 15. Februar 1456. Vgl. Anm. 164.
¹⁵² 29. Dezember 1455.
¹⁵³ Vgl. Anton UHL, Peter von Schaumberg, Kardinal und Bischof von Augsburg 1424–1469. Ein Beitrag zur Geschichte des Reiches, Schwabens und Augsburgs im 15. Jahrhundert, Speyer 1940.

die martheinsmül, mit westvälischem gericht fürgenomen[154] *hab, da dannen er für ew zu recht geweist worden sey. Nu sült ir wissen, als der benant probst die egenante*[58] *mül von Agnesen Stoberin als dem rechten erben an sich gekauft hett, das wir an den selben kauff gestanden sein. Uns ist auch die selben mül von der benanten Stoberin mit recht gevertigt*[155] [59] *nauch laut unser brief, die wir darumb haben, ausgenomen der bodemzins, den das benant gotzhaus von der mül hat, der volgt im auch noch also nach; darumb der benant probst, als wir mainen, söllichs fürnemens von Ülin Pauren pillichen entladen wär. Wir sein auch in willen, die benanten mül zu dem wirdigen gotzhaus zum heiligen berg zunaigen*[156], *das verkünden wir ew darumb, das ir ew in den sachen dester lautter wist ze richten. Datum München an eritag vor sant elspettentag anno etc. lv*[to].

Albrecht etc. an den cardinal und bischoff zu Augspurg

[Rückseite:] [von späterer Hand:] *1455. München. Erichtag vor s. elspethen*

[13.] 1456, Juni 05, München

Orig., Konzept; Kurbayern, Urk. 6053

Aussteller/Empfänger: Albrecht III. von Bayern-München/Dietrich II. von Moers, Erzbischof von Köln[157]
Literatur: vgl. GEISS, Beiträge, S. 193.

[fol. 1r] *Unnser früntlich dinst zuvor. Hochwirdiger in got vater besunder lieber herr und fründt. Als uns ewr lieb yezo einen brief, den ew Johan Gardenwegh, freygrave zu Lymburg <von Ullein Pawrs wegen> geschriben, geschickt und dabei gebeten hat, das wir bestellen*[158] *wellen, damit*[60] *dem selben Ullein Pawrn recht und gleich widerfare und der notteln durch ew aufgegeben*[159], *nachgangen werd*[61]; *mit mer innhalt ewr und dez freygraven brief haben wir hörn lesen und lassen; uns an söllichem schreiben wol bedunken, daz Ullein Pawr sein sach fürgeben, wie es im zum pesten*[62] *gefügt hat; sich sol aber das allso nit erfinden <und ewrs guten willen und vleis, den ir vor umb unsern willen in der sach getan habt, als wir von unserm rat Hannsen Smidhauser*[160] *wol bezichtet*[161] *sein, des sagen wir ewr lieb*

---

[154] Im Sinne von »die Vernehmung erzwingen«; »vorladen lassen«; vgl. GRIMM 4, Sp. 776.
[155] für ein Rechtsverfahren bereitstellen; den Prozess machen, für Recht erklären; vgl. GRIMM 14, Sp. 411.
[156] zueignen; vgl. GRIMM 32, Sp. 571.
[157] Vgl. Anm. 59.
[158] ausrichten, besorgen, einrichten; hier wohl im Sinne von »das Gericht bestellen«; vgl. GRIMM 1, Sp. 1674.
[159] übergeben; vgl. GRIMM 1, Sp. 651.
[160] Vgl. Anm. 8.
[161] Vgl. SCHMELLER 2, Sp. 1102: *zeihen* = aussagen, melden; hier sicherlich nicht negativ

früntlichen danckh> und tůn derselben ewr lieb ze wissen, das wir <in[63] stunden, als ůnser egenanter rat zu uns komen ist und uns den abschid[162] von ew gesagt hat, unsern ambtlůten geschriben und geschafft haben mit idem genanten Ůl Pawrn nichtz ungůtlichs noch args zu[64] handeln haben und[65] seÿen> ewrer venoteltén abred, <wie die in geschrift bergriffen ist>, gantz und aufrehenlich nachgangen[66], als ir das an dem instrument durch disen unsern poten aigenlich vernemen werdet und Ůll Pawr ist der, der den sachen und abred durch ew beschehen, nit nachgangen[67], wann er sóllichem unserm tag beschaiden nit nachkomen ist, in dhainem weg, sunder er hat uns darnach über ettlich zeit geschriben, wie[68] im sein brief von den von Augspurg nit[69] werden, darumb er fůr uns zu recht nit komen můg[70]; darauf wir im bei unser selbs poten <widerumb> geantwort und geschriben, wie wir nit glauben, das im die von Augspurg dhainerlai brief von unsern wegen vorhallten, wann wir nit wissen, ob er brief bei in hab, deshalben wir im nit mainen schuldig zu sein, die zu seinen handen zu bringen. Aber alles das durch ew mit unserm anwalt Hannsen Smidhauser abgeredt sei; dem wellen wir getrewlichen nachgeen; und haben em[71] in dem selben unserm brief zum andern mal einen rechtag gesetzt, námlich[72] auf conversionis pauli[163] und mit glait versichert bis auf den weissen suntag[164], nachst nacheinander vergangen, gleicherweis und aber in der form, als das instrument innhalt. Er ist dem [fol. 1v] *aber nit nachkomen, dann er hat sich mit sóllichem brief zu Augspurg nit wellen vinden lassen, wiewol seinem aigen poten mit namen Martin Plaben[165] von unsern wegen geantwortt worden ist. Wir wollten im bei unser selbs poten unser antwort tun und die zu unserm wirt zu Augspurg, Lienharten Roten[166], zu schicken; das auch beschehen als vorbegriffen ist. Man hat in aber damit nit erfarn[167] kónnen. Nachdem <haben wir unsern rat und lieben getrewen Conraten von Freyberg zu Wal[168] gén Augspurg geschickt und dem bevolhen daselbs mit im[73] davon ze reden.>[74], der hat[75] in gegenwórtigkeit vil erber geboren freÿschópfen[76] <mit im geredt>, das er den sachen nach laut ewr abred nachgee; so well er in vertrosten und dafůr stén, das wir desgleichen auch tun sollen und das er mit im in sein slos gén Wal[169] kom, so well er selbs mit im zu uns her gén Můnchen reÿten.[77] <Er well in auch daselbs dannen wider bis an sein gewar sicher gelaitten und schaffen ze tun.> Allso das er kainerlai sorgknus unsern und der unsern halben nit důrff haben, damit das ewr abred nachgangen werd, als ir das an des benanten*

---

gemeint (vgl. Grimm 1, Sp. 1797; 1799; Grimm 31, Sp. 509; *arguere*; beschuldigen, anklagen, verklagen, meinen).
[162] Entscheidung eines Rechtsstreits durch gerichtliches Urteil; vgl. Grimm 14, Sp. 2675.
[163] 30. Juni 1456.
[164] 15. Februar 1456. Vgl. Anm. 151.
[165] Vgl. Anm. 197.
[166] Vgl. Anm. 199 bzw. den Brief desselben Augsburger Bürgers (BayHStA KbU 5902, hier Nr. 19).
[167] einholen; erreichen; vgl. Grimm 3, Sp. 788.
[168] Vgl. Lucha, Kanzleischriftgut (wie Anm. 8) S. 275–280.
[169] Schloss in Waal, Lkr. Ostallgäu.

unsers rats selbers brief <hiemit> aigenlicher vernemen werdet. Sŏllichs er auch verachtet und nit getan hat; dabei ewr lieb die unwarhait seiner clag mag prŭfen, dann ir sŭllt uns ÿe getrawen⁷⁸, das wir uns in den und andern sachen ungern anders halden⁷⁹ wollten dann uns wolgebŭret und seÿen noch hewt bei tag willig, ewr abred, <der wir ew ain copi hieinn verslossen schicken>, nachzegĕn; das wir im aber schuldig sein, sein brief, die er hinder den von Augspurg ligend hat <zu seinen handen ze bringen>, die wir im <doch> nit verpoten, auch nit wissen, ob er brief da hab oder nit, dez mainen wir nit und glauben, ewr lieb sollt das auch nit pillichen beduncken <nach dem und ewr abred dez nit innhallt.> Aber gĕn den, darzu er sprŭch und vodrungen zu haben [fol. 2r] vermaint, wenn er uns dieselben benennt, wer die⁸⁰ und daz sy die unsern sein; wellen wir im <nach> fŭr unnser rāt zu recht vodern und in mit glaitt darzu und davon⁸¹ bis wider an sein gewar, unsern und der unsern halben, versorgen und sovil ergĕn und widerfarn lassen, das recht ist. <Und so sich sŏllich recht ergangen hat, was wir dann brief in unser gewalt haben, die im zugehŏrn, die wellen wir im alsdann volgen lassen als das ewr abred lautet.> Dann als er sich beclagt, wie wir uns einer mŭl zu Mŏringen underwunden¹⁷⁰ ⁸²; darzu er gerechtigkait main zu haben; seÿen wir on langen: wir haben dieselben mŭl⁸³ <zu ainem unserm gotzhaus, genant der heilig berg zu Andechs¹⁷¹> gekaufft von einer frawen, genant die Stŏberin, als ainer erbin derselben mŭl und haben nit gewisst oder gedacht, das er dhainerlai sprŭch, vodrung noch gerechtigkait darzu hett oder haben sollt; seyen auch des bisher nÿe von im erinndert; doch das ir noch yemant nit maint, das wir im dadurch sein gerechtigkait <daran> abstricken¹⁷² wollten. So wellen wir uns der selben mŭl entslahen und im sol unsernhalben <und sollichs kauffs> dhain vodrung daran geschehen⁸⁴ und ob er rechtens darzu notdurfftig ist, das mag er fŭrnemen⁸⁵ <als recht ist>. Auf das alles so bitten wir ewr lieb mit frŭntlichem vleisz, ir wellet gĕn dem obgenanten freygraven darob sein und bestellen, damit er auf⁸⁶ sein clag ŭber sollichs wider uns die von Mŏringen und all ander die unsern, die vormaln in seiner clag begriffen sind, dhain recht hŏrn noch ergĕn, sunder es bei ewr abred besteen und beleiben lasz, der <dann> unsern und der unsern halben noch vŏlliclich⁸⁷ nachgangen werden sol und bisher <nÿe> dhain sawmnusz⁸⁸ gewesen, sunder seinthalben nit nachgangen ist, als ir das an dem instrument und ander handlungen⁸⁹ darnach beschehen vorbegriffen aigenlichen vernembt; das stet uns zu, sambt der pillichait¹⁷³ frŭntlich⁹⁰ [fol. 2v] umb ewr lieb zu verdinen und begern harumb ewr verschriben antwort wider zu wissen, dann wir die von Mŏringen und ander die unsern auf den montag nach sant veÿtz tag¹⁷⁴, als sÿ der freÿgraf hinab zu komen beschaiden hat⁹¹, hie <oben> behallten haben und nit hinabkomen lassen wellen, darumb daz sy dem Ŭl Pawrn vor unsern

---

¹⁷⁰ Vgl. BayHStA KbU 6026 (hier Nr. 1).
¹⁷¹ Gemeint ist das Kloster Andechs.
¹⁷² abschneiden, wegziehen; entreißen; vgl. GRIMM 1, Sp. 134.
¹⁷³ Mäßigung, Schonung; vgl. GRIMM 2, Sp. 29.
¹⁷⁴ 21. Juni 1456.

råten hieoben umb sein sprůch und vodrungen rechtens sein und sovil tun sŏllen als mit recht erkannt wirt nach innhallt ewr abred⁹², der wir uns hallten und daraus nit gĕn wellen. Datum Můnchen an sambstag nach sant erasems tag anno lvjᵗᵒ.

Albrecht etc. dem von Cŏln
*Des gleichen dem freygråven Johan Gardenbegh zu Lymburg auch die mainung*¹⁷⁵ *auf sein schreiben zu antwortten.*

[von späterer Hand:] *1456. Sambstag nach s. erasem*

[14.] 1456, Juni 06, Nannhofen

Orig., Kurbayern, Urk. 6001

Aussteller/Empfänger: Herzog Albrecht III. von Bayern-München/Hans Rösler¹⁷⁶
    (Kanzler des Herzogs)
Siegel: rücks. eingedrückt; recht gut erhalten
Literatur: GEISS, Beiträge, S. 193; LUCHA, Kanzleischriftgut (wie Anm. 8) S. 666 Nr. 1365.

Von gottes genaden Albrecht, hertzog in Bairn und grave zu Voburg etc.

*Unnseren grus zuvor. Lieber getrewer uns ist auf gestern am sambstag ain brief von dem Sÿmon Jåger*¹⁷⁷ *geantwort worden, den wir dir hiemit in unnser cantzlei schicken. Den wirdest du wol vernemmen. Darauf begeren wir von dir mit ernst, du wellest dem Erhart von Kÿssingen also nach innhallt seins schreibens von uns ain glaitzbrief machen und uns den selben brief heraus fuderlich*¹⁷⁸ ⁹³ *schicken. So wellen wir im den zuschicken; darnach wisse dich zu richten. Datum Nånhoven an sontag nach sand erasemstag anno etc. lvjᵗᵒ.*¹⁷⁹

[Rückseite:] *Unnserem canntzler und lieben getrewen Hannsen Rosler; 1456. Ůl Pawrn antreffen*

---

¹⁷⁵ Vgl. GRIMM 12, Sp. 1466, 1938.
¹⁷⁶ Vgl. LUCHA, Kanzleischriftgut (wie Anm. 8) S. 162–166.
¹⁷⁷ Vgl. Anm. 133.
¹⁷⁸ schnell; vgl. GRIMM 3, Sp. 1890.
¹⁷⁹ Vgl. BayHStA KbU 6004 (hier die Nr. 15).

[15.] 1456, Juni 08, Nannhofen

Orig., Konzept; Kurbayern, Urk. 6004

Aussteller/Empfänger: Herzog Albrecht III. von Bayern-München/Ulrich Erhart von Kissingen

Literatur: GEISS, Beiträge, S. 194; LUCHA, Kanzleischriftgut (wie Anm. 8) S. 666 Nr. 1366.

(fol. 1r) *Albrecht*

Embieten Üllein Pawrn von Kissingen; dein schreiben, uns yezo getan von glaitz wegen, haben wir hören[94] lesen, das dann ettwas weytläuffig und uns unverstänntlich ist, dann nachdem und[95] unsers lieben herrn und frunds des ertzbischoffs zu Cöln abred, die wir in geschrifft haben, innhallt, das du versichert sein söllest, zu komen für uns oder unnser rát allda, umb dein[96] geprechen recht zu nemen und was allda mit recht erkannt[97] und ausgesprochen werd, dabei söll es beleiben und von baiden tailn nachgegangen und gehallten werden und alsdann sollen die dein brief widergeben werden und dein pürgen quitt und ledig sein und wir sollen dir verzeihen allen unwillen, den wir gén dir haben etc. mit mer <vor>worten darinn begriffen; derselben abred wir bisher aufrechenlich[180] [98] nachgangen sein, <wann wir dir zu zwain maln rechtag gesetzt und mit glaitt darzu versichert haben, dem du nicht nachgangen pist>, und füro der aber nachgeen[99] darinn beleiben[100] und uns der hallten wellen und darumb seidmaln des von Cöln abred; das allso innhallt; so begern wir an dich, daz du uns verschriben wissen lasst, ob <du> dem auch allso nachgeen wellst. Und so wir des ain wissen von dir haben, wellen wir dir allsdann von stunden ainen rechtag <für unnser rát> benennen und zuschreiben <und die sach mitsambt in verhörn, ob wir das tun mügen>; allso daz du uns wissen last[101], wer die sein, den du zu sprechen wellest, daz wir dir die <auf den selben rechtag> ze vodern. Wir wellen dir auch nach deiner begerung unnser verschriben sicherhait und glaitt, dreÿ vierzehen tag[181], zuschicken[102] und[103] dich und wen du mit dir pringest oder mit vollem gewallt zu söllichem rechten schickest, zu söllichem (fol. 1v) rechten zu komen, dabei zu sein, alslanng des notdurfft ist, und wider von dannen bis an dein und derselben geware[182] [104], darinn für uns und alle die unsern, nach notdurfft versichern; allso das dez von Cöln abred in allen sachen <treulich und ungevarlich> von uns volliclich <gnug bescheen und> nachgangen werden sol und bisher dhain saumnusz[105] unnsern und der unsern halben daran nÿe geschehen, sunder deinthalben gewesen ist; dein verschriben anwortt; datum Nánnhofen[183] an eritag nach sant erasemstag anno etc. lvj^{to}.

---

[180] Wohl im Sinne von aufrecht, aufrichtig; vgl. GRIMM 1, Sp. 705.
[181] Vgl. SCHLOSSER, Spätmittelalterlicher Zivilprozess (wie Anm. 5) S. 232.
[182] Vgl. Anm. 106.
[183] Nannhofen, heute Teil von Mammendorf, Lkr. Fürstenfeldbruck.

[16.] **1456, Juni 24, Nannhofen**

Orig., Konzept; Kurbayern, Urk. 6005

Aussteller/Empfänger: Herzog Albrecht III. von Bayern-München/Ulrich Erhart von Kissingen
Literatur: GEISS, Beiträge, S. 195; LUCHA, Kanzleischriftgut (wie Anm. 8) S. 666 Nr. 1368.

Albrecht

Embieten Üllein Pawrn von Kyssingen. Als ein abred durch unnsern lieben herrn und fründ, den ertzbischof zu Cöln, die wir in geschrift haben, beschehen ist; wie die innhalt dabei, lassen wir es beleiben; und setzen dir darauf einen rechtag für unnser rát in unnser stat München auf an freÿtag nach sant marie magdalenentag[184] *schirst ze nacht an der herberg zu sein und füro dem rechten aufzewarten nach innhallt der <selben> abred; und wem du allso zusprechen wellest*[106]*, die die unsern sein, die las uns verschriben wissen; die wellen wir dir auf söllichen unsern gesetzten rechtag vordern und sovil ergén und widerfarn lassen nach laut dez von Köln abred, daz da recht ist; und darauf so geben wir dir <in kraft und von dag dez briefs*[107]*> unnser gut sicherhait und glaitt, für uns und alle die unsern*[108]*, bis auf den pfuitztag vor sant laurentzentag*[185] *schirst denselben tag über in der zeit allenthalben in unserm lannd sicher zu wanndeln und dem vorgenanten unserm gesetzten rechtag nachzekomen, doch das du es die zeit auch glaittlichen halltest; und wen du zu*[109] *unserm <obgeschriben> gesetzten rechtag mit dir pringest oder mit vollem gewallt darzu schickest, der oder dieselben söllen*[110]*, <für uns und alle die unsern, auch vinden> sicherhait und glaitt haben, darzuzukomen, dabei zu sein, alslangen dez notdurfft ist, und wider von dannen bis an ir gewarsame*[111]*, damit dez von Cöln abred in allen sachen trewlich und ungeváirlich nachgangen werden und genug beschehen*[112] *sol; darnach wis dich zu richten; und darauf so gepieten wir allen unsern pflegern, richtern und ambtláuten und sunst allen andern den unsern ernstlich und vestickich, daz ir ditz unnser glait an dem egenanten Ullein Pawrn und den, die er mit im zu dem rechten pringen oder schicken wirdet, getrewlichen halltet, dawider nit tut noch des yemand anderm gestatt, ze*[113] *tun, in kain weise on alls geváird. Geben under unserm secret zu Nánnhofen an sant johannstag zu sunnwennden anno etc. lvj*^{to}.

[Rückseite: leer]

---

[184] 23. Juli 1456.
[185] 5. August 1456.

[17.] **1456, Juli 30, München**

Orig., Konzept; Kurbayern, Urk. 6008

Aussteller/Empfänger: Herzog Albrecht III. von Bayern-München/Ulrich Erhart von Kissingen

Literatur: GEISS, Beiträge, S. 196; LUCHA, Kanzleischriftgut (wie Anm. 8) S. 667 Nr. 1371.

[fol. 1r] *Albrecht*

Embieten Üllein Pawrn: Als wir dir nägst auf die abred, die durch unsern lieben herrn und fründ, den ertzbischof zu Cöln ausgangen ist, aber einen rechtag für unnser rat auf <an freitag nach> sant marie magdalenentag[186] *nägst vergangen gesetzt und dir unnser sicherhait und glaitt bis auf den pfuitztag vor sant lorentzentag*[187] *schirst gegeben haben; du pist aber sollichem tag auch nit nachkomen noch yemannt von deinenwegen, sunder du hast uns bei sechs oder ach tagen davor einen brief geschriben und den bei deinem swager, dem alten Vindenschalck*[188] *geschickt; darinn du berürst, wie uns Johan Gardenwegh, freygrave, geschriben und die sach gesetzt; das er dir auch zugeschriben hab; allso wellest du demselben nachkomen und begerst, daz wir dir ainen tag setzen und dir*[114] *oder deinen gewalthaber glaitt zuschicken.*[189] *Nu ist es an dem, daz uns der obgnant freygraf von deinen wegen geschriben hat, wie das lauttet, lassen wir an dem*[115]*; <und> er hat uns ainen brief geschickt, den du im geschriben hast, darinn berürt ist, wie dez von Cöln abred lautt, daz dir dein brief zum rechten geben sollen werden, des wellen wir nit tun, sunder wir wellen dir dein brief erst geben, wenn sich das recht ergee, des well dir nyemant raten etc.; mitt*[116] *mer wortten desselben deins briefs und wiewol*[117] *dez von Cöln abredt nit innhallt, daz dir dein brief zum rechten vollgen*[190] *sollen, <sunder erst darnach, als wir dir derselben abred hiemit ain abschrift*[191] *schicken>, doch dem von Cöln zu gevallen und das weder der obgnannt freygraf noch yemannt ander nit gedencke, daz wir dich dadurch zum rechten nit wellen komen lassen, so*[118] *<schicken> wir dir hiemit ainen urtailbrief, der von dem gericht*[119] *zu Augspurg zwischen dein und*[120] *<dez von Fürstenvelt> ausgangen*[121]*, <der> uns <kurtzlich> geantwort worden ist; <und> wissen*[122] *sunst dhainen brief in unnser gewalt, der*

---

[186] 23. Juli 1456.
[187] 5. August 1456.
[188] Unklar. Vermutlich der in der Zeugenliste genannte *Contz Vindenschalck*; vgl. Anm. 48. Vgl. WOLLENBERG, Zusammensetzung (wie Anm. 60) S. 287; Gerhard HANKE, Die Bewohner des alten Landgerichts Dachau von 1450 bis 1657 sowie die Bedeutung ihrer Familiennamen und deren Verbreitung, in: Amperland 33 (1997) S. 53–59, 120–134, 176–204, 243–368, hier 243.
[189] BayHStA KbU 6007 (hier Nr. 5).
[190] aushändigen; vgl. GRIMM 3, Sp. 1878; wohl nicht im Sinne von »sich bis zum Ende entwickeln«; vgl. GRIMM 26, Sp. 574.
[191] Unklar; vgl. BayHStA KbU 6005 (hier Nr. 16), 6053 (hier Nr. 13).

dir zugehöre. Hettest du aber hinder den von Augspurg ycht[192] *brief, die dir von unsern wegen vorgehallten*[193] *wurden, dez wir doch*[123] *nit wissen, wenn du dann dez begerst, wellen wir in schreiben, daz sy dir die unsernhalben*[124] *<nit vorhallten sollen>; und auf das so setzen* [fol. 1v] *und beschaiden wir dir abermaln ainen rechtag für unnser rat, in unnser stat München auf an mitwoch in der quatember vor sant Michelstag*[194] *schirst ze nacht an der herberg zu sein und füro dem rechten nachzegen und aufzewartten nach laut des von Cöln abred; und wem du zusprechen wellest, <die die unsern sind>, die las uns mit namen in geschrift vorzeitlich wissen. Die wellen wir dir alsdann zu söllichem gesetzten rechtag vodern, allso das dir <unsern und der unsern halben> alles das ergen und widerfarn sol, daz recht ist, nach laut des von Cöln abred; und darauf so geben wir dir und den deinen*[125] *oder deinem gewalthaber unnser sicherhait und gelaitt für uns und alle die unsern zu söllichem rechten zu komen; dem nachzegen und aufzewartten, alslanng des notdurfft ist, und wider von dannen bis an dein oder derselben gewarsame, darnach wissen sich all unnser pfleger, richter, ambtläut und all ander die unsern ze richten; und ditz unnser gelaitt <getrewlich und ungeverlich*[126]*> ze hallten und dawider nit ze tun bei unserer swaren ungnad und straff zu vermeyden. Geben und mit unserm secret versiglt zu München an*[127] *<freitag> nach sant jacobstag anno etc. lvj*^{to}*.*

IV. Urkunden von Augsburger Seite

IV.I Brief des Augsburger Rates

[18.] **1454, 8. Juli, [o. O.]**

Orig., Kurbayern, Urk. 5979

Aussteller/Empfänger: Rat der Stadt Augsburg/Konrad Vorcher (Richter bzw. Landrichter zu Mering) sowie andere nicht näher genannte Personen[195]
Siegel: kein Siegel
Literatur: GEISS, Beiträge, S. 189 f.

Wir, die rautgeben der statt zu Augspurg, tuen kunt allermeniglichem mit dem brief: Als in den spennen zwischen dem richter ze Möringen und ettlichen andern des gerichts daselbs, so denne durch Ülin Pauren ze Kissingen mit westvälischem rechten fürgenomen und gewÿszet sind, für unns ze komen; si von baiden tailen mitsampt

---

[192] etwas; GRIMM 10, Sp. 2033.
[193] vorenthalten; vgl. GRIMM 26, Sp. 1084.
[194] 15. September 1456.
[195] Vgl. BayHStA Kloster Fürstenfeld, 1452-05-24 (hier Nr. 8).

aller irer notdorfft furtzebringen und furo mit gutlichem oder rechtlichem uszspruch ze endtschaiden, wie denn das und anders die westvälischen versigelten compromissen därüber gemacht klärlicher und völliklicher begriffenn innhalten; und als wir baiden vorgemeldten parthÿen und tailen gegenainander tag für unns her gen Augspurg gesetzt und verkündt haben uff hut mäntag an sant kilianstag, als datum dits briefs wÿset; also stund für unns in recht Contz Vorher, richter zu Möringen und alle, die so an das gemain recht däselbs zu im gehörtten und in der compromisz benennt wären; und wol[e]n dem egenanten Ül Pauren zu seiner clag, ob er die fürnemmen und zu in setzen wölt, geantwürt haben, nachdem und in rechttag uff hut datum dits briefs gesetzt wäre; därtzu Ülin Paur ze disenmäl dehain clag zu in setzen wolt; däwider redt aber der richter von wegen sein und der andern ir sach; were ain besonder fürnemmen; und in wär ain besonder westvälischer brief, sich dä zu verantwürten, zugesenndet[128]; *ouch von uns in sunderhait durch unnser brief und sigel gen im rechttag gesetzt und irem pfleger zugeschriben, in das zu verkönnden; also begerten si, wölt er in zuclagen, so wölten si im antwürten, wölt er aber sein clag nit vollfüren, so hofften si, si weren* [Rückseite] *im fürbas nit mer schuldig ze antwürten und hetten damit gnug <ge>than. Dawider redt aber Ülin Paur in mäsz als vor und des mer nach innhalt der compromisz; wölt er ain sach nach der anndern fürnemmen und nicht die mitteln oder die letsten sach fürnemmen ee das die erst sach uszgericht were; und därumb wölt er ze disem mäl sein clag gen in nicht fürnemmen; uff das begerten der egenant richter und die annderen eingedenck ze sein und in ain urkund ze geben, das si im umb ir besonnder sach nach innhalt der genanten compromisz und des gesetzten tags gern rechtens wölten statt getän haben; und dä solichs sein und nit irhalb erwunnden*[196] *hab; also, uff solich ir ernstlich bett und der wärhait ze fürdrung, geben wir in disen brief zu wärem guten urkönd, versigelten mit unnser statt clainen angehenktem insigel, unns selbs unnse[r]*[129] *statt und nachkommen unschädlich, der geben ist uff mäntag an sant kilianstage nach Cristi gepurt tausent vierhundert fünfftzig und vier järe.*

[von anderer Hand:] *1454. Abschid in Augspurg zwischen den von Moringen und Ullen Pawren*

[von späterer Hand:] *Montag an s. kilianstag*

---

[196] mangeln lassen; unterlassen; vgl. GRIMM 3, Sp. 1066.

IV.II Brief des Lienhart Rott

[19.] **1455, Dezember 31, [o. O.]**

Orig., Kurbayern, Urk. 5902
Aussteller/Empfänger: Lienhart Rott (Bürger zu Augsburg)/Herzog Albrecht III. von
  Bayern-München
Siegel: rücks. eingedrückt; gut erhalten

Durchleichtiger hochgeborner fürst und genädiger herr: Als mir ewr fürstlich gnad hatt schreiben lassen, ainen brieff zů antwurten Ůlin Bawr oder Martin Pla[197]*, der sein bott zů ewrn gnaden gewesen ist. Nun ist der Martin Pla etwan oft beÿ mir gewessen und mich gefragt, ob mir kain brieff geantwurt worden seÿ, zůgehörn Ůllin Bawr, von ewrn fürstlichen gnaden und nun so ist der selb Pla nit anhaim. Ist am Rein. Auch so hab ich Ůllin Baur an vil enden in der statt lassen sůchen, damitt ich im den ewrn gnaden brieff geantwurt hiett; den hab ich noch mein dienner nit*[130] *mügen ankomen*[198]*, aber von stund ich in erfragen oder ankomen kan, will ich im ewrn gnaden brieff selbs antwurten, es*[131] *wår dan sach, das er zů Augspurg nit mer sein wurd. In sölicher zeitt, des ich nit wais, dan wan ich ewrn furstlichen genaden gedienen kund oder möcht, wår ich armer williger ewr durchleichtigen genaden altzeit undertåniklich beraitt als wol billich ist. Ewr fürstlich gnad hat mir altzeit zů gebietten. Geschriben am mitwuchen vor dem heilgen ewenweich tag anno etc. im lvi° jar.*

Lienhart Rott[199] *zů Augspurg, ewr fürstlicher gnaden undertåniger etc.*

[Rückseite:] *1456. Linhart Rot von Ullein Pawrn wegen*

Dem durchleichtigen hochgebornen fürsten und herrn herrn Albrechten von gotes gnaden pfaltzgrave beÿ Rein, hertzog in Beiern und grave zů Voburg meinem gnädigen herren.

[von späterer Hand:] *Mitwoch vor dem heilgen ewenweich tag*

---

[197] Vgl. Anm. 165.
[198] Wohl im Sinne von erreichen; vgl. GRIMM 1, Sp. 384.
[199] Unklar; vgl. die Angaben bei: Felix PRIEBATSCH (Bearb.), Politische Correspondenz des Kurfürsten Albrecht Achilles, Bd. 1 (Publicationen aus den k. preußischen Staatsarchiven 59) Leipzig 1894, S. 100 f.; Richard HIPPER (Bearb.), Die Urkunden des Reichsstiftes St. Ulrich und Afra in Augsburg (1023–1440) (SFG IIa/4) Augsburg 1956, Nr. 739; StadtAA Baumeisterbücher 42, fol. 103r; Hubert VOGEL (Bearb.), Die Urkunden des Heiliggeistspitals in München, Tl. 1 (1250–1500) (QE XVI/1) München 1960, S. 522 Nr. 392; wohl kein Zusammenhang mit Lienhart Rotner; vgl. LUCHA, Kanzleischriftgut (wie Anm. 8) S. 298; LIEBERICH, Landherren und Landleute (wie Anm. 8) S. 148 mit Anm. 845, nennt einen Leonhart Rot (ein Rat niederer Herkunft).

IV.III Urkunde des Heilig-Kreuz-Stiftes in Augsburg

[20.] 1456, Juni 05, [o. O.]

Orig., Kurbayern, Urk. 6025
Aussteller/Empfänger: Johannes (Probst, Heilig-Kreuz-Stift Augsburg)/Konrad von Eglofstein (Kammermeister) und Hans Rösler (Kanzler Herzog Albrechts III.)
Siegel: rücks. eingedrückt; nur noch in Spuren erhalten
Literatur: GEISS, Beiträge, S. 193.

Mein bet und willig dienst voran; lieben herrn: mein bruͤder Michel Dachs[200] hat mir verkůnt, wie in meines genedigen herren råt habent beschickt und im die brief antreffend die můl zů Moͤringen gegeben und mit im geschaft, die einzenemen und mein genediger herr well sich desselben kaufs entschlahen und můssig gen. Nun hat mich Ůlin Pawr umb die selben můl mit westvelichem rechten fůrgenomen[201] etc. Darvon mich mein genediger herr cardinal und pischof zů Augspurg abgefordert[202] fůr sein genad und seiner genaden råt. Daselbs wir zů recht komen seyen. Do hat mein genediger herr hertzog Albrecht meinem vorgenanten genedigen[132] heren, dem cardinal, geschriben; desselben briefs ich ew mit ain copi schick und des ich noch auch ain copi han, Thoman Rostallers[203] hantgeschrift; der selb prief ist im rechten geprawcht. Darauf ich auch Ůlin Pawrn entprochen[204] pin und han des ain urtail brief desgeleichen. Hat Ůlin Pawr auch ainen, darinn der prief von wort ze wort geschriben stet. Lieben herren, das verkůnd ich ew darumb, ob mein genediger herr angelangt wår oder wurd, das sein genad des priefs ein wissen hab und sein genad darinn wisz, ze halten, wann ich pin in maÿnung, mein genediger herr seÿ des priefs in vergessen komen und das sein genad wisz antwurt darauf zů geben. Datum ipsa die bonifacii anno etc. lvj.

Bruͤder Johannes, probst zů dem heiligen cruͤtz[205] in Augspurg

[Rückseite:] *Den fůrsichtigen vesten und weisen Conraten von Eglolfstain, kamermaister, und Hansen Roͤslar, cantzler, meinen besunder lieben herren und frewnden*

[von späterer Hand:] *1456. An s. bonifacii tag.*

[von späterer Hand:] *Der vom heiligen kreutz in Augspurg von Ullein Pawren wegen, das entslahen der mul antreffen*

---

[200] Vgl. Stetten, Geschichte der adelichen Geschlechter (wie Anm. 9) S. 50; möglicherweise identisch mit: VOGEL, Urkunden des Heiliggeistspitals (wie Anm. 199) S. 522; dort als Bürger von München bezeichnet; mit Lienhart Rott offensichtlich verwandt, da gemeinsam mit ihm genannt); Ungelter zu München. Vgl. Georg Theodor RUDHART (Bearb.), Regesta sive rerum Boicarum autographa [...], Bd. 13, München 1854, S. 283 und 361.
[201] Im Sinne von »die Vernehmung bzw. Vorladung erzwingen«; vgl. GRIMM 4, Sp. 776.
[202] zurückrufen; vgl. GRIMM 1, Sp. 40.
[203] Kanzleischreiber Herzog Albrechts III.; vgl. LUCHA, Kanzleischriftgut (wie Anm. 8) Kanzleischriftgut (wie Anm. 8) S. 166–168.
[204] entgehen; loslösen; befreien; vgl. GRIMM 3, Sp. 501.
[205] Vgl. Anm. 9.

V. Urkunden des Kölner Erzbischofs Dietrich von Moers

[21.] 1455, Juli 08, Poppelsdorf

Orig., Kurbayern, Urk. 6018

Aussteller/Empfänger: Dietrich II. von Moers, Erzbischof von Köln/Hans Schmidhauser (Rat Herzog Albrechts III. von Bayern-München) einerseits sowie Ulrich Erhart von Kissingen (Bauer) andererseits[206]
Siegel: kein Siegel; Charta partita
Beschreibstoff: Pergament
Literatur: GEISS, Beiträge, S. 191

Zo wissen: als Johan Gardenwech frygreve zo Lymborg van clagen wegen Ulyns Paůr geladen hatte an den fryenstoil[133] zo Lymborg, den richter ind dat gerichte van Moryngen mit antreffen den eyrbern heren Paůwels[207], abt zo Furstenfeltz, ind andern mit namen Bertolt Zolner[208] ind den Overmoelner[209], die selve partyen dan durch den vurgenant frygreven van dem gerychte zo Lymborg genomen ind gewyst worden syn vur burgermeistern ind rait der stat Aůgsburgh na inhalt der compromisse dairover gegeven[134]; dairvan dem vurgenant Ulyn Paůr, so he sich beclagt hait, geyne usrychtonge geschiet sy; ind na dem dann der eirwirdige[135] furste unser gnediger liever here here Diederich, ertzbůsschoff zu Colne, hertzoch zo Westfalen ind zo Enger etc. van beveelnisse[136] ind macht wegen des allerdurchluchtigsten fursten, unss gnedigisten heren, des romischen keysers ind des heiligen romischen rychs eyn stathelder ind vurweser der heymlicher gerychte ist; ind syne gnade die vurgenant sachen ind gebreche in bywesen ind van anbrengen Hanszen van Smedehusen[210] [137], rait des hogeboiren fursten heren Ailbrechtz pfaltzgreven by Ryne, hertzochs in Beyren ind greven[138] zo Voborg, der umb der vursegt[139] sachen willen van syner gnaden wegen herave[140] zo unsem genadigen heren van Colne geschickt ist, den selven Hanszen, Johan Gardenwech, frygreven, ind Ulyn Paůr vursegt[141] mit syner gnaden reden verhoirt hait; so hait syne gnade dairin so verre[211] gereedt ind sich des vurgenant hertzogen Ailbrechtz gemechticht, das der vurgenant Ulyn Paůr velich[212] syn soll zo komen vur hertzogen Ailbrecht off syne rede, alda

---

[206] Beweisurkunde, bestehend aus zwei Teilen; das vorliegende Stück ist das des Hans Schmidhauser für seinen Herrn Herzog Albrecht III. von Bayern-München; das im Bestand nicht erhaltene Gegenstück ist an Ulrich Erhart von Kissingen ausgestellt.
[207] Paul; vgl. Anm. 61.
[208] Berchthold Zoller von Prugg. Vgl. Anm. 33.
[209] Hans Obermüller. Vgl. Anm. 33.
[210] Vgl. Anm. 8.
[211] weit; vgl. MndWB 5 (1880) S. 239.
[212] sicher; vgl. MndWB 5 (1880) S. 225.

umb syne vursegt[142] *gebreche recht zo nemen, das yme unvertzoghlich wederfaeren soll*[143]*; ind wes alda mit recht erkant ind uyssgesprochen wirt, dairby soll es bliyven ind van beyden deylen nachgegangen ind geholden*[144] *werden; ind asdann sullen Ulyn Paůr syne brieve yme ashendich gemacht*[145] *syn, as he sich beclaegt hait, wedergegeven*[146] *ind gehantreickt werden ind Ulyn Paůrs bůrgen quyt ind ledich syn; ind hertzoch Ailbrecht soll hirdurch geneitlichen vertzyhen uff allen unwillen, syne gnade haven moichte geen Ulyn Paůr vursegt*[147] *allet sunder argelist; ind deser cedelen synt zwa gelych inhaldenn, uysseynandergesneden, der Hansen Smedehusen eyn ind Ulyn die ander hait. Gededingt ind getzeichent zo Poppilstorp durch unsen gnedigen heren van Colne up sent kyliansdagh des heyligen mertelers anno domini etc. quinquagesimoquinto.*

[Rückseite:]

[Von anderer, späterer Hand:] *1455 An s. kilianstag*

[Von anderer Hand, zeitgenössisch:] *Dy beredung durch den von*[148] *Collen gen Ullein Pawren beschehen*[149]

[22.] 1455, Juli 08, Poppelsdorf

Orig., Kurbayern, Urk. 6028

Aussteller / Empfänger: Dietrich II. von Moers, Erzbischof von Köln / Albrecht III. von Bayern-München
Siegel: hinten eingedrückt; in Spuren vorhanden
Literatur: GEISS, Beiträge, S. 191.

Hogeboiren furste, liever besunder frunt: Wir entbieden ůwer liefden unsen fruntlichen dienst ind was wir liefs ind gutz vermogen. Ind as uwer liefde uns geschreven hait, antreffen den abt van Furstenfelt ind Ulyn Paůr van beswernisse des heymelichen gerychtz, den selven abt ind etzligen andern durch den frygreven van Lymburgh geschiet sy, so uns Hans van Smedehusen[213] *ůwer rait ind diener van ůwer liefde wegen forder berychtet hait; han wir gutlichen gehoirt ind verstanden ind begern ůwer liefden zo wissen, das wir nach dem vurgenant frygreven*[150] *geschickt, den wir ind ouch den vurgenant Hansen ind Ulyn Paůr muntlichen verhoirt han ind so verre die sachen beredt ind bededingt, das das heymlich gerycht gantz abegestalt ist; ind han uns uwer liefde gemechticht, das Ulyn Paůr velich*[214] *syn soll vur ůwer liefden ind allen den ůwern; ind soll komen vur uch off uwern rait ind alda*[215] *van*

---

[213] Vgl. Anm. 8.
[214] sicher; vgl. MndWB 5 (1880) S. 225.
[215] daselbst; GRIMM 1, Sp. 215.

syner wederpartyen recht nemen; dair[216] yme unvertzogen recht wederfaren solle nach inhalt eyner uyssgesnedener cedelen[217]; der vurgenant Hansz van Smedehusen uwer liefden vurbrengen wirt ind begern fruntlichen van ůwer liefden, das ir schaffen ind bestellen willen, das der cedelen nachgegangen ind gehalden werde[151] van uwer liefden ind den uwern, as wir da an geynen zwyvel[152] han; ind was wir da ynne da gedain han, han wir uwer liefden zo eren ind zo lieve gerne gedain; ind as[218] wir wisten[219], das mit denn[153] heymelichen gerychten ychtz[220] weder ůwern privilegyen ind fryheyt vurgenomen wurde, wolten wir sagen, das sůlchs abestalt sulde werden, want[221] wamit[222] wir ůwer liefden dienst ind fruntschafft wisten zo doin, dairinne wolten wir gantz gutwillich syn. Ouch liever frůnt, as wir in sachen unsen heeralt[223] [154] lest zo ůwer liefden geschickt haven, so en ist uns da van geyne antworde worden; ind biden ůwer liefden mit fruntlichem flysse, das ir uns da van uwer[155] gutliche antworde willen verstain laissen. Gegeven zo Poppilstorp under unsem sigel uff sent kyliansdag anno domini etc. lquinto.

Archiepiscopus Coloniensis, Westfalie et Angarie dux etc.

[Rückseite:] *Dem hogeboiren fursten heren Ailbrechte pfaltgraven by Ryne, hertzogen in Beyern und graven*[156] *zo Voborg unserm besundern lieven frůnde*

[von anderer Hand:] *Der von Cǒln*[157] *schreibt uns bei dem Smidhauser wie er das heimlich gericht von Ůlein Pawrn wegen abgestelt hab etc.*

[von späterer Hand:] *1455. An s. kilia*[n]*stag*

[23.] 1456, April 17, Poppelsdorf

Orig., Kurbayern, Urk. 5968

Aussteller/Empfänger: Dietrich II. von Moers, Erzbischof von Köln/Albrecht III. von Bayern-München
Siegel: rücks. eingedrückt
Literatur: Geiss, Beiträge, S. 192.

---

[216] dar; d. h. da, dort; vgl. MndWB 1 (1875) S. 484.
[217] ausgeschnittener Zettel; Kerbzettel bzw. Charta partita. Es handelt sich dabei um: BayHStA KbU 6018 (hier Nr. 21).
[218] als; vgl. MndWB 1 (1875) S. 132.
[219] zeigen; weisen; urteilen; vgl. MndWB 5 (1880) S. 741 f.; Grimm 28, Sp. 1078; wohl im Sinne von »rechtlich belehren«.
[220] etwas; vgl. MndWB 2 (1876) S. 346.
[221] denn, weil; vgl. RhWB 9, Sp. 252.
[222] womit, wodurch; vgl. Grimm 30, Sp. 1418.
[223] D. h. den Herold des Kölner Erzbischofs.

Unsern früntlichen dienst zuvor[158] *hogeboiren fürste: Liever frunt, Johann Gardenwegh, frygreve zo Lymborg, hait uns geschreven, wie das Ulin Pour nyt wederfaeren noch gedyhen moge recht noch*[224] *uyssdracht*[225] *syner sachen, in maissen
wir das hir bevor*[159] *han vernotelen doin, so uwer liefde das forder syehen wirdt
in des vurgenant frygreven brieff*[226]*, hirynne verslossen. Also begern wir van uwer
liefden früntlichen mit flysse, das ir foegen ind bestellen willet, das dem vurgenant
Ulin Pour recht ind gelych wederfaere ind der notelen vurgenant nachgegangen
werde*[160]*, as sich geburt, ind die sachen so vurgenomen ind verhandelt werden, das
Ulin*[161] *Pour sich des nyt zo beclagen have, want geschege des nyt, so en moichten
wir yme nyt rechtz weygern noch da ane verhyndern as uwer liefde das wall versteyt. Gegeven zo Poppilstorp under unsem sigel uf samsdagh nach dem sundage
misericordia domini anno etc. lvj*[to]*.*

Archiepiscopus coloniensis, Westfalie et Angariae dux etc.

[Rückseite:] *Dem hogeboiren fursten heren Ailbrecht, pfaltzgreven by Ryne, hertzogen in Beyern und graven zo Voborg unsem lieven frunde*

Der von Coln und Herman Hagkenberg[227]*, freygrave von dez Ul Pawrn wegen*

[von späterer Hand:] *1456. Am sam[s]tag miser[i]cordia*

[24.] **1456, Juni 26, Poppelsdorf**

Orig., Kurbayern, Urk. 5978

Aussteller/Empfänger: Dietrich II. von Moers, Erzbischof von Köln/Albrecht III. von
    Bayern-München
Siegel: rücks. eingedrückt; in Spuren vorhanden
Literatur: GEISS, Beiträge, S. 195.

*Unsen fruntlichen dienste zuvoir. Hogeborn furste, besunder lieber frundt: Als uyre
liebde* [u]*ns*[162] *hait doin schryven van der sachen antreffen die van Norlingen*[228]*, die
van clage wegen Ullein Pawrn an den fryenstoill zo Lymberch*[229] *vurgenomen synt etc.;
han wir guitlichen entfangen ind verstanden. Also han wir dem frygreven zo Lymbergh
darumb sere ernstlichen doin schryven, der uns darup geantwerdt hait, as ir sien*[230]

---

[224] und nicht; vgl. MndWB 3 (1877) S. 191.
[225] endgültige Entscheidung einer Streitsache; vgl. MndWB 5 (1880) S. 145.
[226] Wohl BayHStA KbU 5967 (hier Nr. 26).
[227] Herman Hakenberg, Freigraf zu Volmarstein; vgl. LINDNER, Veme (wie Anm. 2) S. 120.
[228] Unklar; hier ist wohl *Möringen* bzw. *Mering* gemeint, möglicherweise auch eine Namen-
    verwechslung mit Nördlingen.
[229] Vgl. Anm. 20 und 234.
[230] sehen; vgl. LINDOW, S. 114.

*mogen*²³¹ *in syme brieve hirinne*¹⁶³ *beslossen. Ind begern ind bidden uwer liebde sere fruntlichen mit den van Norlingen zo verfuegen*²³², *dat Ullein Pawrs syne brieve weder werden ind recht gedyen moge in maissen der vurgenant frygreve die parthyen van sich gewyst hait; dan geschege des nyet, wurde dann der cleger van dem vurgenant frygreven off andern frygreven rechtzgesynnen oder die van Norlingen. So en moichten sy des nyet weygern as uwer liefde wael versteyt. Ind waryne wir uwer liefden fruntschafft ind dienste bewysen ind gedoin kunden, deden wir mit gudem willen gerne. Gegeven zo Poppelstorp*²³³ *under unsem segel up den satersdagh na sent johansdage zo mitsomer anno etc. lsexto.*

Theodericus dei gratia archiepiscopus coloniensis, Westfalie et Angarie dux etc.

[Rückseite:] *Dem hogeborn fursten heren Albrecht, pfaltzgreven by Ryne, hertzog in Beyeren ind graven zo Vohburg etc., unsern besundern lieven frunde etc.*

[von späterer Hand:] *1456. Satersdag nach s. johannis zŭr mitsomer*

VI. Briefe des Johann von Gardenwech, Freigraf von Limburg

[25.] **1455, Juli 10, [o. O.]**

Orig., Kurbayern, Urk. 5923

Aussteller / Empfänger: Johann Gardenwech, Freigraf von Limburg²³⁴ / Albrecht III. von
    Bayern-München, der Abt von Fürstenfeld und der Richter von Mering²³⁵
Siegel: vorne eingedrückt; nur noch in Spuren erhalten
Literatur: vgl. GEISS, Beiträge, S. 191.

*Ich, Johan Gardenwech, frygreff van keyserlicher gewalt*²³⁶ *und macht des hilgen riches der fryengraschaff*¹⁶⁴ *und fryenstoele*¹⁶⁵ *to Lymborch, doe kunt vur alre mennycklich myt desem oppenen breyffe, so as ich gefurdert*¹⁶⁶ *hadde myt myner schrifft van wegen Diderichs van Eickell*²³⁷*, mynes stolheren, an den irluchtigen hogebornen*

---

²³¹ möchtet; vgl. LINDOW, S. 112.
²³² Hier wohl im Sinne von »es so richtig einzurichten«; vgl. GRIMM 25, Sp. 356.
²³³ Poppelsdorf; heute Ortsteil der Bundesstadt Bonn im gleichnamigen Stadtbezirk.
²³⁴ Limburg (heute Hohenlimburg, Stadtteil von Hagen; kreisfreie Großstadt in Nordrhein-Westfalen). GEISS, Beiträge, S. 190, spricht von Limburg an der Lahn, gemeint ist freilich Limburg an der Lenne.
²³⁵ Vgl. Anm. 31. Der hier genannte *Conrat Furer* dürfte mit Konrad Vorcher identisch sein.
²³⁶ RI XII Nr. 919; Reg. F. III. 19, Nr. 559 f. u. ö.
²³⁷ LINDNER, Veme (wie Anm. 2) S. 108; Anton FAHNE, Geschichte der westphälischen Geschlechter unter besonderer Berücksichtigung ihrer Übersiedlung nach Preußen, Curland und Liefland, Köln 1858, S. 149.

fursten und heren heren Albrechte, hertzogen in Beyern etc. und greve zo Voburg, mynen leven gnedigen heren, an den abt van Furstenfelt, an Conrat Furer, den richter, und daz gerichte van Moringen und fort[167] *ander, in der claige und sache begreppen, van sodanen*[238] *geleydes wegen, as vor tyden in eyme compromiss begreppen is gewest*[168], *andreffen Ulin Pouwer*[169] *und syner clage, so dat ich frygreve de partye hadde gewist vur den erbaren raet zo Auspurg. So is nu darumb utgesant de erbar*[170] *und fromme Hans Smedehuser*[239] *van wegen des egnanten fursten hertzoch Albrechtz und der egnanten verclageden und haet myt warhafftiger bewysinge und kuntschoff*[171] *vurbracht, dat sodane geleyde und compromiss van myme gnedigen heren hertzoch Albrecht und der syner nicht verbroichen sy und dar nicht also myt umbgegan*[240] *en sy as mynen stolheren vorgenant und my umbracht*[241] *sy und de verclageden vorgenant heben sodanen compromiss to Ausporg erbarlich und vollencklich nagegan und want dan oich de hoichwerdige furste und here ertzbisschoff van Collen, hertzoch to Westfalen und to Enger etc., myn gnedige leve here*[172], *selves persoenlich de vorgenant beyde partye und de sache clerlich verhort*[173] *haet und haet de partye gewyt*[242] *und gestalt*[243] *an den egenanten hertzoch Albrecht und syner gnaden rede; und want ich frygreve vorgenant dan der sache und glegenheit van dem egenant Hans Smedehuser furder eigentlicher*[244] *underwist*[174] *sy, daz sullich geleyde und compromiss nicht verbroichen en sey as mynen stolheren*[175] *und myr angebracht is. Darumb so hebe ich van wegen myns stolheren vorgenant und myns amptes de vorgenant furderinge na inhalt myner breyffe dem egenant hertzogen Albrechte und al den gheven, de darinne vurgewant sint und den de sache berort, affgedan*[245] *und quyt gelaten overmytz*[246] *desen breyff sonder*[247] *al geverde*[248] *und argelist und hebe des to orkunde und getuge der warheit myn ingesegell unden an spatium dys breyffs gedruckt. Datum Lymborch, op den nesten donredach na sant kylianusdage anno domini verteinhondert viff und vifftich.*

[von späterer Hand:] 1455

[Rückseite, von anderer Hand:] *Ein ledigsagbrief von Johan Gardenberch, frygraven antreffent Ǘllein Pawrn*

[von späterer Hand:] *Donerstag nach s. kilia[n]stag*

---

[238] »so getan«; vgl. MndWB 4 (1878) S. 283.
[239] Vgl. Anm. 8.
[240] meiden, umschreiten; aber auch »umgehen« mit etwas oder jemandem; vgl. GRIMM 23, Sp. 905–920 (hier Sp. 914).
[241] anderswohin bringen; zurückbringen; hier wohl im Sinne von benachrichtigen; vgl. MndWB 5 (1880) S. 3; GRIMM 23, Sp. 828.
[242] weisen; zeigen; ein Urteil abgeben; vgl. MndWB 5 (1880) S. 741 f.
[243] vor Gericht bringen; vgl. GRIMM 5, Sp. 4224.
[244] »eigen«; wohl im Sinne von höchstpersönlich; vgl. GRIMM 5, Sp. 102.
[245] abgetan; vgl. MndWB 1 (1875) S. 17.
[246] vermittelst, durch; vgl. MndWB 3 (1877) S. 270.
[247] ausgenommen; jedoch; aber; vgl. MndWB 4 (1878) S. 470.
[248] Hinterlist; Gefahr; Gefährdung; vgl. MndWB 2 (1876) S. 93.

[26.] **1456, April 14, [o. O.]**

Orig., Kurbayern, Urk. 5967

Aussteller/Empfänger: Johann Gardenwech, Freigraf von Limburg/Dietrich II. von Moers, Erzbischof von Köln
Siegel: rücks. eingedrückt; Spuren vorhanden
Literatur: GEISS, Beiträge, S. 192.

Groÿsmechtige hoichwerdige furste und leve gnedige here: Als ur furstliche gnade desen jegenwardigen armen man Ulin Paůr vermytz ener nottelen vurmals verscheden[249] *haet und yn gewist vor den hogebornen fursten hertzoch Albrecht van*[176] *Beyern, graven zo Voborg*[177] *etc., mynen gnedigen heren, durch syner gnaden deynre, des erbaren Hans Smedehusers*[250] *genant. So is nu*[178] *de arme man*[251] *weder an my gekomen und beclaget sich, dat yme syne breyffe na inhalt ur furstlicher gnaden nottelen und utsprock noch neit worden syn und sin recht darmede und oich furder na inhalt ur furstlicher gnaden nottelen vertrechet*[252] *werde, want*[253] *de vorgenant furste hertzoch Albrecht selbs sich synt der tzÿt habe angenomen und underwunden*[254] *der mollen, zo Moringen glegen, darvan endet des egnanten armen mans clage und furderinge van herkome etc.*

Gnedige furste und leve here, want dan de arm man ur furstlichen[179] *gnaden in den sachen zo Poppelstorp vor ur gnaden jegenwardicheit in den sachen willich und gehorsam was, und ich oich mede van*[180] *des gerichtes wegen, as*[255] *ur gnade des van*[181] *my to der tyt*[256] *begerde, so bidden ich ur furstliche gnade otmodelich*[257] *dem vorschreven*[182] *hertzogen willen doen, schryven, dat syne gnade dem armen manne wille doen volgen laten syne breÿve, de hinder dem rade to Auspurg liggen, de ym to syner rechticheit na inhalt der nottelen nottrufft sint; so wil de arm man, as ich van*[183] *ym verstae, durch in selbes eder*[184] *syne vulgewalt gerne furder volgen as ur furstliche gnade bededynget hat, wey wol*[185] *so er saget, dat ym de nottell verbrochen*[258] *sy, na dem synt der zyt der hertzoch vorschreven*[186]*,

---

[249] rechtlich verglichen hat; vgl. GRIMM 14, Sp. 2675.
[250] Vgl. Anm. 9.
[251] gemeint ist nicht per se ein »armer Mann«, sondern der gewöhnliche Mann ohne Gerichtsbesitz bzw. Herrschaftsbefugnis. Vgl. Robert Hermann LUTZ, Wer war der gemeine Mann? Der dritte Stand in der Krise des Spätmittelalters, Wien u. a. 1979.
[252] verscharrt werde; weitere Bedeutung ersticken; Neigungen, Laster, Übelstände bemänteln; vgl. GRIMM 25, Sp. 1968.
[253] denn, weil; vgl. RhWB 9, Sp. 252.
[254] in Besitz nehmen; vgl. GRIMM 24, Sp. 1907.
[255] als; wie; vgl. MndWB 1 (1875) S. 132; LINDOW, S. 228.
[256] Zeit; vgl. MndWB 4 (1878) S. 548.
[257] ödmütig, demütig; sanftmütig; vgl. GRIMM 13, Sp. 1154.
[258] brechen; unbrauchbar werden; vgl. GRIMM 25, Sp. 158.

*selves sich syns gudes understanden*²⁵⁹ *und genomen haebe myt namen de molle vorgerort.*

Gnedige furste und leve here: werde[187] *dem armen manne des geweigert, des ich my doch nicht versey*²⁶⁰*, wan ur gnade darumb will doen schryven umb godes willen und umb des rechten willen an den hertzogen vorschreven*[188]*, so dat syne gnade noch dem armen manne billick recht wederfaren wille*[189] *laten, syne breÿve weder to geven; und is sake, dat sulkes nicht geschein mochte, so is wul merckelich: hevet der hertzoch vorgenant sint der tyt, na bewisinge ur furstlicher gnaden, nottelen dem armen manne laten nemen, furder syns gudes; er sulk recht na inhalt der nottelen tusschen*²⁶¹ *ym und syner*[190] *wederpartyen; ther*²⁶² *entschaff*²⁶³ *und utdracht*²⁶⁴ *komen is beyswerlich dem armen manne to komen; is tegen*²⁶⁵ *syne wederpartye vor den hertzoch vorgenant; und er hedde sulkes nicht getrawet*²⁶⁶*, dat dem armen man wes*²⁶⁷ *also solde entkart*²⁶⁸ *und genomen syn; er dat inen gefolget*²⁶⁹ *hedde na inhalt ur furstlicher gnaden nottelen; as der arm man claget off nu, den armen man furder not*[191] *dryngt, dat recht to socken*[192]*, dat ur*[193] *gnade den armen man furder darinne nicht willen doen kroden*²⁷⁰*, sonder myt desem gerichte furder rechtes willen laten gebruken und bidde ur furstliche gnade desem armen manne durch godes und des rechten willen hyrinne wellen doen, schryven an den vorschreven*[194] *hertzogen; op dat furder krot*²⁷¹*, darvan to komen, verhot*²⁷² *moge werden. De almechtige got moet ur furstliche gnade to langer tyt gesůnt und starck bewaren. Gegeven op den gudenstach na dem sundage misericordia domini anno domini etc. lvj° under myme segel.*

Johan Gardenwech, frÿgreve to Lymborch

[Rückseite:] *Dem groismechtigen hoichwirdigen fursten und heren ertzebischoff to Collen, hertzogen to Westfalen und to Enger etc., mynen leve gnedigen heren*

---

259 sich seines Gutes angenommen; vgl. GRIMM 24, Sp. 1827.
260 Wohl im Sinne von »was ich nicht befürchte«, »vorhersehe«; vgl. GRIMM 25, Sp. 1237; 26, Sp. 1541.
261 zwischen; vgl. GRIMM 32, Sp. 1323.
262 zur; vgl. im heutigen Niederländisch: *ter*, d.h. zur, zum.
263 *endschafft*; Ende; vgl. GRIMM 3, Sp. 466.
264 Austrag; Urteil mit Folge; vgl. GRIMM 1, Sp. 999.
265 gegen, wider; vgl. RhWB 8, Sp. 1120.
266 geglaubt; vgl. GRIMM 21, Sp. 1327.
267 etwas; vgl. MndWB 5 (1880) S. 694.
268 *entkeren*, d.h. hindern, abwenden; abwendig machen; vgl. MndWB 6 (1881) S. 123; vgl. MndWB 1 (1875) S. 678; GRIMM 11, Sp. 406.
269 er hätte ihnen das gerichtlich zuteilwerden lassen. Vgl. GRIMM 4, Sp. 2151.
270 *kröten*, d.h. hindern; vgl. LEXER 1 (1872) S. 1751.
271 Hindernis, Mühe, Beschwerde; vgl. MndWB 2 (1876) S. 580.
272 »verhüten« (im Niederländischen: *verhoeden*); vgl. GRIMM 25, Sp. 593.

[27.] **1456, Juni 21, [o. O.]**

Orig., Kurbayern, Urk. 5964

Aussteller/Empfänger: Johann Gardenwech, Freigraf von Limburg/Dietrich II. von Moers, Erzbischof von Köln
Siegel: rücks. eingedrückt; Reste vorhanden
Literatur: GEISS, Beiträge, S. 193.

Hoichwerdige grotmechtige furste, leve gnedige here, mynen schuldigen deinst altyt bereyt. Als ur furstliche gnade my hevet doen schryven und oich somige[273] [195] *breyffe medegesant, andreffen de hogebornen fursten mynen gnedigen heren hertzog Albrecht, paltzgreve by Ryne, hertzog in Beyern und grave zo*[196] *Voburg und etliche ander de syne, van des armen mans wegen, sullice schrifft und breyffe ich wal*[197] *verstan hete und de arm man my grote last und verdreit*[274] *doet myt clage und schryvet my nu alher by*[275] *syme procurator aver*[276]*, wen*[277] *dat ym de saken entlacht*[278] [198] *werden, as*[279] *ur gnaden in syme ingeslotten breyve*[280] *hyrinne endeliken*[281] [199] *wal vermerket*[282]*.*

Gnedige leve here, so en[283] *weet*[284] *ich furder nicht in den saken, dan ich der y*[285] *gerne entslagen*[286] *were; und as ur gnade de sake selffs personlich durch ene tzedell*[287] *vurmals geschaffet hevet, solde ummer y billiche also geholden*[200] *werden; und de vorschreven*[201] *hertzoge*[202] *clarlich schryvet gein*[288] *gebrech*[289] *an synen gnaden darinne; en*[290] *sy ydoch so: is dar*[291] *ene moelle mede; dar de arm man den*

---

[273] einige; vgl. im Niederländischen: *sommige* = einige, manche.
[274] *verdriet, verdret* bzw. Verdruss. Vgl. etwa: Johann Friedrich DANNEIL, Wörterbuch der altmärkisch-plattdeutschen Mundart, Salzwedel 1859, S. 237.
[275] durch; vermittelst; vgl. MndWB 1 (1875) S. 327.
[276] wiederum; vgl. MndWB 1 (1875) S. 136.
[277] *wan*; wann; vgl. MndWB 5 (1880) S. 584, 668; wohl nicht *wente* bzw. bis; vgl. MndWB 5 (1880) S. 671.
[278] entlegt, d. h. erstattet bzw. entschädigt werden; vgl. MndWB 1 (1875) S. 680.
[279] als; vgl. MndWB 1 (1875) S. 132.
[280] Vielleicht: BayHStA KbU 5918 (hier Nr. 3). Dafür würde sprechen, dass der Brief zeitnah abgefasst, an den Freigrafen adressiert ist und im Archiv des Herzogs gelangte.
[281] schließlich; vgl. MndWB 1 (1875) S. 661.
[282] bemerken; GRIMM 25, Sp. 861.
[283] nicht; vgl. MndWB 1 (1875) S. 658.
[284] weiß; vgl. LINDOW, S. 83.
[285] niederdeutsche Interjektion des Unwillens; vgl. GRIMM 10, Sp. 2013.
[286] los wäre; vgl. GRIMM 3, Sp. 602.
[287] Vielleicht: BayHStA Kurbayern, Urk. 6028 (hier Nr. 22).
[288] kein; vgl. MndWB 2 (1876) S. 55.
[289] Beschwerde, Last; vgl. MndWB 2 (1876) S. 23.
[290] und; vgl. MndWB 1 (1875) S. 658 f.
[291] *dar*; d. h. da, dort; vgl. MndWB 1 (1875) S. 484.

*anhaff*²⁹² *syns gebreckes inne hevet, so ich verstae, dat sint*²⁹³ *ur furstlicher gnaden berrameden*²⁹⁴ *tzedel, myn gnediger her, der hertzoch vorschreven*²⁰³, *sich der soelle haven underwonden und angenomen und wen*²⁹⁵ *dem allem glegen*²⁹⁶ *is, so wul ich ummer ur furstlicher gnaden yo*²⁹⁷ *gerne na myner macht darinne to willen sin und bidde noch ur gnade durch godes und des rechten willen den armen man willen furderen myt geschrifft to dem hertzogen vorschreven*²⁰⁴, *dat doch de sache mogen*²⁰⁵ *entschaff*²⁹⁸ *krygen, wen*²⁹⁹ *wal*³⁰⁰ ²⁰⁶ *in ur furstlicher gnaden tzedel de breyffe, de dem armen manne sint enthalden, nicht also cleclich*³⁰¹ ²⁰⁷ *utgenomet*³⁰² *en*³⁰³ *sint, ym weder laten to volgen; er*³⁰⁴ *he*³⁰⁵ *sin recht angenomen*³⁰⁶ *und gesunnen*³⁰⁷ *hebe, so were ydoch*³⁰⁸ *ummer billich, weren eyniche breyve also in handen ergent*³⁰⁹ *gekumen*²⁰⁸, *de dem armen manne to syme*²⁰⁹ *rechten deynen mochten, dat men eme de ummer billiche to syme rechten komen und gebruchen sulde laten na myner verstandenheit und wiste ur*²¹⁰ *gnade den rechten grunt, as ich verstae, wen*³¹⁰ *de arm man syner breyffe entwert*³¹¹ *sy geworden, yt*³¹² *sulde ur gnade yrbarmen. Ich en segge nicht, dat my*²¹¹ *here, der hertzoch vorschreven*²¹², *dar*³¹³ *eyniche schult anhebe*³¹⁴ *und gnedige leve here, off*³¹⁵ *ich my der sache nicht furder en sol laden*³¹⁶, *so moessen sich de verclageden ut dem gerichte teyn*³¹⁷ *und darvan laten ledich und los richten, op dat myne stolheren yr gerechticheit yrs gerichtes dar-*

---

²⁹² Anfang; vgl. MndWB 1 (1875) S. 91.
²⁹³ seitdem; vgl. MndWB 4 (1878) S. 214.
²⁹⁴ festsetzen; beschließen; vgl. MndWB 1 (1875) S. 239; vgl. auch *vorramen*; MndWB 5 (1875) S. 420.
²⁹⁵ *wente* bzw. weil; vgl. MndWB 5 (1880) S. 671 f.; GRIMM 27, Sp. 1864.
²⁹⁶ wichtig ist; vgl. GRIMM 5, Sp. 2938.
²⁹⁷ ja; vgl. GRIMM 10, Sp. 2326.
²⁹⁸ *endschafft*; Ende; vgl. GRIMM 3, Sp. 466.
²⁹⁹ *wente* bzw. weil; vgl. GRIMM 27, Sp. 1864.
³⁰⁰ wahrscheinlich; vgl. MndWB 5 (1880) S. 760.
³⁰¹ von der Klage ausgenommen; GRIMM 11, Sp. 930; alternative Lesart: *clerlich* = klar; vgl. GRIMM 11, Sp. 1004 f.
³⁰² herausnehmen; vgl. MndWB 5 (1880) S. 163.
³⁰³ nicht; vgl. MndWB 1 (1875) S. 658.
³⁰⁴ ehe; vgl. MndWB 1 (1875) S. 711.
³⁰⁵ er; vgl. MndWB 2 (1876) S. 218.
³⁰⁶ ergreifen; vgl. MndWB 1 (1875) S. 98.
³⁰⁷ begehrt bzw. verlangt habe; vgl. GRIMM 5, Sp. 4118.
³⁰⁸ jedoch; vgl. GRIMM 10, Sp. 2294.
³⁰⁹ irgendwie; vgl. MndWB 1 (1875) S. 719.
³¹⁰ Hier wohl im Sinne von warum; vgl. GRIMM 27, Sp. 1864.
³¹¹ Vgl. MndWB 1 (1875) S. 707; GRIMM 3, Sp. 656: *pretio suo privare*; berauben.
³¹² es; vgl. GRIMM 3, Sp. 1104.
³¹³ Wohl im Sinne von dahin, dahingehend; vgl. GRIMM 2, Sp. 750.
³¹⁴ anhaben, an sich tragen; vgl. GRIMM 1, Sp. 363.
³¹⁵ wenn; vgl. MndWB 3 (1877) S. 216.
³¹⁶ Wohl in etwa »bei Gericht vorstellig werden«; vgl. GRIMM 12, Sp. 46.
³¹⁷ *teen*; ziehen; vgl. LINDOW, S. 85.

van nicht vorsumich[318] [213] *werden edder ich moet myt rechte furder darumb an sey langen; ich wil dem cleger de bryeffe schicken und wil alle sache van des gerichtz wegen opstellen bys des nesten mandages na assumptio marie virginis*[319]*; unse her got almechtich moete ur gnade to langer tyt frysten*[320] *und vur allem lede bewaren. Gegeven op den nesten mundach na sant vitisdage anno etc. lvj^{to}.*

Johan Gardenwech, frygreve to Lymborch

[Rückseite:] *Dem hoichwerdigen fursten und heren ertzebisschoff to Collen, hertzogen to Westfalen und to Enger etc. mynen gnedigen leven heren*

[von späterer Hand:] *1456. Montag nach viti*

[28.] **1456, Juni 21, [o. O.]**

Orig., Kurbayern, Urk. 6029

Aussteller/Empfänger: Johann Gardenwech, Freigraf von Limburg/Albrecht III. von Bayern-München
Siegel: rücks. eingedrückt; Reste erhalten
Literatur: GEISS, Beiträge, S. 193.

Irluchtige hogeborne furste, gnedige leve here: So as[321] *ur furstliche gnade my aver*[322] *haet doen schryven in der sachen, andreffen den armen man Ulein Pauwer und etliche de uwer, haen ich wal*[214] *verstanden und ich will dem armen manne sulliche schrifft und oich, as de hogeborne erwerdige furste, myn gnedige here van Collen*[215]*, my darvan haet doen schryven, in dem besten schicken und schryven ym oich, daz er noch den sachen nakome*[323]*, want ur gnade sich der moellen wil entslaen*[324]*, umb dat, off*[325] *he*[326] *myt rechte, dar*[327]*, wes ime have*[328]*, dat er dat moge furderen und ur gnade en dar ime nicht wil doen hinderen: gnedige leve here: so bidden ich noch, ur gnade doch wil den armen man laten to reden und to rechte komen und laten ym doch also noch*[216] *weder in gutlicheit zo synen bryffen komen*[329] [217]*,*

---

[318] nachlässig; vgl. MndWB 5 (1880) S. 469.
[319] 16. August 1456.
[320] Frist geben; vgl. GRIMM 4, Sp. 218.
[321] als; vgl. MndWB 1 (1875) S. 132.
[322] abermals; vgl. MndWB 1 (1875) S. 136.
[323] hinterherkommen, nachkommen; vgl. MndWB 3 (1877) S. 153.
[324] sich entäußern; vgl. GRIMM 3, Sp. 602.
[325] wenn; vgl. MndWB 3 (1877) S. 216.
[326] er; vgl. MndWB 2 (1876) S. 218.
[327] da, dort, wo; vgl. MndWB 1 (1875) S. 484.
[328] Habe; vgl. MndWB 2 (1876) S. 216.
[329] kommen; vgl. GRIMM 11, Sp. 1625.

*want al syne clage stet daroppe*³³⁰ ²¹⁸ *und mochte sich vellichte wal yrfynden, off he syne breyve also hette, daz daz doch in den sachen gein*³³¹ ²¹⁹ *erringe*³³² *en brechte; und so worden*³³³ ²²⁰ *ich syner clage entslagen*³³⁴*; und gnedige here, ich habe myns heren gnaden van Collen*²²¹ *geschreven, daz ich daz gericht van dusser*³³⁵ *sachen habe opgeschurt*³³⁶ *bys des nesten maendages na unser lever*²²² *frouwen dage assumptio*³³⁷*; dan so mogen daz gerichte und de van Morringen und wey*³³⁸ ²²³ *darinne bejwert*³³⁹ *is, hyr enen vulmechtigen procurator schicken und laessen sich ut dem gerichte myt rechte tein*³⁴⁰ *und quyt maken, want myn stolheren*²²⁴ *yr gerechticheit darane nicht willen*³⁴¹ *overgeven und dar wil ich gerne tohelpen, dat dat guetlich zogan sal; und wy*³⁴² ²²⁵ *uns dan der sachen nicht furder me laden; so en wellen de verclageden des nicht versumen edder sey mochten darvan furder beswert werden. Och gnedige furste und here, so was der veste und fromme Hans Smedehuser, ur gnaden raet und deynre, to jar myt myr in reden*³⁴³*, daz ich sake*³⁴⁴ *ur gnaden deynre; und man werden*³⁴⁵ *hyr im lande, off*³⁴⁶ *ur gnade edder de uweren, hyr wes*³⁴⁷ *zo schaffen, gewunnen*³⁴⁸*, daz ich ur gnaden na mynem vermogen darinne zo dem besten deynen solte; so en weet*³⁴⁹ *ich neit, off*³⁵⁰ *he dat an ur furstliche gnade gebracht habe eder nit, und geve*³⁵¹ *doch ur gnaden, dat gnetliche van myr offzonemen und zo erkennen*³⁵²*, mochte ich hyr zo lande ur gnaden eynichen deinst doen, dar*³⁵³

---

³³⁰ darauf; vgl. GRIMM 2, Sp. 783.
³³¹ kein; vgl. MndWB 2 (1876) S. 55.
³³² Irrtum; vgl. MndWB 1 (1875) S. 727.
³³³ werden; vgl. GRIMM 29, Sp. 221 bzw. im heutigen Niederländischen: *worden* = werden.
³³⁴ befreien; vgl. MndWB 6 (1881) S. 126.
³³⁵ dieser; vgl. MndWB 1 (1875) S. 510.
³³⁶ ausgesetzt; vgl. im Niederländischen: *opschorten* = verschieben.
³³⁷ 16. August 1456.
³³⁸ wer; vgl. LINDOW, S. 175 f.
³³⁹ Wohl von bewerren, d.h. verwickeln; vgl. MndWB 1 (1875) S. 320.
³⁴⁰ *teen*; ziehen; vgl. LINDOW, S. 85.
³⁴¹ wollen; vgl. LINDOW, S. 103.
³⁴² wir; vgl. LINDOW, S. 155.
³⁴³ Wohl im Sinne von »im Gespräch«; vgl. »einreden« bzw. seinen Rat in einer Angelegenheit geben (MndWB 2 [1876] S. 374).
³⁴⁴ Sache; Prozess; vgl. MndWB 4 (1878) S. 10.
³⁴⁵ Wohl im Sinne von *warden* bzw. erwarten; vgl. MndWB 5 (1880) S. 600; vielleicht auch im Sinne von »für Wert erachten«; vgl. MndWB 5 (1880) S. 675.
³⁴⁶ wenn; vgl. MndWB 3 (1877) S. 216.
³⁴⁷ etwas; vgl. MndWB 5 (1880) S. 694.
³⁴⁸ durch Anstrengung, Mühe oder ein Rechtsverfahren gewonnen; vgl. MndWB 2 (1876) S. 105.
³⁴⁹ weiß; vgl. LINDOW, S. 132.
³⁵⁰ ob; vgl. MndWB 3 (1877) S. 216.
³⁵¹ gewähren; vgl. GRIMM 4, Sp. 1698.
³⁵² anerkennen; vgl. MndWB 1 (1875) S. 721.
³⁵³ *dar*; d.h. da, dort; vgl. MndWB 1 (1875) S. 484.

solte ur gnade my gutwillich und bereyt inne fynden[226]*; wer ur gnade furder wes*[354] *darvan to synne*[355]*, daz werde*[227] *my wal to verstan van ur furstelichen gnaden, de got almechtich ummerme bewaren moete. Gegeven under myme segel op den vesten maendach na sant vitisdage anno etc. lvj*[to]*.*

Johan Gardenwech, frÿgreve der herschoff[228] *van Lymborg*

[Rückseite:] *Dem irluchtigen vorsten und heren her Albrecht hertzoge in Beÿern, paltzgreve by Ryne und grave zu Voborg*[229] *etc. mynen leven gnedigen heren*

[von späterer Hand:] *1456. Montag nach s. vity tag*

[29.] s. d. [1456][356]

Orig., Kurbayern, Urk. 5965

Aussteller/Empfänger: Johann Gardenwech, Freigraf von Limburg/Albrecht III. von Bayern-München
Siegel: rücks. eingedrückt; nur noch in Spuren erhalten
Literatur: Geiss, Beiträge, S. 195.

Och[357] [230]*, gnediger furste und liver*[231] *here: so is*[358] *mercklich*[359] *ist sache, daz ur furstliche <gnade> also underwunden haet der moellen*[232] *zo Moringen over*[360] [233] *und bynnen der tzÿt myns gnedigen heren van Colne utgesprocken nottelen*[361]*, darinne de parthÿe vor ur furstliche gnade gewist synt und er*[362] *daz de parthÿe yrer gebreche*[363] *also vor ur gnaden gerichtet sint worden und des armen mans furderinge und clage sich mestlich*[364] [234] *erheven*[235] *haet umb der mollen willen; und as ich*

---

[354] etwas; vgl. MndWB 5 (1880) S. 694.
[355] Hätte Euer Gnaden etwas Entsprechendes im Sinne; vgl. MndWB 4 (1878) S. 208 f.
[356] Möglicherweise um den 14. April 1456 ausgestellt. Der kursive Duktus der Schrift gleicht dem von BayHStA KbU 5966 (hier Nr. 30).
[357] Bleibt zu klären; wohl nicht im Sinne von oh; vgl. MndWB 3 (1877) S. 214 oder hochgnädig, sondern in der Bedeutung auch, ferner, ähnlich unserem Postskriptum; vgl. MndWB 3 (1877) S. 220. Für eine solche Annahme spricht, dass der Brief nicht datiert ist.
[358] es; vgl. MndWB 2 (1876) S. 391; Grimm 3, Sp. 1126 (Gen. Sg. des Pronomens 3. Person).
[359] deutlich, recht erkennbar; vgl. Grimm 12, Sp. 2103.
[360] nach, vor, seit; vgl. MndWB 3 (1877) S. 251.
[361] nach ergangenem urkundlichem Rechtsausspruch des Kölner Erzbischofs; vgl. MndWB 5 (1880) S. 175; MndWB 3 (1877) S. 199.
[362] ehe; vgl. MndWB 1 (1875) S. 711.
[363] Beschwerde, Last; vgl. MndWB 2 (1876) S. 23.
[364] *mestich*, d. h. zum größten Teil; vgl. MndWB 3 (1877) S. 82.

verstae, dat[236] *oich des armen mans moder, swester vor tyden*[365] *in*[237] *swerlichem gefencknÿsse durch ur furstlicher gnaden verhencknÿsse*[366] *umb der selven*[238] *moellen willen gewest*[367] *is und nachtant*[368] *myt rechte off*[369] *myt gerichte nicht van der moellen gewist und gesat*[370] *is, so wert ur gnade darinne und darumb grois partygich*[371] *in den sachen verdacht*[372] *und is darumb; und als der arm man furder claget, daz men ym dageliches nastae*[373] *van dem leven zo brengen, wal*[374] [239] *zo besorgen*[375] *vor ur furstliche gnade edder ur gnaden rede zo komen; und duchte*[376] *mÿch na aller glegenheit wal*[240] *redelich*[377] *und veichlich*[378] *wesen*[379]*, daz ur gnade uwer frunt twe off*[380] *dreÿ schicke den zo Auspurg, dar*[381] *doch de partye und sache vurmals*[382] *gewist*[383] *was und beyde partÿe dar*[384] *deden*[385] *bescheden*[386] *zo komen und leyten*[387]*, dar de sache lutteren*[388] *und recht verdigen*[389] *na yder partÿe vorbrengen, op dat dar*[390] *neymant partygich inne befunden off*[391] *verdacht werde; dem wolde noch de arm man gerne volgen*[241]*. Und ich bidden ur gnade deinstliche*[392] *und fruntliche, daz ur gnade dem also wille doen volgen, op dat ich des armen mans nalopens*[393] [242]

---

[365] vor Zeiten; vgl. MndWB 4 (1878) S. 548.
[366] Erlaubnis; Zustimmung; Anordnung; vgl. GRIMM 25, Sp. 527 f.
[367] *wisen*, hier im Sinne von »richterlich aberkennen«; vgl. MndWB 5 (1880) S. 742.
[368] damals, dennoch; vgl. MndWB 3 (1877) S. 192 f.
[369] oder; vgl. MndWB 3 (1877) S. 216.
[370] gesetzt ist; vgl. MndWB 4 (1878) S. 30.
[371] sehr parteilich; vgl. MndWB 3 (1877) S. 305.
[372] im Verdacht gehabt; GRIMM 25, Sp. 208.
[373] Wohl im Sinne von »nahe darin ist«; vgl. MndWB 3 (1877) S. 143, 160; 4 (1878) S. 359.
[374] gut; vgl. MndWB 5 (1880) S. 759.
[375] Sorge dafür tragen; vgl. MndWB 1 (1875) S. 279.
[376] deuchte; GRIMM 2, Sp. 831.
[377] Wohl im Sinne von »in Ehren« bzw. »im Recht«; vgl. GRIMM 14, Sp. 476–485.
[378] sicher; vgl. MndWB 5 (1880) S. 225.
[379] zu sein; vgl. LINDOW, S. 246.
[380] oder; vgl. MndWB 3 (1877) S. 216.
[381] da; vgl. MndWB 1 (1875) S. 484.
[382] einst; vgl. GRIMM 26, Sp. 1307.
[383] Wohl im Sinne von »im rechtlichen Sinn geregelt war«; vgl. GRIMM 6, Sp. 5456–5461; 28, Sp. 1100.
[384] dort; vgl. MndWB 1 (1875) S. 484.
[385] »taten«; vgl. im Niederländischen: *zij deden* (»sie taten«).
[386] entscheiden; festsetzen; bestimmen; vgl. MndWB 1 (1875) S. 258.
[387] Wohl im Sinne von geleiten; vgl. GRIMM 12, Sp. 733.
[388] reinigen; erläutern; vgl. MndWB 2 (1876) S. 755.
[389] Recht schaffen; GRIMM 3, Sp. 1552 (mit weiteren Angaben).
[390] dort; vgl. MndWB 1 (1875) S. 484.
[391] oder; vgl. MndWB 3 (1877) S. 216.
[392] Wohl im Sinne von dienstbereit; vgl. GRIMM 2, Sp. 1127.
[393] Bleibt zu klären: »Nachlaufen«; vgl. MndWB 2 (1876) S. 721.

*und clage moge verdregen*³⁹⁴ *wynnen*³⁹⁵ ²⁴³*; konde*²⁴⁴ *edder mochte ich daz umb ur gnaden und de uwern umer verdeynen, daz wulde ich gerne doen, want de arm man sich furchtet*²⁴⁵*, daz er an und off*³⁹⁶ ²⁴⁶ *vor ur gnaden nicht komen moge*²⁴⁷ *vor syner wederpartÿe unbesorget; der arm man hevet wal groes geloven zo ur gnaden; mochte er unbesorget darzo und affkomen*³⁹⁷*; moch*³⁹⁸ ²⁴⁸ *des also neit geschein vor de van Auspurg, gelich vorschreven*²⁴⁹ *is, so wil der arm man syne vulle gewalt schicken an ur gnaden und laessen beseyn*³⁹⁹*, was ym moge wederfaren na inhalt myns gnedigen heren nottelen van Colne. Datum ut supra.*

*Johan Gardenwech, frÿgreff der herschoff*²⁵⁰ *van Lymborch*

[Rückseite:] *Dem irluchtigen hogebornen fursten und heren Albrecht, hertzogen zu Beÿgern paltzgreve by Ryne und grave zo Voborgh*²⁵¹ *etc., myme leven gnedigen heren*

[30.] **1456, April 14, [o. O.]**

Orig., Kurbayern, Urk. 5966

Aussteller/Empfänger: Johann Gardenwech, Freigraf von Limburg/Albrecht III. von
    Bayern-München
Siegel: rücks. eingedrückt; nur noch in Spuren erhalten
Literatur: Geiss, Beiträge, S. 192.

[Vorderseite] *Irluchtiger hogeborner furste, gnediger liver*²⁵² *here. So vurmals der hoichwurdige, groismechtige furste, myn leve gnediger here ertzbisschoff*²⁵³ *to Collen, hertzoch to Westfalen und to Engere etc., ene nottell und geschrifft durch syne furstliche gnade personlich und muntlich utgegeven*²⁵⁴ *haet in den sachen und gebrechen des abtz to Furstenfelt syns richters und den van Morringen mede ur furstliche gnade andreffen*⁴⁰⁰*, an en und Ulin Pŭr an dem anderen dele, so daz vor mÿ und des hilgen riches fryen gerichte und fryen stol to Lymborg verclaget und gekomen was und van dar*⁴⁰¹*, durch begeringe myns gnedigen leven heren van Colne vorschreven*²⁵⁵*, na inhalt der nottelen an ur furstliche gnade gestalt solde*²⁵⁶ *syn etc. Also beclaget sich der arm man nu wederumb, weÿ*⁴⁰² *daz em syne*

---

³⁹⁴ Bleibt zu klären; geschlichtet; versöhnt; vgl. Grimm 25, Sp. 1934 f.; vgl. MndWB 5 (1880) S. 342 (wegtragen, bis ans Ende tragen, »vertragen«, versöhnen).
³⁹⁵ Wohl im Sinne von »erfolgreich schlichten können«; vgl. MndWB 5 (1880) S. 730.
³⁹⁶ oder; vgl. MndWB 3 (1877) S. 216.
³⁹⁷ einholen; loskommen; vgl. MndWB 1 (1875) S. 27.
³⁹⁸ Vgl. Lindow, S. 112; wohl nicht im Sinne von müssen; vgl. Friedrich Woeste, Wörterbuch der westfälischen Mundart, Norden/Leipzig 1882, S. 172.
³⁹⁹ sehen; vgl. MndWB 1 (1875) S. 268.
⁴⁰⁰ betreffen; vgl. Grimm 1, Sp. 503 f.
⁴⁰¹ da; dort; vgl. MndWB 1 (1875) S. 484.
⁴⁰² wie; vgl. Grimm 29, Sp. 1449.

kuntschaff[257] *und breyffe, so ym de vormals in ur furstlicher gnade geleide*[403][258] *genomen und affhendich*[404][259] *gemaket sint, der enden*[405] *hinder den van Auspurg liggen*[260]*, nicht gefolget*[406][261] *mogen werden; darumb so he syne furderinge und recht an ur gnade wynen*[407] *und komen solde*[262]*, nicht durch nottroft der selven*[263] *gerechticheit; und breyve sich na inhalt der nottelen myns heren gnade van Collen sich na nottrofft bekomen moge; sulliches ym doch unbillich geweigert werde; und Hans Smedehuser*[408]*, to dem male in der sachen van ur gnaden wegen utgesant, so vor myns heren gnade und vor synen gnaden reden; und vor my*[409] *nicht geret en hadde, dat men also geverlich*[410] *an dem armen manne sin solde*[264] *und solde*[265] *ym des weigeren*[411]*, syner breyffe und schyne, de ym to syme rechten deynden und not weren; furder, gnedige here, beclaget sich der arm man, dat ur furstliche gnade sint der tyt, dat myn gnedige here van Collen de sachen vor ur gnade gewist hadde, sich selver in den sachen und handel grois partȳch maken; und heben ur furstliche gnade deÿ mollen to Moringen van dem provest*[412][266] *tom Hilgen Crŭte*[413] *edder ander syner wederpartye ingenomen und an syner gerechticheit gehindert vor dem gerichte des erwerdigen in got vader und heren heren Petere, cardinal und busschoff to Auspurg*[414] *etc., darvor ich den egnanten armen man gewist*[415] *hadde*[267] *umb der mollen willen; und des armen mans clage sich mestlich*[416] *erhoven*[268] *haet umb der moellen willen; und ur gnade sich der mollen angenomen hevet; und wil de brengen tom Hilgen Bergh*[417]*, an dat gotzhus; oberdaz*[418][269]*, daz sich der egenant arm man myt furderinge des rechten antonet*[419][270]

---

[403] Die alternative Lesart *geverde* ist auch möglich = Gefährt, Reisegesellschaft (hier wohl im Sinne von »Geleit«); vgl. MndWB 2 (1876) S. 94; GRIMM 4, Sp. 2087.
[404] abhändig; nicht vorhanden; vgl. MndWB 1 (1875) S. 25.
[405] da, dort; vgl. GRIMM 3, Sp. 449.
[406] Wohl im Sinne von verabfolgt, ausgehändigt; gerichtlich aushändigen; vgl. GRIMM 3, Sp. 1878; 4, Sp. 2151.
[407] durch Anstrengung »gewinnen«; vgl. MndWB 5 (1880) S. 730.
[408] Vgl. Anm. 8.
[409] mir; vgl. LINDOW, S. 155; LASCH, S. 213.
[410] Wohl im Sinne von feindlich, tendenziös, parteiisch, nicht neutral; vgl. GRIMM 4, Sp. 2082.
[411] verweigern; vgl. MndWB 5 (1880) S. 655.
[412] Probst; vgl. MndWB 3 (1877) S. 381.
[413] Vgl. Anm. 9.
[414] Vgl. Anm. 153.
[415] führen; lenken; rechtlich belehren; hier wohl im Sinne von »an ein anderes Gericht verweisen«; vgl. GRIMM 28, Sp. 1079.
[416] i. e. *mestich* = größtenteils; vgl. MndWB 3 (1877) S. 82.
[417] Gemeint ist das Kloster Andechs.
[418] außerdem; vgl. GRIMM 23, Sp. 154.
[419] melden; anzeigen; bleibt zu klären; vielleicht hier im Sinne von beklagen; vgl. MndWB 4 (1878) S. 575 f.; 1 (1875) S. 109; hier wohl nicht im Sinne von *anropet*, obwohl die Redewendung »das Recht anrufen« hier eigentlich naheläge; vgl. MndWB 1 (1875) S. 100; Gleiches gilt für *andon*: antun; anziehen; vgl. MndWB 1 (1875) S. 82.

*to der mollen gotlich recht*⁴²⁰ *to haven; und uberdaz*²⁷¹, *daz der arm man oich*²⁷² *noch steit in gewisten rechten und nottelen myns gnedigen leven heren van Colne. So bedüncket mych na syner*²⁷³ *clage und anbrengen, daz dem armen manne, na as vor*⁴²¹ *ser groisse unmogelicheit na gestalt der sachen wederfare und ich haen darumb myme leven gnedigen heren van Colne geschreven und syne gnade gebeden, ur gnaden to schryven, daz ur gnade sich welle*²⁷⁴ *in den sachen bewisen*⁴²² *und häven*⁴²³, *op*²⁷⁵ *dat furder neit not en werde, andere gerichte und unwille darvan to komen, want*⁴²⁴, *gnedige leve here, der Smedehuser, also neit van ur gnaden wegen, utgaff*⁴²⁵, *daz ur gnade de moelle also*²⁷⁶ *nemen und haven wolde*²⁷⁷ *er*⁴²⁶ *de sache ther*⁴²⁷ *entschaff*⁴²⁸ ²⁷⁸ *und utdracht*⁴²⁹ *komen, hette na inhalt myns gnedigen heren van Colne utgesneden nottelen*⁴³⁰, *want ich ur gnaden vurwar schrybe, daz der Smedehuser* [Rückseite] *mich muntlich doen hette, daz ich den provest*⁴³¹ *tom Hilgen Crute to Auspurg*⁴³² *vorforderen*⁴³³ *solde*²⁷⁹ *umb der mollen willen.*

*Gnedige furste und liver*²⁸⁰ *here, so haen ich dem cleger umb desser*⁴³⁴ *gebreck*⁴³⁵ *willen gerichtliken dach alher vor den fryenstol zo Lymborch weder bescheden, off*⁴³⁶ *den nesten mandach na sant vitis dage*⁴³⁷, *und beschede den selven dach oich der ander partye overmytz*⁴³⁸ *desen breyff, myt namen*⁴³⁹ *den van Moringen; und al*

---

⁴²⁰ Vgl. Matthias KAUFMANN, Art. Göttliches Recht, in: Handwörterbuch zur deutschen Rechtsgeschichte 2 (2012) Sp. 500–504; Peter BLICKLE, Das göttliche Recht der Bauern und die göttliche Gerechtigkeit der Reformatoren, in: AKG 68 (1986) S. 351–369 (mit weiteren Literaturangaben); Heide WUNDER, »Altes Recht« und »göttliches Recht« im Deutschen Bauernkrieg, in: Zs. für Agrargeschichte und Agrarsoziologie 24 (1976) S. 54–66; Peter BIERBRAUER, Das Göttliche Recht und die naturrechtliche Tradition, in: Peter BLICKLE (Hg.), Bauer, Reich und Reformation. FS für Günther Franz, Stuttgart 1982, S. 210–234.
⁴²¹ nach wie vor; vgl. LINDOW, S. 228.
⁴²² zeigen (im Sinne von kundtun); GRIMM 1, Sp. 1778 f.
⁴²³ *hebben* bzw. haben / halten; vgl. MndWB 2 (1876) S. 218 f.; vielleicht auch ganz einfach im Sinne von *heven* = heben bzw. hier sich erheben; vgl. MndWB 2 (1876) S. 263.
⁴²⁴ denn, weil; vgl. RhWB 9, Sp. 252.
⁴²⁵ Vgl. *utgeven* = von sich geben; vgl. MndWB 5 (1880) S. 153.
⁴²⁶ ehe; vgl. MndWB 1 (1875) S. 711.
⁴²⁷ zur; vgl. im Niederländischen: *ter* = zur. Vgl. Anm. 262.
⁴²⁸ *endschap*, »Endschaft«, Ende; vgl. MndWB 1 (1875) S. 687; GRIMM 3, Sp. 466.
⁴²⁹ Austrag; endgültige Entscheidung einer Streitsache; vgl. MndWB 5 (1880) S. 145.
⁴³⁰ Vgl. Anm. 217.
⁴³¹ Probst; vgl. MndWB 3 (1877) S. 381.
⁴³² Vgl. Anm. 9.
⁴³³ vor Gericht fordern; vgl. GRIMM 26, Sp. 1042.
⁴³⁴ dessen; vgl. LASCH, S. 218.
⁴³⁵ Schäden; Beschwerden; vgl. GRIMM 4, Sp. 1839–1855.
⁴³⁶ auf; GRIMM 1, Sp. 602.
⁴³⁷ 21. Juni 1456.
⁴³⁸ vermittelst, durch; vgl. MndWB 3 (1877) S. 270.
⁴³⁹ namentlich; vgl. MndWB 3 (1877) S. 156; hier wohl im Sinne von »die causa Möringen« bzw. »den Rechtsfall derer von Möringen betreffend«.

*den gheven, de vor tydes in der clage begreppen sint, yderem*⁴⁴⁰ *to syme rechten und gevere*⁴⁴¹ ²⁸¹*, so heve*⁴⁴²*, as*⁴⁴³ *ur furstliche gnade hyr unbynnen*⁴⁴⁴ *de sache neit an*⁴⁴⁵ *geverlicheit*⁴⁴⁶*, na inhalt myns gnedigen heren van <Collen> nottelen, nicht ther*⁴⁴⁷ *utdracht*⁴⁴⁸ *komen let, asdan yder partye hyr vor dem fryenstole vor my off*⁴⁴⁹ *eme*⁴⁵⁰ *anderen frygreven, umb de sache und handel*⁴⁵¹ *recht gerichte wederfaren to laten; dar*⁴⁵² *mach sich ur gnade und de partye na weten*⁴⁵³ *to richten, want de arm man hyr gode und dat recht also hee*⁴⁵⁴ ²⁸² *anropet und anders nicht dan rechtes begert darumb; und, na dem as*⁴⁵⁵ *ur gnade also dem armen manne als*⁴⁵⁶ *erclaget*⁴⁵⁷ *de moelle dar syner moder, swester recht, erve und volger*⁴⁵⁸ *to sÿ*⁴⁵⁹ *entkeren*⁴⁶⁰ *und nemen, wes sich dar oich myt rechte inne*⁴⁶¹ *gebort*⁴⁶²*, mach*⁴⁶³ *oich asdan*⁴⁶⁴ *ur gnade doen verantworen*⁴⁶⁵*; hyr wil sich ur gnade furder inne haven und besynnen, as billiche gebort na glegenheit, op dat furder krot*⁴⁶⁶ *und unwille darinne vorhet*⁴⁶⁷

---

⁴⁴⁰ jedem; vgl. MndWB 2 (1876) S. 349.
⁴⁴¹ Hier wohl im Sinne von (Rechts-)Besitz, *gewere;* vgl. GRIMM 6, Sp. 4793; vgl. MndWB 2 (1876) S. 102.
⁴⁴² *hebbe*; vgl. MndWB 2 (1876) S. 218.
⁴⁴³ als, so(oft); hier wohl im Sinne von »so lange«; vgl. MndWB 1 (1875) S. 132.
⁴⁴⁴ *enbinnen*; innerhalb; vgl. GRIMM 3, Sp. 498.
⁴⁴⁵ ane; ohne; vgl. MndWB 1 (1875) S. 85.
⁴⁴⁶ Hinterlist; Betrug; hier wohl in etwa im Sinne von Parteilichkeit zu verstehen. Vgl. GRIMM 4, Sp. 2082.
⁴⁴⁷ zur. Vgl. Anm. 262.
⁴⁴⁸ Austrag; Urteil mit Folge; vgl. GRIMM 1, Sp. 999.
⁴⁴⁹ oder; vgl. MndWB 3 (1877) S. 216.
⁴⁵⁰ *eneme, emme*, einem; vgl. MndWB 1 (1875) S. 658.
⁴⁵¹ Verhandlung; Fall; vgl. MndWB 2 (1876) S. 184; GRIMM 10, Sp. 371.
⁴⁵² da; dort; vgl. MndWB 1 (1875) S. 484.
⁴⁵³ schriftliche Kunde, Mitteilung, Urkunde; hier wohl im Sinne von Zeugnis; vgl. MndWB 5 (1880) S. 699; vgl. im Niederländischen: *weten* = wissen.
⁴⁵⁴ *he*/hier; wohl nicht *hoe*; hoch; sehr; stark; vgl. Georg SCHAMBACH, Fürstenthümer Göttingen und Grubenhagen oder Göttingisch-Grubenhagen'sches Idiotikon, Hannover 1858, S. 76; MndWB 2 (1876) S. 274.
⁴⁵⁵ so; vgl. MndWB 1 (1875) S. 60 (korrespondiert mit dem also).
⁴⁵⁶ also, freilich, so; vgl. MndWB 1 (1875) S. 60.
⁴⁵⁷ *ordine iudiciario et per sententiam obtinere*; vgl. GRIMM 3, Sp. 874.
⁴⁵⁸ Nachkommen; vgl. MndWB 5 (1880) S. 302.
⁴⁵⁹ ihnen (d. h. deren Nachkommen); vgl. LASCH, S. 216.
⁴⁶⁰ abwendig machen; wohl auch im Sinne von »abspenstig machen«, »entwenden«; »entziehen«; vgl. MndWB 1 (1875) S. 678.
⁴⁶¹ darin; GRIMM 10, Sp. 2123.
⁴⁶² gebührt; zukommt; vgl. MndWB 2 (1876) S. 21.
⁴⁶³ möge; vgl. LASCH, S. 244.
⁴⁶⁴ dann; GRIMM 1, Sp. 260.
⁴⁶⁵ verantworten, rechtfertigen; GRIMM 25, Sp. 79–84.
⁴⁶⁶ Hindernis, Mühe, Beschwerde; vgl. MndWB 2 (1876) S. 580.
⁴⁶⁷ Vgl. im Niederländischen: *verhoeden*/verhüten; nicht im Sinne von verheißen; geloben (auch etwas nicht zu tun); vgl. MndWB 5 (1880) S. 366.

werde. Unse here got sy met ur furstlicher gnaden. Gegeven under myme segel op den gudenstach na dem sundage misericordia domini anno etc. lvj.

Johan Gardenwech, frÿgreve der herschoff[283] *und frÿgraschoff*[284] *to Lymborch*

[Aufschrift:] *Dem irluchtigen fursten und heren hertzogen Albrecht van Beygern, graven zo Voburg mynen leven gnedigen heren*

Angaben zu Transkription und Lesart

[1] Alternative Lesart: *sŏllachs*.
[2] Hs. *hon*.
[3] Es folgt gestrichen: ~~so dann~~ h.
[4] *werden* mit er-Hacken.
[5] Es folgt gestrichen: ~~m~~.
[6] Hs. *Rerin* oder *Reyin*.
[7] Hs. *kumen*.
[8] Hs. *eŭch* oder *eŭch*.
[9] Hs. *eŭch* oder *eŭch*.
[10] Hs. *ĕwer* oder *ewrer*.
[11] Hs. *eŵch* oder *ĕwch*.
[12] Verbessert aus: *wigliglich*.
[13] Verbessert aus: *Monttag*.
[14] Alternative Lesart: *here*.
[15] Es gefolgt gestrichen: ~~und~~.
[16] Alternative Lesart: *heren*.
[17] Hs. *Durchleŭchtiger* oder *Durchleŭchtiger*.
[18] Hs. *durchleŭchtigen* oder *durchleŭchtigen*.
[19] Schwer zu lesen.
[20] Alternative Lesart: *Hainncz Schniscz*.
[21] Hs. *aoch*.
[22] Hs. *rechttŭlich*.
[23] Hs. *miteln*.
[24] Hs. *neŭsset*.
[25] Hs. *Osthainers*.
[26] Hs. *beṽelhnuss*.
[27] Alternative Lesart: *seinen*.
[28] Hs. *Westvăln*.
[29] Alternative Lesart: *aines*.
[30] Hs. *Westvăln*.
[31] Hs. *aufgerehen*.
[32] Hs. *seitmalem*.
[33] Hs. *raten*.
[34] Hs. *Colln, Colen* oder *Cŏln*.
[35] Hs. *ursachalben*.
[36] Hs. *erkănnt*.
[37] Hs. *frŭe* oder *frŭe*.
[38] Schlecht lesbar.
[39] Schlecht lesbar; Hs. *wisse[…]*.
[40] Schlecht lesbar; Hs. *wel[…]st*.
[41] Schlecht lesbar.
[42] Schlecht lesbar.
[43] Schlecht lesbar.
[44] Schlecht lesbar.
[45] Es folgt gestrichen: ~~und wir auf das~~.
[46] Es folgt gestrichen: ~~an~~.
[47] Es folgt gestrichen: ~~wir~~.
[48] Es folgt gestrichen: ~~auf das so~~.

49 Es folgt gestrichen: *r*[…].
50 Es folgt gestrichen: *übergeben*[…].
51 Schlecht zu lesen.
52 Es folgt gestrichen: *von stundn*.
53 Hs. *unsern*.
54 Schlecht zu lesbar.
55 Hs. *br*.
56 Es folgt gestrichen: *abred*.
57 Es folgt gestrichen: *bescheen*.
58 Hs. *egenanten*.
59 Hs. *geu̯ertigt*.
60 Es folgt gestrichen: *dem Ul*.
61 Es folgt gestrichen: *nach*.
62 Hs. *pestenn*.
63 Hs. *n*.
64 Verbessert aus: *zuzezichen*.
65 Verbessert aus: *sunder wir*.
66 Es folgt gestrichen: *s*[…].
67 Es folgt gestrichen: *ist*.
68 Es folgt gestrichen: *er*.
69 Es folgt gestrichen: *bekomen*.
70 Es folgt gestrichen: *und an uns beger*.
71 Andere Lesarten möglich.
72 Es folgt gestrichen: *ab*.
73 Es folgt gestrichen: *ze re*.
74 Es folgt gestrichen: *ist unser rat und lieber getrewer Conrat von Freyberg zu Wal vergebenlich zu Augspurg zu im komen*.
75 Es folgt gestrichen: *im a*.
76 Es folgt gestrichen: *zugesagt*.
77 Es folgt gestrichen: *oder durch die seinen schaffen ze tun un*.
78 Es folgt gestrichen: *alles, das ewr abred weist, das wir*.
79 Verbessert aus: *hallden*.
80 Es folgt gestrichen: *sein*.
81 Es folgt gestrichen: *biser*.
82 Hs. *u̯nderwunden*.
83 Es folgt gestrichen: *von*.
84 Es folgt gestrichen: *die mag er*.
85 Es folgt gestrichen: *an den ennden, da dieselb mül gelegen, als dann umb grund und poden im land zu Bayren <als> recht ist; darzu im auch rechtens genug widerfaren sol*.
86 Es folgt gestrichen: *des Ul Pawrn*.
87 Es folgt gestrichen: *nag*.
88 Hs. *sawmusz*.
89 Hs. *handluigen*.
90 Es folgt gestrichen *umb*.
91 Es folgt gestrichen: *<nach laut ewr abred> darauf*.
92 Es folgt gestrichen: *Datum München an pfintztag*.
93 Hs. *suderlich*.
94 Hs. *horen*.
95 Es folgt gestrichen: *des von C*.
96 Hs. *doin*.
97 Es folgt gestrichen: *werd*.

98 Es folgt gestrichen: *nag*.
99 Es folgt gestrichen: *und*.
100 Es folgt gestrichen: *wellen*.
101 Schlecht lesbar.
102 Alternative Lesart: *zuschu̇ken*. Es folgt gestrichen: *wie wol du dez nit bedürfftest*.
103 Es folgt gestrichen: *dich*.
104 Es folgt gestrichen: *unnser notdurfftig verschriben glaitt für uns und alle, die unsern, geben*.
105 Hs. *sawnusz*.
106 Hs. *wollest*.
107 Schlecht zu lesen.
108 Es folgt gestrichen: *bis von dato dez briefs*.
109 Es folgt gestrichen: *so̊llichem*.
110 Es folgt gestrichen: *auch unser*.
111 Es folgt gestrichen: *allso daz*.
112 Hs. *beschechen*.
113 Hs. *zo*.
114 Es folgt gestrichen: *den*.
115 Es folgt gestrichen: *darin*.
116 Hs. *mit* mit er-Hacken darüber.
117 Hs. *wu̇wol*.
118 Es folgt gestrichen: *schicken*.
119 Verbessert aus: *statgericht*.
120 Es folgt gestrichen: *deinem widertail*.
121 Es folgt gestrichen: *und*.
122 Es folgt gestrichen: *auch*. Am Rande steht: *ist uns ein*.
123 Es folgt gestrichen: *auch*.
124 Es folgt gestrichen: *sollen vollgen lassen*.
125 Es folgt gestrichen: *und*.
126 Schlecht zu lesen.
127 Es folgt gestrichen: *mitwoch*.
128 Hs. *zu̇gesenndet*.
129 Hs. *Loch*.
130 Verbessert aus: *nitt*.
131 Schlecht zu lesen.
132 Verbessert aus: *heren*.
133 Hs. *fryenstuil*.
134 Hs. *gegev̊en*.
135 Hs. *eirwirdiger*.
136 Hs. *bev̊eelnisse* oder *bev̊eelnisse*.
137 Hs. *Zmedehusen*.
138 Hs. *grėven*.
139 Hs. *vurs*.
140 Hs. *herȧve*.
141 Hs. *vurs*.
142 Hs. *vurs*.
143 Hs. *sall*.
144 Hs. *gehalden*.
145 Hs. *gemocht*.
146 Hs. *wedergegev̊en*.
147 Hs. *vurs*.

[148] Alternative Lesart: *van*.
[149] Schlecht zu lesen.
[150] Hs. *frugreven*.
[151] Verbessert aus: *werden*.
[152] Hs. *zwẙvel*.
[153] Verbessert aus: *dem*.
[154] Alternative Lesart: *herralt*.
[155] Es folgt gestrichen: *antworde*.
[156] Hs. *gråven*.
[157] Alternative Lesart: *Coelen*.
[158] Hs. *zůvȯr*.
[159] Hs *bėvor*.
[160] Hs. Fleck; schlecht zu lesen.
[161] Schlecht zu lesen.
[162] Hs. Loch.
[163] Alternative Lesart: *hirinnen*.
[164] Hs. *fryergraschoff*.
[165] Hs. *fryerstoele*.
[166] Hs. *gefudert*.
[167] Hs. *furt*.
[168] Alternative Lesart: *gewist*.
[169] Hs. *Poůwer*.
[170] Hs. *erbur*.
[171] Hs. *kuntscheff*.
[172] Verbessert aus: *heren*.
[173] Hs. *verhart*.
[174] Hs. *underwyst*.
[175] Hs. *stulheren*.
[176] Hs. *vun*.
[177] Hs. *Vobȯrg*.
[178] Hs. *nů*.
[179] Hs. *furstlicher*.
[180] Hs. *vun*.
[181] Hs. *vun*.
[182] Hs. *vors*.
[183] Hs. *vun*.
[184] Alternative Lesart: *oder*.
[185] Hs. *wul*.
[186] Hs. *vors*.
[187] Alternative Lesart: *worde*.
[188] Hs. *vors*.
[189] Alternative Lesart: *wulle*.
[190] Alternative Lesart: *synen*.
[191] Alternative Lesart: *nut*.
[192] Hs. *sucken*.
[193] Hs. *u*.
[194] Hs. *vors*.
[195] Hs. *so mige*.
[196] Hs. *zu*.
[197] Hs. *wul*.
[198] Verbessert aus: *enttacht*.

199 Hs. *end.*
200 Hs. *gehulden*; alternative Lesart: *gehalden.*
201 Hs. *vors.*
202 Hs. *hertzege.*
203 Hs. *vors.*
204 Hs. *vors.*
205 Hs. *mog en.*
206 Alternative Lesart: *wol.*
207 Hs. *clerlich.*
208 Alternative Lesart: *gekomen.*
209 Es folgt gestrichen: *r.*
210 Hs. *u.*
211 Alternative Lesart: *myn.*
212 Hs. *vors.*
213 Alternative Lesart: *versumich.*
214 Alternative Lesart: *wol.*
215 Hs. *Cullen.*
216 Hs. *nuch.*
217 Hs. *kimen.*
218 Hs. *dar appe.*
219 Es folgt gestrichen: *ir* oder *er.*
220 Alternative Lesart: *wurden.*
221 Hs. *Cullen.*
222 Hs. *leber.*
223 Hs. *wen.*
224 Hs. *stulheren.*
225 Hs. *wn.*
226 Hs. *synden.*
227 Hs. *worde.*
228 Alternative Lesart: *herschaff.*
229 Hs. *Voborg.* Alternative Lesart: *Voburg.*
230 Alternative Lesart: *oich.*
231 Alternative Lesart: *liber.*
232 Hs. *muellen.*
233 Hs. *ober.*
234 Hs. *meselich.*
235 Hs: *erheven.*
236 Hs. *dut.*
237 Hs. *im.*
238 Alternative Lesart: *selver.*
239 Alternative Lesart: *wul.*
240 Alternative Lesart: *wul.*
241 Hs. *vulgen.*
242 Alternative Lesart: *na lepens.*
243 Hs. *wyne.*
244 Hs. *kunde.*
245 Hs. *fruchtet.*
246 Hs. *uff.*
247 Alternative Lesart: *muge.*
248 Hs. *mach* oder *much.*
249 Hs. *vors.*

250 Alternative Lesart: *herschaff*.
251 Hs. *Voboͤrgh*.
252 Alternative Lesart: *liber*.
253 Hs. *ertzbisscheff*.
254 Alternative Lesart: *utgegeben*.
255 Hs. *vors*.
256 Hs. *sulde*.
257 Alternative Lesart: *kuntschoff*.
258 Hs. *geberde*. Alternative Lesart: *geverde*.
259 Hs. *uffhendich*.
260 Hs. *luggen*.
261 Alternative Lesart: *gefulget*.
262 Alternative Lesart: *sulde*.
263 Hs. *selver*.
264 Alternative Lesart: *sulde*.
265 Alternative Lesart: *sulde*.
266 Hs. *probest*.
267 Hs *hudde*.
268 Hs. *erhaven* bzw. *erhuven*.
269 Alternative Lesart: *uver daz*.
270 Hs. *an tuet;* alternative Lesarten: *an tunet; an tonet; an tanet; an tuͤet*.
271 Alternative Lesart: *over daz*.
272 Hs. *aich*.
273 Hs. Es folgt ein *s*.
274 Hs. *wille*.
275 Alternative Lesart: *up*.
276 Hs. *ulso*.
277 Hs. *wulde*.
278 Hs. *entschoff*.
279 Alternative Lesart: *sulde*.
280 Hs. *liber*.
281 Alternative Lesart *gebere*.
282 Hs. *hue*.
283 Alternative Lesart: *herschaff*.
284 Alternative Lesart: *frÿgraschaff*.

Ernst L. Schlee

Perspektivierungsversuche bei Augsburger Werken der Maximilianszeit

Rehlingeraltar von 1517 – Jörg Breus d. Ä. Zeichnung mit nackten Kämpfern – Epitaphien der Fuggerkapelle bei St. Anna

Abstractum: Von den im Titel genannten Werken dürften die Epitaphien der Fuggerkapelle zwar teilweise knapp außerhalb der Lebenszeit Maximilians I. (1459–1519) liegen, dennoch aber – wie auch der Rehlingeraltar und Breus Zeichnung – einen relativ engen Sinnbezug zum Kaiser enthalten. Die auf inhaltliche Aspekte konzentrierten Betrachtungen stellen beim Altar und der Zeichnung einen Zusammenhang mit dem von Maximilian lange geplanten, aber nie verwirklichten Türkenkreuzzug zur Diskussion, bei den zwei äußeren Epitaphien der Fuggerkapelle einen solchen mit den vielen Kriegen, die Maximilian tatsächlich führte. Unabhängig hiervon wird die Relevanz der vier Epitaphien für die neuerdings diskutierte Frage untersucht, welchen Sozialstatus die Fugger mit der Kapelle signalisieren wollten.

Zum Rehlingeraltar

Von dem in der Augsburger Staatsgalerie verwahrten, 1517 in der Werkstatt Ulrich Apts d. J. für die Kaufmannsfamilie Rehlinger entstandenen Altar[1] sollen im Folgenden inhaltliche Aspekte der sich über den Mittelteil und die Innenseiten der zwei Flügel erstreckenden Kreuzigungsdarstellung interessieren (Abb. 1, 2). Als Bestimmungsort des Werkes hat man gemeinhin eine Rehlingerkapelle in der Augsburger Dominikanerkirche angenommen, in der es sich auch tatsächlich für lange Zeit befand, doch wurde unlängst – worauf weiter unten noch kurz zurückzukommen ist – mit guten Gründen als ursprüngliche Destination eine gut bezeugte Kapelle der Rehlinger in der Augsburger Barfüßerkirche vorgeschlagen.[2]

---

[1] Das Entstehungsjahr ist auf den Außenflügeln eingetragen; auf die Autorschaft weist die Buchstabenfolge APT am Zaumzeug der Eselin im Mittelteil hin; das Wappen der Rehlinger als Auftraggeber befindet sich ebenfalls im Mittelteil rechts unten. Vgl. hierzu und zum Altar überhaupt Martin SCHAWE, Staatsgalerie Augsburg. Altdeutsche Malerei in der Katharinenkirche, München o. J. (2001) S. 31–36.

[2] Brigitte SÖLCH, Klöster und ihre Nachbarn – Konkurrenz im Blick? Neubauprojekte und Kapellenausstattungen des 16. Jahrhunderts in Augsburg am Beispiel der Dominikaner-

Abb. 1: Apt-Werkstatt, Kreuzigung Christi, Rehlingeraltar,

sgalerie Augsburg (Foto: Bayerische Staatsgemäldesammlungen)

Die Kunstgeschichtsschreibung bietet zum besseren Verständnis einer vielfigurigen Kreuzigungsdarstellung wie derjenigen des Rehlingeraltars die Subsumierung unter die Kategorie »Volkreicher Kalvarienberg« an,[3] womit freilich nicht gesagt ist, dass es immer nur die Freude am bloßen Figurenreichtum gewesen sein muss, die zu dessen Darstellung führte. Eine erste Ungewöhnlichkeit gegenüber sonstigen Darstellungen des Themas – und seien sie noch so figurenreich – bietet Apts Kreuzigung darin, dass Maria und Johannes als elementares biblisches Stammpersonal von ihren traditionellen Plätzen unter dem Kreuz Christi in den linken Flügel unter das Kreuz eines der Schächer versetzt wurden. Dasselbe Schicksal hat Maria Magdalena getroffen: Gewöhnlich kniet sie am Stamm des Kreuzes Christi und umschlingt diesen mit beiden Armen, nun aber steht sie aufrecht im linken Flügel bei Maria und Johannes und umschlingt dort Luft. Erst relativ spät hat man in der Kreuzigung die »zahlreichen porträthaften Gestalten« bemerkt und sie, wohl zu Recht, generell als in das Kreuzigungsgeschehen hineingemischte Mitglieder der Familie Rehlinger verdächtigt.[4] Eben sie dürften der Grund für die Verschiebungen bei den biblischen Figuren sein. Auch wurde, um an einzelne herausragende Vertreter der Rehlinger zu erinnern, auf das in der Münchener Alten Pinakothek verwahrte Familienporträt des Konrad Rehlinger und seiner Kinder hingewiesen,[5] das wie der Altar aus dem Jahre 1517 stammt. Es sei ergänzt: Die Physiognomie des Familienvaters weist frappante Ähnlichkeit mit derjenigen des Mannes rechts vorn im Mittelteil der Kreuzigung auf, der indigniert auf die Gruppe der vor dem Kreuz Christi am Boden knienden, streitenden Soldaten schaut (helles Barett, Bluse mit bauschigen Ärmeln, Schwert, enge Hosen) (Abb. 1, 2). Das Kind, das am linken Rand des Mittelteils durch Ermunterung eines Erwachsenen zu Christus aufschaut, scheint der Münchener Kinderschar entlaufen zu sein. Würden die Bilder nebeneinander hängen, so könnte dies einer lehrreichen Einführung in das in der altdeutschen Malerei weit verbreitete Phänomen des sogenannten versteckten Porträts (auch Kryptoporträt genannt) sehr dienlich sein. Weitere Familienmitglieder lassen sich im Altar ganz generell schon deswegen vermuten, weil Konrad Rehlinger in einem Handelsverband mit Partnern stand, die Verwandte von ihm gewesen sein sollen.[6] Der vorn im rechten Flügel breit postierte, einen knöchellangen Mantel tragende Herr, der sowohl den Blick als auch seine rechte Hand zu Christus aufwärts wendet, dürfte insbesondere deswegen als ein Kaufmann zu deuten sein, weil er mit

---

    kirche St. Magdalena, in: Gernot Michael MÜLLER (Hg.), Humanismus und Renaissance in Augsburg. Kulturgeschichte einer Stadt zwischen Spätmittelalter und Dreißigjährigem Krieg (Frühe Neuzeit 144) Berlin/New York 2010, S. 491–526, hier 509.

[3] Elisabeth ROTH, Der volkreiche Kalvarienberg in Literatur und Bildkunst des Spätmittelalters (Philologische Studien und Quellen 2) Berlin ²1967.

[4] SCHAWE, Staatsgalerie (wie Anm. 1) S. 34.

[5] Ebd. S. 34.

[6] Franz Josef SCHÖNINGH, Die Rehlinger von Augsburg. Ein Beitrag zur deutschen Wirtschaftsgeschichte des 16. und 17. Jahrhunderts, Paderborn 1927, S. 5.

der Linken die Mantelränder so weit auseinanderzieht, dass die am Gürtel hängende Geldbörse vielsagend sichtbar wird. Sein Standplatz gebührt normalerweise dem gerüsteten Hauptmann, der laut Markusevangelium (15,39) in Christus Gottes Sohn erkennt und dies in bildlichen Darstellungen mit hochweisendem Gestus bekundet. Es gibt ihn noch, allerdings nur fragmentiert; man muss ihn nur im selben Flügel ganz hinten, gleichsam am Horizont, aufsuchen (der Kopf auf Höhe des Schächerfußes).

Allgemeine, hier jedoch nicht zu erörternde Theorien zu den Gründen des Auftauchens »versteckter« Porträts in Werken religiöser Thematik entheben nicht der Aufgabe, möglichen speziellen Motivationen im Einzelfall nachzugehen. Diese dürften indessen beim Rehlingeraltar so lange unklar bleiben, wie die Identität der rätselhaftesten Figur des in der Literatur noch kaum gewürdigten Eselreiters rechts des Kreuzes in der Mitteltafel (Abb. 2), ein großes Rätsel stellt. Das Gesicht des Reiters ist ab-

Abb. 2: Detail aus dem Mittelteil
(Foto: Bay. Staatsgemäldesammlungen)

gewendet, doch ist zunächst so viel klar, dass die Figur kein rehlingersches Familienmitglied sein kann, weil die goldene Kette, mehr noch aber der Hermelinbesatz des Mantels sie in die Sphäre höchsten Adels rückt. Wie es scheint, ist der bereits genannte Mann links von und vor ihm – der das Schwert gegürtet hat – als Eskorte gemeint, was vielleicht auch für den mit der Reitgerte gestikulierenden Herrn auf dem Schimmel gilt, der den Eselreiter offenbar gerade berät. Doch wie passt zu dem fürstlichen Hermelinträger der Esel als eindeutig niederrangiges Reittier? Immerhin nun hat man dem Reiter unlängst eine »maximilianeische« Frisur attestiert, und tatsächlich ist die Kombination aus Barett, langer »Matte« als Haartracht und teurem Pelzbesatz des Mantels für Maximilianporträts nichts Ungewöhnliches, so dass ernsthaft an den Kaiser gedacht werden könnte.[7] Und selbst wenn dieser sich viel-

---

[7] Die zitierte Beobachtung bei SÖLCH, Klöster (wie Anm. 2) S. 508. Zu Maximilianporträts vgl. Friedrich POLLEROSS, Tradition und Innovation. Kaiser Maximilian I. im Porträt,

leicht lieber im Harnisch hoch zu Ross dargestellt sah, so sollte bei der zu erwägenden Identifizierung gerade der Esel kein Hindernis sein, da er, genauer besehen, keine Erniedrigung bedeuten müsste. Denn der Widerspruch wäre kein solcher, wenn mit dem Eselreiter auf den Einzug Christi auf der Eselin in Jerusalem angespielt, dem Kaiser dabei die Rolle des Imitators zugedacht und diese Fiktion des Golgathabesuchs mit jener des Einzugs in Jerusalem gleichgesetzt sein sollte.

An diesem Punkt nun ist der Reihe nach kurz an einige Zeitumstände zu erinnern, aus denen allein die Szenerie mit dem Eselreiter ihren Sinn und dessen Aktualität zur Zeit der Altarentstehung beziehen kann.

Zunächst: »Einzug in Jerusalem« ist in der *aetas Maximilianea* quasi als Synonym für die seit Längerem schon und besonders seit der 1453 erfolgten Eroberung Konstantinopels durch die Türken in den christlichen Ländern geforderte »Befreiung Jerusalems« aufzufassen, und diese wiederum als identisch mit einem Kreuzzug gegen die Türken,[8] weil sie anders gar nicht möglich war. Dafür, dass gerade dem kriegerisch veranlagten Maximilian der Gedanke an einen solchen Kreuzzug alles andere als fernlag, mögen Zitate aus Arbeiten Hermann Wiesfleckers einstehen, darunter aus seinem fünfbändigem Werk über den Kaiser. Ihnen zufolge war Maximilian »seit seiner Erhebung zum König fest entschlossen, den Türkenkrieg nicht bloß als eine Last, sondern als ein Hauptanliegen der Christenheit auf sich zu nehmen«[9] und: »Einem roten Faden gleich, zieht sich die Kreuzzugsidee durch alle Planungen des Kaisers«[10]; auch: »Der Türkenzug war ein echtes, tiefes Anliegen des Kaisers«[11]; oder: »Denn

---

in: Eva MICHEL/Maria Luise STERNATH (Hg.), Kaiser Maximilian I. und die Kunst der Dürerzeit, München/London/New York 2012 (Kat. zur gleichnamigen Ausstellung in der Albertina, Wien) S. 100–115, bes. 110. Zu beachten wegen des Hermelinpelzes in derselben Publikation unter Kat.-Nr. 13 (S. 152 f.) das berühmte Wiener Familienporträt. Da die Kette, die Maximilian in Porträts trägt, meist diejenige des Ordens vom Goldenen Vlies ist, darf gefragt werden, ob die vom Eselreiter getragene als eine solche des sprichwörtlichen Bürgermeisters von Augsburg gemeint sein könnte.

[8] Bezüglich der Ineinsdenkung von Einzug in Jerusalem/Befreiung Jerusalems und Türkenkreuzzug sei auf folgende, sicherlich vermehrbare Beispiele hingewiesen: Langes Loblied des Sängers Ulrich Hopp auf Friedrich III. zum Reichstag von 1471 in Regensburg, abgedruckt in: Richard VON LILIENCRON (Bearb.), Die historischen Volkslieder der Deutschen vom 13. bis 16. Jahrhundert, Bd. 2, Leipzig 1866, S. 3–9, speziell 8; Bd. 3, Leipzig 1867, S. 183: aus dem Jahr 1493 stammende Liedzeilen Sebastian Brandts auf König Maximilian I.; Festdekorationen, die 1515 in Brügge gelegentlich des Einzugs Karls (des späteren Karls V.) in die Stadt errichtet wurden, näher erläutert von Thomas SCHAUERTE, Pour éternelle mémoire... Burgundische Wurzeln der Ehrenpforte, in: Jan-Dirk MÜLLER/Hans-Joachim ZIEGLER (Hg.), Maximilians Ruhmeswerk. Künste und Wissenschaften im Umkreis Kaiser Maximilians I. (Frühe Neuzeit 190) Berlin/Boston 2015, S. 107–130, hier 114.

[9] Hermann WIESFLECKER, Maximilians I. Türkenzug 1493/94, in: Ostdeutsche Wissenschaft. Jb. des Ostdeutschen Kulturrates 5 (1958) S. 152–178, hier 152.

[10] Ebd. S. 175.

[11] Hermann WIESFLECKER, Kaiser Maximilian I., Bd. 4: Gründung des habsburgischen Weltreiches. Lebensabend und Tod 1508–1519, München 1981, S. 223.

der Kreuzzugsplan war wie die Kaiserkrönung etwas Festes in seinem Leben.«[12] Dass dann der nur unter internationaler europäischer Beteiligung denkbare Kreuzzug schon aufgrund innereuropäischer Uneinigkeiten und Kriege nicht durchführbar war, steht auf einem anderen Blatt. Gleichwohl wurde Maximilians grundsätzliche Entschlossenheit schon deswegen nirgends angezweifelt, weil man überall wusste, dass speziell Österreich und Ungarn, Erbländer dieses Herrschers, durch die Türken besonders gefährdet waren, im Gefährdungsgrad vergleichbar mit Italien, weniger mit dem Inneren des deutschen Reiches. Ausgearbeitete Pläne zu dem großen Kreuzzug, die das Muster für den späteren großen Plan von 1517 bildeten, gab es schon seit 1490.[13]

Sodann: Geldbewilligungen und sonstige Beteiligungen der deutschen Fürsten und weiterer Stände an dem Kreuzzug konnte es nur über Verhandlungen auf den Reichstagen geben. Leider war dort für Maximilian nie viel zu erhoffen. So auch auf des Kaisers letztem Reichstag von 1518 in Augsburg, der eigentlich als ein Türkenreichstag einberufen worden war: Dort wurden nach der Eröffnung in den ersten Augusttagen »diese Kreuzzugspläne unbarmherzig, ja höhnisch zerpflückt.«[14] Anschließend ging es nur noch um die Nachfolge im Königsamt.

Endlich und mit Rücksicht auf die Reichstädte, insbesondere Augsburg: Auf dem Reichstag von 1495 in Worms war die alljährliche Abhaltung eines Reichstages beschlossen worden. Die praktische Undurchführbarkeit einer solchen Taktung ließ Maximilian zwar von dieser selbst wie auch von der Vorschrift der Goldenen Bulle abweichen, die Tagungen nur in Reichsstädten durchzuführen, aber dennoch blieb die Taktung relativ eng, und Augsburg konnte aus vielerlei Gründen gewiss sein, eine bevorzugte Reichsversammlungsstadt zu sein und zu bleiben. Allerdings hatten die Reichsstädter selber bei den Veranstaltungen kein Stimmrecht. Das musste sie indessen nicht hindern, während und auch außerhalb der Reichstage über alle sonstigen denkbaren Kanäle im Sinne ihrer Interessen zu wirken. Eine gewisse grundsätzliche Parteinahme für den Kaiser empfahl sich schon deswegen, weil er ihr Schutzherr gegenüber den Fürsten war. Handelsfirmen wie die Rehlinger mochten aber auch in einem besichtigungswerten Altarbild die Werbetrommel für einen Kreuzzug rühren, vielleicht nicht nur aus religiösen Motiven, sondern ebenso wegen eines möglichen Geschäfts bei dessen Realisierung – die Rehlinger handelten unter anderem mit Textilien (würden sie für Landsknechtkleidung gebraucht werden?) und Metall[15] (würde es für Waffen gebraucht werden?) sowie gewisser Aussichten auf erweiterte Fernhandelsmöglichkeiten, die nach einem erfolgreichen Kreuzzug zu erwarten waren.

---

12 Ebd. S. 223.
13 WIESFLECKER, Maximilians I. Türkenzug (wie Anm. 9) S. 153. Zum Plan von 1517 vgl. Georg WAGNER, Der letzte Türkenkreuzzugsplan Kaiser Maximilians I. aus dem Jahre 1517, in: MIÖG 77 (1969) S. 314–353.
14 WIESFLECKER, Kaiser Maximilian I. (wie Anm. 11) S. 230.
15 SCHÖNINGH, Die Rehlinger (wie Anm. 6) S. 7.

* * *

Wie eingangs erwähnt, hat man kürzlich die lang gehegte Meinung bezweifelt, der Rehlingeraltar sei von Anfang an für eine der Kapellen in der 1513–1515 neu errichteten Dominikanerkirche St. Magdalena bestimmt gewesen. Bestärken dürfte den Zweifel die oben angesprochene, wenig schmeichelhafte Art, wie mit der Patronin dieser Kirche in dem Altar umgegangen wurde. Indessen könnte es sein, dass von dem Geist der Altarszenerie durchaus einiges in der Dominikanerkirche vorhanden war, und dies sowohl schon vor der Entstehung des Altars als auch mit Bezug nicht nur auf eine Kapelle, sondern auf den ganzen Kirchenraum. Denn 1516 hatte Jakob Fugger in die Kirche eine heute nicht mehr existierende plastische Gruppe des gekreuzigten Christus mit den beiden Schächern gestiftet, die für die Eingangswand bestimmt war und in der wissenschaftlichen Literatur mal als von mittlerer Größe, mal als groß eingeschätzt wurde.[16] Weiterhin ist unbekannt, wie die Verteilung der Figuren über die Breite der zwei Schiffe war und wie weit die Figuren den Kirchenbesucher der Höhe nach überragten. Klar ist dagegen, dass die Gruppe, allein schon von der grundsätzlichen Position in der Kirche her, nichts mit einem auch für Bettelordenskirchen üblichen Volks- oder Kreuzaltar zu tun haben kann. Gemäß obiger Interpretation des Rehlingeraltars drängt sich nun die Frage auf, ob hier nicht die Altarszenerie schon sehr wesentlich vorweggenommen war, die freilich mit lebenden Akteuren rechnete, wenngleich diese zu den Beratungszwecken nicht mit Eselinnen und Schimmeln einreiten, sondern, durch die zwei Eingänge gelenkt, zwischen die Kreuze eintreten sollten. Das Beratungsthema war natürlich schon lange gegeben; dennoch wüsste man gern, wann die Auftragsvergabe für die plastische Gruppe genauer erfolgt war, denn nach dem 24. August 1516, dem Tag ihres ersten großen Sieges gegen die Mamelukken in einer Schlacht bei Aleppo, hatten die Türken bis Ende Januar 1517 Syrien, Palästina und Ägypten überrannt und unter ihre Herrschaft gebracht,[17] was die Kreuzzugsfrage nur dringlicher machte und als möglicher Hintergrund mindestens beim Rehlingeraltar nicht außer Acht gelassen werden sollte.

---

[16] Zu der Gruppe zuletzt: SÖLCH, Klöster (wie Anm. 2) S. 514 (»eine Gruppe mit Christus am Kreuz und die beiden Schächer für die innere Eingangswand der Dominikanerkirche«); Einschätzung als groß (»großes Kruzifix mit den beiden Schächern«) bei Aloys SCHULTE, Die Fugger in Rom 1495–1523, Bd. 1: Darstellung, Leipzig 1904, S. 162; als von »mittlerer Größe« bei Norbert LIEB, Die Fugger und die Kunst im Zeitalter der Spätgotik und frühen Renaissance (Studien zur Fuggergeschichte 10) München 1952, S. 133.

[17] Ab dem 24. August 1516, dem Tag des ersten Schlachtensieges der Türken bei Aleppo, waren bis einschließlich Januar des Folgejahres Syrien, Palästina und Ägypten erobert. Hierzu sowie zur Situation der Christen in Palästina nach der Eroberung vgl. Leonhard LEMMENS, Die Franziskaner im Hl. Lande, Tl. 1: Die Franziskaner auf dem Sion (1335–1552), Münster ²1925, ab S. 179. Als Beispiel für die neue Dringlichkeit eines Kreuzzuges, die aufgrund dieser Eroberungen empfunden werden konnte, sei hier lediglich auf die Dichtung des Jörg Graff mit dem Titel *Ain spruch vom kaiser Maximilian und vom bapst* hingewiesen, abgedruckt bei LILIENCRON, Volkslieder 3 (wie Anm. 8) S. 212–216.

Abb. 3: Gedenktafel für Kaiser Maximilian I. in der ehemaligen Dominikanerkirche St. Magdalena in Augsburg, Nordwand. Mit spätbarockem Stuckaufsatz, der an den aus dem Dominikanerorden hervorgegangenen Papst Innozenz V. (reg. 1276) erinnert. (Foto: Bildarchiv Foto Marburg/Uwe Gaasch)

Unterschoben ist bei dieser Sicht auf die plastische Gruppe zugegebenermaßen bereits die Vermutung, dass die Dominikaner während und außerhalb der Reichstage mit hochgestelltem und besichtigendem Publikum ihrer Kirche rechneten. Überraschen müsste dies keineswegs, dienten doch die beidseitigen Reihen der Privatkapellen auch der Selbstdarstellung der exklusiven Schicht der Augsburger Patrizier und Großkaufleute, die dabei das Glück hatten, dass ihnen hierbei allein wegen der Schwierigkeiten des Baugeländes kein erhöhter und tiefer Mönchschor, wie er für Bettelordenskirchen sonst durchaus üblich war, als nicht nur optische Konkurrenz in die Quere kam. Auch Maximilian muss mit diesem Publikum in der Kirche gerechnet haben, denn er hätte den Bau sonst schwerlich zur Aufnahme der vier steinernen habsburgischen Propagandaplatten erkoren (»Epitaphien« sind sie allenfalls für ihn selbst und den 1506 verstorbenen Sohn Philipp, aber auch dies nur in einem relativierten Sinne). Derartiges wie diese *Fier gulden stain*[18] (nur einer davon: Abb. 3), wie man sie zeitgenössisch nannte (die beiden anderen für die zwei Enkel Karl und Ferdinand, beide nacheinander Nachfolger im Königs-/Kaiseramt), würden weit weniger überraschen, wenn man sie irgendwo in österreichischen Landen anträfe, wo schon Maximilians Vater, Friedrich III., für ein ähnliches Monument gesorgt hatte. Hier in Augsburg zeichnen sie nicht nur die Stadt, sondern speziell auch die Dominikanerkirche als kommunikative Drehscheibe von intendiert reichsweiter Bedeutung aus, und dies vermutlich ganz im angestrengten Interesse der Beibehaltung des Königs- und Kaiseramtes beim Haus Habsburg. Möglicherweise wird schon damals manch Eintretender angesichts der Anbringungsstellen der Platten – an den Hochwänden der zwei Schiffe sehr exponiert und dabei symmetrisch und quasi »gerecht« über den darunterliegenden Kapellen verteilt – zu dem »gefühlten« Fazit gekommen sein, dass das Habsburger Haus auf Augsburger Geld beruht.

Zu Jörg Breus d. Ä. Zeichnung mit nackten Kämpfern

Die im Berliner Kupferstichkabinett verwahrte Zeichnung (Abb. 4) hat bislang nicht allzu viel wissenschaftliche Literatur hervorgerufen, was zum einen mit der eingeschränkten Zugänglichkeit des Mediums zusammenhängen wird und sodann vielleicht mit der nicht sehr einladenden Thematik des Blatts: Drastisch wird geschildert, wie dreizehn meist völlig nackte Männer einander mit Äxten, Keulen, Pfeil und Bogen sowie weiteren primitiven Instrumenten, darunter die bloßen Hände, gegenseitig umzubringen versuchen. Bei näherem Hinsehen entdeckt man einen

---

[18] Vgl. die äußerst gründliche Studie zu den Steintafeln von Peter HALM, Die *Fier Gulden Stain* in der Dominikanerkirche zu Augsburg, in: Kurt MARTIN (Hg.), Studien zur Geschichte der europäischen Plastik. FS Theodor Müller zum 19. April 1965, München 1965, S. 195–222. Zuletzt knapp behandelt von Gisela DROSSBACH, in: Christoph EMMENDÖRFFER (Hg.), Maximilian I. (1459–1519). Kaiser, Ritter, Bürger zu Augsburg, Regensburg 2019, S. 368–373.

weiteren Grund in den eigefügten rechteckigen Aussparungen, die schlechterdings nur auf Tür- und Fensteröffnungen anspielen können, was die Zeichnung als Entwurf für eine Fassadenmalerei ausweist, womit sie nicht als vollgültiges, »autonomes« Kunstwerk gilt, sondern nur als etwas Vorläufiges, als eine bloße Ideenskizze. Eben als solche aber soll sie im Folgenden interessieren, denn – abgesehen von der Einstimmigkeit aller bislang mit der Zeichnung befassten Autoren in der Zuweisung des Blatts an den vielbeschäftigten Augsburger Künstler Jörg Breu d. Ä. (um 1475–1537) – herrscht auch bezüglich des vorgesehenen Anbringungsortes der projektierten Malerei relative Einigkeit. Seit der Erstveröffentlichung der Zeichnung (1931/32)[19] wird das alte Augsburger Rathaus, der Vorgänger des heute noch stehenden Holl'schen Baus, vermutet und als Ausführungszeit des Freskos das Jahr 1516, weil Breu selber in der Eigenschaft als Verfasser einer Chronik berichtet, dass er in jenem Jahr zusammen mit Malerkollegen unter anderem Schlachtendarstellungen – sie werden allerdings thematisch nicht spezifiziert – an jenem alten Rathaus angebracht habe. Leider ist indessen nicht einmal sicher, ob dort ein Fresko nach Vorgabe der Zeichnung überhaupt je realisiert wurde. Auch hat man den Bezug der Zeichnung auf das alte Rathaus bezweifelt, weil in der Tat die in ihr herrschenden Relationen von Fenster- und Türöffnungen nach Art, Maßen und Distanzen beim überlieferten hölzernen Modell des alten Rathauses nicht abzugreifen sind,[20] dabei aber die Eventualität übersehen, dass die definitiven, für 1516 relativ gut bezeugten Umbaumaßnahmen, die im Ergebnis von dem Holzmodell bereits gespiegelt werden, vielleicht nur das eine sind, eventuell vorangegangene, anders orientierte Umbauwünsche und -projekte, von denen lediglich nichts mehr überliefert ist, das andere. Doch selbst, wenn der Bestimmungsort nicht das Rathaus gewesen sein sollte, müsste man wohl annehmen, dass angesichts der Drastik der Darstellung eine gewisse gesinnungsmäßige Übereinstimmung des Auftraggebers mit den Vorstellungen der Stadtregierung vorausgesetzt werden darf, und eben jene zu ergründen ist das Ziel der folgenden Überlegungen, kann es doch nicht gänzlich egal sein, was an Gebäuden einer Stadt zu sehen war, die in jenen Jahren zuweilen nolens volens die Position einer geheimen Reichshauptstadt einnahm.

Zuvor ist allerdings die schon im Zusammenhang mit der Erstpublikation mitgeteilte und seither unbestrittene wie unbestreitbare Abhängigkeit des Blatts von einem Stich des Florentiners Antonio Pollaiuolo (1431–1498) zu erwähnen, dessen hier abgebildetes Exemplar (Abb. 5) sich ebenfalls im Berliner Kupferstichkabinett befindet. Der Stich entstand vermutlich in den 70er-, vielleicht sogar schon in den 60er-Jahren des 15. Jahrhunderts und damit einige Jahrzehnte vor Breus Zeichnung. Er hatte schon früh weite Verbreitung gefunden, wodurch es in der deutschen Kunst zur Übernahme einzelner Figurenformulierungen gekommen zu sein scheint,

---

[19] Durch Elfried BOCK, in: Old Master Drawings 5 (1931) S. 74 f.
[20] Andrew MORRALL, Jörg Breu the Elder. Art, Culture, and Belief in Reformation Augsburg (Histories of Vision) Burlington 2001, S. 99.

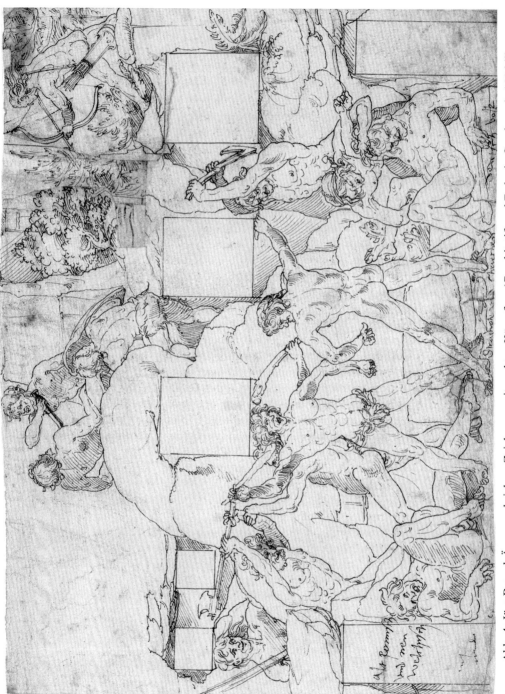

Abb. 4: Jörg Breu d. Ä. zugeschrieben, Zeichnung mit nackten Kämpfern (Graphitstift und Feder in Graubraun), 1516 (?).

Perspektivierungsversuche bei Augsburger Werken der Maximilianszeit 183

Abb. 5: Antonio Pollaiuolo, Zehn nackte Kämpfer. Kupferstich. Staatliche Museen zu Berlin, Kupferstichkabinett Inv.-Nr. 808–21 (Foto: Kupferstichkabinett Berlin)

singulär bleibt jedoch das hohe Ausmaß, in welchem Breu ungeachtet etlicher Abwandlungen im Detailbereich auf ihn zurückgriff. Zwar hat der Augsburger die Verteilung seiner 13 Figuren – nicht zehn wie in der Vorlage – der eigenen Verwendungsabsicht angepasst, doch ist in der generellen Motivik die Übernahme aus der älteren Schöpfung unübersehbar; speziell bei den in der letzteren mittig und rechts zu beobachtenden Kämpferkonstellationen ist sie eklatant. Bedauerlich nun, dass Pollaiuolo seinem Stich keine Inhaltserklärung inkorporierte; selbstbewusst fügte er dagegen jene links an einem Baum hängende Tafel ein, auf der zu lesen steht: *OPUS • ANTONII • POLLAIOLI • FLORENTINI*. In Breus Zeichnung dagegen gibt es zwar einige handschriftliche Einträge – es wird weiter unten noch näher auf sie eingegangen –, doch ist ihr Sinn nicht sonderlich klar, und zudem ist offen, ob sie überhaupt von Breu selbst stammen.

Es gibt nun zu Breus Zeichnung zwei Deutungsangebote. Kurzgefasst und in chronologischer Reihenfolge angeführt, sah im Jahre 2001 Andrew Morrall[21] in ihr die Varusschlacht thematisiert, 2010 dagegen Christoph Trepesch den »Kampf der Giganten«.[22] Übereinstimmend denkt man nicht etwa an die Schlacht auf dem Lechfeld, sondern an ein Geschehen in noch fernerer Vergangenheit, dabei Morrall an ein solches der geschichtlich noch einigermaßen greifbaren Römerzeit, Trepesch dagegen an eines der eher nebulösen griechischen Mythologie. Jede der zwei Benennungen löst eigene, weitergehende Überlegungen aus. Gefälliger sind jene, die sich mit dem Aufstand der Giganten gegen die olympischen Götter verbinden lassen, denn indem hierbei dunkel bleibt, was das Thema eigentlich mit Augsburg zu tun haben sollte,[23] wird bewusster, dass Breus Zeichnung mitten in die Zeitspanne gehört, da die deutschen Künstler vielfache Anregungen aus der italienischen Re-

---

[21] Ebd. S. 98–103.
[22] Christoph Trepesch, Kampf der Giganten, in: Rainhard Riepertinger u. a. (Hg.), Bayern – Italien. Die Geschichte einer intensiven Beziehung, Augsburg 2010, S. 284 f.; gleichlautend dort auf S. 280 die Deutung durch Shahab Sangestan.
[23] Dem in der vorigen Anmerkung genannten Beitrag ist am Kopf der S. 284 ein Leitsatz vorangestellt, welcher lautet: »Darstellungen von Giganten nach italienischem Vorbild am spätgotischen Rathaus von Augsburg zeugten vom Selbstbewusstsein der Reichsstadt.« Er scheint die fragwürdige Annahme implizieren zu wollen, in dem weiter unten zu behandelnden Stich Pollaiuolos sei eine Gigantomachie dargestellt. Auch wäre das eventuelle Missverständnis auszuschließen, Gigantenkämpfe hätten an italienischen Rathäusern eine Rolle gespielt. Die Giganten bekämpften die Olympier, indem sie Baumstämme und Felsbrocken auf sie schleuderten. Vgl. Jane Davidson Reid / Chris Roman (Hg.), The Oxford Guide to Classical Mythology in the Arts, 1300–1990s, Bd. 2, New York / Oxford 1993, S. 1033. Obwohl in Breus Zeichnung Andeutungen einer Felslandschaft mit Bewuchs erkennbar sind, steht die Bewaffnung der Männer mit einer solchen Szenerie in keinem Zusammenhang. Sowohl Morrall als auch Trepesch messen dem heute noch an Holls Rathaus existierenden, großen Augsburger Relief aus der Zeit um 1450, das sich ursprünglich über dem Eingang des alten Rathauses befand und auf dem zwei sogenannte wilde Männer mit dem Stadtwappen dargestellt sind, für Breus Zeichnung eine Bedeutung zu. Letztere dürfte sich auf das Motiv der Keulen beschränken.

naissance beziehen. So hat Breu, um allein bei ihm zu bleiben, in seinen weiteren Werken nachweislich noch etliche Motive von dort übernommen. Warum also sollte nicht auch sein Rückgriff auf Pollaiuolos Stich – Nacktfiguren als typisches Merkmal von »Renaissance«! – in diesen Zusammenhang gehören?

Doch hat gleichfalls die Benennung nach jener Schlacht etwas für sich, in der im Jahre 9 n. Chr. die Germanen unter Arminius die von Varus geführten römischen Legionen dezimierten, zumal – was Morrall nicht berücksichtigte –, die 1456 entstandene *Chronographia Augustensium* des Sigismund Meisterlin dieses berühmte Ereignis in die Nähe Augsburgs verlegt und dabei die Schwaben als tapfersten Stamm der Germanen apostrophiert.[24] Wichtig ist in jedem Falle Morralls Hinweis auf die Vorzugsrolle, welche diese Schlacht in der Renaissancezeit für das stetige Anwachsen des von vielen deutschen Humanisten bekundeten Nationalgefühls spielte – von Morrall als »patriotism« angesprochen –, wenngleich letzteres nur eine Reaktion auf jenes Nationalbewusstsein bildete, das sich zuvor schon im ansonsten stark zersplitterten Italien lebhaften Ausdruck gesucht hatte.

Sofern man also dem inhaltlichen Belang den Vorzug geben will, hat der Vorschlag »Varusschlacht« den Vorrang und impliziert zugleich, dass, das Verhältnis zu Italien betreffend, dem Interesse der Künstler dasjenige ihrer Auftraggeber auch gegenläufig sein konnte. Leider ist es nun hier nicht möglich, auf das weite Feld der Auseinandersetzungen zwischen den italienischen und den deutschen Humanisten näher einzugehen, doch kann auf Darstellungen verwiesen werden, welche die Materie sowohl ihrer sachlichen Struktur wie chronologischen Abfolge nach transparent machen,[25] sei es im Hinblick auf die fundamentale Bedeutung der wiederentdeckten *Germania* des römischen Schriftstellers Tacitus oder der Initiatoren der Kontroverse wie etwa des Enea Silvius Piccolomini (ab 1458 Papst Pius II.), des Argumentationskreislaufs durch fernste Vergangenheit gleichermaßen wie durch die zeitgenössische Lage, der Beschwerden (Gravamina) gegenüber der Kurie bezüglich der materiellen Ausbeutung Deutschlands, der Bandbreite der konstatierten unterschiedlichen Sitten südlich und nördlich der Alpen, der Skala

---

[24] Vgl. zu Meisterlin dessen neuartige Bewertung durch Gernot Michael MÜLLER, *Quod non sit honor Augustensibus si dicantur a Teucris ducere originem*. Humanistische Aspekte in der Cronographia Augustensium des Sigismund Meisterlin, in: DERS., Humanismus und Renaissance in Augsburg (wie Anm. 2) S. 237–273; vgl. dort, S. 250 und 253, zur Varusschlacht sowie zur weiter unten kurz erwähnten Amazonenschlacht. Vordringlich wichtig ist der Aufsatz wegen der Einordnung Meisterlins in die weiter unten angesprochene Nationalismus-Problematik und der Diskussion der diesbezüglich wesentlichen Literatur, wie sie in der nachfolgenden Anm. in Auswahl aufgeführt wird.

[25] Angesichts der nicht geringen Speziallliteratur sei verwiesen auf die kompendienartigen und mit reichhaltigen Bibliographien versehenen Darstellungen von Herfried MÜNKLER / Hans GRÜNBERGER / Kathrin MAYER (Hg.), Nationenbildung. Die Nationalisierung Europas im Diskurs humanistischer Intellektueller. Italien und Deutschland, Berlin 1998, und Caspar HIRSCHI, Wettkampf der Nationen. Konstruktionen einer deutschen Ehrgemeinschaft an der Wende vom Mittelalter zu Neuzeit, Göttingen 2005.

sonstiger Animositäten zwischen verhohlenen Ressentiments und offenen Invektiven u. a. m. Zum Zentralnerv der Auseinandersetzung gehörte in jedem Falle die Vorstellung, die Italiener seien zwar kultiviert, aber dekadent und verweichlicht, die Deutschen dagegen unkultiviert, doch ehrlich, moralisch integer, vor allem aber kriegstüchtig.

Nun hat allerdings Morrall, indem er auf eine 1517 entstandene Darstellung verwies, die durch allerlei Beischrifttäfelchen *(GERMANI, ARMINIUS, VARUS QUINTILIUS M)* als eine solche der Varusschlacht völlig gesichert ist, durchaus das Problem gesehen, welches bezüglich der Breu-Zeichnung alle Darstellungen mit sich bringen, sobald ihr Thema eine bestimmte, eine »historische« Schlacht ist: Die Kämpfer werden antik-römisch und / oder zeitgenössisch kostümiert (Harnisch, Landsknechtkleidung) und mit entsprechenden Waffen versehen (viele Lanzen, Hellebarden u. a.). Er möchte daher annehmen, die Zeichnung habe allein die Positionen und Körperhaltungen der Kämpfer festlegen wollen, und die handschriftlichen Notizen (links unten in der Türöffnung: *alt romisch und neu welchisch*; unten in der Mitte: *Stradiote und Chriechen*; rechts unten: *Deutsch volk*) seien als Angaben für eine spätere Version der Darstellung mit kostümierten Kriegern gedacht. Mögen die Notizen durchaus im angegebenen Sinne gemeint sein – es ist weiter unten noch einmal auf sie zurückzukommen –, so könnten sie doch auch spätere Zutaten sein und inhaltlich nicht der Intention Breus entsprechen, denn die Körperhaltungen sind zu klar auf den Gebrauch der mitgegebenen, teils archaischen Waffen (Äxte!) abgestimmt, als dass die Vermutung der gestaffelten Versionen spontan einzuleuchten vermöchte.

Als zweites Merkmal »normaler« Schlachtendarstellungen fehlt die Erkennbarkeit der Parteiung der Kämpfenden. In der Regel erscheinen die zwei Parteien selbst dann, wenn sie in der Mitte als hoffnungslos ineinander verkeilt dargestellt werden, zu den Rändern hin noch in einer gewissen Haufenformation. Und so fragt sich, ob man der Zeichnung mit dem Terminus Schlachtendarstellung überhaupt gerecht wird, es sei denn, man verwendete ihn in einem der konkreten Historie eher entzogenen Sinne, etwa in jenem einer abstrakt und inbegrifflich gedachten »Mutter aller Schlachten«, möglicherweise mit der Beimischung des Gedankens an den »Krieg als Vater aller Dinge«. Man fühlt sich allerdings auch versucht, an eine Pluralisierung des biblisch-alttestamentarischen Brudermords zu denken, dem in seinen Illustrationen die Nacktheit der Figuren häufig mitgegeben ist, spürt aber auch ohnedies eine Art Gleichnishaftigkeit bis zu dem Punkt, an dem es möglich scheint, dass statt eines in noch so ferner mythischer Vergangenheit liegenden Ereignisses vielmehr etwas in die Zukunft Weisendes, also ein Menetekel, gemeint ist.

Nun hat speziell in Morralls Deutung der Zeichnung als Varusschlacht Pollaiuolos Stich (Abb. 5) trotz seiner thematischen Verwandtschaft keine Rolle gespielt. Vielleicht zu Recht, denn obwohl die internationale Forschung weit davon entfernt ist, in ihm naturalistische Nacktheit allein um ihrer selbst willen dargestellt zu sehen (wäre nicht auch die weibliche Nacktheit interessanter?), ist sie in ihrem Ringen um die wahre Botschaft des Stichs noch zu keinem überzeugenden Ergebnis gekommen.[26] Mitschuldig daran dürfte die mangelnde Beachtung des vorhangartig geschlossenen, vegetabilischen Hintergrundes sein, der dem Schauplatz nur geringe Tiefe gönnt. Die Funktion von dieser Art Hintergrund scheint sich auf ersten Blick darin zu erschöpfen, mittels kleinteiliger Struktur eine dichte, dunkle Folie zu bilden, von der sich die Körper der Kämpfer kontrastreich und plastisch abheben können. Bei näherem Hinsehen entdeckt man unterschiedliche Pflanzenarten. In der Mitte ist in einiger Breite Kolbenhirse dargestellt, während am linken wie am rechten Rand, erkennbar an Blättern und Trauben, Wein erscheint, der sich jeweils in einen Baum hineinrankt. Stämme und vielgliedriges Geäst dieser zwei Olivenbäume (es könnte sich auch um eine Ulmenart[27] handeln) wirken wie abgestorben; nur einige wenige Zweige mit kleinen spitzen Blättlein sind am oberen Bildrand auszumachen (auf der linken Seite oberhalb der Bogensehne, auf der rechten oberhalb des Axtstiels). Ist es nun zu historischen Zeiten offenbar nichts Ungewöhnliches gewesen, Wein an Bäumen hochwachsen zu lassen,[28] so überrascht doch die Diversität der Pflanzungen, sodann das Aneinanderdrängen dieser verschiedenen botanischen Kulturen und ferner auch die Symmetrie in deren Verteilung. Es hat sich folglich schon verschiedentlich – bislang allerdings ohne klares Ergebnis – der Verdacht geregt, Wein und Hirse könnten symbolisch gemeint sein. Fraglos steht nun der Wein für Christus beziehungsweise das Christentum, während die Hirse ihren Sinn erst freigibt, wenn man berücksichtigt, dass islamische Völker aus ihr ein vielkonsumiertes Getränk namens Braga[29] zu brauen pflegten und sie demnach für diese als Symbol gemeint sein kann.

Man hätte es infolgedessen bei dem Stich mit einer Warnung vor der Türkengefahr zu tun, die, obwohl in ganz Europa klar gesehen, besonders in Italien existenziell gespürt werden konnte. Noch einmal genauer auf den Stich geschaut, will es scheinen, dass die Symmetrie in der Verteilung der Pflanzenarten sich nicht der Schwärmerei für dieses formalästhetische Prinzip verdankt. Denn anhand der Bodenlinien, die Pollaiuolo dem Kampfplatz einzog, beziehungsweise an deren Anzahl, die zu den Seiten hin gegenüber der Mitte deutlich zunimmt, erkennt man schnell, dass die Hirse gleichsam in den Vordergrund drängt und dass dieses Vordrängen zugleich als ein Spalten und Auseinanderdrängen der ursprünglich als Ein-

---

[26] Der Literaturfluss zu dem Stich und seiner Deutung ist stetig. Die Deutungsgeschichte auch nur annähernd erschöpfend darzulegen, würde den in diesem Beitrag gegebenen Rahmen sprengen. Verf. wird auf die Vielfalt der Deutungen in einer eigenen Studie eingehen.
[27] Den Hinweis, dass möglicherweise – mangels der Erkennbarkeit von Oliven – der olmo campestre gemeint sein könnte, verdankt der Verfasser Frau Dott.ssa Marina Klauser vom Botanischen Garten Florenz.
[28] Auch für diesen Hinweis ergeht mein Dank an Frau Dott.ssa Marina Klauser.
[29] Braga (rumänisch) und Boza (türkisch) »ist ein leicht alkoholisches, süßlich-prickelndes Bier (ursprünglich aus Hirse), das auf dem Balkan und in der Türkei, in Zentralasien und im Nahen Osten konsumiert wird« (nach den Wikipediaeinträgen [eingesehen am 20.9.2020]).

heit gedachten Weinmotivik gemeint ist. Die ihres Blätterkleides weitgehend verlustig gegangenen, »nackten« Bäume kennzeichnen auf ihre Weise den deplorablen Prozess. Dem Schreckbild der Kämpfenden wäre also ein leiser, aber gleichwohl sprechender Hinweis auf die Spaltung der Christenheit beigefügt.

Denkbar nun, dass in Breus Zeichnung nicht nur eine formale Übernahme aus Pollaiuolos Stich vorliegt, sondern auch eine Berufung auf dessen inhaltliche Aussage. Angesichts der fünfzig heute noch existierenden Stichexemplare – einer ungewöhnlich hohen Anzahl – darf man sogar vermuten, der Sinn des projektierten Freskos habe sich denjenigen Betrachtern, auf die es ankam, auch ohne symbolisches Pflanzenbeiwerk erschließen können. Wesentlicher für das Verständnis wären allerdings die weiter oben gelegentlich des Rehlingeraltars schon erwähnten Zeitumstände gewesen. Die der Stadt Augsburg in diesem Zusammenhang zugedachte Rolle konnte dabei natürlich nicht eine solche des Schlachtenortes sein (wie bei der Amazonenschlacht (Meisterlin), der Varusschlacht (Meisterlin), der Ungarnschlacht), sondern wiederum nur diejenige weittragender Beratungen. Das ausgeführte Fresko wäre ein Aufruf an die Fürsten und Nationen zur Geschlossenheit gewesen und im Nebeneffekt ein Signal der Kampfbereitschaft an türkische Spione.

Morralls Hinweis auf die nationalistischen Strömungen bliebe trotz des hier ergehenden, anders ausgerichteten Deutungsvorschlags grundsätzlich richtig. Doch sollte bei deren Beurteilung die Gefahr von reflexhaft in Anschlag gebrachter Eurozentrik gesehen werden. Die Kriegstüchtigkeit, welche die Germanen in der Varusschlacht gegenüber den Römern bewiesen, wollten italienische Reichstagsteilnehmer, voran der bereits genannte Enea Silvius Piccolomini (Reichstagsrede 1454 in Frankfurt), nicht etwa erneut gegen Italien, sondern dringendst gegen die Türken gelenkt wissen. Der Gesandte Pauls II. zum 1471 unter Friedrich III. in Regensburg abgehaltenen Reichstag in Regensburg – dem sogenannten großen Christentag –, Giannantonio Campano, vollbrachte den Spagat, bei persönlicher abgrundtiefer Abneigung gegen Deutsche eben diese letzteren ob ihrer seit alten Germanentagen immer noch andauernden, indessen gegen die Türken zu lenkenden Kriegstüchtigkeit in einer flammenden Rede zu loben, die spätestens ab der Jahre um 1500 in Deutschland eifrig rezipiert wurde.[30]

Eine Schlussbemerkung zu den handschriftlichen Einträgen in Breus Zeichnung: Mögen sie, wie Morrall meint, Kostümbezeichnungen sein oder nicht: Vorsicht ist bei der Meinung des Autors gemeint, die unten in der Mitte genannten *Stradiote* und *Chriechen* seien – im Zusammenhang seiner eigenen Zeichnungsdeutung seltsam genug! – den Türken zuzuordnen. Die Griechen wurden in jener Zeit als von den Türken unterdrückte und daher antitürkisch gesinnte eingestuft, die Stradioten wa-

---

[30] Vgl. unter der in Anm. 25 angegeben Literatur. Näheres zum Inhalt sowie zu den schon vor der Wende zum 16. Jahrhundert erschienenen Drucken der Campano-Rede bei Jürgen BLUSCH, Enea Silvio Piccolomini und Giannantonio Campano. Die unterschiedlichen Darstellungsprinzipien in ihren Türkenreden, in: Humanistica Lovaniensia. Journal von Neo-Latin Studies 28 (1979) S. 78–138; die Ausgaben der Rede S. 89 Anm. 21.

ren eine leichte Kavallerie, bestehend aus Mitgliedern verschiedener Balkanländer; sie wurde von Venedig unterhalten und gegen die Türken eingesetzt.[31]

Zur Fuggerkapelle bei St. Anna

Bezüglich der fuggerischen Grabkapelle bei St. Anna in Augsburg zeichnet sich seit einiger Zeit eine Kontroverse darüber ab, welchen Sozialstatus die Gründer der imposanten Einrichtung, das Brüdertrio Georg († 1506), Ulrich († 1510) und Jakob Fugger, genannt der Reiche († 1525), mit ihr eigentlich ausgedrückt wissen wollten. Zwei Auffassungen stehen sich dabei gegenüber: Bei der einen – im Prinzip einer traditionellen Sicht verpflichteten, aber bereits bewusst auf die strittige Frage hin dargelegten – erscheint das Bauwerk abgestimmt auf ein zwar bürgerliches, aber besonders potentes Großkaufmannsgeschlecht,[32] die andere sieht in dem unbestreitbar großen Aufwand das Streben nach Adel verkörpert[33] und kann darauf verwei-

---

[31] Vgl. Stichwort stradiotto, in: Lessico Universale Italiano (Enciclopedia Italiana) 22 (1979) S. 111.

[32] Benjamin SCHELLER, Memoria an der Zeitenwende. Die Stiftungen Jakob Fuggers des Reichen vor und während der Reformation (ca. 1505–1555) (Stiftungsgeschichten 3) Berlin 2004, S. 49–90, mit Kritik auf S. 81 an der Position Oexles (vgl. folgende Anmerkung). Bezug genommen wird im Folgenden nur auf diese Publikation; DERS., Gedenken und Geschäft. Die Repräsentation der Fugger in ihrer Grabkapelle bei St. Anna in Augsburg, in: Michael BORGOLTE/Cosimo Damiano FONSECA/Hubert HOUBEN, Memoria. Ricordare e dimenticare nella cultura del medioevo/Memoria. Erinnern und Vergessen in der Kultur des Mittelalters (Annali dell' Istituto storico italo-germanico in Trento/Jb. des italienisch-deutschen historischen Instituts in Trient 5) Bologna/Berlin 2005, S. 133–168; DERS., Stiftungen im Umbruch der Erinnerungskultur, oder: Jakob Fugger und das Stiftungsparadox, in: ZHVS 99 (2006) S. 31–51.

[33] Otto Gerard OEXLE, Adel, Memoria und kulturelles Gedächtnis. Bemerkungen zur Memorial-Kapelle der Fugger in Augsburg, in: Chantal GRELL/Werner PARAVICINI/Jürgen Voss (Hg.), Les princes et l'histoire du XIVe au XVIIIe siècle. Actes du colloque organisé par l'Université de Versailles – Saint-Quentin et l'Institut Historique Allemand, Paris/Versailles, 13–16 mars 1996 (Pariser Historische Studien 47) Bonn 1998, S. 339–356; DERS., Kulturelles Gedächtnis in der Renaissance. Die Fuggerkapelle bei St. Anna in Augsburg. Vierte Sigurd Greven-Vorlesung gehalten am 11. Mai 2000 im Schnütgen-Museum Köln, Köln 2000. Mit Schwerpunkt auf den Orgelflügen der Kapelle und der in ihnen thematisierten Musik vgl. DERS., Memoria. Institutionalisierung und kulturelles Gedächtnis, in: Laurenz LÜTTEKEN (Hg.), Institutionalisierung als Prozess. Organisationsformen musikalischer Eliten im Europa des 15. und 16. Jahrhunderts. Beiträge des internationalen Arbeitsgespräches im Istituto Svizzero di Roma in Verbindung mit dem Deutschen Historischen Institut in Rom, 9.–11. Dezember 2005 (Analecta musicologica 43) Regensburg 2009, S. 15–53; ferner Christoph BELLOT, *Auf welsche art, der zeit gar new erfunden.* Zur Augsburger Fuggerkapelle, in: MÜLLER, Humanismus (wie Anm. 2) S. 445–490; zuletzt Alexander KAGERER, Macht und Medien um 1500. Selbstinszenierungen und Legitimationsstrategien von Habsburgern und Fuggern (Deutsche Literatur. Studien und Quellen 23) Berlin 2017, bes. S. 300–305.

sen, dass die ersten Nobilitierungen Jakob Fuggers zum Freiherrn (1511) und dann zum Reichsgrafen (1514) als Folge der 1507 getätigten Erwerbung der Grafschaft Kirchberg-Weißenhorn in die Entstehungszeit der Kapelle fielen; der Bauplanungsbeginn war zu einem unsicheren Datum im ersten Jahrzehnt des 16. Jahrhunderts, die Weihe erfolgte im Jahr 1518 trotz offenbar noch fehlender Teile der Ausstattung. Das Problem erscheint als schwierig sowohl in methodischer wie sachlicher Hinsicht; doch schon methodisch wird man unterscheiden müssen zwischen dem, als was die Kapelle dem Betrachter »gefühlt« erscheinen kann – schon der Zeitgenosse Ulrich von Hutten empfand sie als von »königlicher Art«[34] – und dem, was letztendlich an untrüglichen Kriterien zur Entscheidung der Frage zur Verfügung steht. Niemandem sei es verwehrt, in die Waagschale des Adels die Position der Kapelle in der Kirche, die Abmessungen der Kapelle selber, die Kosten für Materialien, Künstler und Handwerker, die Stilqualität und -novität und Sonstiges zu legen: Die Frage ist damit nicht entschieden; wäre sie es, so gäbe es die Kontroverse nicht!

Die nachfolgenden Überlegungen wollen denn auch hinsichtlich der angebotenen Alternativen nicht Partei ergreifen. Zum einen gehen sie von dem Verdacht aus, dass die Fugger selber die Situation offenhalten wollten, womit die Frage zur Diskussion gestellt sei, ob das Brüdertrio dabei eine bewusste Strategie der Auskunftsverweigerung verfolgte; und zum Weiteren möchten sie eine spezielle Botschaft der Kapelle zu entschleiern versuchen, die bislang nur unklar vernommen wurde und die mit der Frage nach dem Sozialstatus nichts zu tun hat.

Ganz allgemein gilt nun, dass Grablegen durchaus Auskunft zum Sozialstatus erteilen, allerdings eben nicht zu demjenigen der Grablege als Artefakt, sondern, an bestimmten Stellen und über bestimmte Wege, zu demjenigen der verstorbenen Person(en). Man kann dazu sowohl etwaige vorhandene Inschriften befragen als auch die Bilder des oder der Verstorbenen. Bei Letzteren sind allerdings gerade im Hinblick auf die Fuggerkapelle zwei Kategorien auseinanderzuhalten. Denn es sind zum einen in den Malereien der Orgelflügel und (ehemals) in den Büsten des Gestühls jene »versteckten« Porträts vorhanden, von denen als Kategorie weiter oben im Zusammenhang mit dem Rehlingeraltar bereits die Rede war, und zum anderen geht es um den in der Grabmalkunst zentralen Brauch der Grabfigur. Die versteckten Porträts können im Folgenden unberücksichtigt bleiben, weil sie auch hier den allgemeinen Regeln folgend auftauchen: Wo die Dargestellten nicht direkt in die Rolle heiliger Gestalten geschlüpft sind, nehmen sie als Ganz-, Halb- oder Viertelfiguren innerhalb der religiösen Szenerie nur eine beiläufige Beobachterposition ein. Obwohl mit gesuchter Porträtähnlichkeit ausgestattet, laufen sie Gefahr, dem Bewusstsein der Nachgeborenen allmählich zu entschwinden. Anders die eigentliche Grabfigur, zu deren Aura es gehört, als ein »offizielles« Bild des Verstorbenen zu gelten und entsprechend verehrt zu werden, wobei paradoxerweise

---

[34] Vgl. dazu Bruno BUSHART, Die Fuggerkapelle bei St. Anna in Augsburg, München 1994, S. 37.

Abb. 6: Rechtes der zwei mittleren Epitaphien der Rückwand der Fuggerkapelle, Georg Fugger gewidmet. Unterer Teil mit Inschrift, Grabfigur und Samsons Kampf gegen die Philister (Foto: Verfasser; mit freundlicher Genehmigung der Fuggerschen Stiftungs-Administration)

die Porträtähnlichkeit überhaupt keine Rolle spielen muss, weil die Identität ganz an der Zentralität und Offizialität hängt, die dieses Bild zum vollgültigen Vertreter des/der Verstorbenen macht. Eindeutig spielt aber eine solche Rolle neben speziellen Attributen die Tracht, wobei beides die Offizialität unterstreicht. Die Tracht gibt Auskunft über Stand und Funktion, die der (die) Verstorbene im Leben einnahm, und zu Zeiten, in denen Kleiderordnungen Gesetzeskraft einnehmen konnten, war angesichts der allgemeinen Sensibilisierung in dieser Hinsicht die Auskunft hierüber wohl wichtig und erwartet.

In der Fuggerkapelle bilden die vier großen in die Rückwand eingelassenen Reliefepitaphien zusammen die Zone, die bei der Suche nach Auskunft zum Sozialstatus zuständig ist. Alle vier weisen an der Fußlinie eine steinerne Kartusche auf, über deren Inschrift das Epitaph jeweils die persönliche Zuweisung an einen der Fugger erfährt (die zwei äußeren an Jakob, von den beiden mittleren das linke an Ulrich, das rechte an Georg), zudem die zwei inneren auch Grabfiguren (Abb. 6). Mustert man nun die Relieftafeln zonenweise von unten nach oben durch, so enttäuschen schon die soeben erwähnten Inschriften allesamt die mögliche Erwartung in der aufgeworfenen Frage.[35] Jakob Fugger wird in der linken Inschrift zur »Zierde seines Standes« erklärt, der Stand aber nicht beim Namen genannt. Auch wird dort seine Funktion als kaiserlicher Rat festgehalten, die freilich als solche weder an den Bürger- noch an den Adelsstand gebunden war. Viel erstaunlicher aber, dass weder in dem einen noch dem anderen der beiden Epithaphien ein Bild dieses erfolgreichsten der drei Brüder auftaucht, der zugleich als Einziger von ihnen geadelt wurde.

Nur scheinbar trösten hierüber die Verhältnisse an den zwei inneren Epitaphien hinweg. Zwar sieht man hier Grabfiguren von Ulrich und Georg Fugger – nach gutem Brauch in liegender Haltung gegeben –, dabei jedoch ungewöhnlicherweise nicht in jener Tracht dargestellt, welche die Kaufleute zu Lebzeiten kennzeichnete, sondern als in bloße Tücher oder Säcke eingehüllte Leichname, also in einer Form, in der sie jeder sozialen Zuordnungsmöglichkeit entzogen sind. Die besondere Art dieser Darstellung hat in der Forschung selbstverständlich entsprechende Reaktionen hervorgerufen. Von kunsthistorischer – besser gesagt: formhistorischer – Seite ist man reflexhaft auf die Suche nach Vorbildern für die Faltenverläufe bei den Leichentüchern gegangen,[36] was indessen hier unberücksichtigt bleiben kann; von historischer Seite hat Benjamin Scheller eine suggestive Erklärung über liturgische Aspekte, darunter speziell den Brauch der Totenmesse *praesente cadavere*, angeboten,[37] auf die weiter unten zurückzukommen ist. Wie immer nun aber die Darbietung in Leichentüchern im Näheren zu erklären wäre – sie bleibt im Nebeneffekt ein Ausweichen vor der Entscheidung, welche die Fugger im Fall einer »Lebend«-Darstellung hätten treffen müssen zwischen bürgerlicher Zivilkleidung –

---

[35] Sämtliche vier Inschriften lateinisch und in Übersetzung ebd. S. 155 f. mit Datierung (S. 157) nach Jakob Fuggers Tod i. J. 1525.
[36] Ebd. S. 130.
[37] SCHELLER, Memoria (wie Anm. 32) S. 70–80.

beispielsweise Schaube, langer Mantel oder anderes – und Ritterrüstung. Die erstere Version stand den Fuggerbrüdern zeitlebens in St. Anna selber vor Augen, dort auf der Deckplatte der Tumba des Ehepaars Hirn (heute im Nordwestquerhaus des Doms), dem ehemaligen Zentrum der Hirnschen Kapelle (nachmals Goldschmiedekapelle). Der Krämer Konrad Hirn ist hier kniend im langen Mantel mit dem Rosenkranz in der Hand zu sehen. Die Errichtung der Hirnschen Kapelle lag zur Zeit jener der Fuggerkapelle zwar bereits viele Jahrzehnte zurück; für die Ansprüche der Fuggerbrüder indessen könnte sie schon deswegen ein Stimulans gewesen sein, weil sie immer noch größer war als später errichtete Privatkapellen etwa in der Dominikanerkirche, St. Georg und St. Ulrich.

Speziell aber bezüglich der zweiten Version, der Ritterrüstung, macht sich vernebelnd bemerkbar, dass in der Literatur zur Fuggerkapelle, verführt durch die schiere Größe der letzteren, bei der Suche nach Informationen zu allgemeiner Grabmalgeschichte nur zu Publikationen gegriffen wird, die das Thema gern in der großen Spannweite äußerlicher Grabmaltypik (Boden-, Tisch-, Baldachin-, Wand- und zahllose weitere Grabmalarten) vorführen.[38] Durch deren grobe Maschen fällt die Soziologie der dargestellten Personen weitestgehend hindurch. Untersuchungen, die bei zeitlicher und geographischer Begrenzung das Phänomen der Figur des Adligen im Harnisch in einiger Breite präsent machen,[39] sind rar (in erster Linie mühsam zu recherchieren), wenngleich feststeht, dass die Ritterrüstung (es können auch Teile davon kombiniert mit Zivilkleidung sein) zur Kennzeichnung des Adels vom bescheidenen Landadligen bis in den Hochadel galt und erst bei Fürsten und Königen/Kaisern andere, »zivile« Merkmale – Hermelin, spezielle Attribute – ein Übergewicht gewinnen. Weil zudem jene allgemeineren Publikationen zu den Grabmaltypen nicht zuständig sind für das weit verbreitete Phänomen einfacher Epitaphien, lenken sie auch von diesen und der Tatsache den Blick ab, dass der Adel, wenngleich eher der relativ arme, in dieser an zahllosen Kirchenwänden anzutreffenden Monumentenspezies in Ritterrüstung anzutreffen ist,[40] meist in kniender

---

[38] Zu nennen sind speziell Erwin PANOFSKY, Grabplastik. Vier Vorlesungen über ihren Bedeutungswandel von Alt-Ägypten bis Bernini, Köln 1964, und Hans KÖRNER, Grabmonumente des Mittelalters, Darmstadt 1997.

[39] Zu nennen etwa die Studie von Günther BRÄUTIGAM, Die Darstellung des Verstorbenen in der figürlichen Grabplastik Frankens und Schwabens vom Ende des 13. Jahrhunderts bis um 1430, o. O. (Diss. masch. Erlangen) 1953, von der u. a. profitierten Helfried VALENTINITSCH, Die Aussage des spätmittelalterlichen Grabmals für die adelige Sachkultur, in: Adelige Sachkultur des Spätmittelalters. Internationaler Kongress Krems an der Donau 22. bis 25. September 1980 (Veröffentlichungen des Instituts für Mittelalterliche Realienkunde Österreichs 5) Wien 1982, S. 273–292, und Franz MACHILEK, Frömmigkeitsformen des spätmittelalterlichen Adels am Beispiel Frankens, in: Klaus SCHREINER (Hg.), Laienfrömmigkeit im späten Mittelalter. Formen, Funktionen, politisch-soziale Zusammenhänge (Schriften des Historischen Kollegs, Kolloquien 20) München 1992, S. 157–189, hier 177 f.

[40] Die Beispiele finden sich über verschiedenste Literaturkategorien verstreut. Als Künstlermonographie mit zahlreichen Abbildungen solcher Ritterepitaphien sei stellvertretend

Haltung, weil in ihr das Kruzifix, Maria oder ein Namensheiliger angebetet wird. Man könnte sich sogar vor die Frage gestellt sehen, ob nicht mancher Adlige zwar noch das Geld für das Epitaph, nicht aber für die Ritterrüstung hatte, in der er sich dennoch darstellen ließ. Im Gegenzug ist zwar die fuggerische Finanzierung von Soldaten, Heerführern, Kriegen – auch Rüstungsproduktion findet man genannt – kein Geheimnis,[41] die Vorstellung eines der drei mit der Kapelle in St. Anna verbundenen Fugger in einem Harnisch aber wäre dagegen – gemessen an allem, was man bis heute weiß – ziemlich gewöhnungsbedürftig.

Vor diesem Hintergrund, so wird hier gemeint, ist die Sonderform der Darstellung der zwei Leichname Ulrich und Georg Fuggers nicht unverdächtig, ein Ausweichen vor der vielleicht von den zwei Genannten selbst schon befürchteten Frage nach dem Sozialstatus zu sein. Die Gründe für die Scheu wären schnell genannt: Die Kapelle sollte auch als Grablege für Nachfahren dienen, die dereinst vielleicht den vollgültigen Adelsstand erreichen würden, ein Hinweis auf den ehemals bürgerlichen Status also besser vermieden werden. Soweit Jakob Fugger mitentscheidend gewesen sein könnte, wäre anzuführen, dass er selbst zwar den Adel angestrebt haben mochte, den Weg dahin sich allerdings selbst nicht gerade erleichterte, indem er darauf insistierte, weiterhin Handelstätigkeit auszuüben, was mit einem echten Übertritt in den Adel unvereinbar war,[42] ferner, dass die ersten Stufen der Nobilitierung, weil nur »persönlich« geltend (ohne Geltung für die Familie, ohne Erblichkeit) noch als minderwertig und zudem als unzureichend in zweierlei Hinsicht empfunden worden sein mochten, denn erstens taugten sie wohl zunächst wenig als solides Unterpfand für die Grafschaft Kirchberg-Weißenhorn und zweitens blieben sie stumpf gegenüber den Regelungen, die der Adel selber in puncto Turnier- und Stiftsfähigkeit getroffen hatte. Eine jüngere Untersuchung weiß zudem noch von einer besonderen Schwierigkeit im Vertrag mit den Habsburgern bezüglich der Grafschaft Kirchberg-Weißenhorn zu berichten.[43]

---

genannt Peter REINDL, Loy Hering. Zur Rezeption der Renaissance in Süddeutschland, Basel 1977.

[41] Vgl. hierzu weiter unten.

[42] Vgl. hierzu allgemein Barbara STOLLBERG-RILINGER, Handelsgeist und Adelsethos. Zur Diskussion um das Handelsverbot für den deutschen Adel vom 16. bis zum 18. Jahrhundert, in: ZHF 15 (1988) S. 273–309, sowie DIES., Gut vor Ehre oder Ehre vor Gut? Zur sozialen Distinktion zwischen Adels- und Kaufmannsstand in der Ständeliteratur der Frühen Neuzeit, in: Johannes BURKHARDT (Hg.), Augsburger Handelshäuser im Wandel des historischen Urteils (Colloquia Augustana 3) Berlin 1996, S. 31–45. Bislang kaum übertroffen in der Rücksicht auch auf weitere Distinktionsprobleme und faktengeschichtliche Übersicht: Rudolf ENDRES, Adel und Patriziat in Oberdeutschland, in: Winfried SCHULZE (Hg.), Ständische Gesellschaft und soziale Mobilität (Schriften des Historischen Kollegs. Kolloquien 12) München 1988, S. 221–238.

[43] Vgl. Sarah HADRY, Jakob Fugger (1459–1525) – ein falscher Graf? Kirchberg-Weißenhorn als Ausgangsbasis für den Aufstieg einer Augsburger Kaufmannsfamilie in den Reichsadel, in: Johannes BURKHARDT (Hg.), Die Fugger und das Reich. Eine neue Forschungsperspektive zum 500jährigen Jubiläum der ersten Fuggerherrschaft Kirchberg-

Das Ausweichen würde also in jedem Falle eine Festlegung auf den bürgerlichen Status vermieden haben, gleichfalls die unmittelbare auf den adligen, was in der zeitlich gegebenen Situation opportun gewesen sein mag, um weiteren Spott und Kritik, von denen die Fugger ja ohnehin viel zu erleiden hatten, zu vermeiden. Ein gewisser Druck zum Ausweichen kann auch dadurch entstanden sein, dass die Abschließung des Adels in Turnier- und Domkapitelgemeinschaften mit ihrer Abwehr von bürgerlichen und neuadligen Bewerbern[44] – leider in der Kapellendiskussion bislang nirgends erwähnt – beim Verfertigen von schriftlichen Statuten nicht stehen geblieben war. Denn das Phänomen der im Generationenturnus ständig erhöhten Anzahl der nachzuweisenden adligen Vorfahren war selbst im Grabmalwesen manifest geworden.[45] Ein Vorzugsbeispiel davon ist das Grabmal des Bischofs Johann von Werdenberg (reg. 1469–1486), das den Fuggerbrüdern in einer der Ostchorkapellen des Augsburger Doms vor Augen stand und mit sechzehn Wappen an der Tumbafront einen klaren Begriff von »Ahnenprobe« vermittelte.[46]

Benjamin Schellers Vorschlag, die Darstellung der zwei Fuggerbrüder Georg und Ulrich als frisch Verstorbene in Leichentüchern über die Totenmesse *praesente cadavere* zu erklären, hat sicherlich viel für sich, auch wenn jener interpolierte liturgische Zusammenhang hier leise verdächtigt wird, den Fuggern am Ende nebenher als Begründung beziehungsweise als Vehikel für die Verweigerung einer Auskunft über den Sozialstatus gedient zu haben.

Für die weitere Diskussion dieses Punktes mag der Hinweis auf einige offene Fragen nützlich sein. So wüsste man angesichts der unterschwellig insinuierten Vor-

---

Weißenhorn (Studien zur Fuggergeschichte 41) Augsburg 2008, S. 33–51. Dort unter anderem der Hinweis, dass Maximilian I. bezüglich der Grafschaft für das Haus Habsburg das Rückkaufsrecht reserviert hatte und der Vertrag über die Grafschaft alle zwanzig Jahre erneuert werden musste. Das mochte zwar geheim bleiben, kann aber der Entwicklung echten Adelsstolzes nicht förderlich gewesen sein.

[44] Für die deutschen Domkapitel galt dies bekanntlich mit ganz wenigen Ausnahmen. Bezüglich Augsburg ausführlich dargelegt von Rolf KIESSLING, Bürgerliche Gesellschaft und Kirche in Augsburg im Spätmittelalter. Ein Beitrag zur Strukturanalyse der oberdeutschen Reichsstadt (Abh. zur Geschichte der Stadt Augsburg 19) Augsburg 1971, S. 323–352.

[45] Es entzieht sich der Kenntnis des Verfassers, ob es zu diesem Phänomen eine zusammenfassende Darstellung gibt. Sollte sie erst noch entstehen müssen, könnte sie anknüpfen bei Hellmuth RÖSSLER, Adelsethik und Humanismus, in: DERS. (Hg.), Deutscher Adel 1430–1555. Büdinger Vorträge 1963 (Schriften zur Problematik der deutschen Führungsschichten in der Neuzeit 1) Darmstadt 1965, S. 234–250, mit der Bemerkung (S. 242): »Es ist doch wohl kein Zufall, daß gerade in der Zeit nach 1430 die Grabsteine der Angehörigen des hohen wie des niederen Adels nun erstmals die Wappen der acht und später auch sechzehn Ahnen zeigen, durch deren Nachweis man fähig wurde zum Eintritt in Rittergesellschaften oder Domkapitel« (mit dem Hinweis, dass dies ein Diskussionsbeitrag von Prof. Decker-Hauff gewesen sei).

[46] Zu dem Grabmal zuletzt: Franz-Albrecht BORNSCHLEGEL, Die Grabmäler der Geistlichkeit im Augsburger Dom. Inschriften zwischen Demut, Konvention und Extravaganz, in: Thomas KRÜGER/Thomas GROLL (Hg.), Bischöfe und ihre Kathedrale im mittelalterlichen Augsburg (JVAB 53/II) Lindenberg 2019, S. 381–433, hier 418–422.

stellung, die Totenmesse *praesente cadavere* sei dem Seelenheil besonders nützlich gewesen, gern, wie die Fugger zu der entsprechenden theologischen Vorzugsberatung gelangten, die dem Rest der Welt, höchste Kreise inbegriffen, eher verwehrt gewesen zu sein scheint.

Die Spezialstudie Hans Körners zum Thema der Totenmesse *praesente cadavere* und zu dem von diesem Autor supponierten Zusammenhang mit Grabmälern in Italien[47] führt nur Monumente vor, in denen der Verstorbene zwar in den Gesichts- und einigen anderen Zügen als Verstorbener erscheint, dies jedoch nicht etwa in Leichentüchern, sondern – es handelt sich meist um hohe Geistliche vom Papst abwärts – im vollen Amtsornat. Folglich ist die Frage gestattet, ob die ungewöhnliche Darstellungsart in der Fuggerkapelle im Zusammenhang mit jener Messe unbedingt nötig war.

Erwin Panofsky hatte die zwei Augsburger Grabfiguren dem Umkreis der schmalen Tradition der sogenannten Transi-Grabmäler (frz., von lat. *transire* = hinübergehen) zugerechnet, jenen Darstellungen, in denen der Verstorbene, wenn nicht gar schon als bloßes Gerippe, im Zustand der Verwesung gezeigt wird mitsamt von Kröten und Würmern, die sich an ihm laben. Bushart gelang es, unter Anlegung strengster Maßstäbe diese Sicht aus der Diskussion auszuscheiden. Übersehen wurde, dass in vielen Fällen der Transi-Grabmäler eine Doppeldarstellung des Verstorbenen gegeben ist,[48] einmal als Transi, ein zweites Mal als Lebender in entsprechender Tracht. In der Fuggerkapelle ist auch diesem Muster ausgewichen worden.

Doch nicht nur dies: Einige der Dürer-Entwürfe für die zwei inneren Epitaphien bezeugen über eine gewisse Distanziertheit im Verhältnis zwischen Auftraggeber und Künstler hinaus eine tiefe, bislang noch kaum diskutierte Unsicherheit darüber, wie die zwei Verstorbenen dargestellt werden sollten. Wo alles andere bereits per-

---

[47] Hans KÖRNER, Praesente cadavere. Das veristische Bildnis in der gotischen Grabplastik Italiens, in: Hans KÖRNER u. a. (Hg.), Die Trauben des Zeuxis. Formen künstlerischer Wirklichkeitsaneignung (Münchner Beitr. zur Geschichte und Theorie der Künste 2) Hildesheim/Zürich/New York 1990, S. 41–60.

[48] Berühmtestes der hier nicht vollständig aufzuzählenden Beispiele ist das Fresko Masaccios im Florentiner Dom, bei dem sich oberhalb des Gerippes das Stifterehepaar »lebend« in kniender und den Gekreuzigten anbetenden Haltung präsentiert. In etwa nach diesem Muster als örtlich näherliegendes, wenngleich etwas später als die Reliefs der Fuggerkapelle entstandenes Beispiel das Epitaph des Bernhard von Waldkirch († 1523) im Eichstätter Domkreuzgang, das bei Kathleen COHEN, Metamorphosis of a Death Symbol. The Transi Tomb in the Late Middle Ages and the Renaissance, Berkeley/Los Angeles/London 1973, Abb. 71 (Text S. 118), gleich hinter den Fugger-Epitaphien, Abb. 64–70 (Text S. 117 f.), eingeordnet ist; bessere Abb. als bei COHEN bei REINDL, Loy Hering (wie Anm. 40) S. 301. Oberflächlich gesehen, könnte das Grabmal des Peter von Schaumburg in der Augustinuskapelle des Augsburger Domchors als reines demutsvolles Transi-Monument erscheinen, indessen hat hier vielleicht auch Platzmangel eine Rolle gespielt; doch sorgen hier sowohl die Inschrifttafel an der Kapellenwand als auch die auf dem Monument selber mit dargestellten Attribute – die Bischofsmitra und der Kardinalshut – dafür, dass nichts von den Würden, die der Tote zu Lebzeiten innehatte, vergessen wird. Zum Grabmal mit den Inschrifttexten zuletzt BORNSCHLEGEL (wie Anm. 46) S. 414–418.

fekt entworfen erscheint – und Dürer sich herausnimmt, an der Stelle des für den Fugger vorgesehenen Lobes in klassischen Lettern sich selbst anzupreisen –, da lässt der Entwerfer (auftragsgemäß?) den schmalen horizontalen Schacht für den Verstorbenen leer, im einen der zwei Fälle sogar mit so wenig Platz, dass darin allenfalls ein paar Knochen unterzubringen wären.[49] Was kann es mit diesen Darstellungen *absente cadavere* auf sich haben?

* * *

Von den szenischen Darstellungen der zwei mittleren Epitaphien – der Himmelfahrt Christi links und den Samsongeschichten rechts (Abb. 6) – wird niemand Aufschluss in der Frage des Sozialstatus erwarten. Bemerkenswert ist jedoch der inhaltliche Wandel beim rechten der beiden Reliefs: Hauptszene hatte hier ursprünglich die Episode des die Torflügel von Gaza tragenden Samson sein sollen, weil sie die typologisch korrekte Entsprechung zur Himmelfahrt Christi ist. Sie musste dem Kampf des Helden gegen die Philister weichen. Und wäre in der Ausführung jene vom Kriegsgott Mars bekrönte Säule beibehalten worden, die in einem der Dürer-Entwürfe zusätzlich zum Kampfgeschehen an der rechte Seite vorgesehen war,[50] so hätte sie den profanen Unterton von dessen Aufgewühltheit noch erheblich verstärkt. Mit diesem Geist scheinen die zwei äußeren Epitaphien (linkes davon: Abb. 7) in einer unterschwelligen Verbindung zu stehen, obwohl sie bekanntlich in erster Linie einen erheblichen, sachlich und chronologisch aspektreichen Bruch in der Planung der Kapellenrückwand darstellen, der hier jedoch nicht Thema sein soll.

Enttäuscht bei den zwei äußeren Reliefs schon der Entfall von Bildern Jakob Fuggers, so befremdet zudem nicht wenig das, was beide Male – im Wesentlichen gleichlautend, in manchen Details verschieden – positiv dargestellt ist (Abb. 7, 8). Wohl weniger die Präsenz des großen, von zwei Kriegern hochgehaltenen Lilienwappens, doch desto mehr – als handele es sich um die »Begründung« der Wappendemonstration – die unterhalb des Wappens befindliche Komposition aus Beutewaffen (Brustpanzer, Helm, Schwerter) und zwei kauernden, halbnackten Gefangenen, von denen der eine nach links, der andere nach rechts gewendet ist (Abb. 8). Man registriert allerdings auch Totenköpfe, und so meinte Bushart, den Gesamtsinn der zwei Epitaphien als »Meditationen über Ruhm, Tod und Vergänglichkeit« resümieren zu sollen,[51] worin ihm verschiedentlich gefolgt wurde. Und doch kann man den Eindruck haben, es werde in den Reliefs eher laut verkündet statt meditiert, und zwar kein Lamento über die allgemeine Unbill in dieser Welt, sondern die fuggerische Gloria. Bushart hat freilich auch diese Seite gesehen, wenn er von »Embleme(n)

---

[49] Abbildungen bei BUSHART, Die Fuggerkapelle (wie Anm. 34) Abb. 61 (S. 122) und 62 (S. 123).
[50] Ebd. Abb. 62 (S. 123) und Farbtafel XVIII.
[51] Ebd. S. 167.

Abb. 7: Linkes der beiden äußeren, Jakob Fugger gewidmeten Epitaphien
(Foto: Verfasser; mit freundlicher Genehmigung der Fuggerschen
Stiftungs-Administration)

Abb. 8: Detail des Epitaphs (Foto: Verfasser; mit freundlicher Genehmigung der Fuggerschen Stiftungs-Administration)

für Macht und Größe des fuggerischen Geschlechts« sprach, sich darüber hinaus aber auch genötigt sah, die Unangemessenheit jener Embleme festzustellen, da »... sie eher dem Mausoleum eines Feldherrn als dem Grab von Kaufleuten anstehen würde(n)«.[52] Die Unangemessenheit beziehungsweise Unverständlichkeit bleibt auch bei Rücksicht auf die von Jakob Fugger erworbenen Adelsgrade bestehen, insofern als nicht bekannt ist, dass der Freiherr/Graf Jakob Fugger je in eigener Regie militärisch aktiv geworden wäre, etwa gegen jene Adligen, die als Lehnsnehmer der Grafschaft Kirchberg-Weißenhorn ihn wegen seines Mangels an hinreichender Adeligkeit als Lehnsherrn nicht anerkennen wollten. Insofern tragen auch Adelsbräuche wie das Einbringen von erbeuteten Waffen und Fahnen in Kirchen[53] nichts zur Klärung bei, weil sie an Fakten gebunden sind und dabei schon gar

---

[52] Ebd. S. 167.
[53] Assoziieren lässt sich der Adelsbrauch, erbeutete Waffen und Fahnen (zu beachten die etwas schwach reliefierten Fahnen im rechten Außenepitaph [Abb. 80 ebd. S. 145]) dem eigenen Grabmal in der Kirche hinzuzufügen. Als Beispiel sei zitiert, dass Georg von Frundsberg nach dem Sieg über die Böhmen am Wenzenberg (1504) die erbeutete Böhmerfahne bei der Familienkapelle in der Stadtpfarrkirche von Mindelheim anbringen ließ. Vgl. Reinhard BAUMANN, Georg von Frundsberg. Der Vater der Landsknechte und

nicht Gefangene mit einbegreifen. Gerade in letzteren zeigt sich das Hochfahrende der Bildmotivik, die ohnehin sehr rar und normalerweise nur im Kontext souveräner Potentaten anzutreffen ist.[54]

Feldhauptmann von Tirol, München 1984, S. 86. Im weiteren Sinne ließe sich wohl der Augsburger Fall dazu rechnen, dass Maximilian nach eben dem genannten Sieg erbeutete Waffen zum Grab des hl. Simpert in St. Ulrich überstellte. Hierzu zuletzt Manuel TEGET-WELZ, Die spätmittelalterliche Ausstattung der Ulrichsbasilika, in: Manfred WEITLAUFF (Hg.), Benediktinerabtei St. Ulrich und Afra in Augsburg (1012–2012). Geschichte, Kunst, Wirtschaft und Kultur einer ehemaligen Reichsabtei. FS zum tausendjährigen Jubiläum, Bd. 1: Textbd. (JVAB 45) Lindenberg 2012, S. 817–842, hier 833. Auch gab es, zumindest in Frankreich und Burgund, die Sitte, im Todesfall die eigene Ritterrüstung zum Begräbnis in die Kirche überführen zu lassen. Zu diesem und ähnlichen Bräuchen vgl. Colette BEAUNE, Mourir noblement à la fin du Moyen Age, in: La mort au moyen âge. Colloque de l'Association des Historiens médiévistes français réunis à Strasbourg en juin 1975 au Palais universitaire (Publications de la Société savante d'Alsace et des régions de l'Est. Collection «Recherches et Documents» 25) Colmar 1977, S. 125–143.

[54] Speziell das Motiv der Gefangenen ist rar. Noch in die Entstehungszeit der Fuggerkapelle gehören die zuweilen auch »Gefangene« genannten »Sklaven« am Grabmal des überaus kriegerischen Papstes Julius II., die heute im Louvre zu besichtigen sind, schon merklich später (um 1558) ließ sich Papst Paul III. im sogenannten Salotto dipinto des Palazzo Farnese/Rom thronend mit zwei flankierenden Gefesselten (hockend wie in St. Anna) darstellen, und ähnlich, weil wiederum kauernd und symmetrisch angeordnet, umgeben vier Gefangene die 1595 entstandene Statue Ferdinandos I. Medici, des Großherzogs von Toskana, an der Mole von Livorno, um dort mit ihrem Los abschreckend auf berberische und türkische Seeräuber zu wirken. – Beutewaffen (Brustpanzer, Helme, Schwerter etc.) künden bereits Ende des 15. Jahrhunderts in Form fein gemeißelten Schmucks von Pilasterflächen am Dogenpalast in Venedig von Siegeswillen und Souveränität der Republik und seines obersten Repräsentanten, um 1520 auch an freilich nur gemalten Pilasterflächen im Palazzo d'Arco/Mantua, dort freilich nicht von ungefähr, weil die Gonzaga, Inhaber der Markgrafschaft Mantua, ihren Ruf als Heerführer pflegten und in diesem Zusammenhang schon in den Jahren 1486–1494 Andra Mantegna einen »Triumphzug Cäsars« hatten malen lassen, eine hochberühmte Serie von Tafeln (heute in Hampton Court/London), die alsbald durch gemalte Kopien und mehr noch durch Drucke weithin bekannt wurde. Hier sieht man in dem langen Zug unter anderem auch Männer, die auf hochragenden Stangen erbeutete Brustpanzer, Helme usw. vorantragen, sowie etliche mitmarschierende Gefangene. Wohl zu Recht ist schon vor langer Zeit vermutet worden, dass Kaiser Maximilians Projekt eines Triumphzugs in der Grundidee auch von Mantegnas Serie angeregt wurde, während auf letztere sehr viel deutlicher in mancher Motivik (Transporteure von Beutepanzern, mitschreitende Gefangene) Teile der Reliefs am 1551 bis 1558 entstandenen Grabmal Franz I., des französischen Königs und Gegenspielers Maximilians I. und Karls V., in St. Denis zurückgehen. – Abbildungen zu Venedig bei Wolfgang WOLTERS, Architektur und Ornament. Venezianischer Bauschmuck der Renaissance, München 2005, Abb. 108 f.; Abbildungen zu den Pilasterflächen in Mantua sowie zu der Darstellung Pauls III. in Rom bei Julian KLIEMANN/Michael ROHLMANN, Wandmalerei in Italien. Die Zeit der Hochrenaissance und des Manierismus 1510–1600, München 2004, auf S. 61 f. und 31; zum Monument in Livorno vgl. Piero TORRITI, Pietro Tacca da Carrara, Genua ²1984, auf S. 40–45; zu Mantegnas Triumphzug Cäsars vgl. Maria BELLONCI/Niny CARAVAGLIA, L'opera completa di Andrea Mantegna (Classici dell'Arte) Mailand ²1979, S. 110 f.; zum Grabmal Franz' I. vgl. PANOFSKY, Grabplastik

Muss nun aber mit dem Feldherrngebaren unbedingt Jakob Fugger selber gemeint sein? Kann es vielleicht auch ein Potentat gewesen sein, den die Fugger nur unterstützt hatten? Hier käme ohne weiteres der ohne Unterlass Kriege führende Maximilian in Frage.[55] Die Aufzählung der (Vor-)Finanzierungen von dessen Unternehmungen durch die Fugger darf hier unterbleiben, konnte doch schon Götz Freiherr von Pölnitz summarisch von der fuggerischen »Finanzierung seiner (= Maximilians, E. L. S.) vielfältigen französischen und italienischen Kriegszüge« sprechen.[56] Zu denken wäre dabei auch daran, dass Jakob Fugger kaum all jene Anstrengungen verborgen geblieben sein können, mit denen der Kaiser in großen Druckwerken sich selbst und seine Taten zu feiern gedachte (auch hier sei auf eine Aufzählung verzichtet); spätestens 1512, dabei großenteils in Augsburg, nahmen die Arbeiten an den *gedechtnus*-Werken Fahrt auf. Hinzu trat die vielseitige Panegyrik in Wort und Bild von anderen Seiten. Jakob Fugger selber beteiligte sich daran als Auftraggeber von Fresken im Damenhof der Fuggerhäuser am Weinmarkt;[57] unbekannt ist leider, was die Bemalung der zum Weinmarkt gelegenen Palastfassade schilderte.

Möglicherweise tauchten im fuggerischen Baukomplex Motive auf, wie man sie im bislang wenig beachteten Titelblatt einer Maximilian gewidmeten, 1512 in Straßburg gedruckten Ausgabe von Schriften griechischer Kirchenlehrer des 4. Jahrhunderts beobachten kann[58] (Abb. 9), das zunächst schon insofern von In-

---

(wie Anm. 38) Abb. 328–330; Vermutung der ideellen Beeinflussung von Kaiser Maximilians Triumphzugprojekten durch Mantegna bei Karl Giehlow, Dürers Entwürfe für das Triumphrelief Kaiser Maximilians I. im Louvre. Eine Studie zur Entwicklung des Triumphzuges, in: Jb. der Kunsthistorischen Sammlungen des Allerhöchsten Kaiserhauses 28 (1910/11) S. 14–84, hier 30.

[55] Zur Anzahl der Kriege, die Maximilian führte, gibt es unterschiedliche Angaben. Volker Schmidtchen, Maximilian und das Kriegswesen, in: Georg Schmidt-von Rhein (Hg.), Kaiser Maximilian I. Bewahrer und Reformer. Kat. zur gleichnamigen Ausstellung vom 2.8. bis 31.10.2002 im Reichskammergerichtsmuseum Wetzlar, Ramstein 2002, S. 117–123, hier 117, zählt in vier Jahrzehnten »immerhin 27 Kriege«, doch wird auch die Zahl 30 genannt bei Gerhard Kurzmann, Kaiser Maximilian I. und das Kriegswesen der österreichischen Länder und des Reiches (Militärgeschichtliche Dissertationen österreichischer Universitäten 5) Wien 1985, S. 12.

[56] Götz Frhr. von Pölnitz, Jakob Fuggers Zeitungen und Briefe an die Fürsten des Hauses Wettin in der Frühzeit Karls V. 1519–1525, in: Nachrichten von der Akademie der Wissenschaften in Göttingen. Philosophisch-Historische Klasse 2 (1941) S. 89–160, hier 89. Ähnlich Mark Häberlein, Die Fugger. Geschichte einer Augsburger Familie (1367–1650), Stuttgart 2006, S. 42. Vermutlich sind generell auch Waffenlieferungen mit einzubeziehen; vgl. Wolfgang Zorn, Augsburg. Geschichte einer deutschen Stadt, Augsburg ²1972 (⁴2001), S. 162: »Jakob Fugger erwarb auch Schloß und Bergstadt Freiwaldau am schlesischen Altvatergebirge, dann das Reichensteiner Goldbergwerk im Glatzer Bergland und entwickelte eine eigene Rüstungsindustrie für Kanonen, Büchsen und sonstige Waffen.«

[57] Zur Themenliste der verlorenen Fresken im Damenhof vgl. Norbert Lieb, Die Fugger und die Kunst im Zeitalter der Spätgotik und frühen Renaissance, München 1952, S. 111–120.

[58] Zuletzt abgebildet unter Hinweis auf Maximilian »als Förderer von Wissenschaften und Künsten« in: Schmidt-von Rhein, Kaiser Maximilian I. (wie Anm. 55) S. 345. Neueste

teresse ist, als es in einigen Aspekten (seitliche vertikale Wappenfolgen, oben der thronende Kaiser zwischen seinen Enkeln Karl und Ferdinand) ein wenig die Layouts der *Fier gulden Stain* der Dominikanerkirche (Abb. 3) vorwegnimmt. Beiderseits des die Bücher aufzählenden Zeilenblocks halten durch heroische Nacktheit ausgezeichnete Figuren – die Unterschenkel sind teilweise, die Füße gänzlich durch die Widmungstafel verdeckt – mittels oben gegabelter Stangen Beutewaffen in die Höhe, links ein Mann einen Brustpanzer mit Streitkolben, rechts eine bewaffnete Frau einen Rossstirnschild (in ihm das Monogramm des Baseler Künstlers Urs Graf) mit Schwert. Sollte der Tierkopf auf der Kappe der Frau nicht ein Huhn, sondern einen Hahn meinen, wäre die weibliche Gestalt pikanterweise als eine Gallia (= Frankreich) deutbar.

Zumindest in den von Maximilian selbst initiierten und gesteuerten *gedechtnus*-Werken, so mochte Jakob Fugger ahnen oder sicher wissen, würde für ihn, den Dauergeldgeber, mit dem Maximilian doch in geschäftlicher Symbiose lebte, kein Platz sein. Denkbarerweise also verfolgen die zwei äußeren Epitaphien der Fuggerkapelle das Ziel – ohne dass hierbei an Fragen des Sozialstatus gedacht wäre –, die Firma Fugger ein wenig aus dem Schatten des Kriegshelden Maximilian heraustreten zu lassen.

Erwähnung bei Ute OBHOF, Der Renaissancekünstler Urs Graf d. Ä. Genie mit lasterhaftem Lebenswandel, in: Badische Heimat 100 (2020) S. 104–115, hier 106 (freundlicher Hinweis vom Direktor der Martinus-Bibliothek in Mainz, Herrn Dr. Helmut Hinkel). Die Straßburger Publikation ist für Augsburg auch insofern von Interesse, als Maximilian I. dem Prior des Augsburger Dominikanerklosters, Johannes Faber, die Förderung des institutionalisierten Studiums antiker Sprachen bei eben diesem Kloster zugesagt hatte.

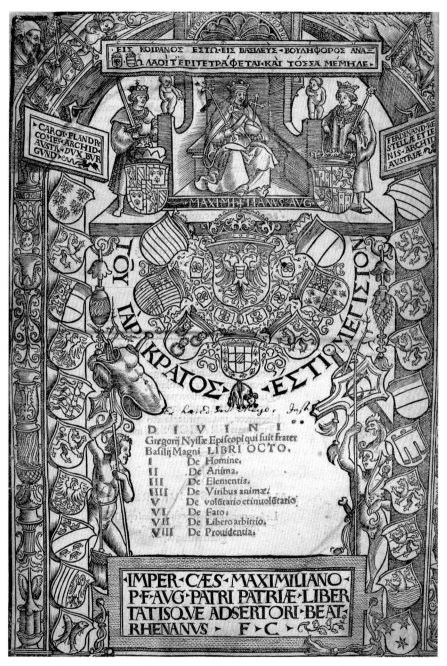

Abb. 9: Titelblatt von: Gregor Nyssa/Gregor von Nazianz/Basilius der Große, Werke, Straßburg 1512. Folio-Format. Martinus-Bibliothek – Wissenschaftliche Diözesanbibliothek/Mainz Inc 158–160 (Foto: Martinus-Bibliothek – Wissenschaftliche Diözesanbibliothek/Mainz)

Thomas Pfundner

Historische Grenzsteine in Bayerisch-Schwaben. Ergänzungen und Berichtigungen 2016–2019

Abstractum: Seit der 2015 erschienenen Bestandsaufnahme[1] kann eine große Anzahl von Ergänzungen und Neuentdeckungen historischer Grenzsteine (bis 1806) vorgebracht werden. Viele Kontakte und wohl auch eine Sensibilisierung für das Thema, weiterführende Untersuchungen zu bereits aufgespürten Grenzsteinserien sowie Abgleich von Daten mit dem Landesamt für Digitalisierung, Breitband und Vermessung, die in einem Zehnjahresrhythmus die Staatsgrenzsteine renovieren, haben dazu beigetragen. Die Ergänzungen betreffen fast alle der zehn Landkreise des Regierungsbezirkes Schwaben (einschließlich der vier kreisfreien Städte) sowie den Ostsaum Schwabens mit den westlichen Teilen der Landkreise Landsberg und Weilheim-Schongau.[2]

---

[1] Thomas PFUNDNER, Historische Grenzsteine in Bayerisch-Schwaben. Inventar zu einem unendlichen Feld (Schwäbische Geschichtsquellen und Forschungen 30) Weißenhorn 2015.

[2] Folgende Abkürzungen werden verwendet:
Periodica: AF = Alt Füssen; AGF = Allgäuer Geschichtsfreund; AHB = Allgäuer Heimatbücher; Extra Verren = Jahrbuch des Museumsvereins des Bezirkes Reutte/Tirol; GNU = Geschichte im Landkreis Neu-Ulm; JHVD = Jahrbuch des Historischen Vereins Dillingen; KGBl = Kaufbeurer Geschichtsblätter; LGBl = Landsberger Geschichtsblätter; RudF = Rund um den Falkenstein; SKF = Steinkreuzforschung (Sammelbände).
Archive: FÖWAH = Fürstlich Oettingen-Wallersteinisches Archiv Harburg.
Ämter: LDBV = Landesamt für Digitalisierung, Breitband und Vermessung, München.
Index der Signaturen – Ergänzungen: A = Augsburg, Reichsstadt; ATS SH = in Hindelang; AW = bei Wertingen; B = Burgau, Markgrafschaft; BA = Baiern; BO = Brandenburg Onoldsbach, Markgrafen; CB = Kurfürstentum Baiern; CD = Closter Döckingen, Mönchsdeggingen; CM = Domkapitel Augsburg; CMZB = Carl Markgraf zu Burgau; DOM = Bezug zum Reichsstift Ottobeuren und Spital Memmingen (nördlich Holzgünz); ER = Erzherzogtum Österreich; F = Freie Pirsch (Trauchburg / Fürststift (Fstift) Kempten); F = Fugger; FLW = Fischstein bei Peterswörth; FÖ = Fürstentum Oettingen; Georg Keller = Personenname Pfronten Meilingen; HA = Hochstift Augsburg; HB = Herzogtum Baiern; HB = event. Halder Burtenbach; HF = Hohenfreyberg; HH = wohl Hospital Höchstädt; HI = Herrschaft Illereichen; HWVL = wohl Johann Wilhelm von Leonrod; IFSvB = Johann Friedrich Schertlin von Burtenbach; IGK = Johann Georg Karg, Leutenhofen; IPHBM = wohl Johann Pfaudler, Hospitalverwalter und Bürgermeister, Füssen; IHK = Hans Kurz, Leutenhofen; J = Immenstadt-Rothenfels; JCS = event. Johann Caspar Schreitmüller, Ebermergen; K = Kaisheim, Reichsstift; K = Kellmünz, Gemeinde und Herrschaftsteil; K = Kempten, Fürststift; KB = Königreich Bayern; KW = Königlicher Wald (Bayern, 1806–1918); LA = bei Krumbach, Grabkürzel eines Geistlichen; LDI = bei Krumbach, Grabkürzel eines Geistlichen; MB = Monasterium Benedictorum, St. Ulrich und Afra Augsburg; MCA = Möhrlin, Conrad, Abt von St. Ulrich und Afra in Augsburg; MH = Martin Huether, Leutenhofen; MM = Maria Medingen, Kloster; MWG = Maximilian

An der chronologisch-qualitativen Bilanz der gesamten Beispielsammlung ändert sich nicht viel. Die ältesten Exemplare in freier Natur bleiben die Friedsäulen in Kaufbeuren, sofern sie in unmittelbarem Zusammenhang mit der urkundlichen Erwähnung 1337 stehen. Es folgen die Relikte der Grenzsäule bei Rain (1439) und die Mönchssteine bei Auhausen von 1485. Im Gesamtbestand gut vertreten ist das 16. Jahrhundert mit den wuchtigen Landesgrenzsteinen des Hochstifts Augsburg mit dem Erzherzogtum Österreich von 1582 und einer inzwischen wiederentdeckten zeitgleichen Wappenmeißelung auf dem Gipfelfelsen des Sorgschrofen. Weiter erforscht wurde die faszinierende Serie von über 20 Wappensteinen von 1591 der Pfalz-Neuburg mit der Grafschaft Oettingen auf dem Rennweg. Die beiden Wappensteine der Reichsherrschaft Hohenschwangau (Anfang des 16. Jahrhunderts) haben sich als seltene Realien für die Geschichtsdarstellung erwiesen, wie ein Blick in das Historische Lexikon Bayerns zeigt[3]. Auch die rechtsgeschichtliche Ausdifferenzierung lässt sich im 16. Jahrhundert gut belegen mit Iustifikations-/Malefizsteinen, Geleit- und Forst-, Waldbesitz- und Niedergerichtssteinen.

Quantitativ ist das 17. Jahrhundert etwas weniger vertreten, allerdings mit nicht weniger repräsentativ gestalteten Steinen wie die der Fugger-Kirchberg mit der Markgrafschaft Burgau 1658 oder den Landesgrenzsteinen des Hochstifts Augsburg mit dem Kurfürstentum Baiern 1669. Sehr erfreulich zu werten ist die Wiederentdeckung des verlorengeglaubten Grenzsteins von Leutenhofen aus dem Jahr 1693 als agrargeschichtlich wertvolles Denkmal der frühen Allgäuer Vereinödung. Es überwiegt bei den Marksteinen der Bestand des 18. Jahrhunderts, zumeist in ansprechender Gestaltung und aus dauerhaftem Kalkmarmor und Kalktuff, während die Sandsteinexemplare zum Teil schwere Witterungsschäden aufweisen. Erschreckend ist, wie in kürzester Zeit nach Entdeckung und Dokumentation einiger Exemplare ein Wappenstein durch Frost gesprengt wurde (und die untere Denkmalbehörde kein Interesse an einer Rettung zeigte) oder wie ein einzigartiger Dreikant entwendet wurde, vermutlich um ihn als Trophäe in einem Vorgarten aufzustellen.

Wilhelm Graf Limburg-S.B.; N = Nattheim, Gemeinde; N = Neresheim, Kloster; N = Nesselwang; O = Oettingen, Grafschaft; O = Österreich, Erzherzogtum; O = Osterberg, Gemeinde und Herrschaft; OEWSR = Oettingen-Wallerstein Schloss Reimlingen; OO = Oettingen-Oettingen, Fürsten; P = Pfalz-Neuburg, Fürstentum; P = Pfarrgrenze (Pfronten, Rechtlerverband); PFB = Pfalz-Baiern (für das Kurfürstentum ab 1777); PFW = Pfronter Weide und Wald; PN = Pfalz-Neuburg, Fürstentum; ST = bei Offingen (event. Triebbereich); STU = (Reichs-)Stift St. Ulrich und Afra, Augsburg; SUL = Stift St. Ulrich und Afra, Augsburg; T = Trauchburg (Grafschaft); Thalfing = Thalfingen, Gemeinde, Fischstein; UH = Ulrich Hörbrand, Schmied in Fristingen; Ulm = Ulm, Stadtgemeinde, Fischstein.

Aus Tirol / Außerfern: KK = wohl Kaiserliche Kommission (am Rossberg für die Begrenzung der Pfronter Rechtler, auch an Gemeindegrenzen im Lechtal); RV = wohl Reichsstraßenverwaltung (an der Gaichtpasssperre [1756], Maria Theresia schuf 1746 eine gelenkte Reichsstraßenverwaltung mit Sitz in Wien).

[3] Wilhelm LIEBHART, Hohenschwangau, Herrschaft, publiziert am 26.9.2016, in: Historisches Lexikon Bayerns, URL: http://www.historisches-lexikon-bayerns.de/Lexikon/Hohenschwangau, Herrschaft [eingesehen am 23.3.2020].

Zum Aufbau des Inventars

Ordnung alphabetisch nach Landkreisen und kreisfreien Städten. Das erste Kürzel bezieht sich auf die Inventarnummer. Nr. in [...] bedeutet: Stein dokumentiert, aber abgegangen. Fett sind die erkennbaren Inschriften wiedergegeben, runde Klammern zeigen bruchstückhaften Zustand der Inschrift an, Schrägstriche / bezeichnen die Steinseiten. Petit sind Nachträge gesetzt.

Landkreis Aichach-Friedberg

Zu AIC 3, 4, 5 Ingo AIGNER, Die Amtsverfehlung des Gerichtsvogtes Georg Philipp Frey von Buttenwiesen, in: JHVD 116/117 (2015/16) S. 185–192, hier 192: Friedberg, eine bedeutende Freiung in Bayern; s. a. Michael CRAMER-FÜRTIG u. a., Die Lechgrenzkarte des Augsburger Stadtwerkschreibers Michel Miller aus dem Jahr 1571 (Schriften des HV Friedberg 5) Friedberg 2011, S. 33: Burgfriedenssäule.

Obergriesbach-Zahling

AIC 11 Friedberger Wappen **1571** (gebrannter Ton) im Archiv Obergriesbach Hinw. Hubert Raab.

Aichach

AIC 12 Burgfriedenssäule vor dem Vermessungsamt. Großer, tiefsitzender Quader mit neuerem, kleinem Aufsatz und der Gravour 1561. Beim Bau der B 300 in den 1970er-Jahren gefunden. S. hierzu Erlass der Landschaftsversammlung 23.04.1563. Hinw. Wolfgang Sellmeier und Konrad Cremer.

Landkreis und Stadt Augsburg

Zu A 1 StAA Reichsstadt Augsburg, Literalien 1 (MDCCLV): 1682 Weißer Stein, 4. Seite Abt- oder Bischofsstab, Iurisdiktionsstein von ehemals 20 Exemplaren; zu Zirbelnüssen, Birnen bzw. Beeren vgl. Anton STEICHELE, Das Bisthum Augsburg, historisch und statistisch beschrieben, Bd. 2: Die Landkapitel Agenwang, Aichach, Baisweil, Bayer-Mänching, Burgheim, Augsburg 1864, S. 571; s. a. Miniaturskizze in Karte BayHStA Plansammlung 3911 (Exemplar von Eglingen).

A 2.2.1 Haunstetter Wald **PFB No 5 / STU** am alten Floßbachbachgraben (jeweils Westseite)

A 2.2.2 dgl. **PFB No 1(1) / STU**

A 2.2.3 dgl. **PFB No 12 / STU**

Zu A 2.3 StAA Reichsstadt Augsburg, Literalien 1, S. 76: Zeichnung eines der St. Ulrichssteine von 1505 mit Mitra.

Zu A 2.6 Westseite **SUL** (Fraktur, für St. Ulrich), darunter **MC+A** (für Abt Conrad Mörlin), Südseite **H B** (für Herzogtum Baiern), Nordseite **M B** (Monasterium Benedictorum); s. a. BayHStA Plansammlung 2716 (um 1670); Thomas Pfundner, Grenzen und Marksteine des Reichsstiftes St. Ulrich und Afra zu Augsburg. Der Bereich Haunstetten und Meringerau, in: JVAB 53 (2019) S. 163–192.

A 2.9 Hochzoll Bürgertreff Holzerbau **1732** gekreuzte Stäbe und Stern (Dominikanerkloster Augsburg, s. a. AIC 6).

Zu A 3 Oberhausen StAA Reichsstadt Augsburg, Literalien 1: 1614 Vergleich zwischen Oberhausen und Lechhausen wegen Wayd- und Blumbesuchs mit den Rossen, deswegen Markung (zwischen Kirchturm und Stein).

Zu A 13 stand bei A 15 BayHStA Plansammlung 2696 (von 1785/86).

Zu A 15 wohl Stein Nr. X, Endpunkt der HA/CB Linie beim Wasserhäusl. Genauer Standort (mit 1669) nur auf Uraufnahme mit Randanhang, Exemplar im LDBV; s. dazu die Karte bei Pfundner, Grenzen und Marksteine (a. a. O.) S. 188.

Zu A 20 Gustav Euringer, Auf nahen Pfaden. Ein Augsburger Wanderbuch für Freunde der Natur und Vorzeit, Augsburg [2]1910–1916, S. 736: »ulrikanisches Wappen auf der Nordseite«.

A 21.1 Langweid Nord Interimsstein **1611 / 1779**

A [21.2] Zollhaus 4 Wappenstein **A** (Pinienzapfen) / **CM 1556** (Wappen Domkapitel) / **O** (Wappen Österreich) **F** (Wappen Fugger) Thomas Pfundner, Der ehemalige Vier-Wappenstein beim Zollhaus Eisenbrechtshofen, in: Biberbachensis 3 (2018) S. 45–55.

A 22 Anried-Dinkelscherben **HB** (event. Halder Burtenbach) Hinw. Gisela Mahnkopf.

A 23 Heretsried-Lauterbrunn in ovalem Feld wohl Fuggerlilie, kunstvoll gestaltet, an der nördlichen Gemeinde- und Landkreisgrenze. Landkreis Augsburg (Hg.), Historische Kulturlandschaft im Landkreis Augsburg. Universität Augsburg, Institut für Geographie, Augsburg 2020, S. 145.

Landkreis Dillingen

Peterswörth

DLG [3.5] Fischstein **FLW 1759** Adolf Layer / Josef Nicklaser, Aus der Geschichte der Gemeinde Peterswörth, Gundelfingen 1974, S. 12 f. (Abb).

Zu DLG 6.1–5 Reinhard H. Seitz, Grenzsteine erzählen aus Lauingens Geschichte, in: Donau-Zeitung 237/13.10.1954.

Zu DLG 8 StAA Plansammlung Münchner Bestand 11639–11641.

Oberliezheim / Bissingen

DLG 10.6 Südostteil des nördl. Birkenbühls **HH** auf Uraufnahme Spitalbesitz (wohl Höchstädt).

Rennweg

DLG 11.1.1 beim Hiebhau Wappen **O** / Wappen **P** (Grafschaft Oettingen / Pfalz-Neuburg).

DLG 11.1.2 Hiebhau-Franzosenhalde Wappen **O** / Wappen **P**

DLG 11.1.3 nördl. Birkenbühl Wappen **O** / Wappen **P**

Zu DLG 11.15 Rennweg, Oberliezheim (statt Unterliezheim)

DLG 11.16 ein Kilometer ssöstl. Gaishardt zwischen Quick und Kreuterhau, Wappen **O** / **KB** (B aus urspr. P) Wappen Nr. **149**

DLG 11.17 ein Kilometer wswestl. Buch, Wappen **O** / **P** Wappen

DLG [11.18] ein Rennweg-Stein hinter landwirtschaftlichem Anwesen Steinle in Kesselostheim Hinw. Helmut Herreiner, s. a. BayHStA Plansammlung 3849: 1610 42 Steine (Nr. 1 Donauwörth, Nr. 42 Amerdingen); Dieter KUDORFER, Die Grafschaft Oettingen. Territorialer Bestand und innerer Aufbau (um 1140 bis 1806) (HAB Schwaben II/3) München 1985, S. 263: Urkunden zum Rennweg (FÖWAH); ferner Thomas PFUNDNER, Der Rennweg und die Landesgrenze zwischen der Grafschaft Oettingen und dem Fürstentum Pfalz-Neuburg 1591. Geschichte, Steinsetzung und Bestandsaufnahme der vorhandenen Marksteine. Edition der wichtigsten Quellentexte, in: JHVD 118 (2017) S. 57–88.

Wertingen

DLG [12.15] Markberg, Gemeindegrenze, »Weißer Stein« Hinw. Ludwig Halbeck, Johannes Mordstein.

DLG 12.14 **K** / **A W** Gemeindegrenze Kastenbichl am Waldrand »A« event. Hinw. auf Hochstift Augsburg – Reutenhof; s. a. StadtA Wertingen Mappa über die beide Churfürstliche Freye Reichs Herrschaften Wertingen und Hohenreichen … hohe und niedere Jurisdiction anno 1768.

Syrgenstein – Staufen

Deutschordensbrand / Wahlberg

DLG 14 mit dem Zeichen des Klosters Medlingen (drei senkrechte Pfähle)

DLG 15.1 **IFSvB** Schertlinwappen **197**

DLG 15.2 unkenntlicher Mittelstein

DLG 15.3 **IFSVB** Schertlinwappen **198** (Johann Friedrich Schertlin von Burtenbach); s. a. Günther BROMMLER, Alte Grenzsteine erzählen von der Geschichte der Herren von Burtenbach, in: Heimat- und Altertumsverein Heidenheim an der Brenz e. V. 12 (2011) S. 63–68.

Süßhau bei Landesgrenzstein B / W 624

DLG 16 N / N mit Abtstab und Hirschstange (Nattheim / Kloster Neresheim – Königreich Württemberg).

Süßhau auf der Landesgrenze B / W

DLG 17.1 halbes Herz **KB** / Hirschstange

DLG 17.2 halbes Herz **MM KB**

DLG 17.3 halbes Herz / **N 37 / 268**

DLG 17.4 halbes Herz **MM 1745** / **N 36 N** / **26** (Kloster Maria Medingen).

Wittislingen

DLG 18 zwischen Oberbechinger Straße und Römerstraße Stein mit Löwen?, Hirschgeweih und Krone Etter- und Niedergerichtsgrenze Hochstift Augsburg mit Pfalz-Neuburg; s. a. BayHStA Plansammlung 3795 und 3899; Werner MEYER, Landkreis Dillingen an der Donau (Die Kunstdenkmäler von Bayern, Schwaben 7) München 1972, S. 979 f.; Hinw. Harald Lemmer.

Donaualtheim

DLG 19.1 Sailermühle **H.A. 1783** / **P.N.**

DLG 19.2 dgl. Stein mit sauber eingehauenem Mühlrad (angeblich von 1650 von Felix Liebendorfer, wirkt aber neuzeitlich); s. a. Frank SINGLE / Wolfgang STRAKOSCH, Die Donaualtheimer Mühle. Geschichte und Technik, München 2012.

Fristingen

DLG [20] **U H 1733** (Ulrich Hörbrand, Schmied in Fristingen) nach Werner MEYER, Landkreis Dillingen (a. a. O.) S. 263.

Aus dem Nachbargebiet **Lkr. Heidenheim**

Dischingen, Museumshof, Rennweg Stein Wappen **O** / Wappen **P,** vom Fliegenberg nwestl. Schrezheim; Hinw. Klaus Moosmaier.

Landkreis Donau-Ries

Amerdingen

Westteil des Rennwegs

DON 3.1 Wappen **P** / Wappen **O** 700 m südl. St. Anna Amerdingen

DON 3.2 (war Kennung DON 3) Südwesteck der Grenze; auf Plan BayHStA Plansammlung 3849 »Kolmenlin«.

DON 5 **P** / **O** noch erhalten, steht in vertauschter Richtung (bei den drei Steinen DON 3.2, 4, 5).

Brachstadt

DON 16.2 am Bachgraben 200 m westl. des Ortsrandes, Rennweg Stein, Wappen **O** / Wappen **P,** am Fuß Zeuge **P** erkennbar

DON 16.4–5 Gasthaus Sonne. Zwei gleich große Marksteine als Prellsteine am Haus, einer bez. **1759**

DON 16.6–7 Waldabteilung Schenke **K** (Reichsstift Kaisheim).

Ederheim – Hürnheim

DON 16.8 Buchbrunn Hospitalstiftung Nördlingen mit Kreuz Abb. in Gerhard BECK u. a., Chronik Ederheim, Hürnheim, Christgarten, Ederheim 2016, S. 408.

Harburg

DON 23.2 zwei Steine vor dem Amtshaus der Burg **C D** und Abtstab (Kloster Mönchsdeggingen).

Hainsfarth – Steinhart

DON 43.1 südöstl. der Burg Steinhart am Altenschlossholz Wappen Fürstentum Oettingen (Besitzgrenze, dazu auch Läufer vorhanden).

DON 43.2 nwestl. Kesslholz **FÖ** / **BO** (Fürstentum Oettingen und Brandenburg Onoldsbach); Forst und Jagdstein (wohl 1716), s. a. KUDORFER, Grafschaft Oettingen (a. a. O.) S. 253, zu FÖWAH Urkunden I 3789; Gerhard BECK, Ortschronik von Steinhart, Deiningen 2019, S. 83 mit Karte von 1716 = FÖWAH Karten und Pläne K.L.15.

Reimlingen

DON 44 Anhöhe südl. des Schlosses, gegenüber Ausfahrt Hs. Nr. 14 **CE W S R** (Oettingen-Wallerstein Schloss Reimlingen), Stein vom Schloss hierher versetzt. 1824 erwarb Fürst Ludwig von Oettingen-Wallerstein das Schloss; Hinw. Herbert Dettweiler.

Wechingen

DON 45 Speckbrodi **OO 1768 / BA 1768** Fund Oktober 2017 (Oettingen-Oettingen / Baiern); s.a. BayHStA Plansammlung 2763 (1753); FÖWAH Urkunden I 3925 (26.08.1768); Hinw. Gerhard Beck, Manfred Luff.

Ebermergen

DON 46 im Ort **J C**(?) **S 1770** event. Johann Caspar Schreitmüller, alte Hs. Nr. 44, s.a. Simon WIDEMANN, Ortssippenbuch Ebermergen mit Brünsee und Marbach im Donauries, Tl. 2: S–Z, Frankfurt a. Main 1983; Hinw. Herbert Dettweiler.

Landkreis Günzburg

Krumbach

GZ 10.2 Museum **F** über Fuggerwappen (Lilien und Neuffenhörner) / Wappen von Freyberg aus dem Wald zwischen Aletshausen und Waltenhausen; Hinw. Walter Fischer.

GZ 10.3 Museum **LDI** (Priesterkelch) **1743 / LA** Schlussstein eines Mönchs- oder Priestergrabs (vgl. Beispiel aus Elchingen).

Offingen

GZ 14.1 Mindeleck 1 Fundstück **ST** (ligiert) (Trieb?)

GZ 14.2 zwischen Reisensburg und Landstrost nahe Gemeindegrenze Herrenholz Zeichen (wohl neuer) wie Fuggerlilie s. MN 22 u MN 21.2; ehemaliger Wald derer von Freyberg.

GZ 14.3 Landstrost-Herrenholz, Wappen von Freyberg Hinw. Stephan Uano.

Thannhausen

GZ 16 Museum **CMZB** (über Bindeschild) / **HWVL** (über verwittertem Wappen), ehem. im Hahnengehau auf Ziemetshauser Flur. Deutung: Carl Markgraf Zu Burgau / Johann Wilhelm Von Leonrod, um 1614. Wohl Bezug zu: »Die Herrschaft zu Münsterhausen trug von der Markgrafschaft Burgau zu Lehen eine Jagdgerechtsame in einem östlich von

Münsterhausen gelegenen Bezirke...« s. Anton STEICHELE/Alfred SCHRÖDER, Das Bisthum Augsburg, historisch und statistisch beschrieben, Bd. 5: Die Landkapitel Ichenhausen und Jettingen, Augsburg 1895, S. 708; Eduard HUGGENBERGER, Beiträge zur Geschichte Thannhausens, Tl. 14: Carl, Markgraf Zu Burgau 1560–1618, (Faltblatt, o. O, um 1928), Inschrift H.W.V.L auf Kelch, vgl. Eugen MILLER, Der Markt Münsterhausen. Die Ortsgeschichte bis 2010, Münsterhausen 2011, S. 156; Hinw. Stephan Uano.

Wettenhausen

GZ 15.1 als Prellstein-Kantenschutz am Kloster, Wappen Erzherzogtum Österreich

GZ [15.2] **B** und Wappen Erzherzogtum Österreich (Markgrafschaft Burgau); Fotosammlung des Heimatpflegers Karl Bader; Hinw. Stephan Uano.

Landkreis Neu-Ulm

Neu-Ulm – Pfuhl

NU 27 Kiesholz **Ulm** Fisch / **Thalfing**; Altuferteile der Donau, in der Geraden der Landesgrenze nach Norden Hinw. Harald Knoll; Erstkataster Abb. s. a. Ottfried ARNOLD, Die Korrektion der Donau auf Markung Elchingen im 19. Jahrhundert, in: GNU 20 (2014) S. 83–106, hier 91, weiterer Fischstein auf der anderen Donauseite eingezeichnet; StadtA Ulm Ratsprotokolle 1654 Juli 31, fol. 300: Stein Fischenz Thalfingen, Reichsgotteshaus Elchingen – Reichsstadt Ulm.

NU [28] Dreigemeindeneck Pfuhl – Finningen – Steinheim Rauher Bühl Fritz SCHEITHAUER, Der staufische Landgerichtsort »Rauher Bühl« bei Steinheim/Neu-Ulm, in: Ulm und Oberschwaben 49 (1994) S. 27–50.

Altenstadt-Illereichen

NU 29 Dreigemeindeneck Altenstadt – Osterberg – Kellmünz **H . I . MWG**[?] **17[2?] / . O . / K W / III** (Herrschaft Illereichen, [wohl] Maximilian Wilhelm Graf [Limburg-S] / Osterberg / Kellmünz, nachträglich zu Königlicher Wald; s. a. Josef CHRISTA, Allgemeine Geschichte der ehem. Herrschaft Eichheim, Binswangen 1947 (masch.), S. 212; StAA Plansammlung E 1, Gräfliche Waldungen Illereichen 1738; Herrschaft Illereichen 276, 280, 281, 282; Thomas PFUNDNER, Relikte alter Herrschaften. Ein Grenzsteinfund in der Waldung zwischen Illereichen, Osterberg und Kellmünz, in: GNU 25 (2019) S. 45–48.

Landkreis Oberallgäu und Stadt Kempten

Hindelang – Oberjoch

OA 6.2 Hindelang Poststraße / Schlossplatz, eingemauert: **ATS SH 17 41** Hinw. Harald Knoll.

Zu OA 8.1 s. a. Hildebrand DUSSLER (Bearb.), Reisen und Reisende in Bayerisch-Schwaben (Reiseberichte aus Bayerisch-Schwaben 1) Weißenhorn ²1980, S. 80–82, hier 80: Grenzbegehung 1561; StAA Plansammlung H 66, Straße Oberjoch; Thomas PFUNDNER, Die Grenze am Oberjoch. Zwischen Steineberg / Sorgschrofen und Hochvogel, in: Extra Verren 11 (2016) S. 57–64.

Oberstaufen

Zu OA 12 Karl HEISERER / Rudolf VOGEL, Joseph Innozenz Freiherr von Steinherr. Topographisch- und statistische Beschreibung der Reichsgrafschaft Rothenfels und der Herrschaften Staufen und Werdenstein, in: AGF 106 (2006) S. 15–62 (bes. Anm. 82 und Karten).

Sulzberg

OA 16.6 Albis: Leporello Findling mit 2 Kreuzen StAA Plansammlung H 119.

Waltenhofen

Zu OA 17.1 zu ergänzen die Inschrift am Sockel: **1746** Uraufnahme: Einzeichnung der geradlinigen Grenzführung vom Heubach her.

Zu OA 17.3 Plan der Pfarreien und Steine der Herrschaft Rothenfels 1806 StAA Plansammlung N 35.

Zu OA 17.4 StAA Fürststift Kempten, Hofratsprotokolle 1665 Oktober 17: Mark durchs Wirtshaus Linsen, dann aber hinabgesetzt. Die kuriose Grenzführung bis Ende des Alten Reiches ist festgehalten in der Uraufnahme.

OA 17.5 Oberdorfer Wald: sehr gut erhaltene Untermarke **J / K** (Immenstadt / Kempten); die Buchstaben schauen jeweils in die falsche Richtung; Hinw. Rudolf Waibel.

OA 18 Grenzstein südl. Leutenhofen in Richtung ehemaliger Waltenhofer Weiher + **IHK + 1693 MH IGK** 1693 Beginn der Vereinödung in Leutenhofen mit 16 Teilnehmern: Angrenzer: Johann Georg Karg, Martin Huether und Hans Kurz; StAA Fürststift Kempten, Hofkammer B 439, Einödsbeschreibung Leutenhofen; s. a. Thomas PFUNDNER, Ein Denkmal der Allgäuer Vereinödung aus dem Jahr 1693, in: AGF 117 (2017) S. 85–92 (mit Abb.).

Weitnau-Hellengerst-Wengen

OA 19.2 im Eingangsbereich des Golfhotels Hellengerst Wappen ER / Wappen FS Ke Grenzstein ein Stück vom früheren Aufstellungsort versetzt; s. a. Karl-Heinz BURMEISTER, Zur Geschichte der Herrschaft Hohenegg, in: AGF 92 (1992) S. 77–103, bes. 84: Karten im Vorarlberger Landesarchiv Allgäuer Akten 88.

OA 19.3 Osterhofen großer Grenzstein wie OA 19.2 aber andere Wappenform, stark verwittert, gusseisernes Kreuz als Aufsatz Soll wegen des Autobahnbaus von SSO in den Weiler versetzt worden sein.

OA 21 **T / N IV / K** (quadratische Säule, Beschädigung unterhalb des K)

OA 21.2 **T. / N IX / K.** + (auf dem Scheitel) am Hohenkapf

OA 21.3 **T. / N X / K.** (verwitterter Buchstabe unterhalb T, event. F)

OA 21.4 **T. / (N) XI / K**

OA 21.5 **T F / N XIII / K.**

OA 21.6 **T F / N XI / K.** (auf halber Strecke zwischen Hochberg und Hohenkapf)

OA 21.7 **T / N XVI / K /** ~~103~~ **312 F** (auf dem Scheitel mit Richtungsweiser), auf Höhenpunkt 1109 üNN

Die Steine der Hochgerichtslinie und der Freien Pirschlinie (F) sind noch alle auf dem Erstkataster eingezeichnet. Die Grenze des Fürststifts Kempten mit der Grafschaft Trauchburg zielt auf den Dreiländerstein von 1798 bei Hinznang (mit der Ziffer XLVII auf der Seite der Landvogtei und Trauchburgs); s. a. PFUNDNER, Historische Grenzsteine (a. a. O.) S. 57.

Aus dem Nachbargebiet **Isny**

Gaischachen Wolfram BENZ, Zeitzeugen. Kultur der Erinnerung, in: Heimat Allgäu 2009, S. 66–70 (mit Abb. Herrschaft Eglofs [Traun-Abensberg] und Trauchburg).

Landkreis Ostallgäu und Stadt Kaufbeuren

Eggenthal

Zu OAL 2 StAA Plansammlung G 88, Hörtwald, sowie G 87 und G 89.

Eisenberg

Zu OAL 4.1–10 ergänze bei Nr. **2** (und **31**), sowie bei Nr. **11** (und **27**)

OAL 4.13+14 nur bezeichnet mit **HF** (Hohenfreyberg)

Grenzstein OAL/KF 19.2: Die Jahreszahl 1598 ist gut erkennbar.

Halblech

Zu OAL 8 Johann Lori, Geschichte des Lechrains. Urkunden, Bd. 2, München 1765, DXII zum Jahr 1756: Vertrag Schwangau und Ettal, BayHStA Plansammlung 9199.

Zu OAL 9.1 Felsmarke am Fischbach »1624« auf Zeichnung im Commissionsprotokoll 1834 (LDBV München) Thomas PFUNDNER, Die Grenze durch den Ammerwald zwischen Schwaben, Baiern und Tirol, in: AF 2015, S. 24–34.

Kaufbeuren

Zu OAL/KF [17.1] 1727 Juli 18: Fischgrenze erneuert mit Reichstift Irsee durch zwei Steine, auf dem einen Ufer eine Forelle, auf dem anderen Ufer in der Au ein Karpfen zu sehen; StadtA Kaufbeuren B 101: Wolfgang Ludwig Hörmann von und zu Gutenberg, Sammlung derer fürnehmsten Merckwürdigkeiten und Geschichten der H. R. Reichsfreyen Statt Kauffbeuren, Tl. 3: 1700–1798 und Ergänzungen (Handschrift) zu 1727.

OAL/KF 19.2–6 Gaislucken, Weide-und Gemarkungsgrenze, große Steine mit Kopfkreuz

OAL/KF 19.2 unter dünner Humusschicht schöne Jahreszahl: **1598**

OAL/KF 19.3 noch erhalten **1** (59) **8** Thomas PFUNDNER, Von Grenzen und Marksteinen rund um Kaufbeuren, Tl. 15: Die Stadtgemarkung und die Weidegrenze der »Kemnather Gemeind« 1240, 1598 und heute, in: KGBl 21 (2017/19) S. 265–269.

Pfronten

OAL 22.5 Felsen im Reichenbach, Weiser 87 **1773**

OAL 23.1 Weiser zu **88** Reichenbachklamm, Beginn der Teilungslinie 1771–1773, Wappen HA und ER sind erhalten. Die Grenzzeichen 89, 90, 91, 93 und 101 sind keine Läufer sondern Brechpunkte in der Staatsgrenze Hinw. Wolfgang Blum; s. a. Thomas PFUNDNER, Die Grenze durch die Reichenbachklamm zwischen Vils und Pfronten, in: Extra Verren 10 (2015) S. 61–72; DERS., Die Grenze durch die Reichenbachklamm. Eine Nachlese, in: Extra Verren 13 (2018) S. 51–57; DERS., Das Wappen des Hochstifts Augsburg auf dem Steineberg/Sorgschrofen (1636 m) und in der Reichenbachklamm bei Pfronten, in: JVAB 51 (2017) S. 433–436.

Zu OAL 23.2 neben Grenzpunkt Nr. 92 2017 wiederaufgedeckt: **PF W IIII** (Pfronter Weide und Wald/Rechtler).

Zu OAL 25.1 Inschrift über dem ER Wappen aufzulösen als Fürh Dht (Fürstliche Durchlaucht); Heinz MOSER, Jungholz. Eine Tiroler Gemeinde im Allgäu, Innsbruck 1978, Abb. 3.

OAL 26.1 Sorgschrofen-Steineberg; links neben der Marke Nr. 110 großes Wappen des HS Augsburg (1582) Zur Inschrift 1700 s. a. Sebastian HÖLZL, Die Gemeindearchive des Bezirks Reutte, Tl. 1 (ohne Markt Reutte und Stadt Vils), Innsbruck 1997, S. 445 Nr. 37; Hinw. Bertl Huter; Thomas PFUNDNER, Alte Marken und Zeichen auf dem Steineberg/Sorgschrofen, in: RudF Bd. 5 (2017) S. 302 f.; DERS., Der Sorgschrofen (Steineberg) zwischen Allgäu, Tannheimertal und Außerfern. Ein Berg mit vielen Grenzen und Markzeichen, in: Extra Verren 12 (2017) S. 25–34.

OAL 26.6 Keller Säule **Jesus Georg [K]eller** [16]**15**, am Weg von Meilingen durch das Finstertal nach Benken Frazungsgrenze Viehwaid Meilingen/Benken, *1520.. 4. Von Bildt, daß da statt auf benckher staig, derselb berg so haissen die schlegellweltzen*; Hinw. Bertold Pölcher.

OAL/Tir 26.8 Scheidbach/Stubental bei Staatsgrenzstein XXVI **P 10** (Pfronter Rechtler).

OAL/Tir 26.9 Scheidbach/Stubental bei Staatsgrenzstein XXVI (geschwungenes H) **I O** Ähnlichkeit mit Pfronter Holzmarken; Rund um den Grüntensee Nr. 44 (2.11.2012): Willi Zitt, Alpmeister Haslach, findet Felsgravour im Wertacher Reichenbach mit **M 1866** (ungeklärt); Thomas PFUNDNER, Die Pfrontener Rechtlergrenze, Tl. 1/Tl. 2: Zwischen Aggenstein und Enge, in: RudF Bd. 6 (2018) S. 24–33/6 (2019) S. 92–97.

OAL/Tir Pfronter Rechtlermarken auf Tiroler Gebiet. Die Zeichenfolge auf den Steinen wird in den jeweiligen Abschnitten in Klammern angegeben:

Zwischen Vilsfall, Kappeler Berg/Wiesler und oberhalb Altem Hof (1; +, 2; +; 3+; 5++; 6+, 7PX; 8P; 9+; 10 ++; 11++; 12+; 13+; 14+; 15++; ++; 18 P+; 19+; 20+; +; 21+; 22+; 23; +; 24+; 25; +).

Nördl. Steineberg und nördl. Zehrerhöfe (13P+; +; P+ (=12)).

Zwischen Aggenstein/Steinswand und Enge (66P+[Bischofskreuz]; 68,5 +; 69X; 70 P+; 71+; 72 P+; 73+; 74 +; 75 P+ und Markstein X).

Zwischen Enge/Lumberg, Rappenschrofen und Hirtenköpfl (P+[Bischofskreuz]; 76+; +; +; 78+; 79+ +; 80+).

Zwischen Einstein (Gipfel), Reiterskopf bis ober Altem Hof (8(1)+; 82+; 83; 84P+; 85+; 87+; 88+; 89+P; 91+; 94+; 95+).

OAL/Tir Pfronter Rechtlermarken auf Tiroler Gebiet gegen Vils

NW Eck der Rechtler unter dem Roßberg **K.K. + 88 / 1** auf Verlangen der österr. Behörden 1889 in Felsen graviert; Hinw Michael Mayr.

OAL/Tir Pfronter Rechtlermarken entlang der Staatsgrenze zu Jungholz

Zwischen Steineberg und Scheidbach (13 P (Nähe zu Landesgrenzstein XXXIV); 11P (bei Untermarke 29); 10P (bei Untermarke 21); + (Nähe Untermarke 5).

OAL Pfronter Rechtlermarken – Nesselwang Gemarkungsgrenze:

Zwischen Klausenbach und Edelsberg-Gipfel (1P; 2P; +3P: +4P; +5P; +6P N; +; +7P N; +8P N; +; +; + 10N P; P).

Roßhaupten

OAL 44 Im Museum Roßhaupten **1717 IPHBM** Dreifuß der Stadt Füssen; Fund nördlich des Dorfes am Dürrenbichl Hinw. Walter Altmannshofer; vgl. zeitnahe Wappentafeln am Spital Füssen, wohl Namenskürzel Johann Pfaudlers; Thomas PFUNDNER, Das »Dreibein« der Stadt Füssen im Allgäu auf einem wiederentdeckten Markstein, in: SKF 41 (2016) S. 21–23 (mit Abb.).

Schwangau

Zu OAL 30 Grenzurkundenwerk (im LDBV): 1850 noch Rest von Stein mit Schwan bei Nr. 368

Zu OAL 33 **1670** Wappen CB / **1670** Wappen ER / Nr. **336, 1844** / (weiteres) Wappen ER Berichtige: Schützensteig (!) Ammerwald.

Osterzell – Stocken

OAL 45 Triebstein **1713** in priv. Garten, s. a. WM 3.1 und 3.2 Hinw. Helmut Kögel.

Sulzschneid

OAL 46 Augsburger Wald Westlinie große Sandsteinquader mit Kreuzen neben KW Steinen; s. a. StAA Hochstift Augsburg, Urkunden 3007, 1541 Juni 20: Dietrich von Hohenegg und Gemeinde verkaufen an Reichsstadt Augsburg »Rudelskreut« bei Sulzschneid; Alfred WEITNAUER, Die Bevölkerung des Hochstifts Augsburg im Jahre 1650 (AHB 25) Kempten 1941, S. 368: Erwerb der Sulzschneider Waldung durch das Hochstift Augsburg (42 Tagwerk) im Tausch gegen Grundbesitz in der Pflege Leeder; Hinw. Thomas Kehle.

Landkreis Unterallgäu und Stadt Memmingen

MN [1.2] Benningen Steine für blutzehntfreie Anwesen im Ort (Widemhof anzunehmen), nur auf Uraufnahme mit Randanhang gekennzeichnet, Exemplar im LDBV München.

Zu MN/MM 7 LINDE, Ein Steinkreuz bei Memmingerberg, in: AGF 2 (1889) S. 16 f. (Hinw. auf Wappen an der Säule).

Zu MN 15 Bossarts StAA Plansammlung F 43 (1752).

Amberg

MN 23 Im Rathaus **IV** Wappen **HA. 1785** / **IV** Wappen **PF.B. 1785**; aus dem Osten der Gemeinde, Nähe der veränderten Gennach BayHStA Plansammlung 2687 (1785) und OAL 1.4 (wohl ehem. Nr. III); Hinw. Johann Bäßler.

Holzgünz

MN 24 zwischen Holzgünz und Rummeltshausen **DOM** . Ausgebaggert bei Straßenbauarbeiten 2019; Hinw. Martin Glöckler, ungeklärt ob zu Reichsstift Ottobeuren oder Spital Memmingen zuzuweisen.

Landkreis Landsberg (West) und Weilheim-Schongau (West)

Zu LL 4.9 StAA Plansammlung D 21 (18. Jahrhundert); Thomas PFUNDNER, Von Grenzen und Marksteinen rund um Kaufbeuren, Tl. 16: Undefinierte Steine in Lechmühlen, am Römerkessel und im Steller Wald und des Rätsels Lösung, in: KGBl 21 (2017/19) S. 341–345.

Zu LL 7.2 Thomas PFUNDNER, Von Grenzen und Marksteinen rund um Kaufbeuren, Tl. 14: Letzte Spuren des Hochstifts Augsburg bei Lechsberg, in: KGBl 21 (2017/19) S. 52–54.

Landsberg – Igling-Stadtwaldhof

LL 19.1 Grenzsteine (Stadtgrenze): Wappen SL von 1787, erkennbare alte Nr.: 78 (nördl. an der Autobahn), 80 (südl. an der Autobahn) 82, 83, 84 (Spitz), 87, 100, 104 (!), 102, 103, 108, 122, 116, 120, 122 (flach), 124, 126 (= Süd-West-Eck), 129, blinde Exemplare, 133

Landsberg – Friedheim – Lech Staustufe 14

LL 19.2 Nr. 110, 28–30 (1788), 31–73 (mit Lücken, von 1789), ab 59 nach Osten zum Lech StadtA Landsberg Stickhl 3275 III 130: Grenzbeschreibung und Steine 1786; s. a. Thomas PFUNDNER, Der Landsberger Burgfrieden, in: LGBl 115 (2017) S. 51–66; DERS., Die Landsberger Gemarkungs- und Stadtgrenze im Westen 1557/59, 1787 und heute. Marksteine und Grenzlinien, in: LGBl 116 (2018) S. 15–28; DERS., Die ehemalige Landsberger Nutzungs- und Gemarkungsgrenze im Süden 1788/89. Vorhandene Marksteine im Jahr 2018, in: LGBl 117 (2019) S. 57–68.

Schwabsoien

WM 3.4 Straße nach Ingenried Läufer **36 PF B / 3.. H A**

WM 3.5 Punzenberg (Waldeck) **37 H.A. / 3.. PF…**

WM 3.6 südlich der Straße nach Sachsenried **40 H A / --**

WM 3.7 nördlich der Straße nach Sachsenried **H A / --**

WM 3.8 Punzenberg Wald Nordosteck: Tuffsteinbrocken mit tief eingehauenem Kreuz. Weide oder Gemeindegrenzstein; Hinw. Werner Stich und Helmut Kögel.

Claudius Stein

Die Medaille auf den Augsburger Fürstbischof Johann Egolph von Knöringen im Ingolstädter universitäts- und sammlungsgeschichtlichen Kontext

Abstractum: Johann Egolph von Knöringen, vor seiner Wahl zum Fürstbischof von Augsburg (1573–1575) dort Domherr und Domkustos, war ein Sammler von Format. Seine Kunstkammer, sein »Antiquarium« und seine Bibliothek gingen 1573 als Schenkung an die Universität Ingolstadt über, um diese in ihrer Rolle als Vorkämpferin der Gegenreformation zu unterstützen. Zur Unterbringung der Bestände wurde dort ein eigener Zweckbau errichtet, außerdem sollte ein Schriftstellerinstitut zur Widerlegung der neuen Lehre ins Leben treten, jeweils mit Mitteln Knöringens. Dieser späthumanistische Mäzenat kann inzwischen als gut erforscht gelten. Unbekannt war hingegen, dass Johann Egolph von Knöringen im Jahr seiner Wahl zum Fürstbischof mit einer Medaille geehrt worden ist. Das nur in einem Exemplar überlieferte Stück konnte 2019 vom Maximilianmuseum Augsburg erworben werden. Der Beitrag versucht, die Medaille in ihren entstehungsgeschichtlichen Kontext einzubetten: Aller Wahrscheinlichkeit nach handelt es sich dabei um eine Reverenz der Universität Ingolstadt gegenüber ihrem nach den Wittelsbacher Landesherren großzügigsten Förderer im 16. Jahrhundert. Sie fügt sich damit gut ein in die Reihe der von der Hohen Schule veranlassten panegyrischen Schriften auf Knöringen.[*]

Vergleichenden Beobachtungen kann entnommen werden, dass sich an den Universitäten bereits im 16. Jahrhundert der Brauch etablierte, bestimmte Ereignisse wie Jubiläen auf Schaumünzen zu verewigen.[1] Diese institutionell gebundene Tradition wird begleitet und mengenmäßig überlagert von Schöpfungen auf hervorragende Persönlichkeiten, die mit der Hohen Schule etwa als Professoren verbunden waren.

---

[*] Verwendete Abkürzungen: ABAdW = Archiv der Bayerischen Akademie der Wissenschaften, München; ADPSJ = Archiv der Deutschen Provinz des Jesuitenordens, München; AHG = Archiv des Herzoglichen Georgianums, München; BNM = Bayerisches Nationalmuseum, München; BSB = Bayerische Staatsbibliothek, München; OA = Oberbayerisches Archiv; UAM = Universitätsarchiv München; UBM = Universitätsbibliothek München.

[1] Vgl. Karl LAVERRENZ, Die Medaillen und Gedächtniszeichen der deutschen Hochschulen. Ein Beitrag zur Geschichte der Universitäten Deutschlands, Bd. 2, Berlin 1887 (ND 2016; Ingolstadt-Landshut-München S. 9–12 Nr. 60–62, Tafel 18 Nr. 60 f., Tafel 19 Nr. 62).

Hervorbringungen der letztgenannten Art bedurften jedoch des universitär-örtlichen Kontextes nicht, um die gewünschte Wirkung entfalten zu können. Mit Blick auf Ingolstädter Nachbaruniversitäten wie das reichsstädtische Altdorf[2], das markgräfliche Erlangen[3] oder das hochstiftische Würzburg[4] fällt auf, dass an der altbayerischen Hohen Schule während eines Zeitraums von über 300 Jahren (1472–1800) nicht ein einziges inneruniversitäres Ereignis zum Anlass genommen wurde, eine Medaille zu veröffentlichen – Gelegenheiten hätte es, auch jenseits von Jubiläen[5], genug gegeben.

Außerdem fällt auf, dass man in Ingolstadt auf differenziertere Formen von Wirkung nach außen kaum Wert legte: Johann Amos, Dekan von Sankt Bartholomäus in Frankfurt am Main, der 1735 einen Wandkalender aller Universitäten herauszugeben beabsichtigte, wandte sich auch nach Ingolstadt mit der Bitte um Wachsabdrücke der Siegel und um ein Verzeichnis der Professoren[6], wozu sich der Akademische Senat denn auch herbeiließ, freilich unter Beschränkung auf das Nötigste.[7] Noch schlimmer war es dem Hofkupferstecher Michael Wening zu Beginn des 18. Jahrhunderts ergangen: Gegenüber dem von Kurfürst Max Emanuel von Bayern empfohlenen Wening verwies der Senat zunächst kurzerhand auf Rotmars Annalenwerk von 1580, welchem er nichts hinzuzufügen hätte. Da der Kurfürst

---

[2] Vgl. Emblemata anniversaria academiae Noribergensis, quae est Altdorfii, Nürnberg 1617; Frederick John STOPP, The Emblems of the Altdorf Academy. Medals and Medal Orations 1577–1626, London 1974; Hermann MAUÉ, Belohnung und Ansporn. Die Altdorfer Prämienmedaillen, in: Hanns Christof BRENNEKE/Dirk NIEFANGER/Werner Wilhelm SCHNABEL (Hg.), Akademie und Universität Altdorf. Studien zur Hochschulgeschichte Nürnbergs (AKG Beih. 69) Köln/Weimar/Wien 2011, S. 83–95.

[3] Vgl. Hans O. FINN, *Academia Friderico Alexandrina in nummis*. 250 Jahre Universität Erlangen-Nürnberg auf Medaillen, Insignien und Münzen. Die studentischen Verbindungen 1743–1993, Erlangen 1993.

[4] Vgl. Dieter MEMPEL, *Academia in nummis*. Die Universität Würzburg und ihre Jubiläumsmedaillen 1682–1982 (Rostra Universitatis Wirceburgensis 2) Würzburg 1990. Vgl. auch Guido KISCH, Die Schaumünzen der Universität Basel und Medaillen auf ihre Professoren, Sigmaringen 1975.

[5] Besonders angeboten hierzu hätte sich die 300-Jahr-Feier 1772, die aktenmäßig sehr gut dokumentiert ist. Vgl. Claudius STEIN, Die Dreihundertjahrfeier der Universität Ingolstadt 1772. Der offizielle Bericht der Hohen Schule für Kurfürst Maximilian III. Joseph, in: Sammelblatt des HV Ingolstadt 114 (2005) S. 163–182.

[6] Vgl. Johann Amos an Akademischen Senat der Universität Ingolstadt, Frankfurt am Main, 28.6.1735; Zirkular des Akademischen Senats der Universität Ingolstadt, 20.7.1735 = UAM D-X-7, Bd. 1; Karl PRANTL, Geschichte der Ludwig-Maximilians-Universität in Ingolstadt, Landshut, München. Zur Festfeier ihres vierhundertjährigen Bestehens im Auftrage des akademischen Senates, Bd. 1, München 1872, S. 520.

[7] Vgl. Johann Georg Hagelgans, Orbis literatvs academicvs germanico-evropaevs, Frankfurt/Main 1737, S. 12 (Jenenser Notabilien: 19 Zeilen, Ingolstädter Notabilien: 5 Zeilen!). Gänzlich auf Hagelgans beruht noch 1906 der Ingolstadt-Eintrag in: Erich GRITZNER (Bearb.), Die Siegel der deutschen Universitaeten in Deutschland, Oesterreich und der Schweiz, Nürnberg 1906, S. 21, Tafel 16 Nr. 6.

erwiderte, solch eine schnöde Abweisung wäre nicht von der geringsten Gemeinde vorgekommen und man sollte eine *notable* Beschreibung der Universität einsenden, ließ sich der Senat herbei, zu Rotmar, welcher völlig genügte, die Nennung der Bibliothek und ein paar dürftige Notizen aus dem Archiv beizufügen.[8]

Die Geringschätzung von solchen Medien änderte sich erst im fortgeschrittenen 18. Jahrhundert, als der Universität der Stellenwert der öffentlichen Meinung immer mehr bewusst wurde.[9] Auf die Initiative des führenden Ingolstädter Mediziners Heinrich Palmaz Leveling[10] ging beispielsweise die sich ab 1781 jährlich wiederholende Verteilung von sechs Prämienmedaillen an herausragende Absolventen der Ingolstädter militärärztlichen Anstalt zurück. Die Preise vergab Leveling, und das ist bezeichnend, aber nicht namens der Universität Ingolstadt, sondern des Kurfürsten von Pfalzbayern, in dessen Haupt- und Residenzstadt München sie auch hergestellt wurden. Das interessierte Publikum pflegte Heinrich Palmaz Leveling mit gedruckten Einladungen auf die Feierlichkeit hinzuweisen.[11]

In Anbetracht der geschilderten Verhältnisse erstaunt es nicht, dass sich bis jetzt kaum Schaumünzen auf Persönlichkeiten im engeren oder weiteren Umfeld der Universität Ingolstadt nachweisen lassen. Für die letzten Ingolstädter Jahre ist der Spezialfall des Verwalters im vormaligen Jesuitenkolleg belegt, auf den zurückzukommen sein wird. Alle anderen Hervorbringungen fallen in das 16. Jahrhundert,

---

[8] Vgl. PRANTL, Geschichte (wie Anm. 6) Bd. 1, S. 469.
[9] Vgl. Claudius STEIN, Die Kunstkammern der Universität Ingolstadt. Schenkungen des Domherrn Johann Egolph von Knöringen und des Jesuiten Ferdinand Orban (Beitr. zur Geschichte der Ludwig-Maximilians-Universität München 9) München 2018, S. 83–88. Der eigenhändige Bericht von Matthias Gabler über seine Reise durch das nördliche Deutschland zieht folgendes Fazit: *Überall erfuhr er, daß man auch im Auslande gut von Baiern denke und rede. Die Universität in Ingolstadt wird überall geschätzet, nur bedaurt man, daß man unsre Schriften entweder gar nicht, oder sehr spät erhalte.* Dekanatsbuch der Philosophischen Fakultät der Universität Ingolstadt, 5.10.1780 = UAM O-I-6½; die Passage gedruckt in: Peter STÖTTNER, Vom Barock zur Aufklärung. Die Philosophische Fakultät der Universität Ingolstadt in der zweiten Hälfte des 17. und im 18. Jahrhundert, in: Laetitia BOEHM / Johannes SPÖRL (Hg.), Die Ludwig-Maximilians-Universität in ihren Fakultäten, Bd. 2, Berlin 1980, S. 91–124, hier 119 f.
[10] Vgl. Marion Maria RUISINGER, Das »Exercitiengebäude« in Ingolstadt. Anatomische Forschung und Lehre an der ersten bayerischen Landesuniversität, in: Johanna BLEKER / Petra LENNIG / Thomas SCHNALKE (Hg.), Tiefe Einblicke. Das Anatomische Theater im Zeitalter der Aufklärung, Berlin 2018, S. 149–170; DIES., Die medizinischen Sammlungen der Universität Ingolstadt im 18. Jahrhundert, in: Katharina WEIGAND / Claudius STEIN (Hg.), Die Sammlungen der Ludwig-Maximilians-Universität gestern und heute. Eine vergleichende Bestandsaufnahme 1573–2016 (Beitr. zur Geschichte der Ludwig-Maximilians-Universität München 10) München 2019, S. 143–165.
[11] Vgl. Heinrich Palmaz Leveling, Historia chirurgico-anatomica facultatis medicae Ingolstadiensis, Ingolstadt 1791, S. 38 f. Die Prämienmedaillen zeigten auf dem Avers Kurfürst Karl Theodor mit dessen Titulatur. Die Reverse waren unterschiedlich gestaltet: *PRAEMIUM ANATOMICUM* bzw. *PRAEMIUM CHIRURGICUM*, jeweils mit Verweis auf die *SCHOLA PUBLICA INGOLSTADII INSTITUTA MDCCLXXXI*.

wiederum ein Beleg dafür, dass das konfessionelle Zeitalter als Blütezeit der Hohen Schule anzusprechen ist:

Auf die beiden Medaillen, die der nachmalige Herzog Albrecht V., geboren 1528, während seiner Studienzeit ausgeben ließ, hat bereits Franz Ignaz Streber hingewiesen: die eine im Alter von 12 Jahren aus Anlass der Grundsteinlegung der Landesfestung, die andere im Alter von 17 Jahren aus Anlass der Beendigung des Universitätsaufenthalts. Die Beschriftungen beinhalten lediglich Titulatur, Devise und Altersangabe, und auch des Prinzen Porträt und Wappen, letzteres im jüngeren Fall gekoppelt mit der Allegorie eines Kriegshelden, lassen keine Rückschlüsse auf die Hohe Schule zu – die Entstehung der Objekte ergibt sich nur aus dem Kontext.[12]

Der Leibarzt von Herzog Albrecht V., Samuel Quiccheberg, heute bekannt für seinen Kunstkammertraktat[13], hatte zur Jahrhundertmitte in Ingolstadt studiert, und zwar als Hofmeister von Jakob Fugger, Sohn des Herrn von Kirchberg und Weißenhorn Anton Fugger, des Begründers der Anton-Linie.[14] 1563 wurde Quiccheberg durch eine Schaumünze mit seinem Porträt geehrt, die in zwei Versionen, mit blankem Avers[15] und mit gravierter Textseite[16], existierte. Der Revers verkündet: *FLORVIT INGOLSTADII MEDICVS BAVARIAE DVCIS*. Es handelt sich um das erste Beispiel, das ausdrücklich auf die Universität Ingolstadt Bezug nimmt. Es ist allerdings Vorsicht geboten: Aller Wahrscheinlichkeit nach wurde die Rückseite zu einem späteren Zeitpunkt hinzugefügt. Eine Urheberschaft der Universität für den authentischen Teil ist in jedem Fall zu verneinen. Dieser ist vielmehr im Umfeld des Münchener Hofs anzusiedeln.[17]

---

[12] Vgl. Franz Ignaz STREBER, Ueber einige seltene und unbekannte Schaumünzen Herzogs Albrecht V. aus Baiern, München [1814], S. 4, 20 Nr. 2 f.; LAVERRENZ, Medaillen (wie Anm. 1) S. 10 Nr. 60, Tafel 18 Nr. 60; STADTARCHIV INGOLSTADT (Hg.), Dr. Johannes Eck. Seelsorger, Gelehrter, Gegner Luthers, Ingolstadt 1986, S. 22 Nr. 7, 8; S. 19 (Abb.); Siegfried HOFMANN, Geschichte der Stadt Ingolstadt, Bd. 2, Ingolstadt 2006, S. 559 (Abb.).

[13] Vgl. Otto HARTIG, Der Arzt Samuel Quicchelberg, der erste Museologe Deutschlands, am Hofe Albrechts V. in München, in: Das Bayerland 44 (1933) S. 630–633.

[14] Vgl. Götz FRHR. VON PÖLNITZ (Bearb.), Die Matrikel der Ludwig-Maximilians-Universität Ingolstadt-Landshut-München. Ingolstadt 1472–1600, München 1937, Sp. 662; Leonore LIESS, Geschichte der medizinischen Fakultät in Ingolstadt von 1472 bis 1600, Gräfelfing 1984, S. 191.

[15] Vgl. Georg HABICH, Bayerische Medaillen, in: Mitteilungen der Bayerischen Numismatischen Gesellschaft 31 (1913) S. 128–133, Tafel 9 Nr. 3; Manuel TEGET-WELZ, Art. Unbekannter Augsburger(?) Meister, Samuel Quiccheberg, 1563, in: Walter CUPPERI u. a. (Hg.), Wettstreit in Erz. Porträtmedaillen der deutschen Renaissance, Berlin/München 2013, S. 250 Nr. 159.

[16] Vgl. Johann Karl Wilhelm Moehsen, Beschreibung einer Berlinischen Medaillen-Sammlung, Bd. 1, Leipzig 1773, S. 65; Johann Peter BEIERLEIN, Medaillen auf ausgezeichnete und berühmte Bayern, in Abbildungen und mit biographisch-historischen Notizen, in: OA 10 (1848) S. 163–204, hier 186 f. Nr. 12, Tafel 2 Nr. 12; Josef HAUSER, Die Münzen und Medaillen der im Jahr 1156 gegründeten (seit 1255) Haupt- und Residenzstadt München mit Einreihung jener Stücke, welche hierauf Bezug haben, München 1905, S. 110 f. Nr. 367.

[17] Vgl. Jakob STOCKBAUER, Die Kunstbestrebungen am bayerischen Hofe unter Herzog Albrecht V. und seinem Nachfolger Wilhelm V. (Quellenschriften für Kunstgeschichte und

Die Medaille auf Johann Egolph von Knöringen, *Gymnasij Ingolstadiensis Patronus & amplificator singularis*[18], die 1573 aus Anlass von dessen Wahl zum Fürstbischof von Augsburg geschaffen wurde, steht aus zweierlei Gründen zusammen mit einigen Neufunden, die seinen Mäzenat illustrieren, im Mittelpunkt dieser Ausführungen. Zum einen: Sowohl die Tatsache, dass Knöringen durch eine Schaumünze geehrt worden war, als auch das Objekt an sich waren bisher unbekannt. Durch einen glücklichen Zufall wurde 2019 in Bayern bemerkt, dass ein Londoner Auktionshaus das Stück zum Erwerb anbot.[19] Dem Maximilianmuseum Augsburg gelang es, sich diese singuläre Medaille zu sichern.[20] Zum anderen: Die Universität Ingolstadt betrachtete Johann Egolph von Knöringen – zu Recht, wie noch zeigen sein wird – als ihren einzigartigen Patron und Förderer. Prägende Ereignisse im Leben Knöringens pflegten von den Poeten und Gelehrten der Hohen Schule in Gedichten und Ansprachen verherrlicht zu werden, so 1570 dessen Italienreise[21] und 1573 dessen Wahl zum Augsburger Oberhirten[22], 1575 schließlich dessen Ableben.[23] Bis in die zweite Hälfte des 18. Jahrhunderts fanden in Verbindung mit einem Jahrtag Knöringen-Gedächtnisreden statt, die ebenfalls im Druck zu erscheinen pflegten.[24] Auch wenn in diesen Veröffentlichungen und in den Archivquellen keine Nachweise zur Ehrung Knörigens durch eine Schaumünze enthalten sind, ist gleichwohl zwingend davon auszugehen, dass der Ursprung der Medaille in Ingolstadt zu suchen ist[25], speziell bei dem wendigen Vizekanzler Martin Eisengrein,

---

Kunsttechnik des Mittelalters und der Renaissance 8) Wien 1874, S. 102; Georg HABICH, Die deutschen Medailleure des XVI. Jahrhunderts, Halle 1916, S. 210 f.

[18] Albert Hunger, Oratio habita in tricesimo domini Ioannis Egolfi a Knöringen, episcopi Augustani [1575], in: Christoph Gewold (Hg.), Albert Hunger. Orationes, Bd. 1, Ingolstadt 1615, S. 247–261, hier 258.

[19] Vgl. Morton and Eden, Catalogue no. 101, Coins and Historical Medals, 27 June 2019 – 28 June 2019, London 2019, Lot 818.

[20] Vgl. Maximilianmuseum Augsburg Inv.-Nr. 2019/272.

[21] Vgl. Philipp Menzel, Propempticon, inscriptum reverendo ac generis nobilitate clarissimo viro domino Ioanni Egolpho a Knoeringen, ecclesiae cathedralis apud Herbipolenses & Augustanos canonico, bonarum literarum omnisque virtutis patrono fidelissimo, quum Romam iter adornaret, Ingolstadt 1570.

[22] Vgl. Johann Engerd, Congratulatio heroica inscripta reverendissimo in Christo patri illustrissimoque principi ac domino domino Ioanni Egolpho ex nobilissima familia a Cnoeringen, electo episcopo Augustano, München 1573; Albert Hunger, De providentia divina oratio, Ingolstadt 1574.

[23] Vgl. Hunger, Oratio (wie Anm. 18).

[24] Hier seien nur die erste und letzte nachweisbare Gedächtnisrede genannt: Johann Croesselius, Parentalia Anniuersaria [...] Ioanni Egolpho a Knoeringen, Ingolstadt ¹1590, Ingolstadt ²1591; Adam Weishaupt, Oratio panegirica [...] in laudem Egolphi a Knoeringen, Ingolstadt 1768.

[25] Als Ort der Herstellung ist Augsburg (möglicherweise auch München) anzunehmen. In Ingolstadt selbst wurden nie Medaillen geschaffen. Vgl. Walter CUPPERI, Medaillen im deutschsprachigen Raum. Ein geographischer Blickwinkel, in: DERS. u. a., Wettstreit (wie Anm. 15) S. 181–184, hier 184 Karte 1.

einem von Knöringens engsten Vertrauten, dem überhaupt erst zu verdanken ist, dass der Blick des Mäzens auf genau diese Universität gefallen war.[26]

Johann Egolph von Knöringen, geboren 1537, studierte an den Universitäten Ingolstadt, Bologna, Padua und Freiburg i. Breisgau und erhielt, für den geistlichen Stand bestimmt, alsbald Kanonikate in den Domstiften Augsburg und Würzburg. Als Domherr in Würzburg wirkte er auch als Scholaster, in Augsburg, wo sein Lebensmittelpunkt lag, als Kustos. 1573 wurde er zum geistlichen Oberhirten und weltlichen Landesherrn des Fürstbistums Augsburg gewählt, eine Würde, die er bis zu seinem frühen Tod 1575 trug.[27] Seit Mitte der 1560er-Jahre betätigte sich Knöringen in späthumanistischer Manier als Sammler von Antiken, handgeschriebenen und gedruckten Büchern und Kunstkammerobjekten sowie als Patron von Gelehrten und Künstlern. Eine besondere Vorliebe scheint er für die Musik besessen zu haben. Knöringens Mäzenat war, was bei allem äußeren Glanz nicht übersehen werden darf, hineingestellt in sein engagiertes Wirken für die kämpferischen Belange der katholischen Reform und Gegenreformation: Die Lehre der Protestanten sollte überwunden und deren Territorien sollten rekatholisiert werden.[28]

Knöringens Haltung hatte bereits 1568 die Aufmerksamkeit von Vizekanzler Eisengrein erregt.[29] Seine Überredungsversuche hatten eine materielle und ideelle Stoßrichtung: An der Universität Ingolstadt sollte einerseits auf Kosten Knöringens ein Zweckgebäude errichtet werden, gedacht zur Aufnahme der Antikensammlung, der Bibliothek und der Kunstkammer. Wiederum mit Mitteln Knöringens sollte eine sachlich-personelle Stiftung ins Leben gerufen werden zur Pflege und Erweiterung der Bestände durch einen Stipendiaten. Daneben plante Eisengrein ein philosophisch-theologisches Schriftstellerinstitut, einerseits zur Wiederlegung der protestantischen Lehre, andererseits aber doch wohl auch für wissenschaftliche Betätigung im Allgemeinen, unter Heranziehung der umfangreichen Bibliotheksbestände. Knöringen besaß übrigens zahlreiche liturgische Geräte und Messgewänder, die ebenfalls nach Ingolstadt gingen, wohl gedacht für den Gottesdienst der geistlichen Angehörigen des Schriftstellerinstituts.

---

[26] Vgl. Luzian PFLEGER, Martin Eisengrein und die Universität Ingolstadt (1562–1578), in: Historisch-politische Blätter 134 (1904) S. 705–723, 785–811; DERS., Martin Eisengrein (1535–1578). Ein Lebensbild aus der katholischen Restauration in Bayern, Freiburg/Breisgau 1908.

[27] Vgl. Friedrich ZOEPFL, Das Bistum Augsburg und seine Bischöfe im Reformationsjahrhundert, München/Augsburg 1969, S. 465–559; Otto BUCHER, Johann Egolf von Knöringen als Bischof von Augsburg (1573–1575), in: ZBLG 19 (1956) S. 128–167.

[28] Vgl. STEIN, Kunstkammern (wie Anm. 9) S. 11–160; Otto BUCHER, Die humanistischen und gegenreformatorischen Bestrebungen Johann Egolfs von Knöringen (1537–1575) vor seiner Wahl zum Bischof von Augsburg, in: HJb 74 (1955) S. 242–251.

[29] Vgl. Martin Eisengrein, Beschaydne vnd diser Zeyt / sehr nothwendige erklärung dreyer Hauptarticul Christlicher lehr, Ingolstadt 1568, Widmungsvorrede an Johann Egolph von Knöringen, Ingolstadt, 19.5.1568.

Sowohl die materielle als auch die ideelle Stoßrichtung sind bemerkenswert. Bedauerlicherweise gelang nur die Schaffung des Stiftungswerks im engeren Sinn, also Übertragung der Sammlungsbestände von Augsburg nach Ingolstadt, Errichtung des Zweckgebäudes und Ausmittlung eines Fonds zum Unterhalt von diesem Kulturkosmos und des Stipendiaten. Das Schriftstellerinstitut hingegen scheiterte, obwohl Empfehlungsschreiben von Herzog Albrecht V. an Papst Pius V. und einflussreiche Kardinäle vorlagen und obwohl die Statuten soweit ausgereift waren, dass sie päpstlicherseits bestätigt und expediert werden konnten.[30] Für diesen unerfreulichen Ausgang ist wohl in erster Linie der vorzeitige Tod von Johann Egolph von Knöringen 1575 und Martin Eisengreins 1578 verantwortlich zu machen.

Die Planungen für das Ingolstädter Stiftungswerk begannen wie angedeutet 1568. Das Zweckgebäude wurde 1570/71 errichtet. Vom 2. April 1573 datiert schließlich die Stiftungsurkunde.[31] Diese Datenfolge verleiht der Institution ein Alleinstellungsmerkmal, denn es handelt sich um die älteste museale Sammlung an einer Hohen Schule, ohne dass bisher die Literatur davon Kenntnis genommen hat. Vergleichbare Einrichtungen mit nur annähernd so früher Zeitstellung existierten an den Universitäten Pisa und Leiden: In Pisa wurde dem 1543 gegründeten botanischen Garten 1595 eine naturwissenschaftlich ausgerichtete Sammlung, die sogenannte Galerie, angeschlossen.[32] Das Anwachsen von Objektgruppen zuerst bei den medizinischen Fakultäten und bei den heilkundlichen Hilfswissenschaften ist ein allgemein zu beobachtender Sachverhalt; die Medizin kann also im Rahmen der wissenschaftlichen Universitätssammlungen eine Vorreiterrolle beanspruchen.[33]

---

[30] Vgl. Johann Egolph von Knöringen an Herzog Albrecht V., Augsburg, 11.8.1570 = BayHStA Kurbayern Äußeres Archiv 2074, fol. 127r; gedruckt in: Walter GOETZ (Bearb.), Beiträge zur Geschichte Herzog Albrechts V. und des Landsberger Bundes 1556–1598, München 1898, S. 735 f.

[31] Vgl. Litterae fundationis bibliothecae academicae, Augsburg, 2.4.1573, gedruckt in: Johann Nepomuk Mederer, Annales Ingolstadiensis Academiae, 4 Bde., Ingolstadt 1782, Bd. 4, S. 339–346. Ebenfalls am 2.4.1573 starb in Rom Kardinal Otto Truchseß von Waldburg. Am 18.5.1573 wurde Knöringen zu dessen Nachfolger als Fürstbischof von Augsburg gewählt.

[32] Vgl. Lucia TONGIORGI TOMASI, Inventari della galleria e attività iconografica dell'orto dei semplici dello Studio pisano tra cinque e seicento, in: Annali dell'Istituto e Museo di storia della scienza di Firenze 4 (1979) S. 21–27; DIES., Il giardino dei semplici dello studio pisano. Collezionismo, scienza e immagine tra cinque e seicento, in: Livorno e Pisa. Due città e un territorio nella politica dei Medici, Pisa 1980, S. 514–526; William SCHUPBACH, Some Cabinets of Curiosities in European Academic Institutions, in: Oliver IMPEY/Arthur MACGREGOR (Hg.), The Origins of Museums. The Cabinet of Curiosities in Sixteenth- and Seventeenth-Century Europe, Oxford 1985, S. 169–178, hier 169 f.

[33] Wenn man den vollmundigen Worten des medizinischen Lehrplans von 1555 Glauben schenken darf, hat dies auch für Ingolstadt zu gelten. Vgl. Ernst Theodor NAUCK, Der Ingolstädter medizinische Lehrplan aus der Mitte des 16. Jahrhunderts, in: Sudhoffs Archiv 40 (1956) S. 1–15, hier 13: *Habebunt professores ad quae tanquam si Lydium aliquem lapidem examinent, absolutissima exemplaria plantarum, fructuum, seminum, lignorum,*

Ähnlich gelagert war die Situation an der 1575 eröffneten Universität Leiden. Überwiegend naturkundliche Bestände wurden dem 1594 fertiggestellten botanischen Garten und dem 1593 eingerichteten anatomischen Theater angegliedert.[34] Das Ingolstädter Stiftungswerk berücksichtigte jedoch gleichermaßen Artificialia, Naturalia, Exotica und Scientifica neben Antiken. Universalsammlungen an Hohen Schulen sind ansonsten erst für das 17. und 18. Jahrhundert bezeugt: 1683 das Ashmolean Museum in Oxford[35] und 1714 das Istituto delle Scienze in Bologna.[36]

Das von Knöringen und Eisengrein ins Auge gefasste philosophisch-theologische Schriftstellerinstitut kann zwar kein zeitliches Alleinstellungsmerkmal beanspruchen, ist jedoch bemerkenswert aufgrund der durch es vollzogenen Einbettung der Universität Ingolstadt in die Bestrebungen führender katholischer Kreise zur geistigen Überwindung des Protestantismus durch Organisierung von Gelehrten und Koordinierung von deren Veröffentlichungen.[37] An erster Stelle sind hier die Päpste Pius V.[38]

---

corticum, radicum, gummi, animantium terrestrium, aquatilium et volucrum, gemmarum, lapidum, metallorum atque terrarum. Nec deest nobis horum suppellex ampla satis. Frei übersetzt lautet der Abschnitt: So sollen(!) die Professoren gleichsam wie einen Lydischen Probierstein zur Verfügung haben absolut tadellose Muster von Pflanzen, Früchten, Samen, Hölzern, Rinden, Gummi, von Land-, Wasser- und fliegenden Tieren, von Edelsteinen, Mineralien, Metallen und Erden, wobei dieser Absatz mit dem stolzen Schluss endet, dass es uns – also den Ingolstädter Medizinern – nicht an einer reichen Ausstattung an diesen Dingen mangelt. Vgl. Franz Josef SCHÖTZ, Zur Geschichte der Botanik an der Universität Ingolstadt 1472–1800, der heutigen Ludwig-Maximilians-Universität München. Die Botanik als Teil der Medizin (Abh. München. Mathematisch-naturwissenschaftliche Klasse 173) München 2005, S. 28 f. Es dürften folglich die Bestände gemeint sein, die einzelne Professoren als ihr Privateigentum verwahrten und für Unterrichtszwecke zur Verfügung stellten (und damit oftmals zu Gründern wissenschaftlicher Universitätssammlungen wurden), wie das beispielsweise für den just 1555 berufenen Lorenz Grill nachgewiesen ist. Vgl. Claudius STEIN, Personengeschichtliche Studien zum Ingolstädter Georgianum im 16. Jahrhundert. Festgabe zum 525. Jubiläum 2019, München 2019, S. 48–61.

[34] Vgl. SCHUPBACH, Cabinets (wie Anm. 32) S. 170–172; Henrike L. CLOTZ, Hochschule für Holland. Die Universität Leiden im Spannungsfeld zwischen Provinz, Stadt und Kirche 1575–1619 (Contubernium 48) Stuttgart 1998, S. 56–60; Marieke M. A. HENDRIKSEN, *Nosce te ipsum.* Zur Wandlung von Funktionen und Räumen des Leidener Anatomischen Theaters im 18. Jahrhundert, in: BLEKER/LENNIG/SCHNALKE, Einblicke (wie Anm. 10) S. 171–184.

[35] Vgl. John Linton MYRES/Edmund John BOWEN, Museums, in: Handbook of the University of Oxford, Oxford 1959, S. 249–270; Arthur G. MACGREGOR/Anthony J. TURNER, The Ashmolean Museum, in: Lucy Stuart SUTHERLAND/Leslie George MITCHELL (Hg.), The History of the University of Oxford, Bd. 5, Oxford 1986, S. 639–658.

[36] Vgl. Luigi SIMEONI, Storia della Università di Bologna, Bd. 2, Bologna 1940, S. 123–127; Carlo CALCATERRA, *Alma mater studiorum.* L'Università di Bologna nella storia della cultura e della civiltà, Bologna 1948, S. 235–241.

[37] Vgl. Joseph SCHMID, Rezension zu Johannes Janssen, Geschichte des deutschen Volkes seit dem Ausgang des Mittelalters, Bd. 7/8, Freiburg/Breisgau 1893/1894, in: HJb 17 (1896) S. 73–100, hier 79–87.

[38] Vgl. Ludwig FRHR. VON PASTOR, Geschichte der Päpste im Zeitalter der katholischen Reformation und Restauration. Pius V. (1566–1572), 10.–12. Auflage, Freiburg i. Breisgau 1928, S. 94–97.

und sein Nachfolger Gregor XIII. zu nennen[39], dann aber auch der Jesuitenorden, der dieses Ziel sowohl zentral von Rom aus verfolgte[40] als auch in München, wo die Schätze der Hofbibliothek zur Verfügung standen, für Oberdeutschland.[41] In scharfer Konkurrenz zur Societas Jesu agierten die weltlichen Gelehrten, seien es nun Geistliche oder Laien. In Ingolstadt, das erst mit dem Stiftungswerk eine reguläre Universitätsbibliothek erhalten hatte[42], an die beispielsweise der handschriftliche Nachlass des Luther-Gegners Johann Eck übergegangen war[43], der einer Gesamtausgabe zugrunde gelegt werden sollte[44], formierte sich dieser weltliche Universitätsteil um Martin Eisengrein, der dabei einerseits Unterstützung erhielt von seinen Verwandten[45], vor allem aber andererseits von Johann Egolph von Knöringen, der wiederum Kontakt pflegte zu Kardinälen wie Antoine Perrenot de Granvelle, Gio-

---

[39] Vgl. Ludwig FRHR. VON PASTOR, Geschichte der Päpste im Zeitalter der katholischen Reformation und Restauration. Gregor XIII. (1572–1585), 8.–10. Auflage, Freiburg i. Breisgau 1928, S. 427–437.

[40] Vgl. Epistolae P. Hieronymi Nadal Societatis Jesu ab anno 1546 ad 1577, Bd. 3, Madrid 1902, S. 821 f.; Otto BRAUNSBERGER, Deutsche Schriftstellerei und Buchdruckerei dem römischen Stuhle empfohlen. Eine Denkschrift vom Jahre 1566, in: HJb 30 (1909) S. 62–72; Paul Maria BAUMGARTEN, Deutsche Schriftstellerei und Buchdruckerei dem römischen Stuhle empfohlen. Eine Denkschrift aus den achtziger Jahren des 16. Jahrhunderts, in: HJb 31 (1910) S. 88 f.; Otto BRAUNSBERGER (Bearb.), Beati Petri Canisii Societatis Iesu epistulae et acta, Bd. 7, Freiburg i. Breisgau 1922, S. 236–238; Hermann Josef SIEBEN, Von der Kontroverstheologie zur Zusammenarbeit in der Res publica literaria (1546–1643). Jesuitenpatristik von Petrus Canisius bis Fronton de Duc, in: Rainer BERNDT (Hg.), Petrus Canisius SJ (1521–1597). Humanist und Europäer (Erudiri Sapientia 1) Berlin 2000, S. 169–201.

[41] Vgl. Bernhard DUHR, Geschichte der Jesuiten in den Ländern deutscher Zunge, Bd. 1, Freiburg/Breisgau 1907, S. 646–653; Otto HARTIG, Die Gründung der Münchener Hofbibliothek durch Albrecht V. und Johann Jakob Fugger, München 1917, S. 100 f.; Magnus Ulrich FERBER, Landesgeschichtsschreibung und philologische Grundlagenarbeit. Die Münchener Hofbibliothek unter Johann Georg Herwart als späthumanistisches Wissenschaftszentrum, in: Alois SCHMID (Hg.), Die Hofbibliothek zu München unter den Herzögen Wilhelm V. und Maximilian I. (ZBLG Beih. 43) München 2015, S. 223–249.

[42] Vgl. Luzian PFLEGER, Der Begründer der Münchener Universitätsbibliothek, in: Beilage zur Augsburger Postzeitung 23 (1903) S. 179–182; Ladislaus BUZÁS, Geschichte der Universitätsbibliothek München, Wiesbaden 1972, S. 34–69.

[43] Vgl. STEIN, Kunstkammern (wie Anm. 9) S. 81 f. Insgesamt flossen folgende Nachlässe in der Universitätsbibliothek zusammen: Heinrich Glarean und Johann Egolph von Knöringen, Johann Eck und Simon Thaddäus Eck, Rudolph Clenck, Martin Eisengrein.

[44] Vgl. ebd. S. 26 f. Eine Gesamtausgabe sollte auch veranstaltet werden für Johannes Cochlaeus, Verfasser der Historia Martini Lutheri, des Hauptwerks der antilutherischen Literatur des 16. Jahrhunderts.

[45] Vgl. Luzian PFLEGER, Wilhelm Eisengrein, ein Gegner des Flacius Illyrikus, in: HJb 25 (1904) S. 774–792; Franz STAAB, Quellenkritik im deutschen Humanismus am Beispiel des Beatus Rhenanus und des Wilhelm Eisengrein, in: Kurt ANDERMANN (Hg.), Historiographie am Oberrhein im späten Mittelalter und in der frühen Neuzeit (Oberrheinische Studien 7) Sigmaringen 1988, S. 155–164.

vanni Ludovico Madruzzo und Otto Truchseß von Waldburg[46], dem er auf dem Stuhl des heiligen Ulrich nachfolgen sollte, sowie Stanislaus Hosius.[47] Der Ermländer Hosius trat denn auch als einer der Hauptbefürworter solcher Institute in Rom auf[48], ähnlich wie, obgleich weniger stringent, Kardinal Otto.[49] Grundsätzlich sollte durch solche Schriftstellerinstitute auch innerhalb des katholischen Lagers der Wettbewerb befeuert werden.[50]

In Verbindung mit zahlreichen anderen Porträts von berühmten oder merkwürdigen Persönlichkeiten wurden in Knöringens Sammlung Darstellungen derjenigen Männer präsentiert, die sein Stiftungswerk besonders gefördert hatten: Papst Pius V. sowie die Kardinäle Antoine Perrenot de Granvelle und Otto Truchseß von Waldburg. Ihnen zur Seite stellte Knöringen sein eigenes Bildnis sowie mehrere Familienwappen.[51] Mit der jüngst aufgetauchten Medaille reiht sich Johann Egolph von Knöringen würdig ein in die Reihe der Schaumünzen auf die Kardinäle Stanislaus Hosius[52], Giovanni Ludovico Madruzzo[53], Antoine Perrenot de Granvelle[54] und Otto Truchseß von Waldburg.[55] Für den Ingolstädter Poeten Johann Engerd

---

[46] Vgl. Johann Egolph von Knöringen an Herzog Albrecht V., Augsburg, 11.8.1570 = BayHStA Kurbayern Äußeres Archiv 2074, fol. 127r; gedruckt in: GOETZ, Beiträge (wie Anm. 30) S. 735 f.

[47] Der Briefwechsel zwischen Knöringen und Hosius wird bezeugt durch Rotmar, wonach dieser *doctissimas, humanissimasque Cardinalis Hosij* [...] *ex urbe datas literas* durcharbeitete, die heute verloren sind; Johann Engerd (Hg.), Valentin Rotmar. Almae Ingolstadiensis academiae tomus primus, Ingolstadt 1581, fol. 80v.

[48] Vgl. Anton EICHHORN, Der ermländische Bischof und Cardinal Stanislaus Hosius, Bd. 2, Mainz 1855, S. 463–465.

[49] Vgl. Bernhard DUHR, Reformbestrebungen des Kardinals Otto Truchseß von Waldburg, in: HJb 7 (1886) S. 369–391; Wilhelm E. SCHWARZ, Vier ungedruckte Gutachten des Kardinals Otto Truchsess ueber die Lage der kath. Kirche in Deutschland, in: Römische Quartalschrift 4 (1890) S. 25–43.

[50] Vgl. Martin Eisengrein an Simon Thaddäus Eck, Ingolstadt, 5.4.1573 = BayHStA Generalregistratur fasz. 1254, Nr. 1/9.

[51] Vgl. STEIN, Kunstkammern (wie Anm. 9) S. 50 f.

[52] Vgl. Nicole RIEGEL, Medaillen für Kardinäle – eine Skizze, in: Georg SATZINGER (Hg.), Die Renaissance-Medaille in Italien und Deutschland (Tholos. Kunsthistorische Studien 1) Münster 2004, S. 213–269, hier 252 Nr. 152.

[53] Vgl. Helmut RIZZOLLI, I Madruzzo e le medaglie, in: Laura DAL PRA (Hg.), I Madruzzo e l'Europa 1539–1658. I principi vescovi di Trento tra papato e impero, Mailand 1993, S. 437–453.

[54] Vgl. Max BERNHART, Die Granvella-Medaillen des XVI. Jahrhunderts, in: Archiv für Medaillen- und Plakettenkunde 2 (1920/21) S. 101–119; Victor TOURNEUR, Le médailleur Jacques Jongheling et le cardinal Granvelle 1564–1578, in: Revue belge de numismatique et de sigillographie 79 (1927) S. 79–93; Luc SMOLDEREN, Les médailles de Granvelle, in: Krista DE JONGE / Gustaaf JANSSENS (Hg.), Les Granvelle e les anciens Pays-Bas, Löwen 2000, S. 293–320; RIEGEL, Medaillen (wie Anm. 52) S. 251 Nr. 146–151.

[55] Vgl. RIEGEL, Medaillen (wie Anm. 52) S. 248 Nr. 118 f.; Dorothea DIEMER u.a., Die Münchner Kunstkammer, 3 Bde. (Abh. München 129) München 2008, Bd. 1, S. 342 f. Nr. 1018a/13; Christine SCHNEIDER, Die Bildnisse des Otto von Waldburg. Selbstver-

Augsburger (oder Münchener?) Meister, Medaille auf Johann Egolph v. Knöringen, 1573
(Kunstsammlungen und Museen Augsburg, Inv.-Nr. 2019/272, Foto: Lenz Mayer)

bestand im Übrigen kein Zweifel, dass auch Knöringen einmal der Purpur verliehen werden würde.[56]

Bei der Schaumünze auf die Wahl von Johann Egolph von Knöringen zum Fürstbischof von Augsburg handelt es sich um einen auf 1573 datierten, jedoch nicht signierten Guss in Silber (wegen des hohen Reliefs wahrscheinlicher als eine Prägung). Der Durchmesser beträgt 33,5 Millimeter, das Gewicht 13.43 Gramm. Als Herstellungsort kann Augsburg (möglicherweise auch München) angenommen werden.[57] Auf dem Avers ist Knöringen als Brustbild im Profil nach rechts zu sehen, auf dem Revers dessen von den fürstbischöflichen Insignien überhöhtes Familienwappen. Die Umschrift auf dem Avers lautet: *IO[ANNES]. EGOLPHVS . D[EI] . G[RATIA] [.] EP[ISCOPV]S . AVGVSTANVS*, auf dem Revers: *CATHOLICA . TVTI[SS]IMA . FIDES . ANNO* [15]73. Die Lochung am Scheitelpunkt weist darauf hin, dass die Medaille von einem Sammler auf einem aufrechten Tablett montiert worden ist.[58]

---

ständnis und Rezeption, in: Veronika LUKAS / Julius OSWALD / Claudia WIENER (Hg.), Otto Truchseß von Waldburg (1514–1573), Regensburg 2016, S. 9–28, hier 9–15 Abb. 1–4.

[56] Vgl. Engerd, Congratulatio (wie Anm. 22).

[57] Vgl. Georg HABICH, Studien zur Augsburger Medaillenkunde am Ende des XVI. Jahrhunderts, in: Archiv für Medaillen- und Plaketten-Kunde 1 (1913/14) S. 175–199; Annette KRANZ, Zur Porträtmedaille in Augsburg im 16. Jahrhundert, in: SATZINGER, Renaissance-Medaille (wie Anm. 52) S. 301–342; DIES., Ein »Who's Who« der frühen Neuzeit. Zur gesellschaftlichen Verortung der Porträtmedaille der deutschen Renaissance, in: CUPPERI u. a., Wettstreit (wie Anm. 15) S. 35–45, hier 39–43; Hermann MAUÉ, Augsburg und Nürnberg, in: CUPPERI u. a., Wettstreit (wie Anm. 15) S. 197–200.

[58] Vgl. Ulrich PFISTERER, Lysippus und seine Freunde. Liebesgaben und Gedächtnis im Rom der Renaissance oder: Das erste Jahrhundert der Medaille, Berlin 2008, S. 129–135, Abb. 64 f.

In der einschlägigen Literatur wird das Stück nicht erwähnt, insbesondere nicht im monumentalen Korpuswerk von Georg Habich.[59] Die einzige Erwähnung findet sich im Versteigerungskatalog der Sammlung des Harlemer Bürgermeisters Cornelis Ascanius van Sypesteyn von 1745.[60] Aufgrund der Seltenheit der Schaumünze könnte es sich bei dem Objekt der Sypesteyn-Sammlung um dasjenige des Maximilianmuseums handeln.

Der Auftrag für die Schaumünze im Jahr der Wahl Johann Egolph von Knöringens zum Fürstbischof von Augsburg scheint von der Universität Ingolstadt unter programmatischen Gesichtspunkten vergeben worden zu sein. Man nutzte mit der Medaille eines der modernsten Medien, das weit mehr Funktionen zu erfüllen in der Lage war als die des Abbildens, Erinnerns und Andenkens, die zu den primären Aufgaben des Porträts gezählt werden. Die Schaumünze ist bekanntlich ein geeignetes Mittel, um den gesellschaftspolitischen Status des Porträtierten zu transportieren. Dies geschieht mittels der Umschrift, des Wappens oder der Devise, während das Relief des Porträtierten authentisch wiedergeben soll. Den Schritt zum Episkopat kommunizierte die Hohe Schule mit einer Medaille – mithin einem handlichen, dauerhaften und reproduzierbaren Bildmedium, das weit gestreut werden konnte und als geeignetes Mittel der Selbstdarstellung und Vernetzung galt. Gerade in Hinblick auf Knöringens kunst-, kultur- und religionspolitische Tätigkeit war sie das perfekte Bildmedium. Ihre Bezeichnung als soziale Währung trägt sie folglich nicht zu unrecht.[61]

Das Porträtrelief selbst überrascht, anstatt eines geistlichen Oberhirten ist, unter Verzicht auf jegliche kirchliche Kleidung oder auch auf die Tonsur, der Junker Egolph zu sehen, man fühlt sich unweigerlich an Knöringens vorbischöfliche Zeit zurückversetzt, während der er den Sohn Johann Ulrich zeugte.[62] Dieser Befund könnte nun so gedeutet werden, dass eine ältere Vorlage wiederverwendet und nur die Umschrift sowie auf dem Revers das Wappen aktualisiert wurde. Tatsächlich steht die Medaille aber in der Tradition von Knöringens Vorgänger Otto Truchseß von Waldburg: Dessen Wahl zum Fürstbischof von Augsburg 1543 gab Anlass, eine Schaumünze bei dem aus Linz stammenden Ludwig Neufahrer in Auftrag zu geben. Neufahrer zeichnete die Profilansicht eines bürgerlich gekleideten Mannes und nicht, wie zu erwarten gewesen wäre, das Bild eines jungen Bischofs im Ornat. Obwohl Waldburg auch in weiteren Darstellungen bereits das Bischofsamt be-

---

[59] Vgl. Georg Habich (Hg.), Die deutschen Schaumünzen des XVI. Jahrhunderts, 2 Bde. in 4 Tl.en, München 1929–1934.

[60] Vgl. Catalogus Van een zeer uitmuntend Cabinet Met Goude, Zilvere, Kopere en andere Medailles, Voor het grootste gedeelte behoorende tot de Nederlandsche Historien, Harlem [1745], S. 54 Nr. 400.

[61] Vgl. Ulrich Pfisterer, Wettstreit der Köpfe und Künste. Repräsentation, Reproduktion und das neue Bildmedium der Medaille nördlich der Alpen, in: Cupperi u. a., Wettstreit (wie Anm. 15) S. 15–27.

[62] Vgl. Stein, Kunstkammern (wie Anm. 9) S. 82 f.

setzte, wird sein Habitus nicht durchweg von dieser geistlichen Stellung geprägt. Ausgerechnet die Medaille, die anlässlich seiner Bischofswahl entstand, zeigt ihn nicht im Ornat. Er ist nur durch sein Wappen als kirchlicher Würdenträger identifizierbar.[63]

Es gehört zu den Charakteristika der Ingolstädter Universitätsmedaillen – wenn es überhaupt angezeigt ist, von einem solchen Typus zu sprechen –, dass in den Beschriftungen nie auf die Hohe Schule als handelnde Institution Bezug genommen wird. So verhält es sich auch bei der Knöringen-Schaumünze. Neben einem Hinweis auf den Anlass der Veröffentlichung kommt nur eine der von Knöringen gebrauchten, seine entschieden kirchlich-katholische Haltung, seinen christlichen Humanismus bezeugenden drei Devisen zum Einsatz: *Catholica tutissima fides*, *Deo dante nihil potest invidia et deo non dante nihil valet labor* und *In spe contra spem*.[64] Die Formulierung *ANNO* [15]*73* auf dem Revers scheint zum Ausdruck bringen zu wollen, dass in eben diesem Jahr durch die Erhebung Knöringens und, so möchte man weiterformulieren, durch die voraufgehende Errichtung des Stiftungswerks die katholische Konfession auf das Nachhaltigste gesichert worden ist. Diese Wahlsprüche fanden insbesondere Verwendung in den Exlibris, die Knöringen in verschiedener Ausgestaltung in seine Bände einkleben ließ.[65] Allerdings konnte das zuerst 1890 katalogisierte Bücherzeichen mit *Catholica tutissima fides*[66] bis jetzt in keinem Exemplar nachgewiesen werden, so dass man seine Eigenschaft als Exlibris hinterfragen sollte.[67] Für reine Repräsentationszwecke diente jedenfalls ein Wappenholzschnitt im Format Großfolio von Nikolaus Andrea[68] (die Zuschreibung an diesen wird gelegentlich angezweifelt). Das Blatt, möglicherweise ein Probedruck, stammt aus dem Kabinett Sternberg-Manderscheid[69] und befindet sich seit 1927 in der Staatlichen Graphischen Sammlung München.[70] In der Mitte ist das von den fürstbischöflichen Insignien überhöhte Familienwappen Knöringens zu sehen, oben die Devise *Catholica tutissima fides*, unten die Beschriftung *Dei gratia Ioannes* [Egolphus episcopus]

---

[63] Vgl. SCHNEIDER, Bildnisse (wie Anm. 55) S. 9, 15.
[64] Vgl. ZOEPFL, Bistum (wie Anm. 27) S. 477.
[65] Vgl. Friedrich WARNECKE, Die deutschen Bücherzeichen (Ex-libris) von ihrem Ursprunge bis zur Gegenwart, Berlin 1890, S. 107 Nr. 1014–1020; Albert HAEMMERLE (Hg.), Die Buchzeichen der Freien Reichsstadt Augsburg, [München 1938] S. 24–26 Nr. 13–19; Hermann WIESE, Exlibris aus der Universitätsbibliothek München. Anläßlich der Fünfhundertjahrfeier der Universität Ingolstadt-Landshut-München zusammengestellt und erläutert, München 1972, S. 95–98, Abb. 19–23; ZOEPFL, Bistum (wie Anm. 27) S. 473.
[66] Vgl. WARNECKE, Bücherzeichen (wie Anm. 65) S. 107 Nr. 1018.
[67] Vgl. WIESE, Exlibris (wie Anm. 65) S. 95 Typ 2, 98.
[68] Vgl. Ulrich THIEME/Felix BECKER (Hg.), Allgemeines Lexikon der Bildenden Künstler von der Antike bis zur Gegenwart 1 (1907) S. 462.
[69] Vgl. Johann Gottfried Abraham FRENZEL, Sammlung der Kupferstiche und Handzeichnungen Sr. Excellenz des Herrn Grafen Franz v. Sternberg-Manderscheid, Bd. 2, Dresden 1838, S. 158 Nr. 1418.
[70] Vgl. Sammlung kostbarer alter Holzschnitte des 15. bis 19. Jahrhunderts. Versteigerungskat. CLIV von C. G. Boerner in Leipzig, Leipzig 1927, S. 7 Nr. 39.

Augustanus MDLXXIII.[71] Es handelt sich um einen künstlerisch hervorragenden, schon durch sein Format bedeutenden Wappenholzschnitt von größter Seltenheit. Der Wahlspruch wurde übrigens, soweit ersichtlich, nicht nur von Johann Egolph von Knöringen verwendet, sondern auch 1554 von dem Pfleger zu Leonsberg Georg Stingelheim[72] und 1586 dem Bischof von Chiemsee Sebastian Cattaneo.[73]

Das trotz seiner geringen Größe sehr lebensechte Porträt Knöringens auf der ihm gewidmeten Medaille stellt eine wesentliche Ergänzung zu den anderen Knöringen-Bildnissen dar, die allesamt als nicht sonderlich gelungen zu bezeichnen sind. Zu diesem Eindruck würde man auch kommen ohne Kenntnis der Schaumünze. Diese Feststellung hat zu gelten für das Knöringen-Porträt auf dem Epitaph im Augsburger Dom, eine fast vollplastische Bildhauerarbeit[74], und für die ihm gewidmeten Gemälde in den Bischofsgalerien ebenfalls im Augsburger Dom[75] und – in nahezu identischer Ausführung – im Stadt- und Hochstiftsmuseum Dillingen.[76] In der Ausformung einzelner Gesichtspartien lässt sich der Typus der Profildarstellung von rechts wiedererkennen, der erstmals für die 1573 entstandene Medaille gewählt worden war. Außer Acht bleiben kann ein Bildnis, das Knöringen darstellen soll und das im Museum für Franken verwahrt wird.[77] Die Beschriftung legt eine Würzburger Provenienz nahe.[78] Der Duktus der Malerei, Kostüm und Barttracht verwei-

---

[71] Vgl. Gustav Ludwig FRHR. VON AMSTETTER/Rudolph WEIGEL, Nicolaus Andrea, in: Archiv für die zeichnenden Künste 1 (1855) S. 350 f.; Johann David PASSAVANT, Le Peintre-Graveur, Bd. 4, Leipzig 1863, S. 190 f. Nr. 8; Andreas ANDRESEN, Der Deutsche Peintre-Graveur, Bd. 4, Leipzig 1874, S. 1–10, hier 9 Nr. 1.

[72] Vgl. Michael MAYR/Joseph Rudolph SCHUEGRAF, Miscellaneen zu einer Chronik vom Schloße und der Herrschaft Kürn, Königl. Landgerichts Regenstauf im Regenkreise, in: Verhandlungen des HV für Oberpfalz und Regensburg 2 (1833) S. 1–111, hier 29 f. (Grabinschrift).

[73] Vgl. Sebastian Cattaneo, Summula casvs conscientiae summa breuitate atque facilitate complectens, Passau 1586 (Titelblatt). Im Inschriftenverzeichnis des Registerbands zum Korpuswerk von Georg Habich taucht die Devise nicht auf.

[74] Vgl. ZOEPFL, Bistum (wie Anm. 27) S. 547 f., Abb. 41; Denis A. CHEVALLEY, Der Dom zu Augsburg (Die Kunstdenkmäler von Bayern NF 1) München 1995, S. 297 f.; Freya STRECKER, Augsburger Altäre zwischen Reformation (1537) und 1635. Bildkritik, Repräsentation und Konfessionalisierung (Kunstgeschichte 61) Münster 1998, S. 150–153, 324–327.

[75] Vgl. Valentin THALHOFER, Ueber den Bart der Geistlichen, in: Archiv für katholisches Kirchenrecht 10 (1863) S. 93–109, hier 102 (Knöringen hatte einen ziemlich langen und starken Bart); CHEVALLEY, Dom (wie Anm. 74) S. 275 f.; SCHNEIDER, Bildnisse (wie Anm. 55) S. 20; STEIN, Kunstkammern (wie Anm. 9) S. 51, 223 Abb. 1a.

[76] Vgl. Werner MEYER/Alfred SCHÄDLER, Stadt Dillingen an der Donau, München 1964, S. 557 Abb. 467; SCHNEIDER, Bildnisse (wie Anm. 55) S. 24.

[77] Vgl. Museum für Franken (vormals Mainfränkisches Museum), Würzburg Inv.-Nr. H 33989; Karl HEFFNER (Hg.), Die Sammlungen des historischen Vereins für Unterfranken und Aschaffenburg zu Würzburg, Bd. 2, Würzburg 1860, S. 20.

[78] *Johann Egolph von Knöringen, Domschol: zu Wirzburg, Bischof von Augsburg, Stifter der Domschule zu Wirzburg und der Accademischen Bibliotheke zu Ingolstadt. †1575. 4 Juni. F: Nro. 109½.*

sen auf die erste Hälfte des 17. Jahrhunderts. Nachdem der hier Dargestellte keine Ähnlichkeit mit dem Bildtypus der Medaille sowie der Gemälde in Augsburg und Dillingen hat, handelt es sich um kein authentisches Knöringen-Porträt.

Wie angedeutet nahm in der Sammlung Knöringen die Präsentation von Bildnissen bekannter Zeitgenossen breiten Raum ein, seien es nun Gemälde oder Tafelbilder in größeren oder kleineren Formaten, Gipsreliefs oder Kupferstiche. Waren diese Objekte nicht beschriftet, konnte schnell in Vergessenheit geraten, um welche Persönlichkeiten es sich handelte. Das 1682, also gut 100 Jahre nach Aufrichtung des Stiftungswerks, angelegte Kunstkammerinventar musste sich denn auch damit begnügen, die vielen anonymen Darstellungen aufzuzählen.[79] Das hängt freilich in erster Linie damit zusammen, dass der damit beauftragte Magister Johann Schwender nur wenig zu dieser Aufgabe befähigende Vorbildung besaß, sondern schlicht Knöringen-Stipendiat war, in welcher Eigenschaft er sich um dessen Bibliothek und Kunstkammer zu verwalten hatte.[80] Dies sei an zwei Beispielen illustriert:

Effig[ies]. *aines Ritters mit der Yberschrifft: vincit vim virtus*[81] war für Schwender schlicht das Bildnis eines Ritters. Nachdem er die – immerhin mitgeteilte – Devise mit keiner bestimmten historischen Gestalt in Verbindung brachte und eine Recherche im Rahmen damaliger Inventarisierungen nicht in Frage kam, verblieb der Dargestellte in Anonymität. Für Kenner hat es hingegen außer Zweifel zu stehen, dass es sich aufgrund des Wahlspruchs um ein Porträt des Prinzen oder Herzogs Wilhelm V. handelte[82], der im Silberkammerinventar auch durch folgendes Geschenk an Johann Egolph von Knöringen vertreten war: *ein geschnittner corallner Paternoster sambt einem guldin Ring.*[83]

Ein Teil der Porträts von berühmten Persönlichkeiten bestand aus Reliefs in Gips. *Ex gypso fundere imagines*[84], hier gemeint Wiederholungen herzustellen nach Archetypen, besaß im Humanistenkreis um Albrecht Dürer, Willibald Pirckheimer und Erasmus von Rotterdam durchaus Stellenwert, was auch für deren Kollegen zu gelten hat, soweit sie diesbezügliche Interessen hegten; Gipse sind beispielsweise

---

[79] Vgl. Johann Schwender / Johann Dominik Mändl, Ordentliche Beschreybung deren in antiquario academico noch anwesenden Antiquitäten, Ingolstadt, 1682 = BSB Oefeleana 302.
[80] Vgl. Buzás, Geschichte (wie Anm. 42) S. 48, 323.
[81] Schwender / Mändl, Ordentliche Beschreybung (wie Anm. 79).
[82] Vgl. Diemer u. a., Kunstkammer (wie Anm. 55) Bd. 1, S. 507 Nr. 1639; Theda Jürjens, Art. V. Maler, Wilhelm V. von Bayern, 1572, in: Cupperi u. a., Wettstreit (wie Anm. 15) S. 251 Nr. 162.
[83] Inuentarium vnnd Verzeichnus, waß in den zweyen Truchen, mitt A vnnd H verzeichnet, so weilundt dem Hochwürdig F. vnnd g. H. Egloff, Bischoffe zue Augspurg hochseeliger Gedechnus, zugeherig gewesen, Augsburg, 12.8.1579 = StAA Hochstift Augsburg, NA Akten 5176/1.
[84] Erasmus von Rotterdam an Willibald Pirckheimer, Basel, 28.8.1525, gedruckt in: Hans Rupprich (Bearb.), Dürer. Schriftlicher Nachlass, Bd. 1: Autobiographische Schriften, Briefwechsel, Dichtungen, Beischriften, Notizen und Gutachten. Zeugnisse zum persönlichen Leben, Berlin 1956, S. 272 Nr. 86.

auch in Konrad Peutingers Augsburger Kunstsammlung ausdrücklich bezeugt.[85] Namentlich genannt wird in Ingolstadt Antoine Perrenot de Granvelle, sonst heißt es nur *ain gipsenes, in Holtz eingefasstes Bild aines Geistlichen*, item [gemeint: Porträt] *ein rundes gipsenes Täflein* und item [wieder gemeint: Porträt] *ein gipsenes uierekhetes in Holtz eingefasst*. Daneben existierten in Gips vollplastische Darstellungen des heiligen Petrus, des heiligen Georg und eines nicht bezeichneten Ritters sowie wiederum als Relief die Muttergottes mit dem Jesuskind. Außerdem scheinen Antikennachbildungen vorhanden gewesen zu sein: *ain kunstreiche Handt auß Gips* und – vielleicht auf heroische Nacktheit anspielend – *ain blosses Bild aus Gips*. Besondere Aufmerksamkeit beansprucht *ein erhebter Triumphwaagen in Stain*[86], ein Stück, das den Magister Schwender wiederum sichtlich überforderte.

Dieses längst verlorene Objekt in Verbindung mit dem Gipsrelief eines Gelehrten in hölzernem Rahmen, das sich, aus der Knöringen-Sammlung stammend, bis heute im Bayerischen Nationalmuseum erhalten hat, geben einen Blick frei auf eine spezielle Bestandsgruppe, nämlich Gipsnachbildungen von Renaissancereliefs Augsburger Provenienz in der Ingolstädter Kunstkammer, die bekanntlich ihren Ursprung in der Reichsstadt am Lech hatte. Die dort auffallend oft nachweisbare Tatsache von Reproduktionen in Gips scheint geradezu eine Augsburger Spezialität gewesen zu sein.

Ein erhebter Triumphwaagen in Stain dürfte kein antikes Relief dargestellt haben, sondern die in einer Abgabeliste von 1810 aufgeführte Gipstafel mit Kaiser Maximilian I. als Triumphator.[87] Im genannten Jahr wurden die Reste der 1800 aus Ingolstadt nach Landshut übertragenen Kunstkammer auf die verschiedenen Universitätseinrichtungen verteilt. Bei dieser Gelegenheit ging der *Triumphwaagen* an das neugeschaffene Institut der Bildenden Künste über.[88] Danach verliert sich seine Spur, bei der Transferierung der Universitätsbestände von Landshut nach München 1826 beispielsweise ist von ihm keine Rede mehr. Alle Nachbildungen fußen auf dem Triumphrelief aus Nussbaumholz im Louvre, das zur Erinnerung an die Rolle Maximilians auf dem Wiener Fürstentag von 1515 nach einem zeichnerischen Entwurf von Albert Dürer (Der Große Triumphwagen von Kaiser Maximilian) angefertigt wurde.[89] Reproduktionen hiervon existieren in Gips in der Samm-

---

[85] Vgl. Heidrun LANGE-KRACH, Konrad Peutingers Kunstsammlung, in: Rolf KIESSLING/ Gernot Michael MÜLLER (Hg.), Konrad Peutinger. Ein Universalgelehrter zwischen Spätmittelalter und Früher Neuzeit. Bestandsaufnahme und Perspektiven (Colloquia Augustana 35) Berlin/Boston 2018, S. 107–135, hier 120.
[86] Alle Zitate aus: Schwender/Mändl, Ordentliche Beschreybung (wie Anm. 79).
[87] Vgl. Abgabeliste an das Institut der Bildenden Künste, Landshut, 4.4.1810 = UBM 2 cod. ms. 806 (1, Nr. 38.
[88] Vgl. Robert STALLA, Das »Institut der bildenden Künste« in Landshut und der Beginn der universitären Kunstgeschichte, in: Laetitia BOEHM/Gerhard TAUSCHE (Hg.), Von der Donau an die Isar. Vorlesungen zur Geschichte der Ludwig-Maximilians-Universität 1800–1826 in Landshut (Ludovico Maximilianea. Forschungen 20) Berlin 2003, S. 219–250.
[89] Vgl. Karl GIEHLOW, Dürers Entwürfe für das Triumphrelief Kaiser Maximilians I. im

lung auf Burg Kreuzenstein[90] und im Bayerischen Nationalmuseum[91] (Provenienz: Kunstkammer Ambras?) sowie sogar in Bronze im Landesmuseum Württemberg[92] (Provenienz: Kunstkammer Stuttgart); die Augsburger Kunstsammlung von Konrad Peutinger beinhaltete ebenfalls einen – allerdings nicht näher spezifizierten – Triumphwagen.[93] Albrecht Dürer und seine Kunst hatten im späteren 16. und 17. Jahrhundert Kultstatus[94], den die Kunstkammern von Ingolstadt bis Stuttgart auf je eigene Art beschworen. Im Fall des hier vorgestellten Objekts bewunderten die Zeitgenossen insbesondere die Umsetzung der Dürerschen Komposition ins Dreidimensionale.

Zeugt bereits das Vorhandensein einer Wiederholung des Triumphwagens in der Ingolstädter Sammlung davon, wie weitgefächert die Interessen von deren Gründer waren, wie wohlvernetzt er agierte, so hat das in noch stärkerem Maße für das gipserne Porträtrelief des Bayerischen Nationalmuseums zu gelten[95], das seit dem frühen 19. Jahrhundert mal als *Gelehrter* (Dillis und Müller), mal als *vornehmer Mann (Gelehrter?)* (Lieb) angesprochen wurde. 1682 hielt man es, wenn nicht alles täuscht, für die Darstellung eines *Geistlichen* (Schwender). Für die besondere Qualität dieses Reliefs, das von Norbert Lieb in die Nähe von Hans Daucher und Hans Schwarz gebracht wird[96], spricht, dass es 1807 in das Landshuter Institut der

---

Louvre. Eine Studie zur Entwicklungsgeschichte des Triumphzuges, in: Jb. der Kunsthistorischen Sammlungen des Allerhöchsten Kaiserhauses 29 (1910/11) S. 14–84.

[90] Vgl. ebd. S. 16 f. Abb. 1 f., 18 f.
[91] Vgl. BNM Inv.-Nr. R 24; GIEHLOW, Entwürfe (wie Anm. 89) S. 18 f.; Theodor MÜLLER, Die Bildwerke in Holz, Ton und Stein von der Mitte des XV. Jahrhunderts bis gegen Mitte des XVI. Jahrhunderts, München 1959, S. 286–288, Abb.-Nr. 299.
[92] Vgl. Landesmuseum Württemberg, Stuttgart, Kunstkammer der Herzöge von Württemberg, Inv.-Nr. KK weiß 95; GIEHLOW, Entwürfe (wie Anm. 89) S. 18 Abb. 3, 19 f.; Werner FLEISCHHAUER, Die Geschichte der Kunstkammer der Herzöge von Württemberg in Stuttgart (Veröffentlichungen der Kommission für geschichtliche Landeskunde in Baden-Württemberg B87) Stuttgart 1976, S. 37, 104; LANDESMUSEUM WÜRTTEMBERG (Hg.), Die Kunstkammer der Herzöge von Württemberg. Bestand, Geschichte, Kontext, Bd. 2, Ulm 2017, Nr. 204.
[93] Vgl. LANGE-KRACH, Kunstsammlung (wie Anm. 85) S. 118, 123.
[94] Vgl. Gisela GOLDBERG, Zur Ausprägung der Dürer-Renaissance in München, in: Münchner Jb. der bildenden Kunst. Dritte Folge 31 (1980) S. 129–175; DIES., Dürer-Renaissance am Münchner Hof, in: Hubert GLASER (Hg.), Quellen und Studien zur Kunstpolitik der Wittelsbacher vom 16. bis zum 18. Jahrhundert (Mitteilungen des Hauses der Bayerischen Geschichte 1) München 1980, S. 318–322.
[95] Vgl. BNM Inv.-Nr. L D 3567; Norbert LIEB, Die Fugger und die Kunst im Zeitalter der hohen Renaissance (Studien zur Fuggergeschichte 14) München 1958, S. 270 f., 453; MÜLLER, Bildwerke (wie Anm. 91) S. 296 Abb.-Nr. 314 (Schwaben oder Franken[?], um 1530, Porträt eines Gelehrten. Bruststück. Profil nach links, gekleidet in Schaube und Barett. Hintergrund einschiffige Halle mit Pilastern und Rundbogen; in halber Höhe Vorhang auf einer Stange. Profilierter Rahmen; Sockel mit Groteskornament); STEIN, Kunstkammern (wie Anm. 9) S. 71, 246 Abb. 18.
[96] Vgl. LIEB, Fugger (wie Anm. 95) S. 453.

Bildenden Künste gelangte[97] und 1826 in das Münchener Elfenbeinkabinett hätte kommen sollen, wäre es nach dem Willen von dessen Kurator Johann Georg von Dillis gegangen.[98] Seit 1881 befindet es sich als Leihgabe der Ludwig-Maximilians-Universität im Bayerischen Nationalmuseum.

Nach eingehender Konsultation der Korpuswerke zur deutschen Renaissancemedaille kann kein Zweifel als der Identität des Dargestellten bestehen: Es handelt sich um ein bisher unerkanntes Porträt des Augsburger Dompropsts und nachmaligen Salzburger Erzbischofs und Kardinals Matthäus Lang von Wellenburg.[99] Für die plastischen und druckgraphischen Bildnisse des Kardinals, soweit sie ihn im Profil wiedergeben, hat zu gelten, dass sie vollständig von den Schaumünzen abhängen[100], die Hans Schwarz und Ulrich Ursentaler d. Ä. auf ihn geschaffen haben.[101] Zu verweisen wäre, neben der Darstellung aus der Knöringen-Sammlung, welche auf das Jahrzehnt zwischen 1520 und 1530 datiert wird, auf das von einem unbekannten Augsburger Bildhauer ca. 1520/25 hergestellte Relief aus Solnhofer Kalkstein[102] sowie auf die Radierung von Hieronymus Hopfer und den Holzschnitt von Erhard Schoen.[103]

Das besondere Interesse, das Johann Egolph von Knöringen dem 1540 verstorbenen Kardinal entgegenbrachte, steht also außer Frage. Vor diesem Hintergrund gewinnt die These über die Provenienz des sogenannten Universitätsaltars[104] an

---

[97] Vgl. Johann Georg VON DILLIS, Verzeichniß der getroffenen Auswahl aus den Sammlungen des Restes aus dem Urbanischen Saal, Landshut, 23.8.1826 = BayHStA Staatsgemäldesammlungen, Archiv, XIV L 2: *1 Basrelief aus Gyps, Bildniß eines Gelehrten, in einer hölzernen Rammen, 6 1/2 Z. Höhe, 4 Z. Breite*.

[98] Vgl. Abgabeliste an das Institut der Bildenden Künste, Landshut, 28.9.1807 = BayHStA Ministerium des Innern 23146/I: *1 Kopf in Basrelief*.

[99] Vgl. Johann SALLABERGER, Kardinal Matthäus Lang von Wellenburg (1468–1540). Staatsmann und Kirchenfürst im Zeitalter von Renaissance, Reformation und Bauernkriegen, Salzburg/München 1997; Nicole RIEGEL, Die Bautätigkeit des Kardinals Matthäus Lang von Wellenburg (1468–1540), Münster 2009.

[100] Vgl. Jeffrey CHIPPS SMITH, Medals and the Rise of German Portrait Sculpture, in: SATZINGER, Renaissance-Medaille (wie Anm. 52) S. 271–299, hier 282.

[101] Vgl. Max BERNHART/Karl ROLL, Die Münzen und Medaillen des Erzstiftes Salzburg, München 1929, Nr. 559 f., 562 f., 565 f., 569 f.; RIEGEL, Medaillen (wie Anm. 52) S. 222 f., 238 f. Nr. 33–39, 563 f. Abb. 16–19.

[102] Vgl. Salzburg Museum (vormals Museum Carolinum Augusteum), Salzburg; Thomas ESER, Hans Daucher. Augsburger Kleinplastik der Renaissance (Kunstwissenschaftliche Studien 65) München/Berlin 1996, S. 321; SALLABERGER, Kardinal (wie Anm. 99) S. 452 f.; SMITH, Medals (wie Anm. 100) S. 282, 292 Abb. 12.

[103] Vgl. SALLABERGER, Kardinal (wie Anm. 99) S. 454 f.

[104] Vgl. Bayerische Staatsgemäldesammlungen, München Inv.-Nr. 10349–10351; BAYERISCHE STAATSGEMÄLDESAMMLUNGEN (Hg.), Altdeutsche Malerei, München 1963, S. 35–37; DIES. (Hg.), Alte Pinakothek München. Erläuterungen zu den ausgestellten Gemälden, München 1986, S. 49–51; Martin SCHAWE, Altdeutsche und altniederländische Malerei, Ostfildern 2006, S. 75; STEIN, Kunstkammern (wie Anm. 9) S. 94–96, 217–219, 250 Abb. 21.

weiterer Substanz: Dieser Altar, näherhin ein Triptychon mit den heiligen Matthäus und Narcissus auf der Mitteltafel, auf dem linken Flügel innen die Muttergottes und außen der heilige Christoph sowie auf dem rechten Flügel innen der Evangelist Johannes und außen die heilige Margarethe, befand sich ursprünglich in Augsburg in der Kapelle der heiligen Matthäus und Narcissus, die Matthäus Lang von Wellenburg 1512/13 auf dem beim Hohen Dom gelegenen Fronhof hatte errichten lassen.[105] Der Altar wird 1764/74 im Orbanschen Saal bei der Universität Ingolstadt aufgeführt[106] und seit 1886 in den Bayerischen Staatsgemäldesammlungen verwahrt.[107] Johann Egolph von Knöringens Domkustodie stand direkt gegenüber dieser Fronhofkapelle, und die genannte Vermutung besagt, dass er das Triptychon gegen Ersatz in seine Augsburger Domkustodie und somit in seine nachmalige Ingolstädter Kunstkammer überführen ließ; Gemälde sind in seiner Sammlung ausdrücklich bezeugt. Freilich müssten hier noch weitere Forschungen ansetzen. Festgehalten sei hier lediglich, dass Knöringen bei Richtigkeit der These sogar zwei Darstellungen des Matthäus Lang von Wellenburg besaß, zum einen auf dem Gipsrelief, zum anderen auf der Mitteltafel des Altars, die in der Gestalt des heiligen Matthäus ein Kryptoporträt des Kirchenfürsten enthält. Der Universitätsaltar galt während des späten 16. und während des gesamten 17. und 18. Jahrhunderts als Werk Albrecht Dürers. Seine spezielle Vorliebe für die Dürers Kunst hatte Johann Egolph von Knöringen bereits durch die Übernahme des Triumphreliefs in den Bestand bezeugt. Mit dem Porträt von Philipp Melanchthon war der Nürnberger durch ein weiteres Werk vertreten.[108] Selbstverständlich durfte ein Bildnis des Meisters selbst nicht fehlen.[109] Die Umstände weiterer, von Albrecht Dürer signierter Stücke, die zu Beginn des 19. Jahrhundert an das Institut der Bildenden Künste abgegeben wurden, sind nicht mehr aufzuhellen.[110]

---

[105] Vgl. CHEVALLEY, Dom (wie Anm. 74) S. 538; SALLABERGER, Kardinal (wie Anm. 99) S. 453, 476; RIEGEL, Bautätigkeit (wie Anm. 99) S. 45–62.

[106] Vgl. Inventar des Orban-Saals von 1764 (Abschrift von 1774) = BayHStA Gerichtsliteralien fasz. 1489, Nr. 1, fol. 204r: [Gemälde] *der Hl. Marissus* [sic] *und Mathäus, der MutterGottes und des Hl. Joan Evangelisten auf Holz. Maler Albert Dürer, ein Nürnberger. Gewiß.*

[107] Vgl. Leihvertrag zwischen der Universität München und der Zentralgemäldegalerie, München, 1.12.1886 = UAM Y-IX-23.

[108] Vgl. Schwender/Mändl, Ordentliche Beschreybung (wie Anm. 79): *Effigies Philippi viventis (a Durerio cupro incisi) in Kupfferst.*, ein die Beschriftung des Kupferstichs (*1526 VIVENTIS POTVIT DVRERIVS ORA PHILIPPI MENTEM NON POTVIT PINGERE DOCTA MANVS*) schlimm missverstehender, wieder den schwachen Kenntnisstand Schwenders illustrierender Inventareintrag.

[109] Vgl. Schwender/Mändl, Ordentliche Beschreybung (wie Anm. 79): *Effigies Alberti Dureri, auf der anderen Seyten effig. Theophrasti in Kupferstich.*

[110] Vgl. Simon KLOTZ, Anzeige noch anderer vorhandenen Gaegenschaenden [sic], welche aus dem Urbanischen Saale an das Institut abgegeben wurden und zu seiner Zeit nach gehoeriger Ausbesserung in die Sammlungen können aufgenommen werden, Landshut, 28.9.1807 = BayHStA Ministerium des Innern 23146/I: *1 Gemählde auf Goldgrund in*

Abschließend sei exemplarisch versucht, die Schicksale der Antiken- und Münzsammlung aufzuhellen. Hier ist die Verschränkung der beiden Ingolstädter Kunstkammern in Erinnerung zu rufen: Das Stiftungswerk von Knöringen hatte zunächst einen Zweckbau erhalten, der 1586/87 angebrochen wurde, um Platz zu schaffen (!) für die neue Jesuitenkirche. Die Bestände wanderten dann in zwei Kammern im Alten Kolleg. Bei der Niederlassung der Jesuiten kam es 1725 zur Errichtung eines weiteren Sammlungsgebäudes, des nach dem Urheber P. Ferdinand Orban benannten galerieartigen Saals. Nach der Aufhebung des Jesuitenordens erlangte die Universität Verfügungsgewalt über die darin enthaltenen Bestände, mit denen sie bald nach 1773 die Knöringen-Kunstkammer vereinigte. Es schlossen sich 1800 die Überführung nach Landshut und 1826 nach München an. Zu dieser Zeit waren die Universalsammlungen von Knöringen und Orban, soweit man für überhaupt der weiteren Aufbewahrung für Wert befunden hatte, aber längst auf die einschlägigen Spezialsammlungen verteilt.

Um es vorwegzunehmen: Die Antikensammlung ist mit Ausnahme einer Hand voll Stücke untergegangen. Die Münzsammlung hingegen überlebte, nicht zuletzt aufgrund ihrer Eingliederung in die Staatliche Münzsammlung im Jahr 1936. Allerdings sind dort wegen der Vermischung mit dem Staatsbestand und des Verlusts der Inventarbücher die Universitätsprovenienzen nicht mehr als solche zu erkennen.[111]

Johann Egolph von Knöringen war bekannt für seine Reisen durch Europa, insbesondere nach Italien. Sie dienten einerseits der Vervollkommnung seiner akademischen Bildung, boten aber andererseits die Möglichkeit, nach Humanistenart mit der Welt der Antike in Kontakt zu treten. Diese Fühlungnahme wurde erleichtert durch den Erwerb zahlreicher Altertümer, beispielsweise von Sarkophagen und Grabaltären, von Statuen und Porträts sowie von Inschriften. Vor dem Übergang nach Ingolstadt war die Sammlung in der Augsburger Domkustodie aufgestellt. Unter den Arkaden des Innenhofs hatte der Domkustos nach italienischer Manier ein römisches Grabrelief vermauern lassen, das wegen seiner wandfesten Verankerung nicht nach Ingolstadt transportiert werden konnte und alsbald in Vergessenheit geriet. Erst 1818 kam es, von dichten Sträuchern überwuchert, wieder zum Vorschein. Heute befindet sich das Grabrelief im Römischen Museum Augsburg. Dass es zum späthumanistischen Objektkorpus Johann Egolph von Knöringens gehörte, ist hingegen unbekannt.[112]

Leider liegen keine Nachrichten vor, was mit den anderen Antiken geschehen ist. Nur wenige Besucher, die nach Ingolstadt kamen, versäumten es, Antikensammlung und Kunstkammer, beides nun unter dem schillernden Oberbegriff Antiquarium summiert, zu besichtigen. Die Reflexe in den entsprechenden Reiseberichten sind

---

Helldunkel mit dem Zeichen von Albert Dürer; 1 Basrelief von Silber mit dem Zeichen von Albert Dürer.
[111] Vgl. STEIN, Kunstkammern (wie Anm. 9) S. 66 (mit detaillierten Nachweisen).
[112] Vgl. Römisches Museum, Augsburg Inv.-Nr. Lap. 46; STEIN, Kunstkammern (wie Anm. 9) S. 15 f., 227 Abb. 2c (mit detaillierten Nachweisen).

selten und nehmen obendrein mit dem Lauf der Zeit ab. Neben dem gut vertretenen 16. Jahrhundert – hier sprechen neben Knöringen selbst nur Angehörige der Universität wie Lorenz Albert[113], der erste Betreuer – stehen die beiden nachfolgenden Jahrhunderte mit je einer Beschreibung, 1660 von Daniel Papebroch[114] (!) und 1769 von dem nachmaligen Stuttgarter Gymnasialprofessor Johann Christoph Schmidlin.[115] Im Allgemeinen kann den Reiseberichten entnommen werden, dass einerseits das Ingolstädter Antiquarium nicht mit seiner berühmten Münchener Parallele konkurrieren konnte und dass andererseits das Jesuitenkolleg mehr Aufmerksamkeit beanspruchte als das Universitätsgebäude. Nur so ist es erklärlich, dass bekannte Sammler wie der Marchese Giustiniani, 1606 in Ingolstadt[116], oder der Earl Arundel, 1636 in Ingolstadt[117], in ihren Beschreibungen jeweils andere Akzente setzen bzw. dass Autoren das Antiquarium zu Ingolstadt nicht erwähnen, obwohl sie das Münchener Gegenstück behandeln, so der Fall bei Friedrich von Dohna 1592/93[118] und Friedrich Gerschow 1602/03.[119] Die Superiorität des Jesuitenkollegs heben eindrucksvoll hervor Paul Hentzner, 1600 in Ingolstadt[120], und Vincenzo Laurefici, 1613 in Ingolstadt.[121]

---

[113] Vgl. Lorenz Albert, Teutsch Grammatick oder Sprach-Kunst, Augsburg 1573, Widmungsvorrede an Johann Egolph von Knöringen, Würzburg, 20.9.1572; STEIN, Kunstkammern (wie Anm. 9) S. 17 f.

[114] Vgl. Daniel Papebroch, Ingolstadij, in: Ders., Itinerarium a. D. 1660 = Société des Bollandistes, Brüssel Museum Bollandianum, ms. 971; die Passage gedruckt in: Udo KINDERMANN (Bearb./Übers.), Kunstdenkmäler zwischen Antwerpen und Trient. Beschreibungen und Bewertungen des Jesuiten Daniel Papebroch aus dem Jahre 1660. Erstedition, Übersetzung und Kommentar, Köln u. a. 2002, S. 388 (lateinisches Original), S. 191 (deutsche Übersetzung); STEIN, Kunstkammern (wie Anm. 9) S. 45–47, 88–90.

[115] Vgl. Johann Christoph Schmidlin, Beschreibung einer Reise von Tübingen nach Wien im Jahr 1769, in: Ulm-Oberschwaben 31 (1941) S. 115–125, hier 119.

[116] Vgl. Barbara AGOSTI (Bearb.), Bernardo Bizoni. Diario di Viaggio di Vincenzo Giustiniani, Porretta Terme 1995, S. 48 f.

[117] Vgl. Francis Charles SPRINGELL (Hg.), Connoisseur and Diplomat. The Earl of Arundel's Embassy to Germany in 1636, as recounted in William Crowne's Diary, London 1963, S. 78.

[118] Vgl. Rainer A. MÜLLER (Hg.), Ingolstadt 1592. Skizzierung von Stadt und Universität durch einen böhmischen Adelsstudenten, in: Sammelblatt des HV Ingolstadt 83 (1974) S. 179–186; DERS., Friedrich von Dohnas Reise durch Bayern in den Jahren 1592/93, in: OA 101 (1976) S. 301–313.

[119] Vgl. Hildebrand DUSSLER (Bearb.), Reisen und Reisende in Bayerisch-Schwaben und seinen Randgebieten in Obernbayern, Franken, Württemberg, Vorarlberg und Tirol, Bd. 2 (Reiseberichte und Selbstzeugnisse aus Bayerisch-Schwaben 2) Weißenhorn 1974, S. 74–81; Johannes BOLTE, Friedrich Gerschow über München (1603), in: Jb. für Münchener Geschichte 4 (1890) S. 423–427.

[120] Vgl. Paul Hentzner, Itinerarivm Germaniae, Galliae, Angliae, Italiae, Nürnberg 1612, S. 403 f.

[121] Vgl. Walter FRIEDENSBURG, Des italienischen Priesters und Theologen Vincenzo Laurefici Reise durch Deutschland, die Niederlande und England (1613), in: AKG 1 (1903) S. 403–424, 2 (1904) S. 26–37, hier 36 f.

Beschreibungen wie die von Daniel Papebroch in Verbindung mit dem schmalen Inventar von 1682 erlauben es, sich eine ungefähre Vorstellung von der Knöringen-Sammlung zu machen. Besonders eindrucksvoll muss die Serie mit Büsten römischer Kaiser gewesen sein, die dem Eintretenden als erstes auffiel.[122] Man wüsste gerne, was mit diesen und den anderen Marmorarbeiten geschehen ist, denn Objekte wie die Sarkophage können aufgrund ihrer schieren Größe nicht ohne weiteres verschwinden. Einen Anhaltspunkt bietet der Schuldbrief Herzog Albrechts V. von 1576: Zur Bereicherung seiner Münchener Hofsammlungen erhielt er von der Universität gegen ratenweise Zahlung von 1200 Gulden einen Teil der *Schaupfenning*[123], wobei zu vermuten steht, dass es sich hierbei um antike Münzen handelte.[124] Aus den Dokumenten des 17. Jahrhunderts geht hervor, dass der Herzog es damit nicht bewenden ließ, sondern von der Hohen Schule auch noch andere *Antiquitäten* und *Seltenheiten* verlangte.[125] Möglicherweise sind damit Knöringens Gemmen und ein Teil der genannten Marmorarbeiten gemeint, die heute also in den Bayerischen Staatssammlungen zu suchen wären.

Bei der Universität verblieben an nachweisbaren Stücken lediglich einige Fragmente menschlicher Körperteile, zumeist aus Alabaster, die bereits im Inventar von 1682 erwähnt werden und 1881 an das Bayerische Nationalmuseum übergehen sollten. Ob es sich bei diesen Fragmenten um antike Originale handelt oder aber um Objekte, die Knöringen nur als solche verkauft wurden, wäre zu prüfen.[126]

---

[122] Vgl. STEIN, Kunstkammern (wie Anm. 9) S. 68 f. (mit detaillierten Nachweisen).

[123] Schuldbrief Herzog Albrechts V., München, 1.2.1576 = UAM X-V-1; vgl. Franz Ignaz STREBER, Versuch einer Geschichte des königlichen Münzkabinets in München, in: Denkschriften der königlichen Akademie der Wissenschaften zu München für das Jahr 1808, München 1809, S. 377–428, hier 382 f.; Peter DIEMER, Zum Schicksal der Münzsammlung Herzog Albrechts V., in: DIEMER u. a., Kunstkammer (wie Anm. 55) Bd. 3, S. 253–260.

[124] Ein Brief des Nürnberger Kaufmanns und Kunstsammlers Willibald Imhoff vom 28. Dezember 1576 ist wohl in ursächliche und zeitliche Nähe zum im Frühjahr 1576 abgewickelten Geschäft zu setzen: Von Albrecht V. wegen Ordnungsarbeiten in der Kunstkammer und bei den (in Ingolstadt erworbenen?) *antiquischen pfenning* gemahnt, entschuldigte sich Imhoff mit Krankheit und versprach dem Herzog, bei erster Gelegenheit nach München zu kommen und *nach meinem vermögen underthenings dienst zuleisten*; Peter DIEMER (Bearb.), Johann Baptist Fickler. Das Inventar der Münchner herzoglichen Kunstkammer von 1598. Editionsbd.: Transkription der Inventarhandschrift cgm 2133 (Abh. München 125) München 2004, S. 10. Vgl. Hendrik BUDDE, Die Kunstsammlung des Nürnberger Patriziers Willibald Imhoff unter besonderer Berücksichtigung der Werke Albrecht Dürers (Hochschulschriften 90) Münster 1996, S. 85 f.; DIEMER u. a., Kunstkammer (wie Anm. 55) Bd. 1, S. 304 f.

[125] Vgl. Dekanatsbuch der Philosophischen Fakultät der Universität Ingolstadt, 16.5.1662, 2.4.1674 = UAM O-I-4; Dekanatsbuch der Theologischen Fakultät der Universität Ingolstadt, 2.4.1674 = AHG III 11/2; Mederer, Annales (wie Anm. 31) Bd. 2, S. 357; Bd. 3, S. 9 f., 44.

[126] Vgl. BNM Inv.-Nr. L D 597/2, 3, 4, 5, 6, 7, 8, 9, 10, 11, 12, 13; STEIN, Kunstkammern (wie Anm. 9) S. 69 f., 243 Abb. 15.

Unzweifelhaft echt ist eine Inschrifttafel, die ebenfalls 1881 in die heutigen Staatlichen Antikensammlungen gelangte[127], dort allerdings erst jüngst vom Verfasser identifiziert werden konnte.[128] Die Grabinschrift des Lucius Volusius Modestus wurde von seiner Ehefrau Volusia Prima gesetzt.[129] Lucius Volusius Modestus war Sklave oder Freigelassener der während der frühen Kaiserzeit sehr einflussreichen Familie der Volusii (Gens Volusia), worauf die Namen des Verstorbenen und der Witwe hinweisen. Die Platte verschloss ursprünglich im Kolumbarium der Volusii an der Via Appia Antica eine Nische mit der Urne des Ehemanns.[130] Johann Egolph von Knöringen weilte 1570/71 in Rom und man hat davon auszugehen, dass er die Inschrifttafel bei einem Antiquar oder Händler erwarb. Mit Tinte aufgetragene Versuche von der Hand Knöringens, den Text nachzuschreiben, beweisen, dass er die Hinterlassenschaften des Altertums nicht nur für äußerliche Repräsentationszwecke sammelte, sondern sie sich durch intensive Beschäftigung auch wahrlich aneignete. Das unscheinbare Stück ist ein erstklassiges, bis jetzt übersehenes Zeugnis für die humanistischen Bestrebungen im Herzogtum Bayern während des ausgehenden 16. Jahrhunderts.

Eine besondere Rolle, auch in mengenmäßiger Hinsicht, spielten im Rahmen des Ingolstädter Sammlungsgefüges die Münzen und Medaillen, sowohl aus der römischen Antike als auch aus der frühen Neuzeit (das Mittelalter blieb ausgeklammert). Sie boten einen hervorragenden Zugang zu vergangenen Zeiten, sei es wegen der darauf verewigten Personen und Ereignisse oder auch wegen der allegorischen Darstellungen und Inschriften. In aller Regel handelte es sich dabei um günstig zu erwerbende Zeugnisse, die zudem platzsparend aufbewahrt und in Form von Abdrücken leicht vervielfältigt werden konnten. Münzen und Medaillen fanden bevorzugt im historischen Unterricht Verwendung, und im späten 18. Jahrhundert dozierte Johann Nepomuk Mederer, selbst ein passionierter Sammler[131] und ernstzunehmender Connaisseur[132], im Rahmen der ihm neben der Geschichte übertragenen historischen Hilfswissenschaften auch Numismatik.[133] Mederer, Historiograph der

---

[127] Vgl. Leihvertrag zwischen der Universität München und dem Antiquarium, München, 4.7.1881 = UAM Y-VII-1.
[128] Vgl. Staatliche Antikensammlungen, München NI 10135.
[129] Vgl. Corpus Inscriptionum Latinarum VI 7328; Friedrich VOLLMER (Bearb.), Inscriptiones Baivariae romanae sive inscriptiones prov. Raetiae adiectis aliquot Noricis Italicisque, München 1915, S. 178 Nr. 10: L. VOLVSIO / MODESTO / VOLVS[I]A . PRIMA . D.
[130] Vgl. Marco BUONOCORE, Schiavi e libertini dei Volusi Saturnini. Le iscrizioni del colombario sulla via Appia antica (Studia Archaeologica 39) Rom 1984, S. 46, 52, 58, 92 f. Nr. 44, 194, 197 Nr. 44, 208 Nr. 44, 215, 219, 246 f., Tafel 37 Nr. 128.
[131] Vgl. BayHStA Ministerium des Innern 23704/IV; STEIN, Kunstkammern (wie Anm. 9) S. 186.
[132] Vgl. Johann Nepomuk Mederer an Maria Elisabeth von Lippert, Ingolstadt, 5.6.1804, gedruckt in: Richard MESSERER (Bearb.), Briefe an den Geh. Rat Joh. Caspar v. Lippert in den Jahren 1758–1800. Ein Beitrag zur Geistes- und Kulturgeschichte Bayerns in der 2. Hälfte des 18. Jahrhunderts (OA 96) München 1972, S. 395.
[133] Vgl. Johann Nepomuk Mederer, Plan der öffentlichen Vorlesungen über die historischen Hilf- und Vorbereitungswissenschaften überhaupts, und über die vaterländische Ge-

Universität Ingolstadt anlässlich der 300-Jahr-Feier 1772, lag die Orban-Sammlung besonders am Herzen. Kaum jemand dürfte deren Abteilungen so gut wie er, der langjährige Kustos, gekannt haben.[134] Leider hat Johann Nepomuk Mederer seinen Plan, einen Führer zu verfassen und in Druck zu geben, nicht verwirklicht.[135]

Über die in Ingolstadt vorhandenen Quantitäten informieren die Inventare. Demnach umfasste der Knöringen-Bestand 1682, also nach den von Herzog Albrecht V. veranlassten Entnahmen, immerhin noch 145 *alte romanische Müntz*[136], das Orban-Korpus 1764/74 hingegen 461 Münzen.[137] Eine dritte, mit 38 Nummern jedoch zu vernachlässigende Gruppe an Münzen und Medaillen verwahrte das Collegium Georgianum.[138] Die von Johann Egolph von Knöringen gesammelten Münzen erfreuten sich höchsten Lobes durch die Zeitgenossen, welche dabei aber nicht über allgemeine Wendungen hinausgelangten. Sie priesen in der Hauptsache antike, aber auch moderne Münzen aus Gold, Silber und Kupfer in größerem und kleinerem Format.

Erheblich detaillierter sind die Nachrichten über Ferdinand Orbans Münzsammlung. So erwähnen Listen von 1722 nicht nur mehrere Hundert päpstlicher und kaiserlicher Münzen aus Silber und Gold[139], sondern auch knapp 40 Medaillen.[140] Das Inventar von 1764/74 beschreibt 12 Prägungen der römischen Republik, um dann zu den mengenmäßig überwältigenden Kaisern überzugehen, beginnend mit Caesar sowie Augustus und endend mit Valentinian III. (gest. 455). Der Abschnitt über die römischen Münzen geriet, im Vergleich mit den anderen Abteilungen des Inventars, äußerst umfangreich und detailliert – ein zeittypischer Befund, wie etwa ein Blick

---

schichte ins besondere, sammt genealogischen Tabelle, Ingolstadt 1784, S. 19–23, hier 19 f.: *Numismatik heißt die Wissenschaft von den Münzen, besonders den alten, richtig zu urtheilen, und solches Urtheil sodann auf andere Fälle nüzlich anzuwenden. Sie wird am füglichsten in drei Hauptstücke getheilet, wovon das 1ste die bürgerliche [betreffend Material, Gewicht und Wert], das 2te die historische, und das 3te die kritische Münzenkenntniß behandelt.*

[134] Vgl. Johann Nepomuk Mederer an Johann Kaspar von Lippert, Ingolstadt, 15.3.1781, gedruckt in: MESSERER, Briefe (wie Anm. 132) S. 350.

[135] Vgl. Johann Nepomuk Mederer an Johann Kaspar von Lippert, Ingolstadt, 21.3.1778, gedruckt in: MESSERER, Briefe (wie Anm. 132) S. 341.

[136] Schwender/Mändl, Ordentliche Beschreybung (wie Anm. 79).

[137] Vgl. Inventar des Orban-Saals von 1764 (Abschrift von 1774) = BayHStA Gerichtsliteralien fasz. 1489, Nr. 1, fol. 111r–202v.

[138] Vgl. Franz STREBER, Summarisches Verzeichniß der dem Georgianischen Clerical-Seminar gehörigen Münzen, München, 15.1.1859 = AHG II 160; Claudius STEIN, Die Bibliotheken des Herzoglichen Georgianums Ingolstadt 1494–1776, in: ZBLG 76 (2013) S. 723–775, hier 766.

[139] Vgl. Summaria relatio eorum, quae a r. P. Ferdinando Orban asservata et anno 1722 in 17. Martis bipatentibus descripta ac in inventarium redacta = ADPSJ Abt. 251, B 16, Nr. 2323,15: *Numismata praeter omnium pontificum ac caesarum effigies aliquot centenaria, ex quibus multa argentea aureaque.*

[140] Vgl. Vertzaichnus, was aus dem Zimmer r. P. Ferdinandi Orban anno 1722, den 11ten Nov. durch r. P. Franciscum Hallauer, prov. procuratorem, nach München abgeführt worden = ADPSJ Abt. 251, B 16, Nr. 2323,15: *28 verguldte Denckhpfenning. 9 silbere.*

auf die Kataloge von Johann Baptist Fickler für die Münzsammlung einerseits und die Kunstkammer andererseits von Herzog Maximilian I. zeigt. Soweit möglich wird in Ingolstadt jede Prägung innerhalb der römischen Geschichte kontextualisiert. Alle einschlägigen älteren und neueren Münzwerke werden konsultiert. Bei dem Verfasser scheint es sich um einen Jesuitenpater zu handeln, der nebenher seinen antiquarischen Passionen nachging, denn er zog sogar abgelegene Aufsätze im Journal de Trévoux (Mémoires pour l'Histoire Des Sciences & des beaux-Arts) heran.[141]

Über die Provenienz dieser Objekte ist kaum etwas bekannt. Immerhin weiß man, dass Johann Egolph von Knöringen die meisten Stücke seinem Lehrer, dem Schweizer Humanisten Heinrich Glarean, abgekauft hat.[142] Auf diesem Weg kam er auch in den Besitz von Münzen, die ursprünglich Erasmus von Rotterdam gehört hatten.[143] Von Glarean stammten übrigens auch die *12 Stukh romanischer Gwichter*.[144] Dieser, äußerst interessiert an antiker Sachkultur, beschäftigte sich konkret mit den Maßen und Gewichten der Griechen und Römer[145], verstand er sich doch als *diligentissimus harum rerum mensor*.[146] Glarean wusste sich dabei in Übereinstimmung mit einer Forschungsrichtung seiner Zeit, die sich den monetären Systemen und der Metrologie des Altertums widmete und die Peiresc im frühen 17. Jahrhundert unter Verengung auf die antiken Hohlmaße fortführte. Dass diese bewunderten Zeugnisse der antiken Metrologie untergingen, ist dem speziellen Klima Ingolstadt zuzuschreiben: Dort gab es niemanden, der solche Dinge hätte würdigen oder gar einordnen können.

Für die aufgrund des Einflusses der Aufklärung zum Besseren gewendeten Verhältnisse in Ingolstadt spricht das Auftreten des Porzellanmedailleurs Franz Joseph Eß. Im Brotberuf war er Hausmeister, also Verwalter, des 1773 aufgehobenen Jesuitenkollegs. In der darin aufgestellten Orban-Sammlung stach Eß vor allem das Münzkabinett ins Auge.[147] Im Interesse möglichster Verbreitung numismatischer

---

[141] Vgl. Jean GUILLEMAIN, Médailliers et Enseignement de la Numismatique dans les Collèges Jésuites en France au XVIII Siécle, in: Numismatische Zs. 120/121 (2015) S. 285–300.
[142] Vgl. Claudius STEIN, Erasmus in der Bibliothek des Herzoglichen Georgianums, in: Bibliotheksforum Bayern 2012/3, S. 158 f.; Iain FENLON/Inga Mai GROOTE (Hg.), Heinrich Glarean's Books. The Intellectual World of a Sixteenth-Century Musical Humanist, Cambridge 2013; Inga Mai GROOTE, Aktuelle Forschungsperspektiven zu Heinrich Glarean, in: Die Tonkunst 7 (2013) S. 377–382.
[143] Vgl. Heinrich SCHREIBER, Heinrich Loriti Glareanus, gekrönter Dichter, Philolog und Mathematiker aus dem sechzehnten Jahrhundert, Freiburg i. Breisgau 1837, S. 58, 88 f.; Benedikt ZÄCH, Aegidius Tschudi als Numismatiker, in: Christian SIEBER/Katharina KOLLER-WEISS (Hg.), Aegidius Tschudi und seine Zeit, Basel 2002, S. 209–236, hier 231.
[144] Schwender/Mändl, Ordentliche Beschreybung (wie Anm. 79).
[145] Vgl. Menso FOLKERTS, Roman weights and measurements in Glarean's Liber de asse et partibus eius, in: FENLON/GROOTE, Books (wie Anm. 142) S. 159–179.
[146] Albert, Grammatick (wie Anm. 113) Widmungsvorrede an Johann Egolph von Knöringen, Würzburg, 20.9.1572.
[147] Vgl. Johann Nepomuk Mederer an Johann Kaspar von Lippert, Ingolstadt, 21.12.1780, gedruckt in: MESSERER, Briefe (wie Anm. 132) S. 348 f.; vgl. auch Franz Töpsl an Gerhoh

Kenntnisse fasste er den Entschluss, ein neuartiges Verfahren zur Herstellung von Abdrücken aus eben diesem Bestand zu entwickeln. Der Plan glückte, und in der Folge fanden die von Eß hergestellten Münzen und Medaillen aus gebrannter weißer Erde[148], also bisquit-porzellanartiger Masse, zahlreiche Abnehmer.[149] Das Publikum wurde über vorrätige Exemplare und Bestellmöglichkeiten in Form von immer wieder aktualisierten Katalogen informiert.[150] Die Unternehmung florierte derart, dass Franz Joseph Eß sein Sortiment um Vorlagen, die nicht aus der Sammlung Orban stammten, erweitern und bereits 1779 fast 2000 unterschiedliche Exemplare anbieten konnte. In Zusammenhang damit steht die Verlegung des Firmensitzes in die Haupt- und Residenzstadt München. Bezeichnend genug: Die Bayerische Akademie der Wissenschaften bestellte das komplette Paket[151], während die Universität Ingolstadt zwar über das Angebot nachdachte[152], dann aber entschied, die vorgesehene Summe von 468 Gulden doch besser in Bücher zu investieren.[153] Auf den Ankauf der Münzsammlung von Johann Goswin Widder[154], heute wegen der darin enthaltenen Münzen und Medaillen von Herrschern aus dem Haus Wittelsbach einer

---

Steigenberger, München, 3.3.1776 = BSB cgm 3185/III; gedruckt in: Richard van Dülmen (Bearb.), Aufklärung und Reform in Bayern, Bd. 2: Die Korrespondenz des Pollinger Prälaten Franz Töpsl mit Gerhoh Steigenberger (1773–1787/90) (ZBLG Beih. 2) München 1970, S. 128.

[148] Vgl. Johann Goswin Widder an Johann Kaspar von Lippert, Mannheim, 14.5.1793, gedruckt in: Messerer, Briefe (wie Anm. 132) S. 689 f.

[149] Vgl. [Georg Andreas Will,] Bemerkungen über einige Gegenden des katholischen Deutschlands auf einer kleinen gelehrten Reise gemachet. Nebst sechs noch ungedruckten Leibnitzischen Briefen, Nürnberg 1778, S. 36 f.

[150] Vgl. Franz Joseph Ess, Verzeichniß verschiedener zur Kirchen- Reichs- und Völkergeschichts-Erläuterung dienenden Münzen-Abdrücke, welche von mir Endesgesetzten gegen die beygesetzten Preise zu haben sind, Ingolstadt 1779; Ders., Neu vermehrtes Verzeichniß verschiedener zur Kirchen- Reichs- und Völkergeschichts-Erläuterung dienende Medaillen und Münzabdrücke, welche bey mir Endesgesetzten gegen die beygesetzten geringen Preise, jedoch nicht einzeln, zu haben sind, München 1793. Der kulturell äußerst interessierte Geheime Rat Johann Kaspar von Lippert hatte zeitnah Exemplare dieser Verzeichnisse erhalten. Vgl. Johann Nepomuk Mederer an Johann Kaspar von Lippert, Ingolstadt, 23.12.1778, gedruckt in: Messerer, Briefe (wie Anm. 132) S. 343. Die Ausgabe von 1793 = BSB Num.ant. 139 m stammt aus dem Nachlass Lipperts.

[151] Vgl. Sitzungsprotokoll der Bayerischen Akademie der Wissenschaften, 12.7.1791, 15.11.1791, 10.1.1792 = ABAdW Protokolle 6; 13.5.1794, 20.5.1794, 27.5.1794, 24.3.1795 = ABAdW Protokolle 7.

[152] Vgl. Sitzungsprotokoll des Akademischen Senats der Universität Ingolstadt, 17.12.1791 = UAM D-III-71; Geheime Universitätskuratel an Akademischen Senat der Universität Ingolstadt, München, 21.1.1792 = UAM L-IV-55.

[153] Vgl. Sitzungsprotokoll des Akademischen Senats der Universität Ingolstadt, 15.6.1793 = UAM D-III-71; Geheime Universitätskuratel an Akademischen Senat der Universität Ingolstadt, München, 12.7.1792 [recte: 1793] = UAM L-IV-55; Sitzungsprotokoll des Akademischen Senats der Universität Ingolstadt, 3.8.1793 = UAM D-III-71.

[154] Vgl. Johann Goswin Widder an Johann Kaspar von Lippert, Mannheim, 19.12.1794, gedruckt in: Messerer, Briefe (wie Anm. 132) S. 691.

der wichtigsten Bestandteile der Staatlichen Münzsammlung[155], meinte die Hohe Schule ebenfalls verzichten zu können; gegenüber Widder sei sein Angebot auf eine höfliche Art zu *decliniren*.[156] Einmal mehr wird deutlich, dass sich die Universität nicht als Forschungsstätte verstand, sondern in erster Linie als Ausbildungsort von künftigen Beamten und Geistlichen. Das antiquarische Studium war abhängig von der Initiative williger Professoren wie Johann Nepomuk Mederer, der es sich nicht nehmen ließ, Numismatik auch während der Zeit vor seiner Wiedereinstellung 1784 *heimlich* zu lesen[157], und dem Interesse einzelner Studenten.

Aufgrund seiner beruflichen Vorbildung ist es nicht weiter verwunderlich, dass sich Franz Joseph Eß auch auf die Anfertigung von Modellen für Porträtmedaillons verstand. Konkret überliefert ist das für den Hofbibliothekar Andreas Felix Oefele[158] und den Buchhändler Johann Baptist Strobl[159] und für Eß selbst, der sich mit einem Medaillon ehrte: *FRA. IOSEPH ESS HAUSMEISTER DES CHURF. ALBERT. COL. IN INGOLSTATT.*[160] Es handelt sich um die erste Hervorbringung, die in direkter Weise auf die Universität als Institution Bezug nimmt. Das von Herzog Albrecht V. gegründete Jesuitenkolleg, nach ihm Collegium Albertinum genannt, fiel – was die bauliche Hülle und das darin enthaltene Sammlungsgut betrifft – 1773 mit der Ordensaufhebung an die Universität, der dieser erkleckliche Zuwachs denn auch einen merklichen Aufschwung brachte. Es spricht für den unternehmerischen Geist von Franz Joseph Eß, dass er die im Jesuitenkolleg schlummernde Münz- und Medaillensammlung mit sichtlichem Erfolg einer praktischen, sprich volksbildenden Nutzung zuführte.

Trotz intensiver Forschungen konnten bis jetzt keine Münz- und Medaillenabdrücke aus der Produktion von Franz Joseph Eß nachgewiesen werden. Möglicherweise gehen die von den Grafen Seinsheim erworbenen Exemplare in der oberen Bibliothek von Schloss Sünching auf ihn zurück.[161] Im Bayerischen Nationalmuse-

---

[155] Vgl. Wolfgang Hess u.a., Vom Königlichen Cabinet zur Staatssammlung 1807–1982. Ausstellung zur Geschichte der Staatlichen Münzsammlung München 7.10.1982 bis 9.1.1983, München 1982, S. 58–61.

[156] Sitzungsprotokoll des Akademischen Senats der Universität Ingolstadt, 5.1.1795 = UAM D-III-71.

[157] Balduin Wurzer an Gerhoh Steigenberger, Seligenthal, 23.6.1782 = BSB cgm 2712; vgl. Ludwig Hammermayer, Die Beziehungen zwischen der Universität Ingolstadt und der Bayerischen Akademie der Wissenschaften in München (1759–1800), in: Sammelblatt des HV Ingolstadt 81 (1972) S. 58–139, hier 100.

[158] Vgl. Hauser, Münzen (wie Anm. 16) S. 105 Nr. 347.

[159] Vgl. ebd. S. 129 Nr. 430.

[160] Johann Peter Beierlein, Medaillen auf ausgezeichnete und berühmte Bayern, in Abbildungen und mit biographisch-historischen Notizen, in: OA 15 (1854) S. 37–128, hier 13 f. Nr. 21; Hauser, Münzen (wie Anm. 16) S. 69 Nr. 228, Tafel 7 Nr. 61.

[161] In der oberen Bibliothek von Schloss Sünching ist in das Bibliotheksgestühl ein Schließfach eingelassen, in dem sich vier Schubladen befinden. Auf jeder Schublade liegen drei Tabletts. Suiten sind gebildet für die römischen und deutschen Kaiser, die Päpste und die bayerischen Herrscher. Das Ensemble dürfte auf Graf Maximilian

um hat sich aber eine von der Universität stammende Sammlung von Abdrücken erhalten, die ein vergleichbares Produkt darstellt: die Papstserie des von seiner Tochter tatkräftig unterstützten Nürnberger Steinschneiders Johann Christoph Dorsch.[162] Als erster Besitzer ist unzweifelhaft der Jesuitenpater Ferdinand Orban anzunehmen. Die Quellen legen den Schluss nahe, dass die Orban-Sammlung zu Lebzeiten ihres Schöpfers eine nach Inhalten und Mengen von dem Objektkorpus, der später mit diesem Namen verbunden wurde, vielfach abweichende Struktur besaß, denn es ist ein beständiger Schwund zu konstatieren. In einer Liste von 1722 werden zahlreiche seltene Gemmen und Steine erwähnt[163], von denen in späteren Zeiten nicht mehr die Rede ist.[164] Unklar war bisher, was diese Liste mit *Gemmarum ac metallorum matrices seu geneses* meinen könnte[165], frei übersetzt also matrizenartige Vorlagen für Gemmen und Prägestöcke für Metalle. Hierbei handelte es sich schlicht um die ca. 250 in Karneol geschnittenen Medaillons mit Porträts der Päpste seit dem heiligen Petrus, seinerzeit das wohl bekannteste Produkt Dorschs, das um die enorm hohe Summe von 3.000 Gulden bei ihm erworben werden konnte.[166] Orban besaß nicht nur die geschnittenen Steine, sondern es wurden zu einem unbekannten Zeitpunkt hiervon auch Abdrücke in rotem Siegellack hergestellt. Die Suite

---

Joseph Clemens von Seinsheim (1751–1803) zurückgehen. Ein Beweis, dass die Medaillenabdrücke aus bisquit-porzellanartiger Masse bzw. Gips von der Hand des Franz Joseph Eß stammen, lässt sich erst erbringen, wenn gesicherte Vergleichsbeispiele auftauchen. Das Vorhandensein von Medaillenabdrücken auf Johann Kaspar Lavater und Albrecht von Haller in Sünching, die im Eß-Sortiment besonders hervorgehoben wurden, verweist auf seine Hand. Ebenso verhält es sich mit der 18-teiligen Serie der bayerischen Herrscher von Otto III. bis Maximilian III. Joseph: Sie geht zurück auf die von Franz Andreas Schega geschaffene Suite, die in allen Verkaufskatalogen von Franz Joseph Eß angeboten wurde. Vgl. Peter Paul Finauer, Münzreihe der Durchleuchtigsten Herzoge und Churfürsten in Baiern. Mit Anmerkungen und Kupfern, München 1777; Ess, Verzeichniß (wie Anm. 150); Ders., Neu vermehrtes Verzeichniß (wie Anm. 150).

[162] Vgl. Brigitte KLESSE, Zum Werk des Nürnberger Glas- und Edelsteinschneiders Johann Christoph Dorsch (1676–1732), in: Anzeiger des Germanischen Nationalmuseums 1999, S. 141–176; DIES., Zum Werk der Nürnberger Edelsteinschneiderin Susanna Maria Preisler, geborene Dorsch (1701–1756), in: Anzeiger des Germanischen Nationalmuseums 2000, S. 25–66; DIES., Die Alexander-Gemme und andere figurenreiche Steinschnitte aus der Nürnberger Werkstatt Dorsch-Preisler, in: Anzeiger des Germanischen Nationalmuseums 2001, S. 73–92.

[163] Vgl. Summaria relatio eorum, quae a r. P. Ferdinando Orban asservata et anno 1722 in 17. Martis bipatentibus descripta ac in inventarium redacta = ADPSJ Abt. 251, B 16, Nr. 2323,15: *Gemmae ac lapides rari ac plurimi.*

[164] Vgl. Inventar des Orban-Saals von 1764 (Abschrift von 1774) = BayHStA Gerichtsliteralien fasz. 1489, Nr. 1.

[165] Summaria relatio eorum, quae a r. P. Ferdinando Orban asservata et anno 1722 in 17. Martis bipatentibus descripta ac in inventarium redacta = ADPSJ Abt. 251, B 16, Nr. 2323,15.

[166] Vgl. Johann Georg Keyssler, Neueste Reisen durch Deutschland, Böhmen, Ungarn, die Schweiz, Italien und Lothringen, Hannover 1751, S. 1405 f.

im Bayerischen Nationalmuseum besteht aus einer Holzkiste in Buchform mit fünf Holzrahmen, die vorder- und rückseitig mit 254 hochovalen Papstbildnissen bis zu Benedikt XIII. (reg. 1724–1730) beklebt sind.[167] Leider haben sich die in Karneol geschnittenen Medaillons selbst nicht erhalten. Möglicherweise wurden sie 1805 verkauft, als der Universität Landshut von der Münchener Regierung die Aufforderung zuging, alle Wertsachen aus der Orban-Sammlung, insbesondere die *gefaßten oder ungefaßten Edelsteine*, zu verkaufen, um damit die katastrophale finanzielle Situation der Hohen Schule zu sanieren.[168] Die oben genannten Abdrücke in rotem Siegellack könnten auch erst 1805 angefertigt worden sein, um die Serie wenigstens auf diese Weise zu erhalten.

Den Betrachter der teilweise mehr als 200 Jahre zurückliegenden Vorgänge beschleicht ein ungutes Gefühl: Dankenswerterweise wurden einerseits durch Einzelpersonen wie Johann Egolph von Knöringen und Ferdinand Orban Universität und Jesuitenkolleg Ingolstadt äußerst bemerkenswerte Objektbestände zugewendet. Andererseits aber gestalteten sich die Zeitumstände wenig erfreulich in Hinblick auf Erhalt und Verbleib dieser Stücke. Die in Rom erworbenen antiken Sarkophage verschwanden ebenso spurlos wie die sündteuren Steinschnitte von Johann Christoph Dorsch. Bedauerlich, dass damals an der Hohen Schule ein solcher von Desinteresse und Lieblosigkeit zeugender Geist wehte. Eine Bestätigung findet diese Stimmung in der Entwicklung der Universitätsmedaillen: Erst in den 1920er-Jahren, also rund 450 Jahre nach der Gründung(!), veröffentlichte die Ludovico-Maximilianea Schaumünzen, die eindeutig Bezug nehmen und zuzuordnen sind hinsichtlich des Anlasses und des Urhebers: 1923, um damit Akademische Ehrenbürger auszuzeichnen[169], und 1926 aus Anlass der 200-Jahr-Feier der Verlegung von Landshut nach München[170], womit die LMU München eine Tradition auch für die nachfolgenden Jubiläen von 1972[171] (500 Jahre Gründung) und 2001[172] (175 Jahre Verlegung) begründete. Die für den jeweiligen Landshuter Rektor gedachte Ehrenmedaille[173] (1800; nicht erhalten) und die an der Münchener Rektor-

---

[167] Vgl. BNM Inv.-Nr. L D 956/1–254.
[168] Geistliches Ministerialdepartement an Akademischen Senat der Universität Landshut, München, 24.8.1805 = UAM B-VI-8.
[169] In der Kustodie des UAM nur als Nachbildung vorhanden. Vgl. UAM ZNS 2017/008; Laetitia BOEHM, Die Universität in festlichem Gewand. Streifzug durch fünf Jahrhunderte, in: DIES./Johannes SPÖRL (Hg.), Ludwig-Maximilians-Universität Ingolstadt-Landshut-München 1472–1972, Berlin 1972, S. 13–84, hier 33 Abb. 28a.
[170] Vgl. UAM Kustodie-D 4; BOEHM, Universität (wie Anm. 169) S. 14 Abb. 2a.
[171] Vgl. UAM Kustodie-D 8a, b. Aus diesem Anlass veröffentlichte auch die Stadt Ingolstadt eine Medaille. Vgl. Klaus NEUMAIER, Die letzten Jahre in Ingolstadt, in: BOEHM/SPÖRL, Ludwig-Maximilians-Universität (wie Anm. 169) S. 177–194, hier 194 Abb. 307.
[172] Vgl. UAM Kustodie-D 71; 175 Jahre Ludwig-Maximilians-Universität in München. Die Gedenkprägung zum Jubiläum, Faltblatt München 2001 (Abb.).
[173] Vgl. Sitzungsprotokoll des Akademischen Senats der Universität Landshut, 3.5.1800 = UAM D-III-72.

kette prangende Schaumünze[174] (1826) führen dagegen die Tradition landesherrlicher Gnadenketten fort[175], und auch der Geschichtstaler auf die Translokation von Landshut nach München (1833) geht auf eine königliche Initiative zurück.[176]

---

[174] Vgl. UAM B-VIII-2c; E-VII-13; LAVERRENZ, Medaillen (wie Anm. 1) S. 11 Nr. 61, Tafel 18 Nr. 61; Götz FRHR. VON PÖLNITZ, Denkmale und Dokumente zur Geschichte der Ludwig-Maximilians-Universität Ingolstadt-Landshut-München, München 1942, S. 33 Abb. 15, 59 f. Nr. 15; Matthias KLEIN, Münchner Goldschmiedekunst. Vom Wandel eines Gewerbes zwischen Handwerk und Industrie (1800–1868). Kat. zur Ausstellung im Münchner Stadtmuseum vom 23. April–4. Juli 1993, München 1993, S. 35 f. Nr. 24; Matthias MEMMEL/Gabriele WIMBÖCK (Hg.), Die Herren der Kette. Rektorenporträts an der LMU. Eine Sonderausstellung der UniGalerie, München 2011, S. 9. Auch Erlangen und Würzburg erhielten unter König Ludwig I. Rektorketten. Vgl. Clemens WACHTER, Die Insignien der Friedrich-Alexander-Universität, in: Christina HOFMANN-RANDALL (Hg.), Die Hohenzollern und die FAU. Vergangenheit und Gegenwart. Ausstellung in der Universitätsbibliothek vom 4. bis 25. November 2018, Erlangen 2018, S. 29–70, hier 57 f., Kat.-Tl. S. 170 f. Nr. 1; Dieter SALCH, Symbole und Insignien der Würzburger Universität (Mainfränkische Studien 82) Würzburg 2012, S. 94–109.

[175] Vgl. Gunter STEMMLER, Rektorketten. Grundzüge ihrer Geschichte bis zur Mitte des 19. Jahrhunderts, in: Jb. für Universitätsgeschichte 7 (2004) S. 241–248.

[176] Vgl. LAVERRENZ, Medaillen (wie Anm. 1) S. 12 Nr. 62, Tafel 19 Nr. 62; Walter GRASSER, Bayerische Geschichtstaler. Von Ludwig I. und Maximilian II., Rosenheim 1982, S. 12 (Abb. Entwurf), 28–32; HESS u. a., Cabinet (wie Anm. 155) S. 148–156, v. a. S. 152 Nr. 22/08.

Wolfgang Wüst

Bier und Brauer im Spiegel städtisch-ländlicher Herrschaftskonzepte – Schwaben und Franken im Fokus[1]

Abstract: Die Geschichte der weltberühmten bayerischen Biere und Brauereien[2] fand in zahlreichen Monografien, Tafelwerken, Festschriften und Ausstellungen sowohl in der Wissenschaft als auch in der konsumierenden Öffentlichkeit ein breites, durchaus auch internationales Echo; wesentlich schlechter ist es dagegen um die Rezeption der schwäbischen und fränkischen Äquivalente bestellt. Hinzukommt, dass die Geschichte des Bieres, anders als die Entwicklung des Weinbaus und der Rebenkultur, relativ selten zum Inhaltsschwerpunkt internationaler oder nationaler Forschungsinstitutionen gewählt wurde. So widmet sich beispielsweise der Forschungsring des Deutschen Weinbaus (FDW) bei der Deutschen Landwirtschafts-Gesellschaft (DLG) seit mehr als 50 Jahren der angewandten Forschung im Bereich Weinbau und Wein. Der folgende Beitrag intendiert deshalb, die über eine breite Überlieferung *guter Policey*-Quellen gut belegte, aber für oberdeutsche Reichs- und Landstädte insgesamt nur punktuell fokussierte kulturhistorische Bedeutung des Bieres, der Brauereien und frühmoderner Trinksitten darzustellen. Defizite bier- und brauhistorischer Analyse liegen für die Zeit vor 1800 im Bereich des Konsums auch daran, dass man sich in der Konsumgeschichte für lange Zeit allenfalls dem industriell geprägten, ausgehenden 19. Jahrhundert annäherte.[3]

---

[1] Der Beitrag basiert auf einem Vortrag, der während der Tagung zur Bier- und Wirtshauskultur in Schwaben und Franken am 22. September 2016 in Kloster Irsee gehalten wurde. Ich danke Herrn Christoph Gunkel, M.A. von der Friedrich-Alexander-Universität Erlangen-Nürnberg für Korrekturen und redaktionelle Hilfestellung. Die Forschung hat sich seit 2016 auch zu unserem Thema methodisch und inhaltlich weiter differenziert. Vgl. zuletzt zur reichsstädtischen Braukultur in Schwaben beispielsweise: Wolfgang SCHEFFKNECHT, Reichsstadt und Bier in der Frühen Neuzeit. Aspekte der Geschichte des Brauwesens und des Bierkonsums am Beispiel von Reichsstädten in Oberschwaben und im Bodenseeraum, in: Stefan SONDEREGGER/Helge WITTMANN (Hg.), Reichsstadt und Landwirtschaft. 7. Tagung des Mühlhäuser Arbeitskreises für Reichsstadtgeschichte, Mühlhausen, 4. bis 6. März 2019 (Studien zur Reichsstadtgeschichte 7) Petersberg 2020, S. 279–322.

[2] In nicht repräsentativer Auswahl: Wolfgang BEHRINGER, Löwenbräu. Von den Anfängen des Münchner Brauwesens bis zur Gegenwart, München 1991; DERS., Die Spaten-Brauerei 1397–1997. Die Geschichte eines Münchner Unternehmens vom Mittelalter bis zur Gegenwart, München 1997; Richard WINKLER, Ein Bier wie Bayern. Geschichte der Münchner Löwenbrauerei 1818–2003, Neustadt a.d. Aisch 2016; hierzu die Rezension von Wolfgang WÜST, in: ZHVS 110 (2018) S. 473–475.

[3] Sinngemäß erfuhr nun auch die Darstellung der Bier- und Braugeschichte im Historischen Lexikon Bayerns für die neuere Entwicklung eine eigene Bearbeitung. Dazu

Massenkonsum galt lange Zeit als veritables Kennzeichen der Konsumgesellschaft und der modernen Konsumgeschichte.

1. Policey und Alkohol – Eine reichsstädtische Stichprobe

Im Jahr 1770, als die Höhepunkte der gerade in Süd- und Oberdeutschland ausgeprägten reichsstädtischen Kultur-, Wirtschafts-, Handels- und Rechtsinitiativen nur noch Teil einer in der Aufklärung wiederentdeckten Memoria waren, setzte der Rat der evangelischen Reichsstadt Kempten nochmals zu zielführenden Reformen an. Er ließ dabei auch die für das öffentliche Leben maßgeblichen normativen Leitlinien frühmoderner *guter Policey* mit Blick auf die stadtüblichen Trinksitten überarbeiten. Der Bierkonsum wurde eingeschränkt; Alkohol und Öffentlichkeit erfuhren eine neue Bewertung. Die gegenwärtigen Pandemieeinschränkungen übertreffen allerdings bei weitem die städtischen wie ländlichen Restriktionen zum Bierkonsum im Ancien Régime. Als Beitrag zur Anpassung althergebrachter städtischer Mandate- und Statutensammlungen kam es schließlich noch Jahre vor der Französischen Revolution und der beginnenden Debatte um die Mediatisierung und Auflösung vieler als reformunwillig verzeichneter Reichsinstitutionen zu einer mehrteiligen Aktualisierung des Stadtrechts und damit auch zu den Rahmenfestlegungen für Wirte und Brauer. Die handschriftlich überlieferten Statuten[4] des Jahres 1770 befassten sich mit dem breiten Themenspektrum der seit dem 17. Jahrhundert aufgeblühten Reichspublizistik und der sich daran anschließenden Policey-Wissenschaft.[5] 1727 ließ in diesem Zusammenhang der preußische König Friedrich Wilhelm I. (1688–1740) in seinen Universitätsstäd-

Abb. 1: Einen Ersatz für die 2020 pandemiebedingt ausgefallene Pfingstkirchweih in Erlangen – kurz der »Berch« genannt – kann es kaum geben: leere Maßkrüge am Entlas Keller in Erlangen (Foto: Autor)

Michael NADLER, Brauereien (19. Jahrhundert), publiziert am 9.9.2020, in: Historisches Lexikon Bayerns, URL: http://www.historisches-lexikon-bayerns.de/Lexikon/Brauereien_(19._Jahrhundert) [eingesehen am 29.9.2020].
4 StAA Reichsstadt Kempten, Akten, Nr. 16.
5 Michael STOLLEIS, Geschichte des öffentlichen Rechts in Deutschland, Bd. 1: Reichspublizistik und Policeywissenschaft 1600–1800, München ²2012.

ten Halle an der Saale und Frankfurt an der Oder erste Lehrstühle für Policeywissenschaft und Kameralistik *(Cameralia Oeconomica)* einrichten.[6] 1756 publizierte ferner der Rechts- und Kameralistik-Gelehrte Johann Heinrich Gottlob von Justi (1717–1771), der in Jena, Wittenberg und Leipzig studiert hatte, seine »Grundsätze der Policey-Wissenschaft«.[7] Nach dem Schema von Justis sind auch die Policey-Gesetze der Reichsstadt Kempten im 18. Jahrhundert aufgebaut. Dort begannen die ersten drei Titel noch traditionell mit der Christenlehre, der Kirchenzucht und den wiederkehrenden Sonn- und Feiertagsgeboten *(I. Von heiligung der fest, sonn, feÿr, vnd buß tagen vnd was christlicher ordnung nach sonsten zu beobachten)*, dem üblichen Sünden- und Strafkatalog für Verfehlungen *(II. Von straff offenbahrer laster, frevel und anderer ungebühr)* und den Luxus- und Ausgabenbeschränkungen bei Hochzeiten und anderen Familienfeiern *(III. Vom heÿrathen und der hochzeit ordnung)*.[8] Für unser Thema, der herrschaftlichen Für- und Vorsorge gegen Alkoholmissbrauch, ist vor allem der dritte Artikel im ersten Titel der Kemptener Statuten interessant. Da heißt es auch mit Blick auf den Bier- und Weinkonsum:[9] *Des spielens, trinkens vnd tanzens, fürnemlich solange der sonntägliche gottesdienst währet, solle man sich gänzlich enthalten und die wirthe nach der unterm 28.ten*

---

[6] Karl HÄRTER, Die Verwaltung der »guten Policey«. Verrechtlichung, soziale Kontrolle und Disziplinierung, in: Michael HOCHEDLINGER/Thomas WINKELBAUER (Hg.), Herrschaftsverdichtung, Staatsbildung, Bürokratisierung. Verfassungs-, Verwaltungs- und Behördengeschichte der Frühen Neuzeit (Veröffentlichungen des Instituts für Österreichische Geschichtsforschung 57) Wien 2010, S. 243–269; Karl HÄRTER, Die Entwicklung des Strafrechts in Mitteleuropa 1770–1848. Defensive Modernisierung, Kontinuitäten und Wandel der Rahmenbedingungen, in: Rebekka HABERMAS/Gerd SCHWERHOFF (Hg.), Verbrechen im Blick. Perspektiven der neuzeitlichen Kriminalitätsgeschichte, Frankfurt a. Main 2009, S. 71–107; Joachim KERSTEN, Was versteht man unter »Polizeiwissenschaft« – Eine programmatische Standortbestimmung, in: Neue Kriminalpolitik 1 (2012) S. 8–10; Thomas FELTES/Maurice PUNCH, Good People, Dirty Work? Wie die Polizei die Wissenschaft und Wissenschaftler die Polizei erleben und wie sich Polizeiwissenschaft entwickelt, in: Monatszs. für Kriminologie und Strafrechtsreform 1 (2005) S. 26–45; Peter BLICKLE/Peter KISSLING/Heinrich Richard SCHMIDT (Hg.), Gute Policey als Politik im 16. Jahrhundert. Die Entstehung des öffentlichen Raumes in Oberdeutschland (Studien zur Policey und Policeywissenschaft) Frankfurt a. Main 2003.
[7] Johann Heinrich Gottlob von Justi, Grundsätze der Policey-Wissenschaft in einem vernünftigen, auf den Endzweck der Policey gegründeten, Zusammenhange [...], Göttingen ³1782.
[8] StAA Reichsstadt Kempten, Akten, Nr. 16; Wolfgang WÜST (Hg.), Die *gute* Policey im Reichskreis. Zur frühmodernen Normensetzung in den Kernregionen des Alten Reiches, Bd. 1: Der Schwäbische Reichskreis unter besonderer Berücksichtigung Bayerisch-Schwabens, Berlin 2001, S. 141–160.
[9] Wolfgang WÜST (Hg.), Regionale Konsumgeschichte. Vom Mittelalter bis zur Moderne. Referate der Tagung vom 26. bis 28. Februar 2014 im Bildungszentrum Kloster Banz (Franconia 7) Erlangen 2015; DERS., Frühmoderner Konsum. Zu einem neuen landeshistorischen Wissens- und Forschungsfeld, in: Mark HÄBERLEIN/Stefan PAULUS/Gregor WEBER (Hg.), Geschichte(n) des Wissens. FS für Wolfgang E. J. Weber zum 65. Geburtstag, Augsburg 2015, S. 397–412.

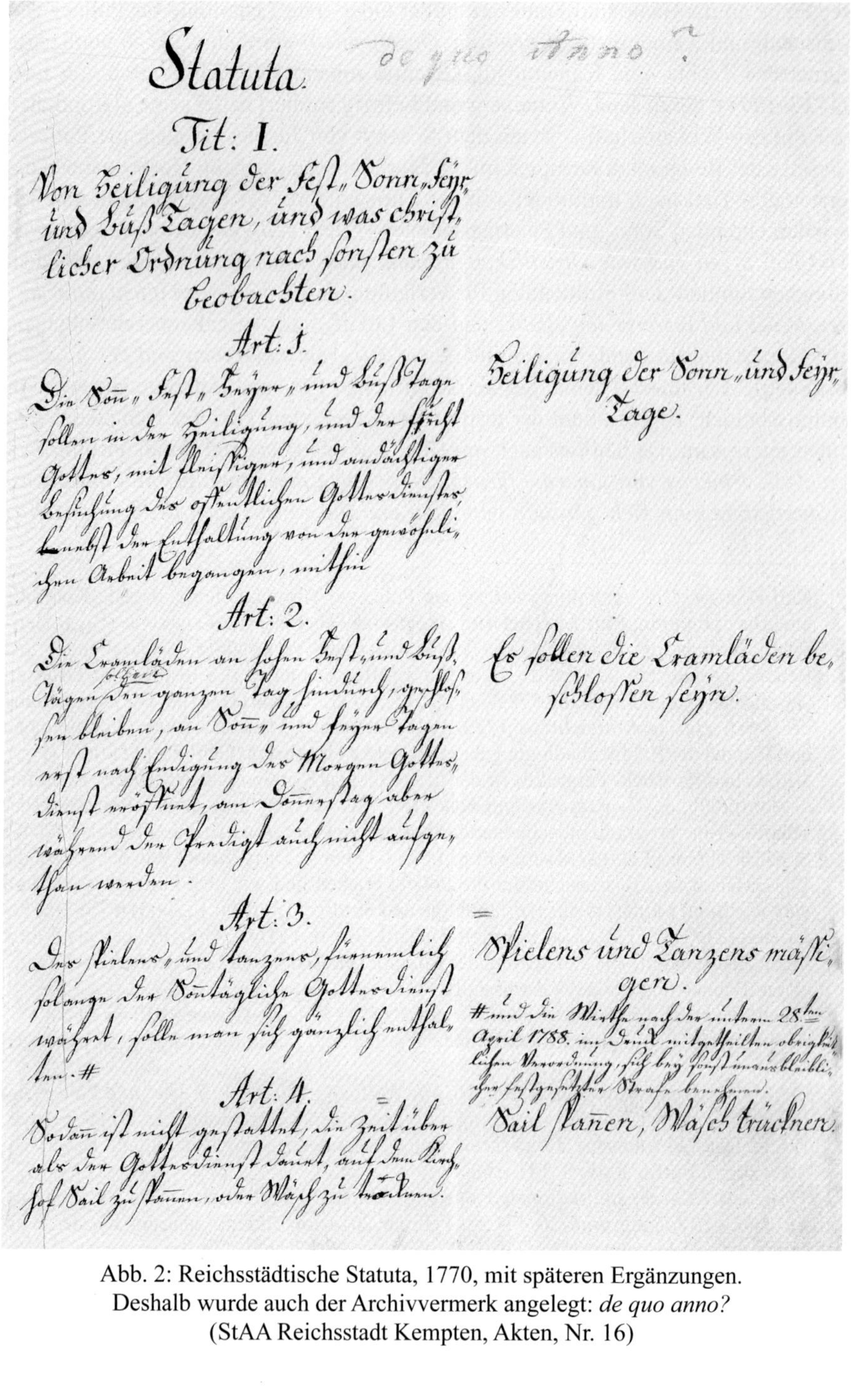
Statuta. de quo anno?

Tit: I.

Von Heiligung der Fest, Sonn, Feyr, und Büß Tagen, und was christlicher Ordnung nach sonsten zu beobachten.

Art: 1.

Heiligung der Sonn, und Feyr, Tage.

Art: 2.

Es sollen die Kramläden beschlossen seyn.

Art: 3.

Spielens und Tanzens mäßigen.

Art: 4.

Sail spanen, Wäsch trücknen.

Abb. 2: Reichsstädtische Statuta, 1770, mit späteren Ergänzungen.
Deshalb wurde auch der Archivvermerk angelegt: *de quo anno?*
(StAA Reichsstadt Kempten, Akten, Nr. 16)

april 1788 im druck mitgetheilten obrigkeitlichen verordnung sich beÿ sonst unausbleiblicher festgesetzter straf benehmen.[10] Ähnliche Markt- und Konsumbeschränkungen finden sich fast für alle süddeutschen Reichsstädte und Territorien in der frühen Neuzeit. In der Reichsstadt Nördlingen zählte beispielsweise aber auch das am 13. Dezember 1510 folgende *Gepott des bösen schwerens und gotzlästerns auch des zutrinkens halber. Dazu andere vorausgegangene gepott gezogen und gemelt sein, ordenlich nach ainander* zum Kanon *guter Policey.*[11] Das Stadtgebot kreiste im Ries um die verbreiteten Themenfelder Trunksucht und die Unsitte des Zutrinkens, Müßiggang, Verschuldung und Gotteslästerung. In Schweinfurt erließ der Rat noch 1780 zum wiederholten Mal ein gedrucktes Verbot des *übermäßigen trinkens*. Der Gesetzgeber führte aus:

Wie aber die übermäßige Trunkenheit insgemein von denen Zechen und Wirths-Häusern den Anfang nimmt, so ordnen Wir aus gutherziger vätterlicher Wohlmeinung, daß hinfüro keine Abend-Zeche in Gassen, Schenken, oder Wirths-Häusern Abends über eine Stunde nach Läutung der Wächter-Glocke sich erstrecken oder verlängern solle, bey Strafe eines Guldens von jeder Person, den die Wirthe und Gäste ein jeder zu geben verfallen seyn sollen.[12]

Wir wollen dazu unsere Beispiele überwiegend aus den politisch kleinräumigen ehemaligen Reichskreisen Schwaben und Franken wählen.

2. Wirtshäuser als Institutionen

Die Geschichte des Bieres und seiner Schankstätten ist nicht nur in den ehemaligen Reichsstädten Nördlingen und Kempten, beziehungsweise in Bayern, Schwaben und Franken, Kulturgeschichte.[13] Bier ist spätestens seit der Klimaverschlechterung während der »Kleinen Eiszeit« und dem damit verbundenen Rückgang der mit-

---

[10] StAA Reichsstadt Kempten, Akten, Nr. 16; WÜST, Die gute Policey 1 (wie Anm. 8) S. 141–160, hier 141–143.
[11] StadtA Nördlingen R2, F2, Nr. 20.
[12] Jonas GEISSLER (Bearb.), Schweinfurter Wirtshausordnung von 1780, in: Wolfgang WÜST (Hg.), Die *gute* Policey im Reichskreis, Bd. 7: Policeyordnungen in den fränkischen Reichsstädten Nürnberg, Rothenburg o. d. Tauber, Schweinfurt, Weißenburg und (Bad) Windsheim, Erlangen 2015, S. 541–544, hier 541.
[13] In Auswahl: Rudolf MÜNCH, Bier im Haager Land. Eine Kulturgeschichte des edlen Gerstensaftes von den Anfängen bis zur Gegenwart. Von Braustätten und Hausbrauereien in der Grafschaft Haag respektive des Haager Landes (Historica Hagaensis 5) Haag 2012; Karl GATTINGER, Bier und Landesherrschaft. Das Weißbiermonopol der Wittelsbacher unter Maximilian I. von Bayern (1598–1651), München 2007; Rainer HOFMANN (Hg.), Bierkultur – »Rund um's Bier in Franken«. Begleitheft zur Sonderausstellung im Fränkische-Schweiz-Museum Tüchersfeld, Pottenstein, 28.5.–7.11.2004 (Ausstellungskat. des Fränkische-Schweiz-Museum Tüchersfeld 9) Pottenstein 2007.

Abb. 3: Kempten mit St. Mang und der Fürstabtei als Hauptstadt des bayerischen Illerkreises, Ölgemälde, 1809 (Altstadtfreunde Kempten)

teleuropäischen Rebflächen im 16. Jahrhundert als »flüssiges Brot«[14] ein Grundnahrungsmittel. Hinzukam ein Qualitätssprung vom mittelalterlichen Würz- oder Grutbier zum lager- und transportfähigen frühmodernen Hopfenbier.[15] Aus diesem Grund wurde bereits im ältesten Satzungsbuch der Stadt Nürnberg zu Beginn des 14. Jahrhunderts in der Bierordnung puristisch festgeschrieben: *Man schol auch kein ander chorn preuwen denne gersten alein, weder haber noch chorn noch dinkel noch waitze. Swelhe preuwe daz doruber tete oder swelher mullener daz doruber mule. Der schol jar und tak aus der stat varn.*[16] Mancherorts schien Bier allge-

---

[14] Matthias FIEDER (Hg.), Flüssiges Brot. Bier, Brauereien und Wirtshäuser in Schwaben. Begleitheft zur Ausstellung im Schwäbischen Volkskundemuseum Oberschönenfeld vom 21. März bis 10. Oktober 2010 (Schriftenreihe der Museen des Bezirks Schwaben 43) Oberschönenfeld 2010.

[15] Sandra SCHILLINGS, Das Bier im Mittelalter. Vom Grutbier zum Hopfenbier, in: Carl PAUSE (Hg.), *Drinck vnd est, Gots nit ferges*. Lebensmittel im mittelalterlichen und frühneuzeitlichen Neuss. Zubereitung, Produktion und Handel, Neuss 2009, S. 137–148; Frank BOTH, Gerstensaft und Hirsebier. 5000 Jahre Biergenuß. Sonderausstellungen. Staatliches Museum für Naturkunde und Vorgeschichte Oldenburg vom 4. Juli bis 13. September 1998 und Schloßmuseum Jever vom 5. Juli bis 31. Oktober 1998 (Archäologische Mitteilungen aus Nordwestdeutschland, Beih. 29) Oldenburg 1998.

[16] Werner SCHULTHEISS (Bearb.), Satzungsbücher und Satzungen der Reichsstadt Nürnberg aus dem 14. Jahrhundert (Quellen zur Geschichte und Kultur der Stadt Nürnberg 3) Nürnberg 1965, S. 57 Nr. 61a.

genwärtig zu sein. Das traf keineswegs aber nur für international bekannte Brau- und Bierstädte wie Kopenhagen (Carlsberg, Tuborg), Pilsen,[17] Hamburg,[18] Dortmund,[19] München,[20] Bamberg[21] oder Kulmbach[22] zu. In der Domstadt Freising, wo es schon seit 1160 ein bischöfliches Brauhaus gab, benannte ein Reisender des 18. Jahrhunderts die Omnipräsenz der Bierkrüge als Markenzeichen einer Stadt unter

Abb. 4: Grut- und Kräuterbiere. Ihre Zutaten bestanden unter anderem aus Gagel (lat. *myrica gale*; engl. *gale*). Andere Zutaten waren beispielsweise Tollkirschen und Bilsenkraut als Rauschmittel, Ochsen- oder Rinderblut als Farbmittel für Dunkelbier, Kümmel, Honig und Salz als Geschmacksverstärker. (Bild aus: Otto Wilhelm THOMÉ, Flora von Deutschland, Österreich und der Schweiz, Gera 1885)

---

[17] Josef KEJHA/Jiří JANOUŠKOVEC/Vladimír JURINA, Plzenský Prazdroj. Od roku 1842. Příběh, který nepřestává inspirovat, Bd. 1, Pilsen 2012.
[18] Harald SCHLOZ/Jürgen KÖHLERT, Hamburg und sein Bier. Der etwas andere Streifzug durch Hamburgs Brauerei-Geschichte, Hamburg 2005.
[19] Nancy BODDEN/Klaus PRADLER, Das Dortmunder Brauerei-Archiv im Westfälischen Wirtschaftsarchiv, in: Karl-Peter ELLERBROCK (Hg.), Zur Geschichte der westfälischen Brauwirtschaft im 19. und 20. Jahrhundert, Münster 2012, S. 9–25.
[20] Evelin HECKHORN/Hartmut WIEHR, München und sein Bier. Vom Brauhandwerk zur Bierindustrie, München 1989; Astrid ASSÉL/Christian HUBER, München und das Bier. Auf großer Biertour durch 850 Jahre Braugeschichte, München 2009.
[21] Peter RUDERICH, Wasser für Brunnen und Brauerei. Die Wasserversorgung im Kloster Michelsberg, in: Berichte des HV Bamberg 142 (2006) S. 77–93; Norbert J. HAAS, Brauer. Auszug aus: Familienkundliche Veröffentlichungen 2/1–2/32, dem Namensregister zu den 56 Bänden der »Studien zur Bamberger Geschichte und Topographie« von Hans Paschke (Familienkundliche Veröffentlichungen 22) Bamberg 1997; HOFMANN, Bierkultur (wie Anm. 13).
[22] Bernd WINKLER, Die Kulmbacher Brauindustrie. Entstehung und Entwicklung bis 1914, in: Wolfgang WÜST/Tobias RIEDL (Hg.), Industrielle Revolution. Regionen im Umbruch. Franken, Schwaben, Bayern. Referate der Tagung vom 12. bis 14. März 2012 im Bildungszentrum Kloster Banz (Franconia 6) Erlangen 2013, S. 241–266.

Abb. 5: Das Gräflich Moy'sche Hofbrauhaus in Freising mit einer Brautradition seit 1180 (Foto: Gräflich von Moy'sches Hofbrauhaus)

bischöflicher Landeshoheit. Dort waren dann die Garanten lebenswerter Glückseligkeit schnell benannt: *ein unversiegender Bierkrug, ungestörter Müßiggang* und vor allem die vielen stillen Andachten.[23] Für Nürnberg ist im Hausbuch der Mendel'schen Zwölfbruderstiftung unter den Handwerkern des 15. und 16. Jahrhunderts auch ein Bierbrauer abgebildet. Es handelte sich um den 1537 im Spital verstorbenen Braumeister Jörg. Die im 18. Jahrhundert neu konzipierten regionalen Intelligenzblätter berichten dann ebenfalls ausführlich über die Bierzentren im Alten Reich. So konnte man sich im Münchner Intelligenzblatt unter dem Thema *Stadt- und Landwirthschaft* regelmäßig und preisgünstig auch über die jährliche Bierproduktion informieren. Für das Wirtschaftsjahr 1782 hieß es dazu beispielsweise:

---

[23] Johann Pezzl, Reise durch den Baierischen Kreis. Faksimileausgabe der 2. erw. Aufl. von 1784. Vorwort, biographisches Nachwort, Anmerkungen und Register von Josef Pfennigmann, München 1973, S. 65.

Abb. 6:
Der 1537 verstorbene Bierbrauer Jörg *(prewmaister Jorg)* aus Nürnberg (Stadtbibliothek Nürnberg Amb. 317. 2°: Hausbuch der Mendel'schen Zwölfbruderstiftung, Bd. 1, fol. 60)

Zu München sind fürs Jahr 1782 an Sommer- oder Märzenbier 1745 Faß eingesotten worden, welche 43.625 Emmer halten. Also sind (siehe Intellig. Blatt 1781, S. 218) gegen fertiges Jahr mehr gebräuet worden um 171 Faß, oder 4.275 Emmer; zu welcher Vermehrung die vielen, von der hiesigen Bräuerschaft am Lilien- und Gasteigberg neuerbauten Keller, zu guter Versorgung des Biers im Sommer das meiste beygetragen haben. Es sollten doch 44.000 Seelen in München im August und September ihr Bier nicht am Ammersee zu Dießen, und noch weiters herhollen därfen.[24]

Dennoch gab es vor der Industrialisierung, der zeitgleichen Erschließung der deutschen Länder durch die Eisenbahnen (siehe Abb. 7–10), dem vermehrten Einsatz von Dampfmaschinen im Brauereigewerbe, der überregionalen Qualitätsschau und Bierprämierung (Abb. 11) in gesamtbayerischen Handwerks- und Industrieausstellungen und schließlich der revolutionierenden Erfindung künstlicher Kälte durch Carl Linde kaum Großbrauereien im Lande. Das galt vor allem für Franken und Schwaben. So las man in einem der Physikatsberichte aus Mittelschwaben noch um

---

[24] Münchner Intelligenzblatt 16, 20. April 1782, S. 154. Vgl. hierzu Christoph BACHMANN, […] *tuen kund, allen, die dies hörend oder sehend lesen* […]. Das Churbaierische Intelligenzblatt als Medium zur Verbreitung normativer, administrativer und politischer Informationen, in: Oberbayerisches Archiv 137 (2013) S. 193–220.

Abb. 7:
Die Leutkircher Brauerei Härle mit Eisenbahnschluss, um 1910 (Brauerei Clemens Härle, Leutkirch)

Abb. 8:
Die Brauerei zum Fischer J. Ehrhard in Straßburg-Schiltigheim mit Eisenbahnanschluss (Flaschenetikett mit Golddruck aus dieser Brauerei, um 1900)

Abb. 9: Kartengruß aus der Bierstadt Dortmund mit Eisenbahn, 1900 (Postkarte aus der Hagenstraße in Dortmund, 1900)

Abb. 10: Bierwerbung der Bamberger Exportbierbrauerei Bärenbräu an der Bahnlinie Nürnberg–Bamberg, um 1900 (StadtA Bamberg Brauerei Bärenbräu. Sie wurde 1906 in die Bären- und Eckenbüttnerbräu AG überführt.)

Abb. 11: Das Brauensemble (Mälzerei, Kühlhaus, Brauerei) der Aktienbrauerei zur Traube in Kaufbeuren wurde mehrfach mit Goldmedaillen ausgezeichnet. (StadtA Kaufbeuren)

1860, dass dort noch *beynahe in jedem Orte eine Brauerey en miature* bestand.[25] Und ohne Kühlanlagen konnte man an so vielen Brauereistandorten nie auf Vorrat brauen. Das schränkte grundsätzlich Bierimporte und -exporte innerhalb Europas erheblich ein. Im Juli 1783 berichtete in dieser Angelegenheit ein Braupächter aus dem oberfränkischen Burggrub zwar *unterthänigst*, aber doch unzufrieden an die fürstlich-schwarzenbergische Regierungskanzlei: *Weil ich wegen Abgang eines ordentlichen felsenkellers mein bier niemals aufbehalten, somit ich so wenig als ein anderer die bräuerey behörigermassen benutzen könnte*, sollte die Herrschaft alsbald *dergleichen Keller graben lassen*.[26] Erst dann wären fränkisch-böhmische Bierlieferungen denkbar.

* * *

So stehen Biere, Brauereien und die Biergaststätten zugleich für Konsum- und Werbeträger, für die Zunft-, Wirtschafts- und Steuergeschichte, für Migration, Austausch und Kommunikationsströme von Osteuropa[27] nach Westen beziehungsweise von Norden und Süden, für Gesellschafts- und Sozialgeschichte, für Heil-, Umwelt- und Hygieneprozesse, für Kirchen-, Stifts- und Klosterbeteiligungen[28] oder für die Agrar-, Lebensmittel- und Evolutionsgeschichte. Einige Themenfelder, zu denen im Gegensatz zum Weinabsatz und Weinhandel[29] etwas überraschend der Bierhandel[30] zählt, sind kaum erforscht, über andere wie das Brauereiwesen wissen wir weit mehr.

---

[25] Matthias FIEDER, Industrialisierung und Brauereisterben in Schwaben während des 19. und frühen 20. Jahrhunderts, in: DERS., Flüssiges Brot (wie Anm. 14) S. 22–35, hier 22.

[26] StA Nürnberg Herrschaft Schwarzenberg, Registratur, Nr. 1191, X. Klasse – Kameralsachen, I. Abteilung, Specialia, Acta, B, Brauereien, Burggrub, Nr. 1: *Acta ab anno 1778–1797: Burggruber-Brauerei-Bestand betr.*

[27] Andrzej KLONDER, Ulubione piwa Koroniarzy i Prusaków w XVI–XVII w., in: Tomasz CHRZANOWSKI (Hg.), Życie codzienne na dawnych ziemiach pruskich. Kuchnia dawnych ziem pruskich. Tradycja i nowoczesność. Praca zbiorowa (Rozprawy i Materiały Ośrodka Badań Naukowych im. Wojciecha Ketrzyńskiego w Olsztynie 259) Olsztyn 2011, S. 91–98.

[28] Gerhard FÜRMETZ, Bayerns Klosterbrauereien und die Säkularisation. Praxis und Folgen der Privatisierung, in: Rainer BRAUN/Joachim WILD (Hg.), Bayern ohne Klöster? Die Säkularisation 1802/03 und die Folgen. Eine Ausstellung des Bayerischen Hauptstaatsarchivs. München, 22. Februar bis 18. Mai 2003 (Ausstellungskat. der Staatlichen Archive Bayerns 45) München 2003, S. 346–369; Thomas PARINGER, Die Brauerei des Klosters Ebersberg, in: Bernhard SCHÄFER (Hg.), Kloster Ebersberg. Prägekraft christlich-abendländischer Kultur im Herzen Altbayerns, Haar bei München 2002, S. 399–416; Helmut VON SPERL, Die Brauerei in Obermünster zu Regensburg von der Gründung bis zur Auflösung, in: Beitr. zur Geschichte des Bistums Regensburg 42 (2008) S. 457–469.

[29] Beispielsweise Rolf SPRANDEL, Handel und Absatz des mainfränkischen, speziell des Würzburger Weines im Spätmittelalter; Wilhelm Otto KELLER, Weinbau und Weinhandel am Mainviereck im Spätmittelalter und in der Frühen Neuzeit; Klaus ARNOLD, Weinbau, Weinhandel und Weingesetzgebung in Kitzingen im Mittelalter, alle in: Andreas Otto WEBER/Jesko GRAF ZU DOHNA (Hg.), Geschichte des fränkischen Weinbaus. Von den Anfängen bis 1800 (Franconia 4) München 2012, S. 53–67, 71–91, 113–137.

[30] Gerald STEFKE, Hansekaufleute und hansischer Wein- und Bier-Handel in Brügge 1363–1391, in: Zs. des Vereins für hamburgische Geschichte 83 (1997) S. 175–184.

Die Archive des Adels, der Städte und Märkte, der Klöster und Stifte und der noch immer zahlreichen Familienbetriebe laden über serielle Rechnungs- und Steuerbuchbestände (Bierakzise,[31] Ungeld), über Kameral-, Schankkonzessions-, Gerichts- oder Bauakten, Pachtverträge und last but not least über die Informationen zum Konsum, zur Bierwerbung (siehe Abb. 12 und 13) und zum Zeitvertreib in den Schankstätten geradezu zur Forschung ein. Selbst der Blick nach Frankreich (siehe Abb. 14) oder Italien bringt Rückbezüge zur süddeutschen Brautradition. Über die genannten Rechnungsbücher erhalten wir oft bereits seit dem 15. Jahrhundert zuverlässige Angaben zu den ökonomischen Eckdaten ausgegebener Schank- und Braulizenzen im betroffenen Land, in der Region oder auch nur am jeweiligen Standort. In der fränkisch-böhmischen Herrschaft der Schwarzenberg wurden die Bierrechnungen dank ihrer Steuerbedeutung für die Rentkammer separat geführt, wie auch jene *Schwarzenbergische Bier rechnung Anno 1654*[32] im Volumen von 752 *Eymern* an Einnahmen oder die *Brauerei Kassa Rechnung von 1.ten Octob. bis ult.^o Oct. 1787*.[33] Gemessen wurde 1787 in Bierfudern,[34] Biereimern und in Maß-, Seidel- und Vierteleinheiten.

Abb. 12: Bierdeckel-Werbung des Allgäuer Brauhauses in Kempten (Allgäuer Brauhaus)

---

[31] Zur Biersteuer gibt es zahlreiche Gesuche um die Minderung der Akzise. Über sie erhält die Forschung indirekten Einblick in das regionale Bierkonsumverhalten. 1806 stellte beispielsweise der Wirt des »Hirschen« in Markt Nordheim in der Domänenkanzlei des Fürstenhauses Schwarzenberg einen Antrag auf Steuernachlass. Vgl. StA Nürnberg Herrschaft Schwarzenberg, Registratur, Kameralsachen, I. Abteilung, Specialia, Nordheim, Nr. 2: *Acta ab anno 1806.*
[32] StA Nürnberg Herrschaft Schwarzenberg, Rechnungen, 1679/9. Naturalrechnung der Schwarzenberger Brauerei pro 1654.
[33] StA Nürnberg Herrschaft Schwarzenberg, Rechnungen, 1680/1. Rechnungsführer: *Geführt von Johann Christorf Roßhirt, Rentei-Accessist, m. p.*
[34] Ein Fuder hielt zwölf Eimer; ein Eimer umfasste 64 Maß.

Familienbraukunst seit 1441,
Zötler-Biere im Allgäuer Rettenberg

Abb. 13: Werbung durch die Bierdynastie in der seit 1441 bestehenden Zötler-Brauerei in Rettenberg und des Allgäuer Brauhauses (Zötler Brauerei in Rettenberg/Allgäu)

Abb. 14: Bierwerbung in Paris mit elsässischem Trinkspruch (Les Brasseries de l'Ill, Ensisheim)

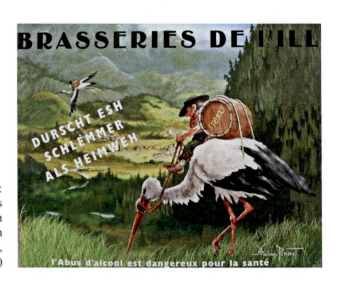

* * *

Besitzer und Pächter von Brauereien und Gaststätten bemühten sich um bierselige Lustbarkeiten. Das Fürstenhaus der Schwarzenberg[35] – 1670 wurde Johann Adolf von Schwarzenberg als Reichsfürst privilegiert – ließ beispielsweise noch 1860/61 eine Bauplanung für eine neue und komfortabel überdachte Kegelbahn im *Sommerwirthschafts-Garten* des fürstlichen Brauhauses in Auftrag geben. Kegeln und Bierkonsum waren deshalb bei den Schwarzenbergs noch lange ein beliebter Zeitvertreib (siehe Abb. 15).[36] Historische Kegelbahnen zählen heute leider zu den absoluten Raritäten. Eine Ausnahme bildet hier das Wirtshaus Landlust am Reitsberger Hof im oberbayerischen Vaterstetten (siehe Abb. 16). »Biertempel«,[37] Kneipen – etymologisch seit 1781 belegt –, Kaschemmen,[38] Bier- und Burgschenken,[39] Herbergen, Tavernen und Gaststätten waren aber gerade wegen ihrer Beliebtheit in den Augen frühmoderner Obrigkeiten auch potentielle Unruhestätten. 1746 wetterte der Landesherr von Kulmbach und Bayreuth gegen zwielichtige Einrichtungen: *Wir wollen auch die Winkel-Wirthschaften und Herbergen hiermit abgeschaffet, auch Unsere Beamten, dann Burgermeister und Rath, dahin befehligt haben, solche nicht zu dulden, damit also die privilegirte und ordentliche Gast-Höfe wegen der ihnen allein obliegenden Angelegenheit auch den Vortheil und Nutzen einnehmen mögen.*[40]

* * *

Wirtshäuser sorgten als Ventile angestauten Unmuts für Überraschungen, da sich wein- oder bierselige Kritik unter Alkohol explosionsartig in Beschimpfungen, Raufereien, Gotteslästerung, Herrschaftsschelte und Tumult entladen konnte. Nächtliche

---

[35] Wolfgang Wüst, Die Akte Seinsheim-Schwarzenberg. Eine fränkische Adelsherrschaft vor dem Reichskammergericht, in: JffL 62 (2002) S. 203–230; Christof Paulus, Repräsentationskonsum am Hofe der Herren von Schwarzenberg, in: Wolfgang Wüst (Hg.), Regionale Konsumgeschichte vom Mittelalter bis zur Moderne. Referate der Tagung vom 26. bis 28.2.2014 im Bildungszentrum Kloster Banz (Franconia 7) Erlangen 2015, S. 101–116; Ders., Mord und Totschlag in der Herrschaft Schwarzenberg? Eine erste Auswertung der Centenarprotokollserie, in: Wolfgang Wüst (Hg.), Historische Kriminalitätsforschung in landesgeschichtlicher Perspektive. Fallstudien aus Bayern und aus seinen Nachbarländern 1500–1800. Referate der Tagung vom 14. bis 16.10.2015 in Wildbad Kreuth (Franconia 9) Erlangen 2017, S. 205–223.
[36] StA Nürnberg Herrschaft Schwarzenberg, Registratur, 1427/1. Die Herstellung einer gedeckten Kegelbahn im herrschaftlichen Braugarten zu Schwarzenberg, 1862–1908.
[37] Bis heute blieb der Begriff ein beliebter Gaststättenname.
[38] Kaschemme ist etymologisch aus der Roma-Sprache abgeleitet, wo »katsima« für ein verrufenes Gasthaus steht.
[39] Tomáš Durdík, Bier und weitere alkoholische Getränke auf den Burgen, in: Joachim Zeune (Hg.), Alltag auf Burgen im Mittelalter. Wissenschaftliches Kolloquium des Wissenschaftlichen Beirats der Deutschen Burgenvereinigung, Passau 2005 (Veröffentlichungen der Deutschen Burgenvereinigung B10) Braubach 2006, S. 171–176.
[40] Wolfgang Wüst (Hg.), Die *gute* Policey im Reichskreis. Zur frühmodernen Normensetzung in den Kernregionen des Alten Reiches, Bd. 5: Policeyordnungen in den Markgraftümern Ansbach und Kulmbach-Bayreuth. Ein Quellenwerk, Erlangen 2011, S. 576.

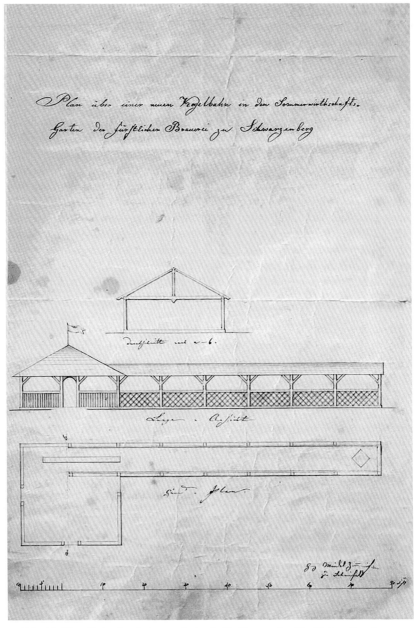

Abb. 15: Kegelbahn im *Sommerwirthschafts-Garten* des fürstlichen Brauhauses Schwarzenberg, 1860/61. Die Pläne dienten wahrscheinlich auch als Muster für schwäbische und fränkische Wirts- und Adelshäuser.
(StA Nürnberg Herrschaft Schwarzenberg, Registratur, 1427/1)

Abb. 16: Historische Kegelbahn in Vaterstetten, die 2013 in den Reitsberger Hof transferiert wurde. Aktueller Bauzustand (https://zurlandlust.de/historische-kegelbahn)

Ausschweifungen, Müßiggang, Betrügereien, Glücks-, Hazard- und Kartenspiele fanden dort statt, die Beteiligte bisweilen in ernste Finanznöte trieben. In der Korrespondenz zu den Lebensstationen des berühmt-berüchtigten bayerischen Wilderers Matthias Klostermeyer (1736–1771) spielten Glücksspiele im Wirtshaus ebenfalls eine Rolle. In einem Brief vom 19. Januar 1771 ließ der Editor den *Bayerischen Hiesel* auch am Spieltisch im Wirtshaus Platz nehmen:

Ein Kamerad von dem Hiesel habe in einem Dorfe nicht weit von K mit einem Bauern im Wirthshause gespielt, und ich weiß es nicht, ware es Glück oder Betrug, selbigem eine ansehnliche Summe Gelds abgewonnen. Des Bauren Weib, die es von andern erfahren, seye zu dem Amtmann gegangen, und habe ihn gebeten, dem Fremden ihres Mannes Geld wiederum abzunehmen. Auf diese habe der Amtmamm den Büttel in das Wirtshaus geschickt, und all das gewonnene Geld dem Spieler abnehmen lassen.[41]

Darauf habe Matthias Klostermeyer dem Amtmann das konfiszierte Spielgeld mit Waffengewalt wieder abgenommen, um es dem »rechtmäßigen« Besitzer zurückzugeben.

* * *

Mancher Landesherr sah sich deshalb genötigt, frühzeitig in die Wirtshaus-»Diskurse« regelnd einzugreifen und landesschädliche nächtliche Zechgelage und »Schwärmereien« zu begrenzen. Dabei reichte die Tradition der Kontrolle über die Stammtische bis zu festgeschriebenen Ehaften im frühen und hohen Mittelalter zurück. 1760 wurden sie für die fränkischen Hohenzollernlande noch in aktualisierter Form festgeschrieben:

Als hat gedachtes Policey-Directorium, nach vollkommener Uiberlegung resolviret, durch gegenwärtiges Reglement, die Gastwirthe, Gahrköche, Bier- und Wein-Schenken, Me[t]zger, Becken, Kaufleute und Krämer, die der Ellen nach verkaufen, ingleichen die Aufkäufer, Hechler und Hechlerin, dann alle andere Personen, die im gedachten Reglement vorkommen, zu avertiren, daß sie sich hinführo der Policey-Ordnung und allen dißfalls von Zeit zu Zeit ergangenen Hochfürstlichen Verordnungen bey Geldstrafe, Personal-Arrest, und anderer Ahndung gemäß bezeigen.[42]

Territoriale Bierobrigkeiten konnten ferner über Konzessionsentzug und -vergabe in das Wirtshausgeschehen eingreifen. Zuständig waren hier die Hofkammern. Für

---

[41] BSB Bavarica 471: Matthias Klostermayer / Johann Paul Priem, Freundschaftliche Briefe, worinnen das Leben und Thaten des berüchtigten Wilderers Matthias (Brentans) Klostermayrs, vulgo Bayrischer Hiesel genannt, beschrieben werden, Dillingen 1771, Brief X vom 19.1.1771.

[42] WÜST, Die gute Policey 5 (wie Anm. 40) S. 635.

Kurbayern sind beispielsweise im Fall des Wirtskochs Georg Holzapfel von Neuhausen bei München fehlende Konzessionsauflagen angemahnt worden, die auf Widersprüche mit regionalen Policey-Reglements schließen lassen. Am 2. Mai 1785 ließ der Obersthofmeister den Wirt wissen, dass *sub hod*[*ierno*] *alles Bierschencken, und aller victualien-Verschleiß einsweilen, bis er sich hiezu behörig Legitimiret haben wirdet, beÿ 24 R*[*eichs*]*th*[*alern*] *Strafe verbothern* worden sei.⁴³

* * *

Kontrolliert wurde auch in der Bier- und Bischofsstadt Bamberg, so auch am 27. Januar 1761:

NAchdeme zeithero in dahiesiger Hochfürstl[*icher*] *Residenz Stadt bedauerlich wahrgenommen worden ist, daß bey einfallender Nachts=Zeit allerley mißbeliebige, und schädliche Schwärmereyen, auch andere-hiebey verübet werdende Muthwillen, dann gröbliche Mißhandlungen deren dahiesigen Innwohneren, Burgeren, und Innsassen ohnvermutheter Dingen nicht nur allein sich öfters zeithero ergeben, und zugetragen haben, sondern auch in denen dahiesigen Gast- Wirths- Wein- und Caffeé-Häusseren die Patrouilles, wann dieselbe nach verflossener Zeit, in Gemäßheit deren allbereits ergangener Verordnungen, nach denen Zech-Gästen haben suchen wollen, mit allerley Schimpf- und Schmähe-Worten, und Real-Injurien*⁴⁴ *entweder sträflich mißhandelt, oder gar eine geraume Zeit hindurch in sothane Gast- Wirths- Wein- und Caffeé-Häussere entweder oder in so lang gar nicht eingelassen haben, bis derley Gast- und andere Wirthe, Wein-Schenke, dann Caffeé-Siedere die – über die erlaubte Zeit, allda sich aufgehaltene Zech-Gäste von denenselben, oder von ihren Haus-Genossen versteckt, oder aber gar durch andere Ausgänge, und Thüre heimlich hinausgelassen worden seynd, über dieses auch sich mehr als zu viel geäusseret hat, daß die allbereits verbottene sogenannte Hazard-Spiele*⁴⁵ *zu merklichen Schaden, und öfteren Verfall deren diesseitigen Burgeren, Rechnungs-Leisteren, Innwohneren, und Innsassen, und derenselben Angehörigen in obbemelden Gast- Wirths- Wein- und Caffeé-Häusseren anwiederum in Schwang, und Übung seyen.*⁴⁶

---

⁴³ BayHStA Kurbayern, Gerichtsliteralien, Fasz. 629, Nr. 240: Schankkonzession vom 2.5.1785.
⁴⁴ Form der »üblen Nachrede«, insbesondere eine ehrverletzende Tatsachenbehauptung.
⁴⁵ Hazardspiel: Etymologisch auf frz. »hasard«, abgeleitet von arab. »az-zahr« (Zufall), zurückgehend, stand der Begriff für Würfelspiele, deren Verlauf maßgeblich vom Glück bestimmt ist.
⁴⁶ Wolfgang Wüst (Hg.), Die *gute* Policey im Reichskreis. Zur frühmodernen Normensetzung in den Kernregionen des Alten Reiches, Bd. 6: Policeyordnungen in den fränkischen Hochstiften Bamberg, Eichstätt und Würzburg. Ein Quellenwerk, Erlangen 2013, S. 437.

* * *

Fast überall hagelte es Sanktionen, wenn Bier- und Weinausschank mit der Predigt oder dem sonn- und feiertäglichen Gottesdienst kollidierte. 1672 ließ Markgraf Christian Ernst von Brandenburg-Bayreuth (reg. 1655–1712) dazu erklären: *Insonderheit aber verbieten Wir hiermit ernstlich, daß Keiner, der süsse Getränke, Brandwein, Wein oder Bier schenket, weder in den Städten, Märkten oder Dörfern, Wirths- oder andern Häusern unter den Predigten einiges Getränke verkaufe, noch Zechen halte oder verstatte.*[47] Zurückhaltend verfuhren süddeutsche Landesherren auch mit Musik- und Tanzgenehmigungen für Gasthäuser. Es sollten deshalb 1672 im Oberland der fränkischen Hohenzollern

die Spiel-Leute Niemanden zu Gefallen, und um Verehrung willen lange ungewöhnliche, behende, leichtfertige, sondern ehrbare, züchtige und sitsame Tänze machen, bey Strafe zween Gülden oder der Gefängnis; als Wir dann auch alle Hochzeit-Tänze auf der Gassen in Städten gänzlich abschaffen, und soll sonsten das Tanzen und Sitzen länger nicht, dann Sommers- bis auf zehen, Winters-Zeit aber bis um neun Uhr des Nachts ohne Schreyen und Tumultuiren, und dabey kein Nachzechen, weder einige Nachtänze vergönnert werden, bey Strafe fünf Gülden.[48]

In der Gemeinde Geilsheim, die über das Amt Hohentrüdingen zum Unterland der Ansbacher Hohenzollern steuerte, konnte man zu *Müßiggang, sauffen und gewinnsüchtiges spielen* sogar in einer der Kapitelüberschriften der örtlichen Policey nachlesen:

Solle nicht nur jeder in dem dorff ansäßiger und würcklicher gemeindts-mann, sondern auch jeder haußgenoß und jnsaß den höchstschädlichen müßiggang nicht minder das übermäßige trinken, wie auch das gewinnsüchtige spielen mit würffeln und kharten um geldt, sowohl in denen offentlichen wirthshäußern und schenckstätten alß auch in andern gemeinen wohnhäußern gänzlich vermeÿden.[49]

---

[47] Wüst, Die gute Policey 5 (wie Anm. 40) S. 229.
[48] Ebd. S. 253.
[49] Wolfgang Wüst (Hg.), Die *gute* Policey im Reichskreis, Bd. 4: Die lokale Policey. Normensetzung und Ordnungspolitik auf dem Lande. Ein Quellenwerk, Berlin 2008, S. 476–524, hier 479.

3. Brauereien und Herrschaft

Die Geschichte der Brauereien und Brennereien ist exemplarisch sehr gut bearbeitet,[50] doch fehlt vielen monographischen Überblicken und Festschriften die regionale Einbettung in den jeweiligen Entscheidungskontext der Landesherrschaft. Früh zu erkennen ist dabei die Abschließung des Biermarkts gegenüber ausherrischen oder »fremden« Produzenten. Im fränkischen Scheinfeld mussten die Wirte gemäß herrschaftlicher Dekrete – zuletzt wurden sie 1782 und 1785 erneuert – nicht dem Markt, sondern *von jedem einführenden Eimer Bieres g[nä]d[ig]ste[r] Herrschaft allein*, also dem Fürstenhaus Schwarzenberg, das Ungeld hinterlegen.[51] Das Brauhaus Schwarzenberg lieferte auch über den engeren Herrschaftssprengel hinaus. 1679 erhielten ein Apotheker in Kitzingen und die Judengemeinde in Castell Bierlieferungen.[52] Dennoch war es bis ins 19. Jahrhundert schwierig, der Bierproduktion ein überregionales Image zuteilwerden zu lassen. Noch Ende Juli des Jahres 1848 empfiehlt die Kanzlei dem Fürsten von Schwarzenberg einen Pachtvertrag mit dem örtlichen Bierbrauer und Schnapsbrenner Georg Drexel abzuschließen, da momentan *Handel und Wandel* darnieder lägen. Es herrschten *Verdienstlosigkeit* und *Geldmangel* und voraussichtlich sei deshalb *kein anerse[h]barer Pächter aus der Ferne zu erhalten*.[53]

Über Pachtverträge konnte ferner die Herrschaft die Qualität der Bierproduktion mitbestimmen, während die Brauereien ihrerseits eine gewisse Mitsprache im Konsumkonzept der Wirte und Gaststätten erreichten. Pachtverträge beinhalteten aber auch die Fürsorgepflicht gegenüber Brauern und Wirten, wenn Standortnachteile zu ökonomischer Misere führten. Im fränkischen Burggrub wurde in den Jahren 1778–1797 Schadensersatzklage gegen die Verwaltung des Hauses Schwarzenberg geführt, da der örtliche Amtmann es versäumt hatte, dem Brauereipächter einen versprochenen Felsenkeller zu graben. […] *Die folge davon war, daß mir* [als dem Braumeister und Wirt] *wegen im vorigjährigen Frühling eingefallenen starken re-*

---

[50] In Auswahl jüngerer Arbeiten: Erich BORKENHAGEN, 125 Jahre Schultheiß-Brauerei. Die Geschichte des Schultheiß-Bieres in Berlin von 1842–1967, Berlin 1967; BEHRINGER, Spaten-Brauerei (wie Anm. 2); Claus HOFFMANN-GÜTH, Die Entwicklung der Karlsberg Brauerei 1918–1992. Vom einfachen Mittelstandsbetrieb zum Unternehmensverbund im Spiegel der Regionalgeschichte und im Vergleich zur Branchenentwicklung, Saarbrücken 1998; Klaus ÜBLER, Die Zirndorfer Brauerei, das Bier und die Traditions-Gaststätten, Zirndorf ³2007; Paul MAI/Werner CHROBAK (Hg.), 360 Jahre Brauerei Bischofshof. 100 Jahre Braustandort. Ausstellung in der Brauerei Bischofshof, 12. April bis 10. Mai 2010 (Bischöfliches Zentralarchiv und Bischöfliche Zentralbibliothek Regensburg, Kat. und Schriften 29) Regensburg 2010.
[51] StA Nürnberg Herrschaft Schwarzenberg, Rechnungen, 128/1, Nr. 31: *Vorschreibungs-Buch für die Stadtvogtei Scheinfeld, 1785.*
[52] StA Nürnberg Herrschaft Schwarzenberg, Rechnungen, 1679/9, Ausgaben: *bier verkaufft.*
[53] StA Nürnberg Herrschaft Schwarzenberg, Registratur, 1194, Nr. 6: *Acta ab anno 1842–1871: Die Verpachtung und den Betrieb der herrschaftlichen Brauerei zu Schwarzenberg betr.*

gen und hierauf erfolgter Hitze, ungeachtet aller auch möglichen Vorkehrungen, das Bier fast miteinander sauer geworden – und ich also in diesem Jahre gegen vorige Zeiten sehr wenig zu bräuen getrauen durffte.[54] Pachtverträge standen ihrerseits im Kontext herrschaftlicher Schankkonzessionen. Auch im mittelfränkischen Dorf Geilsheim schob die Hohenzollernherrschaft einen Riegel vor, um *schwarze*, nicht lizensierte Tavernen und fremdes Bier auszusperren: *Wirthschaften treiben und bierschencken solle niemand ohne herrschafft[lich]e concession treiben. Solle niemand in dem dorff Geißheim dergleichen wirthschafft- gewerb, noch auch das zupffen und ausschencken, treiben, ausgenommen, welche es auff ihren häußern von alters hergebracht und die speziale erlaubnuß darzu erhalten haben.*[55]

* * *

Brauereistandorte waren mit Blick auf die vielen Bierdeputate für Fürsten-, Rats- und Hofdiener wichtig, da sie bis weit ins 19. Jahrhundert fester Bestandteil der Entlohnung waren. *Deputatsbiere* – qualitativ getrennt nach gutem und schlechtem Sud, beziehungsweise nach Vollbier und geschmacklosem *Nachbier* – wurden in die Bier- und Lohnberechnungen einbezogen. Grund- und Gerichtsherren sparten sich so bei Dienstleistungen bares Geld. Naturalleistungen wie Bier- und Weindeputate[56] ergänzten als frühmoderne Mischfinanzierung den Arbeitsmarkt und die Welt des Konsums. Bierdeputate wurden meist über die örtlichen Wirts- und Brauhäuser ausgegeben. Der Braumeister in der Schwarzenberg'schen Fürstenbrauerei, Friedrich Hell, erhielt beispielsweise im Rechnungsjahr 1787 zusätzlich *15 Eimer Deputat Bier*. Es wurde quartalsweise verbucht und abgerechnet. Der Biereimer rechnete sich zu 64 Maß, und eine Maß Bier hielt zwei Seidel. Ein Seidel wiederum teilte sich in zwei *Viertelmäschen*.[57] An der Praxis, mit Bier zu bezahlen, änderte sich in der frühen Neuzeit offenbar wenig. Gut hundert Jahre früher, 1679, entlohnte man vierteljährlich den schwarzenbergischen Hofmeister mit 24, den Rentmeister mit 20 Eimern *gutbir*, einen Registrator mit neun und den Braumeister mit acht Eimern Vollbier und *anstat 6 Eÿmer nach bir* die Hälfte nochmals an *gutem bir*.[58] Der Hofgärtner bekam noch als Bierbesoldung *biß Petri*[59] vier Eimer gutes und zwei Eimer schlechtes Bier. Der Hoffischer rechnete mit einem Eimer Vollbier und 30 Maß *nach bir*.[60]

---

[54] StA Nürnberg Herrschaft Schwarzenberg, Registratur, Nr. 1191, X. Klasse – Kameralsachen, I. Abteilung, Specialia, Acta, B, Brauereien, Burggrub, Nr. 1.
[55] Wüst, Die gute Policey 4 (wie Anm. 49) S. 480.
[56] Wolfgang Wüst, *Trinck-Gelder*. Wein als frühmodernes Zahlungsmittel und Lohn in fränkischen Klöstern, in: Berichte des HV Bamberg 140 (2004) S. 99–116.
[57] StA Nürnberg Herrschaft Schwarzenberg, Rechnungen, 1680/1, Ausgaben, Nr. 6: *Brauerei Kassa Rechnung von 1.ten Octo[bris] bis ult[tim]o Xbr[is] 1787*.
[58] StA Nürnberg Herrschaft Schwarzenberg, Rechnungen, 1679/9, Ausgaben für *bier besoltung*.
[59] Hier ist wahrscheinlich der 1. August gemeint.
[60] StA Nürnberg Herrschaft Schwarzenberg, Rechnungen, 1679/9, Ausgaben für *bier besoltung*.

Große Mengen an Bier verbrauchte ferner die Schwarzenberg'sche Hofhaltung in Franken. Beispielsweise im Sommer des Rechnungsjahrs 1679 lieferte die fürstliche Brauerei an den Tafeldecker *(daffel decker)* jeweils am 23., 27. und 31. Juli drei Eimer 35 Maß. Am 3. und 5. August folgten je vier Eimer 35 Maß, am 20. August wieder drei Eimer 35 Maß und am 30. August sogar 13 Eimer gutes Bier und fünf Eimer Nachbier. In der Summe waren dies im Sommerquartal (Juli–September) 181 ½ Eimer und drei Maß Bier.[61] Insgesamt stand aber gerade in der höfischen Ökonomie die Biernachfrage meist im Schatten des Weinkonsums. Für die Bischofsresidenz in Würzburg stellte sich trotz eines hofeigenen Brauhauses die Konsum- und Kostenfrage klar zugunsten der Weinlieferungen. Das Würzburger Budget sank jedenfalls nach dem Hofsparplan von 1752 von 6.000 auf 4.000 Gulden für den »außergewöhnlichen« Einkauf von Mosel- und Frankenwein, von 2.000 auf 1.500 Gulden für den Bezug landfremder Weinsorten, während der Biereinkauf vom herrschaftlichen Brauhaus bei 2.400 Gulden unverändert blieb. Wein blieb so auch in der zweiten Hälfte des 18. Jahrhunderts zu Hof in Würzburg das vorherrschende Tafelgetränk.[62]

4. Sperrzeiten

Teile der internationalen Geschichtsschreibung sahen in zunehmender schriftlicher Fixierung von Alltäglichkeiten, in einer sozialdisziplinierenden Gesetzgebung und in der Rezeption entsprechender Theoriebildung bei Gerhard Oestreich[63] aus den 1960er-Jahren letztlich die Kontrolle aller Lustbarkeiten in Stadt und Land. Tavernen gefährdeten nach dieser Einschätzung die »von oben« diktierten Lebens- und Lustvorgaben. Wirtshäuser galten in der Frühmoderne, wie die US-amerikanische Historikerin B. Ann Tlusty bei ihren Forschungen zur Kultur des Trinkens ausführte, als »Brutstätten der Gewalt und Schauplatz von Schlägereien, [als] Zentren der Hehlerei und sonstiger krimineller Umtriebe sowie Lasterhöhlen und Orte des Müßiggangs, der unweigerlich zu aufrührerischen Reden führen musste, beflügelt durch übermäßigen Alkoholkonsum.«[64] Glücks- und Kartenspiele, Tabakgenuss und las-

---

[61] StA Nürnberg Herrschaft Schwarzenberg, Rechnungen, 1679/9, Ausgaben an der Hoftafel.
[62] Dieter WERZINGER, Die zollerischen Markgrafen von Ansbach. Ihr Staat, ihre Finanzen und ihre Politik zur Zeit des Absolutismus (Schriften des Zentralinstituts für fränkische Landeskunde und allgemeine Regionalforschung an der Universität Erlangen-Nürnberg 31) Neustadt a. d. Aisch 1993, S. 332.
[63] Gerhard OESTREICH, Strukturprobleme des europäischen Absolutismus, in: DERS., Geist und Gestalt des frühmodernen Staates. Ausgewählte Aufsätze, Berlin 1969, S. 179–197. Aus dem angelsächsischen Kulturkreis Keith WRIGHTSON, Alehouse, Order and Reformation in Rural England 1590–1660, in: Eileen und Stephen YEO (Hg.), Popular Culture and Class Conflict 1590–1914. Explorations in the History of Labour and Leisure, Brighton 1981, S. 1–27.
[64] B. Ann TLUSTY, Baccus und die bürgerliche Ordnung. Die Kultur des Trinkens im frühneuzeitlichen Augsburg (Studien zur Geschichte des Bayerischen Schwaben 34) Augs-

terhafter Müßiggang waren ebenfalls eng verbunden mit dem Konsum des Trinkens; diese spielten bei der Konzessionskontrolle über Wirtshäuser eine wichtige Rolle.[65]

* * *

Gestaffelte Sperrzeiten waren dabei ein Mittel, die den Wirtshäusern zugeschriebenen Quellen des Unheils zwar nicht auszutrocknen, aber sie doch einzuschränken. In Bamberg verfügte deshalb die Stadtobrigkeit 1761, dass

> *keiner deren Gast- und anderen Wirthen, Wein-Schenke, oder Caffeé-Siederen ohne Ausnahm, und wie solche auch Nahmen haben mögen, und mit Einschliessung deren dahiesigen braunen- und weisen Bier-Brau-Häusseren in dem Winter Nachts nach 9. Uhr, im Sommer aber nach der 10. Uhr keine Zech-Gäste mehr sezen noch auch über diese Zeiten sowohl in obbemelden als auch in anderen dahiesigen Häusseren, ohne Ausnahm, und wie solche Nahmen haben mögen, Musicanten halten solle, es seye dann, daß derselbe wegen des letzteren Falls, und längeren Musicanten Haltens von dem dahiesigen Hochfürstl[ichen] Vice-Dom[inus],[66] dann von dem Stadt-Commendanten eine schriftliche Erlaubnuß erhalten, und bey denen Patrouilles hiemit sich legitimiret haben wird, anhero ausdrücklich, und bey Vermeidung der Verordnungs-mäßigen, oder auch einer anderer will-kühriger, und wohl-empfindlicher Geld-Straffe mit dem weiteren befehlenden Anhang wiederhohlet wird, daß dieselbe denen Patrouilles,[67] wann diese nach denen – über die Zeit in ihren Gast- Wirths- Schenk- Wein- und Caffeé-Häusseren verbliebenen Zech-Gästen zu suchen sich anmelden, sogleich die Hauß-Thüre, und Zech-Stuben eröffnen, keines-weegs aber sothane Zech-Gäste, und Frevlere gegen die Landes-Herrliche Gnädigste Verordnungen in andere Stuben, und Winkele verheimlichen.*[68]

Nächtliche Schließzeiten für eine der süddeutschen Haupt-, Dom- und Residenzstädte im Winter um 21:00 Uhr und im Sommer um 22:00 Uhr klingen für uns heute nach dekretiertem Wahnsinn. Sie waren aber in der frühen Neuzeit durchaus

---

burg 2005, S. 8 f. Vgl. ferner die beiden Bände, die in der von Thomas E. BRENNAN herausgegebenen Reihe »Public Drinking in the Early Modern World. Voices from the Tavern, 1500–1800« erschienen sind; Beat KÜMIN / B. Ann TLUSTY, Holy Roman Empire, Bde. 1 und 2, London 2011.

[65] Dargestellt beispielsweise bei: Andreas FAHL, Gegen Trunkenheit und Feuergefahr. Bestrebungen zur Eindämmung des Alkohol- und Tabakkonsums in Hannover, in: Kreismuseum Syke (Hg.), Von Tabakpflanzern und Trunkenbolden. Zur Geschichte von Bier, Branntwein und Tabak in Norddeutschland. Begleitheft zur Ausstellung, Syke 2000, S. 46–57.

[66] Amtstitel, fürstlicher Stellvertreter (z. B. Kämmerer, Marschall, Truchsess, Mundschenk).

[67] Sicherheitspolizeiliche Einsatzform: kleinere Einheiten wurden eingesetzt, um eine festgelegte Wegstrecke zu kontrollieren.

[68] WÜST, Die gute Policey 6 (wie Anm. 46) S. 438.

Standard. Eine wiederholt revidierte Policeyordnung[69] aus der Kanzlei des regierenden Markgrafen Friedrich von Brandenburg-Bayreuth (1711–1763)[70] gab 1746 zu Sperrzeiten nur wenig großzügigere Empfehlungen. Der Titel *Wie lange die Wirthe, oder andere Wein- und Bier-Schenken, das Getränke in der Nacht aus ihren Häusern geben sollen* galt selbstredend auch für die beiden Haupt- und Residenzstädte Kulmbach und Bayreuth:

So balden es Sommers- und Winters-Zeiten zehen Uhr in der Nacht ist; soll kein Wirth, weder in Städten noch auf dem Lande, einigen Trunk mehr aus dem Hause geben, es sey dann wissentlich kranken Leuten oder Kind-Betterinnnen, wie dann alles andere Schlemmen, Sitzen, Zechen, Spielen und Gastiren, inn- und ausserhalb den Wirths-Häusern, über obgemeldte Stunden abgeschnidten und nicht geduldet werden.[71]

5. Bierkonsum und »Zutrinken«

Herrschaftsordnungen des ausgehenden 15. bis zum beginnenden 19. Jahrhundert beginnen nicht selten mit Maßnahmen gegen das schuldenfördernde *Fressen* und *Sauffen* – auch als *Völlerei* und *Zutrinken* umschrieben – bei Festen und in öffentlichen Gasthäusern. Das galt insbesondere auch für Tauffeiern, Begräbnisse und Hochzeiten. Hierzu äußerten sich einschlägige Quellen in Ost-, Mittel- und Westeuropa ziemlich uniform.[72]

* * *

In ihrem Ansbacher Landesteil erließen 1532 die fränkischen Hohenzollern unter Markgraf Georg dem Frommen (1484–1543) – seit 1521 war er herrschaftlich auch im schlesischen Herzogtum Ratibor präsent – ein ausdrückliches Verbot für die

---

[69] Tit[ulus] XXXI. *Wie lange die Wirthe, oder andere Wein- und Bier-Schenken, das Getränke in der Nacht aus ihren Häusern geben sollen.*
[70] Wolfgang WÜST, Ordnung, Recht und Wohlfahrt in Brandenburg-Bayreuth im Spiegel »guter« Policey, in: Georg SEIDERER/Clemens WACHTER (Hg.), Markgraf Friedrich von Brandenburg-Bayreuth 1711–1763 (Franconia 5) Erlangen 2012, S. 103–124.
[71] Detlef KÜHL (Bearb.), Neu revidierte und verbesserte Policey-Ordnung 1746, in: WÜST, Die *gute* Policey 5 (wie Anm. 40) S. 577 f.
[72] Gerd SCHWERHOFF, Die »Policey« im Wirtshaus. Frühneuzeitliche Sozialibität im Spannungsfeld herrschaftlicher Normsetzung und gesellschaftlicher Interaktionspraxen, in: Gert MELVILLE/Karl-Siegbert REHBERG (Hg.), Dimensionen institutioneller Macht. Fallstudien von der Antike bis zur Gegenwart, Köln 2012, S. 177–193. Als Quellenvorlage beispielsweise: Gerhard WACKE (Bearb.), Dorf-Policey-Ordnung (für das Herzogthum Schlesien und die Grafschaft Glatz) und Instruction für die Dorf-Scholzen für das Herzogthum Schlesien und die Grafschaft Glatz vom 1. May 1804 (Quellen und Darstellungen zur schlesischen Geschichte 15) Würzburg 1971.

»teuflische« Paarung des Zutrinkens und der Gotteslästerei.[73] In der mittelfränkischen Reichsstadt Rothenburg ob der Tauber glaubte der Rat 1723 im Abschnitt *Vom verschwendischen/ liederlichen Haußhalten/ tag- und nächtlichen Zechen/ Spielen und andern Unordnungen und derer Abstellung* auch den übermäßigen Bierkonsum regeln zu können. Für die große reichsstädtische Landwehr galt erneut:

WOllen wir iedermänniglich vor Schwelgen/ Fressen/ Sauffen und Spielen es mag in Wirths- oder andern Häusern – auch an Son[n]- Fest- Feyer- oder Werck-Tagen geschehen/ alles Ernstes und dergestalt gewarnet haben/ daß die jenige/ welche durch dergleichen gottloses Schwelgen/ Panquetiren/ und ansonderlich durch das verderbliche und durch verschiedene Edicten hochverbottene Spielen mit Karten/ Würffeln und andern in Armuth/ oder durch Müssiggang/ Hoffarth in Kleidungen und anderes Wohlleben/ auch un[n]öthig- und ohnabmeidliche Kriegs-Anlagen ohnbezahlt anstehen lassen/ ohn einige Gnad aus dem Land geschafft [...].[74]

Die Klagen über das *Zutrinken*, das Martin Luther als *teufflische* Gewohnheit abtat, waren kein Signum reichsstädtischer oder weltlich-fürstenstaatlicher Ballungsräume. In der Diözese und im Hochstift Würzburg konnte man Ähnliches im Jahr 1693 in Erfahrung bringen. Die damals erlassene Kirchenordnung hielt im Abschnitt *Vom übermäßige[n] Trinken* Entsprechendes fest:

Nachdeme auch durch die Trunkenheit, wie man täglich vor Augen siehet, GottesläsBterung, Mord, Todtschläg, Ehebruch, Hurerey, und dergleichen viele Übelthaten und Laster erfolgen, und der Allmächtige dadurch höchlich erzürnet, und der Mensch an seiner Seele Seligkeit, Ehre, Gunst, Vernunft, langem Leben und Stärk verkürzet und vernachtheilet wird: so wollen Wir auch, daß die Pfarrer und Prediger das Volk von solchem übermäßigen Trinken und Zutrinken mit Erzehlung der daraus folgenden Laster und Übel zeitlich abmahnen.[75]

Und für Würzburg kann man die Sorge um das *Zutrinken* sogar bis in die Zeit vor der ersten Reichspoliceyordnung[76] zurückverfolgen. Um 1524 resümierte Bischof Konrad II. von Thüngen (um 1466–1540) jedenfalls:

---

[73] StA Nürnberg Rep. 116 III: Ansbach'sche Mandatensammlung.
[74] Wolfgang Wüst, *Erneuerte Land-Policey-Ordnung Deß Heil[igen] Röm[ischen] Reichs Statt Rotenburg ob der Tauber, Anno MDCCXXIII*, in: Ders., Die gute Policey 7 (wie Anm. 12) S. 129–137.
[75] Alexander Estel (Bearb.), Kirchenordnung für das Hochstift und Bistum Würzburg vom 30.7.1693, in: Wüst, Die gute Policey 5 (wie Anm. 40) S. 95–138, hier 129.
[76] Matthias Weber, Die Reichspolizeiordnungen von 1530, 1548 und 1577. Historische Einführung und Edition (Ius Commune, Sonderh. 146), Frankfurt a. Main 2002; Ders., Die schlesischen Polizei- und Landesordnungen der Frühen Neuzeit (Neue Forschungen zur schlesischen Geschichte 5) Köln 1996.

So haben sich dan bißhere, auß vnschamhafften sachen, vnd sonderlich dem zutrincken, manichertig vnrath, mort, geheling sterben, schwere verwundung vnnd sunst vilfeltiger vnrathe begeben, darein dan vnsere besundere liebe herrn vnd freund, anstossende fursten, in bewachtung, das solchs wider getlich gebote, vnd dan mit eins i[e]den selbst schaden der selen leibs, lebens ehre vnd guts beschicht vnd daraus auch gemeyniglich volgen, alle andere hauptlaster vnd todsund, als gottslesterung [...].[77]

6. Finale Intention

Die Geschichte des Bieres, seiner Herstellung, seines Vertriebs und seiner Konsumption ist stets auch als Beitrag zur europäischen Konsumgeschichte[78] zu sehen. Diese führte vor allem auch in der Landes- und Regionalgeschichte[79] lange ein Schattendasein. Die historische Bewertung des Konsums blieb deshalb im Kielwasser der Wirtschafts-, Sozial-, Markt-, Mode- sowie der Medienwissenschaften mit Blick auf die Luxus-, Genuss- und Verbrauchsgüter kaum fokussiert. Dieser

---

[77] Regina HINDELANG, Polizeiverordnung, ca. 1524, in: WÜST, Die gute Policey 6 (wie Anm. 46) S. 180.
[78] Zum Forschungsstand vgl. Wolfgang KÖNIG, Kleine Geschichte der Konsumgesellschaft. Konsum als Lebensform der Moderne, Stuttgart ²2013; Hannes SIEGRIST / Hartmut KAELBLE / Jürgen KOCKA (Hg.), Europäische Konsumgeschichte. Zur Gesellschafts- und Kulturgeschichte des Konsums (18. bis 20. Jahrhundert), Frankfurt a. Main / New York 1997; Rolf WALTER (Hg.), Geschichte des Konsums. Erträge der 20. Arbeitstagung der Gesellschaft für Sozial- und Wirtschaftsgeschichte, 23.–26. April 2003 in Greifswald (Vierteljahrschrift für Sozial- und Wirtschaftsgeschichte, Beih. 175), Wiesbaden 2004. – Einführend und quellenbasiert: Rainer BECK, Luxus oder Decencies? Zur Konsumgeschichte der Frühneuzeit als Beginn der Moderne, in: Reinhold REITH / Torsten MEYER (Hg.), Luxus und Konsum. Eine historische Annäherung, Münster u. a. 2003, S. 29–46; Christine REVES, Vom Pomeranzengängler zum Großhändler? Netzwerke und Migrationsverhalten der Brentano-Familien im 17. und 18. Jahrhundert (Studien zur Historischen Migrationsforschung 23) Paderborn 2012; Michael NORTH, Genuss und Glück des Lebens. Kulturkonsum im Zeitalter der Aufklärung, Köln / Weimar / Wien 2003; Michael PRINZ (Hg.), Der lange Weg in den Überfluss. Anfänge und Entwicklung der Konsumgesellschaft seit der Vormoderne (Forschungen zur Regionalgeschichte 43) Paderborn / Wien 2003; Wolfgang WÜST, Luxus oder Sparzwang? Höfisches Leben im frühmodernen Kleinstaat der fränkischen Hohenzollern und der Bischöfe von Augsburg, in: Werner PARAVICINI (Hg.), Luxus und Integration. Materielle Hofkultur Westeuropas vom 12. bis zum 18. Jahrhundert, München 2010, S. 65–82; Michael NORTH, Das Goldene Zeitalter. Kunst und Kommerz in der niederländischen Malerei des 17. Jahrhunderts, Köln / Weimar / Wien 2001 (erw. ND 2014).
[79] Angesprochen wurde das Thema zwar in einer Reihe wirtschafts- und handelsorientierter Arbeiten, ohne aber primär auf Marktkritik und regionale Konsumgeschichte diskursiv einzugehen. Zu diesem wichtigen Bereich landeshistorischer Grundlagenforschung zählt das Messe- und Marktwesen. Vgl. Peter JOHANEK / Heinz STOOB (Hg.), Europäische Messen und Märktesysteme in Mittelalter und Neuzeit (Städteforschung A39) Köln 1996.

Befund ist zunächst überraschend, da die Neuere Kulturgeschichte verstärkt nach gesellschaftlichen Alltagsphänomenen suchte und da sich in der Regionalgeschichte die Empirie auf das engere Marktgeschehen konzentrierte. Konsumgeschichte ist somit leider bis heute in ihrer methodischen Abhängigkeit von Pionierarbeiten[80] aus dem angelsächsischen Kultur- und Konsumraum einerseits, und trotz der seit den 1970er-Jahren hauptsächlich von den deutschen Sozialwissenschaften[81] eingeführten Untersuchungs- und Deutungsmuster andererseits, eine verkannte Größe geblieben. Taverne und Bier im Spiegel obrigkeitlicher Verbrauchsvorschriften ist ein Ansatz, dem Desiderat einer konkreten regionalen Konsumbeschreibung Rechnung zu tragen.

---

[80] Kent MCCRACKEN, Culture and Consumption. New Approaches to the Symbolic Character of Consumer Goods and Activities, Bloomington 1988; Neil MCKENDRICK/John BREWER/Jack PLUMB (Hg.), The Birth of a Consumer Society. The Commercialization of Eighteenth-Century England, London 1982; Anne BERMINGHAM, The Consumption of Culture 1600–1800, London 1997; Christopher J. BERRY, The Idea of Luxury. A Conceptual and Historical Investigation, Cambridge 1994; Craig CLUNAS, Modernity Global and Local. Consumption and the Rise of the West. An Review Essay, in: The American Historical Review 104 (1991) S. 1497–1511.

[81] Resümierend Norbert F. SCHNEIDER/Doris ROSENKRANZ (Hg.), Konsum. Soziologische, ökonomische und psychologische Perspektiven, Opladen 2000.

Thomas Freller

Joseph Ignaz von Leyden – Stationen der Karriere eines Diplomaten, Hofmarschalls und Patrioten am Ende des Ancien Régime[*]

Abstractum: Die Karriere des aus Affing (Lkr. Aichach-Friedberg) stammenden Joseph Ignaz von Leyden in der schwäbischen Reichsritterschaft, der Fürstpropstei Ellwangen, der höheren Verwaltung des Fürstbistums Regensburg und im diplomatischen Dienst Kurbayerns umspannte jene vierzig Jahre, in der diese Körperschaften bzw. Länder am Ende des 18. und am Beginn des 19. Jahrhunderts einen entscheidenden Umbruch bzw. Wandel erlebten. Am Beginn dieser Karriere wirkte Leyden als Vizedom (Stadtvogt) in Ellwangen und kurbayerischer Wirklicher Geheimer Rat. Später amtierte er als fürstbischöflich regensburgischer Hofmarschall und kurbayerischer Gesandter am Reichstag in Regensburg. Seine Mitgliedschaft in der Bayerischen Akademie der Wissenschaften, seine einflussreichen Funktionen bei den bayerischen Landständen und der schwäbischen Ritterschaft, sowie seine Aktivitäten als Illuminat liefern weitere Hinweise auf eine komplexe, vielschichtige Persönlichkeit am Ende des Alten Reichs. Historiker bezeichnen Joseph Ignaz von Leyden daher nicht von ungefähr »als eine der eigenwilligsten Persönlichkeiten, (…) die diesen Posten [des kurbayerischen Gesandten] innehatten«.[1] Eine Betrachtung dieser Karriere hat sich vor allem mit Leydens entscheidender Rolle in dem Bemühen der bayerischen »Patrioten«, eine Einverleibung weiter Teile des Kurfürstentums in das habsburgische Österreich zu verhindern, auseinanderzusetzen.

Einführung

Die von 1682 bis 1816 in der Hofmark Affing (Landkreis Aichach-Friedberg) bzw. im gleichnamigen Schloss ansässige Adelsfamilie derer von Leyden hat über Jahrhunderte die Geschichte der Region und auch des Kurfürstentums Bayern geprägt. Zu nennen wäre hier beispielsweise der kurfürstlich bayerische Vizekanzler Johann Baptist von Leyden, der Schloss Affing erwarb und es ab 1694 im barocken Stil wieder neu errichten ließ. An dieser Stelle soll sich allerdings näher mit einem der

---

[*] Verwendete Abkürzungen: AOM = Archive of the Order of Malta, La Valletta, Malta; BZR = Bischöfliches Zentralarchiv Regensburg; StAL = Landesarchiv Baden-Württemberg, Abt. Staatsarchiv Ludwigsburg.
[1] Walter Fürnrohr, Kurbaierns Gesandte auf dem Immerwährenden Reichstag. Zur baierischen Außenpolitik 1663 bis 1806, Göttingen 1971, S. 123.

schillerndsten Mitglieder der Familie, dem Geheimen Rat, fürstbischöflich regensburgischen Hofmarschall und kurbayerischen Diplomaten Joseph Ignaz von Leyden beschäftigt werden. Die Forschung hat dieses bisher unterlassen. Hinsichtlich seiner politischen Wirkung war der 1790 in den Reichsgrafenstand erhobene Joseph Ignaz (Ignatz) von Leyden das bedeutendste Mitglied der Familie. Rekonstruieren wir im Folgenden einige Gelenkstellen dieser Karriere und stellen sie in ihren historischen und geistesgeschichtlichen Kontext.

Reichsritter und Vizedom in Ellwangen

Joseph Ignaz von Leyden wurde am 21. April 1734 im Wasser- und Hofmarkschloss Affing[2] als zweiter Sohn des Maximilian Joseph Anton Freiherr von Leyden[3] und seiner Gemahlin Anna Maria Freiin Kraus von Sala geboren.[4] Die Familie von Leyden stand seit Generationen in enger Nähe zum kurbayerischen Hof, Joseph Ignaz' Vater und Großvater und weitere Vorfahren hatten in kurbayerischen Diensten gestanden; auch sein älterer Bruder Maximilian Casimir[5] und sein jüngerer Bruder Franz Xaver[6] sollten als Kämmerer, Wirkliche Geheime Räte und Revisionsräte in bayerische Dienste treten. Leydens Vater verfügte über die vollständige bayerische Landstandschaft und illimitierte Edelmannsfreiheit.[7] Mit der 1763 geschlossenen

---

[2] Vgl. Marian VON GRAVENREUTH, Affing. Eine Geschichte von Kultur, Natur und Zeit. Der englische Garten im Schloss der Familie von Gravenreuth, Affing 2010.

[3] Maximilian Joseph Anton von Leyden studierte Jura in Ingolstadt und wurde 1748 kurbayerischer Hofrat. Leyden war Gründungsmitglied der Bayerischen Akademie der Wissenschaften und wurde 1768 ihr Vizepräsident. Er verstarb 1772 als Hofratsvizepräsident und Geheimer Rat. Zu seinen Ämtern und Aktivitäten vgl. auch Richard BAUER, Der kurfürstliche geistliche Rat und die bayerische Kirchenpolitik 1768–1802 (Miscellanea Bavarica Monacensia 32) München 1971, S. 65.

[4] Vgl. Caroline GIGL, Die Zentralbehörden Kurfürst Karl Theodors in München 1778–1799 (Schriftenreihe zur bayerischen Landesgeschichte 121) München 1999, S. 74. Bei Georg FERCHL, Bayerische Behörden und Beamte 1550–1804, 2 Bde., München 1908/12, hier Bd. 1, erscheint Joseph Ignaz von Leyden als Johann Ignaz. Zu Leydens Adelsmatrikel vgl. BayHStA Hofamtsregistratur I, Fasc. 249, Nr. 389; vgl. Hofamtsregistratur I, Fasc. 300, Nr. 187. Die Ehe zwischen Maximilian Joseph Anton von Leyden und Anna Maria von Sala wurde 1727 geschlossen. Zur Geburt von Joseph Ignaz vgl. Pfarrmatrikel Affing, THS 1802–1831, hier zitiert bei Helmut A. SEIDL, Schwabens Freiherr von Leyden. Anmerkungen zur Identität eines Generalkommissars und zum Motiv eines Selbstmörders, in: ZHVS 110 (2018) S. 295–324, hier 299.

[5] Vgl. GIGL, Die Zentralbehörden (wie Anm. 4) S. 421, 429.

[6] Zur Tätigkeit von Franz Xaver als kurbayerischer Revisionsrat vgl. ebd. S. 367. Zu seiner Tätigkeit als Vermögensverwalter des Münchner Damenstifts vgl. Cornelia JAHN, Klosteraufhebungen und Klosterpolitik in Bayern unter Kurfürst Karl Theodor 1778–1784 (Schriftenreihe zur bayerischen Landesgeschichte 104) München 1994, S. 135 f., 144 f., 165, 186.

[7] BayHStA Altbayerische Landschaft, Lit. 259, fol. 12, 14, 29, 30, 33, 34, 79, 80; Kasten Blau 425, 4 I, 2.

Ehe mit Ursula Maximiliana Philippina, der ältesten Tochter des Ritterhauptmanns im Kanton Kocher, Konstantin von Welden auf Hochaltingen und Laupheim, wurde Joseph Ignaz 1764 auch in den Verband der schwäbischen Reichsritterschaft im Kanton Kocher aufgenommen und zusätzlich Mitglied der freien Reichsritterschaft in Franken.[8] Wie sein Vater hatte Joseph Ignaz zuvor an der Bayerischen Landesuniversität Ingolstadt Jura und Staatswissenschaften studiert. Aus seiner Ehe mit Ursula Maximiliana Philippina gingen drei Söhne hervor; Maximilian Anton (1764–1821), Clemens Wenzeslaus (1771–1830) und Maximilian Joseph (1773–1807).[9]

Bereits 1760 – und nicht wie vom Großteil der modernen Forschung behauptet 1764[10] – wurde er von dem seit März 1756 als Fürstpropst von Ellwangen amtierenden Anton Ignaz von Fugger-Glött[11] in Dienst gestellt.[12] Der Stadtvogt bzw. Vizedom fungierte damals als Verwalter der geistlichen Güter und Repräsentant der städtischen Aufsicht. Das Amt umfasste darüber hinaus die Aufsicht über die geordnete Abwicklung der Zivil- und Kriminalprozesse, des städtischen Polizeiwesens und die Aufsicht über Pflegschaften und Stiftungen. Solange der Fürstpropst nicht in der Stadt weilte, residierte der Vizedom im sogenannten Grünen Hof.[13] Leydens Zeit in Ellwangen fiel in die Periode der – in typisch merkantilistischer Tradition – intensiven Förderung des lokalen Gewerbes und Handels, sowie der Förderung schulischer und beruflicher Ausbildung. Gerade Fürstpropst Fugger-Glött erließ zu diesem Zweck während seiner langen Regentschaft zahlreiche Dekrete und Verordnungen.[14] Diese Linie wurde von dem 1777 offiziell die Amtsgeschäfte übernehmenden Clemens Wenzeslaus von Sachsen fortgeführt. Clemens Wenzeslaus' Einsetzung als Koadjutor des aufgrund eines Augenleidens nicht mehr umfassend regierungsfähigen Fugger-Glött wurde bereits 1770 vollzogen. Neben seiner endgültigen Übernahme der Amtsgeschäfte sieben Jahre später war er – eigentlich gegen die kanonische Ordnung – gleichzeitig Kurfürst und Erzbischof von Trier und Bischof von Augsburg.

---

[8] Vgl. auch FÜRNROHR, Kurbaierns Gesandte (wie Anm. 1) S. 123.
[9] Vgl. SEIDL, Schwabens Freiherr von Leyden (wie Anm. 4) S. 323 f.
[10] Vgl. GIGL, Die Zentralbehörden (wie Anm. 4) S. 74; FÜRNROHR, Kurbaierns Gesandte (wie Anm. 2) S. 123.
[11] Die bis heute umfangreichste und gründlichste Studie zu Fugger-Glött stammt von Erhard MEISSNER, Fürstbischof Anton Ignaz Fugger (1711–1787), Tübingen 1969.
[12] Vgl. Neues Genealogisch-Schematisches Reichs- und Staatshandbuch vor dem Jahr 1761, Frankfurt a. Main 1761, S. 85: *Ellwangen [...] Joseph Frhr. von Leiden, Hof- und Regierungsrat, auch Stadtvogt.* Zu Leydens Indienststellung vgl. auch StAL B 449 h, Bü 22, Anzeigen über Personalveränderungen, insbesondere Anstellungen und Beförderungen ellwangischer Beamte und Diener (...) Stadtvogt Joseph Ignaz Frhr. von Leyden.
[13] Die spätere Nr. 126 der Spitalstraße; vgl. Beschreibung des Oberamts Ellwangen, Bd. 1, Stuttgart 1886, S. 407 f. Zu Leydens Wirken in Ellwangen vgl. auch Hans PFEIFER, Zur Geschichte der Eichkapelle, in: Ellwanger Jb. 30 (1985) S. 95–114, hier 98–100.
[14] Vgl. MEISSNER, Fürstbischof Anton Ignaz Fugger (wie Anm. 11) S. 89–91; Eugen WEIS, Die Stadtordnung von Ellwangen zur Zeit der Fürstpröpste, in: Ellwanger Jb. 18 (1960) S. 89–102.

Während dieser Zeit in Ellwangen blieb – nicht zuletzt durch die Tätigkeit seines Vaters und seiner Brüder – Joseph Ignaz' Kontakt mit dem Münchner Hof stets bestehen. Aristokraten mit an der bayerischen Landesuniversität Ingolstadt erworbenen Qualifikationen und einer gemäßigt aufklärerischen Gesinnung besaßen unter der Regierung Max III. Joseph ein vielversprechendes Potential für Hof- bzw. Staatskarrieren. Für die Umsetzung der vom bayerischen Kurfürsten eingeleiteten Reformen im Sinn einer utilitaristischen Aufklärung und auf dem eingeschlagenen Weg zu einem Staatskirchentum waren sie unabdingbar. Die Hoffnung auf eine Karriere am Münchner Hof oder in der kurbayerischen Administration erschien umso attraktiver, als die Position eines Ellwanger Vizedoms mit bescheidenen 100 Gulden (exklusiv von *75 fl. für zwei Pferde und als Entschädigung für eine bebaute Besoldungswiese 15 fl.*) dotiert war.[15] Am 29. Februar 1768 erfolgt auf Leydens »Anlangen« seine Erhebung zum – undotierten – kurfürstlich bayerischen Geheimen Rat, ein Jahr später, am 10. März 1769 erhält er den Titel eines Wirklichen Geheimen Rats.[16] Ungeachtet dieser Verknüpfungen Leydens mit dem Münchner Hof entwickelte sich zwischen Fürstpropst Fugger-Glött und seinem Vizedom ein besonderes Vertrauensverhältnis. Fugger-Glötts Wertschätzung der Fähigkeiten Leydens zeigt sich in seiner Ernennung zum Geheimen Rat[17] und Übertragung verschiedener, über die Belange eines Stadtvogts hinausgehenden Aufgaben.[18] Als der Fürstpropst im September 1769 auch zum Fürstbischof von Regensburg gewählt wurde, erweiterten sich dementsprechend noch einmal die Tätigkeitsbereiche Leydens.

Von Ellwangen nach Regensburg

Joseph Ignaz von Leydens Wendung von Ellwangen nach Regensburg steht eindeutig im Zusammenhang des Wirkens von Fürstbischof und Fürstpropst Anton Ignaz. Ab Sommer 1770 amtiert er in Regensburg als Hofmarschall des Fürstbischofs und erhält wenig später auch dort den Titel eine Geheimen Rats. Schon zuvor war Leyden allerdings in Angelegenheiten des Regensburger Fürstbistums invol-

---

[15] Claus FACKLER, Stiftsadel und geistliche Territorien 1670–1803. Untersuchungen zur Amtstätigkeit und Entwicklung des Stiftsadels, besonders in den Territorien Salzburg, Bamberg und Ellwangen (Forschungen zur Landes- und Regionalgeschichte 11) St. Ottilien 2007, S. 118.

[16] FÜRNROHR, Kurbaierns Gesandte (wie Anm. 1) S. 123 f.

[17] Hans PFEIFER, Verfassungs- und Verwaltungsgeschichte der Fürstpropstei Ellwangen (Veröffentlichungen der Kommission für geschichtliche Landeskunde in Baden-Württemberg B7) Stuttgart 1959, S. 26 f., 217; GIGL, Die Zentralbehörden (wie Anm. 4) S. 74.

[18] Vgl. Vermischte Nachrichten von Reichs-Ritterschaftlichen Sachen, Bd. 4, Nürnberg 1773, S. 482–496 (= II. Schluß der Nachricht über den Streit wegen des zu einem Ellwangischen Lehen gemachten Ritterguts Horn, 1771); StAL PL 12 II, Bü 177 (Gräflich Adelmannsches Archiv Hohenstadt, Akten und Amtsbücher [1503–1988], Joseph Ignaz von der Leyden, Vicedom zu Ellwangen).

Joseph Ignaz von Leyden. Porträtstich von Anton Ignaz von Fugger-Glött.
(Geschichts- und Altertumsverein Ellwangen e. V.)

viert. Von Ellwangen aus hatte er sich um verschiedenste juristische, das Fürstbistum betreffende Auseinandersetzungen zu kümmern. Zu einem besonderen »Politikum« wurde dabei die Affäre um den Pfarrer von Geisling (bei Wörth an der Donau, heute Dekanat Donaustauf). Sie gewann im Kontext eines die juristische Unterordnung der Kirche unter den Staat bzw. den Fürsten fordernden Staatskonzepts des Aufgeklärten Absolutismus ihre besondere Brisanz. Die Kirche beharrte indes weiter auf die exemte Rechtsprechung in geistlichen Angelegenheiten.[19] Die bayerischen Kurfürsten hatten dieses mit der Einrichtung des Geistlichen Rates einzuschränken versucht.[20]

Als der Pfarrer von Geisling, Adolph Ignaz Horlacher, um einer Bestrafung wegen eines Vergehens durch das Konsistorium in Regensburg zu entgehen, an den Kurfürstlichen Geistlichen Rat in München appellierte und dieser daraufhin das Verfahren an sich zu ziehen versuchte, wandte sich das Konsistorium an den gerade in Ellwangen weilenden Bischof.[21] Anton Ignaz von Fugger-Glött richtete daraufhin im März 1770 verschiedene Protestschreiben an den kurbayerischen Konferenzminister Johann Joseph Franz Graf von Baumgarten, seinen Vetter, und an den Geistlichen Rat. Fugger-Glött beklagte sich darin, dass *das von Gott eingesetzte bischöfliche Richteramt* nicht einmal mehr bei Disziplinarverstößen des Klerus Geltung haben sollte, und erklärte, dass er die *willkürliche Unterdrückung der pur bischöfflichen Zuständigkeiten* nicht hinnehmen werde.[22] Der Fürstbischof und Fürstpropst erkannte klar, inwiefern eine Duldung dieses Eingriffs in die geistliche Jurisdiktion einen Präzedenzfall schaffen würde. Sein Hofmarschall und Geheimer Rat Joseph Ignaz von Leyden wurde zu Verhandlungen nach München entsandt. Leyden konnte erreichen, dass am 20. Juli 1770 in einer Konferenz dem Regensburger Konsistorium gestattet wurde, gemeinsam mit dem Geistlichen Rat gegen Horlacher vorzugehen. Noch wichtiger war jedoch die ausdrückliche Feststellung, dass diese Entscheidung nicht zum Muster für zukünftige Fälle herangezogen werden könne.[23] Die Frage der Gerichtsbarkeit über Vergehen von Geistlichen barg daher auch in der Folgezeit Konfliktstoff zwischen Kirche und Staat.

Der Ellwanger Vizedom und Regensburger Hofmarschall Leyden war zur gleichen Zeit Protagonist eines weiteren Konflikts zwischen dem Fürstbistum Regensburg und Kurbayern: Fürstbischof Fugger-Glötts Versuch die über Jahrhunderte verpfändete Herrschaft Donaustauf wieder auszulösen. Erhard Meissner beschreibt, inwiefern der Fürstbischof bereits kurz nach seiner Amtsübernahme die erste Phase seiner Territorialpolitik einleitete, indem er – ähnlich wie seinerzeit in Ellwangen – einen neuen Weg zum Ziel einschlug, nämlich den direkten:

Punto des Mandaten-Prozesses gegen Chur-Bayern, Donaustauf, die vier Hofmarken und andere attentata betreffend, seyen seine hochfürstlichen Gnaden nit ent-

---

[19] Vgl. einführend Hans Erich FEINE, Kirchliche Rechtsgeschichte, Bd. 1: Die katholische Kirche, Köln/Wien 1972, S. 72, 394.
[20] Vgl. die Ausführungen in BAUER, Der kurfürstliche geistliche Rat (wie Anm. 3).
[21] BZR OA-Pfa. Geisling, Konsistorialprotokolle vom 2. Februar 1770, 12. Februar 1770, 22. März 1770, 19. April 1770. Aufgearbeitet von Johann GRUBER, Anton Ignaz Fugger als Fürstbischof von Regensburg (1769–1787), in: Verhandlungen des HV für Oberpfalz und Regensburg 127 (1987), S. 185–199, hier 190 f.
[22] BZR OA-Gen. 5, Nr. 20; ebd. Archiv des Domkapitels Regensburg, Protokolle von 1770/71, S. 2 f.
[23] MEISSNER, Fürstbischof Anton Ignaz (wie Anm. 11) S. 218, nach BZR OA-Pfa. Geisling.

gegen, daß post lapsum termini bey dem kaiserlichen Reichshofrat auf Exekution instanzieret werde. Doch gedenken höchstdieselbe unter der Hand in München zu sondieren, ob dann gar keine Hoffnung auf gütliche Abkonft vorhanden sei.[24]

Erneut war es Joseph Ignaz von Leyden, der Anfang Juli 1770 von Ellwangen nach München entsandt wurde, um mit Minister Johann Joseph Franz Graf von Baumgarten die Verhandlungen über eine Auslösung zu führen. Am 7. September betonte Kurfürst Max III. Joseph in einem Schreiben an Fugger-Glött das *freundnachbarliche Verhältnis* zwischen Regensburg und München und seine Bereitschaft, auf einen Ausgleich hinzuarbeiten.[25] Der Fall Donaustauf sollte sich indes noch über weitere Jahre hinziehen und auch Joseph Ignaz von Leyden nach seinem Wechsel in kurbayerische Dienste beschäftigen. Er wird daher an späterer Stelle erneut diskutiert. Halten wir an dieser Stelle fest, dass Leyden bis Frühjahr 1771 eine Mehrfachfunktion als ellwangischer Rat und Vizedom und regensburgischer Hofmarschall und Geheimer Rat ausfüllte.[26] Nach seiner Freistellung von Ellwangen konnte Leyden die Aufgaben eines regensburgischen Hofmarschalls vollgültig übernehmen.

Kurbayerischer Diplomat

Es bleibt eine offene Frage, inwieweit seine in Folge des frühen Todes seines älteren Bruders Maximilian Casimir 1772 übernommene Inhaberschaft des Familienbesitzes Affing und der Allodial-Hofmarken Rapperzell, Motenhofen, Ederried und Schönleithen sowie der Edelsitze Hart an der Attel und Stolzenberg, seine Entscheidung, in kurbayerische Dienste zu treten, beeinflusste. Sicherlich spielten auch die im Vergleich zu Ellwangen und Regensburg ungleich vielfältigeren, lukrativeren und mit einflussreichen Positionen verbundenen Perspektiven eine Rolle. Das mit dem kurbayerischen Hof geknüpfte Netzwerk an Kontakten und der bei den Verhandlungen zwischen dem Fürstbistum Regensburg und Kurbayern hinterlassene gute Eindruck zeigten 1773 seine Wirkung, als Joseph Ignaz zum *chargé d'affaires* (Bevollmächtigter Vertreter) Kurbayerns an den Kurrheinischen Höfen (Kurköln, Kurpfalz, Kurtrier) und auch Kurhannover ernannt wurde.[27] Diese Tätigkeit war

---

[24] MEISSNER, Fürstbischof Anton Ignaz (wie Anm. 11) S. 173. Meissner folgt hier dem Protokoll der Kapitelsitzung vom 8. Januar 1770: BZR Archiv des Domkapitels Regensburg, Protokolle von 1769/70, S. 223.
[25] Schreiben Max III. Joseph in, BayHStA Gerichtsliteralien Donaustauf, Nr. 2/VII, fol. 654, vgl. auch ebd. fol. 655, 664.
[26] Vgl. auch Neues Genealogisches Reichs- und Staats-Handbuch auf das Jahr 1770, Tl. 1, Frankfurt a. Main 1770, S. 54: *Jos. Ignaz Mar. Frh. von Leyden auf Affing etc., Fürstl. Regensburg. u. Geh. R. & Hofmarschall, Vice-Dom zu Ellwangen.*
[27] BayHStA Gesandtschaft London 428, Briefwechsel von Joseph Xaver Graf von Haslang mit dem kurbayerischen Gesandten Joseph Ignaz Freyherr von Leyden in Hannover (1773).

mit zahlreichen Reisen und einem Ruhegeld von 200 Gulden zwischen den verschiedenen Verwendungen verbunden.[28] Darüber hinaus ist Leyden geschätzter Ratgeber in Sachen Schulwesen, Erziehung und Bildungspolitik. 1773 wird er etwa zum Mitglied einer bayerischen »Provisionalschulkommission«[29] und der »Sittlich-Ökonomische(n) Gesellschaft von Otting-Burghausen«.[30] Im Jahr zuvor war er in die Bayerischen Akademie der Wissenschaften aufgenommen worden.

Eine Beschäftigung mit Leydens damaliger Tätigkeit für Kurbayern führt uns – wie oben bereits angedeutet – zurück auf die Konflikte mit dem Fürstbistum Regensburg um Donaustauf und um die Versuche seines alten Dienstherrn Anton Ignaz von Fugger-Glött, die verpfändete Herrschaft wieder auszulösen: »Wegen der übertriebenen Forderungen antwortete er [der Fürstbischof] erst am 10. Dezember 1774 aus Ellwangen, nachdem Freiherr von Leyden seine Dienste aufgekündigt hatte, er könne erst dann auf direkte Verhandlungen eingehen, wenn das Hochstift *in vorigen Stande gestellt* worden sei.«[31] Joseph Ignaz von Leyden nimmt nun auf bayerischer Seite an den Verhandlungen um Maut, Quartierkosten, Flusshoheit und um Besitzrechte an einigen Ortschaften der Herrschaft Donaustauf teil:

»Im Januar 1776 wurden von hochstiftischer Seite Scholasticus Valentin Anton von Schneid und Domkapitular Max Prokop von Törring, der nachmalige Bischof von Regensburg, zu Deputierten bestellt, die Münchener Regierung schickte Baron von Leyden und den Reichstagsagenten Heinrich Joseph von Schneid, der Vater des Domkapitulars, als Unterhändler für die zu errichtende Verhandlungskommission nach Regensburg, die am 24. Februar die erste Konferenz abhielt.«[32]

Aufgrund des sich anbahnenden Bayerischen Erbfolgekrieges verzögerten sich die Verhandlungen weiter und es dauerte bis zum August 1779, als sich Fürstbischof Anton Ignaz erneut mit Lösungsvorschlägen an den neuen bayerischen Kurfürsten Karl Theodor wandte:

»Er wies darauf hin, daß die bayerischen Unterhändler von Leyden und von Schneid zusammen mit den Regensburger Deputierten von Schneid junior und von Törring ein Vergleichsprojekt ausgearbeitet hatten, mit dem man in Regensburg einverstanden war. Zu seiner Gültigkeit hatte nur noch die Anerkennung

---

[28] FÜRNROHR, Kurbaierns Gesandte (wie Anm. 1) S. 124.
[29] BAUER, Der kurfürstliche geistliche Rat (wie Anm. 3) S. 108.
[30] Vgl. Sieglinde GRAF, Aufklärung in der Provinz. Die sittlich-ökonomische Gesellschaft von Ötting-Burghausen 1765–1802 (Veröffentlichungen des Max-Planck-Instituts für Geschichte 106) Göttingen 1993.
[31] MEISSNER, Fürstbischof Anton Ignaz (wie Anm. 11) S. 177, nach BayHStA Gerichtsliteralien Donaustauf, Nr. 2/VIII, f. 42.
[32] MEISSNER, Fürstbischof Anton Ignaz (wie Anm. 11) S. 179, nach BayHStA Kasten Schwarz 8866, Sitzungen vom 18. Januar und 23. Februar 1776.

des Kurfürsten gefehlt. Die Erkrankung und der Tod Max Josephs waren die Ursachen dafür gewesen, daß der Vertrag nicht ratifiziert worden war. Außerdem verwahrte sich der Bischof gegen erneute Steuereinziehungen in Freisheim und verlangte die Rückgabe der früher eingezogenen Gelder.«[33]

Erhard Meissner fasst die kurbayerische Reaktion auf Fugger-Glötts Vorstoß zusammen:

»Der Kurfürst knüpfte nicht, wie es Fugger gehofft und vorgeschlagen hatte, an jener Vereinbarung an, die freilich nur die vier Hofmarken betreffen sollte, sondern rollte den gesamten Fragenkomplex erneut auf. So war die Arbeit von zehn Jahren nahezu hinfällig geworden, und der Bischof stand in der Donaustaufer Angelegenheit wieder am Anfang. Im folgenden Jahr ließen beide Seiten die Sache auf sich beruhen.«[34]

1781 musste sich Leyden allerdings erneut mit dem Fall Donaustauf beschäftigen:

»Am 19. August wurde in München wiederum ein Votum der Oberlandesregierung zu Debatte gestellt, in dem abermals versucht wurde, die Verhandlungen über die vier Hofmarken Euting, Geisling, Weinting und Dechbetten von der Donaustaufer Frage zu trennen, dem Bischof wurde die Territorialhoheit über sie abgesprochen. Im Artikel 6 berief man sich auf den Vertrag zwischen Herzog Maximilian und Bischof Wolfgang von 1604, nach dem Erbhuldigung, Malefiz, Appellation, Handhabung der Landesgebote und Musterung an Bayern fallen, Türken und Infulsteuer dem Hochstift zukommen sollten. Die Reichs- und Kreissteuern habe Bayern dem Bisthum auf dessen Vorstellung von sich aus überlassen. So könnte Regensburg eine Imedietät für die genannten Hofmarken nicht zugestanden werden, da es nur verschiedene Rechte aus bayerischen Gnaden erhalten hätte.«[35]

Joseph Ignaz von Leyden als Verhandlungsführer Kurbayerns zögerte indes,

»weil der merkliche Abstand eines großen Kurfürsten von einem kleinen Fürstbischof umso mehr in Betrachtung zu ziehen ist, da jener Landesherr und dieser nur als Hofmarksinhaber zu regardieren kommt. Schließlich sollten die Hofmarken Bayern zukommen, die Steuern würde das Hochstift einziehen, doch habe

---

[33] MEISSNER, Fürstbischof Anton Ignaz (wie Anm. 11) S. 185, nach BayHStA Gerichtsliteralien Donaustauf, Nr. 2/VIII, f. f. 242.
[34] MEISSNER, Fürstbischof Anton Ignaz (wie Anm. 11) S. 185, nach BayHStA Gerichtsliteralien Donaustauf, Nr. 2/VIII, f. f. 242.
[35] MEISSNER, Fürstbischof Anton Ignaz (wie Anm. 11) S. 187 f., nach BayHStA Kasten Schwarz 8866, fol. 444–446 (6. August 1783).

es einen Anteil an die kurfürstliche Regierung abzuliefern. Für Bayern ergaben sich nicht unerhebliche Schwierigkeiten, weil während der österreichischen Besetzung Niederbayerns im Jahre 1778 verschiedene Urkunden verschwunden waren, die zu Grenzmessungen herangezogen werden mußten.«[36]

Freiherr von Leydens im Folgenden erzwungener Rücktritt von seinen Regierungsämtern beendeten allerdings seine Teilnahme an diesen Verhandlungen. Leydens Karriere hatte während der langwierigen Verhandlungen um die Herrschaft Donaustauf neue Wendungen genommen und ihn zum wichtigen Protagonisten internationaler Politik werden lassen. Am 28. Mai 1775 hatte er den Grafen Franz Xaver von Wahl als kurbayerischer Gesandter am Reichstag in Regensburg abgelöst; eine Position, die mit einem jährlichen Gehalt von 7.000 Gulden und 2.000 Gulden *Aufzugsgeld* verbunden war.[37]

Die besondere Wertschätzung Leydens durch Kurfürst Max III. Joseph drückt sich in einem weiteren Karriereschritt aus. Bereits im folgenden Jahr wird der Freiherr für den für die Politik Kurbayerns so wichtigen Posten eines Gesandten am Wiener Kaiserhof ausersehen. Am 24. Dezember 1776 erhält er seine Ernennungsurkunde.[38] Die Bedeutung dieser Stelle drückt sich bereits mit dem damit verbundenen Einkommen von 14.000 Gulden aus. Die Ereignisse des Sommers 1777 und der Ende des Jahrs eintretende Tod Max III. Josephs verhinderten indes, dass Leyden sein neues Amt antreten konnte. Der um Leydens kritische Haltung gegenüber der habsburgischen Politik wissende Wiener Hof hatte Leydens Dienstantritt hintertrieben; der um Ausgleich mit Österreich bemühte neue Kurfürst Karl Theodor nahm daher Leydens Ernennungsurkunde im Januar 1778 zurück. Die Hintergründe für die ablehnende Haltung der österreichischen Regierung und schließlich auch Karl Theodors gegenüber Leyden reichen in den Sommer des Vorjahres zurück, in dem Joseph Ignaz von Leyden zu einer der Schlüsselfiguren in Max III. Josephs Versuchen geworden war, die mit dem Erbfall an den kurpfälzischen Wittelsbacher Karl Theodor verbundenen Ansprüche Österreichs auf einen Teil Niederbayerns abzuschmettern. Joseph Ignaz von Leyden wurde daher nach Paris entsandt, um französischen Beistand in der Ablehnung dieser Forderungen zu erbeten.[39]

Nach dem Tod seines Protektors und Förderers Max III. Joseph bewegt sich Leyden weiterhin im Kreis der sogenannten »patriotischen« Kamarilla am Münchner Hof um Herzoginwitwe Maria Anna und die Geheimen Räte Johann Georg von Lori und Joseph Eucharius von Obermayr.[40] Ihre Kritik richtete sich vor allem gegen Karl Theodors – auf Druck der ebenfalls Erbansprüche auf Kurbayern anmeldenden

---

[36] MEISSNER, Fürstbischof Anton Ignaz (wie Anm. 11) S. 187 f.
[37] FÜRNROHR, Kurbaierns Gesandte (wie Anm. 1) S. 124.
[38] Vgl. ebd.
[39] Ebd.
[40] Zu Loris damaligen »patriotischen« Aktivitäten vgl. Andreas KRAUS, Johann Georg Lori, in: Der Welf. Jb. des HV des Schongau (1996/97) S. 182–207.

Habsburger – mit Kaiser Joseph II. am 3. Januar 1778 geschlossenes Abkommen, gemäß dem Bayern aufgeteilt werden sollte. Diese Aufteilung sollte durch einen auch von dem voraussichtlichen Nachfolger Karl Theodors, Karl II. August aus der wittelsbachischen Nebenlinie Pfalz-Zweibrücken, unterschriebenen Vertrag rechtskräftig werden. Karl Theodor hatte keine männlichen Erben, seine Gemahlin Elisabeth Auguste (von Pfalz-Sulzbach) war damals bereits 57 Jahre alt. Wenige Tage später – Karl II. August hatte noch keine Zustimmung signalisiert – waren bereits österreichische Truppen in Südbayern einmarschiert.

Der zweibrückische Regierungsrat (später Minister) Johann Christian von Hofenfels wurde zu einer treibenden Kraft, die Karl II. August von einer Unterschrift unter den Vertrag abriet und in Übereinkunft mit den »patriotischen« Kreisen der bayerischen Regierung die Verhandlungen um eine eventuelle Teilung Bayerns vor den Reichstag in Regensburg brachte. Der kurbayerische Gesandte am Reichstag, Joseph Ignaz von Leyden, war damit an prominenter Stelle an diesen Verhandlungen beteiligt; seine persönliche Haltung war eine eindeutige Absage an die Teilungspläne.[41] Leyden stand dabei im scharfen Gegensatz zu seinem Vorgänger als kurbayerischer Gesandter am Reichstag, Franz Xaver von Wahl. Wahl und andere bayerische Regierungsmitglieder vertraten die Ansicht, »Bayern könne ohne die von Österreich okkupierten Gebietsteile nicht fortbestehen«.[42]

»Sie wünschten daher, ganz Baiern möge unzertrennt an Österreich fallen, und sehr namhafte Männer, wie die Minister Grafen Seinsheim und Königsfeld und der General Wahl gehörten zu dieser Partei. (…) Nach allem aber, was wir über Franz Xaver in Erfahrung bringen können, gibt es keinen Zweifel, daß auch er zu dieser Partei in München gehörte. Hat er doch kurze Zeit nach dem Teschener Frieden an den Kaiser nach Wien ein Gesuch um Ernennung zum Wirklichen kaiserlichen Geheimen Rat gerichtet, (…) er schreibt, er sei schon vor mehreren Jahren als kurbaierischer Gesandter am Kaiserhof immer bestrebt gewesen, die Zufriedenheit des Kaisers in allen Angelegenheiten zu erlangen, und dermalen, indem der größte Teil meiner besitzenden Herrschaften in dem Innviertel gelegen, werde des Glücks teilhaftig, Euer kaiserlicher Majestät Untertan zu werden, ein Glück, denen sich meine Voreltern vorlängst zu erfreuen hatten.«[43]

---

[41] Zu Joseph Ignaz von Leydens diplomatischen Aktivitäten am Vorabend des Bayerischen Erbfolgekriegs vgl. neuerdings: Ferdinand KRAMER / Ernst SCHÜTZ (Bearb.), Bayern im Umbruch. Die Korrespondenz der Salzburger Vertreter in München mit Fürsterzbischof Hieronymus von Colloredo und Hofkanzler Franz Anton von Kürsinger zu Beginn der Bayerischen Erbfolgekrise (Dezember 1777 – April 1778) (Quellen zur Neueren Geschichte Bayerns 6) München 2018, S. 23, 60, 90, 321; vgl. auch Anja AMEND-TRAUT / Anette BAUMANN / Stephan WENDEHORST (Hg.), Die höchsten Reichsgerichte als mediales Ereignis (Bibliothek altes Reich 11) München 2012, S. 78.
[42] FÜRNROHR, Kurbaierns Gesandte (wie Anm. 1) S. 122.
[43] Ebd.

Der Wiener Hof reagierte auf diese Bitten relativ schnell: Bereits am 12. November 1779 erhielt Franz Xaver von Wahl die ersehnte Würde eines Wirklichen Kaiserlichen Geheimen Rats.

Die österreichfreundlichen Ansichten der Partei um Joseph Franz Maria von Seinsheim, Joseph Anton von Königsfeld und Franz Xaver von Wahl werden von Freiherr Leyden entschieden abgelehnt. Noch scheint seine Position als Gesandter nicht angreifbar. Im März 1778 wird er von Karl Theodor als Gesandter Pfalz-Bayerns am Reichstag in Regensburg bestätigt. Nahezu gleichzeitig leistete sich Leyden allerdings einen weiteren Affront gegen den Kurfürsten, als er das auf österreichischen Druck zurückgehaltene Protestmemorandum des zweibrückischen Gesandten am Reichstag, Heinrich Joseph von Schneidt, mit Unterstützung des brandenburgisch-preußischen Gesandten dennoch verteilen ließ.[44] Von beiden Parteien eingebrachte Eingaben verzögerten weiterhin einen Beschluss des Reichstags hinsichtlich einer Rechtmäßigkeit der Teilung Kurbayerns. Die Politik schaffte indes konkrete Fakten.

Nachdem sich Johann Christian von Hofenfels und Leyden erfolgreich um Unterstützung an Preußen gewandt hatten, begann im Juli 1778 mit dem Einmarsch preußischer Truppen in Böhmen der sogenannte Bayerische Erbfolgekrieg. Österreich wurde schließlich zum Vertrag von Teschen (13. Mai 1779) gezwungen, in dem die Teilungspläne weitgehend abgeschwächt und nur das Innviertel an die Habsburger abgetreten werden musste. Im Winter 1779 und Frühjahr 1780 erscheinen verschiedene von der Hand Leydens stammende bzw. von ihm unterzeichnete »Pro-Memoria der Chur- und Fürstlich-Baierischen Gesandtschaft« in Druck. Sie behandeln vorzugsweise Themen der in Nachfolge des Bayerischen Erbfolgekriegs reklamierten Entschädigungsforderungen.[45]

Die Gefahr war mit dem Frieden von Teschen allerdings für die bayerischen »Patrioten« noch nicht gebannt. Kurfürst Karl Theodor, – »Herr der sieben Länder« Sulzbach, Bergen op Zoom, Pfalz-Neuburg, Jülich, Berg, Kurpfalz und Bayern – stand dem mittlerweile von Kaiser Joseph II. vorgelegten Plan eines Tausches von Bayern mit den Österreichischen Niederlanden ausgesprochen positiv gegenüber. Eine Analyse Leydens damaliger diplomatischer Aktivitäten zeigt klar eine Antipathie gegenüber den Ländertauschprojekten Karl Theodors. Die neue Großmacht Brandenburg-Preußen schien für diese Gruppe erneut der geeignete Partner, Öster-

---

[44] Vgl. ebd. S. 124.
[45] Vgl. »Pro-Memoria der Chur- und Fürstlich-Baierischen Gesandtschaft vom 15. Dezember 1779« unterzeichnet von *Joseph Ignaz Freyherr von Leyden, kurfürstlicher Gesandter, Joseph-Heinrich, Freyherr von Schneidt, herzoglich-baierischer Gesandter; Franz von Brentano, königlich-pfälzischer Gesandter*; vgl. auch »Pro-Memoria der Chur- und Fürstlich-Baierischen Gesandtschaft vom 20. März 1780« oder »Pro-Memoria der Chur- und Fürstlich-Baierischen Gesandtschaft vom 3. November 1780«, beide unterzeichnet von denselben; vgl. diesbezüglich auch: Die neusten Staatsbegebenheiten mit historischen und politischen Anmerkungen, Bd. 7, Frankfurt a. Main / Mainz 1781, S. 18.

reichs Pläne zu vereiteln. In enger Zusammenarbeit mit Lori und Obermayer informierte Leyden den Gesandten Brandenburg-Preußens am Reichstag, Joachim Ludwig von Schwartzenau, im Geheimen über die Pläne und Absichten des Münchner Hofes. Leydens subversive Aktivitäten gegen die offizielle Politik Karl Theodors ging so weit, dass er im Falle dessen Tauschpläne würden konkreter, einen preußischen Einmarsch in Bayern befürwortete.[46] Diese »patriotische« Gesinnung wurde von späteren Kommentatoren und Biographen der bayerischen Kurfürsten immer wieder hervorgehoben. So spricht etwa Johann Michael Söltl von »Baron von Leyden (…) der allgemein als ein bayerisch gesinnter, redlicher Mann bekannt und deßwegen von dem österreichischen Hofe wenig geliebt war«.[47]

Erneut war es vor allem Hofenfels – unter kräftiger Mithilfe Leydens – der die österreichischen Pläne im Interesse der Zweibrücker Wittelsbacher zu verhindern suchte. Gemäß der Ansicht von Hofenfels und seiner Parteigänger konnte nur ein Fürstenbund der deutschen Mittelmächte Österreichs Hegemonialbestrebungen wirksam entgegentreten; dieser wurde 1785 mit dem Drei-Kurfürstenbund von Brandenburg-Preußen, Hannover und Sachsen schließlich auch realisiert. Zu diesem Zeitpunkt bekleidete Hofenfels bereits seit drei Jahren das Amt eines zweibrückischen Ministers des Äußeren.[48] Leydens Opposition zu den Plänen Karl Theodors führt schließlich Ende Februar 1781 zu seiner Abberufung als pfalzbayerischer Gesandter am Reichstag in Regensburg.[49]

Unter dem Eindruck der von den Kanzlisten der Regierung Karl Theodors verfassten Quellen hat die moderne Forschung Leydens Wirken in Regensburg nicht immer positiv bewertet:

»Nach dem Tod Max III. Josephs wurde die Stelle eines kurbayerischen Bevollmächtigten bei der Kurpfalz zwar überflüssig, aber Lerchenfeld[50] wurde, da er sich in den Auseinandersetzungen der Jahre 1778 und 1779 weder der kaiserlichen noch der patriotischen bayerischen Opposition angeschlossen hatte, 1781 als Nachfolger des Freiherrn von Leyden kurpfalzbayerischer Gesandter am Reichstag zu Regensburg. Diese Position behielt er auch bis zu seinem Tod am 5. Januar 1781. [Lerchenfeld-Prennberg] (…) kümmerte sich in Regensburg

---

[46] Vgl. FÜRNROHR, Kurbaierns Gesandte (wie Anm. 1) S. 124, 155. Zur Reputation Leydens am Preußischen Hof vgl. Johann Eustach VON SCHLITZ (genannt GÖRZ), Historische und politische Denkwürdigkeiten des königlich preußischen Staatsministers Johann Eustach Grafen von Görtz, Tl. 1, Stuttgart/Tübingen 1827, S. 68.
[47] Johann Michael SÖLTL, Maximilian Joseph, König von Bayern. Sein Leben und Wirken, Stuttgart 1837, S. 19; zu Leydens Kontakten mit preußischen Gesandten in Regensburg vgl. ebd.
[48] Zur bedeutenden Rolle von Hofenfels vgl. ausführlich Herta MITTELBERGER, Johann Christian Freiherr von Hofenfels, München 1934; Hans AMMERICH, Johann Christian von Hofenfels (1744–1787), in: Pfälzer Lebensbilder 5 (1996) S. 43–77.
[49] Vgl. FÜRNROHR, Kurbaierns Gesandte (wie Anm. 1) S. 125.
[50] Gemeint ist Philipp Nerius Sigismund von Lerchenfeld-Prennberg.

insbesondere auch um die von Freiherrn von Leyden offensichtlich vernachlässigten Arbeitsgebiete: die Streitigkeiten mit der Reichsstadt Regensburg sowie den übrigen hier ansässigen Reichsständen (Hochstift Regensburg, Reichsstift St. Emmeram, Reichsstift Obermünster, Reichsstift Niedermünster), die Mautgefälle der Reichstagsgesandtschaften, das Lottowesen, Werbungsgeschäft und nicht zuletzt das kurpfälzische und kurbayerische Gesandtschaftsarchiv, das aufgrund der Vereinigung der beiden Gesandtschaften einer grundlegenden Neuordnung bedurfte.«[51]

Demgegenüber standen Leydens Verdienste um die Stärkung des Gewichts der bayerischen Kurstimme. Der bayerische Hof hebt anlässlich Leydens späterer Erhebung in den Reichsgrafenstand hervor, inwiefern

der in gemeinen Reichs-Akten aufgezeichneten außerordentlichen Ehre genossen, hat, Unsere am 2. April 1778 nach dem Westfälischen Frieden zustandegekommene Vorrückung vom achten Kurplatz und Erzschatzmeisteramt auf die fünfte Kurstelle und das Erztruchsessenamt bei dem unter seinem kaiserlichen Oberhaupt vorsammelten teutschen Reich als Unser kurpfälzischer Comitial-Gesandter mit angemessener Würde persönlich zu vollziehen, sofort Uns selbst dabei zu repräsentieren, wie auch in dieser Eigenschaft dem später erfolgten Reichsbeitritt zum Teschener Friedensschluß beizuwohnen.[52]

Als Entschädigung für den erzwungenen Rücktritt bot ihm Kurfürst Karl Theodor das Amt eines Regierungspräsidenten von Neuburg (an der Donau) an. Mit einem – provokanten – Verweis auf die Unmöglichkeit unter dem »pfälzischen« Kurfürsten eine für die bayerische Sache nützliche Politik und Amtsausübung zu betreiben, lehnte Leyden ab. In der Regierung verbleibt Leyden in den folgenden Jahren lediglich in seiner Funktion als *Kurfürstl. Wirkl. Geheimer Rath.*[53]

---

[51] GIGL, Die Zentralbehörden (wie Anm. 4) S. 78; vgl. auch die negative Bewertung von Leydens Vertretung von Bayern am Reichstag in Hans RALL, Kurfürst Karl Theodor. Regierender Herr in sieben Ländern (Forschungen zur Geschichte Mannheims und der Pfalz, N. F. 8) Mannheim u. a. 1994, S. 176.
[52] Hier zitiert bei FÜRNROHR, Kurbaierns Gesandte (wie Anm. 1) S. 125.
[53] Des neuen Genealogischen Reichs- und Staats-Hand-Buch auf das Jahr 1786, Frankfurt a. Main 1786, S. 169.

Funktionär der Landstände, Illuminat und Gegner Kurfürst Karl Theodors

In den folgenden Jahren konzentrierte sich Leyden auf zwei Betätigungsfelder: seine Mitgliedschaft in der Reichsritterschaft und bayerischen Landschaft und seine Opposition gegen die Politik Kurfürst Karl Theodors. Leyden wurde einer der Wortführer und Funktionäre des Ritterstandes der altbayerischen Landschaft, amtierte bereits seit Mai 1775 als erster Rittersteurer im Rentamt Landshut, ab März 1781 als zweiter Landsteurer der gesamten Landschaft, zwischen 1779 und 1799 als Hauptpfleger von Osterhofen und Kastner von München.[54] 1777 erwirbt er die Hofmark Rapperzell.[55] Persönliche politische Interessen Leydens und die Anliegen der bayerischen Landschaft gingen hier häufig Hand in Hand.[56] Beide hatten die Tauschpläne Karl Theodors vehement abgelehnt.

Joseph Ignaz von Leyden wurde bald zur Schlüsselfigur im Versuch, die Zweibrücker Wittelsbacher in die Opposition zur Politik des regierenden Kurfürsten einzubinden. Zentrale Kontaktperson war dabei erneut Minister Hofenfels dem Leyden über Jahre als geheimer Informant über die Interna des Münchner Hofes und der kurbayerischen Regierung diente. Leyden wählte dafür das Pseudonym eines »Herren von Rheinhauser«. Sein Adressat am Zweibrücker Hof, Minister Hofenfels, erscheint als »Weinhändler Treville«.[57] Dieses wird schließlich im Herbst 1782 von dem Malteserritter und Statthalter des neu erreichteten Bayerischen Großpriorat des Malteserordens in Kurbayern, Johann Baptist von Flachslanden, bemerkt und dem damaligen Minister des Äußeren Matthäus von Vieregg angezeigt.[58] Ein anderer Kanal geheimer Information verläuft von Zweibrücken zu Leydens Amtsverwalter in Affing, Josef Heiserer.[59]

In diese Politik der Annäherung an Zweibrücken passt, dass die bayerischen Landstände dem Pfalzgrafen Maximilian Joseph – dem späteren bayerischen Kur-

---

[54] Vgl. auch FÜRNROHR, Kurbaierns Gesandte (wie Anm. 1) S. 125 f.
[55] Vgl. die zum Erwerb der Hofmark Rapperzell teilweise widersprechenden Angaben in Werner LENGGER, Geschichte des Landkreises Aichach-Friedberg, in: Georg PAULA / Christian BOLLACHER, Landkreis Aichach-Friedberg. Ensembles, Baudenkmäler, Archäologische Denkmäler (Denkmäler in Bayern VII/87) München 2012, S. XXV–XXXVIII, hier XXXV.
[56] Aufgrund seiner Ämter in der Landschaft und Ritterschaft konnte Leyden vom Münchner Hof nicht vollkommen ignoriert werden; vgl. Liste des von Sr. Churfürstlichen Durchlaucht zu Pfalz-Baiern gnädigst angestellten Domino-Ball, München 1789, ohne Seitenzählung: *Nr. 32, Se. Excell. Hr. Joseph Reichsfreyherr von Leyden, churfl. Kammerer und Wirkl. Geheimer Rath.*
[57] Vgl. die Schreiben »Rheinhausers« an »Treville« vom 10., 24., und 26. Dezember 1782, BayHStA Kasten Blau 427/4.
[58] Vgl. das Schreiben Flachslandens an Minister Matthäus von Vieregg vom 19. September 1782 BayHStA Kasten Schwarz 398/1.
[59] Vgl. die Schreiben »Trevilles« an Heiserer vom Dezember und Januar 1783, BayHStA Kasten Blau 427/23.

fürsten und König – im März 1782 *aus eigenem Antrieb* zur Ausstattung *bei einer Heirat mit einer ebenbürtigen Prinzessin* eine jährliche Rente von 25.000 Gulden gewähren wollten.[60] Bereits in diesem Zusammenhang kam es zu einer erneuten engen geheimen Zusammenarbeit zwischen Leyden und dem zweibrückischen Minister Hofenfels. Diese intensivierte sich, als die Oberlandesregierung und Kurfürst Karl Theodor diese von der Landschaft seinem Verwandten angebotene jährliche Rente ablehnten und Hofenfels nach Landshut reiste, um sich mit Vertretern der Landschaft und Leyden zu besprechen. Gemeinsam arbeiteten sie im erhofften Fall des baldigen Ablebens von Karl Theodor an Plänen für eine zweibrückische Machtübernahme in Bayern; »die schwierigste Aufgabe, die Besitzergreifung Baierns, behielt Hofenfels für sich persönlich und für den Freiherrn von Leyden vor. Alles war bis in die kleinsten Einzelheiten vorbereitet, die Erbfolgemanifeste fertig gedruckt, nur das Datum noch nicht ausgefüllt.«[61] Diesbezüglich kam es im Sommer 1783 zu einem geheimen Treffen zwischen Hofenfels und Leyden in Nürnberg und damit auf neutralem Terrain. Auch im privaten Bereich setzte Leyden damals eigenwillige, nicht der Allgemeinheit folgende Akzente. Als seine Gemahlin Ursula Maximiliana Philippina am 17. August 1784 mit erst 40 Jahren stirbt, nimmt er mit Maria Barbara Miller keine Adelige sondern eine Bürgerliche zur neuen Ehefrau.[62]

Befürworter und Gegner Leydens rechnen damals immer noch mit seiner Rückkehr in Regierungsämter, sei es in Kurbayern oder in Zweibrücken. Als sein früherer enger Kollaborateur und Gesinnungsgenosse, der Zweibrücker Minister Johann Christian von Hofenfels, 1787 stirbt, kursieren Gerüchte um die Besetzung dieser Position durch Joseph Ignaz von Leyden.[63] Karl August von Pfalz-Zweibrücken ließ das Amt eines Zweibrücker Minister des Äußeren im Folgenden jedoch unbesetzt. Die Hintergründe dafür blieben bis heute ungeklärt. Ein Teil der Forschung nimmt Sparmaßnahmen an; gemäß anderen Kommentatoren verzichtete Leyden auf dieses Amt, »weil er um seine Besitzungen in Baiern fürchtete«.[64] Ein anderer Rivale um den Posten war Hofenfels' früherer Protegé Maximilian Joseph von Montgelas; eventuell liegen hier die Wurzeln für die später immer deutlicher werdende Feindschaft zwischen den beiden. Diese Situation sollte mit Montgelas' späterem Aufstieg am Münchner Hof Leydens Rückkehr in ein hohes Amt in der kurbayerischen Regierung erschweren.

Wie Montgelas war Leyden Anfang der 1780er-Jahre Adam Weißhaupts 1776 an der bayerischen Landesuniversität Ingolstadt gegründeten Geheimgesellschaft der Illuminaten beigetreten (Ordensname Mithridates).[65] Diese Mitgliedschaft muss

---

[60] FÜRNROHR, Kurbaierns Gesandte (wie Anm. 1) S. 126.
[61] Hier zitiert ebd. S. 126.
[62] Vgl. ebd. S. 128.
[63] Vgl. auch GIGL, Die Zentralbehörden (wie Anm. 4) S. 75; FÜRNROHR, Kurbaierns Gesandte (wie Anm. 1) S. 126.
[64] Ebd.
[65] Vgl. Reinhard MARKNER/Monika NEUGEBAUER-WÖLK/Hermann SCHÜTTLER (Bearb.), Die Korrespondenz des Illuminatenordens, Bd. 2: Januar 1782–Juni 1783, Berlin/Boston

jenseits aller Verschwörungstheorien und esoterischen Moden kurz beleuchtet werden. Wie Ludwig Hammermayer und andere herausgearbeitet haben, erkannte der Ingolstädter Professor Weißhaupt das damalige Bedürfnis nach »Geheimnis« und geheimen Assoziationen, er nutzte zudem die in der regulären Hochgradfreimaurerei, vor allem in der esoterisch-tempelritterlichen sogenannten strikten Observanz sich ausbreitende Unsicherheit und Verwirrung[66] und zog daraus die Konsequenzen: »Ein Geheimbund neuen Typs und entschieden rationalistisch-aufklärerischer Geisteshaltung sollte das Vakuum im ideologisch-politischen Spektrum deutscher und europäischer Geheimgesellschaften füllen.«[67]

Die Illuminaten wurden im Hinblick auf die Revolutionen am Ende des 18 Jahrhunderts häufig mit unmittelbaren und gewaltsamen Umstürzen, Volkssouveränität, Jakobinerherrschaft und Demokratie in Verbindung gebracht. Ganz im Gegenteil wünschten die Illuminaten eine Art gewaltlose, evolutionäre »Revolution« und eine »indirekte stillschweigende Okkupation des Staates«.[68] Die Fürsten sollten während einer Übergangsphase nicht gestürzt, sondern gefügige Werkzeuge in Händen der in hohe und höchste Regierungsämter gelangten Illuminaten sein. Im Gegensatz zu den ebenfalls nationale, ständische und konfessionelle Schranken zu überwinden suchenden Freimaurern hielten die Illuminaten jedoch nicht mehr am Christentum »in theistischer oder deistischer Form« und nicht mehr an einer Loyalität der Mitglieder an der Obrigkeit fest.[69] Ziel auf dem Weg zu einer klassenlosen republikanischen moralisch-vernünftigen Gesellschaft war eine Bekämpfung von strikter religiöser Bindung, Nationalismus, Gruppenegoismus und Patriotismus.[70]

Eine Mitgliedschaft bei den Illuminaten bedeutete damals allerdings keine restlose Identifikation mit deren Zielen. Vielmehr ist davon auszugehen, dass neben weltanschaulichen und »oppositionellen« Ursachen – wie im Falle vieler hochrangiger kurbayerischer Mitglieder der Illuminaten, etwa der Oberlandespräsident Heinrich von Topor Graf von Morawitzky, der Präsident des Geistlichen Rats, Kasimir Haeffelin, oder der Geistliche Rat und Kanzler des Bayerischen Großprio-

---

2013, S. 26; Ludwig HAMMERMAYER, Geschichte der Bayerischen Akademie der Wissenschaften, Bd. 2: Zwischen Stagnation, Aufschwung und Illuminatenkrise, 1769–1786, München 1983, S. 96; Terry MELANSON, Perfectibilists. The 18th-century Bavarian Order of the Illuminates, Chicago 2009, S. 232 (mit Porträt von Joseph Ignaz von Leyden).

[66] Ludwig HAMMERMAYER, Illuminaten in Bayern. Zu Geschichte, Fortwirken und Legende des Geheimbundes, in: Hubert GLASER (Hg.), Krone und Verfassung. König Max I. Joseph und der neue Staat. Beiträge zur Bayerischen Geschichte und Kunst 1799–1825, München 1980, S. 146–173, hier 146.
[67] HAMMERMAYER, Illuminaten in Bayern (wie Anm. 65) S. 146.
[68] Reinhard KOSELLEK, Kritik und Krise. Ein Beitrag zur Pathogenese der bürgerlichen Welt, Freiburg/München 1959, S. 76.
[69] HAMMERMAYER, Illuminaten in Bayern (wie Anm. 66) S. 146.
[70] Vgl. Johann Heinrich Faber, Der Ächte Illuminat oder die wahren, unverbesserten Rituale der Illuminaten, Frankfurt a. Main 1788, S. 147 f.; zusammengefasst von HAMMERMAYER, Illuminaten in Bayern (wie Anm. 66) S. 146 f.

rats des Malteserordens, Anton Eisenreich – Gründe der Vernetzung und Kontakte sowie die Vorbereitung einer Regierung nach dem Tod von Kurfürst Karl Theodor eine wesentliche Rolle spielten. Von seiner durch Karl Theodor während seines Reichsvikariats 1790 vorgenommenen Erhebung in den Reichsgrafenstand *(Privilegium usus et de non usu)* – gleichsam eine Kompensation für die politische Kaltstellung – macht Joseph Ignaz von Leyden keinen Gebrauch.[71] Mit den Erfolgen der französischen Revolutionsarmee gegen die Reichstruppen und deren Vormarsch auf kurbayerisches Territorium erinnerte man sich im Spätsommer 1796 wieder des diplomatischen Geschick Leydens:

> *Bald nach* [General Jean-Victor] *Moreau's Ankunft in Pfaffenhofen* [am 7. September] *waren auch die an den abgeschickten churfürstlichen und landschaftlichen Deputierten daselbst angekommen, um mit ihm einen Separat-Frieden zwischen Baiern und der französischen Republik abzuschließen. Im Namen des Kurfürsten von Baiern und seines Hofes erschienen vor dem fränkischen Obergeneral [...] der damalige Geheime Rath Joseph Ignaz Freiherr von Leiden, der damalige Oberappellationsgerichtsrath Präsident Karl Graf von Arco, dann der Landschafts-Verordnete Joseph Graf von Königsfeld, Probst zu Altenöttingen, der geheime Rath Ignaz Graf von Arco, Max Graf von Seinsheim und Ludwig von Reindel.*[72]

Joseph Ignaz von Leyden und die bayerische Außenpolitik unter Montgelas

Als Kurfürst Karl Theodor im Februar 1799 stirbt und der aus der wittelsbachischen Nebenlinie Pfalz-Zweibrücken stammende Max IV. Joseph den Thron besteigt, bleibt eine Rückkehr Leydens in hohe Ämter der neuen Regierung aus. Dieses überrascht angesichts seiner zuvor so intensiv betriebenen Informantentätigkeit für den Pfalz-Zweibrücker Hof und seine Lobbyarbeit für eine Thronnachfolge durch die Zweibrücker. Ein Hauptgrund dieser unterbliebenen Rückkehr an den Münchner Hof bzw. in Regierungsämter war der mittlerweile rasant vonstatten gehende Aufstieg des alten Rivalen Maximilian Joseph von Montgelas. Montgelas war im Frühjahr 1799 mit dem neuen Kurfürsten von Zweibrücken nach München gekommen und zum Minister des Äußeren ernannt worden. Montgelas' Biograph Eberhard Weis nennt Joseph Ignaz von Leyden als einen der über Montgelas' »Erhebung zum Minister (...) Mißvergnügten und Enttäuschten«.[73] Übertrieben bzw. falsch

---

[71] Vgl. auch GIGL, Die Zentralbehörden (wie Anm. 4) S. 175.
[72] Joseph VON MUSSINAN, Geschichte der französischen Kriege in Deutschland, besonders auf baierischen Boden, Tl. 1, Sulzbach 1822, S. 148.
[73] Eberhard WEIS, Montgelas, Bd. 1: 1759–1799. Zwischen Revolution und Reform, München 2005, S. 6 f.

interpretiert scheint in diesem Kontext jedoch Leydens Klassifikation als »radikalen Aufklärer«.[74] Im Gegenteil waren Leyden das Vorgehen gegen die Landstände, die Zentralisierungsbestrebungen und Nähe zur französischen Politik von Minister Montgelas suspekt.

Für den früheren Reichstagsgesandten versprach eine Annäherung an die neue Großmacht Russland eine größere Chance auf Stabilität für die Mittelmacht Bayern im damaligen europäischen »Theatrum Politicum«. Seitens der Apologeten von Montgelas erscheint die erneute Aufnahme von Leydens subversiver Tätigkeit gegen den Kurs der Regierung im einseitig negativen Licht:

»Joseph Ignaz von Leyden, (…) war ein Feind Montgelas geworden, weil er selbst gehofft hatte, Außenminister zu werden. Als Mitglied der Landschaftsverordnung verleumdete er 1800 den Minister systematisch bei dem russischen Gesandten [Baron Karl Heinrich von] Bühler, der als Vertreter einer der beiden Vermittlermächte immerhin eine wichtige Persönlichkeit war. Die preußischen Diplomaten [Friedrich August Thomas von] Heymann und [Friedrich Wilhelm Karl von] Harnier bezeichneten Leyden in einem Bericht nach Berlin als den Spion und Zuträger der russischen Gesandtschaft. (…) Leyden, früher bekannt in Staatsgeschäften, [sei] seit langem ›tombé dans l'opinion du public honnête‹, er sei jetzt ›l'espion et le colporter de la Légation russe‹.«[75]

Zusätzlich heißt es: »Leyden sandte dem russischen Gesandten Bühler laufend sensationelle und falsche oder übertriebene Nachrichten über die Maßnahmen und Pläne des Illuminaten, Demokraten, ja angeblich Jakobiner, Montgelas.«[76]

Betrachtet man jedoch Kurbayerns politische Lage zur Zeit des Regierungsantritts von Max IV. Joseph genauer, relativiert sich diese Kritik und macht Leydens Agieren verständlicher; hatten damals doch der Kurfürst und Montgelas einen scharfen Konflikt mit Russland provoziert, der Bayern zu isolieren drohte. Hintergrund war Montgelas' Vorgehen gegen die Mönchs- und geistlichen Ritterorden, namentlich den Malteserorden. In Montgelas' Konzept eines zentralistischen und säkularen Staats hatte die reich bepfründete Einrichtung eines in der sogenannten »Langue Anglo-Bavaro-Russe« verankerten Bayerischen Großpriorats[77] keinen

---

[74] Vgl. ebd. S. 189: »Einige andere radikale (sic) Aufklärer arbeiteten gegen den Minister. Joseph Ignaz Frh. von Leyden, dessen zweiter Sohn Max, beide ehemalige Illuminaten.« Zu Maximilian Anton vgl. auch SEIDL, Schwabens Freiherr von Leyden (wie Anm. 4) S. 299–301.
[75] Ebd.
[76] WEIS, Montgelas (wie Anm. 73) S. 6 f.
[77] Vgl. Ludwig Albert VON GUMPPENBERG, Das bayerische Gross-Priorat des Johanniter-Ordens, in: Oberbayerisches Archiv für vaterländische Geschichte 4 (1843) S. 68–91, hier 80; zur Inkorporation des Russischen Priorats in die Englisch-Bayerische Zunge vgl. AOM Ms 2196, fol. 1r–15v (Acte d'Incorporation du Vénérable Grand Prieuré de Russie dans l'ancienne langue d'Angleterre actuellement langue Anglo-Bavaro-Russe), vgl.

Platz. Diese Erweiterung der Englisch-Bayerischen Ordenszunge war auf Betreiben Zar Pauls I. durchgeführt worden. Der Zar hatte sich nach der Eroberung Maltas durch die Franzosen (Juni 1798) im Oktober des Jahres von einer Gruppe nach St. Petersburg emigrierter Ordensritter selbst zum Großmeister ausrufen lassen.[78]

Auf außenpolitischem Terrain betrieben Max IV. Joseph und Montgelas eine Politik des Ausgleichs zwischen Frankreich und Österreich. Gerade gegenüber Frankreich sollte zumindest eine freundliche Neutralität gewahrt werden. Bereits kurz nach seiner Thronbesteigung berief Max IV. Joseph eine vom Herzog von Birkenfeld geleitete Kommission, welche seine Pläne zur Enteignung der Ordensgüter in die Praxis umzusetzen hatte.[79] Gemäß den Berechnungen dieser Kommission würde durch eine Enteignung der 28 bayerischen Kommenden eine Summe von acht Millionen Gulden in die Staatskassen fließen. Die dringenden Warnungen des Sekretärs Sulzer an der bayerischen Botschaft in St. Petersburg[80] und Proteste der Ordensritter halfen nichts. Bereits Ende Februar wurden die entsprechenden Anweisungen Max IV. Josephs offiziell in die Praxis umgesetzt.[81] Offizieller Hauptgrund für die Maßnahmen war die Tatsache, dass der Zweibrücker Zweig des Hauses Wittelsbach niemals sein Einverständnis zur Etablierung des Malteserordens in den Wittelsbacher Territorien gegeben hätte. Die Verwaltung der ehemaligen Besitzungen und Eigentümer des Malteserordens fiel in die Hände der sogenannten geistlichen Güterverwaltung. Es ist nicht bekannt, inwieweit sich Max IV. Joseph, sein Kabinett und die Mitglieder der Enteignungskommission Gedanken über die russischen Reaktionen auf ihr Vorgehen machten. Vielleicht unterschätzte man nach wie vor die Bedeutung, die Zar Paul den Ordensangelegenheiten beimaß oder verließ sich darauf, dass die Dringlichkeiten der »großen« internationalen Politik den Zaren bald von den inneren Ereignissen in Bayern ablenken würden.

---

auch ebd. fol. 72r–76v; Olgerd SHERBOWITZ-WETZOR/Cyrill TOUMANOFF, The Order of Malta and the Russian Empire, Rom 1969, S. 16–20; Thomas FRELLER, The Anglo-Bavarian Langue of the Order of Malta, Malta 2001, Kap. 9.

[78] Zur Proklamation Zar Pauls zum Großmeister am 7. November 1798 durch die Mitglieder des Russischen Großpriorats und andere nach St. Petersburg emigrierte Ordensritter vgl. Joseph de Maisonneuve, Annales Historiques de l'Ordre Souverain de St Jean de Jerusalem depuis l'année 1725 jusqu'au moment présent, St. Petersburg 1799, S. 197–200. Der Text der Proklamation ist abgedruckt bei Louis Boisgelin de Kerdu, Ancient and Modern Malta, 3 Bde., London 1805, hier Bd. 3, S. 276–279.

[79] Richard DU MOULIN-ECKART, Bayern unter dem Ministerium Montgelas 1799–1817, Bd. 1, München 1877, S. 90, 97.

[80] Vgl. Adolf MÜLLER, Bayerische Politik und Bayerische Diplomaten zur Zeit Carl Theodors und Max Josephs (Schriftenreihe zu bayerischen Landesgeschichte 49) München 1954, S. 21.

[81] MÜLLER, Bayerische Politik (wie Anm. 80) S. 99; Thomas FRELLER, Die Malteserkrise. Anmerkungen zum bayerisch-russischen Verhältnis am Beginn der Regierungszeit Max' IV. Joseph, in: ZBLG 69 (2006) S. 595–643. Zur Enteignung der Besitzungen der Englisch-Bayerischen Zunge in Bayern im März 1799 vgl. Verordnungen vom 26. März 1799, Reisach Pfalz-Neuburg, in: Provinzialblätter München 1, S. 174.

Zar und Großmeister Pauls erzürnte Reaktion war vorauszusehen. Sogar Gerüchte über eventuelle militärische Reaktionen machten die Runde. Am 20. März 1799 wurde Baron Franz Xaver von Reichlin-Meldegg in seiner Eigenschaft als Botschafter Bayerns angewiesen, St. Petersburg innerhalb eines Tages zu verlassen.[82] In der Zwischenzeit hatten am Zarenhof zwei geheime Memoranda des Statthalters des Bayerischen Großpriors, Johann Baptist von Flachslanden, über die Geschehnisse in Bayern mit eindeutiger Spitze gegen die Regierung Max IV. Josephs weiteres Öl in das Feuer gegossen. Die anscheinend auf Tatsachen beruhenden Kommentare des österreichischen Gesandten Johann Amadäus Graf von Thugut über die »sklavengleiche« Haltung von Karl Theodors Nachfolger gegenüber Frankreich, waren ein weiterer Mosaikstein in Zar Pauls Wahrnehmung Max IV. Josephs als Feind russischer Politik. Die Affären des Malteserordens schienen für den russischen Hof der geeignete Hebel, den widerspenstigen und verdächtigen Kurfürsten zur Raison zu bringen oder eventuell sogar vollständig die Herrschaft dieses »Chevalier des regicides français«[83] zu beenden. Zu Graf Thuguts Freude fanden sogar die alten österreichischen Pläne, Bayern unter österreichische Verwaltung zu stellen, wieder Gehör am russischen Hof. Sollte Bayern wirklich eine direkte Allianz mit Frankreich eingehen, sollten die russischen Generäle Korsakov und Sowarov Pläne einer gemeinsamen russisch-österreichischen Intervention ausarbeiten. Die Nachrichten über die Enteignungen des Malteserordens in Bayern waren Thugut in seinem Bemühen um eine internationale Akzeptanz für eine Einverleibung Bayerns in österreichisches Territorium daher mehr als willkommen. Das Verhalten Max IV. Josephs gegenüber Zar Pauls »Lieblingskind«, dem Malteserorden, schien idealer Prüfstein seiner Gesinnung für oder gegen Russland und für oder gegen eine konservative, antirevolutionäre Orientierung.

Die Ende März angestrengten bayerischen Versuche, den preußischen Gesandten in St. Petersburg, General Bogislaw Friedrich Emanuel von Tauenzien, in den Versuch einzubinden, den Zorn des Zaren zu dämpfen, scheiterten. Der russische Gesandte in Bayern, Baron von Bühler, schien für den Moment die einzige Person zu sein, die Wogen zumindest ansatzweise zu glätten. Durch Bühler erfuhr Flachslanden bereits vor der offiziellen Benachrichtigung des Münchner Hofes von Zar Pauls Bedingungen einer Normalisierung der Lage: Die vollständige Zurücknahme der Enteignungen und die Wiederherstellung der Besitzungen und Ämter des Malteserordens in Bayern sowie ein Beitritt Bayerns in die antifranzösische Allianz. Zar Paul verlangte ferner den Besuch einer offiziellen Delegation des Bayerischen Großpriorats, die ihn als rechtmäßigen Großmeister des Malteserordens anerkennen

---

[82] Maximilian von Montgelas, Denkwürdigkeiten des Bayerischen Staatsministers Maximilian Grafen von Montgelas (1799–1817). Aus dem Französischen übersetzt von Max FRHR. VON FREYBERG-EISENBERG/hg. von Ludwig GRAF VON MONTGELAS, Stuttgart 1887, S. 38.
[83] DU MOULIN-ECKART, Bayern unter dem Ministerium Montgelas (wie Anm. 79) S. 101.

sollte.⁸⁴ Verschiedene Minister und Mitglieder der Regierung – und wie wir gesehen haben auch Joseph Ignaz von Leyden – plädierten mittlerweile in München für die Aufgabe der alten Politik der Neutralität und eine offene Unterstützung der russischen und österreichischen Sache.⁸⁵ Nur mit Österreichs Hilfe schien eine Normalisierung des Verhältnisses mit Russland erreichbar.

Im April 1799 hoffte Max IV. Joseph immer noch – ohne sich zu einer eindeutigen antifranzösischen Allianz bekennen zu müssen – auf österreichische diplomatische Hilfe, die eine Restitution der Ordensgüter unnötig machen würde. Die durch die Enteignungen erzielten acht Millionen Gulden wären für das defizitäre Staatsbudget ein unverzichtbarer Posten. Darüber hinaus hoffte man in München, dass eine auf dem Rastatter Kongress anstehende Rückgabe Maltas an den Orden Zar und Großmeister Paul für den Moment saturieren würde. Tatsächlich erfolgte in Rastatt eine offizielle Restitution Maltas an den Malteserorden,⁸⁶ doch die Berichte aus St. Petersburg überzeugten Max IV. Joseph von der Vergeblichkeit, auf eine Entspannung der Situation zu hoffen. Mittlerweile hatten sich die Kontakte zwischen Montgelas und Flachslanden intensiviert. Offensichtlich erachtete Montgelas den Ordens-Balí, ungeachtet dessen undurchsichtiger Aktionen, als für den Moment geeignete Person der bayerischen Sache zu dienen.

Montgelas fand rasch eine weitere geeignete Person, um die verfahrene Situation wieder in befahrbare Gleise zu bringen: Am 2. Mai 1799 wurde niemand anderes als der zuvor so radikal die Enteignungen betreibende Wilhelm von Birkenfeld beauftragt, die Urkunden und Dokumente der Archive des Bayerischen Großpriorats nach geeignetem Material zur Rechtfertigung einer vorübergehenden Sequestration und nun wieder anstehenden Restitution zu finden. Der Münchner Hof sollte dabei mit so wenig Kosten wie möglich belastet werden.⁸⁷ Birkenfeld und Montgelas sahen keine andere Möglichkeit der Rechtfertigung, als zu erklären, die Enteignungen seien als »pragmatische übereilte Konsequenz« alter Pläne aus den 1780er-Jahren geschehen. Mittlerweile sei die Situation natürlich eine vollständig andere. Die vom Fürst von Birkenfeld durchgeführten Schritte vom Februar 1799 seien nichts anderes gewesen, als das Einkommen und die inneren Verhältnisse einer Institution zu prüfen, über deren Einrichtung Max IV. Joseph von seinem Onkel Karl Theodor niemals informiert worden war. Tatsächlich wurden die Enteignungen des Ordens in Bayern in einem Schreiben Max IV. Josephs an Zar Paul vom 22. Mai auf diese Weise verbrämt und entschuldigt. Darin betonte

---

⁸⁴ Montgelas, Denkwürdigkeiten (wie Anm. 82) S. 38.
⁸⁵ Du Moulin-Eckart, Bayern unter dem Ministerium Montgelas (wie Anm. 79) S. 103–105.
⁸⁶ Dem Rastatter Abkommen wurde jedoch von englischer Seite nicht entsprochen. Als die Franzosen im September 1800 Malta übergaben, wurde die Insel de facto zur englischen Kolonie. Erst 1964 erhielt Malta offiziell seine Unabhängigkeit als eigener souveräner Staat.
⁸⁷ Müller, Bayerische Politik (wie Anm. 80) S. 78–81.

der Kurfürst noch einmal, dass der Zweibrücker Zweig der Wittelsbacher 1781/82 niemals der Einrichtung eines reich bepfründeten Bayerischen Großpriorats zugestimmt habe. Er bemühte sich nun anzufügen, dass die Enteignungen vom Februar nur provisorische Handlungen gewesen seien. Dies war die entscheidende Wende für zukünftige Korrekturen und sollte dem Zaren das bayerische Entgegenkommen signalisieren.[88]

Max IV. Josephs Einlenken ging noch weiter: Die Mittel und das Eigentum des Großpriorats wären sorgfältig geprüft, aber nicht angetastet worden. Es wäre lediglich eine Frage der Zeit, wann die Güter wieder ordentlich zurückerstattet und der Geschäftsverkehr des Priorats in gewohnter Form aufgenommen werden könne.[89] Besagtes Schreiben Max IV. Josephs folgt in weiten Teilen dem Konzept eines von Baron Bühler ausgearbeiteten Memorandums und den von Flachslanden während seiner Konsultationen mit Montgelas gegebenen Ratschlägen. Der Malteser-Balí hatte eine weitere Verkleidung der realen Geschehnisse empfohlen. Um offiziell seine Souveränität zu wahren, sollte die erzwungene Wiederherstellung des Bayerischen Großpriorats nicht als zurückgenommene Entscheidung, sondern als von Max IV. Joseph eingeleitete Neugründung stilisiert werden.

Bereits am 12. Juli hatte Flachslanden als Vertreter Zar Pauls und Montgelas als Vertreter Max IV. Josephs einen Vertrag unterzeichnet, in dem das Bayerische Großpriorat des Malteserordens sowie die Großballei Neuburg und ihre Besitzungen wieder vollständig gemäß der alten Organisation und den früheren Strukturen hergestellt wurden.[90] Darüber hinaus erkannte Max IV. Joseph nun Zar Paul als Großmeister des Malteserordens an. Auf der anderen Seite bestätigte Zar Paul Max IV. Joseph als Gründer des »neuen« Bayerischen Großpriorats. Angesichts dieses politischen Hintergrunds erscheinen Leydens enge Kontaktaufnahme mit dem russischen Gesandten Bühler und seine Versuche, die russlandfreundliche Partei am Münchner Hof zu unterstützen, als durchaus politisch weitsichtig und verständlich.

Die letzten Jahre

Offiziell blieb Joseph Ignaz von Leyden auch unter der Herrschaft Max IV. Josephs Wirklicher Geheimer Rat und Kämmerer[91] und als Funktionär der Ritter- und Landschaft tätig. Im Februar 1799 wird er von den bayerischen Landständen zum Verordneten des Unterlands gewählt; zwei Jahre später zum Kommissar der Land-

---

[88] Eine Zusammenfassung des Briefes ist abgedruckt bei ebd. S. 108.
[89] Vgl. die abgedruckten Auszüge ebd. S. 82.
[90] Montgelas, Denkwürdigkeiten (wie Anm. 82) S. 39–41.
[91] Churfürstlich Pfalzbaierischer Hof- und Staatskalender auf das Jahr 1802, München 1802, S. 24: *Kämmerer [...] Joseph Ignatz von Leyden, auf Affing*; S. 61: *Wirkl. Geheime Räthe [...] 1769. Joseph Ignaz Reichsfreyherr von Leyden.*

schaft.⁹² Darüber hinaus wirkt er als »Truhenmeister« (Schatzmeister) des Donau-Kantons der freien Reichsritterschaft Schwabens. Nach dem frühen Tod seines älteren Bruders, des Geheimen Rats und Vizepräsidenten des kurbayerischen Hof- und Geistlichen Rats, Maximilian Casimir, im Jahr 1772,⁹³ starb im Februar 1802 auch sein jüngerer Bruder, der kurbayerische Revisionsrat Franz Xaver.⁹⁴ Joseph Ignaz sollte auch seinen mittlerweile in die Spitzenränge der Verwaltung des Kurfürstentums aufgestiegenen jüngsten Sohn Maximilian Joseph überleben. Nachdem Maximilian Joseph von Leyden maßgeblich an der Vorbereitung der Säkularisation in Bayern mitgewirkt hatte,⁹⁵ erfolgte 1805 seine Erhebung zum Generalkommissar und Landesdirektionspräsident der bayerischen Provinz Schwaben. Ende Februar 1807 beging er – höchstwahrscheinlich wegen »gesundheitlicher Zerrüttung«⁹⁶ und Depressionen – Selbstmord.⁹⁷ Joseph Ignaz von Leyden stirbt am 17. März 1809. Zwei Tage später wird er in Affing beerdigt.

---

[92] Ebd. S. 109: *Ritter und Adelsstand. […] Joseph Reichsfreiherr von Leyden, Verordneter und Kommissär, Regierungs-Bezirk Landshut, wegen Stolzenberg.* Vgl. auch FÜRNROHR, Kurbaierns Gesandte (wie Anm. 1) S. 126.

[93] Zum Tod von Maximilian Casimir, Geheimer Rat, Vizepräsident des Hof- und Geistlichen Rats, im Jahr 1772 vgl. GIGL, Die Zentralbehörden (wie Anm. 4) S. 421, 429.

[94] Kurpfalzbaierische Münchener Staats-Zeitung, Donnerstag, 18. Februar 1802, S. 198, *Todesanzeige, 12. Februar 1802 für Franz Xaver Freiherr von Leyden […] gezeichnet Joseph Ignaz R. Fr. von Leyden auf Affing, Kurpfalzbaierischer Kämmerer und wirklicher geheimer Rath, und gemeiner hohen Landschaft in Baiern verordneter Rentamts Landshut.*

[95] Vgl. SEIDL, Schwabens Freiherr von Leyden (wie Anm. 4) S. 300–304; Romuald BAUERREISS, Kirchengeschichte Bayerns, Bd. 7: 1600–1803, Augsburg 1970, S. 445.

[96] SEIDL, Schwabens Freiherr von Leyden (wie Anm. 4) S. 323.

[97] Zum Tod von Maximilian Joseph von Leyden vgl. National-Zeitung der Deutschen, 14tes Stück, 2. April 1807; Regierungs-Blatt, 1807, S. 539.

Dominik Feldmann

Zwischen Stadtverwaltung und Zwangsinnung. Augsburg und die Fotografie 1900 bis 1945

Abstractum: Nach einer Krise in den 1870er-Jahren erlebte die Fotografie Ende des 19. Jahrhunderts wieder einen Boom. Dabei sahen sich die professionellen Fotografen ab der Jahrhundertwende einer neuen Situation ausgesetzt. Es gab immer mehr rechtliche Vorgaben, die eingehalten werden mussten und von den Ordnungsbehörden streng kontrolliert wurden. Gleichzeitig eröffnete sich durch die Gründung einer Zwangsinnung die Möglichkeit, den Berufsstand besser zu organisieren – eine Maßnahme, die jedoch nicht nur auf Zustimmung stieß. Und auch die Stadtverwaltung der Stadt Augsburg begann, die Fotografie für sich und ihre Zwecke zu entdecken.

Wie weitreichend die Entdeckungen und Entwicklungen im Bereich der Fotografie waren, die von Joseph Nicéphore Niépce und Louis Jacques Daguerre zwischen der ersten dauerhaften Abbildung einer Fotografie 1826 und der Vorstellung der Daguerrotypie 1839 bei der Pariser Akademie der Wissenschaften gemacht worden sind, können aus heutiger Sicht eines medialen und auf Bildlichkeit fokussierten Zeitalters kaum überschätzt werden. Doch auch die Zeitgenossen waren von den Möglichkeiten fasziniert, die die neue Technik bot. In Augsburg war es Anton Schwaiger, der sich als erster mit der Fotografie befasste. Er experimentierte mit Brillen, Fernrohren und der Camera Obscura. Am meisten interessierte er sich jedoch für die neuen Techniken der Fotografie, genauer gesagt für die Aufnahmetechnik der Daguerrotypie. Er entwickelte in seinem Geschäft am Ludwigsplatz (Rathausplatz) Kameras und bot diese ab ca. 1840 auf den Dulten in München und Augsburg an. Ob Schwaiger auch Fotografien zum Verkauf und nicht nur zum Testen seiner Kameras erstellte, ist unbekannt. Er selbst bezeichnete sich lediglich als *Mechanicus* und *Optikus*, wobei die heute gängige Berufsbezeichnung des »Fotografen« zu diesem frühen Entwicklungsstadium der Fotografie noch nicht existierte.

Ungefähr zu dem Zeitpunkt, als Schwaiger zu experimentieren begann, gab es in Augsburg auch die erste Fotoausstellung. Sie fand im November 1840 im Fuggerhaus statt. Der Maler Johann Baptist Isenring aus St. Gallen präsentierte Daguerrotypien. Zeitungen erwähnen zudem, dass einige örtliche Amateure Lichtbilder erstellt hatten und präsentierten. Es scheint also bereits Amateurfotografen in Augsburg gegeben zu haben. Ortsansässige hauptberufliche Fotografen waren noch nicht vorhanden. Stattdessen war man in Augsburg auf sogenannte Wanderfotografen angewiesen. Diese zogen umher und nutzten für ihre Geschäfte Märkte, Dulten oder Volksfeste. Ab ungefähr 1850 waren sie im alltäglichen Leben angekommen und nichts Besonderes mehr.[1] Bereits ab 1843 war Valentin Herzog aus Hürben auf der Augsburger Dult als Wanderfotograf tätig. Er selbst nannte sich *Porträtierer* und setzte, anders als der auf die Produktion von Kameras fixierte Anton Schwaiger, den Schwerpunkt auf die Erstellung und den Verkauf von Fotografien. Im Frühjahr 1846 bekam Herzog jedoch Probleme mit dem Stadtmagistrat. Es war nicht geregelt, ob die Fotografie ein freies Gewerbe sei, für das keine Konzession benötigt wurde. Die unklare Sachlage führte dazu, dass der Stadtmagistrat Herzog die Ausübung der Fotografie untersagte. Nach Einspruch Herzogs entschied als nächsthöhere Instanz die Regierung von Schwaben und Neuburg, dass kein Lizenzschein nötig sei, solange es keine einheitliche Regelung im Königreich Bayern gebe. Diese notwendigen Vorgaben machte 1849 das neugegründete Handelsministerium. Es legte fest, dass die Fotografie eine freie Erwerbsart sei, aber die örtliche Polizei Lizenzen zur Ausübung vergeben müsse. Bei Erteilung einer solchen Lizenz hatten die Polizeibehörden insbesondere darauf zu achten, dass der Lizenznehmer Nachweise über seine persönliche Geschicklichkeit sowie über die Brauchbarkeit seiner Geräte vorbrachte und einen guten Leumund besaß.[2] Bereits vor dieser Regelung hatte Valentin Herzog durch die Entscheidung der Regierung von Schwaben seine Fotografie weiterbetreiben können. Eigentlich hatte er aber anderes im Sinn: Er wollte als Optikus in Augsburg sesshaft werden. Der Stadtmagistrat versagte ihm allerdings die Genehmigung. Das führte dazu, dass Herzog zwischen Herbst 1846 und August 1847 in Augsburg ansässig war, jedoch nicht als Optikus arbeiten durfte. Um dennoch seinen Lebensunterhalt selbständig verdienen zu können, fertigte er Fotografien an. Damit war er aus der Not heraus geboren der erste hauptberufliche und sesshafte Fotograf in Augsburg. Im August 1847 bekam er schließlich doch noch die Lizenz, als Optikus arbeiten zu dürfen. Die Fotografie wurde wieder zum Nebenberuf.[3]

Der erste Fotograf, der die Fotografie langfristig und freiwillig als Hauptberuf in Augsburg ausübte, war Joseph Albert. 1853 kam er aus München nach Augsburg und ließ sich am Ulrichsplatz 4 nieder. Im Jahr 1856 zog er sein Atelier in das Gebäude am Ulrichsplatz 1 um. Nach einer Fotoreihe über das Schloss Hohenschwangau erhielt Albert 1858 den Titel *kgl bayer. Hoffotograf.* Es war ein Novum, denn der Titel war bis dahin nie vergeben worden. Albert war der erste, der ihn führen durfte. 1858 kehrte Albert nach München zurück und arbeitete viel für die Königsfamilie. Sein Geschäft in Augsburg gab er allerdings erst 1862 auf. Dieses übernahmen die Gebrüder Carl und Alfred Jochner, die aufgrund ihrer Architekturaufnahmen aus heutiger Sicht zu den bedeutendsten Augsburger Fotografen der Frühzeit gehören.[4]

---

[1] Vgl. Franz HÄUSSLER, Fotografie in Augsburg (Beitr. zur Geschichte der Stadt Augsburg 1) Augsburg 2004, S. 18–19, 25–31; DERS., Augsburgs Foto-Pionier Anno 1839. »Mechanikus und Optikus« Anton Schwaiger, in: Photo Antiquaria 29 (2002) S. 25–28, hier 25–27.
[2] Vgl. HÄUSSLER, Fotografie in Augsburg (wie Anm. 1) S. 19–23.
[3] Ebd.
[4] Vgl. ebd. S. 33–35.

Das Interesse und die Begeisterung für die Fotografie stiegen in der zweiten Hälfte des 19. Jahrhunderts stetig an und auch die Anzahl der Fotografen in Augsburg wuchs. Waren 1855 nur drei Fotografen ansässig, waren dies 1859 bereits neun und 1862 gab es sogar sechzehn Ateliers bei einer Einwohnerzahl von ca. 46.000 Personen. Gleichzeitig spezialisierten sich die Fotografen auf verschiedene Bereiche, wie beispielsweise die Gebrüder Jochner auf Architekturfotografie, Fritz Hoefle auf Skulpturen und Architektur, andere wie die Gebrüder Martin auf Portraitfotografie und wieder andere schossen Fotos, um damit Souvenirs wie Postkarten oder Fotodrucke auf Porzellan zu erstellen. Ende der 1870er-Jahre sank die Anzahl an Fotoateliers in Augsburg drastisch, obwohl die Einwohnerzahl der Stadt Augsburg anstieg und damit potentiell mehr Kunden vorhanden gewesen wären. Die erste wirtschaftliche Krise hatte also die hauptberuflichen Augsburger Fotografen getroffen, so dass 1881 nur noch fünf von ihnen tätig waren. Ausschlaggebend für den Rückgang dürften aufgrund des zunächst starken Wachstums und der hohen Anzahl an Ateliers zwischen 1850 und 1875 Einnahmenrückgänge durch die Konkurrenzsituation gewesen sein. Werbung wie Zeitungsannoncen oder Schaukästen, in denen man seine Werke ausstellte, wurden immer wichtiger. Aber auch dies war kostspielig und musste durch zusätzliche Einnahmen erwirtschaftet werden. Das führte dazu, dass sich nur Ateliers wirtschaftlich halten konnten, die entweder finanziell sehr gut gestellt waren, rationell arbeiteten oder nur wenige bis keine Angestellte besaßen bzw. ausschließlich als Familienbetrieb organisiert waren.[5] Allerdings war dieser Einbruch des Augsburger Fotomarktes nur von kurzer Dauer. Bis 1900 wuchs die Anzahl der Fotoateliers wieder stark an. Lokalisiert man die Fotoateliers und analysiert deren geografische Verteilung um das Jahr 1900, gibt es zwei Auffälligkeiten. Zum einen, dass sich im Gebiet der alten Kernstadt Augsburgs, also innerhalb der ehemaligen Stadtmauern, nur sechs Fotoateliers befanden. Elf Ateliers lagen dagegen in den Bereichen der Stadterweiterung, insbesondere in den Bezirken Bismarck-, Antonsviertel sowie rechts der Wertach. Der Schwerpunkt der Fotografie spielte sich also in den Stadtteilen ab, die nach Aufgabe der Festungseigenschaft 1867 und dem damit verbundenen Abriss der Stadtmauern systematisch erschlossen wurden (s. Abb. 1 auf den nächsten Seiten).

Zum anderen fällt eine kleine Häufung von vier Ateliers allein in der Bahnhofstraße ins Auge, womit sich fast 25 Prozent der Augsburger Ateliers in einer einzigen kurzen Straße befanden. Bei den dort ansässigen Fotografen handelte es sich ausschließlich um Portraitfotografen. Bei ihnen konnten Bahnreisende auf dem Weg vom oder zum Bahnhof Fotos machen lassen. Auch Auswärtige mit längeren Wartezeiten beim Umstieg von Zug zu Zug gehörten zum Zielpublikum. Damit war die Lage in der Bahnhofstraße für die Geschäftstätigkeit ideal, eine hohe Kundenfrequenz garantiert. So wundert es nicht, dass mit Konrad Reßler und

---

[5] Vgl. ebd. S. 35–39.

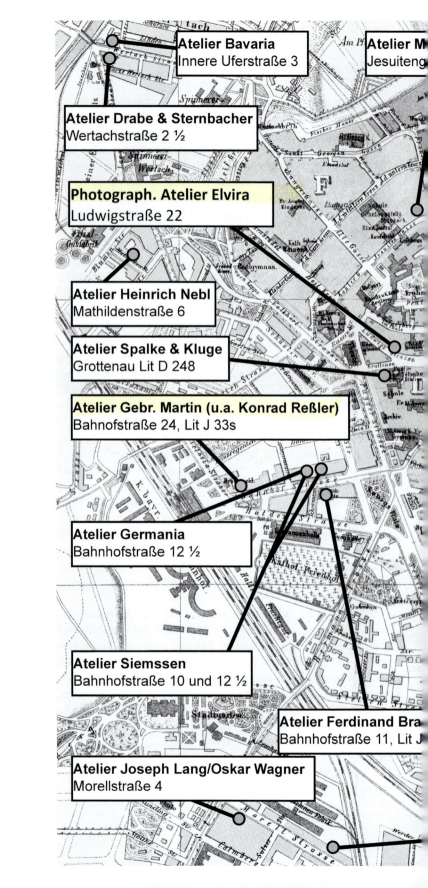

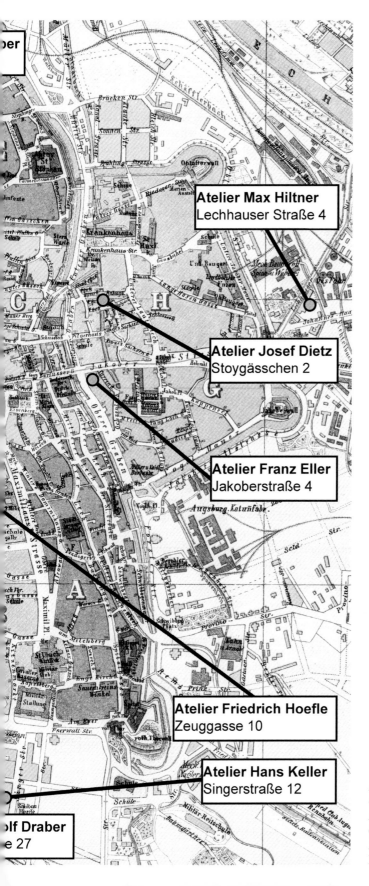

Abb. 1: Verteilung der Fotoateliers in Augsburg um 1900 (Vorlage bearb. von Andrea Walser und Dominik Feldmann)

Hans Siemssen[6] zwei der bedeutendsten Portraitfotografen in der Augsburger Geschichte dort ansässig waren. Der wirtschaftliche Aufschwung zum Ende des 19. Jahrhunderts und die wachsende Anzahl an Fotoateliers deuten darauf hin, dass die erste wirtschaftliche Krise der Fotografen in Augsburg erfolgreich überwunden und die Konstitutionsphase der ersten 60 Jahre der Fotografie in Augsburg abgeschlossen wurde. Die Fotografie war zu einem normalen Teil des alltäglichen Lebens geworden. Damit trat die Fotografie in Augsburg um das Jahr 1900 in eine neue Phase ein, in der ein Wille zur Organisation herrschte und auch die Stadtverwaltung in eine neue Rolle gezwungen wurde.

Zunächst begannen sich die Augsburger Hobbyfotografen, dies es bereits seit Mitte des 19. Jahrhunderts gab, zu organisieren. So wurde der »Amateur-Photographen-Verein Augsburg« exakt 1900 gegründet, 1907 der Amateur-Photographenverein »Bavaria«. Ziel der Vereine war es, [d]*ie schöne Kunst der Amateurphotographie unter den Mitgliedern zu fördern.*[7] Dazu veranstalteten sie Vorträge und Ausstellung zur Amateurphotographie oder unternahmen zur Weiterbildung Ausflüge. Die Mitglieder mussten mindestens 16 Jahre alt sein. Allerdings scheint zumindest der Verein »Bavaria« nicht lange bestanden zu haben. 1921 konstatierte die Stadt, dass es keine Anhaltspunkte mehr auf ein Bestehen des Vereins gäbe, während der Amateur-Photographen-Verein Augsburg 1927 noch immer aktiv war.[8]

Bedeutender als diese Zusammenschlüsse der Amateurfotografen war die Veränderung des Verhältnisses zwischen Stadtverwaltung und hauptberuflichen Fotografen als Gewerbetreibende. Ausschlaggebend hierfür war das Reichsgesetz zur Veränderung der Gewerbeordnung. Auf dessen Grundlage führte die Stadtverwaltung ab 1900 regelmäßig Überprüfungen der Fotoateliers durch. Bei nahezu allen Fotoateliers hatte die Stadt Beanstandungen. In der Regel handelte es sich dabei um die Nicht-Einhaltung der Gewerbeordnung. Häufig wurden keine Arbeitsbücher mit einer genauen Auflistung der Tätigkeiten von Minderjährigen geführt, viele Lehrlinge besaßen keine Lehrverträge und auch eine Buchführung über die Sonntagsarbeit fehlte, so dass insbesondere Lehrlinge und Minderjährige an Sonntagen die vorgeschriebenen Arbeitszeiten übertrafen. Ernsthafte Konsequenzen für die Atelier-

---

[6] Das Stadtarchiv Augsburg konnte in den Jahren 2015 bis 2018 die fotografischen Nachlässe (v. a. Glasplatten) von Konrad Reßler sowie vom Fotoatelier Siemssen erwerben. Bei Reßler handelt es sich um ca. 41.000 Portraitaufnahmen ab ca. 1930. Vom Fotoatelier Siemssen befinden sich über 50.000 Aufnahmen im Stadtarchiv, die ebenfalls größtenteils der Portraitfotografie zuzuordnen sind. Einige wenige Aufnahmen zur Gebäude- und insbesondere Werbefotografie fallen auch darunter. Leider existieren keine Aufzeichnungen darüber, wer auf den Portraitfotografien abgebildet ist. Auch ist aufgrund der vorherigen schlechten Lagerungen der Erhaltungszustand als schlecht einzustufen, sodass dem Stadtarchiv für beide Nachlässe eine Mammutaufgabe zur Konservierung, Restaurierung und Erschließung bevorsteht.

[7] StadtAA Polizeidirektion Augsburg, Polizeisachregistratur – Bestand 11/I, Nr. 69; Polizeidirektion Augsburg, Polizeisachregistratur – Bestand 10, Nr. 490.

[8] Vgl. ebd.

inhaber hatten die Beanstandungen nicht, jedoch wurden sie zumindest von der Stadtverwaltung zur Einhaltung der Gewerbeordnung aufgefordert.[9] Die Überprüfungen geben darüber hinaus noch über einen weiteren Sachverhalt Aufschluss: In den Revisionsbögen wurde die Mitarbeiter- und Lehrlingsanzahl festgehalten, so dass sich die Größe der Augsburger Fotoateliers einschätzen lässt (s. Abb. 2 auf der nächsten Seite). In der Regel waren die Augsburger Ateliers klein und besaßen ein, maximal zwei Mitarbeiter oder Lehrlinge. Ausnahmen bildeten die großen und bedeutenden Fotoateliers in der Bahnhofstraße: Konrad Reßler hatte sechs, Hans Siemssen und Wilhelm Selberg besaßen sogar jeweils acht Mitarbeiter.[10]

Neben den rein gewerberechtlichen Überprüfungen wurde an die Stadtverwaltung 1901 der Wunsch nach einer fachgewerblichen Fotografenschule in Augsburg herangetragen. Die Anregung kam von der Lehr- und Versuchsanstalt für Photographie in München. Unterstützt wurde das Ansinnen vom Süddeutschen Photographen-Verein in München-Schwabing.[11] Ihr eingereichtes Konzept sah einen in die Bereiche *Fachlich* und *Allgemein* gegliederten Unterricht vor. Zum fachlichen Bereich sollten die Fächer Fotochemie (zwei Stunden wöchentlich), Physik und Objektivkunde (eine Stunde), Zeichnen (drei Stunden), Kunstlehre und Geschichte der Fotographie (eine Stunde) sowie gewerbliche Buchführung und Warenkunde (eine Stunde) gehören. Der allgemeine Unterricht befasste sich dagegen mit Religion (eine Stunde pro Woche), Deutsch (eine Stunde), Rechnen (eine Stunde) sowie Bürger- und Lebenskunde (eine Stunde). Mit dieser Verbesserung und Standardisierung der theoretischen Ausbildung der Fotografen sollte die *Lösung der sozialen Existenzfragen*[12] von Fotografen in die Wege geleitet werden. Es kann demnach als ein Versuch gesehen werden, durch eine zielgerichtete Qualifizierung der Fotografen den wirtschaftlichen Aufschwung der Fotografenateliers in den letzten beiden Jahrzehnten des 19. Jahrhunderts zu sichern. Das Stadtschulkommissariat griff die Idee einer gewerblichen Fachschule wohlwollend auf und leitete sie an die Augsburger Fotografen weiter. Die Fotografen sollten der Stadt mitteilen, wie viele Lehrlinge sie hätten. Als festgestellt wurde, dass es in Augsburg mittlerweile nur noch acht Lehrlinge gab, stellte die Stadt den Plan für einen fachgewerblichen Fotografenunterricht Ende des Jahres ein. Die Anzahl der Lehrlinge stehe in keinem Verhältnis zu den Kosten für die Schule.[13]

Die bereits erwähnte Änderung der Reichsgewerbeordnung brachte noch eine weitere Veränderung mit sich. Es bestand nun die Möglichkeit zur Gründung von Zwangsinnungen. Die Einrichtung einer solchen Innung musste durch die zuständige Verwaltung erfolgen, die Initiative jedoch von den ortsansässigen Gewerbetrei-

---

[9] Vgl. StadtAA Polizeidirektion Augsburg, Polizeisachregistratur – Bestand 11/I, Nr. 196, Revision der photographischen Ateliers, Bl. 1–31.
[10] Vgl. ebd.
[11] Vgl. StadtAA Allgemeine Registratur – Bestand 11/II b, Nr. 1729.
[12] Vgl. ebd. Plan für fachgewerblichen Fortbildungsunterricht für Photographen 1901.
[13] Vgl. ebd. Aktenvermerk vom 13.11.1901.

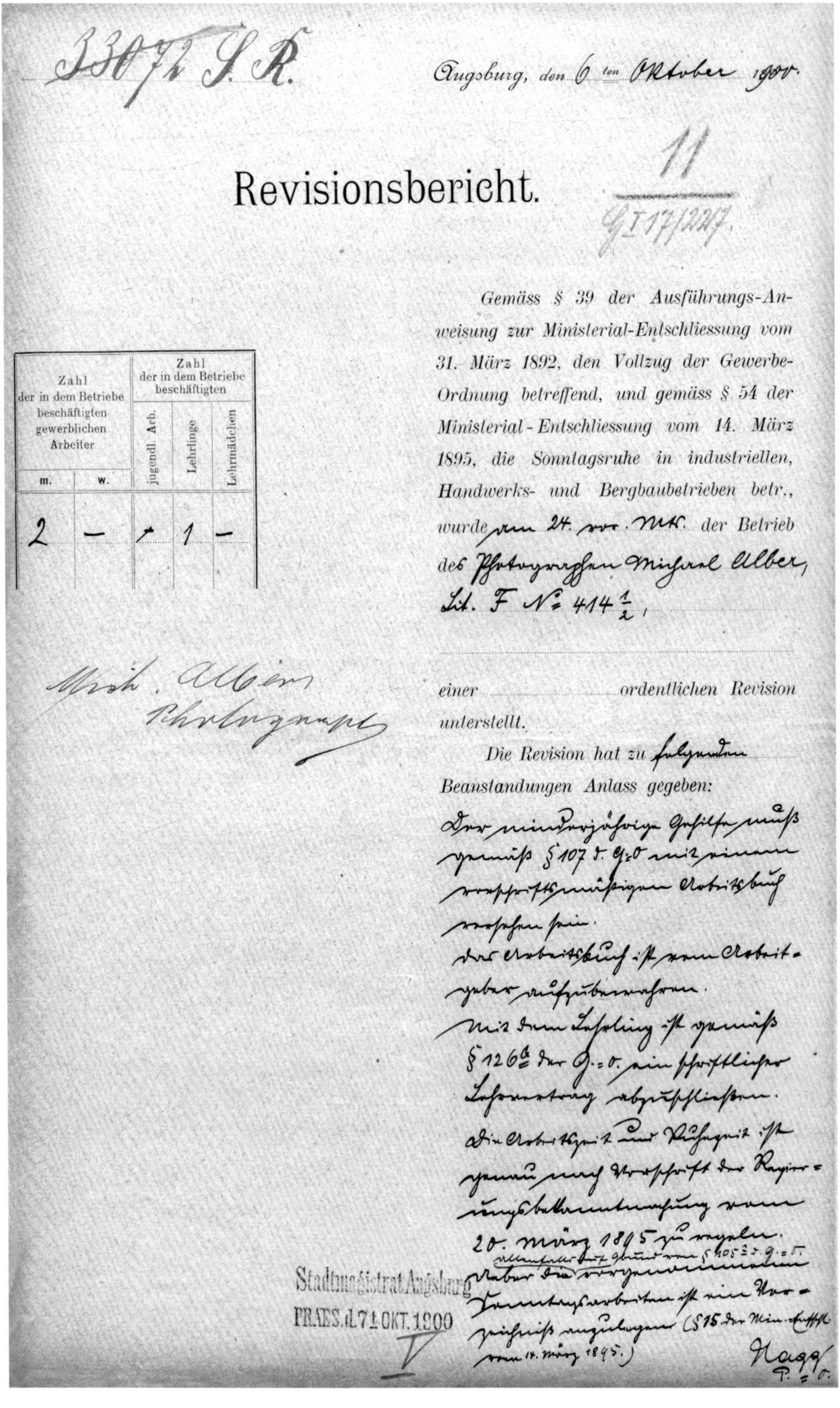

33072 S.R.

Augsburg, den 6ten Oktober 1900.

Revisionsbericht.

11

G I 17/1227

Zahl der in dem Betriebe beschäftigten gewerblichen Arbeiter		Zahl der in dem Betriebe beschäftigten		
m.	w.	jugendl. Arb.	Lehrlinge	Lehrmädchen
2	–	1	1	–

Gemäss § 39 der Ausführungs-Anweisung zur Ministerial-Entschliessung vom 31. März 1892, den Vollzug der Gewerbe-Ordnung betreffend, und gemäss § 54 der Ministerial-Entschliessung vom 14. März 1895, die Sonntagsruhe in industriellen, Handwerks- und Bergbaubetrieben betr., wurde am 24. vor. Mts. der Betrieb des Photographen Michael Alber, Lit. F No 414 1/2,

Mich. Alber Photograph

einer ordentlichen Revision unterstellt.

Die Revision hat zu folgenden Beanstandungen Anlass gegeben:

Der minderjährige Gehilfe muss gemäss § 107 d. G.O. mit einem vorschriftsmäßigen Arbeitsbuch versehen sein.
Das Arbeitsbuch ist vom Arbeitgeber aufzubewahren.
Mit dem Lehrling ist gemäss § 126b der G.O. ein schriftlicher Lehrvertrag abzuschliessen.
Die Arbeitszeit und Ruhezeit ist genau nach Vorschrift der Regierungsbekanntmachung vom 20. März 1895 zu regeln.
Über die vorgenommenen Sonntagsarbeiten ist ein Verzeichnis anzulegen (§ 15 der Min.-Entschl. vom 14. März 1895.)

Stadtmagistrat Augsburg
PRAES. d. 7 OKT. 1900

Nagg

Abb. 2: Revisionsbericht des Fotoateliers Alber 1900

benden ausgehen. So wandten sich am 23. September 1912 elf Fotografen an die Stadt Augsburg, nachdem sie sich wenige Tage zuvor im Café Augusta (Fuggerstraße) getroffen hatten, und äußerten den Wunsch zur Gründung einer Zwangsinnung für das Fotografengewerbe in Augsburg.[14] In Abstimmung mit der Regierung von Schwaben und Neuburg hielt die Stadt Augsburg daraufhin unter allen 32 Gewerbesteuer zahlenden Fotografen eine Umfrage ab, ob eine Zwangsinnung gegründet werden solle. Von den 32 angeschriebenen Fotografen stimmten 24 ab. Damit lag die Wahlbeteiligung bei 75 Prozent. Mit 14 Stimmen dafür und 10 Stimmen dagegen fiel das Ergebnis zwar eng, aber für die Errichtung einer Zwangsinnung aus. Auffällig ist, dass sich hauptsächlich die kleineren Fotoateliers für die Innung aussprachen. Große und erfolgreiche, über die Stadtgrenzen hinaus bekannte Fotografen wie Konrad Reßler oder Hans Siemssen stimmten dagegen.[15] Es sahen also insbesondere die kleineren Gewerbetreibenden Vorteile in der Institutionalisierung des Fotografengewerbes.

Am 11. Februar 1913 bestätigte die Regierung von Schwaben und Neuburg die Gründung der Zwangsinnung und publizierte dies am 26. des Monats im Amtsblatt.

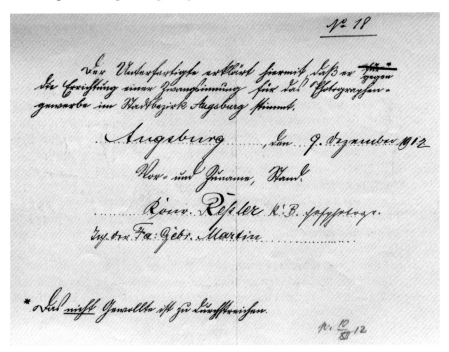

Abb. 3: Abstimmungszettel über die Zwangsinnung von Konrad Reßler 1912

---

[14] Vgl. StadtAA HAV, Aktengebiet 4 (Wirtschaft) – Bestand 25, Nr. 55, Schreiben der vorläufigen Innung an den Magistrat vom 23.9.1912.
[15] Vgl. ebd. Abstimmungskarten.

Der Magistrat der Stadt Augsburg forderte nun den Fotografen Erdmann Spalke in seiner Funktion als provisorischer Obermeister der vorläufigen Innung auf, einen Entwurf für ein Statut der Innung zu erstellen.[16] Dieser Aufforderung kam Spalke nach und legte am 13. Mai 1913 eine Satzung vor. Als Aufgaben der Zwangsinnung waren die Pflege der Gemeinschaft und die Stärkung der Standesehre, die Förderung der Verhältnisse zwischen Gehilfen und Meistern, die Regelung und Fürsorge für das Lehrlingswesen, eine Schiedsfunktion bei Streitigkeiten und die Abnahme der Gehilfenprüfungen vorgesehen. Darüber hinaus sollten Vorträge veranstaltet und eine Fachbibliothek aufgebaut werden. Eine einzurichtende Kranken- und Sterbeunterstützungskasse sollte finanzielle Hilfen im Notfall garantieren. Der Mitgliedsbeitrag wurde auf 8 Mark für Fotografen, 75 Pfennig für Gehilfen und 30 Pfennig für Lehrlinge pro Vierteljahr festgelegt.[17] Die konstituierende Sitzung der Zwangsinnung fand am 21. Juni 1913 im Gasthof Zur Post in der Fuggerstraße statt. Die Satzung wurde bestätigt und Erdmann Spalke zum Vorsitzenden gewählt. Weitere Vorstandsmitglieder wurden Hans Siemssen, Karl Müller, Konrad Reßler und Michael Alber – letztere beiden in Abwesenheit gewählt.[18] Während Reßler die Wahl annahm, äußerte Alber, dass er sich zwar nicht weigere, das Amt inne zu haben, aber darum bitte, *wenn irgend möglich von meiner Person Abstand nehmen zu wollen.*[19] Die Aussage wertete der Stadtmagistrat jedoch als Zustimmung, so dass Alber die Wahl annehmen musste.[20]

Nicht nur in die Gründung der Zwangsinnung war die Stadtverwaltung involviert. Kamen Probleme innerhalb der Innung auf, wandte sich diese an den Magistrat und versuchte gemeinsam Lösungen zu entwickeln. Eine wichtige Frage betraf die Mitgliedschaft in der Zwangsinnung, denn diese war nur für stehende Gewerbetreibende verpflichtend. Exemplarisch hierfür kann der Fall Christian Mayer gesehen werden. Mayer bekam im Sommer 1912 Probleme mit der Innung, da er dieser nicht beitreten wollte. Er wandte sich daraufhin an den Magistrat und gab an, kein Mitglied werden zu müssen, da er ein Wandergewerbe habe und nur Wandergewerbesteuer zahle. Außerdem verdiene er viel Geld im Ausland und sei keine Konkurrenz für hiesige Fotografen.[21] Der Mitgliedsstand von Mayer blieb mehrere Monate ungeklärt, so dass die Innung im Herbst des Jahres eine Strafe von drei Mark verhängte, da Mayer seiner Pflicht zur Teilnahme an der Innungsversammlung nicht nachgekommen sei. Der Magistrat setzte die Strafe nach Einspruch Mayers aus und hob sie schließlich im November auf. Mayer müsse kein Mitglied der Innung werden, da er kein stehendes Gewerbe be-

---

[16] Vgl. StadtAA HAV, Aktengebiet 4 (Wirtschaft) – Bestand 25, Nr. 55, Schreiben des Magistrats an Fotograf Spalke vom 28.3.1913.
[17] Vgl. ebd. Satzung vom 13.5.1913.
[18] Vgl. ebd. Bericht über die erste Sitzung der Zwangsinnung vom 24.6.1913.
[19] Ebd. Schreiben vom 24.6.1913.
[20] Ebd.
[21] Vgl. ebd. Schreiben von Christian Mayer an den Magistrat vom 16.7.1912.

treibe.²² Wenige Monate später, im März 1914, wurde der Fall wieder verhandelt. Die Innung stellte beim Stadtmagistrat einen Antrag auf. Als Begründung gab die Innung an, Mayer mache seine Aufnahmen zwar im Ausland, fertige die Abzüge aber in seinen Werkstätten in Augsburg an. Er gäbe dies selbst zu und hätte darüber hinaus Augsburg als Gerichtsstand angegeben. Außerdem würde auf den behördlich ausgestellten Legitimationskarten seiner Mitarbeiter angeführt werden, dass es ein stehendes und kein Wandergewerbe sei.²³ Der Stadtmagistrat folgte dieser Argumentation und hob seinen Beschluss vom 8. November 1913 auf. Mayer trat nun der Innung als vollwertiges und zahlendes Mitglied bei.²⁴ Fünf Jahre später, im August 1918, informierte die Zwangsinnung den Stadtmagistrat, Mayer wolle die Innung verlassen, da er nicht mehr als Fotograf tätig sei. Nach anfänglicher Skepsis stimmte im November die Innung zu, da sie Mayer kein stehendes Gewerbe mehr nachweisen könnten.²⁵

Die Frage der Mitgliedschaft in der Innung war jedoch nicht das einzige Problem, mit dem sich Innung und Stadtverwaltung gemeinsam beschäftigen mussten. Auch Höhe und Art der Preise für Fotografien mit eingeschlossenen Werbemöglichkeiten sowie die Arbeitszeiten waren umstritten. In Bezug auf die Höhe der Preise und der Werbemöglichkeiten für die Fotografen entbrannte der Streit um § 100q des *Gesetzes, betreffend die Gewerbeordnung* vom 26. Juli 1897. Der Paragraph sah vor, dass die *Innung ihre Mitglieder in der Festsetzung der Preise ihrer Waren oder Leistungen oder in der Annahme von Kunden nicht beschränken* dürfe.²⁶ Im April und Mai 1914 beschwerten sich die Fotografen Franziska Maschowitzer vom Atelier Mars sowie Sigmund Muschler, dass die Zwangsinnung Vorgaben bei Preisen, Werbung und Kundengewinnung mache. Die Innung hatte eine Kommission eingesetzt, die die Durchschnittspreise für die Erstellung der verschiedenen Arten fotografischer Aufnahmen ermitteln sollte. Unter den Durchschnittspreisen sollte kein Fotograf seine Dienstleistung anbieten dürfen. Auch Gratisbeilagen zu Fotobestellungen sollten nicht mehr gestattet sein. Die Innung argumentierte, dass dies der Standesehre der Fotografen schade und die Waren unter Wert verkauft würden. Muschler gehörte zwar selbst der Kommission an, beschwerte sich allerdings wie Maschowitzer bei der Stadt, dass diese Vorgabe der Innung gegen die Gewerbeordnung verstoße. Die Stadt folgte mit dem Verweis auf Muschlers eigene Tätigkeit in der Kommission den Vorgaben und der Argumentation der Innung.²⁷ Muschler

---

[22] Hierzu ebd. Protokolle vom 10.10.1913 und 8.11.1913.
[23] Vgl. ebd. Schreiben der Innung an den Magistrat vom 23.3.1914.
[24] Ebd. Protokoll des Magistrats vom 7.4.1914, Schreiben von Christian Mayer an die Zwangsinnung vom 7.4.1914.
[25] Vgl. ebd. Schreiben der Zwangsinnung an den Magistrat vom 5.8.1920 und vom 30.11.1920.
[26] Gesetz, betreffend die Gewerbeordnung vom 27. Juli 1897, in: Deutsches Reichsgesetzblatt 37 (1897) S. 663–706.
[27] Vgl. StadtAA HAV, Aktengebiet 4 (Wirtschaft) – Bestand 25, Nr. 55, Beschwerde der Franziska Maschowitzer vom 7.5.1914; Beschwerde von Sigmund Muschler vom 8.4.1914.

beließ es nicht bei der Entscheidung, sondern wandte sich mit seiner Beschwerde an die Regierung von Schwaben und Neuburg. Daraufhin hob die Regierung von Schwaben und Neuburg den Beschluss des Stadtmagistrats im Januar 1915 auf. Insbesondere die Einflussnahme bei der Preisgestaltung würde der Gewerbeordnung widersprechen. Die Regierung von Schwaben machte der Innung aber Hoffnung, da sie die Meinung vertrat, dass sich der Erhalt der Standesehre statuarisch vorschreiben ließe und so Einfluss auf das Verhalten sowie die Preisgestaltung der Fotografen genommen werden könnte.[28]

Trotz der Empfehlung zu einer Änderung der Statuten wollte die Zwangsinnung diese Entscheidung nicht akzeptieren und legte ihrerseits wiederum Einspruch beim Königlich Bayerischen Staatsministerium des königlichen Hauses und des Äußeren ein, welches damals auch für Handel und Wirtschaft verantwortlich war. Dabei blieb sie bei ihrer Argumentation der Standesehre und führte zusätzlich an, dass allzu niedrige Preise und Gratisbeigaben nur dem Anlocken von Kunden dienten und darunter die Qualität der Waren leide. Das Ministerium bestätigte unter Verweis auf die Reichsgesetzgebung allerdings den Entschluss der Regierung von Schwaben und Neuburg.[29] Anschließend ruhte die Auseinandersetzung einige Jahre. Erst 1920 unternahm die Innung einen neuen Versuch. Diesmal wollte sie dahingehende Vorgaben in ihre Satzung aufnehmen, wie es 1915 von der Regierung von Schwaben und Neuburg vorgeschlagen worden war. Bei der Abstimmung der Änderung der Satzung votierten 20 Innungsmitglieder dafür, eines dagegen. Nach einer ersten Ablehnung der Satzung durch die Regierung von Schwaben und Neuburg, eines Einspruchs der Zwangsinnung und einer daraus resultierenden gründlichen Analyse mit der Einholung von Vergleichssatzungen aus der Pfalz, genehmigte die Regierung im Januar 1921 die neue Satzung.[30]

Während die Stadtverwaltung bei dieser Auseinandersetzung zwischen der Innung und ihren Mitgliedern größtenteils unbeteiligt blieb und nur über die aktuellen Entwicklungen informiert wurde, kooperierten Innung und Augsburger Stadtverwaltung bei der Frage der Arbeitszeiten. Vorausblickend auf ein geplantes Reichsgesetz schlug die Innung im März 1914 dem Stadtmagistrat vor, die Sonntagsgeschäftszeiten für Fotografen mittels ortspolizeilicher Vorschriften auf 9 bis 16 Uhr zu begrenzen. Die Fotografin Franziska Maschowitzer machte sich dagegen für Geschäftszeiten von 8 bis 20 Uhr stark, da sie anderenfalls Umsatzeinbußen fürchtete, zumal Sonntag der umsatzstärkste Tag sei, und legte Beschwerde ein. Diese blieb

---

[28] Vgl. ebd. Beschwerde an die Regierung von Schwaben vom 14.6.1914; Schreiben der Regierung von Schwaben vom 12.1.1915.

[29] Vgl. ebd. Schreiben an das kgl. Staatsministerium des kgl. Hauses und des Äußeren vom 20.5.1915; Schreiben des kgl. Staatsministerium des kgl. Hauses und des Äußeren an die Regierung von Schwaben und Neuburg vom 11.8.1915.

[30] Vgl. ebd. Protokoll der Sitzung der Zwangsinnung vom 29.7.1920; Schreiben der Regierung von Schwaben und Neuburg vom 18.11.1920; Schreiben der Innung an den Stadtrat vom 9.12.1920; Schreiben der Regierung von Schwaben und Neuburg vom 21.1.1921.

jedoch erfolglos. Die Stadt begrenzte im Rahmen ihrer hoheitlichen Möglichkeiten durch Erlass von ortspolizeilichen Vorschriften insbesondere die Arbeitszeit von Arbeitern und Gehilfen an Sonntagen. Deren Arbeitszeitübertretungen an Sonntagen waren bereits bei den Revisionen der Fotoateliers aufgefallen und einer der größten Kritikpunkte. Fortan sollten Gehilfen und Arbeiter nur an den vier Sonntagen vor Weihnachten maximal fünf Stunden sowie von Ende April bis Ende September sechs Stunden arbeiten dürfen. Im Sommer 1914 bestätigte die Regierung von Schwaben und Neuburg die Regelungen der Stadt, gab allerdings auch an, dass diese nur für Arbeiter und Gehilfen gelte. Besitzer von Fotoateliers dürften länger arbeiten, wodurch längere Öffnungszeiten möglich waren.[31]

Als Anfang des Jahres 1916 absehbar war, dass eine reichsweite Regelung zu den Öffnungszeiten nicht umgesetzt würde, machte sich die Zwangsinnung beim Stadtmagistrat für eine weitergehende Beschränkung der Arbeitszeiten an Sonntagen stark. Diese sollten auf 9 bis 15 Uhr in den Sommer- bzw. 10 bis 15 Uhr in den Wintermonaten begrenzt sein und für Arbeiter und Gehilfen in den Ateliers gelten. Nach Rücksprache mit der Regierung von Schwaben und Neuburg wurden diese Regelungen beschlossen. Eine Ausnahme bildeten die vier Adventssonntage, an denen längere Arbeitszeiten im Gegenzug für einen Freizeitausgleich möglich waren.[32] Die Sonntage waren vor allem für die Portraitfotografen besonders wichtig, da sich zu den Feiertagen viele Familien in ihrer Sonntags- und Festtagskleidung ablichten ließen und somit eine hohe Kundenfrequenz mit entsprechenden Einnahmen von den Fotografen erwartet werden konnte. Dennoch wurden die Öffnungszeiten an Sonntagen nach dem Ersten Weltkrieg weiter reduziert, um insbesondere Arbeiter und Gehilfen zu schützen. Mit Entschluss vom September 1919 durfte an Sonntagen nur noch von 10 bis 13 Uhr geöffnet werden. An Ostern, Palmsonntag und am Weißen Sonntag wurden die Arbeitszeiten ausnahmsweise bis 15 Uhr, an den Sonntagen vor Weihnachten bis 16 Uhr verlängert. Im Frühjahr 1938 wurde die Arbeitszeit für Arbeiter dann weiter reduziert. In den Sommermonaten sollten auf Initiative der Deutschen Arbeitsfront sonntags nur noch die Inhaber der Ateliers arbeiten dürfen.[33]

---

[31] Vgl. StadtAA HAV, Aktengebiet 2 (Polizeiwesen) – Bestand 43, Nr. 189, Schreiben der Zwangsinnung an den Stadtmagistrat vom 19.3.1914; Schreiben des Stadtmagistrats an Franziska Maschowitzer vom 6.5.1914; Schreiben an die Regierung von Schwaben vom 19.5.1914; Schreiben der Regierung von Schwaben an den Stadtmagistrat vom 30.6.1914.

[32] Vgl. ebd. Schreiben der Innung an den Stadtmagistrat vom 24.2.1916; Bericht des Stadtmagistrats vom 25.4.1916; Bericht an die Regierung von Schwaben und Neuburg vom 19.6.1915 und 9.6.1916; Schreiben der Regierung von Neuburg und Schwaben an den Stadtmagistrat vom 19.6.1916; Schreiben des Stadtmagistrats an die Zwangsinnung vom 3.7.1916; Schreiben der Zwangsinnung an den Stadtmagistrat vom 5.8.1916; Bericht des Stadtmagistrats vom 26.8.1916; Bekanntmachung der Regierung von Schwaben vom 8.11.1916.

[33] Vgl. ebd. Bericht über die Vollversammlung an den Stadtrat vom 8.9.1919; Schreiben der Deutschen Arbeitsfront vom 6.4.1938.

Neben Fotografen, die in Augsburg ein stehendes Gewerbe angemeldet hatten und sich an die Regelungen halten mussten, gab es weiterhin Wanderfotografen. Auch um diese musste sich die Stadtverwaltung kümmern. Wanderfotografen, die sich der Gebäude- und Architekturfotografie widmeten, mussten laut ortspolizeilichen Vorschriften eine Genehmigung für die Fotografie einholen. So sollte verhindert werden, dass durch die Fotografen der Verkehr zu sehr behindert wurde. Die Gebühr kostete 5 Mark. Ortsansässige Fotografen waren davon in der Regel ausgenommen.[34] Versuche von Wanderfotografen, in den ortspolizeilichen Vorschriften eine Einschränkung der Gewerbefreiheit zu sehen, wurden für nichtig erklärt, da die Aufrechterhaltung von Sicherheit und Ordnung auf öffentlichen Plätzen Vorrang hatte.[35] Doch trotz der Genehmigungspflicht liefen die Geschäfte der Fotografen nicht immer rechtskonform ab. So wies die Polizeidirektion München die Stadt Augsburg 1913 darauf hin, dass Wanderfotografen versuchen würden, Reisende zu betrügen. Den Reisenden wurden Fotografien auf Emaille oder Vergrößerungen als Abzug versprochen. Die Auslieferung der Produkte sollte nicht sofort, sondern zu einem unbestimmten späteren Zeitpunkt stattfinden. Bei den Auslieferungen sollten dann jedoch Zusätze wie Rahmen oder Fassungen gezahlt oder unter Begleichung einer Bearbeitungsgebühr zurückgegeben werden mussten, was die Gewinnspanne der Fotografen vergrößerte.[36]

1932 kamen die Wanderfotografen auf die Idee, Fotos von Passanten ohne deren Wissen zu schießen. Erst danach fragten sie die Passanten, ob sie ein Foto haben möchten. Die Zustellung der Fotos erfolgte postalisch, nachdem die Erstellung der Abzüge bei den Wanderfotografen zu Hause geschah. Dies war ein Trick, um den eigentlich benötigten Gewerbeschein zu umgehen. Denn nach Gerichtsentscheid war dieser nicht notwendig, da Fotoaufnahmen keine *Gegenstände des allgemein Handelsverkehres, also keine Waren*, darstellten[37] denn der eigentliche Bestellauftrag für den Fotoabzug passiere erst nach Schießen des Fotos. Auch wenn das Vorgehen der Wanderfotograf damit rechtlich korrekt war, fühlten sich immer mehr Passanten durch die ungewollte Fotoerstellung und die anschließenden Werbegespräche gestört. Insbesondere am Augsburger Bahnhof kam es zu einer Häufung von Wanderfotografen, die Reisende ablichten wollten. Der Stadtrat reagierte hierauf und beschloss am 14.11.1933, keine Wanderfotografen mehr zuzulassen, da die Belästigung der Passanten zu groß sei.[38]

---

[34] StadtAA HAV, verschiedene Aktengebiete – Bestand 49, Nr. 561, Schreiben der Handwerkskammer von Schwaben und Neuburg vom 10.12.1926; Schreiben des Referats 8 vom 16.12.1926.
[35] Vgl. ebd. Aktenvermerk vom 9.9.1932.
[36] Vgl. StadtAA Polizeidirektion Augsburg, Polizeisachregistratur – Bestand 10, Nr. 3240, Schreiben der Polizeidirektion München von 1913.
[37] StadtAA HAV, verschiedene Aktengebiete – Bestand 49, Nr. 561, Schreiben an die Polizeidirektion Augsburg vom 26.3.1932.
[38] Vgl. ebd. Schreiben an die Polizeidirektion Augsburg vom 29.11.1933.

Nach Ausbruch des Zweiten Weltkriegs musste sich die Stadt Augsburg um die Erteilung und Organisation von Genehmigungen für die Fotografie wichtiger Gebäude kümmern. Zunächst sollte Karl Nicolai 1943 den Goldenen Saal fotografieren.[39] Im Juli desselben Jahres wandte sich schließlich Rolf-Werner Nehrdich an die Stadt. Nehrdich war Mitarbeiter des Reichsministeriums für Volksaufklärung und Propaganda. Er war beauftragt, die Anweisung von Adolf Hitler umzusetzen, ortsfeste Kunstwerke zu erfassen und zu dokumentieren. Die Fotos sollten zum einen der Dokumentation der Kunstwerke vor einer möglichen Zerstörung im Luftkrieg dienen, aber auch für Propagandazwecke, v. a. im Falle einer Kriegsschädigung, genutzt werden. In Augsburg sollte Nehrdich den Goldenen Saal, Schaezlerpalais, Stadttheater und andere wichtige Gebäude fotografieren. Er bat die Stadtverwaltung, Gerüste für seine Arbeit im Goldenen Saal und im Theater aufzustellen. Außerdem verlangte er die Reservierung eines Hotelzimmers mit eigenem Badezimmer. Um diesen Forderungen Nachdruck zu verleihen, rief der Leiter des Reichspropagandaamtes, Ludwig Mikus, bei der Stadtverwaltung an und führte aus, dass *der Führer nach den Deckenbildern des Augsburger Stadttheaters gefragt habe.*[40] Nehrdich bekam daraufhin ein Zimmer mit Bad im Hotel Drei Mohren und auch die notwendigen Gerüste wurden bereitgestellt, so dass er nach einigen Tagen seine Arbeit am 13.8.1943 beenden konnte.[41]

Aber nicht nur um verschiedene organisatorische und rechtliche Fragen kümmerte sich die Stadtverwaltung zwischen 1900 und 1945, sondern sie begann auch, die Fotografie für städtische Verwaltungszwecke zu entdecken und eine eigene Fotosammlung aufzubauen. Die erste städtische Behörde, die selbständig fotografische Aufnahmen erstellte, war das Bau-Bureau, der Vorgänger des heutigen Hochbauamtes. Wann genau das Bau-Bureau mit der Anfertigung fotografischer Aufnahmen für eigene Zwecke begann, lässt sich nicht mehr genau rekonstruieren. Hinweise in den Akten deuten darauf hin, dass dies um die Jahrhundertwende geschah.[42] Die

---

[39] StadtAA HAV, Aktengebiet 3 (Bauwesen) – Bestand 45, Nr. 865, Schreiben von Karl Nicolai vom 10.5.1943; Schreiben des Oberbürgermeisters vom 18.5.1943.
[40] Ebd. Aktenvermerk vom 22.7.1943.
[41] Vgl. ebd. Schreiben von Rolf-Werner Nehrdich vom 19.7.1943; Schreiben des Oberbürgermeisters an Rolf-Werner Nehrdich vom 27.7.1942; Aktenvermerk vom 14.8.1943.
[42] Belegt ist in den Akten des Bau-Bureaus nur der Beginn der professionellen Fotografie ab ca. 1912. Es wird jedoch angegeben, dass bereits in den vorhergehenden Jahren Fotos durch Mitarbeiter erstellt worden seien. Von einem weiter zurückreichenden Zeitraum wird dabei aber nicht gesprochen, vgl. StadtAA HAV, Aktengebiet 3 (Bauwesen) – Bestand 45, Nr. 865, Schreiben des Stadtbauamtes an den Stadtmagistrat vom 22.4.1912; Entwurfsschreiben des Stadtbauamtes vom 12.3.1912. – Das Stadtarchiv hat den Fotobestand des Hochbauamts übernommen (ca. 3.300 Aufnahmen). Eine erste Analyse zeigt, dass Aufnahmen von vor 1900 mit der Provenienz Hochbauamt kaum im Auftrag des Bau-Bureaus erstellt wurden. Darauf deuten die Bemerkung in den Akten sowie die Tatsache hin, dass diese Aufnahmen nur als Fotoabzug vorliegen und bei einigen Fotografien das Original nachweislich in anderen Einrichtungen wie den städtischen Kunstsammlungen (z. B. ein Foto der Gebrüder Jochner mit dem Motiv des Schwibbogentors) überliefert

Aufnahmen fertigten Mitarbeiter des Bau-Bureaus an. Da dies jedoch viel Zeit in Anspruch nahm und es sich lediglich um Amateurphotographen handelte, professionalisierte das Bau-Bureau seine fotografischen Bestrebungen. Nach dessen Einschätzung waren Kooperationen mit hauptberuflichen Fotografen nicht teurer als Mitarbeiter des Bau-Bureaus, die aufgrund der Durchführung fotografischer Tätigkeiten ihren eigentlichen Aufgaben nicht nachkommen konnten. Daher ließ es sich von den Augsburger Fotografen Alber, Höfle, Reßler, Siemssen sowie Spalke & Kluge Angebote für eine Kooperation erstellen. Bedingung war, dass die dabei entstandenen Glasplatten Eigentum des Bau-Bureaus wurden.

Die Kooperationen wurden zwischen 1912 und 1917 jeweils für ein Jahr abwechselnd mit den Ateliers Spalke & Kluge, Siemssen und Höfle durchgeführt. Zwischen 1917 und 1919 holte das Bau-Bureau zwar noch Angebote über die entstehenden Kosten bei den Fotografen ein, vergab jedoch ohne Angabe von Gründen keine Aufträge mehr. Naheliegend ist, dass aufgrund der Kriegsjahre und ihrer wirtschaftlichen sowie finanziellen Folgen die Auftragsvergabe unterblieben ist. Erst Mitte der 1920er-Jahre scheint das Bau-Bureau sich wieder der Fotografie gewidmet zu haben. Allerdings wurden dafür abermals eigene Mitarbeiter eingesetzt. Eine Vergabe an professionelle Fotografen fand nicht mehr statt.[43]

Ab 1936/37 interessierte sich eine weitere städtische Institution für die Fotografie. Die Städtischen Bühnen wollten die Bühnenaufbauten und Generalproben verstärkt dokumentieren. Bisher hatten sie zwar mit dem Fotografen Hans Siemssen zusammengearbeitet, jedoch musste bei den Generalproben ein Fotograf auch mal sechs, sieben oder acht Stunden anwesend sein. Mit einem freien Fotografen sei dies nicht machbar, so die Aussage der Städtischen Bühnen. Daher baten sie das zuständige Referat 6 um die Finanzierung einer eigenen Kamera. Das Referat lehnte das Ansinnen jedoch mit dem Verweis ab, Oberbürgermeister Josef Mayr habe vor, eine Stelle für Fotografie in der Stadtverwaltung einzurichten.[44] Diese wurde auch im Verlauf des Jahres 1937 unter dem Namen Stadtbildstelle ins Leben gerufen. Leider existieren zur Gründung der Stadtbildstelle keine Akten mehr. Ob es sich wirklich um eine Neugründung handelte, darf bezweifelt werden. So legen fotografische und filmische Archivalien nahe, dass bereits zuvor eine »Fotolabor« genannte Einrichtung existierte. Diese wiederum gehörte wahrscheinlich zur städtischen Lehrmittelverwaltung. Vermutlich entstand die Stadtbildstelle also aus der der Lehrmittelverwaltung zugeordneten Lichtbildstelle. Was für diese Deutung

---

    ist. Vielmehr ist davon auszugehen, dass das Bau-Bureau nicht nur Fotografien erstellt, sondern auch rückwirkend gesammelt hat.

[43] StadtAA HAV, Aktengebiet 3 (Bauwesen) – Bestand 45, Nr. 865, Schreiben des Stadtbauamtes an den Stadtmagistrat vom 22.4.1912; Entwurfsschreiben des Stadtbauamtes vom 12.3.1912; Plenarbeschlüsse vom 4.6.1913, 22.5.1914, 4.1.1916, Aktenvermerke vom 12.4.1917, 16.1.1919, und 2.12.1919

[44] Vgl. StadtAA HAV, verschiedene Aktengebiete – Bestand 50, Nr. 1825, Schreiben an das Referat 6 vom 2.7.1937; Schreiben vom Referat 6 an das Referat 2 vom 23.7.1937.

spricht, ist, dass die Stadtbildstelle im Gebäude der Lehrmittelverwaltung in der Jesuitengasse 14 (Lit. F 409) eingerichtet wurde und mit Reinhard Haßelberger ein Lehrer erster Leiter der Stadtbildstelle wurde.[45] Es ist anzunehmen, dass das vorherige Fotolabor umstrukturiert und mit einem deutlich größeren Aufgabengebiet betraut wurde.[46]

Kurz vor Kriegsende 1945 begann die Stadt auf Initiative des Referates 6 Fotos aus den Ämtern zusammenzutragen, die das Stadtbild Augsburgs von vor den Kriegszerstörungen durch die Bombennacht vom 25. auf den 26. Februar zeigen, um dieses zu dokumentieren. Die Fotos sollten im Maximilianmuseum ins Maximilianmuseum gebracht werden.[47] Weshalb die Fotos im Maximilianmuseum und nicht in der Stadtbildstelle zusammengetragen wurden, ist wegen fehlender Aktenüberlieferung nicht mehr zu rekonstruieren. Möglicherweise war die Stadtbildstelle aufgrund des Krieges zu diesem Zeitpunkt nicht mehr aktiv. Nachweisbar ist die Tätigkeit der Stadtbildstelle erst wieder ab 1950. Mit dem Gewerbelehrer Georg Ehrentreu hatte sie einen neuen Leiter sowie mit der Schaezlerstraße 26 einen neuen Standort bekommen.[48]

Somit zeigt die Fotografie in Augsburg zwischen 1900 und 1945 ein vielschichtiges Bild. Nach den Krisenjahren der 1870er- und 1880er-Jahre hatten sich die Fotoateliers spätestens um 1900 wirtschaftlich wieder erholt. Gleichzeitig herrschte ein Wille zur Institutionalisierung und Organisation, sowohl bei den Augsburger Hobbyfotografen mit ihren Vereinen, als auch bei den gewerblichen Fotografen mit der Gründung einer Zwangsinnung. Trotz dieses Willens zur Gemeinschaft gab es immer wieder Probleme und Konflikte zwischen den Fotografen, sei es die Mitgliedschaft in der Innung, die Preisgestaltung oder die Arbeitszeit. Bei den Konflikten versuchte die Zwangsinnung mit der Stadtverwaltung zu kooperieren, diese dabei als zuständige behördliche Instanz in die Pflicht zu nehmen und die eigenen Interessen durchzusetzen. Die Stadtverwaltung sah sich wiederum in diesem Zeit-

---

[45] Vgl. Adressbücher der Stadt Augsburg 1936, 1937 und 1938.
[46] Die Stadtbildstelle hatte den Auftrag, wichtige Gebäude, Ereignisse und Anlässe fotografisch zu dokumentieren. Ähnlich wie beim städtischen Bau-Bureau ist auch hier davon auszugehen, dass die Stadtbildstelle rückwirkend Fotografien aus der Geschichte der Stadt Augsburg gesammelt hat. Dies zeigen die in der Fotosammlung des Stadtarchivs Augsburg unter der Provenienz Stadtbildstelle vorhandenen Aufnahmen, die sich teilweise schon auf Aufnahmezeitpunkte vor 1937, damit vor der Existenz der Stadtbildstelle datieren lassen und nicht vom Fotolabor stammen. Es existieren jedoch Verweise auf das vorherige Fotolabor. Offen muss dagegen die Frage bleiben, inwiefern mit der Umstrukturierung propagandistische Zwecke des NS-Regimes verfolgt wurden, was jedoch naheliegend ist.
[47] Vgl. StadtAA Aktengebiet 3 (Bauwesen) – Bestand 45, Nr. 865, Schreiben des Referates 6 an den Oberbürgermeister vom 23.2.1945; Schreiben des Oberbürgermeisters an die städtischen Ämter und Referenten vom 5.3.1945.
[48] Adressbuch der Stadt Augsburg 1950.

raum mit durch die Fotografen neu hinzugekommen Aufgaben beschäftigt. Neben der bereits erwähnten Einbeziehung in die Konflikte der Zwangsinnung, waren dies hauptsächlich die Durchführung gewerberechtlicher Revisionen der Fotoateliers, die Gründung der Zwangsinnung, aber auch die Beschäftigung mit Wanderfotografen – die seit dem 19. Jahrhundert fester Bestandteil des Stadtbilds waren und die 1933 ein Ende fanden –, dem Erteilen von Fotografiegenehmigungen und der Erstellung ortspolizeilicher Vorschriften für fotografische Belange. Da die Fotografie mittlerweile unumstritten war und in der Verwaltungsarbeit Vorteile mit sich brachte, wie beispielsweise die Dokumentation von Baustellen, Gebäuden oder auch Generalproben, befasste sich die Stadt Augsburg neben ihren Verwaltungsaufgaben immer mehr mit der Erstellung eigener fotografischer Aufnahmen und der Anlegung von Fotosammlungen.

Gerhard Neumeier

Soziale Mobilität und weitere demographische Prozesse in Fürstenfeldbruck vom späten 19. bis zum Ende des 20. Jahrhunderts

Abstractum: Industrialisierung und Urbanisierung hatten Einflüsse auf die soziale Mobilität. In Fürstenfeldbruck herrschte am Ende des 19. Jahrhunderts ein sozial relativ homogenes Herkunftsmilieu der heiratenden Frauen und Männer aus Handwerk und Landwirtschaft. Die intergenerationelle Mobilität zeigte vor dem Ersten Weltkrieg eine Dominanz der sozialen Immobilität. Das Heiratsalter von Männern und Frauen aus Fürstenfeldbruck lag im Kaiserreich und in der Weimarer Republik über den deutschen Durchschnittswerten, der Trend des langsam sinkenden Heiratsalters bestätigte sich jedoch auch dort. Männer und Frauen waren bestrebt, in etwa gleichaltrige Partner zu gewinnen, dennoch herrschte in den Fällen, wo dies nicht der Fall war, ein ökonomisches und soziales Gefälle zwischen den Geschlechtern zuungunsten der Frauen. Es dominierte das endogame Heiratsmuster. Die Säuglingssterblichkeit war auch in Fürstenfeldbruck sehr hoch, von 1900 bis 1914 sank sie langsam, nach dem Ersten Weltkrieg deutlich. Ab dem Ersten Weltkrieg stieg die Lebenserwartung kontinuierlich und signifikant an. Verheiratete Personen wurden älter als Ledige. Zudem ist ein Zusammenhang zwischen der sozioökonomischen Lage und dem durchschnittlichen Sterbealter zu konstatieren.

Soziale Mobilität

Es gab und gibt in der Geschichtswissenschaft eine breite Diskussion über den Zusammenhang von Industrialisierung sowie Urbanisierung einerseits und sozialer Mobilität andererseits:

»Modernisierungs- und Industrialisierungstheorien nehmen häufig an, daß Industrialisierung und wirtschaftliche Entwicklung zu mehr sozialer Mobilität führen müssen, da sich die Berufsstruktur grundlegend wandelt und die Arbeitsteilung komplexer wird, da wichtige vorindustrielle Barrieren räumlicher und beruflicher Mobilität abgebaut werden und da sich die Einstellung zu sozialer Mobilität verändert.«[1]

---

[1] Hartmut KAELBLE, Historische Mobilitätsforschung. Westeuropa und die USA im 19. und 20. Jahrhundert (Erträge der Forschung 85) Darmstadt 1978, S. 2 f.

Ein wichtiges Feld der historischen Mobilitätsforschung war und ist das Ausmaß der vertikalen sozialen Mobilität von Individuen und Familien, also für Aufstieg und Abstieg innerhalb eines Schemas sozialer Schichten und Klassen.[2] Anhand einzelner Fallbeispiele wurde jedoch vor allem ein geringes Ausmaß sozialer Mobilität im 19. und teilweise auch noch im 20. Jahrhundert belegt. Bisher wurde noch wenig untersucht, »welche Auswirkungen der Wandel schichtspezifischer Geburtenraten, Lebenserwartung und Familiengrößen im neunzehnten Jahrhundert auf die Entwicklung der sozialen Mobilität besaß«.[3] Sozialgeschichtlich entscheidend für die Berufsstruktur und die soziale Mobilität war die Bedeutung der Vätergeneration der Beschäftigten, d. h. aus welchen sozialen Herkunftsschichten sich die arbeitende Bevölkerung in der Zeit der Hochindustrialisierung rekrutierte und – damit verbunden – inwieweit Berufe oder verwandte Berufe sich vom Vater auf den Sohn vererbten. »Soziale Mobilität läßt sich definieren als die Bewegung von Individuen zwischen sozialen Positionen.«[4] Soziale Mobilität war und ist ein wichtiger Teilbereich demographischer Prozesse. Für Fürstenfeldbruck soll die Frage nach dem Ausmaß der sozialen Mobilität vor allem aufgrund der Angaben in den Heiratsregistern des Stadtarchivs beantwortet werden.

Tabelle 1: Berufe der Väter der in den Jahren 1876–1881 heiratenden Personen in Fürstenfeldbruck (in Prozent)

	Männer (n = 71)	Frauen (n = 69)
Handwerker	29,5	30,4
Gütler/Söldner/Häusler	25,3	27,5
Handwerksmeister	12,6	11,5
Bauer/Ökonom	11,2	4,3
Kaufleute	5,6	4,3
Taglöhner	7,0	8,7
einfache/mittlere staatl./städt. Angestellte	2,8	4,3
Privatier	1,4	2,9
Militär	1,4	0,0
Wirt	1,4	2,9
Photograph	1,4	0,0

---

[2] Reinhard SCHÜREN, Soziale Mobilität. Muster, Veränderungen und Bedingungen im 19. und 20. Jahrhundert, St. Katharinen 1989, S. 1.
[3] Ebd. S. 20 f.
[4] Kenneth MACDONALD/John RIDGE, Soziale Mobilität, in: Hartmut KAELBLE (Hg.), Geschichte der sozialen Mobilität seit der industriellen Revolution (Neue Wissenschaftliche Bibliothek, Geschichte 101) Königstein/Taunus 1978, S. 60–78, hier 61.

	Männer (n = 71)	Frauen (n = 69)
Notar	0,0	1,4
Kunstmühlenbesitzer	0,0	1,4

Quelle: StadtA Fürstenfeldbruck Heiratsregister 1876–1883; Auswertung 1876–1880 komplett und sieben Fälle aus 1881

Die wichtigsten sozialen Rekrutierungsfelder der 1876–1881 arbeitenden und heiratenden Menschen waren das Handwerk und die Landwirtschaft, hier vor allem die ärmere bäuerliche Schicht. Über 40 Prozent der in diesen Jahren Beschäftigten in Fürstenfeldbruck hatten als Vater einen Handwerker bzw. Handwerksmeister, fast 37 Prozent kamen aus der Landwirtschaft, die Zahlen für die Frauen ähnelten denen der Männer. Es ist also von einem sozial relativ homogenen Herkunftsmilieu der heiratenden Frauen und Männer aus Handwerk und Landwirtschaft in Fürstenfeldbruck auszugehen. Alle anderen Berufszweige der Eltern sind demgegenüber als sekundär zu betrachten.[5]

Tabelle 2: Berufe der Väter der in den Jahren 1908–1910 heiratenden Personen (in Prozent)

	Männer (n = 94)	Frauen (n = 93)
Handwerksmeister	19,1	19,4
Gütler/Söldner/Häusler	13,8	17,2
Handwerker	11,7	12,9
Taglöhner	9,6	4,3
einfache/mittlere staatl. Angest./Beamte	7,4	7,5
Bauer/Ökonom	6,4	5,3
Kaufmann	5,3	3,2
Hausbesitzer	5,3	3,2
Arbeiter	4,2	6,4
Privatier	3,2	5,3
Gastwirt	3,2	3,2
Diener	2,1	0,0
Kunstmühlenbesitzer	1,0	0,0
Bezirksgeometer	1,0	1,0
Holzgalanteriewarenfabrikant	1,0	0,0

---

[5] Zur historischen Mobilitätsforschung vgl. KAELBLE, Historische Mobilitätsforschung (wie Anm. 1); DERS., Geschichte der sozialen Mobilität (wie Anm. 3); SCHÜREN, Soziale Mobilität (wie Anm. 2).

	Männer (n = 94)	Frauen (n = 93)
Lehrer	2,0	1,0
Metallgießereibesitzer	1,0	0,0
Posthalter und Landtagsabgeordneter	1,0	0,0
Stabsarzt	1,0	0,0
Militärbediensteter	1,0	0,0
Pfarrmeßner	0,0	1,0
Kreisobergeometer	0,0	1,0
Melbereigeschäftsinhaber[6]	0,0	1,0
Stadtmusiker	0,0	1,0
Kreisobergeometer	0,0	1,0
Kommerzienrat	0,0	1,0
Regierungs- und Kreisbaurat	0,0	1,0
Pferdehändler	0,0	1,0
Eisenbahndirektor	0,0	1,0
Fabrikant	0,0	1,0

Quelle: StadtA Fürstenfeldbruck Heiratsregister 1908–1914

Zwar dominierten ca. 30 Jahre später immer noch das Handwerk und die Landwirtschaft mit deutlich sinkender Tendenz in der Vätergeneration der Frauen und Männer, doch das berufliche Herkunftsspektrum hatte sich bereits erheblich ausgeweitet. Vor allem der Bereich der bei Stadt oder Staat Beschäftigten und bei den Männern der Bereich der wirtschaftlich Selbstständigen hatten wachsenden Anteil beim Herkunftsmilieu. Dies lag an dem sich allgemein ausweitenden Sektor dieser Berufsgruppen und deutet auf eine langsame Erhöhung der etwas besser gestellten Kreise für die soziale Rekrutierung der Fürstenfeldbrucker Bevölkerung hin. Das Herkunftsmilieu der Frauen ähnelte erneut dem der Männer, keinesfalls ist das Herkunftsmilieu der Frauen sozial niedriger anzusiedeln.

Tabelle 3: Intergenerationelle Mobilität der heiratenden Männer in Fürstenfeldbruck 1876–1881 (n = 71) und 1908–1910 (n = 93) in Prozent

	1876–1881	1908–1910
gleichbleibend	49,3	57,0
Aufstieg	22,5	18,2
Abstieg	28,1	24,7

---

[6] Mehlhandlung.

	1876–1881	1908–1910
Exakte Berufsvererbung	25,4	15,0
»Sektorenvererbung«	22,5	33,3

Quelle: StadtA Fürstenfeldbruck Heiratsregister 1876–1883; Auswertung 1876–1880 komplett und sieben Fälle aus 1881; »Sektorenvererbung«: z.B. Vater Handwerker – Sohn anderes Handwerk; Heiratsregister 1908–1914

Die intergenerationelle Mobilität, also der Vergleich der Berufe von Vätern und Söhnen, zeigt zu beiden Messzeitpunkten vor dem Ersten Weltkrieg die Dominanz der sozialen Immobilität, auch wenn sich darüber hinaus die Anteile der Aufstiegs- und Abstiegsprozesse von der Größenordnung her die Waage hielten. Bei den Aufstiegsprozessen dominierte die Herkunft aus dem handwerklichen Bereich, bei den Abstiegsprozessen ist zu konstatieren, dass eine Herkunft aus der besitzlosen ländlichen Unterschicht die Gefahren für einen sozialen Abstieg in der nächsten Generation erhöhten. Auffällig erscheint jedoch auch, dass sich die exakte Berufsvererbung verringerte, während die Sektorenvererbung sogar anstieg. Dies kann einerseits auf den Wunsch, im überlieferten Berufsfeld zu verbleiben, andererseits auf die in diesem Berufsfeld erweiterten beruflichen Möglichkeiten hindeuten, die genau dort, nicht allzu weit weg vom Herkunftsmilieu, gesucht wurden.[7] Der Wandel in der Beschäftigtenstruktur zwischen den beiden Messzeiträumen hatte sich auf die intergenerationelle Mobilität kaum ausgewirkt, auch der Urbanisierungsgrad spielte offensichtlich keine Rolle.

Heiratsalter und Ehepartnerwahl

Um das Jahr 1800 »heirateten die Frauen in Deutschland im Durchschnitt mit 26, die Männer mit 28 Jahren«.[8] In Deutschland sank von den 1870er-Jahren an das Heiratsalter in den nächsten 100 Jahren kontinuierlich.

»Die Männer heirateten im Durchschnitt 1871 mit 29, 1890 mit 28, 1910 und 1930 mit 27 und 1970 mit 25,5 (BRD) bzw. 24 (DDR) Jahren. Die Entwicklung des Heiratsalters der Frauen verlief parallel. Es sank von 26,5 Jahren 1871 auf 25 (1910 und 1950) und erreichte ebenfalls um 1970 seinen bisherigen Tiefstand: 23 Jahre in der BRD, knapp unter 22 in der DDR. In den 1970er-Jahren setzte aber zugleich in beiden deutschen Staaten eine radikale Trendwende ein.

---

[7] Zur Aufstiegs- und Abstiegsmobilität in einem Stadtviertel von München siehe Stephan BLEEK, Quartierbildung in der Urbanisierung. Das Münchner Westend 1890–1933, München 1991, S. 203–221.
[8] Josef EHMER, Bevölkerungsgeschichte und Historische Demographie 1800–2000 (Enzyklopädie Deutscher Geschichte 71) München 2004, S. 47.

Von nun an stieg das Heiratsalter wiederum sehr schnell an und erreichte neue Spitzenwerte, die sogar über jenen des 19. Jahrhunderts liegen. 2000 heirateten ledige Männer im Durchschnitt mit 31, ledige Frauen mit 28 Jahren.«[9]

Andere Untersuchungen nennen für die Bundesrepublik Deutschland folgende durchschnittliche Heiratsalter für Männer: 31,0 Jahre (1950), 28,5 Jahre (1960), 28,3 Jahre (1970) und 29,0 Jahre (1980) sowie folgende durchschnittliche Heiratsalter für Frauen: 27,4 Jahre (1950), 25,2 Jahre (1960), 24,9 Jahre (1970) und 25,8 Jahre (1980).[10] Übereinstimmung indes besteht, dass das Heiratsalter in den 1950er- und 1960er-Jahren sowohl bei Männern als auch bei Frauen sank. Hier wird davon ausgegangen, dass dies auch für Fürstenfeldbruck zutraf.

Tabelle 4: Heiratsalter in Fürstenfeldbruck in Jahren (in Prozent)

	1876–1881		1908–1910		1925–1927		1950–1951		1979	
	M	W	M	W	M	W	M	W	M	W
unter 21	1,0	10,9	0,0	6,0	0,0	7,0	1,6	9,4	1,7	6,5
21–25	16,8	28,7	16,0	37,0	28,0	38,0	14,8	43,8	23,3	44,2
26–30	35,6	28,7	47,0	29,0	41,0	32,0	39,3	18,8	28,3	26,0
31–40	23,8	15,8	22,0	19,0	14,0	20,0	32,8	20,3	38,3	13,0
41–50	8,9	12,9	9,0	7,0	10,0	3,0	4,9	7,8	3,3	7,8
älter als 50	13,9	3,0	6,0	2,0	7,0	0,0	6,6	0,0	5,0	2,6
Durchschnitt	34,4	29,5	31,7	28,4	31,1	26,9	32,7	27,4	31,9	28,0
n	101	101	100	100	100	100	61	64	60	77

Quelle: StadtA Fürstenfeldbruck Heiratsregister 1876–1881, 1908–1914, 1924–1928, Sterbebücher 1947–1950 und 1951–1954 (die in diesen Jahren Gestorbenen heirateten vorwiegend in den Jahren 1900–1910), Sterbebuch 1979 (die in diesem Jahr Gestorbenen hatten vorwiegend in den 1930er-Jahren geheiratet)

Das durchschnittliche Heiratsalter von Männern und Frauen lag in Fürstenfeldbruck in den Jahren 1876–1881, 1908–1910 und 1925–1927 über den deutschen Durchschnittswerten, was möglicherweise auf ein wirtschaftliches und soziales unterdurchschnittliches Niveau und eine vergleichsweise schlechte Infrastruktur hindeutet. Der Trend des langsam sinkenden Heiratsalters bestätigte sich auch in Fürstenfeldbruck. Bei den Frauen stachen in diesen drei Zeiträumen zwei typische Gruppen hervor, denn in allen Fällen heirateten die Frauen vorwiegend zwischen 21 und 25 Jahren, die nächstgrößere Gruppe bildete diejenige der Frauen, die mit

---

[9] Ebd. S. 47.
[10] Andreas WIRSCHING, Abschied vom Provisorium. Geschichte der Bundesrepublik Deutschland 1982–1990 (Geschichte der Bundesrepublik Deutschland 6) München 2006, S. 322.

26–30 Jahren heirateten. In den Jahren 1908–1910 und 1925–1927 heirateten mindestens zwei Drittel der Frauen mit 21–30 Jahren. Es sollte jedoch nicht unterschätzt werden, dass zu allen Messzeitpunkten sechs bis knapp elf Prozent aller Frauen bereits mit 20 Jahren und jünger heirateten. Andererseits lag der Anteil derjenigen Frauen, die bei der Hochzeit mehr als 30 Jahre alt war, in den Jahren 1876–1881 bei fast einem Drittel, dies waren zur Hälfte verwitwete Frauen, die ein zweites Mal heirateten. Männer heirateten zu allen Messzeitpunkten kaum unter 21 Jahren, das dominierende Heiratsalter der Männer lag entweder in der Altersgruppe zwischen 26 und 30 Jahren oder in der Altersgruppe zwischen 31 und 40 Jahren, dagegen heirateten in den 1930er-Jahren immerhin fast die Hälfte der Männer erst in einem Alter von über 30 Jahren. Diese Befunde deuten darauf hin, dass zumindest die Männer sich vor der Heirat zunächst eine halbwegs gesicherte berufliche Existenz aufbauen wollten.

Tabelle 5: Heiratsalter in Fürstenfeldbruck 1876–1881
Mann älter als Frau: 65,3 % (n = 101); Frau älter als Mann: 33,7 % (n = 101)

	Mann älter als Frau	Frau älter als Mann
bis 2 Jahre älter	16,7 %	52,9 %
2–5 Jahre älter	18,1 %	23,5 %
5–10 Jahre älter	40,9 %	23,5 %
mehr als 10 Jahre älter	24,2 %	0,0 %

Knapp 29 % etwa im gleichen Alter (bis 2 Jahre älter); knapp 20 % 2–5 Jahre auseinander; ca. 35 % 5–10 Jahre auseinander; ca. 16 % mehr als 10 Jahre auseinander

Quelle: StadtA Fürstenfeldbruck Heiratsregister 1876–1883; Auswertung 1876–1880 komplett und sieben Fälle aus 1881

Tabelle 6: Heiratsalter in Fürstenfeldbruck 1908–1910
Mann älter als Frau: 70 % (n = 100); Frau älter als Mann: 30 % (n = 100)

	Mann älter als Frau (n = 70)	Frau älter als Mann (n = 30)
bis 2 Jahre älter	21,4 %	63,3 %
2–5 Jahre älter	35,7 %	10,0 %
5–10 Jahre älter	30,0 %	20,0 %
mehr als 10 Jahre älter	12,9 %	6,6 %

Quelle: StadtA Fürstenfeldbruck Heiratsregister 1908–1914

In den Jahren 1876–1881 und 1908–1910 war immerhin ca. ein Drittel der Frauen bei der Hochzeit älter als der Mann, auch wenn in diesen Fällen die Frau meistens nur höchstens zwei Jahre älter als der Mann war. Dies legt bei Witwen mit großen

Altersabständen den Versorgungsgedanken nahe, kann aber auch als ein Indiz für echte Liebesheiraten bei geringen Altersabständen gedeutet werden. Männer und Frauen schienen bestrebt zu sein, Menschen in ähnlichem Alter als Partner zu gewinnen, dies gelang etwa der Hälfte der Heiratenden in den Jahren 1876–1881, jedoch betrug der Altersunterschied bei der anderen Hälfte der Heiratenden mindestens fünf Jahre, was auch auf ein oft vorhandenes ökonomisches und soziales Gefälle hindeuten könnte. Die Frage, in welchem Ausmaß die Heiraten Liebesheiraten waren, sollten künftige Forschungen beantworten. In jedem Fall zeigt sich eine hohe soziale Varianz bei Hochzeiten, die sehr individuelle Lebensentwürfe widerspiegelten.

Tabelle 7: Familienstand bei der Hochzeit in Fürstenfeldbruck 1876–1881 (n = 101) in Prozent

beide ledig	76,2
beide verwitwet	4,0
Mann Witwer / Frau ledig	8,9
Frau Witwe / Mann ledig	10,9

Quelle: StadtA Fürstenfeldbruck Heiratsregister 1876–1883; Auswertung 1876–1880 komplett und sieben Fälle aus 1881

Etwa drei Viertel aller heiratenden Personen war in den Jahren 1876–1881 ledig, der Anteil der Verwitweten lag somit immerhin bei fast einem Viertel, was den Wunsch der meisten Menschen nach einer Verheiratung bzw. Wiederverheiratung zeigt.

Tabelle 8: Ehepartnerwahl in Fürstenfeldbruck (in Prozent)

	1908–1910 (n = 100)	1925–1927 (n = 105)
beide Ehepartner aus den Unterschichten	52,0	61,0
Mann Mittel-/Oberschicht – Frau Mittel-/Oberschicht	12,0	8,5
Mann Mittel-/Oberschicht – Frau Unterschicht	35,0	30,5
Frau Mittel-/Oberschicht – Mann Unterschicht	1,0	0,0

Quelle: StadtA Fürstenfeldbruck Heiratsregister 1908–1914 und Heiratsregister 1921–1927

Für Fürstenfeldbruck kurz vor und nach dem Ersten Weltkrieg kann eindeutig belegt werden, dass ein endogames Heiratsmuster vorlag, d.h. Männer und Frauen heirateten vorwiegend innerhalb ihrer sozialen Schichten. Zudem war das Bestreben der Frauen erkennbar, sozial nach oben zu heiraten, allerdings muss dabei berücksichtigt werden, dass den Frauen gute soziale Positionen aus eigener Kraft heraus weitgehend verwehrt blieben.[11] Die soziale Mobilität in Fürstenfeldbruck am Ende des 19. und zu Beginn des 20. Jahrhunderts war nicht hoch. Bezüglich des Heiratsalters und der Ehepartnerwahl fügt sich Fürstenfeldbruck in die bekannten Ergebnisse der Forschung ein. In der Zukunft sollten vor allem Fragen nach dem Zusammenhang von Bildungsexpansion und sozialer Mobilität sowie den Interdependenzen zwischen dem Wandel der Sozialstruktur und der sozialen Mobilität erforscht werden; dies könnte auch für Fürstenfeldbruck im 20. Jahrhundert ein lohnendes Forschungsfeld sein.

Das Sterbealter bzw. die Lebenserwartung

Heute gelten in den hochindustrialisierten Gesellschaften bzw. in den Dienstleistungsgesellschaften wie beispielsweise Deutschland, aber teilweise und mit anderen Schwerpunkten auch in den Entwicklungs- und Schwellenländern, vorwiegend folgende Faktoren als determinierend für die Lebenserwartung der Menschen: Geschlecht, genetischen Anlagen, medizinische Versorgung, Hygienestandard, Trinkwasserqualität, Lebensstandard beruhend auf Berufszugehörigkeit, Einkommen und Bildungsabschluss, Genuss von Alkohol und Zigaretten sowie anderer Drogen, Ernährungsgewohnheiten sowie das Ausmaß von Stress und Bewegung. Die durchschnittliche Lebenserwartung in Deutschland liegt heute bei den Männern bei 78 Jahren und bei den Frauen bei 83 Jahren. Im letzten Jahrzehnt stellten Herz-/Kreislauferkrankungen mit etwa 50 Prozent und Krebs mit etwa 25 Prozent die häufigsten Todesursachen in Deutschland dar. Eine Abhandlung zur Entwicklung der Lebenserwartung am Beispiel Fürstenfeldbrucks von 1876 bis 1979, also über einen Zeitraum von ca. 100 Jahren, soll nun den Zyklus über demographische Prozesse in Fürstenfeldbruck abschließen. Die Lebenserwartung in Deutschland ist seit der Mitte des 19. Jahrhunderts bis heute sehr stark angestiegen, diese Entwicklung hält an und es wird erwartet, dass die Lebenserwartung in Zukunft nochmals ansteigen wird. Die zentralen Quellen für diese historische Analyse sind die Sterbebücher des Stadtarchivs Fürstenfeldbruck.

---

[11] Endogames Heiratsverhalten war zu dieser Zeit eher die Regel als die Ausnahme, siehe dazu Renate Karoline ADLER, Demographie und Familiengeschichte der beiden Schwarzwalddörfer Aach und Schönmünzach im Kreis Freudenstadt. Rückwirkungen der beginnenden Industrialisierung auf die ländliche Sozialstruktur (Beitr. zur südwestdeutschen Wirtschafts- und Sozialgeschichte 14) St. Katharinen 1991, S. 220–222, sowie SCHÜREN, Soziale Mobilität (wie Anm. 2) S. 101–103; nun auch mit weiterer Literatur Sebastian MÜLLER, Dorfgesellschaft im Wandel. Bevölkerungsentwicklung und Industrialisierung im Limbacher Land des 16. bis 20. Jahrhunderts, 2018, S. 135–237.

Tabelle 9: Sterbealter in Fürstenfeldbruck in Jahren in Prozent

	bis 1 Jahr	1–15	16–40	41–60	61–70	71–80	81–90	über 90	n
1876–1880	46,3	7,8	10,3	11,8	13,1	8,4	2,1	0,0	533
1881–1885	42,9	11,9	9,7	11,2	10,5	10,8	2,4	0,6	455
1886–1890	37,9	7,7	13,4	12,9	14,3	11,8	1,8	0,2	441
1891–1895	34,0	13,4	8,6	13,8	11,9	13,6	4,0	0,6	477
1896–1900	43,7	6,5	8,3	14,0	14,9	9,9	3,1	0,3	506
1901–1905	43,3	12,0	6,0	13,0	11,3	12,0	2,4	0,0	485
1906–1910	33,1	7,6	10,7	12,6	17,7	13,0	5,2	0,0	514
1911–1914	35,6	6,9	10,6	15,8	12,4	14,4	3,7	0,5	348
1915–1918	16,9	6,3	11,4	12,9	21,1	21,7	9,4	0,2	350
1919	24,1	8,8	11,0	12,1	16,5	21,9	5,4	0,0	91
1920–1922	17,9	4,2	15,1	14,6	19,8	19,8	8,0	0,4	212
1924–1925	13,4	5,1	10,3	22,4	14,1	21,8	12,2	0,6	156
1939	11,7	4,3	9,6	18,1	22,3	21,2	11,7	1,1	94
1950–1951	3,9	6,1	5,6	16,3	17,4	35,9	13,4	1,1	178
1979	0,0	0,0	3,0	6,0	25,3	39,8	19,2	6,6	166

Quelle: StadtA Fürstenfeldbruck Sterbebücher der angegebenen Jahre

In den Jahren vor dem Ersten Weltkrieg fielen 33,1–46,3 Prozent (im Durchschnitt etwa knapp 40 Prozent) aller Sterbefälle auf das erste Lebensjahr, d. h. die Säuglingssterblichkeit in Fürstenfeldbruck in dieser Zeit war sehr hoch, deshalb wird ihr an anderer Stelle eine eigene Untersuchung gewidmet. Hervorzuheben ist allerdings, dass die Säuglingssterblichkeit von 1900 bis 1914 langsam, nach dem Ersten Weltkrieg dann deutlich gesunken ist. Auch der Anteil der Sterbefälle, die auf das Lebensalter von 1 bis 15 Jahre fiel, war mit einem Prozentsatz von 5,5–13,4 sehr hoch, es gab also viele Sterbefälle in dieser Alterskohorte, die Ursachen hierfür bilden ein Forschungsdesiderat und müssten extra erforscht werden.

Tabelle 10: Sterbealter in Fürstenfeldbruck in Jahren in Prozent (ohne 0–15 Jahre)

	16–40	41–60	61–70	71–80	81–90	über 90	n
1876–1880	22,5	25,8	28,6	18,4	4,5	0,0	244
1881–1885	21,3	24,7	23,3	23,7	5,3	1,4	206
1886–1890	24,5	23,7	26,2	21,6	3,3	0,4	240
1891–1895	16,3	26,2	22,7	25,8	7,5	1,1	251

	16–40	41–60	61–70	71–80	81–90	über 90	n
1896–1900	16,6	28,1	28,1	19,8	6,3	0,7	252
1901–1905	13,3	29,0	25,3	26,7	5,5	0,0	217
1906–1910	18,0	21,3	29,8	21,9	8,8	0,0	305
1911–1914	18,5	27,5	21,5	25,0	6,5	1,0	200
1915–1918	14,8	16,7	27,5	28,2	12,2	0,3	269
1919	16,3	18,0	24,5	32,7	8,1	0,0	61
1920–1922	19,3	18,7	25,4	25,4	10,3	0,6	165
1924–1925	12,5	27,5	17,3	26,7	14,9	0,7	127
1939	11,3	21,5	26,5	25,3	13,9	1,2	79
1950–1951	6,3	18,1	19,3	40,0	15,0	1,2	160
1979	3,0	6,0	25,3	39,8	19,2	6,6	166

Quelle: StadtA Fürstenfeldbruck Sterbebücher der angegebenen Jahre

Rechnet man die im Säuglingsalter und im Alter von 1–15 Jahren gestorbenen Personen heraus – diese betrafen vor dem Ersten Weltkrieg immerhin ca. 40–55 Prozent aller Sterbefälle – und beschränkt sich nur auf diejenigen Personen, die das 16. Lebensalter erreicht haben, ergeben sich im Zeitraum von 1876 bis zum Ersten Weltkrieg sehr hohe Anteile von Menschen, die in den Altersgruppen 16–40 Jahre und 41–60 Jahre gestorben sind. 1876–1890 starb jeder vierte bis fünfte Mensch in Fürstenfeldbruck im Alter von 16–40 Jahren. Rechnet man für diesen Zeitraum den Anteil derjenigen Personen dazu, die im Alter von 41–60 Jahren starben, so ergibt sich nahezu ein Anteil von 50 Prozent an Personen, die vor Erreichen des 61. Lebensjahres gestorben sind. Der Anteil der Menschen, die älter als 70 Jahre alt wurden, lag im gesamten Zeitraum vor dem Ersten Weltkrieg in Fürstenfeldbruck bei höchstens einem knappen Drittel aller Gestorbenen, der der über 80 Jahre alt gewordenen Personen bei maximal knapp neun Prozent. Nach dem Ersten Weltkrieg stiegen die Altersgruppen von Menschen, die älter als 70 Jahre alt wurden, kontinuierlich an – je länger nach dem Zweiten Weltkrieg desto mehr. Die häufigste Lebenserwartung lag nun bei 71 bis 80 Jahren, und bereits nach dem Ersten Weltkrieg stieg auch der Anteil derer deutlich an, die mit 81–90 Jahren ein vergleichbar hohes Lebensalter erreichten. Im Jahr 1979 erreichte fast zwei Drittel aller Menschen in Fürstenfeldbruck eine Lebenserwartung von 71 Jahren oder mehr, jeder 15. Mensch wurde nun schon älter als 90 Jahre alt, dies ist jedoch vor allem eine Erscheinung nach dem Zweiten Weltkrieg, auf der anderen Seite war der Anteil derjenigen Menschen, die das 61. Lebensjahr nicht erreichten, auf unter zehn Prozent gefallen. Summa summarum lässt sich also von einer ständig steigenden Lebenserwartung sprechen, im Prinzip ab dem Ersten Weltkrieg und noch verstärkt seit dem Zweiten Weltkrieg. Dies schließt einen Anstieg der Lebenserwartung in höherem

Alter ein. Auch sind somit eine Standardisierung und Homogenisierung der Lebenserwartung der Bevölkerung zu konstatieren.

Tabelle 11: Sterbealter in Fürstenfeldbruck 1893–1894 (n = 98) in Jahren

durchschnittliches Sterbealter Männer (n = 49)	62,1 Jahre
durchschnittliches Sterbealter Frauen (n = 49)	59,6 Jahre
durchschnittliches Sterbealter gesamt (n = 98)	60,9 Jahre

Quelle: StadtA Fürstenfeldbruck Sterberegister 1893–1897; beim durchschnittlichen Sterbealter wurden nur diejenigen Personen berücksichtigt, die mindestens 16 Jahre alt wurden.

In den Jahren 1893–1894 lag das durchschnittliche Sterbealter der Männer über dem der Frauen, dies muss eine Momentaufnahme gewesen sein, denn sowohl in der zweiten Hälfte des 19. Jahrhunderts als auch im 20. Jahrhundert lag die Lebenserwartung der Frauen über der der Männer.

Tabelle 12: Durchschnittliches Sterbealter in Fürstenfeldbruck 1920–1922

insgesamt	61,9 Jahre (n = 156)
Frauen	63,8 Jahre (n = 88)
Männer	59,3 Jahre (n = 68)
verheiratet	66,5 Jahre (n = 111)
ledig/geschieden	51,6 Jahre (n = 43)

Quelle: StadtA Fürstenfeldbruck Sterbebuch 1920–1923; Durchschnitt ohne Totgeburten, ohne diejenigen Personen, die 1–15 Jahre alt wurden und ohne Kriegsgefangene

Im Vergleich zu den Jahren 1893–1894 stieg das durchschnittlich erreichte Lebensalter von knapp 61 Jahren auf knapp 62 Jahre etwas an, die Frauen wurden nun 4,5 Jahre älter als die Männer. Ein äußerst signifikanter Unterschied ergab sich beim durchschnittlich erreichen Lebensalter zwischen verheirateten Personen auf der einen und ledigen bzw. geschiedenen Personen auf der anderen Seite, denn die Verheirateten wurden im Durchschnitt fast 15 Jahre älter als die Ledigen oder Geschiedenen. Dies verweist auf den eindeutigen Einfluss von emotionaler Geborgenheit und sozialer Bindung auf die Lebenserwartung. Auch könnte eine wirtschaftliche und soziale schlechtere Situation der Ledigen und Geschiedenen eine Rolle gespielt haben, dies muss jedoch zukünftigen Forschungen überlassen bleiben.

Tabelle 13: Sterbealter in Fürstenfeldbruck im Jahr 1950/51 (in Prozent)

	Gesamt (n = 160)	Frauen (n = 83)	Männer (n = 77)
bis 40 Jahre	6,3	7,2	5,2
41–60 Jahre	18,1	13,3	23,4
61–70 Jahre	19,4	21,7	16,9
71–80 Jahre	40,0	38,6	41,6
81–90 Jahre	15,0	16,9	13,0
über 90 Jahre	1,3	2,4	0,0
Durchschnitt	68,1 Jahre	68,9 Jahre	67,3 Jahre

Quelle: StadtA Fürstenfeldbruck Sterbebuch 1947 bis 1950 sowie 1951–1954

Ca. dreißig Jahre später – 1950/51 im Vergleich zu 1920 bis 1922 – war das durchschnittliche Sterbealter um weitere ca. sechs Jahre gestiegen, bei Männern mehr als bei Frauen, denn der Abstand von Frauen zu Männern in den Jahren 1950–1951 im Vergleich zu den Jahren 1920–1922 hat sich von 4,5 Jahren auf 1,6 Jahre verringert, in diesem Zeitraum haben also mehr die Männer vom Anstieg der Lebenserwartung profitiert als die Frauen.

Tabelle 14: Durchschnittliches Sterbealter in Jahren bei Männern in Fürstenfeldbruck

	1876–1914	1950–1954	1978–1979
Post- und Eisenbahnbedienstete	73,0	72,6	
Gütler / Ökonomen / Austrägler	68,6	72,6	
Akademiker	66,5	72,1	73,1
Kaufleute	60,9	70,5	70,6
einf. / mittl. staatl. / städt. Bedienstete	60,4	71,3	74,1
Taglöhner	60,0		
Handwerksmeister	57,9	65,9	76,5
Handwerker / Arbeiter	54,4	63,6	69,0
einf. / mittl. nicht-staatl. Angestellte	58,1	67,8	
gesamt	59,1	67,0	71,0

Quelle: StadtA Fürstenfeldbruck Sterbebücher der angegebenen Jahre

Gütler / Ökonomen / Austrägler: 1876–1914: n = 20, 1950–1954: n = 8; Akademiker: 1876–1914: n = 51, 1950–1954: n = 12, 1978–1979: n = 15; Kaufleute: 1876–1914: n = 21, 1950–1954: n = 12, 1978–1979: n = 10; einfache / mittlere staatliche / städtische Bedienstete: 1876–1914: n = 101, 1950–1954: n = 17, 1978–1979: n = 17; Taglöhner: 1876–1914: 110; Handwerksmeister: 1876–1914: n = 72, 1950–1954: n = 23, 1978–

1979: n = 14; Handwerker/Arbeiter: 1876–1914: n = 163; 1950–1954: n = 81, 1978–1979: n = 67; Post- und Eisenbahnbedienstete: 1950–1954: n = 27, 1978–1979: n = 17; einfache/mittlere nicht-staatliche Angestellte: 1950–1954: n = 10, 1978–1979: n = 17.

Eine Längsschnittanalyse verschiedener sozialer Gruppe von 1876 bis 1979 ergibt einen eindeutigen Zusammenhang zwischen der ökonomischen und sozialen Lage und dem durchschnittlichen Sterbealter. Zwar profitierten alle Gruppen von dem Anstieg der Lebenserwartung von ca. 59 Jahren auf 71 Jahre und die Abstände zwischen den einzelnen Gruppen haben sich deutlich verringert, doch auch in den Jahren 1978/79 wurden beispielsweise die Handwerksmeister im Durchschnitt noch fast neun Jahre älter als die einfachen und mittleren nicht-staatlichen Angestellten. Dies und die anderen Ergebnisse sind Indiz für die Bedeutung von den Arbeits-, Wohn- und allgemeinen Lebensbedingungen bei der Lebenserwartung. Auch die Bildung spielte eine nicht zu unterschätzende Rolle, denn die Akademiker wurden im Durchschnitt zu allen drei Messzeitpunkten älter als die meisten anderen sozialen Gruppen. Am größten waren die Unterschiede vor dem Ersten Weltkrieg, denn die Gütler, Ökonomen und Austrägler wurden im Durchschnitt um ca. 14 Jahre älter als die Handwerker und Arbeiter. Erklärungsbedürftig bleibt die vergleichsweise niedrige Lebenserwartung der Handwerksmeister vor dem Ersten Weltkrieg, die sogar noch unter der der Taglöhner lag. Ansonsten galt grosso modo die Faustregel: Je höher der ökonomische, soziale und berufliche Status der Menschen desto höher war ihre Lebenserwartung.

Tabelle 15: Durchschnittliches Sterbealter in Fürstenfeldbruck 1950–4.10.1952 in Jahren

Durchschnitt	68,8 (n = 227)
Durchschnitt verheiratet	69,2 (n = 187)
Durchschnitt ledig oder geschieden	67,0 (n = 40)

Quelle: StadtA Fürstenfeldbruck Sterbebuch 1947 bis 1950 und Sterbebuch 1951–1954; Totalauswertung der Jahre 1950/51 der 1950/51 in Fürstenfeldbruck wohnenden Personen und der 1950/51 dort gestorbenen Personen sowie der bis zum 4.10.1952 Gestorbenen; Durchschnitt berechnet ohne Totgeburten und ohne Kinder, die innerhalb der ersten 15 Jahre gestorben sind.

Auch in den Jahren 1950 bis 1952 lebten die Verheirateten im Durchschnitt länger als die Ledigen oder Geschiedenen, allerdings hatte sich der Unterschied im Vergleich zu den Jahren 1920–1922 erheblich verringert, dies wirft die Frage, unter welchen Umständen der Familienstand bei der Lebenserwartung eine Rolle spielte, in verschärfter Form auf.

Tabelle 16: Sterbealter der im Jahr 1979 in Fürstenfeldbruck wohnenden und gestorbenen Personen (n = 166) in Prozent

	Gesamt (n = 166)	Frauen (n = 98)	Männer (n = 68)
bis 40 Jahre	3,0	1,0	5,9
41–60 Jahre	6,0	4,1	8,8
61–70 Jahre	25,3	26,5	23,5
71–80 Jahre	39,9	34,7	47,1
81–90 Jahre	19,3	26,5	8,8
über 90 Jahre	6,6	7,1	5,9

Quelle: StadtA Fürstenfeldbruck Sterbebuch 1979; keine Totgeburten und keine Kinder bis 15 Jahre gestorben

Tabelle 17: Sterbealter der im Jahr 1979 in Fürstenfeldbruck wohnenden und gestorbenen Personen

	Gesamt (n = 166)	Frauen (n = 98)	Männer (n = 68)
Durchschnitt	73,2	75,6	69,8
		Frauen und Männer	
Durchschnitt Katholiken		73,4 (n = 124)	
Durchschnitt Protestanten		72,6 (n = 32)	
Durchschnitt Geburtsort Großstädte*		70,8 (n = 38)	
Durchschnitt Geburtsort Dörfer bis 2000 Ew.		75,9 (n = 75)	
Durchschnitt geboren in Fürstenfeldbruck**		69,2 (n = 13)	
Durchschnitt Flüchtlinge		73,4 (n = 61)	
Durchschnitt Büroarbeit Männer***		74,4 (n = 24)	
Durchschnitt Nicht-Büro-Arbeit Männer***		70,5 (n = 37)	
Durchschnitt Verheiratete		73,6 (n = 134)	
Durchschnitt Ledige und Geschiedene		64,9 (n = 28)	

* Augsburg, Bamberg, Berlin, Breslau, Budapest, Bukarest, Danzig, Dresden, Essen, Fürth, Hindenburg (Zabrze), Lodz (Łódź), Mährisch-Ostrau (Ostrava), Mannheim, München, Nürnberg, Regensburg, Wien, Würzburg
** Rechnet man bei Fürstenfeldbruck eine Person, die im Alter von 19 Jahren starb heraus, ergibt sich ein Wert von 73,3 Jahren.
*** Sieben Männer wechselten zwischen Büroarbeit und Nicht-Büroarbeit; deren durchschnittliches Sterbealter lag bei 66,3 Jahren.

Quelle: StadtA Fürstenfeldbruck Sterbebuch 1979

Im Jahr 1979 stieg der Unterschied im Sterbealter von Verheirateten einerseits und Ledigen und Geschiedenen andererseits wieder stark an. Die Frauen wurden jetzt im Durchschnitt knapp sechs Jahre älter als die Männer. Keine oder nur eine sehr unwesentliche Rolle spielte die Konfessionszugehörigkeit. Eine statistische Rolle spielte hingegen, ob ein Mensch in einer Großstadt oder in einem Dorf geboren wurde, denn die ländliche Bevölkerung wurde im Durchschnitt ca. fünf Jahre älter als die großstädtische Bevölkerung, allerdings müsste bei zukünftigen Forschungen berücksichtigt werden, wie lange die einzelnen Menschen jeweils in kleinen, größeren und sehr großen Orten wohnten. Menschen, die im Büro gearbeitet hatten, lebten ca. vier Jahre länger als Menschen, die nicht im Büro gearbeitet hatten. Dies weist erneut auf die determinierende Rolle der Arbeitsbedingungen bei der Lebenserwartung hin. Zusammenfassend lässt sich konstatieren, dass vor allem die Arbeits- und Lebensbedingungen, das Geschlecht und der Familienstand eine signifikante Rolle bei der Lebenserwartung in Fürstenfeldbruck gespielt haben. Insgesamt stellt sich jedoch weiterhin die Frage, welche Faktoren den Anstieg der Lebenserwartung vom späten 19. bis zum späten 20. Jahrhundert erklären können und wie stark die einzelnen Faktoren waren. Es ist in jedem Fall Josef Ehmer zuzustimmen, der hierfür eine Kombination aus folgenden Faktoren ausmacht: eine zunächst geringe, dann aber steigende Rolle der Medizin, die Anhebung des Lebensstandards, eine verbesserte öffentliche und private Hygiene, eine neues und verbessertes Gesundheitsbewusstsein der Menschen sowie ein verändertes Verhalten gegenüber Kranken und Kleinkindern.[12] Die Lebenserwartung in Fürstenfeldbruck stieg im Zeitraum von 1876 bis 1979 signifikant an – sowohl bei Frauen als auch bei Männern. Die wirtschaftliche und soziale Lage der Menschen, kurz ihre individuellen Lebensbedingungen, sowie wahrscheinlich der Lebensstil spielten dabei die entscheidende Rolle.

---

[12] EHMER, Bevölkerungsgeschichte und Historische Demographie (wie Anm. 7) S. 38–40.

Andreas Rau / Christoph Weller

Die Etablierung der Friedens- und Konfliktforschung in der Friedensstadt Augsburg*

Abstractum: Augsburgs Bezeichnung als Friedensstadt besitzt historische sowie aktuelle und zukunftsbezogene Dimensionen. Hierzu gehört, dass in der Universitätsstadt Augsburg seit Anfang der 2000er-Jahre die Friedens- und Konfliktforschung beheimatet ist. Wie es zu dieser Profilbildung der Sozialwissenschaften kam, ist die Fragestellung dieses Aufsatzes, der zunächst beschreibt, dass alle früheren Bemühungen, in Bayern die wissenschaftliche Friedensforschung zu etablieren, erfolglos waren. Erst eine spezifische Konstellation von Akteuren, Interessen und Ereignissen, beginnend mit zivilgesellschaftlichen Aktivitäten gegen zunehmende Ausländerfeindlichkeit über die Initiativen einzelner HochschullehrerInnen der Universität Augsburg bis hin zum Restrukturierungsdruck der Universität aufgrund ministerieller Erwartungen aus München eröffneten ein »window of opportunity«, welches zur Etablierung der Friedens- und Konfliktforschung in der Friedensstadt führte.

Genau 50 Jahre nach der Anregung von Bundespräsident Gustav Heinemann, Friedensforschung auch in Deutschland zu betreiben,[1] verabschiedete der Wissenschaftsrat im Juli 2019 »Empfehlungen zur Weiterentwicklung der Friedens- und Konfliktforschung«, die mit dem Satz beginnen: *Die Friedens- und Konfliktforschung leistet einen unverzichtbaren Beitrag zum Verständnis und zur Bearbeitung großer gesellschaftlicher Herausforderungen.*[2] Diese wissenschaftspolitische Anerkennung der Friedens- und Konfliktforschung (FKF) war in Deutschland lange Zeit umstritten, möglicherweise am stärksten in Bayern. In München wurde zwar

---

* Für ihre hilfreichen Anmerkungen zu früheren Versionen dieses Textes danken wir Katharina Wuropulos sowie für finanzielle Unterstützung der zugrundeliegenden Analysen dem Bayerischen Landtag und dem Kulturamt der Stadt Augsburg.
Verwendete Abkürzungen: AZ = Augsburger Allgemeine Zeitung; FKF = Friedens- und Konfliktforschung; IFK = Initiative Friedens- und Konfliktforschung; PE = Privatbesitz Ulrich Eckern; UniAA = Universitätsarchiv Augsburg.

[1] *Hilfreich wäre es, wenn auch wir der Friedensforschung, das heißt einer wissenschaftlichen Ermittlung nicht nur der militärischen Zusammenhänge zwischen Rüstung, Abrüstung und Friedenssicherung, sondern zwischen allen Faktoren, also z.B. auch den sozialen, den wirtschaftlichen und den psychologischen die gebührende Aufmerksamkeit zuwenden würden.* Gustav W. Heinemann, Ansprache vor dem Deutschen Bundestag und dem Bundesrat bei Übernahmen des Amtes am 1. Juli 1969 in Bonn, in: Gustav W. HEINEMANN, Präsidiale Reden. Einleitung von Theodor Eschenburg, Frankfurt a. Main 1975, S. 25–32, hier 26 f.

[2] Wissenschaftsrat, Empfehlungen zur Weiterentwicklung der Friedens- und Konfliktforschung, Köln 2019, S. 8.

1958 die »Deutsche Sektion der Forschungsgesellschaft für Friedenswissenschaft« (seit 1966 »Studiengesellschaft für Friedensforschung e. V.«) etabliert[3] und die Max-Planck-Gesellschaft siedelte ihr von Carl Friedrich von Weizsäcker initiiertes »Friedensforschungsinstitut« auf dessen Vorschlag hin in Starnberg an.[4] Aber nach dem aktuellen Stand unserer Recherchen tauchte die Friedens- und Konfliktforschung explizit erst nach 2000 in der bayerischen Wissenschaftslandschaft auf, zu prägend für das Image der FKF war möglicherweise die Entscheidung von Franz Josef Strauß, dass Bayern die 1970 gegründete »Deutsche Gesellschaft für Friedens- und Konfliktforschung« (DGFK) verlässt, womit bereits 1979 das 1983 dann endgültig besiegelte Ende dieser Forschungsfördereinrichtung eingeläutet worden war.[5]

Vor diesem Hintergrund ist es alles andere als naheliegend, dass sich die Studiengangsverantwortlichen der Masterstudiengänge in der Friedens- und Konfliktforschung im März 2018 in einer »Augsburger Erklärung« auf eine gemeinsame Gegenstandsbestimmung verständigt haben,[6] die Redaktion der 2011 neu gegründeten »Zeitschrift für Friedens- und Konfliktforschung« (ZeFKo) ihre Arbeit an der Universität Augsburg aufnahm[7] und die erste professionalisierte Geschäftsstelle der »Arbeitsgemeinschaft für Friedens- und Konfliktforschung« (AFK) 2010 bis 2016 in der Friedensstadt Augsburg angesiedelt war. Wie kam die Friedens- und

---

[3] Vgl. Ulrike C. Wasmuht, Geschichte der deutschen Friedensforschung. Entwicklung, Selbstverständnis, politischer Kontext (Agenda Frieden 30) Münster 1998, S. 84–86.

[4] »Max-Planck-Institut zur Erforschung der Lebensbedingungen der wissenschaftlich-technischen Welt«; vgl. Carl Friedrich von Weizsäcker, Erforschung der Lebensbedingungen, in: Ders., Der bedrohte Friede. Politische Aufsätze 1945–1981, München ²1981, S. 460; nach Schließung des Max-Planck-Instituts 1983 übernahmen einzelne Mitarbeiter die Initiative zur Fortführung der inhaltlichen Arbeit in unabhängigen Institutionen, dem »Institut zur Erforschung globaler Strukturen, Entwicklungen und Krisen«, dem »Forschungsinstitut für Friedenspolitik« sowie in der »Arbeitsgruppe Afheldt«; vgl. dazu Wasmuht, Friedensforschung (wie Anm. 3) S. 237 f.

[5] Auf Initiative von Bundespräsident Heinemann und der 1969 ins Amt gekommenen sozial-liberalen Bundesregierung unter Kanzler Willy Brandt war 1970 die DGFK gegründet worden, in der auch alle elf Bundesländer Mitglieder waren und deren Aufgabe in der Förderung der Friedens- und Konfliktforschung sowie der Verbreitung des Friedensgedankens bestand. Vgl. Wasmuht, Friedensforschung (wie Anm. 3) S. 209; Karlheinz Koppe, Zur Geschichte der Friedensforschung im 20. Jahrhundert, in: Peter Imbusch/Ralf Zoll (Hg.), Friedens- und Konfliktforschung. Eine Einführung, Wiesbaden ⁵2010, S. 17–66, hier 38–40; Peter Schlotter/Simone Wisotzki, Stand der Friedens- und Konfliktforschung. Zur Einführung, in: Dies. (Hg.), Friedens- und Konfliktforschung, Baden-Baden 2011, S. 9–45, hier 14.

[6] Die entsprechende Tagung des Arbeitskreises »Curriculum und Didaktik« der Arbeitsgemeinschaft für Friedens- und Konfliktforschung (AFK) fand an der Universität Augsburg statt, was für die Namengebung der Erklärung verantwortlich war; vgl. Wissenschaftsrat, Empfehlungen (wie Anm. 2) S. 79.

[7] Vgl. Christoph Weller/Tanja Brühl/Thorsten Bonacker, Editorial, in: Zs. für Friedens- und Konfliktforschung 2 (2013) S. 3–5.

Konfliktforschung in die Friedensstadt und unter welche Voraussetzungen und Bedingungen erfolgte deren Etablierung an der Universität Augsburg?

Orientiert an dieser übergreifenden Fragestellung soll mit diesem Aufsatz sowohl ein Beitrag zur Wissenschaftsgeschichte als auch zur Augsburger Stadtgeschichte geleistet werden,[8] denn die Friedensstadt Augsburg sieht sich nicht nur in einer historischen Dimension mit dem Thema »Frieden« verbunden, sondern weit mehr noch in einem aktuellen und zukunftsbezogenen Sinne. Das Augsburger Hohe Friedensfest verweist zwar einerseits auf eine seit 1650 bestehende Tradition,[9] aber dessen Aufnahme in das »Bundesweite Verzeichnis Immaterielles Kulturerbe« basiert vor allem auf der stetigen Aktualisierung dieses kulturellen Erbes der Regelung des konfessionellen Konflikts des 16. und 17. Jahrhunderts,[10] zu welcher auch die Universität Augsburg wesentliche Beiträge leistet.[11] Zur Wissenschaftsgeschichte der FKF in Deutschland liegen zwar einzelne Studien und unzählige Selbstbeschreibungen vor, die sich darauf fokussieren, die Entwicklung bestimmter Traditionen oder Ausrichtungen dieses interdisziplinären Forschungsfelds darzu-

---

[8] Das Forschungsvorhaben wird vom Bayerischen Landtag und vom Kulturamt der Stadt Augsburg finanziell unterstützt. Für mehr Informationen vgl. Die Friedensforschung. Wie sie sich entwickelt hat und was sie leisten kann, 14.10.2019, in: www.uni-augsburg.de/de/campusleben/neuigkeiten/2019/10/14/811 [wenn nicht anders angegeben, wurden alle aufgeführten Websites zuletzt am 14.2.2020 abgerufen].

[9] Der Augsburger Religionsfrieden des Jahres 1555 ermöglichte das Nebeneinander katholischer und protestantischer Territorien des Heiligen Römischen Reiches und die Parität in einigen Reichsstädten (vgl. Bernd ROECK, Geschichte Augsburgs, München 2005, S. 118). Das Augsburger Hohe Friedensfest wurde 1650 von den Augsburger Protestanten erstmals gefeiert. Es geht auf den Westfälischen Friede zwei Jahre zuvor zurück, der die konfessionelle Parität in der Reichsstadt wiederherstellte und damit die Unterdrückung des evangelischen Glaubens durch ein kaiserliches Edikt im Dreißigjährigen Krieg beendete. Seit 1950 ist das Friedensfest gesetzlicher Feiertag in der Stadt Augsburg. Der religiös-konfessionelle Charakter scheint dabei immer weniger im Mittelpunkt des Festes zu stehen. Vgl. für die Entwicklung des Friedensfestes von 1945 bis in die siebziger Jahre: Gerhard HETZER, Krise und Erneuerung eines städtischen Feiertags im 20. Jahrhundert, in: Johannes BURCKHARDT / Stephanie HABERER (Hg.), Das Friedensfest. Augsburg und die Entwicklung einer neuzeitlichen Toleranz-, Friedens- und Festkultur (Colloquia Augustana 13) Berlin 2000, S. 366–383, hier 377–383.

[10] Für das Verzeichnis vgl. die Webpräsenz der UNESCO: www.unesco.de/kultur-und-natur/immaterielles-kulturerbe/immaterielles-kulturerbe-deutschland/hohes-friedensfest.

[11] Neben den vielfältigen Aktivitäten des Lehrstuhls für Politikwissenschaft, Friedens- und Konfliktforschung seit 2009 (vgl. www.uni-augsburg.de/friedensforschung) sind etwa auch die Arbeiten des Instituts für Evangelische Theologie (vgl. Ines-Jacqueline WERKNER / Bernd OBERDORFER [Hg.], Menschliche Sicherheit und gerechter Frieden [Politisch-ethische Herausforderungen 4] Wiesbaden 2019; Elisabeth NAURATH, Gewaltpräventives Lernen, in: Saskia EISENHARDT u. a. [Hg.], Religion unterrichten in Vielfalt: konfessionell – religiös – weltanschaulich. Ein Handbuch, Göttingen 2019, S. 214–221) oder die historische Friedensforschung am Institut für Europäische Kulturgeschichte (IEK) zu erwähnen (vgl. www2.uni-augsburg.de/de/institute/iek/Projekte/historische-friedensforschung; eingesehen am 8.10.2019; nicht mehr online verfügbar).

stellen oder hervorzuheben, aber sie beschäftigen sich kaum mit den Kontexten der unterschiedlichen institutionellen Entwicklungen und gerade die regionale Entwicklung in Bayern wird zumeist übergangen oder auf den Beitrag der Bayerischen Staatsregierung zum Ende der DGFK reduziert.

Der vorliegende Beitrag stützt sich auf die Auswertung und Analyse von Archivgut, Zeitzeugen-Interviews und wissenschaftlicher Literatur. Dokumente aus dem Bayerischen Landtag geben über Entscheidungsprozesse der Legislative des Freistaats während der siebziger Jahre Auskunft. Das Augsburger Universitätsarchiv bietet Einsicht in Sitzungsniederschriften der universitären Gremien und die Korrespondenz hochschulpolitisch Verantwortlicher. Protokolle des Augsburger Stadtrats wie auch seiner Ausschüsse im Stadtarchiv und bei der Stadtverwaltung sind besonders im Zusammenhang mit der Profilierung als Friedensstadt bedeutsam. Auf Grundlage der Sichtung dieser Dokumente und ergänzender Presseberichte wurden sodann Personen identifiziert, die unmittelbar an den im Zentrum der Untersuchung stehenden Prozessen beteiligt waren und um Interviews sowie Dokumente bezogen auf die fragliche Zeit gebeten wurden.[12] Parallel erfolgte die Auswertung wissenschaftlicher Literatur zur Entwicklung der FKF in Deutschland,[13] die noch weit mehr zu prüfende Hypothesen bereit hält, als in diesem Aufsatz behandelt werden könnten. Auch die Auswertung von Archiven und Dokumenten kann noch längst nicht als abgeschlossen gelten und bringt immer wieder neue Aspekte und weitere Beteiligte ans Tageslicht, die als Zeitzeugen befragt werden könnten. Insofern wird hier nicht der Anspruch erhoben, die Etablierung der FKF in Augsburg vollständig und erschöpfend nachzuzeichnen. Vielmehr versteht sich diese Veröffentlichung als erste Annäherung an diese Thematik, welche neben einigen Grundlinien der entsprechenden Konstellation auch Ansatzpunkte für zukünftige Untersuchungen liefern soll. So wäre etwa relevant zu untersuchen, welche Rolle die Forschungspolitik der Rot-Grünen Bundesregierung und die Gründung der Deutschen Stiftung Friedensforschung (DSF) im Jahr 2000 oder die Anschläge vom 11.9.2001 und die internationalen Reaktionen darauf für die Entwicklung der FKF in Bayern spielte.[14]

---

[12] Die Autoren danken allen Personen, die für Interviews zur Verfügung standen und Dokumente zur wissenschaftlichen Auswertung bereitstellten. Besonderer Dank gebührt Prof. Dr. Ulrich Eckern für die Einsicht in seine umfangreiche und für diese Abhandlung essentielle private Sammlung.

[13] Vgl. u.a. Jürgen REUSCH, Friedensforschung in der Bundesrepublik. Entwicklung, Positionen, Perspektiven (Informationsbericht 40) Frankfurt a. Main 1986; Corinna HAUSWEDELL, Friedenswissenschaften im Kalten Krieg. Friedensforschung und friedenswissenschaftliche Initiativen in der Bundesrepublik Deutschland in den achtziger Jahren (Demokratie, Sicherheit, Frieden 114) Baden-Baden 1997; WASMUHT, Friedensforschung (wie Anm. 3), sowie SCHLOTTER/WISOTZKI, Stand der Friedens- und Konfliktforschung (wie Anm. 5).

[14] Vgl. Rainer-Olaf SCHULTZE/Tanja ZINTERER, Einleitung, in: Ulrich ECKERN/Leonie HERWARTZ-EMDEN/Rainer-Olaf SCHULTZE (Hg.), Friedens- und Konfliktforschung in Deutschland. Eine Bestandsaufnahme (Politikwissenschaftliche Paperbacks 37) Wiesbaden 2004, S. 11–19.

Bemühungen um eine Etablierung der Friedensforschung in Bayern in den siebziger Jahren

Den ausgewerteten Quellen zufolge gehen erste Versuche zur Etablierung der Friedensforschung in Bayern auf das Jahr 1970 zurück, also auf jene Zeit, in der in Bonn über die institutionelle Ausgestaltung der DGFK verhandelt wurde.[15] Damals bemühten sich in Bayern die beiden Münchner Universitäten um die Errichtung einer Einrichtung für Friedensforschung an einer der Münchner Hochschulen. Dies geht beiläufig und ohne weitere Erläuterungen aus einem Schreiben des Ministerialdirigenten im Bayerischen Kultusministerium Johannes von Elmenau (1906–1998) vier Jahre später hervor.[16] Es ist durchaus möglich, wenn auch nicht explizit dokumentiert, dass diese Initiative mit einem Antrag des Landtagsabgeordneten Karl Weishäupl (1916–1989; SPD)[17] zusammenhängt, den dieser am 24. August 1970[18] und noch einmal am 16. Februar 1971[19] ins Bayerische Landesparlament eingebracht hatte. Dieser zielte darauf ab, dass die Abgeordneten die Regierung ersuchen mögen, *an einer der beiden Münchner Universitäten einen Lehrstuhl für Friedensforschung mit Institut zu errichten.*[20] Gerade die sogenannten Kriegsopferverbände bemühten sich in dieser Zeit offenbar um die Einrichtung eines Lehrstuhls für Friedensforschung.[21] Der Landtagsausschuss für kulturpolitische Fragen nahm sich des Antrags am 7. November 1972[22] und nochmals am 11. Dezember 1973 an, nachdem

---

[15] Vgl. WASMUHT, Friedensforschung (wie Anm. 3) S. 197–213; KOPPE, Zur Geschichte (wie Anm. 5) S. 37–43; Ingo AREND, Die politische Geschichte der Friedensforschung, in: Leviathan 18 (1990) S. 280–292, hier 284–287.

[16] Vgl. UniAA Erziehungswissenschaftlicher Fachbereich 19, Bayerisches Staatsministerium für Unterricht und Kultus an die bayerischen Universitäten, 29.5.1974.

[17] Karl Weishäupl (25.6.1916–10.10.1989) war von 1950 bis 1974 als Mitglied der SPD-Fraktion Abgeordneter im Bayerischen Landtag und von 1954 bis 1957 Staatssekretär im Arbeitsministerium. Ab 1962 bekleidete er das Amt des Vizepräsidenten und seit 1974 das des Präsidenten des VdK Deutschlands. Bereits 1963 wählte man ihn zum Bayerischen Landesvorsitzenden. Beide Positionen, sowohl auf Bundes- als auch auf Landesebene, behielt er bis zu seinem Tod; vgl. www1.bayern.landtag.de/www/lebenslauf_ehemalige/lebenslauf_555600003449.html; Sebastian Heise, 43 Jahre im Dienst des VdK, in: www.vdk.de/bayern/pages/presse/vdk-zeitung/vdk-zeitung_archiv/71282/vorkaempfer_fuer_soziale_gerechtigkeit.

[18] Vgl. Bayerischer Landtag, 6. Wahlperiode (Hg.), Beilage 3789, 24.8.1970; www1.bayern.landtag.de/www/ElanTextAblage_WP06/Drucksachen/0000003500/06-03789.pdf.

[19] Vgl. Bayerischer Landtag, 7. Wahlperiode (Hg.), Drs. 7/182, 16.2.1971; www.bayern.landtag.de/www/ElanTextAblage_WP07/Drucksachen/0000000001/07-00182.pdf.

[20] Eine Textpassage, wonach der Standort dieser Einrichtung auf dem Gebiet der Stadt Dachau nach Möglichkeit liegen sollte, fehlt in der jüngeren Fassung; vgl. für die beiden Anträge Anm. 18 und 19.

[21] Vgl. die Aussage von Gerda Laufer (SPD), in: Bayerischer Landtag, Ausschuß für kulturpolitische Fragen, 70. Sitzung, 7.11.1972, S. 5.

[22] Vgl. Bayerischer Landtag, Ausschuß für kulturpolitische Fragen, 70. Sitzung, 7.11.1972, S. 4–9, und 124. Sitzung, 11.12.1973, S. 31–34.

er den selbigen zwischenzeitlich zurück an die Fraktionen verwiesen hatte. Letzten Endes befürworteten die Ausschussmitglieder Weishäupls Antrag einstimmig. Allerdings änderten sie dessen Wortlaut, so dass die Staatsregierung nun aufgefordert wurde, *zu **prüfen*** [unsere Hervorhebung], *ob an einer bayerischen Universität ein Lehrstuhl für Friedensforschung mit Institut errichtet werden kann*.[23] Außerdem weitete der Ausschuss den Kreis der infrage kommenden Standorte auf alle bayerischen Universitäten aus und der Landtag stimmte dem Antrag ohne Diskussion bei einer Enthaltung am 22. Januar 1974 zu.[24]

Aufgrund des Beschlusses bat der bereits erwähnte von Elmenau am 29. Mai 1975 die Präsidenten aller bayerischen Universitäten um Stellungnahme, wie sie das Bedürfnis nach einem Lehrstuhl für Friedensforschung, sei es als Neugründung oder Neuausrichtung einer Einrichtung, einschätzten. Weiterhin fragte er, an welcher Fakultät ein solcher Lehrstuhl angesiedelt werden sollte, ob dessen Aufgaben eher im Bereich der Lehre oder der Forschung lägen und wie die nichtuniversitären Institutionen der Friedensforschung zu beurteilen seien.[25] Franz Knöpfle, Präsident der Universität Augsburg, leitete das Schreiben am 10. Juni den Dekanen zu,[26] die es in den Fachbereichsratssitzungen vorbrachten. Als erstes reagierte der Katholisch-Theologische Fachbereichsrat und kam *einmütig* [zu] *der Auffassung, daß er kein Bedürfnis zur Errichtung eines Lehrstuhls für Friedensforschung*[27] sehe. Der Dekan begründete die ablehnende Haltung seines Fachbereichs mit der Komplexität der Friedensforschung und der Notwendigkeit neuer Formen wissenschaftlicher Kooperation.[28] Die beiden Philosophischen Fachbereiche stimmten am 3. Juli einmütig für eine von den Professoren Josef Becker, Peter Waldmann und Theo Stammen vorbereitete Stellungnahme, welche dem Ministerium die Einrichtung eines politikwissenschaftlichen Lehrstuhls für *Internationale Beziehungen und Friedensforschung* an der Universität Augsburg vorschlug. Zur Begründung wurde angeführt, dass es sich bei der Friedensforschung noch immer *vielmehr um eine*

---

[23] Bayerischer Landtag, 7. Wahlperiode (Hg.), Drs. 7/5604, 11.12.1973. www.bayern.landtag.de/www/ElanTextAblage_WP07/Drucksachen/0000005500/07-05604.pdf.

[24] Vgl. für das Sitzungsprotokoll: Bayerischer Landtag, 7. Wahlperiode (Hg.), 80. Sitzung am Dienstag, dem 22. Januar 1974, 15 Uhr, in München. Stenographischer Bericht 7/80, S. 4290, www.bayern.landtag.de/www/ElanTextAblage_WP07/Protokolle/07%20Wahlperiode%20Kopie/07%20WP%20Plenum%20LT%20Kopie/080%20PL%20220174%20ges%20endg%20Kopie.pdf; vgl. für den Landtagsbeschluss: DERS. (Hg.), Drs. 7/5887, 22.1.1974, www.bayern.landtag.de/www/ElanTextAblage_WP07/Drucksachen/0000005500/07-05887.pdf.

[25] Vgl. UniAA Erziehungswissenschaftlicher Fachbereich 19, Bayerischer Staatsminister für Unterricht und Kultus an die bayerischen Universitäten, 29.5.1974.

[26] Vgl. UniAA Erziehungswissenschaftlicher Fachbereich 19, der Präsident der Universität Augsburg an die Dekane der Universität Augsburg, 10.6.1974.

[27] UniAA Kath.-Theol. Fakultät 65, Protokoll über die 10. Sitzung des 4. Fachbereichsrates des Kath.-Theol. Fachbereiches am 19. Juni 1974 [...]. Öffentlicher Teil, S. 2.

[28] Vgl. UniAA Kath.-Theol. Fakultät 116, Herbert Leroy an den Präsidenten der Universität Augsburg, Entwurf, 20.6.1974.

Forschungsrichtung als um eine Fachwissenschaft handle.[29] Der Erziehungswissenschaftliche Fachbereich schloss sich der Stellungnahme mehrheitlich an, brachte aber Bedenken zum Ausdruck bezüglich einer Koppelung mit dem Fach Internationale Beziehungen und schlug vor, eine Verbindung mit den Fächern Pädagogik oder Psychologie zu prüfen.[30] Auch der WiSo-Fachbereich meldete sein Interesse an einer Friedensforschungs-Institution an *unter der Voraussetzung, daß ein zusätzlicher Lehrstuhl mit voller Ausstattung zur Verfügung gestellt wird.*[31]

Universitätspräsident Knöpfle konnte dem damaligen Kultusminister Hans Maier (*1931; CSU) die Stellungnahmen der Fachbereiche vorlegen und betonen, dass eine universitäre Einrichtung mit Lehre und Forschung zu bevorzugen sei.[32] Doch Maiers Prüfung der Antworten aller bayerischen Universitäten kam offenbar zu einem negativen Ergebnis, welches er am 10. April 1975 dem Landtagspräsidenten[33] und den Universitätspräsidenten[34] bekannt gab. Als einer der Gründe für diese Entscheidung wurde die stattfindende Erweiterung des Friedensbegriffs und demzufolge auch der Fragestellungen der Friedenswissenschaft angeführt, so dass *nahezu sämtliche Disziplinen berührt sind*, weshalb es Maier daher unmöglich erschien, einen potenziellen Lehrstuhlinhaber ausfindig zu machen. Indes forderte er bestimmte Fachbereiche der Hochschulen auf, ihre geplanten und laufenden Forschungsvorhaben weiterzuführen und zu intensivieren. Ferner würde er aufgrund des *interdisziplinären Charakters der Friedenswissenschaft* eine Zusammenarbeit dieser Einrichtungen begrüßen.

Ebenfalls bereits am Anfang der siebziger Jahren existierten auch von Seiten der Augsburger Kommunalpolitik Versuche, die Friedensforschung in ihrer Stadt zu etablieren, wenngleich die ausgewerteten Quellen hierzu nur sporadische Hinweise liefern: Im Jahr 1971 forderte der Zweite Bürgermeister der Fuggerstadt,

---

[29] UniAA Philosophischer Fachbereich II 5, Protokoll der gemeinsamen Sitzung des Fachbereichsrates des Philosophischen Fachbereichs I und des Fachbereichsrates des Philosophischen Fachbereichs II am 3.7.1974, S. 10.

[30] Vgl. UniAA Erziehungswissenschaftlicher Fachbereich 1, Erziehungswissenschaftlicher Fachbereich der Universität Augsburg, Der Dekan, Protokoll über die 11. Sitzung des 2. Fachbereichsrats des Erziehungswissenschaftlichen Fachbereichs der Universität Augsburg [am 3.7.1974]. Öffentlicher Teil, 4.7.1974, S. 2.

[31] UniAA Wirtschaftswissenschaftliche Fakultät 744, Protokoll der 10. Sitzung des 5. WiSo-Fachbereichsrates am […] 5. Juli 1974, Öffentlicher Teil, 8.7.1974, S. 19.

[32] Vgl. UniAA Verwaltung, Zentralregistratur 615, Der Präsident der Universität Augsburg an das Bayerische Staatsministerium für Unterricht und Kultus, Entwurf, 16.7.1974.

[33] Vgl. UniAA Wirtschaftswissenschaftliche Fakultät 655, Der Bayerische Staatsminister für Unterricht und Kultus an den Präsidenten des Bayerischen Landtags, Abdruck, 10.4.1975, als Anlage bei: Der Präsident der Universität Augsburg an die Dekane der Universität Augsburg, 21.4.1975.

[34] Für die folgenden Zitate bis zum Absatzende vgl. UniAA Wirtschaftswissenschaftliche Fakultät 655, Der Bayerische Staatsminister für Unterricht und Kultus an den Präsidenten der Universität Augsburg, 10.4.1975, als Anlage bei: Der Präsident der Universität Augsburg an die Dekane der Universität Augsburg, 21.4.1975.

Dr. Ludwig Kotter (*1929; CSU), stellvertretend für den Oberbürgermeister, in einem Grußwort zum Hohen Friedensfest die Gründung eines Lehrstuhls für Friedensforschung an der noch jungen Universität Augsburg, die kurz vor der Einrichtung ihres dritten Fachbereichs stand. Er begründete sein Ansinnen mit den Konflikten auf der Welt und der Gefahr eines Atomkriegs.[35] Es ist fraglich, ob Kotters Forderung in irgendeinem Zusammenhang mit den erwähnten Bemühungen in München stand oder mit der Universität oder der Landespolitik in irgendeiner Weise abgestimmt war. Unabhängig davon beschäftigte die Augsburger Stadtverwaltung aber weiterhin die Frage, inwiefern es möglich wäre, die Friedensforschung »vor Ort« anzusiedeln. Hierauf deutet jedenfalls ein Schriftstück aus der Mitte der 70er-Jahre hin, das Nutzungsmöglichkeiten für die hiesige Synagoge an der Halderstraße auflistet,[36] denn der im Ersten Weltkrieg errichtete Sakralbau war in der Reichspogromnacht 1938 verwüstet worden und teilweise unbenutzbar.[37] Das erwähnte Dokument liegt einem Schreiben des Kulturreferenten Arthur Vierbacher an den Präsidenten der Israelitischen Kultusgemeinde Julius Spokojny vom März 1976 bei. Darin findet sich neben anderen Vorschlägen – etwa zur Errichtung einer jüdischen Erinnerungsstätte, eines ökumenischen Lehrstuhls mit wechselndem Vorsitz oder von mehreren Hörsälen – die Idee zur Gründung einer *Forschungsstätte für internationale Friedensforschung*.[38] Die nachfolgenden Entwicklungen lassen aber vermuten, dass auch dies im Status einer Idee verblieben ist.

Aktivitäten von Seiten Augsburger Hochschulangehöriger in den achtziger Jahren

Während der 1970er-Jahre bot die DGFK gute Möglichkeiten, für Forschungsprojekte im entsprechenden Themengebiet eine Finanzierung zu erhalten.[39] Dies wurde an verschiedenen Universitäten genutzt, um in bereits etablierten Disziplinen entsprechende Forschungsschwerpunkte auszubilden. Doch just zu dem Zeitpunkt, als die sicherheitspolitische Debatte im Zusammenhang des NATO-Doppelbeschlusses von 1979 eine breite Öffentlichkeit erreichte und die entsprechende Expertise der Friedensforschung in Bürgerinitiativen, Gewerkschaften, Berufsinitiativen, kirch-

---

[35] Vgl. StadtAA Bestand 50, Nr. 158, Grußwort des Oberbürgermeisters zum Friedensfest am 8. August, 2.8.1971, als Anlage bei: Hauptamt der Stadtverwaltung Augsburg an den Oberbürgermeister der Stadt Augsburg, 3.8.1971.

[36] StadtAA Bestand 53, Nr. 510, Ideen und Verwendungsmöglichkeiten für eine wiederaufgebaute Synagoge. Gekürzte Fassung, als Anlage bei: Arthur Vierbacher an Julius Spokojny, 10.3.1976.

[37] Die Synagoge sollte erst 1985 nach Renovierungsarbeiten wiedereröffnet werden; vgl. Karl Fieger, Jugendstilzeit in Augsburg, Augsburg 2014, S. 123–125.

[38] Siehe Anm. 36.

[39] Vgl. Reusch, Friedensforschung (wie Anm. 13) S. 53–60.

lichen Friedenskreisen und Wissenschaftler-Initiativen gefragt war,[40] wurde die Forschungsförderung der DGFK auf Betreiben von Vertretern der Unionsparteien eingestellt.[41] Nichtsdestotrotz ließ das Engagement für eine kritische Auseinandersetzung mit der offiziellen Sicherheitspolitik nicht nach, verlagerte sich jedoch auf andere Ebenen. So bemühten sich Studierende und Lehrende an der Universität Augsburg – wie an anderen Hochschulen zu dieser Zeit[42] – um eine Etablierung der FKF »von unten«. 1983 gründete die Studierendenvertretung ein Friedensreferat[43] und organisierte im Sommersemester des Folgejahres eine Ringvorlesung zum Thema Frieden.[44] Die Vorträge hatten meist aktuelle politische Themen zum Gegenstand wie etwa den Ost-West-Konflikt, die Aufrüstungsproblematik oder die Auswirkungen eines Atomkriegs.[45] Der bereits erwähnte Josef Becker, mittlerweile Präsident der Universität, hegte jedoch Bedenken gegen die Ringvorlesung. Seine Vorbehalte ergaben sich *aus der Verantwortung der Fakultäten für die akademische Lehre*, er ließ die Initiative aber dennoch gewähren.[46] Die Augsburger Allgemeine berichtete im Mai 1984 über [e]*inigen Wirbel* an der Universität rund um die Ringvorlesung.[47]

Ähnlichen Themen rund um eine wachsende Kriegsgefahr, aber etwa auch dem Umgang mit der NS-Zeit,[48] widmete sich die »Friedensinitiative Augsburger Studenten« (F.Au.St.), die bereits 1981 aus Anlass der Proteste gegen den NATO-Doppelbeschlusses entstanden war.[49] Im November des Jahres organisierte sie als eine ihrer ersten Aktionen einen »Friedens-Sternmarsch« samt anschließender Kundgebung mit dem ehemaligen Bundesminister für wirtschaftliche Zusammen-

---

[40] Vgl. HAUSWEDELL, Kalter Krieg (wie Anm. 13) S. 123–190.
[41] Vgl. WASMUHT, Friedensforschung (wie Anm. 3) S. 329–331; KOPPE, Zur Geschichte (wie Anm. 5) S. 38–40; REUSCH, Friedensforschung (wie Anm. 13) S. 59–68.
[42] Vgl. HAUSWEDELL, Kalter Krieg, (wie Anm. 13) S. 232.
[43] Vgl. Studentenvertretung der Universität Augsburg, Schwerpunkt. Friedensarbeit, in: UniPress 4 (1983) S. 19 f.
[44] Vgl. UniAA Verwaltung, Zentralregistratur 316, die Studentenvertretung der Universität Augsburg an den Kanzlervertreter der Universität Augsburg, 12.4.1984.
[45] UniAA Verwaltung, Zentralregistratur 316, Einladung zur 1. Interdisziplinären Ringvorlesung zum Thema Frieden an der Universität Augsburg, [vermutlich 1984]; ebd. Ringvorlesung wird »Frieden« von verschiedenen Seiten beleuchten, in AZ, 22.5.1984.
[46] UniAA Verwaltung, Zentralregistratur 316, Josef Becker an die Dekane der Universität Augsburg, Entwurf, 27.4.1984.
[47] UniAA Verwaltung, Zentralregistratur 316, Ringvorlesung beginnt am Dienstag, in: AZ, 7.5.1984.
[48] Vgl. UniAA Dokumentation Sonstige Druckschriften 97, Friedensinitiative Augsburger Studenten, Auseinandersetzung mit dem Faschismus? [Flugblatt; ca. 1985].
[49] Vgl. UniAA Dokumentation Sonstige Druckschriften 97, Friedensinitiative Augsburger Studenten, [undatierte Broschüre]; in der zweiten Hälfte der achtziger Jahre tauchen die Bezeichnungen »Friedensinitiative Augsburger Hochschulangehöriger« oder »Friedensinitiative Augsburger Studenten & Hochschulangehöriger« auf Flugblättern und Broschüren auf. Vermutlich handelt es sich in allen Fällen um dieselbe Initiative (vgl. UniAA Dokumentation Sonstige Druckschriften 97).

arbeit Erhard Eppler (1926–2019; SPD).⁵⁰ 1985 informierten Hendrik Bullens und Prof. Dieter Ulich (Ordinarius der Psychologie 1982–2007), dass etwa ein Zehntel des wissenschaftlichen Personals Teil einer Friedensinitiative an der Universität Augsburg sei.⁵¹ Ziel des Zusammenschlusses war die Verankerung des Themas Friedenssicherung in universitärer Forschung, Lehre und Öffentlichkeitsarbeit. Die Friedensinitiative organisierte den überlieferten Flugblättern zufolge bis ins Sommersemester des Jahres 1990 Veranstaltungen,⁵² ohne allerdings für die nachfolgenden Entwicklungen erkennbare Strukturen zu hinterlassen.

Zivilgesellschaftliche Initiativen für Friedens- und Konfliktforschung in Augsburg

Die geschilderten Bemühungen auf parlamentarischer, administrativer, universitärer, städtischer oder studentischer Ebene spiegeln zumeist einen jeweils wichtigen gesellschaftspolitischen Diskurs wider, bleiben aber gemessen an ihren Zielen bezogen auf die Friedens- und Konfliktforschung ohne unmittelbare Erfolge. Dies änderte sich, als auf der Grundlage zivilgesellschaftlichen Engagements Verbindungen und Zusammenarbeit zwischen mehreren Ebenen hergestellt wurden, sich Gelegenheitsfenster öffneten und diese auch mutig genutzt wurden. Das von Helmut Hartmann (* 1929), Augsburger Unternehmer und späterer Friedenspreisträger, 1992 ins Leben gerufene »Forum für interkulturelles Leben und Lernen e. V.« (FiLL) war in mehrfacher Hinsicht Geburtshelfer für die Etablierung der Friedensforschung in der Friedensstadt.⁵³ FiLL ist seit bald 30 Jahren in ganz verschiedenen Feldern in-

---

50 UniAA Dokumentation Sonstige Druckschriften 97, Friedensinitiative Augsburger Studenten, Friedenssternmarsch, 28.11.1981 [Flugblatt].
51 UniAA Rektorat 902, Friedensinitiative Augsburger Hochschulangehöriger an den Vorsitzenden der Ständigen Kommission für Lehre und Studierende, 18.7.1985.
52 Vgl. UniAA Dokumentation Sonstige Druckschriften 97, Friedensinitiative Augsburger Hochschulangehöriger/AstA der Universität Augsburg: Wissenschaft und Friedenssicherung, 16.7.1990 [Datum handschriftlich hinzugefügt].
53 Helmut Hartmann wurde am 25.10.1929 in Augsburg geboren. In der Zeit des Nationalsozialismus war er aufgrund der jüdischen Abstammung seiner Mutter Opfer von Diskriminierung und musste vorzeitig die Schule verlassen. 1948 trat er in den väterlichen Papiergroßhandel ein. 1990 bis 1995 war er Mitglied des Bayerischen Senats. Seine Biografie sowie die rechtsextremen Anschläge und Ausschreitungen in den neunziger Jahren bewegten ihn zur Gründung des »Forum interkulturelles Leben und Lernen e. V.« (FiLL). Sein Engagement erstreckt sich außerdem auf Projekte der Erwachsenenbildung, der Förderung von Kreativität an Schulen sowie einen Verein für Suchtkranke. Hartmann ist außerdem Mitinitiator des Augsburger Wissenschaftspreises für interkulturelle Studien und der Augsburger Reden zu Frieden und Toleranz; vgl. Probleme, die Minderheiten haben, hautnah mitgekriegt, in: Alumni Augsburg International 10 (2005) S. 8–11; Ernst ÖFFNER, Begründung des Preises »Augsburger Friedensfest« 2003 an Helmut Hartmann, Augsburg, 25.6.2003, myweb.rz.uni-augsburg.de/~eckern/ifk/Presse.

terkultureller Arbeit aktiv und bemüht sich vor allem um die Integration von Zugewanderten in der Friedensstadt Augsburg.[54] Mit der Jury zur jährlichen Verleihung des von Helmut Hartmann und seiner Frau Marianne gestifteten »Wissenschaftspreises für interkulturelle Studien« bringt der Verein Vertreterinnen und Vertreter von Universität, Stadt, Religionsgemeinschaften und Zivilgesellschaft regelmäßig zusammen.[55] Anfang 2000 trat Hartmann dann in direkten Kontakt mit dem Physiker und damaligen Prorektor der Universität Augsburg, Prof. Ulrich Eckern[56] und lotete dort unter Hinweis auf die aktuelle Relevanz der Friedens- und Konfliktforschung die Perspektiven für einen entsprechenden interdisziplinären Schwerpunkt an der Universität Augsburg aus.[57]

Auf Wunsch Hartmanns verfasste der Jury-Vorsitzende des Wissenschaftspreises, Prof. Wolfgang Frühwald, wahrscheinlich 2001 eine Stellungnahme, in welcher er – gerade im Lichte aktueller Konfliktherde auf der Welt – eine stärkere Betonung und Herausstellung von Augsburgs Tradition als Friedensstadt forderte, ähnlich wie es andere Städte mit ihren lokalen Eigen- und Besonderheiten auch aus wirtschaftlichen Gründen tun. Konkret schlug er die Schaffung einer Vortragsreihe vor mit dem Titel *Reden über Frieden und Toleranz*, wie sie tatsächlich wenig später ins Leben gerufen wurde. Vor allem sprach sich Frühwald jedoch für die Einrichtung eines *Zentrums zur Förderung des Friedens und der Toleranz* aus, dessen Aufgabe in erster Linie darin bestehen sollte, die Friedensaktivitäten von Augsburger Akteuren zusammenzufassen und weiterzuentwickeln. In diesem Sinne sollte es *Friedenspraxis* ausüben, also vermutlich auf Wahrung und Verbesserung des gesellschaftlichen Zusammenlebens in Augsburg selbst hinwirken, sowie *vielleicht sogar Friedens- und Konfliktforschung betreiben*. Ein solches Zentrum wäre mit Ehrenamtlichen zu besetzten und mithilfe einer Stiftung zu finanzieren gewesen. In einem einzigen Satz äußerte Frühwald den Gedanken, die Universität zu *verleiten*, ein An-Institut für FKF zu gründen. Die Idee einer Etablierung der FKF an der Universität stand also nicht im Zentrum der Stellungnahme.[58]

---

[54] Vgl. UniAA Wirtschaftswissenschaftliche Fakultät 655, Helmut Hartmann an einen unbekannten Empfänger, Mai 2001; Sprache der anderen verstehen lernen, in: AZ, 28.6.2003.

[55] Vgl. die Mitglieder der Preisjury auf der Webpräsenz der Universität Augsburg: www.uni-augsburg.de/de/ueber-uns/ehrungen/preise/augsburger-wisspreis-interkulturell/Fill-Jury.

[56] Ulrich Eckern (*1952) ist seit 1993 Lehrstuhlinhaber für Theoretische Physik II am Institut für Physik der Universität Augsburg. Neben der IFK (siehe oben) engagiert sich Eckern für das »European Committee for Establishing a Center of Excellence in Mathematics and Theoretical Physics in Palestine« (ECCE); vgl. die Webpräsenz des ECCE auf der Homepage von Ulrich Eckern: myweb.rz.uni-augsburg.de/~eckern/ifk/ecce.

[57] Vgl. PE Die Entwicklung der Friedens- und Konfliktforschung an der Universität Augsburg. Von der IFK zum Lehrstuhl für Politikwissenschaft/Friedens- und Konfliktforschung, 15.7.2010.

[58] UniAA Wirtschaftswissenschaftliche Fakultät 655, Wolfgang Frühwald, Augsburger Zentrum zur Förderung des Friedens und der Toleranz [vermutlich 2001].

Als Ergebnis informeller Gespräche im Oktober 2001 zwischen Eckern und ProfessorInnen verschiedener Fakultäten einerseits sowie zwischen Hartmann und Dr. Sabine Tamm vom Akademischen Auslandsamt der Universität andererseits, bildete sich ein Personenkreis, der die Idee einer Institutsgründung der FKF aus der Mitte der Universität heraus forcierte. Ein erstes Treffen fand am 7. November 2001 statt. Bereits an diesem Tag wurde festgestellt, ein interdisziplinäres Institut wäre *eine logische und konsequente Ergänzung* zum Wissenschaftspreis für interkulturelle Studien, zu der Redereihe über Frieden und Toleranz und zur Tradition Augsburgs als Friedensstadt im Allgemeinen. Aus diesem Grund beschlossen die TeilnehmerInnen bei dieser ersten Zusammenkunft, dass auch die Stadtregierung in ihre Bemühungen eingebunden werden solle.[59]

Den Sitzungsprotokollen zufolge fanden von 2001 bis 2004 insgesamt 17 Treffen der Gruppe statt, die sich *Arbeitsgruppe Friedens- und Konfliktforschung*[60] und schließlich *Initiative Friedens- und Konfliktforschung (IFK)*[61] nannte. An den Sitzungen nahmen nicht nur Universitätsangehörige und Mitglieder des FiLL teil, sondern vereinzelt auch Vertreter der Stadtregierung.[62] Durchschnittlich kamen bei diesen Treffen jeweils etwa ein knappes Dutzend Interessierte zusammen,[63] die es als ihre Aufgabe sahen, Aktivitäten im Bereich der FKF in Augsburg zu koordinieren und weiter aufzubauen.[64] Bis zur Schaffung einer etablierten Einrichtung der FKF an der Universität Augsburg waren bei der Initiative als Zwischenschritte die Organisation von Ringvorlesungen, eine DFG-Forschergruppe und die Vergabe von Abschlussarbeiten im Gespräch.[65] Bei ihren ersten Treffen schätzten die Anwesenden, dass eine nicht näher beschriebene Einrichtung der FKF mit zwei bis drei Stellen zu besetzen sei und Kosten von rund 400.000 DM jährlich verursachen würde.[66] Ein

---

[59] Gesprächsnotiz, 7.11.2001, myweb.rz.uni-augsburg.de/~eckern/ifk/intern/Protokoll-2002-11-07.pdf.

[60] Vgl. etwa: Gesprächsnotiz, 10.9.2002, myweb.rz.uni-augsburg.de/~eckern/ifk/intern/Protokoll-2002-09-10.pdf.

[61] Vgl. etwa: Gesprächsnotiz, 3.6.2003 myweb.rz.uni-augsburg.de/~eckern/ifk/intern/Protokoll-2003-06-03.pdf.

[62] Es handelte sich um den damaligen Sozialreferenten Konrad Hummel, der einer Sitzung der IKF beiwohnte; vgl. Gesprächsnotiz, 17.12.2003, myweb.rz.uni-augsburg.de/~eckern/ifk/intern/Protokoll-2002-12-17.pdf.

[63] Die Gesprächsnotizen der IFK-Sitzungen sind für Angehörige der Universität Augsburg abrufbar unter: myweb.rz.uni-augsburg.de/~eckern/ifk/interna.html.

[64] Vgl. Ulrich ECKERN/Armin RELLER, Friedens- und Konfliktforschung an der Universität Augsburg. Perspektiven für nachhaltige Kooperationen zwischen Natur- und Geisteswissenschaften, in: Bernadette MALINOWSKI (Hg.), Im Gespräch. Probleme und Perspektiven der Geisteswissenschaften (Schriften der Philosophischen Fakultäten der Universität Augsburg 72) München 2006, S. 67–75, hier 67.

[65] Vgl. die Gesprächsnotizen zu den IFK-Sitzungen am 8.10.2002 und 18.2.2003 unter: myweb.rz.uni-augsburg.de/~eckern/ifk/interna.html; weitere Friedenspläne an der Universität in: AZ 25.10.2002.

[66] Vgl. Gesprächsnotiz vom 7.11.2001, myweb.rz.uni-augsburg.de/~eckern/ifk/intern/Protokoll-2001-11-07.pdf.

knappes Jahr später kalkulierte Eckern, ob und auf welche Weise Finanzmittel für eine Koordinierungsstelle mit 80.000 Euro Kosten pro Jahr oder für einen Stiftungslehrstuhl in Höhe von 225.000 Euro jährlich gestemmt werden könnten. Eckern kam zu dem Schluss, dass die Mehrzahl der Projekte aus Drittmitteln finanziert werden müssten, etwa aus einer universitären oder einer neu geschaffenen, eigenen Stiftung.[67] Die Mitglieder der IFK einigten sich im Laufe der Zeit auf zwei interdisziplinäre Arbeitsschwerpunkte; einerseits auf den Bereich *Ressourcenmangel und globale Gerechtigkeit*, welcher möglicherweise durch das an der Universität seit 2000 existierende »Wissenschaftszentrum Umwelt« (WZU) unter Leitung des IFK-Mitglieds Prof. Armin Reller inspiriert wurde,[68] sowie andererseits auf den Themenkomplex *Migration und Integration*, bei dem die Handschrift des FiLL deutlich zu erkennen ist.[69]

Die Arbeitsgruppe intensivierte ihre Aktivitäten und bereits am 3. Mai 2002 fand ein universitätsinterner Workshop unter dem Titel *Friedens- und Konfliktforschung an der Universität Augsburg? – Perspektiven für einen interdisziplinären Schwerpunkt* statt. Sieben ProfessorInnen referierten hierzu aus der Perspektive ihres jeweiligen Fachs.[70] Dabei machte man sich – auch im Hinblick auf das nahende Jubiläum des Augsburger Religionsfriedens im Jahr 2005 – Gedanken über ein spezifisches Augsburger Profil der FKF. Bei den zahlreichen Diskussionsrunden wurde aber auch deutlich, dass es durchaus verschiedene Ansichten über eine zukünftige Etablierung der FKF an der Universität Augsburg gab. Die Pädagogin Prof. Leonie Herwartz-Emden sprach sich für regionalbezogene Untersuchungen aus, Eckern betonte, dass nationale und internationale Konkurrenzfähigkeit *unabdingbar* sei. Auch über den Grad der Verankerung gingen die Meinungen auseinander. Im Gegensatz zu anderen Teilnehmenden sprach sich der Historiker Prof. Johannes Burckhardt beispielsweise eher für einen losen Verbund von Forschenden aus, weniger für ein Institut.[71]

Während es sich beim Workshop im Mai 2002 noch um eine universitätsinterne Veranstaltung handelte, kamen für das zweitägige Symposium am 30. September und 1. Oktober 2002 FriedensforscherInnen aus ganz Deutschland nach Augsburg. Zu ihnen zählten unter anderem der Direktor des Instituts für Friedensforschung und Sicherheitspolitik in Hamburg (IFSH) und Vorstandsvorsitzender der im Jahr 2000 gegründeten Deutschen Stiftung Friedensforschung (DSF), Prof. Dieter S. Lutz, sowie der 2008 berufene erste Augsburger Lehrstuhlinhaber für Friedens- und Kon-

---

[67] Vgl. PE Eckpunkte zur Etablierung eines Forschungsschwerpunktes »Friedens- und Konfliktforschung«, 2.9.2002.
[68] Jedenfalls hielt die IFK *vielfältige Kooperationsmöglichkeiten* mit dem WZU für erstrebenswert; ECKERN/RELLER, Konfliktforschung (wie Anm. 64) S. 70.
[69] Siehe hierzu die Protokolle der Sitzungen der IFK, abrufbar für Universitätsangehörige unter: myweb.rz.uni-augsburg.de/~eckern/ifk/interna.html.
[70] UniAA Rektorat 906, Thomas SCHEERER/Helmut HARTMANN, Friedens- und Konfliktforschung an der Universität Augsburg?, 1 Bl., o. D.
[71] Vgl. PE Katja Otto/Martina Schliessleder, Workshop. Friedens- und Konfliktforschung an der Universität Augsburg? […] Bericht, 5.6.2002, S. 15.

fliktforschung und damalige Wissenschaftliche Geschäftsführer des Instituts für Entwicklung und Frieden (INEF) der Universität Duisburg, Dr. Christoph Weller.[72] Laut eines Presseberichts zeigte sich der Rektor der Universität, Dr. Prof. Wilfried Bottke, *aufgeschlossen* gegenüber einem Institut für FKF, betonte aber gleichzeitig, *die Initiative müsse [...] von den Fakultäten kommen.*[73] Veranstalter, Referentinnen und Referenten des Symposiums wurden auch von Bürgermeisterin und Kulturreferentin Eva Leipprand (Bündnis 90/Die Grünen) empfangen,[74] womit das Ziel der so genannten Regenbogen-Koalition unter SPD-Oberbürgermeister Paul Wengert verdeutlicht wurde, Augsburgs Profil als Friedensstadt zu schärfen. Dabei sollte sowohl das jährliche Friedensfest und die Einrichtung des städtischen Friedensbüros eine Rolle spielen als auch die Bemühungen, an der Universität Augsburg ein interdisziplinäres Friedensinstitut zu gründen.

In den darauffolgenden Jahren lud die IFK gemeinsam mit anderen Institutionen, etwa Pax Christi oder dem Kulturbüro der Stadt Augsburg, interessante und teilweise prominente Redner zu weiteren Vorträgen nach Augsburg ein.[75] Zudem entstand auf der Grundlage der Vorträge des Symposiums von 2002 ein 2004 veröffentlichter Tagungsband.[76] Doch trotz dieser anhaltenden Aktivitäten der Initiative war sie von ihren Zielen noch weit entfernt. Eckern wies jedenfalls im Januar 2004 *auf die Gefahr hin, dass der anfängliche Schwung des IFK-Projektes abflachen könnte.*[77]

Obwohl das Universitätsrektorat bereits im Mai 2001 die erwähnte, von Prof. Frühwald verfasste Stellungnahme über ein Augsburger Zentrum zur Förderung des Friedens und der Toleranz erhielt[78] und laut Prorektor Prof. Thomas Scheerer

---

[72] Zu den von anderen Universitäten eingeladenen ReferentInnen gehörten außerdem die Physiker Jürgen Altmann, Wolfgang Liebert und Götz Neuneck, der Migrationsforscher Michael Bommes, der Erziehungswissenschaftler Christian Büttner, die Historiker Andreas Gestrich und Wolfram Wette, die Politologin Noelle Quénivet und der Jurist Norman Weiß; vgl. ECKERN/HERWARTZ-EMDEN/SCHULTZE, Friedens- und Konfliktforschung (wie Anm. 14) S. 297 f.
[73] Augsburg setzt weiteres (Friedens-)Zeichen, in: AZ, 1.10.2002.
[74] Vgl. Universität Augsburg/FiLL e. V., Symposium Neuere Entwicklungen in der Friedens- und Konfliktforschung in Deutschland: eine Bestandsaufnahme. Programm, 30.9.2002, myweb.rz.uni-augsburg.de/~eckern/ifk/Symposium-02/Programm_final.pdf.
[75] So luden etwa IFK, Pax Christi und das Kulturbüro der Stadt Augsburg zu einem Vortrag von Marc Ellis am 4. Mai 2004 ein mit dem Titel: *A Jewish Perspective on the Apartheid Wall and the Future of Israel/Palestine* (PE, IFK/Pax Christi/Kulturbüro der Stadt Augsburg, Einladung für den 4.5.2004). Weitere Referenten waren unter anderem der damalige Europaabgeordnete Daniel Cohn-Bendit, der Physiker Götz Neuneck und der Sozialethiker und Geistliche Jörg Alt; vgl. Initiative Friedens- und Konfliktforschung [Plakat], o. D., myweb.rz.uni-augsburg.de/~eckern/ifk/intern/ifka4.pdf.
[76] Für den Titel des Tagungsbandes siehe Anm. 72.
[77] Gesprächsnotiz, 13.1.2004, myweb.rz.uni-augsburg.de/~eckern/ifk/intern/Protokoll-2004-1-13.pdf.
[78] Vgl. Aussage von Ulrich Eckern, in: UniAA Rektorat 906, Ulrich Eckern an Helmut Hartmann, 23.8.2001.

im Oktober *grünes Licht* für eine *weitere Verfolgung der Sache* gab,[79] blieben konkrete Schritte hin zu einer Etablierung der FKF zunächst aus – auch weil das Rektorat das Ansinnen zwar als beachtenswert einschätzte, *angesichts der bekannten Haushaltslage* aber nicht mehr als ideelle Unterstützung in Aussicht stellen konnte.[80] Nachdem aber die Universität bereits in ihrem 2003 veröffentlichten Entwicklungsbericht erwog, sich des Themas *im fächerübergreifenden Dialog intensiv und nachhaltig anzunehmen,*[81] findet sich die FKF im Mai des Jahres auf einer Liste potenzieller Forschungsschwerpunkte, die dem Dekan der Philosophisch-Sozialwissenschaftlichen Fakultät zugeleitet wurde.[82] Die Vorschläge diskutierten Universitätsleitung und Senat im folgenden Jahr.[83] Letzterer sah sie als Reaktion auf drohende Sparmaßnahmen, die das Wissenschaftsministerium angekündigt hatte.[84] Ebenso ist die FKF Teil eines universitären Stellenbedarfsplans, welchen der Senat im April 2003 beschloss. Dort wurden ihr acht nicht näher erläuterte Stellen zugeordnet, denen jedoch keine hohe Priorisierung zugedacht war.[85] Ihre potenziellen, zukünftigen Forschungsschwerpunkte stellte die Universität im November 2004 dem Bayerischen Wissenschaftsminister Dr. Thomas Goppel (*1947; CSU) bei dessen Besuch in Augsburg vor.[86] Ein zukünftiges, fakultätsübergreifendes Kompetenzzentrum FKF unter Federführung der Philosophisch-Sozialwissenschaftlichen Fakultät führte schließlich auch der damalige Rektor Bottke im April 2005 ins Feld als Reaktion auf den Abschlussbericht der sogenannten Mittelstraß-Kommission.[87] Dieses, nach seinem Vorsitzenden Prof. Jürgen Mittelstraß bezeichnete Experten-

---

[79] PE Thomas Scheerer an Ulrich Eckern, 26.10.2001.
[80] UniAA Wirtschaftswissenschaftliche Fakultät 655, der Prorektor der Universität Augsburg an Wolfgang Weber, Abdruck, 23.10.2001, als Anlage bei: der Prorektor der Universität Augsburg an die Dekane, 24.10.2001.
[81] Universität Augsburg, Situation und Entwicklungsperspektiven der Universität Augsburg im Jahr 2002, Februar 2003, S. 26.
[82] Vgl. UniAA Philosophisch-Sozialwissenschaftliche Fakultät 626, Protokoll über die 6. Sitzung des 13. Fachbereichsrates der Philosophisch-Sozialwissenschaftlichen Fakultät der Universität Augsburg, 21.5.2003, S. 5.
[83] Vgl. die Aussage von Rainer-Olaf Schultze, in: Gesprächsnotiz vom 29.6.2004, myweb.rz.uni-augsburg.de/~eckern/ifk/intern/Protokoll-2004-06-29.pdf.
[84] Vgl. UniAA Rektorat 997, Protokoll über die 13. Sitzung des 18. Senats der Universität Augsburg, 23.6.2004, S. 22–24.
[85] Vgl. UniAA Rektorat 988, Protokoll über die 5. Sitzung des 18. Senats der Universität Augsburg, 30.4.2003, Anlage IV, Stellenbedarf an der Universität Augsburg – Weitere Stellenwünsche, S. 3.
[86] Vgl. UniAA Rektorat 999, Protokoll über die 2. Sitzung des 19. Senats der Universität Augsburg, 15.12.2004, Anlage Ib, der Bayerische Staatsminister für Wissenschaft, Forschung und Kunst an die Studierendenräte der Philologisch-Historischen und der Philosophisch-Sozialwissenschaftlichen Fakultät der Universität Augsburg, 3.12.2004.
[87] Vgl. UniAA Rektorat 1005, Protokoll über die 5. Sitzung des 19. Senats der Universität Augsburg, 27.4.2005, Anlage II, Wissenschaftsland Bayern 2020. Empfehlungen einer internationalen Expertenkommission März 2005. Stellungnahme des Rektors der Universität Augsburg in der Sitzung des Kuratoriums am 25. April 2005, Folie 17.

gremium, evaluierte im Auftrag der Staatsregierung die bayerischen Hochschulen. Es bezeichnete die bisherigen Innovationsanstrengungen der Universität Augsburg als *noch unbefriedigend* und bescheinigte der hiesigen Politikwissenschaft eine *unterkritische Ausstattung*.[88] Doch als im Herbst 2005 das Ergebnis der universitären Entscheidungsprozesse der Staatsregierung zugeleitet wurde, gehörte die FKF am Ende nicht zu den drei ausgewählten Vorschlägen für Kompetenzzentren der Universität Augsburg.[89]

Parallel zu diesen universitätsinternen Prozessen hatte die damalige Stadtregierung und insbesondere deren Bürgermeisterin und Kulturreferentin Eva Leipprand das Friedensthema auf städtischer Ebene vorangetrieben: Mit »PAX 2005« wurde für das Festjahr zum 450-jährigen Jubiläum des Augsburger Religionsfriedens ein sehr umfangreiches und vielfältiges Festival-Programm durchgeführt, das neben hunderten von Mitmachaktionen mehrere programmatische Höhepunkte enthielt: neben der Ausstellung »Als Frieden möglich war: 450 Jahre Augsburger Religionsfrieden« im Maximilianmuseum Augsburg,[90] die Verleihung des Augsburger Friedenspreises an Michail Gorbatschow und den Leipziger Pfarrer Christian Führer, einen Staatsakt am 25. September und zwei prominent besetzte wissenschaftliche Symposien (»Ambivalenz des Religiösen«, »Historikersymposium zur Pax Augustana«). Anlässlich der Eröffnung der Ausstellung »Als Frieden möglich war« am 15. Juni 2005 war Staatsminister Goppel nach Augsburg gekommen. In seinem Grußwort regte er die Gründung eines Zentrums für Friedensforschung an der Universität Augsburg an und bezog sich zur Begründung seines Vorschlags vor allem auf die Friedensstadt, denn keine Stadt im Freistaat könne – auf diese Weise wird er in einem Zeitungsartikel zitiert – *das Thema so in den Vordergrund rücken wie Augsburg*.[91] Er helfe gerne beim Aufbau einer solchen Einrichtung, aber *die Universität müsste in Vorleistung treten und aus ihrem Fleisch einen eigenen Bereich ausweisen*.[92]

Am Tag nach der Ausstellungseröffnung stand auf der Tagesordnung des Augsburger Stadtrates *Bericht und Resolution zum Expertenbericht »Wissenschaftsland*

---

[88] Expertenkommission Wissenschaftsland Bayern 2020 (Hg.), Wissenschaftsland Bayern 2020. Empfehlungen einer internationalen Expertenkommission München 2005, S. 40.
[89] Vgl. UniAA Rektorat 1002, Protokoll über die 8. Sitzung des 19. Senats der Universität Augsburg, 2.11.2005, S. 5 f.; Rektorat 1003, Protokoll über die 9. Sitzung des 19. Senats der Universität Augsburg, 7.12.2005, Anlage I, Bericht des Rektors.
[90] Vgl. Carl A. Hoffmann u. a. (Hg.), Als Frieden möglich war. 450 Jahre Augsburger Religionsfrieden, Regensburg 2005.
[91] Noch keine Rede war indes zu diesem Zeitpunkt von einem politikwissenschaftlichen Lehrstuhl mit dem Schwerpunkt FKF, wie er wenige Jahre später an der Universität realisiert werden sollte. Ein auf den August 2005 datiertes Optimierungskonzept des Wissenschaftsministeriums sah sogar einen Abbau des Fachs Politikwissenschaft in Augsburg zugunsten von München vor; vgl. Bayerisches Staatsministerium für Wissenschaft, Forschung und Kunst (Hg.), Optimierungskonzept für die Bayerischen Hochschulen 2008, 9.8.2005, S. 14.
[92] Vorstoß für den Frieden, in: AZ, 17.6.2005.

Bayern 2020« und zur Lage der Universität Augsburg. Aus diesem Grund war Rektor Bottke bei den Beratungen anwesend und bezog Stellung zum Abschlussbericht der Mittelstraß-Kommission: Trotz des schlechten Abschneidens betonte er, dass Augsburg eine *leistungsexzellente Forschungs- und Lehruniversität* sei.[93] Auch Oberbürgermeister Paul Wengert kritisierte den Kommissionsbericht, weil dessen *Beurteilung und Bewertung nicht in allen Belangen den Verhältnissen der Uni Augsburg* entspreche. Er verwies auf nationale und internationale Rankings, laut denen die hiesige Hochschule durchaus gut dastehe. Außerdem habe er sich an alle schwäbischen Landtagsabgeordneten gewandt mit der Bitte, die Universität *massiv zu unterstützen*. Er befürchte nämlich die Abstufung zu einer sogenannten Regionaluniversität, die keine Forschung, sondern ausschließlich Lehre betreibe.[94] Vor diesem Hintergrund wollte das Stadtparlament die Gunst der Stunde nutzen und beschloss einstimmig, Goppels Anregung vom Vortag zu begrüßen und die Universität zu bitten, die Einrichtung eines Lehrstuhls für FKF zu prüfen und möglichst umzusetzen.[95] Auch Bottke war sich sicher, dass eine etablierte Friedensforschung *eine Zierde für Augsburg und eine ortsgerechte Profilierung* darstelle.[96]

Im August 2005 sah sich Walter Ziegerer, damals Ministerialrat im Wissenschaftsministerium, offenbar veranlasst, Goppels Ankündigung vom Juni im Rahmen eines Briefwechsels mit Eckern zu erläutern. Das vom Minister vorgeschlagene Zentrum für Friedensforschung sollte, so Ziegerer, unter Nutzung von *Kompetenzen der beiden Augsburger Hochschulen und unter Einbeziehung der städtischen, regionalen oder sonstigen am Friedensfest mitwirkenden Einrichtungen* betrieben werden, möglicherweise sogar in Kooperation mit dem Ethikzentrum München. Der Minister halte es jedoch nicht für nötig, die Aktivitäten des Zentrums an einer *organisatorischen (evtl. gemeinsamen) Einrichtung an der Universität* zu bündeln. Wenn die Universität dies anders sehe, müssten *einige Vorfragen in den zuständigen Gremien* geklärt werden, etwa zur Kostendeckung und zur Priorisierung im Verhältnis zu anderen universitären Zukunftsprojekten.[97] Bei einer Veranstaltung des Presseclubs im Oktober 2005 in Augsburg monierte Goppel dann, dass es an *Aktivität und Kreativität* am Lech mangle, nütze die Kommunalpolitik doch beispielsweise Augsburgs Potential als Friedensstadt nicht aus. Dabei könnte diese nicht nur jedes Jahr einen Friedensnobelpreisträger einladen – der Minister selbst würde dies

---

[93] Niederschrift über die 39. öffentliche Sitzung des Stadtrats [der Stadt Augsburg] vom 16.6.2005, Beilage 1, Wissenschaftsland Bayern 2020. Empfehlungen einer internationalen Expertenkommission März 2005. Stellungnahme des Rektors der Universität Augsburg [...], F 4.
[94] Ebd.
[95] Siehe Anm. 94, Beilage 3: Drs. 05/00237.
[96] Siehe Anm. 94, hier S. 7.
[97] PE Ministerialrat beim Bayerischen Staatsministerium für Wissenschaft, Forschung und Kunst Walter Ziegerer an Ulrich Eckern, 23.8.2005; das vorausgehende von Eckern versandte Schreiben ist nicht überliefert.

unterstützen –, sondern auch die Universität stärker in das Thema einbeziehen: *Die Stadt kann auch in die Uni Bewegung bringen.*[98]

Doch an der Universität war schon längst die erforderliche Bewegung in Gang gekommen mit dem Plan, die Aktivitäten der IFK im Rahmen eines politikwissenschaftlichen Lehrstuhls mit einer entsprechend veränderten Denomination fortzuführen.[99] Am 26. Oktober trug Rainer-Olaf Schultze, Professor für Politikwissenschaft und Dekan der Philosophisch-Sozialwissenschaftlichen Fakultät, den Mitgliedern des Fakultätsrats vor, welche Entwicklungsziele aus Sicht der Fakultät in eine Zielvereinbarung zwischen Universität und Wissenschaftsministerium einzubringen seien. Bei den Entwicklungszielen in der Forschung lautete im sozialwissenschaftlichen Bereich das erste Thema *Frieden – Konflikt – Sicherheit in Theorie, Geschichte und Gegenwart* und auch im philosophisch-theologischen Bereich wird das Thema unter dem Stichwort *theologische Friedens- und Konfliktforschung* explizit aufgegriffen.[100]

Am 19. Januar 2006 teilte dann Schultze Prorektor Alois Loidl mit, dass er der Anregung der Universitätsleitung folge, einen der zwei politikwissenschaftlichen Lehrstühle auf den Schwerpunkt FKF umzuwidmen, um das Profil der Universität zu stärken.[101] Wie es zu dieser Entschlossenheit der Universitätsleitung zu gerade diesem Zeitpunkt kam, gilt es noch zu erforschen. Möglicherweise hat sie mit dem interdisziplinären Master-Studiengang *Gesellschaftliche Konflikte und politische Integration* zu tun, der bereits am 7. Dezember 2005 vom Senat auf Initiative der Philosophisch-Sozialwissenschaftlichen Fakultät beschlossen worden war.[102] Laut Studienordnung unterstand er der Federführung der Augsburger Politikwissenschaft – die aufgrund des Mittelstraß-Gutachtens unter Druck stand und

---

[98] Minister Goppel gibt der Stadt Ratschläge, in: AZ, 27.10.2005.
[99] Schultze äußerte sich in einem Interview mit den Verfassern am 31.10.2019 in Augsburg hierzu: *Man musste sich also überlegen: wie kann man durch inhaltlich begründbare Denomination Lehrstühle retten? Da war mir eigentlich relativ schnell klar: wenn man hier diese drei Professuren in der Politikwissenschaft erhalten will – ich war der jüngste von den dreien –, dann muss man einen von den beiden Lehrstühlen von der Denomination her neu ausrichten.*
[100] UniAA Philosophisch-Sozialwissenschaftliche Fakultät 626, Protokoll über die 7. Sitzung des 14. Fachbereichsrates der Philosophisch-Sozialwissenschaftlichen Fakultät der Universität Augsburg, 26.10.2005, S. 4.
[101] Vgl. UniAA Philosophisch-Sozialwissenschaftliche Fakultät 656, Der Dekan der Philosophisch-Sozialwissenschaftlichen Fakultät an Prorektor Alois Loidl, 19.1.2006; siehe auch: UniAA Rektorat 1007, Protokoll über die 10. Sitzung des 19. Senats der Universität Augsburg, 8.2.2006, Anlage II, Entwurf. Zielvereinbarung zwischen der Universität Augsburg (UA) und dem Bayerischen Staatsministerium für Wissenschaft, Forschung und Kunst (StMWFK), o.D., S. 7–10.
[102] Der Senat beschloss den Master-Studiengang einstimmig vorbehaltlich, dass noch fehlende Unterlagen nachgereicht und Satzungsentwürfe mit der Rechtsabteilung und dem Prorektor abgestimmt werden; vgl. UniAA Rektorat 1003, Protokoll über die 9. Sitzung des 19. Senats der Universität Augsburg, 7.12.2005, S. 12 f.

Innovationsfähigkeit beweisen musste – und beinhaltete die FKF als einen von drei inhaltlichen Schwerpunkten.[103]

Von Seiten des Ministeriums wurde in diesem Zusammenhang zwar anerkannt, dass die *Optimierungsbereitschaft* der Universität Augsburg sich durch *interne Stellenumwidmungen* zeige könne;[104] es stellte aber gleichzeitig – ähnlich wie Ministerialrat Ziegerer im August 2005[105] – noch einmal klar,

> *dass Herr Staatsminister gesagt habe, er habe bei seinen Gesprächen mit Vertretern der Universität keinerlei konkrete Vorgaben für einen bestimmten Studiengang gemacht, möglicherweise sei er missverstanden und falsch interpretiert worden. Sein Anliegen sei es hauptsächlich gewesen, die Universität Augsburg zu ermuntern, sich mit ihren Gesellschafts- und Geisteswissenschaften stärker des Themas Friedensforschung anzunehmen, insbesondere sich in Veranstaltungen zum Augsburger Friedensfest mit Veranstaltungen und Beiträgen einzubringen.*[106]

Dies solle geschehen durch Module in den Wahlpflichtbereichen von Studiengängen, durch Vergabe von Studien- oder Abschlussarbeiten, durch eine Ringvorlesung anlässlich des Friedensfestes oder auch *durch öffentlichkeitswirksame Veranstaltungen mit renommierten Gastrednern*[107] – also offenbar nicht durch einen Lehrstuhl für FKF, den sowohl die Philosophisch-Sozialwissenschaftliche Fakultät als auch die Universitätsleitung mittlerweile im Sinn hatten. Gleichermaßen sah ein undatierter Entwurf der bereits erwähnten Zielvereinbarung zwischen Universität und Ministerium weder einen Lehrstuhl noch ein Kompetenzzentrum für Friedensforschung vor. Die FKF solle lediglich *interdisziplinär gebündelt* werden – und zwar unter dem Vorzeichen jener beiden Themenkomplexe, welche die IFK entwickelt hatte, nämlich *Migration und Interkulturelle Konflikt- und Integrationsprobleme* sowie *Ressourcen(-Mangel) und globale Gerechtigkeit.*[108]

---

[103] Vorgesehen war außerdem eine Beteiligung der beiden Münchner Universitäten und der dortigen Hochschule der Bundeswehr; vgl. ebd. Anlage IV, Master-Studiengang »Gesellschaftliche Konflikte und politische Integration« der Philosophisch-Sozialwissenschaftlichen Fakultät der Universität Augsburg. Allgemeine Beschreibung, Profil und Zielsetzung des Studiengangs, 18.11.2005, S. 2.

[104] UniAA Rektorat 902, Bayerisches Staatsministerium für Wissenschaft, Forschung und Kunst, Referat IX/7, 1. Zielvereinbarungsverhandlung mit der Universität Augsburg am 10.2.2006, o. D., S. 1.

[105] Siehe Anm. 97.

[106] UniAA Rektorat 902, Bayerisches Staatsministerium für Wissenschaft, Forschung und Kunst, Referat IX/7, 1. Zielvereinbarungsverhandlung mit der Universität Augsburg am 10.2.2006, o. D., S. 2.

[107] Vgl. ebd. S. 2 f.

[108] UniAA Rektorat 1007, Protokoll über die 10. Sitzung des 19. Senats der Universität Augsburg, 8.2.2006, Anlage II, Entwurf. Zielvereinbarung zwischen der Universität Augsburg (UA) und dem Bayerischen Staatsministerium für Wissenschaft, Forschung und Kunst (StMWFK), S. 9.

Ende April 2006 wird die Umwidmung einer W3-Stelle innerhalb der Philosophisch-Sozialwissenschaftlichen Fakultät in einem Papier für Senat und Hochschulrat dann aber doch als *wahrscheinlich* genannt.[109] Dem Antrag der Fakultät auf inhaltliche Neuausrichtung eines politikwissenschaftlichen Lehrstuhls stimmte das Ministerium am 1. Juni 2006 zu unter der Voraussetzung, dass diese kostenneutral durchgeführt wird.[110] Die am 21. Juli geschlossene Zielvereinbarung zwischen Universität und Ministerium sicherte dann endgültig die Existenz der Augsburger Politikwissenschaft, also beider Lehrstühle wie auch der einen Professur, und schrieb die neue inhaltliche Ausrichtung eines Lehrstuhls durch dessen Umwidmung auf den Schwerpunkt Friedens- und Konfliktforschung fest. Hierfür war sicherlich von Vorteil, dass einer der Lehrstühle gerade unbesetzt und nicht beispielsweise durch das Bayerische Konkordat in seiner Denomination gebunden war.[111] Als Gründe für die Erhaltung der Politikwissenschaft wurden in der Zielvereinbarung neben der Mitwirkung in der Lehrerbildung und im BA-Sozialwissenschaften ausdrücklich auch *die Mitwirkung der Universität im Rahmen der kulturellen Aktivitäten der Stadt Augsburg in ihrer Tradition als ›Friedensstadt‹* genannt.[112] Diese ebnete zudem den Weg zur Einführung des bereits erwähnten Master-Studiengangs »Gesellschaftliche Konflikte und politische Integration«.[113]

Zum Beginn des Wintersemesters 2008/2009 konnte der neuausgerichtete Lehrstuhl schließlich – nachdem die zwei auf der Berufungsliste Erstplatzierten mithilfe des Rufs an die Universität Augsburg durch Bleibeverhandlungen an ihren Universitäten zwei weitere Professuren für Friedens- und Konfliktforschung etablieren

---

[109] Vgl. UniAA Rektorat 1008, Protokoll über die 11. Sitzung des 19. Senats der Universität Augsburg, 10.5.2006, Anlage II, Grundzüge der Zielvereinbarung der Universität Augsburg mit dem Staatsminister für Wissenschaft, Forschung und Kunst, 28.4.2006, S. 2

[110] Vgl. UniAA Philosophisch-Sozialwissenschaftliche Fakultät 656, Bayerisches Staatsministerium für Wissenschaft, Forschung und Kunst an die Universität Augsburg, Abdruck, 1.6.2006, als Anlage bei: Der Kanzler der Universität Augsburg an den Dekan der Philosophisch-Sozialwissenschaftlichen Fakultät, 7.6.2006.

[111] Prof. Rainer-Olaf Schultze, damals Dekan der Philosophisch-Sozialwissenschaftlichen Fakultät, erinnerte sich in einem Interview mit den Verfassern am 31.10.2019 in Augsburg: *Ich war der Jüngste* [der drei politikwissenschaftlichen Professoren] *und es war klar, dass ich noch relativ lange da bleibe.* [...] *Der Konkordatslehrstuhl war auch sicher, also bot sich nur dieser* [der Lehrstuhl von Prof. Theo Stammen für eine Neuausrichtung] *an, zumal Herr Stammen auch relativ bald in den Ruhestand ging.*

[112] Bemerkenswert erscheint, dass im Rahmen der Zielvereinbarung eine Aufforderung an die Wissenschaft formuliert wird, in die Zivilgesellschaft hineinzuwirken – ein Gedanke, der an das von Wolfgang Frühwald (siehe oben) vorgeschlagene Zentrum zur Bündelung der Augsburger Friedensaktivitäten erinnert; vgl. Zielvereinbarung zwischen der Universität Augsburg vertreten durch den Rektor Prof. Dr. Wilfried Bottke und dem Bayerischen Staatsministerium für Wissenschaft, Forschung und Kunst durch Dr. Thomas Goppel, 21.7.2006, S. 12 f., www.stmwk.bayern.de/download/8028_zv06_uni_augsburg.pdf.

[113] Die Übereinkunft (siehe Anm. 112) sah weiterhin – wie bereits die IFK (siehe oben) – die Beantragung einer DFG-Forschergruppe im Bereich der Friedens- und Konfliktforschung vor.

konnten[114] – mit Prof. Weller besetzt werden und seine Arbeit aufnehmen.[115] Er übernahm unmittelbar die Studiengangsleitung für den Masterstudiengang und lotete im Kontakt mit der Stadtregierung aus, wie die Zusammenarbeit zwischen Universität und Stadt zu Friedens-Themen ausgestaltet werden könnte. Dabei konnte einerseits das interdisziplinäre Profil, welches die IFK an der Universität Augsburg geprägt hatte, nicht nur in der Forschung, sondern vor allem auch in dem konzeptionell weiterentwickelten und dann akkreditierten Masterstudiengang fortgeführt werden, der hierfür 2009 den Titel »Sozialwissenschaftliche Konfliktforschung« erhalten hatte. Andererseits intensivierte Weller die Kooperation mit der Friedensstadt und siedelte für die Jahre 2010 bis 2016 mit finanzieller Unterstützung von Stadt und Universität Augsburg die Geschäftsstelle der »Arbeitsgemeinschaft für Friedens- und Konfliktforschung« (AFK), der Vereinigung aller deutschsprachigen Friedens- und KonfliktforscherInnen, an der Universität Augsburg an, die wesentliche Beiträge zum Friedensfestprogramm und zur öffentlichen Sichtbarkeit des Themas Frieden in Augsburg leistete.[116] 2011 beschloss der AFK-Vorstand, eine neue »Zeitschrift für Friedens- und Konfliktforschung« zu gründen und die Universitätsleitung unterstützte Wellers Lehrstuhl darin, die erste Redaktion dieser Zeitschrift an der Universität Augsburg anzusiedeln. Und ab 2017 etablierte der Lehrstuhl für Politikwissenschaft, Friedens- und Konfliktforschung dann in Kooperation mit dem Alumniverein der Studierenden der Sozialwissenschaftlichen Konfliktforschung in Augsburg und mit Unterstützung des Kulturamts der Stadt Augsburg eine jährliche Peace-Summer-School als mehrtägigen Beitrag zum Friedensfestprogramm, nachdem 2016 von der Fakultät die Einstellung des Masterprogramms zur Friedens- und Konfliktforschung beschlossen worden war.[117]

Resümee

Es ist bemerkenswert, dass der Etablierung der FKF an der Universität Augsburg im Jahr 2006 und der erstmaligen Besetzung eines entsprechend denominierten Lehrstuhls zwei Jahre später mehrere Etablierungsbemühungen bis zurück in die siebziger Jahre vorausgingen. Sie unterscheiden sich in Hinsicht auf die jeweils in-

---

[114] Vgl. Interview mit Prof. Christopher Daase, externes Mitglied der Berufungskommission für den Lehrstuhl für Politikwissenschaft, Friedens- und Konfliktforschung der Universität Augsburg im Jahr 2006 am 6.12.2019 in Frankfurt a. Main.
[115] Vgl. Klaus, P. PREM, Jetzt auch in Bayern. Friedens- und Konfliktforschung, 11.11.2008, in: idw – Informationsdienst Wissenschaft, idw-online.de/de/news288172.
[116] Vgl. Christoph WELLER, Der Weg der AFK nach Augsburg. Ansprache zur Eröffnung der Geschäftsstelle der Arbeitsgemeinschaft für Friedens- und Konfliktforschung (AFK) an der Universität Augsburg am 15. Juli 2010, www.philso.uni-augsburg.de/lehrstuehle/politik/politik1/lehre_und_studium/pdf-Sammlung/Der_Weg_der_AFK_nach_Augsburg.pdf.
[117] Vgl. Stefan MAYER, Heftiger Streit unter Friedensforschern, 16.6.2016, in: Süddeutsche Zeitung, www.sueddeutsche.de/bayern/universitaet-augsburg-heftiger-streit-unter-friedensforschern-1.3032704.

itiativ tätigen Akteure, die politischen Konstellationen und wohl auch inhaltliche Verständnisse von »Friedensforschung« bzw. »Friedens- und Konfliktforschung« (was herauszufinden eine deutlich aufwendigere Untersuchung erfordert), aber auch in ihren jeweiligen Überlieferungen, die manchmal nur aus einer Aktennotiz oder einem Redemanuskript bestehen, anderenteils jedoch durch umfangreiche Dokumentensammlungen jahrelanger Aktivitäten und Beratungen in universitären oder landespolitischen Gremien dokumentiert sind.

Offensichtlich, so legen die für diese Studie verwendeten Quellen nahe, bedurfte es des zeitlichen Zusammentreffens verschiedener Akteure mit ihren unterschiedlichen Eigeninteressen und den besonderen kommunalen und hochschulpolitischen Konstellationen, aus welchen sich 2005/6 ein »window of opportunity« eröffnete, welches – im Gegensatz zu früheren Versuchen – erfolgreich zur Etablierung der FKF in Augsburg genutzt werden konnte. Im Einzelnen konnte unsere Analyse zeigen,
– dass durch zivilgesellschaftliches Engagement im Rahmen des »Forums interkulturelles Leben und Lernen« (FiLL) ein wesentlicher Beitrag für die Etablierung der Friedens- und Konfliktforschung in Augsburg geleistet wurde,
– dass das Engagement einzelner HochschullehrerInnen an der Universität Augsburg im Rahmen der im Oktober 2001 gegründeten »Initiative Friedens- und Konfliktforschung« (IFK) wichtige Voraussetzungen für die 2005/6 getroffene Entscheidung geschaffen hatte,
– dass die von der Stadt Augsburg veranstalteten Feierlichkeiten aus Anlass des 450. Jahrestages des Augsburger Religionsfriedens von 1555 eine wichtige Katalysatorfunktion erfüllten und
– dass der damals auf der Universität lastende strukturelle Veränderungsdruck Möglichkeiten eröffnete, die in einem geordneten hochschulpolitischen Entscheidungsprozess bis dahin kaum denkbar waren: an einer staatlichen Universität in Bayern die Friedens- und Konfliktforschung in die Denomination eines Lehrstuhls aufzunehmen.

Ein konkreter Anfang all dieser am Ende erfolgreichen Anstrengungen lässt sich kaum ausmachen, aber wesentliche Ideen scheinen in dem spätestens 2001 schriftlich festgehaltene Konzept eines *Augsburger Zentrums zur Förderung von Frieden und Toleranz* schon enthalten zu sein, eine Idee, die im Kontext von FiLL entstanden war und unter anderem zur konstruktiven Bearbeitung der Konfliktpotenziale einer multikulturellen und multireligiösen Gesellschaft beitragen sollte. Die Verbindung dieser zivilgesellschaftlichen Aktivitäten mit dem Engagement von Universitätsangehörigen verschiedener Fakultäten im Rahmen der IFK kann als erster Schritt hin zur Etablierung der FKF in der Friedensstadt Augsburg bezeichnet werden. Entscheidend für die inhaltliche Neuausrichtung eines politikwissenschaftlichen Lehrstuhls waren aber auch die Umstrukturierungsabsichten der Bayerischen Hochschullandschaft durch die Staatsregierung, auf welche die Gremien der Hochschul- und Fakultätsleitung reagieren mussten. Sie konnten dabei auf die vorangegangenen Ideen und Initiativen von FiLL und IFK zurückgreifen und verweisen, um

Mit einem riesigen Transparent am Verwaltungsgebäude positioniert sich die Stadt Augsburg 2016 unübersehbar als Friedensstadt. Foto: Ruth Plössel/Stadt Augsburg

die von der Abschaffung bedrohte Augsburger Politikwissenschaft zu retten. Zwar wurde, auch dank der Vorarbeiten von Seiten der IFK, die FKF seit 2004 als mögliches, neu zu schaffendes Kompetenzzentrum in den Universitätsgremien genannt, die Chronologie der Ereignisse deutet aber darauf hin, dass es erst der öffentlichen Äußerung des bayerischen Wissenschaftsministers bedurfte, um letztendlich die entscheidenden Prozesse in Hochschule und Staatsregierung in Gang zu setzen, die dann zur Umwidmung eines politikwissenschaftlichen Lehrstuhls auf den Schwerpunkt Friedens- und Konfliktforschung führten.

Die Repräsentanten aus Zivilgesellschaft und Wissenschaft sowie auch Minister Goppel führten immer wieder Augsburgs Tradition als Friedensstadt zur Begründung für eine dortige Etablierung der Friedens- und Konfliktforschung ins Feld. Ihre Aktivitäten gehen zeitlich mit Bestrebungen von Seiten der damaligen Augsburger Kommunalverwaltung einher, sich mit eben dieser Tradition zu profilieren. In diesem Licht ist das Eintreten der Stadt zugunsten die FKF zu sehen, worin sich ein Verständnis widerspiegelt, welches neben der Interdisziplinarität und der normativen Orientierung am Frieden besonders auf das dritte konstitutive Kennzeichen der FKF abhebt: ihre Praxisorientierung. Dass sich dieses Verständnis auch in der 2006 geschlossenen Zielvereinbarung zwischen der Universität Augsburg und dem Bayerischen Staatsministerium für Wissenschaft, Forschung und Kunst wiederfand, deutet auf ein bestimmtes inhaltliches Verständnis von Friedens- und Konfliktforschung hin, mag aber mit der Engführung auf »kulturelle Aktivitäten« auch genau konträr zu dem Selbstverständnis sein, welches in der FKF vorherrscht: Sie ist eine »Wissenschaft mit normativem Auftrag«[118] oder wie es der Wissenschaftsrat 2019

---

[118] So formulierte es Prof. Harald Müller, langjähriger Leiter des vom Bund finanzierten Leibniz-Instituts Hessische Stiftung Friedens- und Konfliktforschung; Harald Müller,

beschrieb: »Die deutsche Friedens- und Konfliktforschung ist durch eine ausgeprägte Praxisorientierung gekennzeichnet, die sowohl in der Forschung als auch in einem sehr engagiert betriebenen Wissenstransfer (i. S. eines rekursiven Austauschprozesses) zum Ausdruck kommt. Besonders aktiv sind die Friedens- und Konfliktforscherinnen und -forscher in der Politikberatung.«[119]

Dass die Augsburger Stadtregierung sich an diesem Verständnis orientiert, wird etwa daran erkennbar, dass ihr Kulturreferent bereits kurz nach der Besetzung des Lehrstuhls für Friedens- und Konfliktforschung an diesen herantrat und darum bat, sie bei der Profilierung als Friedensstadt zu unterstützen.[120] Doch anhand welcher Maßstäbe und ggf. Indikatoren sich der Erfolg dieser Zusammenarbeit verdeutlichen lässt, muss zukünftigen Untersuchungen überlassen bleiben. Sie täten gut daran, aus einer breiteren Perspektive heraus sowohl die bisher weitgehend unerforschten Bedeutungszuschreibungen des Begriffs der Friedensstadt, dessen Aneignung durch die Stadtregierung wie auch durch andere Akteure, als auch das öffentliche Verständnis von Friedens- und Konfliktforschung in Bayern, gerade seit deren Etablierung an der Universität Augsburg, in den Blick zu nehmen.

Über allen Gipfeln ist Ruh. Zum Verhältnis von Friedensforschung und IB, in: Zs. für Internationale Beziehungen 19 (2012) S. 155–170, hier 159.

[119] Wissenschaftsrat, Empfehlungen (wie Anm. 2) S. 9.
[120] Vgl. UniAA Rektorat 1357, Prof. Christoph Weller an das Präsidium der Universität Augsburg, 21.7.2009, als Anlage einer E-Mail mit gleichem Adressat und gleichem Datum. Wie weitreichend diese Profilierungsabsicht bei Teilen der Stadtverwaltung zeitweise war, ließ der frischgewählte Kulturreferent Peter Grab erkennen, der im Juni 2008 hoffte, durch *verstärkte Zusammenarbeit mit der Wirtschaft [...] die Friedensstadt überregional so positionieren zu können, dass eines Tages Verhandlungen zweier Staaten nicht mehr automatisch in Genf oder New York, sondern auch einmal in der Friedensstadt Augsburg stattfinden.* Niederschrift der 1. öffentlichen Sitzung des Kulturausschusses [des Augsburger Stadtrats], 10.6.2008, S. 4 f.

†
Nachruf Rolf Kießling
1941–2020

Geboren am 25. Juli 1941 in Augsburg, starb Rolf Kießling am 22. Juni 2020 in Bonstetten. Für uns alle war sein Tod überraschend. Seit Jahren litt er an einer Krebskrankheit und hatte sich mehreren Operationen und Therapien unterziehen müssen. Da er aber davon überzeugt war, dass er noch lange leben würde, arbeitete er leidenschaftlich an einem neuen Buch über Peter von Argon. Nur drei Tage vor seinem Tod schrieb er mir, er »versuche sich nach einem zehntätigen Aufenthalt in der Klinik, wieder in das Leben einzuklinken«, und fügte hinzu, er wisse zwar, dass es noch »eine Weile dauern werde«, er sei aber »zuversichtlich«.

Sein überraschender Tod hat uns umso mehr betroffen, als er nicht nur ein hervorragender Wissenschaftler, sondern auch ein außerordentlich offener, herzlicher und hilfsbereiter Mensch und Freund war.

Ein überzeugter und überzeugender Landeshistoriker

Von Beginn an widmete er mit einer einzigartigen Kontinuität bis zu seinem Tod seine Forschung wie auch seine Tätigkeit der Geschichte seiner Heimatstadt Augsburg wie auch der Landesgeschichte von Bayerisch-Schwaben.

Diese existentielle Verbundenheit drückt sich zuerst in den drei grundlegenden Monographien aus, die er geschrieben hat. Bei der ersten handelt es sich um seine Dissertation, die er 1969 nach einem Studium der Geschichte, Germanistik und Geographie an den Universitäten München und Erlangen 1960 bis 1966 an der Universität München beim Mediävisten und Landeshistoriker Karl Bosl abschloss. Diese tiefgehende, differenzierte und auf der Basis einer beispielhaften Auswertung eines breiten Bestands von Archivquellen beruhende Studie setzte sich mit dem Verhältnis zwischen der bürgerlichen Gesellschaft und der Kirche in der Reichsstadt Augsburg im Spätmittelalter auseinander. Als Strukturanalyse konzipiert, wie das damals üblich war, trug sie gleichzeitig dazu bei, die spätere Entwicklung von Augsburg besser zu erklären, indem sie die entscheidende Rolle der bürgerlich gegründeten Kirchengemeinden als Trägerinnen der Reformation verdeutlichte.[1]

1976 begann er eine zweite grundlegende Untersuchung, die sich auch mit dem Spätmittelalter und dem Beginn der Frühneuzeit befasste. Im Unterschied aber zu seiner ersten auf Augsburg zentrierten Arbeit, die 1971 veröffentlich wurde, erweiterte er dabei seinen Blick, indem er sich mit der Frage der Umlandpolitik, des Bürgerbesitzes und des Wirtschaftsgefüges in den ostschwäbischen Städten vom 14. bis ins 16. Jahrhundert auseinandersetzte. Diese umfangreiche, 1985 abgeschlossene und 1989 veröffentlichte Untersuchung war seine Habilitation. Wie bei seinem ersten Buch beruhte sie auf der Basis einer gründlichen Archiv- und Quellenarbeit. Mit Hilfe einer gemeinsamen Fragestellung untersuchte sie vergleichend und vielseitig das Wechselverhältnis zwischen Stadt und Land am Beispiel der zwei Reichsstädte Nördlingen und Memmingen wie auch der zwei Landstädte Lauingen und Mindelheim und wies dabei die strukturelle Zusammengehörigkeit von Stadt und Land in Oberschwaben nach.[2]

Seine dritte, gleichermaßen entscheidende und umfangreiche Monographie untersucht auf der Basis einer ausgeprägten Quellengründlichkeit die jüdische Geschichte in Bayern. Dieses auf einer mehr als zwanzigjährigen Forschung beruhende Buch zeichnet sich dadurch aus, dass es die Geschichte von ihren Anfängen, d.h. ab dem Ende des 11. Jahrhunderts, bis hin zu der heutigen Zeit untersucht und dass es sie in all ihren Dimensionen analysiert (angefangen von dem Gegensatz zwischen der dramatischen Geschichte der Verfolgungen und Ermordungen vom Mittelalter bis hin zur Shoah und der über weite Strecken überwiegend friedlichen und oft auch kreativen und erfolgreichen Geschichte der städtischen und ländlichen Gemeinden). Dieses Buch lässt entdecken, dass Schwaben in der Vormoderne zu den zentralen Siedlungslandschaften des europäischen Judentums gehörte und ermöglicht dadurch einen anderen Blick auf die bayerisch-schwäbische Vergangenheit.[3]

Die existentielle Verbundenheit von Rolf Kießling mit Augsburg und Schwaben zeigte sich auch durch seine Karriere. Nachdem er 1966 in München ein Staatsexamen für das Lehramt an Gymnasien abgelegt hatte, unterrichtete er über mehr

---

[1] Rolf KIESSLING, Bürgerliche Gesellschaft und Kirche in Augsburg im Spätmittelalter. Ein Beitrag zur Strukturanalyse der oberdeutschen Reichsstadt (Abh. der Stadt Augsburg 19) Augsburg 1971.

[2] Rolf KIESSLING, Die Stadt und ihr Land. Umlandpolitik, Bürgerbesitz und Wirtschaftspflege in Ostschwaben vom 14. bis ins 16. Jahrhundert (Städteforschung A29) Köln/Wien 1989.

[3] Rolf KIESSLING, Jüdische Geschichte in Bayern. Von den Anfängen bis zur Gegenwart (Studien zur jüdischen Geschichte und Kultur in Bayern 11) Berlin/Boston 2019.

als zwanzig Jahre am Gymnasium Deutsch und Geschichte, insbesondere am Bayernkolleg in Augsburg, in welchem er bis 1992 tätig war. Anstatt eine Lehr- und Forschungstätigkeit außerhalb der Region zu suchen, blieb er bis zu seinem Ende in Augsburg und Bonstetten. Nach zwei Jahren einer Vertretungsprofessur für Theorie und Didaktik an der KU Eichstätt erhielt er schließlich 1994 den Ruf auf den Lehrstuhl für Bayerische und Schwäbische Landesgeschichte an der Universität Augsburg und wirkte dort bis zu seiner Emeritierung im Jahre 2007.

Die überzeugte Selbstidentifizierung von Rolf Kießling mit der Landesforschung drückt sich schließlich dadurch aus, dass er 1974 zum Mitglied der Schwäbischen Forschungsgemeinschaft wurde und von 2001 bis 2016 ihr Erster Vorsitzender war. Dies hatte zur Folge, dass er sich intensiv an ihrer Forschungstätigkeit beteiligte und sehr viele neue Forschungsprojekte und quellenreiche Studien förderte. Aufschlussreich in dieser Hinsicht sind die zahlreichen Bücher, die er zusätzlich zu seinen Monographien selber oder mit anderen Autoren und Autorinnen herausgegeben hat, die unzähligen Tagungen, die er im Rahmen der Forschungsgemeinschaft in Augsburg, Schwaben und Bayern veranstaltet hat, wie auch die sehr vielen Bücher und Publikationen, die er mit anderen Mitgliedern der Forschungsgemeinschaft herausgegeben bzw. angeregt hat (insbesondere in den Reihen »Forum Suevicum«, »Materialien zur Geschichte des Bayerischen Schwaben«, »Studien zur Geschichte des Bayerischen Schwaben« und »Quellen und Darstellungen zur jüdischen Geschichte Schwabens«).

Ein Historiker, der aus der Landesgeschichte eine vorbildliche »totale Geschichte« gemacht hat

Anstatt eine Absonderung zu bedeuten, ging die Konzentration der Forschung und der Aktivitäten von Rolf Kießling auf die Landesgeschichte mit einer außerordentlichen Öffnung seiner Perspektiven zusammen. Dies drückte sich zuerst durch die vorher schon erwähnte Aufmerksamkeit aus, die er den unterschiedlichen Quellen und besonders den weitverstreuten und unveröffentlichten Archivalien widmete. All seine Behauptungen sind vielseitig und gründlich belegt.

Genauso beeindruckend war sein Interesse für neue Fragestellungen und sein Einsatz von innovativen Ansätzen und Methoden. In all seinen Publikationen hat mich seine Absicht überzeugt, die Vergangenheit in all ihren Dimensionen zu untersuchen und dabei den drei grundlegenden Herausforderungen einer »histoire totale« (wie die »Annales« sagte) gerecht zu werden: zuerst der »Historisierung« (d.h. der genauen Rücksicht auf die jeweilige Zeit), dann der Kontextualisierung (d.h. der präzisen Analyse der Rahmenbedingungen) und schließlich der Rücksicht auf die Komplexität der analysierten Realität – was ihm ermöglichte, eine Geschichte zu schreiben, in welcher die Wechselbeziehungen zwischen Strukturen und Entwicklungen, wie auch zwischen Rahmenbedingungen und Akteuren erklärt wurden. »Geschichte läßt sich nicht nur von handelnden Personen her begreifen;

sie spielte sich auch in konkreten geographischen Räumen ab, die den Menschen mehr oder weniger bewußt waren, weil sie in ihnen lebten und agierten«, so schrieb er im Vorwort seines Buches »Die Stadt und ihr Land«.

Auffällig ist in allen seinen Büchern die Berücksichtigung der räumlichen Dimension der Geschichte, ob es sich um die Analyse der Konsequenzen der unterschiedlichen Räumlichkeiten der Kirchengemeinden von Augsburg im Spätmittelalter handelt, um die unterschiedlichen Faktoren (Territorialpolitik, bürgerliche Landbesitze, Markt und Gewerbe), die die jeweiligen Stadt-Land-Beziehungen von Nördlingen, Memmingen, Lauingen und Mindelheim erklären, oder noch um die Untersuchung der konkreten Unterschiede der Siedlungsgeschichte der jüdischen Gemeinden wie auch der jeweiligen Rahmenbedingungen, die ihren Alltag geprägt haben.

Die Vielzahl der schwäbischen kleinen Herrschaften im Mittelalter und in der Frühneuzeit – ob es sich um das kaiserliche Vorderösterreich oder die bischöflichen Ländereien, die Adelsbesitze oder die Rittergüter, die Reichsstädte, die Landstädte oder die Klöster handelte – war für ihn zentral: Rolf Kießling wies nämlich nach, dass sie entscheidend zur wirtschaftlichen Kreativität und kulturellen Innovation von Schwaben beitrugen und dass sie weiterhin bis in unsere Zeit hinein im durch Napoleon verdoppelten Bayern nachwirkten.

Beeindruckend sind zuletzt zwei Tatsachen. Zuerst dass er seine Forschungen, wie auch die der schwäbischen Forschungsgemeinschaft, nicht auf das Spätmittelalter und das 16. Jahrhunderts beschränkte, sondern sie chronologisch vom Hochmittelalter bis zur Gegenwart öffnete. Und dann, dass er sich dabei die Mühe gab, ganz unterschiedliche Themen zu untersuchen, wie zum Beispiel die Agrargeschichte, das Bildungswesen, das Gesundheitswesen, die Integration, die Kommunikation, die Mobilität und Migration, die Protoindustrialisierung, die Umweltgeschichte, die Urbanisierung und Urbanität, das Volksleben oder auch die wirtschaftlichen Strukturen.

Ein Historiker, der seine wissenschaftliche Tätigkeit als einen großzügigen und weitreichenden Dienst verstand

Bei seiner Antrittsvorlesung sagte er, sein Wunsch sei »Neugierde zu wecken auf das, was sich dahinter verbirgt«. Und so hat er in der Tat seine Aufgabe verstanden und umgesetzt, zuerst als Gymnasiallehrer, und dann vor allem als Professor für Landesgeschichte. »Rolf Kießling«, wie Sabine Ullmann überzeugend schrieb, »war für viele von uns der konstante, verlässliche und stets zugewandte Freund und wissenschaftliche Gesprächspartner, der sein Gegenüber immer mit Respekt, Freundlichkeit und einem ehrlichen Interesse bedachte. Für ihn war wissenschaftliches Arbeiten immer vom Dialog getragen, im Sinne eines hierarchiefreien gedanklichen Austausches, der eine ansteckende Begeisterung und Neugierde für den Forschungsgegenstand vermittelte. Dabei konnte er seine Gesprächspartner inspirieren und motivieren wie kaum ein anderer.« Eine solche Erfahrung habe ich auch persönlich gemacht, als ich in den 1980er-Jahren an meiner Habilitation über das Zusammenleben von Protestanten und Katholiken in Augsburg nach dem Dreißigjährigen Krieg arbeitete. Er hat mir dabei auf allen Ebenen geholfen, als Historiker wie auch als Freund, was uns tief miteinander verbunden hat. Nie genug kann ich sagen, wie viel ich ihm verdanke.

Die Dankbarkeit der Studierenden, Doktoranden und Kollegen aus dem In- und Ausland, mit welchen er zusammengearbeitet hat war so groß, dass ihm deswegen zwei Festschriften gewidmet wurden, die erste, »Geschichte in Räumen«, zu seinem 65. Geburtstag, und die zweite, »Augsburg, Schwaben und der Rest der Welt«, zu seinem 70. Geburtstag.

Rolf Kießling sah in der Vermittlung von Wissenschaft an ein breites Publikum einen festen Bestandteil seiner Tätigkeit als Landeshistoriker. Zwei Bücher, die viele Leser gewonnen haben, verdienen in dieser Hinsicht eine besondere Erwähnung: auf der einen Seite seine »Kleine Geschichte Schwabens« (2013) und auf der anderen Seite das Buch, das er im gleichen Jahr über die Kirche und Gemeinde von St. Anna in Augsburg veröffentlicht hat – einer Kirche, mit welcher er sich persönlich identifizierte und in welcher am 27. Juli 2016 sein 75. Geburtstag gefeiert wurde. Als zugewandter Mensch hat er sich darüber hinaus an vielen Orten engagiert, um die Geschichte erlebbar zu machen, ob es sich dabei um seinen Einsatz bei Ausstellungen handelte – so zum Beispiel bei der Neukonzeption des Museums Lutherstiege in St. Anna – oder noch um sein Engagement bei vielen kulturellen Institutionen (Leitung des Beirats des Jüdischen Kulturmuseums in Augsburg, des Freundeskreises des Stadtarchivs Augsburg und der Eugen-Liedl-Stiftung).

Bei seiner bewegenden und hoffnungsvollen Beerdigung am 25. Juni 2020 wählten seine Frau Christa Kießling, mit welcher er seit dem 30. April 1971 verheiratet war, und ihre beiden Kinder zwei Bibelsätze, die am besten seinen Nachruf abschließen: »Ein treuer Freund ist ein Trost im Leben; Herr ich traue auf Dich.«

Etienne François

TOTENTAFEL

Der Historische Verein für Schwaben gedenkt
seiner verstorbenen Mitglieder:

Lidwina Wiedemann	†	
Anna-Maria Gutzer	†	2018
Richard Walther	†	Dez. 2018
Prof. Dr. Claus-Peter Clasen	†	Juli 2019
Hans Müller	†	Dez. 2019
Paul-Georg Vierke	†	Dez. 2019
Anita Blöchl	†	Feb. 2020
Prof. Dr. Rolf Kießling	†	Juni 2020
Dr. Tilman Falk	†	Juli 2020
Helga Hoffmann	†	Sept. 2020

Vereinschronik 2020
(Stand der Berichterstattung 28.11.2020)

Aufgrund der Pandemie-bedingten Maßnahmen mussten leider alle geplanten Vorträge entfallen.

Sonstige Veranstaltungen

25. Januar 2020	Arbeitstagung (30.) der Historischen Vereine, Museen und Heimatvereine im Bildungszentrum Kloster Irsee zum Thema: Die Habsburger in Schwaben. Kooperationsveranstaltung mit dem Bezirk Schwaben.
10. Oktober 2020	Exkursion zur Bayerischen Landesausstellung 2020 nach Friedberg und Aichach unter Leitung von Prof. Dr. Klaus Wolf und Dieter Benning mit einer Führung durch die Stadt Aichach (Klaus Wolf).

Aufgrund der Corona-Pandemie musste die Ordentliche Mitgliederversammlung trotz dem Satzungsgebot zur jährlichen Mitgliederversammlung zweimal abgesagt werden. Nach eingehenden Beratungen hat sich der Vorstand für den Gesundheitsschutz entschieden, da für die rechtlichen Rahmenbedingungen keine vollständige „Sicherheit" im Sinn des staatlichen Infektionsschutzes garantiert werden konnte. Die satzungsgemäßen Punkte inklusive Vorstandswahlen werden in der Mitgliederversammlung 2021 nachgeholt. Der 112. Band der Zeitschrift des Historischen Vereins für Schwaben wurde im Frühjahr an alle Mitglieder postalisch verschickt. Die darin für den 23. März 2020 angekündigte Verabschiedung des langjährigen Ersten Vorsitzenden, Herrn Prof. Dr. Wolfgang Wüst, konnte aufgrund der Corona-Pandemie nicht erfolgen.

Auf Anregung von Herrn Prof. Dr. Klaus Wolf wurde der »Newsletter HVS – digital dahoim/dahoam« eingeführt, der in regelmäßigen Abständen über das Vereinsleben berichtet. In coronabedingt schwierigen Zeiten soll diese digitale Offensive über Neuestes zur schwäbischen Geschichte informieren

Mitgliederstand

Am 31.12.2020 hatte unser Verein 467 Mitglieder (am 31.12.2019: 476 Mitglieder).

Der Historische Verein für Schwaben begrüßt seine neuen Mitglieder:

Dr. Claudius Stein, München	Januar 2020
Gabriele Wiesenecker, Augsburg	Februar 2020
Dr. Anke Sczesny, Augsburg	Februar 2020
Dr. Constantin Groth, Augsburg	März 2020
Herta Ulrich-Clasen, Königsbrunn	April 2020
Christoph Lang, Dinkelscherben	Mai 2020
Dr. Reinhard Baumann, München	Mai 2020
Dr. Andreas Herch, Zusmarshausen	Juni 2020

Gisela Drossbach

Jahresbeitrag und Spenden an den Historischen Verein für Schwaben

Entsprechend dem Beschluss der Mitgliederversammlung vom 7. Mai 2001 beträgt ab dem 1. Januar 2002 der Jahresbeitrag 25,00 €. Für Schüler und Studenten – längstens bis zur Vollendung des 30. Lebensjahres – ist der Beitrag auf die Hälfte, 12,50 € ermäßigt.

Soweit noch nicht geschehen, teilen Sie bitte die IBAN Ihres Bankkontos mit. Die Zahlung des Mitgliedsbeitrages per Überweisung verursacht Zusatzkoten und ist deshalb nicht erwünscht. Falls Vereinsmitglieder für den Jahresbeitrag kein SEPA-Lastschrift-Mandat erteilt haben, ist der Beitrag im 1. Quartal eines Jahres auf das Konto des Vereins zu überweisen:

Stadtsparkasse Augsburg:
IBAN: DE80 7205 0000 0000 0891 51 – BIC: AUGSDE77XXX

Nach dem zuletzt ergangenen Freistellungsbescheid zur Körperschaft- und Gewerbesteuer des Finanzamts Augsburg-Stadt vom 07.08.2020, Steuer-Nr. 103/109/10126 können sowohl Beitrag als auch Spenden an den Historischen Verein für Schwaben als Sonderausgabe geltend gemacht werden (Förderung von Kunst und Kultur, Förderung des Denkmalschutzes und der Denkmalpflege). Für Beträge bis einschließlich 200,00 € genügt als Nachweis für das Finanzamt der Einzahlungsbeleg bzw. der Konto-Auszug des jeweiligen Geldinstituts. Für Beträge von mehr als 200,00 € wird eine Zuwendungsbestätigung ausgestellt.

Buchbesprechungen

Antike und Mittelalter

Stefan F. PFAHL, Namenstempel auf römischen Reibschüsseln *(mortaria)* aus Deutschland (Augsburger Beitr. zur Archäologie 8) Augsburg 2018, 246 S., 12 Textabb., 2 Karten, 104 Taf., ISBN 978-3-95786-153-5, € 49,80.

Um es gleich vorwegzunehmen: Es handelt sich um eine auf großer Sachkenntnis beruhende, akribisch erstellte Arbeit, die auch in Zukunft ein wichtiges Referenzwerk für derartige wissenschaftliche Untersuchungen bleiben wird. Dass die Fundgattung der Reibschüsseln mit Namenstempel auf den ersten Blick quantitativ eher überschaubar ist, ändert nichts an der Wichtigkeit der aus ihrer Erforschung getroffenen Aussagen. Schon aus Platzgründen können die folgenden Ausführungen allenfalls kommentierende, gelegentlich kritische Bemerkungen darstellen, die den Wert der vorliegenden Monographie jedoch keineswegs zu vermindern beabsichtigen. Beim Autor handelt es sich um Stefan F. Pfahl, Professor an der Heinrich-Heine-Universität Düsseldorf, der bereits durch eine Vielzahl von verschiedensten Veröffentlichungen zu Themen und Fragestellungen der römischen Alltagskultur in Süddeutschland hervorgetreten ist. Gerade zum Thema der vorliegenden Arbeit existieren aus seiner Feder mehrere einschlägige Vorstudien (s. Literaturverzeichnis, 2000, 2002, 2003a, 2007, 2016; PFAHL/THIEL 2006/07). In seiner Einleitung betont der Autor, dass für ihn bei der Erstellung der vorliegenden Abhandlung ein möglichst enger Bezug zur Berufspraxis der Provinzialrömischen Archäologie klar im Vordergrund gestanden habe. Methodisch betrachtet bildeten folglich die Suche nach schlüssigen Parallelen, die möglichst exakte Klärung des jeweiligen Produktionsorts und schließlich Angaben zur Chronologie die Grundlage für sämtliche weiterführende Überlegungen.

Im Mittelpunkt der Arbeit stehen ein auswertender Teil (S. 20–67) und ein sehr sorgfältig zusammengestellter Katalog (S. 68–115). Ein kurzer Nachtragsteil zeigt auf, dass der Autor dabei um größtmögliche Aktualität bemüht war (S. 112 f.). Notwendig waren eine umfangreiche Materialaufnahme, die schwerpunktmäßig in den Jahren 2006, 2015 und 2016 durchgeführt wurde, und mindestens ebenso gründliche begleitende Literaturstudien, was allesamt höchst anerkennenswert ist. Die Beschränkung auf das »Römische Deutschland« wird ausführlich begründet und ist aus organisatorischen Gründen sicherlich als sinnvoll zu bezeichnen (S. 20). Außerdem liegen aus dem europäischen Ausland derzeit lediglich für Belgien vergleichbar gründliche Untersuchungen durch Alain Vanderhoeven vor. Insgesamt konnten im solchermaßen definierten Arbeitsgebiet 557 Reibschüsseln mit Namenstempel von 170 Töpferinnen und Töpfern erfasst werden. Höchst bemerkenswert an der Verbreitung der Reibschüsseln mit Namenstempel ist die starke Konzentration auf Augsburg (161 Exemplare), dessen umfangreicher Bestand im Rahmen dieser Arbeit erstmals ausführlich vorgelegt wird, während römische Metropolen wie Mainz, Köln und Trier deutlich schwächer vertreten sind (S. 24–26). Entgegen der Meinung des Autors (S. 26) ist dieses auffällige Verbreitungsbild zweifellos forschungsbedingt. Auf der anderen Seite mögen die relativ wenigen bekannten Fundbelege aus dem ländlichen Raum tatsächlich mit dem geringeren Romanisierungsgrad der dort lebenden Bevölkerung zusammenhängen, wo doch Reibschalen von der Provinzialrömischen Forschung häufig als Indikator dieses markanten Akkulturationsprozesses gewertet werden. Jedoch gilt es, weitere Quelleneditionen abzuwarten, um größere Klarheit über solche und ähnliche Fragen zu erzielen.

Anschließend werden verschiedene Aspekte der Stempelung sowie mögliche, sich daraus ergebende Schlussfolgerungen in geradezu erschöpfender Ausführlichkeit behandelt (S. 26–63), wobei insbesondere die Arbeitsmethoden der Onomastik hervorzuheben sind (S. 30–45). Inzwischen sind sogar zwei originale Handstempel nachgewiesen, die in *Rapis*/Schwabmünchen und *Sorviodurum*/Straubing gefunden wurden (S. 70 Nr. 1 f.). Indessen vermisst der Leser eine nähere Begründung für die angegebene Zeitstellung, die dazu recht weit gefasst ist (»zwischen 80 und 200 n.Chr.«). Daran schließen sich exkursartig vier Spezialuntersuchungen an, deren gemeinsames Kennzeichen ist, dass sie – mit durchaus wechselnden Anteilen – keineswegs nur auf *Mortaria* mit Namenstempeln aus der *Germania Romana* beruhen. Erneut wird der geographisch stark unterschiedliche Forschungsstand deutlich. Eine Sonderrolle schreibt der Autor dabei den Namenstempeln auf Reibschüsseln zu, die mit Legionsbezeichnungen versehen sind (»*Legio*-Ware«, S. 47–50). Nach dem derzeitigen Forschungsstand konzentrieren sich derartige Gefäße besonders stark auf die römische Provinz Niedergermanien/*Germania Inferior* (S. 50, Tabelle 3, Nr. 2–9), wohingegen entsprechende Fundbelege in der Provinzen Oberpannonien/*Pannonia Superior* (ebd. Nr. 1, 10–12) bzw. Obermösien/*Moesia Superior* (Nr. 13) – also außerhalb des eigentlichen Arbeitsgebiets – klare Ausreißer darstellen. Angesichts der massiven Konzentration römischer Heeresverbände entlang der Donau ist zweifellos auch dieses Verbreitungsbild stark vom Forschungsstand geprägt. Auf der anderen Seite sind nämlich plausible Gründe für eine regionale Sonderentwicklung des römischen Rheinheeres auf diesem Gebiet nicht zu erkennen. Die Angaben zur Datierung macht der Autor von der Stationierungszeit der jeweiligen Truppe vor Ort abhängig.

Am Beginn seiner Ausführungen hatte der Autor die möglichst exakte Klärung des Produktionsortes als eines seiner wichtigsten Ziele bezeichnet, weshalb er dem Phänomen der »namentliche(n) Produktionsortnennung« ein weiteres Kapitel widmet (S. 51–58). In seinen diesbezüglichen Ausführungen verlässt sich nun der Autor vollständig auf die Hilfswissenschaft der Epigraphik, die zwar methodisch vorbildlich angewendet wird, jedoch lediglich für 14 Töpfer bei 25 Reibschüsseln nähere Informationen zu liefern vermag. In diesem Fall liegen sogar die meisten einschlägigen Fundorte nicht in der *Germania Romana*. Immerhin wird so viel klar, dass auf die Angabe des Siedlungstyps großen Wert gelegt wird, wobei keine eindeutigen Präferenzen zu erkennen sind. Abschließende Untersuchungen zu den Herstellungsorten sind dann geographisch noch breiter angelegt (S. 59–63). Hier bemüht sich der Autor tunlichst, über die Verbindung von Töpfernamen und Verbreitungsbild möglichst detaillierte Kenntnisse zu erarbeiten, jedoch erweist sich erneut der regional stark schwankende Forschungsstand als sehr hinderlich. Das gilt besonders für Italien und die gallischen Provinzen, wo sich die Belege bisher fast ausschließlich auf die *Gallia Belgica* beschränken, was als wenig realitätsbezogen zu bezeichnen ist. Auf diesem Hintergrund beschäftigt sich der Autor abschließend mit der Datierung der Reibschüsseln mit Namenstempel, vermag jedoch über eher allgemein gehaltene Aussagen kaum hinaus zu kommen (S. 64, 67). Konsequenterweise müssen wichtige wirtschaftsgeschichtliche Fragestellungen derzeit ohne befriedigende Antwort bleiben, vor allem hinsichtlich der Produktionsorte und der Chronologie. Welchen Zweck die Namenstempelungen bei der Gefäßgattung der Reibschüsseln eigentlich erfüllen sollten, wird sich wohl nie einwandfrei klären lassen. Anderen Gefäßgattungen vergleichbar werden in erster Linie Werbeaufgaben (für den Töpfer bzw. die Werkstatt?) oder auch Zähl- und Eigentumsmarkierungen diskutiert. Wie schon erwähnt, vermag der Autor im Rahmen seiner Untersuchungen 557 Reibschüsseln mit Namenstempel von 170 Töpferinnen und Töpfern von 89 Fundorten zu erfassen. Zum Vergleich: Bereits im Jahre 1998, also vor über zwanzig Jahren war die reichsweite Gesamtanzahl der mit Namenstempeln versehenen Reibschüsseln auf mehr als 15.000 Fundobjekte geschätzt worden.

Folglich ist die Grundlage für die Forschungen des Autors als sehr schmal zu bezeichnen. Prinzipiell ist es auch sehr bedauerlich, dass auf die Durchführung von naturwissenschaftlichen Analysen verzichtet worden ist, deren große Bedeutung der Autor sogar ausdrücklich anerkennt. Hätte man außerdem nicht doch den Versuch unternehmen sollen, mithilfe von gefäßtypologischen Überlegungen zu konkreteren Aussagen zu gelangen? Realistischerweise muss dieses Kapitel derzeit eher unbefriedigend ausfallen. Prinzipiell vermögen jedoch wiederum diese Bemerkungen nichts an der methodischen Vorbildlichkeit der Monographie über die Namenstempel auf Reibschüsseln *(mortaria)* aus Deutschland von Stefan F. Pfahl zu ändern. Ein schön gestaltetes, sehr anregendes Buch, in der Tat!

Martin Luik

Jochen HABERSTROH/Irmtraut HEITMEIER (Hg.), Gründerzeit. Siedlung in Bayern zwischen Spätantike und frühem Mittelalter (Bayerische Landesgeschichte und europäische Regionalgeschichte 3) St. Ottilien 2019, 952 S., 88 farb., 31 sw Abb., Karten, Pläne etc., ISBN 978-3-8306-7941, € 59.

Das Institut für Bayerische Geschichte der LMU München und das Landesamt für Denkmalpflege haben den vorliegenden Band zusammen herausgegeben. Er umfasst 26 Aufsätze in zwei Hauptabschnitten, von denen der zweite mit 19 Beiträgen in drei Unterabschnitte zerfällt, von denen der dritte nochmals viermal in je zwei Beiträge geteilt ist. Das bayerisch-oberösterreichische Voralpenland wurde durch die Abtretung der raetischen Provinzen an die Franken im ersten Drittel des 6. Jahrhunderts zur nördlichen Grenze des Imperiums. In der Raetia secunda scheint das frühmittelalterliche Herzogtum unmittelbar auf den ostgotischen Dukat gefolgt zu sein. Der Raum hat in dieser Zeit einer erhöhten Organisation bedurft. Der erste Abschnitt des Bandes »Vorstellungen« wendet sich dieser zu. Die Gegenüberstellung der archäologischen Forschungen im Rheingebiet und in Bayern weist ähnliche Probleme auf (Bernd PÄFFGEN). Während bei den Gräberfeldern in der Belegung Kontinuitäten nachweisbar sind, zeigt sich dieses in den Villen bis ins 5. Jahrhundert kaum. Die Siedlungsgeschichte hat wenig Anschluss an die modernen Forschungsparadigmen (Martin OTT), was teilweise auch für die frühmittelalterliche Siedlungsarchäologie gilt. Die Siedlungsformen werden am Beispiel der Funde in der Münchner Schotterebene vorgestellt (Hans-Peter VOLPERT). Die raumordnenden Elemente in der Lex Baiwariorum von der *villa* über den *locus* zum *comitatus* und zur *provincia* zeigen wie die Teilungen des Herzogtums zu Beginn des 8. Jahrhunderts Herrschaftsräume auf (Hans-Georg HERMANN). Hier ergibt sich ein Datierungsansatz für die Lex und deren Verhältnis zur Lex Alamannorum. Die Dendroarchäologie zeigt durch die Fundleere des 5. Jahrhunderts in Bayern die Probleme des Übergangs zwischen Spätantike und Frühmittelalter (Franz HERZIG). Die Archäobotanik hat Veränderungen in der Artenvielfalt herausgearbeitet, doch müssen diese bei Siedlungsnamen und Regelungen der Lex Baiwariorum beachtet werden (Barbara ZACH). Die frühmittelalterliche Landwirtschaft hat nach den Entwicklungen landwirtschaftlicher Geräte und damit höheren Ernteerträgen zu wachsenden Bevölkerungszahlen geführt (Herbert FEHR). Die künftige Forschung muss die Funde landwirtschaftlicher Geräte und die Archäobotanik berücksichtigen, um den biologischen Lebensstandard im frühmittelalterlichen Bayern zu berücksichtigen.

Der zweite Hauptabschnitt des Sammelbands geht in seinem ersten Unterkapitel »Zeit« auf diachrone Analysen ausgewählter Vergleichsregionen ein. Die Frage nach der Kontinuität römischer *villae rusticae* (Michaela KONRAD) zeigt, dass diese in der Spätantike einen grundlegenden Wandel erlebten. Neben Veränderungen der Haupt- und Nebengebäude entstanden im ländlichen Raum vermehrt kleine, dörfliche Ansiedlungen. Es gab germanische Bewohner in römischen Gutshöfen, deren Funktionen sind aber unbekannt. Der römische Einfluss ging in Toxandrien schneller zurück als im Dekumatland. Der Wandel zwischen Spätantike und Frühmittelalter muss kleinräumig untersucht werden. Die Hausbautechnik in Italien zeigt zwischen dem 5. und 8. Jahrhundert sehr ähnliche Verhältnisse nördlich und südlich der Alpen (Vittorio FRONZA). Der merowingerzeitlichen Siedlung in Toxandrien (Frans THEUWS) werden die archäologischen Befunde der Übergangszeit zwischen Spätantike und Frühmittelalter im Salzburger Umland gegenübergestellt (Peter HÖGLINGER). Die sprachwissenschaftliche Untersuchung von Namen, hier insbesondere der Huosi, könnte vermuten lassen, dass die *genealogiae* zu den Kräften gehört haben, die den Siedlungswandel im 6. Jahrhundert mitgestaltet haben (Ludwig RÜBEKEIL).

Der zweite Unterabschnitt »Raum« weist sechs Beiträge auf. Nach den Schriftquellen bestand im 4. Jahrhundert eine spätrömische Siedlungspolitik, die die Raetia Secunda wohl kaum erreicht hat (Ralf BEHRWALD). Hier scheinen das Einsickern von Siedlern und die Rekrutierung von Soldaten aus dem Barbaricum nördlich der Donau eher vorstellbar. Die letzten römischen Verwaltungs- und Militäraktivitäten im nördlichen Voralpenraum sind in den 470er-Jahren nachweisbar. Sie reichten nahe an die ostgotische Verwaltung heran (Marcus ZAGERMANN). Bei den sich ändernden Lebensumständen dieser Zeit sind viele Entwicklungen schwer zu beurteilen. So wurden die Truppen zu lokalen Milizen und damit »archäologisch unsichtbar«. Die Methoden der künftigen Untersuchungen sind daher zu verfeinern und bereits vorliegende Quellen neu zu untersuchen. Die nachantike Bedeutung der Verkehrswege im römischen Raetien zeigt, dass die Raumordnung mit zentralen Orten und Verkehrsnetz bis zum merowingischen Herzogtum grundlegend war (Stephan RIDDER). Der in der Lex Baiwariorum erscheinende Begriff der *via publica* und der Kategorisierung der Straßen beweist die Fortsetzung römischer Strukturen im frühmittelalterlichen Bayern. Die Archäologie des 4.–6. Jahrhunderts in Südbayern wird mit der Frage »Transformation oder Neuanfang« konfrontiert (Jochen HABERSTROH). Im Unterschied zur bisherigen Forschung wird diese Zeit als lange Transformationszeit betrachtet. Streusiedlungen haben sich in geringer Zahl abseits der römischen Infrastruktur nicht über die Mitte des 5. Jahrhunderts hinaus entwickelt, während sich Mittelpunktsiedlungen im späten 5. und frühen 6. Jahrhundert an den römischen Positionen orientiert haben. In der Mitte des 6. Jahrhunderts begann die Raumerschließung des 6.–8. Jahrhunderts mit flächenhafter Aufsiedlung in Gehöftgruppen ohne Bezug zu römischen Vorläufern. Dieses planvolle Konzept wird durch Ortsnamen bestätigt, die in Pendants (Ausnahme Feldkirchen) in der Alemannia und dem austrasischen Merowingerreich festzustellen sind. Die Beziehungen der Herzöge zum Merowingerreich bestätigen die Anstöße der Entwicklungen (Irmtraut HEITMEIER). »Die Suche nach dem Herrenhof. Zur Entwicklung der Grundherrschaft im frühmittelalterlichen Baiern« (Sebastian GRÜNINGER) wird mit einer Quellenanalyse im Gebiet des bayerischen Herzogtums durchgeführt. Ein Teil des herzoglichen Besitzes im 8. Jahrhundert galt als Fiskalland bzw. Königsgut. Nicht eindeutig bestimmen lässt sich, wann dieses System entstand. Ein Wandel erst in karolingischer Zeit wird abgelehnt. Die Entwicklung der Grundherrschaften kann weiter zurückgeführt werden und es ist vielleicht an die Weiterentwicklung eines spätrömischen Abgaben- und Dienstleistungssystems zu denken.

Die Beiträge des dritten Unterkapitels »Ort« suchen verstärkt nach funktionalen Besonderheiten. Dem archäologischen Beitrag wird jeweils ein geschichtswissenschaftlicher an die Seite gestellt. Zentralörtliche Siedlungen wie Aschheim stehen im Mittelpunkt des ersten Beitragspaares. Hier hat es sich um eine Neugründung des 6. Jahrhunderts gehandelt (Doris GUTSMIEDL-SCHÜMANN und Anja PÜTZ), die im 7./8. Jahrhundert eine Blütezeit erlebte, der ein Bedeutungsverlust mit schrumpfender Siedlung – nach 788? – folgte. Gebäude und weitere Funde unterstreichen die Bedeutung des Ortes, was die Schriftquellen bestätigen (Rainhard RIEPERTINGER). Das zweite Beitragspaar widmet sich den Gewerbesiedlungen, die sich zunehmend differenziert (Martin STRASSBURGER) haben, was in den

Ortsnamen aufscheint. Diese knüpfen nicht an römische Strukturen an, sondern sind frühmittelalterlichen Ursprungs. Der große Anteil militärisch relevanter Gewerbe lässt den Ursprung des Herzogtums als möglichen Militärbezirk erschließen (Elisabeth WEINBERGER). Die Forschung muss sich mit der räumlichen Verteilung dieser Ortsnamen befassen. In einem weiteren Schritt werden Kirchen als Elemente der frühesten Siedlungslandschaft erschlossen. Während die Archäologie außer in Künzing und Passau keine frühmittelalterlichen Kirchbauten erschließen kann, werden diese erst in karolingischer Zeit als siedlungsgeschichtlich bedeutsam angesehen (Christian LATER). Die kirchlichen Zentralorte in der frühen Diözese Freising (Heike Johanna MIERAU) sind meist an Orten mit römischer Tradition festzustellen. Zuletzt wird die Siedlungsentwicklung in Grenzlage angesprochen. In und um Straubing wird nach der Archäologie des 4. bis 6. Jahrhunderts (Günther MOOSBAUER) die antike Infrastruktur mit Hafen und Straßen in ihrer großen Nachwirkung gezeigt. Die Frühgeschichte Straubings war nicht durch Kontinuitäten geprägt, sondern war einem komplexen Wandlungsprozess mit sozialer Differenzierung unterworfen, die in ihren Einzelheiten von der künftigen Forschung zu klären ist (Christof PAULUS).

Der Band zeigt, wie die Frühgeschichte Bayerns heute beurteilt wird. Die Schwerpunkte der Untersuchungen liegen dabei weniger im Westen des Landes. Der Raum von Bayerisch-Schwaben wird miterfasst, aber die weiteren Verbindungen zum inneralemannischen Raum insbesondere auf Grund der bis weit in den alemannischen Raum reichenden Diözese Augsburg werden wenig beachtet. Hier wäre eine engere Zusammenarbeit zwischen Bayern und Baden-Württemberg unter Maßgabe der hier vorgelegten Ergebnisse weniger für den bayerischen als für den schwäbischen Raum wichtig.

Immo Eberl

Peter WIESINGER/Albrecht GREULE, Baiern und Romanen. Zum Verhältnis der frühmittelalterlichen Ethnien aus der Sicht der Sprachwissenschaft und Namenforschung, Tübingen 2019, 250 S., ISBN 978-3-7720-8659-5, € 49,99.

Die beiden renommierten germanistischen Sprachhistoriker und Namenkundler legen einen gewichtigen und zentralen Beitrag zu einer neuerdings wieder spannenden Forschungskontroverse vor: Es geht um nicht weniger als die Herkunft der Bayern.[1] Schien diese Herkunftsfrage mit der großen Baiuwarenausstellung in Rosenheim und Mattsee 1988 zum Abschluss gelangt, deren Ergebnisse (S. 14–16) wie auch der bisherige Forschungsstand zur sogenannten Ethnogenese der Baiern[2] in der Monographie kundig referiert werden, so heben neueste archäologische Untersuchungen besonders die prägende Bedeutung des römischen Erbes hervor, das auch zuvor keineswegs verleugnet worden war. Neben der zunehmend nachgewiesenen Siedlungskontinuität an Römerorten von der Spätantike bis ins Frühmittelalter liefern jüngste Erschließungen von Reihengräbern und Siedlungen im ländlichen Raum reiches Material für weiterführende Bewertungen, die von der unbestreitbaren

---

[1] Zwei Tagungen beziehungsweise Sammelbände haben die jüngste Debatte befeuert: Hubert FEHR/Irmtraut HEITMEIER (Hg.), Die Anfänge Bayerns. Von Raetien und Noricum zur frühmittelalterlichen Baiovaria (Bayerische Landesgeschichte und europäische Regionalgeschichte 1) St. Ottilien ²2014; Jochen HABERSTROH/Irmtraut HEITMEIER (Hg.), Gründerzeit. Siedlung in Bayern zwischen Spätantike und frühem Mittelalter (Bayerische Landesgeschichte und europäische Regionalgeschichte 3) St. Ottilien 2019 (s. obenstehende Besprechung).

[2] In dieser Rezension sowie im Buch von Greule und Wiesinger meint Baiern neben Altbayern natürlich ebenso weitgehend das heutige Österreich, wo bis heute (mit Ausnahme des alemannischsprachigen Vorarlbergs) in erster Linie Bairisch gesprochen wird, also *cum grano salis* jenes Gebiet des späteren Stammesherzogtums der Agilolfinger.

Tatsache flankiert werden, dass es eine dezidiert germanische Stammessage der Baiern im Gegensatz etwa zu Langobarden oder Goten nicht gab. Die jüngste archäologische Neubewertung geht bis zur Rückführung von Sprache und Namen der Baiern auf römische bis romanische Wurzeln. Dabei wird auch von archäologischer Seite namenkundlich argumentiert, indem beispielsweise eine Ableitung des Baiernnamens von den »warenschleppenden *Baiuli*« (zu lateinischem *baiulare* für »Lasten tragen, schleppen«) als »Lastenträgern« (S. 22) versucht wurde. Albrecht Greule und Peter Wiesinger weisen die Deutung nach längerem und differenziertem Beweisgang aufgrund sprachhistorischer Gesetzmäßigkeiten zurück (S. 39): »Die germanistische Sprachwissenschaft sieht keine andere Möglichkeit als an der schon im 19. Jh. richtig vorgetragenen lautgesetzlichen Etymologie des Baiernnamens als (ur)ger. Sg. **Baiowarjaz* [...] festzuhalten.«

Gleichwohl huldigen Greule und Wiesinger nicht einer schlichten Böhmentheorie und leugnen keineswegs das Nebeneinander von romanisch und althochdeutsch sprechenden Bevölkerungsteilen im frühen Baiern, sondern bemühen sich aufgrund der Analyse etwa der Ortsnamen um eine Quantifizierung, wonach ein Großteil der frühmittelalterlichen Neugründungen eindeutig germanisch zu etymologisieren ist. Auch Ortsnamen mit dem Bestandteil *Walchen* (für eine romanische Gründung sowie Ausgangsbesiedlung) oder Orte, die auf die romanischen Barschalken zurückzuführen sind, lassen sich aufgrund ihrer Wortbildung als letztlich althochdeutsch klassifizieren. Das sprachliche Nebeneinander von Althochdeutsch und Romanisch ging zu Ungunsten des Letzteren aus, wobei sich romanische Sprachinseln um Salzburg durchaus bis ins Hochmittelalter halten konnten, eine Datierung, die gut nachvollziehbar auf sprachhistorischen Gesetzmäßigkeiten beruht. Letztlich wurde eine romanischsprachige Urbevölkerung zunehmend germanisiert, wobei es – wie heute in Bayern – auch Zweisprachigkeit gab (S. 94):

»Ebenso wird gezeigt, wie sich im Lauf von rund 500 Jahren von der Gewinnung des keltischen Königreiches Noricum und der Eroberung Raetiens durch Drusus und Tiberius 15–13 v.Chr. bis zum Ende der Römerherrschaft 476 n.Chr. das Verhältnis von römischer Bewohnerschaft und Germanen entwickelt hat und verlaufen ist. Nicht nur dass es in Friedenszeiten Handel über die Grenzen hinweg gegeben hat, es wurden Germanen auch ständig in das römische Heer aufgenommen und stationiert und ihre Angehörigen als Föderaten angesiedelt, zu denen sie sich selber nach Beendigung ihres Militärdienstes begaben und im römischen Gebiet verblieben. Ferner wurden, um Überfälle und Raubzüge zu verhindern, dauernd germanische Kleingruppen aus den Nachbargebieten als Föderaten in Grenzgebieten angesiedelt. Das führt, wie man in der Gegenwart bei angesiedelten Gastarbeiterfamilien und früh aufgenommenen und integrierten Zuwanderern beobachten kann, zu einer Situation der Mehrsprachigkeit, indem diese Gruppen und Leute in ihren privaten Umkreisen, also in Familien, unter Verwandten und in Freundes- und Bekanntenkreisen sowie in ihren Vereinen und religiösen Zentren ihre mitgebrachte Sprache reden und nur nach Außen ein mehr oder minder gutes oder gebrochenes Deutsch gebrauchen. So darf man sich auch die Sprachverhältnisse von Römern und Germanen in den Provinzen und besonders im Donau- und Voralpenraum vorstellen, die eine romanisch-germanische Zweisprachigkeit waren.«

Diese modern anmutende Zweisprachigkeit samt (aufgrund von annähernd datierbaren Lautgesetzen) zeitlich gestaffelten Folgerungen zur frühmittelalterlichen Siedlungsgeschichte Baierns werden aufgrund einlässlicher Untersuchungen materialreich begründet. Dazu wird ausführlich die Integrierung antik-romanischer Gewässer- und Siedlungsnamen ins Bairisch-Althochdeutsche gezeigt, wobei sprachhistorische Termini auch für Nichtgermanisten stets nachvollziehbar eingeführt werden. Ausführlich beschreiben die beiden Verfasser, deren individueller Beitrag am Gemeinschaftswerk im Buch ausgewiesen wird, etwa die verschiedenen Namensschichten im bairischen Dialektraum, darunter in zeitlicher Staffelung nichtindogermanische Namen, indogermanisch-voreinzelsprachliche Namen, keltische Namen, lateinische und romanische Namen, germanische Namen sowie bairisch-deutsche Namen. Erschöpfend wird auf die Integrierung der antik-romanischen Gewässer- und Siedlungsnamen im Donau- und Voralpenraum eingegangen, wobei auf das Nebeneinander von Baiern und Romanen um Freising, im Salzburger Raum und im südlichen Oberbayern besonders Bezug genommen wird.

Mit Gewinn ist die hier erstmals in dieser Vollständigkeit und philologischen Durchdringung vorgelegte lexikonartige (S. 99–211) Analyse der antik-romanischen Namentraditionen im Donau- und Voralpenraum zwischen Lech und Enns zu benutzen, die Übersichtlichkeit mit neuestem Forschungsstand verknüpft. Hinzu kommen die nicht weniger verdienstvollen, im Anhang abgedruckten, aber in der gesamten Darstellung wiederholt argumentativ beigezogenen Kartenwerke, welche selbst faszinierende Einblicke in die Siedlungsgeschichte Baierns bieten, indem sie etwa die Ortsnamen der bevorzugten Siedlungsgebiete von muttersprachlich romanischen, althochdeutsch-bairischen oder slawischen Baiern zeigen. Der Band stellt nichts weniger als eine Leistungsschau bewährter Namenkunde auf neuestem Forschungsstand dar, wobei aufgrund der zeitlich präzisierten Lautverschiebungen auch eine Datierung der Eindeutschung romanischer Ortsnamen erfolgen kann. Stets erfolgt für die Etymologien eine philologisch überaus sorgfältige Abwägung samt Referat fallweise kontroverser Deutungen. So betrifft die Frühphase um 600 (S. 63 f.) der sogenannten Zweiten Lautverschiebung etwa den Wandel von *p* zu *pf*, sichtbar beispielsweise in *Ephach* (Epfach bei Landsberg) über *Appiaka aus älterem *Abodiaco* (S. 145). Ebenfalls vorgermanischen und römisch vermittelten Ursprungs ist der Flussname Lech, wobei romanisches *Licius/*Licus, auch *Lica, »bis spätestens gegen Mitte des 7. Jhs.« mit Senkung des *i* und »Zweiter Lautverschiebung« von inlautenden <c> > bair.-ahd. <hh> ins Bairische als Lech »integriert« wurde (S. 107).[3]

Darüber hinaus ist das auf dem neuesten namenkundlichen Forschungsstand verfasste Gemeinschaftswerk der beiden erfahrenen Sprachhistoriker, die auch Forschungsdesiderate und künftige namenkundliche Aufgaben etwa bezüglich Altbayerns im Vergleich zu Österreich offen benennen, in allgemeinverständlicher Diktion geschrieben, so dass der Argumentationsgang auch den Nichtfachleuten nachvollziehbar bleibt. Von daher sind dem in erster Linie namenkundlichen Werk viele Leser gerade unter Landeshistorikern und Vertretern der (bezogen auf Raetien und Noricum) provinzialrömischen und frühmittelalterlichen Archäologie zu wünschen, denn die bleibende Aufgabe einer Erforschung der Herkunft der Baiern kann nur interdisziplinär bewältigt werden. Diese immer noch herausfordernde Aufgabe der bairischen Herkunftsbestimmung und frühen Identitätsbildung schließt im Falle Rätiens wohl auch die bayerischen Schwaben mit ein, denn das Bistum Augsburg umfasst ja – bis heute nicht befriedigend erklärt – seit alters neben schwäbischen auch bairische Gebiete. Der materialreiche Beitrag von Albrecht Greule und Peter Wiesinger kann dem künftig intensiver zu führenden Dialog der Disziplinen nur zugute kommen.

Klaus Wolf

---

[3] Die ausgebliebene sogenannte Neuhochdeutsche Diphthongierung im Ortsnamen *Rif* (bei Salzburg) zeige etwa, dass sich dort »eine romanische Restbevölkerung bis in die ersten Jahrzehnte des 12. Jhs. gehalten« habe (S. 71).

Felix GROLLMANN, Vom bayerischen Stammesrecht zur karolingischen Rechtsreform. Zur Integration Bayerns in das Frankenreich (Abh. zur rechtswissenschaftlichen Grundlagenforschung. Münchner Universitätsschriften. Juristische Fakultät 98) Berlin 2018, XII + 469 S., ISBN 978-3-503-17635-9, € 99,95.

Die rechtsgeschichtliche Dissertation wurde an der LMU München abgeschlossen. Sie widmet sich in drei Teilen der rechtlichen Integration Bayerns in das Frankenreich Karls des Großen. Dazu wird die Integrationsfunktion der Rechtstexte Karls des Großen für Bayern untersucht und zum Vergleich werden die Rechtstexte für Sachsen herangezogen. In der Einführung »Karl der Große, das Recht und die Integration von Bayern« wird der Forschungsstand behandelt. Die Untersuchung stellt erstmals die Kapitularien Karls des Großen für Bayern, das Capitulare Baiwaricum und die Capitula ad legem Baiwariorum addita, in den Mittelpunkt, um die Bedeutung des Rechts für die Integration Bayerns in das Frankenreich zu erörtern. Der erste Teil der Untersuchung widmet sich den »bayerischen Herrschaftsverhältnissen bis zur Entmachtung Herzog Tassilos III.« im Jahre 788. Dabei wird die regionale Situation beschrieben, die für die fränkischen Kapitularien in Bayern zur Herzogszeit bestanden haben dürfte. Als rechtliche Quellen für die Herrschaftsverhältnisse vor 788 werden die Decreta Tassilonis, zwei Erlasse Herzog Tassilos von ca. 770, und die Lex Baiuvariorum herangezogen. Zu Beginn wird die Quellenfrage erörtert, wobei der Quellenwert der Lex Baiuvariorum für die Herrschaftsverhältnisse nochmals in einem eigenen Unterkapitel gesondert betrachtet wird. Der Herzog war nach den Bestimmungen der Lex Baiuvariorum für die Heeresleitung zuständig. Seine Mitwirkung im Gerichtswesen war jedoch – gegenüber derselben in der Lex Alamannorum – eingeschränkt. Die Decreta Tassilonis haben das Schriftrecht fortgebildet, weil dessen Geltungsanspruch vorausgesetzt wird. Sie gehen dabei über die Lex Baiuvariorum hinaus. Ebenso wird im Verhältnis zur Kirche ein verstärktes Herrschaftsverhältnis sichtbar, das die Stellung des Herzogs in der Lex Baiuvariorum übersteigt. Der Zeitpunkt der Entstehung dieses Gesetzwerks bleibt dabei weiterhin offen, doch werden die verschiedenen zeitlichen Möglichkeiten ihrer Abfassung eingehend diskutiert. Dabei werden einerseits die unsichere Quellenlage und andererseits die noch immer unsichere Abfassungszeit auch der Lex Alamannorum deutlich.

Im zweiten Teil der Untersuchung werden die »bayerischen Herrschaftsverhältnisse unter Karl dem Großen im Licht des Capitulare Baiwaricum« behandelt. Dieses soll nach dem Verfasser im Jahr der Entmachtung von Herzog Tassilo III. abgefasst worden sein. Zuerst wird die Überlieferung des Capitulare Baiwaricum und seine Verbindung mit den Capitula per missos cognita facienda betrachtet. Während das Capitulare ein eigenständiger Erlass war, der sich auf Bayern bezog, waren die Capitula auf Franken, Aquitanien und Italien ausgerichtet. Während die Überlieferung des Capitulares für dessen Zugehörigkeit zu den Capitula per missos cognita facienda spricht, gibt es keine Hinweise für die Datierung. Die gemeinsame Überlieferung des Capitulare Baiwaricum in drei Münchner Handschriften zusammen mit der Lex Baiuvariorum und den Decreta Tassilonis wird als Hinweis auf eine Fortbildung des älteren bayerischen Rechts gesehen. Aus der Untersuchung der einzelnen *capitula* des Capitulare Baiwaricum und des politischen Kontextes schält sich als wahrscheinlichstes Entstehungsjahr 788 oder 789 heraus. Die Untersuchung der Funktionsträger des Capitulare Baiwaricum und ihrer Stellung in der regionalen Herrschaftsausübung ab 788 zeigt bei Bischöfen, *iudices* und *comites*, dass viele Amtsträger ihr Amt behalten haben. Das Capitulare Baiwaricum wollte nicht reichsweites Recht ohne Berücksichtigung regionaler Verhältnisse nach Bayern übertragen. Es sind daher viele Bezüge zum bayerischen Recht erkennbar. Die Herrschaftsverhältnisse in Bayern sollten nicht grundlegend reformiert werden, doch entfiel das Herzogsamt. Karl der Große wollte nach dem Capitulare Baiwaricum Bayern rasch in das Frankenreich integrieren. Dabei hat er verschiedene Maßnahmen zusammengenommen, um sein Ziel zu erreichen. Im dritten Teil der Untersuchung werden die »Capitula ad legem Baiwariorum addita und die Rechtsreform von 802/803« behandelt. Die Capitula ad legem Baiwariorum addita sind in der Forschung bisher wegen ihres geringen Umfangs, ihrer unsicheren Datierung und ihrer vielleicht ursprünglich reichsweiten Bedeutung, die sich in der Überlieferung auf Bayern eingeengt hat, bislang wenig beachtet worden. Sie enthalten wie die Lex Baiuvariorum und die Decreta Tassilonis die *octo banni*. Diese sind eine Zusammenstellung von Bannbußen, die unter Karl dem Großen wiederholt in Kapitularen erscheinen. Der Verfasser bezeichnet sie als *octo banni*, weil die Straftatbestände eng mit dem herrscherlichen Bann verbunden waren. Sie erscheinen in Kapitularien für die Integrationsgebiete, was im Einzelnen vorgestellt wird. Der Schutz der Kirchen, Witwen, Waisen und *minus potentes* lässt sich zwar als eine Reaktion auf eine Forderung der Synode von Aschheim verstehen, doch wurden sie auch für Sachsen und vermutlich ebenso für Italien und in der Form der sechs Bannbußen für das gesamte Reich festgelegt.

Die Capitula ad legem Baiwariorum addita sind im Vergleich zum Capitulare Baiwaricum als regionale Verbreitung reichsweiten Rechts zu verstehen. Sie dürften während der Rechtsreform von 802/3 entstanden und vielleicht im Rahmen eines *conventus* 803 nach Bayern gebracht worden sein. Die *octo banni* bildeten einen Schwerpunkt in dem für Integrationsgebiete wichtigen Kapitular, die sich aber in einzelnen Bestimmungen in den verschiedenen Gebieten unterschieden. Vor dem Hintergrund derselben Bestimmungen in Sachsen und Bayern sieht der Verfasser mögliche Schwierigkeiten beim Durchsetzen des Herrschaftsanspruchs. Er weist dazu auf die Anwesenheit Karls des Großen in Bayern von 791 bis 793 und das nochmalige Auftreten Tassilos auf der Frankfurter Synode 794 hin. Die Untersuchung der Capitula ad legem Baiwariorum addita führt zur Rechtsreform von 802/803, die in den Lorscher Jahrbüchern, dem Capitulare missorum generale und der Karlsvita von Einhard bezeugt ist. Durch die Kaiserkrönung und die langobardische Rechtskultur in Italien scheint Karl der Große zu dieser Reform angestoßen worden zu sein. Mit der Verbreitung reichsweiten Rechts nach Bayern in Gestalt einer Normenergänzung könnten die Franken die von den Langobarden übernommene Ergänzungsgesetzgebung fortgeführt haben. Die inhaltlichen Übereinstimmungen bei der Banngewalt, zu Freigelassenen und einer Reihe von Schutzmaßnahmen mit den anderen Ergänzungskapitularien und den neuaufgezeichneten Leges der niederdeutschen Stämme brachten durch die Capitula ad legem Baiwariorum addita eine Stärkung des Schriftrechtes in Bayern, da damit die Lex Baiuvariorum in gewisser Weise bestätigt wurde. Sie sind allem nach direkt vom Hof in Aachen ausgegangen und vielleicht bereits 802 festgesetzt und wohl auf dem *conventus* von 803 bekannt gemacht worden. Für die durchdachte Verbreitung weist der Verfasser auf die Überlieferung in Handschriften »südostdeutscher« Provenienz hin, die vielleicht auf die mündliche Bekanntmachung auf dem *conventus* von 803 zurückgehen und ebenso auf die gemeinsame Überlieferung in Handschriften mit bayerischem Recht. Der Verfasser weist abschließend auf die Schritte der Verbreitung des Kapitulars hin. Doch sieht er »mit gebotener Vorsicht« eine Gesetzgebung Karls des Großen vorliegen. Die Untersuchung zeigt erneut, wie unsicher in vielen Einzelheiten die rechtshistorische Entwicklung in Bayern und den anderen Gebieten des Frankenreichs ist. Sie lässt dabei aber ohne besondere Hervorhebung die Trennung des bayerischen und schwäbischen Raums in der Zeit Karls des Großen erkennen.

Immo Eberl

Roland ZINGG (Bearb./Übers.), Die St. Galler Annalistik, Ostfildern 2019, 264 S., ISBN 978-3-7995-1434-7, € 39.

Schon seit längerem wird diskutiert, weshalb in St. Gallen, dem höchstbedeutenden Kloster an der Steinach, die historiographische Beschäftigung offensichtlich vergleichsweise spät (im Gegensatz zur nahen Reichenau) einsetzte. Eine eigenständige Führung von Jahrbüchern (Annalen) begann in den späten 870er-Jahren, als Abt Hartmut und der Bibliothekar sowie Klosterlehrer Notker Balbulus dort wirkten. Ein bedeutsamer historiographischer Neuansatz fällt dann in die Jahre um 955 mit den Annales Sangallenses maiores. Diese werten für die Frühzeit bis 706 teilweise verlorengegangene Schriftwerke aus und wurden für den Zeitraum von 955 bis 1024 von über 30 Händen und in »offiziöser« Perspektive weitergeführt. Ursprünglich für die Schulausgabe der Monumenta Germaniae Historica gedacht, hat nun Roland Zingg insgesamt zehn Texte unter dem Verständigungsbegriff der St. Galler Annalistik zusammengefasst und in einer schlanken Edition zugänglich gemacht – im Einzelnen: Annales Alamannici (709–881), Annales Alamannici/St. Galler Fortsetzung (882–926), Annales Alamannici/Rheinauer Fortsetzung (882–912/1185, vgl. Zinggs Lokalisierung in DA 69 [2013] S. 479–502), die Annales Constantienses (früher Weingartensis, 709–936), Annales Sangallenses maiores (709–1056, 1180), Annales Sangallenses Baluzii (691–814), benannt nach ihrem barockzeitlichen Editor Étienne Baluze, die Annales Sangallenses brevissimi I (690–856), II (768–889 – in denen der Autor seinen klösterlichen Werdegang verewigte), III (768–961) sowie das sogenannte Vademecum Grimalds (815–867 – Bernhard Bischoff charakterisierte die Handschrift als Encheiridion des St. Galler Abts Grimald, doch handelt es sich um einen Mischtext, der erst nach dem Tod Grimalds 872 in seine kodikalische Form gebracht wurde). Die Werke verbinden gänzlich unterschiedliche Entstehungs- und Überlieferungskontexte, obzwar sich die Jahrbücher vielfach aufeinander beziehen und durch ihren gegenwärtigen Überlieferungsort, St. Gallen, verbunden sind. Manche Ereignisse sind lediglich in den hier anzuzeigenden Jahrbüchern überliefert: eine *magna plaga* zum Jahr 718 (S. 56), eine Hungersnot 861 (S. 80), die Schiffsbrücke Ottos II. nach Sizilien 983 (S. 178), der vermeintliche Reichsteilungsplan des Jahres 1002 (S. 184) oder ein Erdbeben 1021 (S. 190). Zingg hat die Quellenwerke weitgehend buchstabengetreu ediert und ihnen eine nachzeichnende Übersetzung beigegeben. Spannende Einblicke werden eröffnet für die Klimageschichte (vgl. Thomas WOZNIAK, Naturereignisse im Frühmittelalter. Das Zeugnis der Geschichtsschreibung vom 6. bis 11. Jahrhundert [Europa im Mittelalter 31] Berlin 2020, s. folgende Besprechung), die Beobachtung von Himmelsphänomenen, zum Ende der agilolfingischen Herrschaft in Bayern 788 (S. 68), für den gerade um Augsburg herum sich kristallisierenden Liudolfaufstand (S. 170, 174), bezüglich einer möglichen Trennung von Baubefehl und tatsächlichem Baubeginn bei der Fossa Carolina 792/793 (S. 70) oder zum Streit König Konrads und Konrads des Jüngeren in Augsburg 1025 (S. 194). Die wichtige und sorgfältige Edition, die letztlich auch Erhellendes zum »Sitz im Leben« frühmittelalterlicher Jahrbücher und ihrer Nähe zu den Ostertafeln beitragen kann, wird durch einen weitgehend auf den Regesta Imperii fußenden schlanken Sachkommentar kontextualisiert. Von Bedeutung sind auch die Überlegungen zu den/der weiland von Harry Bresslau rekonstruierten »Schwäbischen Reichsannalen«/»Schwäbische Weltchronik« (S. 137–139). Bezüglich der Vita s. Uodalrici I hätte die Edition von Berschin/Häse (s. Besprechung) beigezogen werden müssen (vgl. S. 39, 172 oder 178). Einen gewissen Abschluss wird die St. Galler Annalistik mit der Edition der »St. Galler Jahrbücher/Chronik« durch Benedikt Marxreiter finden. In den frühen 1980er-Jahren hatte der 2017 verstorbene große Mediävist Alois Schütz den *ad annum* 1064 einsetzenden und bis 1102 reichenden Text in einer via Konrad Peutinger und das Augsburger St. Salvatorkloster an die Staats- und Stadtbibliothek Augsburg überlieferten Handschrift (2° Cod 254, fol. 16r–23r) entdeckt (und 1984 bekannt gemacht).

Christof Paulus

Thomas WOZNIAK, Naturereignisse im Frühen Mittelalter. Das Zeugnis der Geschichtsschreibung vom 6. bis 11. Jahrhundert (Europa im Mittelalter 31) Berlin 2020, XXIII + 970 S., 15 Abb., ISBN 978-3-11-057231-5, € 149,95.

Während die Umwelt als eine Grundkategorie der Geschichtswissenschaften in Forschungen ab dem 14. Jahrhundert schon länger eingehende Beachtung findet, stellen entsprechende Studien für die Zeit des Früh- und Hochmittelalters ein Desiderat dar. Einen gewichtigen Beitrag liefert nun Thomas Wozniak mit seiner im Jahr 2017 an der Eberhard Karls Universität Tübingen eingereichten Habilitationsschrift, die sich mit Berichten über Naturereignisse in der Geschichtsschreibung im zeitlichen Rahmen zwischen 500 und 1100 bzw. den »überregionalen Ereignissen« Völkerwanderung und Beginn der Kreuzzüge (S. 3) befasst. Dem erklärten Ansinnen einer »chronologischen Rekonstruktion der Darstellungen von Naturereignissen« (S. 59) des Frühen Mittelalters wird der Autor durch eine beeindruckende Menge an berücksichtigten Quellen gerecht: Knapp 160 vorwiegend annalistische und chronikalische Werke wurden auf Erwähnungen relevanter Phänomene hin analysiert. Die Zusammenstellung umfasst insgesamt über 1.170 Nachrichten (im Band sind die Gesamtsummen 1.173 als auch 1.176 angegeben) zu 25 Typen von Naturereignissen, eingeteilt in die Gruppen astronomische, tektonische, geomorphologische und vulkanische Ereignisse sowie extreme Witterungsereignisse und Folgeerscheinungen. Den größten Teil der Studie macht die chronologisch strukturierte Wiedergabe der Ereignisse aus (S. 73–548). Neben den vielfach überlieferten Eklipsen, Erdbeben oder Überschwemmungen werden Phänomene ins Blickfeld gerückt, die für das Mittelalter bisher noch kaum geschichtswissenschaftliche Betrachtung erfahren haben, darunter Meteorströme, Polarlichter, optische Atmosphärenphänomene, Tsunamis oder Tornados. Die Arbeit ist großräumig angelegt und umfasst das Gebiet des antiken Römischen Reiches in seiner größten Ausdehnung, erweitert um Nordeuropa, sodass Quellen aus ganz unterschiedlichen Regionen und historischen Kontexten, von Byzanz bis Island, ereignisbezogen zusammengeführt werden. Räumlich noch weiter wird bei astronomischen Naturphänomenen ausgegriffen, die global beobachtbar waren, so Kometen oder Supernovae. Zu mehreren derartigen Erscheinungen des Frühmittelalters liegen aus verschiedenen Erdregionen Berichte vor; so wurde die Sichtung eines Kometen im Jahre 676 unter anderem in Schottland, Syrien und Korea schriftlich festgehalten. Bei der chronologischen Aufzählung extremer Witterungsereignisse werden Unwetter, Stürme, Überschwemmungen und extreme Ausprägungen der Jahreszeiten sowie »Blutwunder« in Form blutroten Regens und rötlich gefärbter Gewässer abgehandelt.

Hierauf wendet sich Wozniak der Folgenforschung zu: In einem eigenen Kapitel werden Folgen und Auswirkungen extremer Naturereignisse in den Blick genommen (S. 549–710): Sämtliche Nachweise von Heuschrecken- und anderen Tierplagen, Lebensmittelknappheit und Hungersnöten, Epidemischen Erkrankungen bei Mensch und Tier, Nachrichten über Weinernten, Überfluss an Lebensmitteln und das noch nicht geklärte Phänomen der »Kreuze auf Kleidung« werden aufgeführt. Auch hier liefert der Autor eine vollständige Übersicht, unabhängig davon, ob von den Chronisten ein kausaler Bezug zu vorhergehenden Naturereignissen (etwa schlechte Witterung als Ursache für geringe Ernteerträge) hergestellt wurde oder nicht. Abschließend werden knapp 60 Seiten der Bewältigung sowie der Darstellungspraxis der behandelten Ereignisse in den historiographischen Quellen gewidmet, wobei die Ausführungen exemplarisch und thesenhaft gehalten sind (S. 711–766). Ergänzt wird die Studie um 87 Tabellen, die teilweise in den Fließtext integriert, teilweise in den Anhang eingefügt wurden und zu jedem analysierten Ereignistyp die Belegstellen in Kurzform übersichtlich auflisten. Am Schluss findet sich eine synchronoptische Übersicht zur Verteilung aller extremen Naturereignisse auf die Jahre 500 bis 1100 (S. 845–872).

Die Hauptleistung der Studie liegt in der systematischen Typisierung sämtlicher Berichte über Naturereignisse nach modernen Ereigniskategorien. Die Arbeit bewältigt eine Fülle an

Quellenmaterial, was zur Folge hat, dass Interpretationen einzelner Quellenstellen nur teilweise erfolgen. Zwar weist der Autor mehrfach darauf hin, dass bei der historiographischen Berichterstattung stets eine mögliche »Instrumentalisierung« und Intentionalität mitgedacht werden müsse, was sich auf die zeitgenössischen Einordnungen, Deutungen und erzählerischen Funktionen der Naturnachrichten bezieht; dies wird jedoch lediglich in Ansätzen vorgenommen. Nach der Prämisse, dass nur extreme Abweichungen von der Norm durch mittelalterliche Chronisten überlieferungswürdig gewesen seien (S. 2, 32), kategorisiert Wozniak die Berichte über zeitgenössische Naturereignisse als Extreme, unabhängig von Faktoren wie Belegdichte, geschilderten räumlichen Dimensionen eines Ereignisses oder anderen inhaltlichen Indikatoren der Nachrichten. Manche Quellenstellen, die durch dieses methodische Raster fallen, werden dabei marginalisiert. Exemplarisch zeigt sich dies anhand der Überlieferung zur winterlichen Witterung. So sind im Kapitel zu »extrem Wintern« auch sieben Jahre aufgelistet, in denen zeitgenössische Quellen einem milden Winter erwähnen (S. 518). Diese werden in der abschließenden Ereignistabelle jedoch nicht aufgeführt, in die nur die Berichte über kalte Winter, die allesamt als »Extremwinter« bezeichnet werden, Aufnahme fanden. Auch bei disparaten Befunden wurde eine Kategorisierung als Witterungsextrem vorgenommen: Der Autor verweist darauf, dass der Winter von 1066 auf 1067 in der älteren Forschung als strenger Winter gegolten habe (S. 499); er zählt ihn aber unter die sieben milden Winter, da die Augsburger Annalen *ad annum* 1066 eine *hiemps lenissima* schildern (S. 516). In der abschließenden chronologischen Synopse findet sich zum Jahr 1066 jedoch die Zuweisung »Extremwinter« (S. 870). Am Beispiel der beiden markantesten Extremwinter des Untersuchungszeitraumes, 763/764 und 1076/1077, zeigt sich besonders prägnant die Stärke der großräumlich-zusammenführenden Quellenanalyse. Anhand der zeitlichen und räumlichen Ordnung der Berichte gelingt es Wozniak, unterschiedliche regionale Ausprägungen in Intensität und Dauer der Winterkälte und Schneebedeckung nachzuweisen. Demnach begann der Winter des Jahres 736 im angelsächsischen Raum und in Konstantinopel bereits im Oktober mit außerordentlicher Kälte sowie Vereisung des Bosporus, für Dezember wurde im Rheinland über Kälte und Frost berichtet, während aus Italien keinerlei Nachrichten über ungewöhnliche winterliche Witterung erhalten sind.

Bezüglich der Auswirkungen, welche die Naturereignisse auf die Lebensbedingungen der Zeitgenossen hatten, bieten insbesondere die Analysen von 22 Heuschreckenplagen, die für das Frühmittelalter überliefert sind, interessante Ergebnisse, vor allem die detailreiche Auswertung der großen Plage der Jahre 873/874: So kann der Autor anhand mehrerer Indizien die Augenzeugenschaft einiger Chronisten wahrscheinlich machen, da deren Schilderungen neben Datierungen die Zugrichtung der Tiere angaben, wodurch der Verlauf der Heuschreckenplage chronologisch und topographisch genauer festzumachen ist. »Auffällig selten« (S. 562) seien Bezüge zwischen den großen Heuschreckenschwärmen und der alttestamentlichen achten Plage hergestellt worden. Die weiteren Ausführungen sind eher kursorisch und deskriptiv gehalten, was auf die Masse der Quellenstellen zurückzuführen ist: 88 Hungerereignisse werden aufgeführt, wobei die für zwei Übersichtstabellen gewählten Oberbegriffe »Hungerkatastrophe« und »extreme Hungersnöte« für manche der Nachrichten über Knappheit an Lebensmitteln etwas hochgegriffen wirken und abermals eine generelle Bewertung als Extreme vorgenommen wird. Es folgen 91 Nachweise von epidemischen Krankheiten bei Menschen und 55 bei Tieren. Nicht ganz schlüssig ist jeweils deren Definition als Ursache und Folge von Witterung und Naturereignissen, da entsprechende Zusammenhänge nur selten in der zeitgenössischen Berichterstattung hergestellt wurden, vor allem bei den Nachrichten zu Krankheiten, wo folgerichtig konstatiert wird, dass deren Ursachen sich »nur bedingt mit Naturereignissen in Verbindung bringen« lassen (S. 660). Der letzte Abschnitt des Hauptteils (S. 711–766) bleibt den drei großen Themenblöcken Bewältigung, Instrumentalisierung und Darstellungspraxis der Ereignisse vorbehalten, wobei der lange Untersuchungszeitraum und die großen regionalen Differenzen in den überlieferten Berichten vielschichtige Anhaltspunkte liefern, die nur mehr anhand ausgewählter Quellen, etwa Einhards Vita Karoli Magni, skizziert werden. Wozniak definiert mehrere Topoi, die sich in den Quellen häufiger finden lassen, darunter prodigiöser Charakter zumeist astronomischer Naturereignisse, Bezüge mit zeitgenössischen Endzeiterwartungen, Manifestation göttlichen Willens oder die Dramatisierung von Hungersnöten durch den Verweis auf Anthropophagie.

Insgesamt liefert die Arbeit eine äußerst wertvolle Übersicht zur Berichterstattung über Naturereignisse im frühen Mittelalter, die als Materialsammlung und Datengrundlage, aber auch durch so manche interessante, eng an naturwissenschaftliche Erkenntnisse angelehnte, Auswertungen und Interpretationsvorschläge wichtige Impulse für die Beschäftigung mit Witterung, Umwelt und Klima in historischer Perspektive bereithält. Künftig stärker hinterfragt werden sollte eine Annäherung an historische Naturereignisse über den Begriff der »Extreme«, da es sich dabei um ein modernes Konstrukt handelt, welches dem inhaltlich breiten Spektrum der Wetter- und Naturberichterstattung in der mittelalterlichen Historiographie kaum gerecht wird. Ebenso bedürfen die erst in Ansätzen erfolgten und zumeist auf induktiven Schlüssen beruhenden Forschungen zu Wahrnehmung, Bewältigung und Darstellung von Naturereignissen im Mittelalter systematischer Vertiefung; vorherrschende Annahmen, etwa zum hohen Stellenwert religiös-mythologischer Deutungsmuster, sind dabei zu überprüfen. Den abschließenden Worten Wozniaks, wonach seine Studie »zahlreiche Ideen und neue Anknüpfungspunkte für künftige Forschungsfelder« biete (S. 803), ist vollends zuzustimmen.

Barbara Schratzenstaller

Walter BERSCHIN/Angelika HÄSE (Bearb./Übers.), Gerhard von Augsburg. Vita Sancti Uodalrici. Die älteste Lebensbeschreibung des heiligen Ulrich lateinisch-deutsch. Mit Kanonisationsurkunde von 993 (Editiones Heidelbergenses 24) Heidelberg 2020, 441 S., ISBN 978-3-8253-4699-7, € 46.

Es war der Augsburger Stadtpfleger und Späthumanist Markus Welser, der 1595 alle erreichbaren Quellen zu Leben, Kanonisation und Translation Bischof Ulrichs von Augsburg (reg. 923–973) zusammenstellte. Welsers im Verlag Ad insigne pinus erschienene, 1682 in Nürnberg nachgedruckte Ausgabe hat bis heute ihren Wert behalten, da der Patrizier Handschriften und Quellen aufnahm, die mittlerweile verloren sind. Welser veröffentlichte auch die drei hochmittelalterlichen Ulrichsviten: die Vita s. Uodalrici Berns von Reichenau (Dieter BLUME [Bearb./Übers.], Bern von Reichenau [1008–1048]. Abt, Gelehrter, Biograph. Ein Lebensbild mit Werkverzeichnis sowie Edition und Übersetzung von Berns »Vita S. Uodalrici« [Vorträge und Forschungen, Sonderbd. 52] Ostfildern 2008, ab S. 195, nicht paginiert), die Lebensbeschreibung Gebhards von Augsburg (gest. 1009) (Welser 1595, S. 177–188/1682, S. 591–595), zuletzt die früheste Ulrichsvita aus der Feder des Kanonikers und Dompropstes Gerhard, der den Bischof noch gekannt hat. Seit 1993 war diese Vita s. Uodalrici I nach der Edition von Berschin und Häse zu zitieren, die in der hier anzuzeigenden Ausgabe nun eine bis auf wenige Stellen mit der früheren Version idente Neuauflage mit gleichem Seitenspiegel erhalten hat, weswegen die erste Auflage zitierbar bleibt (S. 69–411). E-caudata (ę) wird auch in der zweiten Auflage als /ae/ wiedergegeben. Eingearbeitet ist das Hyazinth-Corrigendum (cap. I/9 S. 170), woraufhin Walter Berschin an anderer Stelle (Biographie und Epochenstil im lateinischen Mittelalter, Bd. IV/1: Die ottonische Biographie. Das hohe Mittelalter 920–1220 n. Chr./920–1070 n. Chr. [Quellen und Untersuchungen zur lateinischen Philologie des Mittelalters XII/1] Stuttgart 1999, S. 129) hingewiesen hatte. War die Ausgabe von Georg Waitz aus dem Jahr 1841 (MGH SS 4, S. 379–391) noch vier Textzeugen gefolgt, haben Berschin/Häse ihrer Edition rund 25 Handschriften zugrunde gelegt, wobei Universitätsbibliothek Augsburg Cod. I.2.4° 6 als Leithandschrift (Vitae Sanctorum, 11. Jh., Tegernseer Provenienz und 1814 von Fürst Ludwig Oettingen-Wallerstein in Paris erworben) dient.

Der Quellenwert der Ulrichsvita für die Reichsgeschichte des 10. Jahrhunderts ist unbestritten, wenngleich die Forschung (etwa Georg KREUZER, Die »Vita sancti Oudalrici episcopi Augustani« des Augsburger Dompropstes Gerhard. Eine literaturkritische Untersuchung, in: Manfred WEITLAUFF [Hg.], Bischof Ulrich von Augsburg 890–973. Seine Zeit – sein Leben – seine Verehrung. FS aus Anlaß des tausendjährigen Jubiläums seiner Kanonisation im Jahre 1993 [JVAB 26/27] Weißenhorn 1993, S. 169–177) immer wieder auf topische Züge oder den Referenztext der Martinsvita des Sulpicius Severus verwiesen hat, die ohnedies als Modell für unzählige hagiographische Schriften des Mittelalters diente. Gleichzeitig hat die Philologie die hohe Bedeutung der Schrift für die mittellateinische Wortforschung (BERSCHIN, Biographie, S. 142–146) herausgearbeitet oder den Stellenwert der Ulrichsvita für den »realistischen Stil« der Ottonenzeit betont (Walter BERSCHIN, Realistic Writing in the Tenth Century. Gerhard of Augsburg's Vita S. Uodalrici, in: Tobias REINHARDT/Michael LAPIDGE/John Norman ADAMS [Hg.], Aspects of the Language of Latin Prose [Proceedings of the British Academy 129] Oxford 2005, S. 377–382). Ob für die Lechfeldsynode 952 und ihre Bildhaftigkeit (vgl. Wolfgang GIESE, *Ensis sine capulo*. Der ungesalbte König Heinrich I. und die an ihm geübte Kritik, in: Karl SCHNITH/Roland PAULER [Hg.], FS für Eduard Hlawitschka zum 65. Geburtstag, Kallmünz i.d. Opf. 1993, S. 151–164), ob bezüglich des Liudolfaufstands 953/954 (CP, *Peccati pondere gravatus*. Pfalzgraf Arnulf und der Liudolfaufstand, in: ZBLG 76 [2013] S. 365–387) oder für die Lokalisierung der sogenannten Lechfeldschlacht 955 (Walter PÖTZL, Der Ort der Ungarnschlacht des Jahres 955. Von der Schlacht »bei Augsburg« oder »am Lech« zur Schlacht »auf dem Lechfeld«, in: ZBLG 76 [2013] S. 83–96) – Gerhards Vita ist unverzichtbar für die Erforschung des 10. Jahrhunderts. Lange Zeit galt sie als Schlüsseltext für das von jüngeren Forschungen dekonstruierte »ottonisch-salische Reichskirchensystem«. Auch von Seiten der Liturgiegeschichte wurden die Ulrichsviten zuletzt verstärkt in den Fokus gerückt (Jörg BÖLLING, Heilige Bischöfe. Ulrich von Augsburg [923–973] und Konrad von Konstanz [934–975], in: *Potestas ecclesiae*. Zur geistlichen und weltlichen Herrschaft von Bischöfen und Domkapiteln im Südwesten des Reiches [Rottenburger Jb. für Kirchengeschichte 33] Ostfildern 2015, S. 81–91; Jens BRÜCKNER, *Loca sanctificate, plebem benedicite*. Stationsliturgien und Sakraltopographien in Augsburg von Bischof Ulrich [† 973] bis 1620 [Verein für Augsburger Bistumsgeschichte, Sonderreihe 9] Lindenberg 2018). Erst in den Anfängen steckt die Erforschung ihrer Rezeption, wie sie in jüngster Zeit etwa für die Epoche des sogenannten Investiturstreits nachgewiesen werden konnte (etwa CP, St. Ulrich und Afra während des Investiturstreits, in: Manfred WEITLAUFF [Hg.], Benediktinerabtei St. Ulrich und Afra in Augsburg [1012–2012]. Geschichte, Kunst, Wirtschaft und Kultur einer ehemaligen Reichsabtei. FS zum tausendjährigen Jubiläum, Bd. 1: Textbd., Lindenberg 2011, S. 76–110; DERS., Der [un-]christliche König oder Vom Jähzorn Lothars von Supplinburg, in: Mittellateinisches Jb. 49 [2014] S. 21–33). Auch hierfür ist die maßgebliche Ausgabe von Berschin/Häse unverzichtbar.

Christof Paulus

Klaus HERBERS (Bearb.), Hieronymus Münzer. Itinerarium. Unter Mitarbeit von Wiebke DEIMANN, René HURTIENNE, Sofia MEYER, Miriam MONTAG, Lisa WALLEIT. Mit einem Beitrag von Tina B. ORTH-MÜLLER (MGH Reiseberichte des Mittelalters 1) Wiesbaden 2020, CCCVIII + 572 S., 8 z. T. farb. Abb., ISBN 978-3-447-10972-7, € 148.

Es ist ein humanistischer Akkord, der gleich mit dem ersten Satz des Reiseberichts angeschlagen wird: Der griechische Philosoph Aristoteles habe gesagt, der Mensch sei klug und findig genug, um nach der Wahrheit zu suchen. Befreit von irdischen Zwängen, lerne er verborgene, wunderbare Dinge, was ihn letztlich zu einem guten und glücklichen Leben führe – *ad bene et beate vivendum*. Letzteres deckt sich beinahe aufs Wort mit der Humanismus-Definition, die ihr profiliertester Vertreter, der »Erzhumanist« Conrad Celtis, gegeben hatte. 1487 hatte dieser dem Nürnberger Arzt und Gelehrten Hieronymus Münzer, dessen rekonstruierte Bibliothek gut 200 Bände umfasste, einige Verse gewidmet. Sieben Jahre später – eine Epidemie grassierte gerade in der Pegnitzmetropole und forderte angeblich 10.000 Opfer – brach Münzer zu einer Westeuropareise auf, die ihn von Nürnberg über die Schweiz nach Südfrankreich, dann nach Katalonien, Barcelona, Valencia, Granada, Sevilla nach Lissabon und zum Jakobswallfahrtsort Santiago, hierauf weiter über Toledo, Madrid, Zaragoza, Roncesvalles, Poitiers, Tours, Paris, Brügge, Gent und Antwerpen zurück in die heimatliche Reichsstadt führte. Ein Repertorium hat für das spätmittelalterliche Europa rund 600, für den deutschsprachigen Raum gut 150 (Zeitraum 1334 bis 1531), für das heutige Bayern 35 Reiseberichte (Zeitraum 1336 bis 1522) nachgewiesen, wobei die meisten aus Augsburg und Nürnberg stammen. Aus diesem Corpus sticht Münzers Text schon durch seinen Umfang – knapp 200 Blätter im einzigen erhaltenen Überlieferungsträger – hervor. Der Codex aus der Feder und dem Besitz des gelehrten Hartmann Schedel (BSB clm 431) kam zunächst in die Sammlung Johann Jakob Fuggers, von dort mit vielen anderen Cimelien durch Kauf 1571 an den Wittelsbacher Albrecht V. und in die herzogliche Bibliothek in München.

Von Münzers Itinerarium lagen bisher nur Teileditionen vor, so zum spanischen Teil der Reise durch den bayerischen Schriftsteller und Hispanisten Ludwig Pfandl aus dem Jahr 1920. Mit anzuzeigendem Band kann nun – nach umfangreichen Vorstudien – der langjährige Erlanger Mediävist Klaus Herbers eine bedeutende Lücke zum ausgehenden Spätmittelalter schließen, denn zweifellos sind Münzers Zeilen eine herausragende Quelle für viele Aspekte und unterschiedliche Fragestellungen, ob für Reiserouten und -anlässe zu Ende des 15. Jahrhunderts, zur Wahrnehmung und Verortung von Neuem und Exotischem, zur Wirtschafts-, Geistes- und Sozialgeschichte, zu zeremoniellen Aspekten, zur Historie einiger Orte und dem spätmittelalterlichen Gabenwesen oder zum bürgerlich-humanistischen Selbstverständnis um 1500. Münzer begleiteten drei Männer, darunter Anton Herwart aus der bekannten Augsburger Kaufmannsfamilie, dem der Nürnberger Münzer – wie den anderen jungen Begleitern, den Nürnbergern Caspar Fischer und Nikolaus Wolkenstein – einen hohen Bildungsgrad, darunter gute, wohl durch die Handelsgeschäfte erworbene Kenntnis im Spanischen und Italienischen bescheinigte. Münzer ist ein wacher Beobachter. Wie Jahrhunderte nach ihm Johann Wolfgang Goethe, so besteigt auch er in einer neuen Stadt – in diesem Fall Barcelona – einen Turm, um sich einen Überblick zu verschaffen. Münzer vergleicht das Gesehene mit Nürnberg, Ulm oder Ravensburg. Interessiert ist er an vielem: Wein, den Seidenraupen, neuen Früchten, fremdem Gemüse, an den Kleidern der Bewohnerinnen und Bewohner, den Ladenöffnungszeiten und anderem mehr.

Bemerkenswert sind auch Münzers Beobachtungen zum muslimischen Spanien. Er besucht mehrere Moscheen, bezeichnet Mohammed zwar als *pseudoproheta* und zieht Vergleiche mit den großen Ketzern Nestorius und Arius, bescheinigt den Muslimen aber insgesamt einen tiefen Glauben und eine innige Gottesverehrung, so im Granada-Kapitel: *Revera devotissimi sunt in venerando Deo more suo.* Münzer schlüpft gleichsam in verschiedene

Rollen, ist gelehrter Kosmograph, Humanist, Beziehungen knüpfender Händler, frommer Pilger, stolzer Bürger und Vertreter der Reichsstadt Nürnberg – je nachdem, wo er sich gerade aufhält. Die akribisch vorbereiteten Audienzen, die er genießt und breit festhält, geraten dem Nürnberger zuweilen zum fernen Spiegel: Johann II. von Portugal wird ihm zum platonisch gelehrten Monarchen, dessen ruhig kluge Regentschaft das Königreich florieren lässt (wozu auch der Handel mit Nürnberger Produkten gehört). Münzers Rolle im Nürnberger »Humanistenkreis« – Mitarbeit beim Behaim-Globus, der Schedelschen Weltchronik, Deutschlandkarte nach dem Vorbild des Nikolaus Cusanus – können durch das Itinerarium in einen breiteren geistesgeschichtlichen Kontext eingeordnet werden. Münzers Latein ist kein humanistisch geschliffenes; insgesamt dominiert ein dem Stilideal der *brevitas* geschuldeter paratakischer Satzbau, der die Reiseschilderungen unterhaltsam und lebendig vorantreibt. Der kunstvolle ciceronianische Periodenbau zu Beginn des Itinerarium ist hier eher die Ausnahme. Münzers Wortschatz greift durchaus auf mittellateinische und spätantike Begriffe zurück.

Vorangestellt ist der in zehn Kapiteln gegliederten und mit den Auszügen aus dem Jakobsbuch und zwei weiteren Appendices angereicherten Edition eine umfangreiche, das Itinerarium vielfältig erschließende Einleitung mit biographischen Ausführungen zum Autor, zur Verortung der Reise nach dem Kriterienkatalog Folker Reicherts (Motivation, Alltagspraxis, Raumerfahrung, Orientierung und Wissensgewinn bzw. -verarbeitung) und zur Analyse des Reiseberichts. Von intensiven Vorarbeiten zeugt das rund 150-seitige Quellen- und Literaturverzeichnis. Der mit einem Sachkommentar erschlossenen Edition folgen ein Stellenverzeichnis – Münzer zitiert Gregor von Tours, Juvenal, Beda, Plinius d.Ä., Ovid, Orosius, natürlich die Bibel, aber auch das Speculum des Vinzenz von Beauvais und die Legenda Aurea des Jacobus de Voragine – sowie ein umfangreiches Personen-, Orts- und Wortregister, die eine Tiefenerschließung des bedeutsamen Textes ermöglichen. Insgesamt zeigt das Itinerarium einen hohen textlichen Eigencharakter, der ihn eher zur länderbeschreibenden Erkundungsreise als zur frühneuzeitlichen Grand Tour rückt. Münzers Text bereichert die bisherigen Editionen spätmittelalterlicher Reiseberichte auf herausragende, vielfältig analysierbare Weise. Eine wichtige Neuerscheinung!

Christof Paulus

Frühe Neuzeit

Peer FRIESS, Zwischen Kooperation und Widerstand. Die oberschwäbischen Reichsstädte in der Krise des Fürstenaufstandes von 1552 (Oberschwaben. Forschungen zu Landschaft, Geschichte, Kultur 2) Stuttgart 2019, 256 S., 15 Abb., ISBN 978-3-17-036529-2, € 29.

Der sogenannte »Fürstenkrieg« oder »Fürstenaufstand« im Jahre 1552 war ein bemerkenswertes Ereignis der deutschen Reichsgeschichte. Dieser Krieg war ein begrenzter Krieg zur Durchsetzung reichs- und konfessionspolitischer wie auch persönlicher Ziele. Träger des Aufstandes war Moritz, Kurfürst von Sachsen, begleitet vom jungen Landgrafen Wilhelm von Hessen, den Brüdern Herzog Johann Albrecht I. und Georg von Mecklenburg, Wilhelm von Braunschweig sowie Pfalzgraf Ottheinrich, der sich dem Feldzug in seiner letzten Phase anschloss. Auf internationaler Ebene unterstützte der französische König Heinrich II., seit Jugendtagen ein Intimfeind Karls V., die Opposition im Reich. Ein weiterer Verbündeter, Markgraf Albrecht Alkibiades von Brandenburg-Kulmbach, führte indes sein eigenes Programm aus. Die territorialpolitische Machtbasis dieser Reichsfürsten war keineswegs überwältigend, dennoch schlug dieser Bund das mächtige, aber in Innsbruck machtlos verweilende Reichsoberhaupt in die Flucht. Karl V. musste über den Brenner durch das Pustertal nach Villach fliehen. Nur langsam konnte das Reichsoberhaupt seine Kräfte für die Gegenoffensive sammeln, wobei er auf spanische Truppenunterstützung angewiesen war.

Der Fürstenaufstand von 1552, der mit dem Frieden von Passau beendet wurde, ist ein an sich gut erforschtes Ereignis in der deutschen Geschichte. Die Politik der Reichsstädte jedoch, die der Historiker Peer Frieß im zweiten Band der Reihe »Oberschwaben. Forschungen zu Landschaft, Geschichte Kultur« zum Gegenstand seiner Studie ausgewählt hat, wurde bisher selbst in den umfangreicheren Abhandlungen zur Thematik kaum beachtet. Dabei befanden sich die Reichsstädte in der Tat in einem Dilemma. Einerseits waren sie mit einer Respekt einflößenden militärischen Drohkulisse des Fürstenbundes konfrontiert (immerhin marschierten hier an die 18.000 Mann Infanterie und 5.000 Mann Kavallerie mit einem beachtlichen Geschützpark in Richtung des Kaisers), andererseits unterstanden Reichsstädte – freilich ungeachtet ihrer konfessionellen Ausrichtung – reichsrechtlich dem Kaiser. Und strikte Neutralität war ohnehin keine Option in der Frühen Neuzeit. Der Autor schreibt dazu: »Da für die oberschwäbischen Reichsstädte weder nach heutiger Erkenntnis noch aus damaliger Perspektive eine wirkliche Neutralitätspolitik möglich war, blieb ihnen nur die Möglichkeit eines pragmatischen Mittelwegs zwischen Kooperation und Widerstand, um sich möglichst geschickt durch die Krise des Fürstenaufstandes zu lavieren« (S. 192). Letztendlich war der einzuschlagende Weg oft eine Entscheidung zwischen Reichstreue und Sicherheit für die Bürgerschaft. Die Reichstreue, auch die Treue zum Reichsoberhaupt, war ein zentraler Wert für die Reichsstädte, selbst wenn man über die kaiserliche Konfessionspolitik nach 1548 (Stichwort: Interim) verärgert war.

Auf Basis gesellschaftstheoretischer Ansätze von Niklas Luhmann und des Deutungsansatzes von »Handlungsspielräumen« nach Rudolf Vierhaus untersucht der Autor die Maßnahmen und Verhaltensweise verschiedener Stadtmagistrate und anderer wichtiger Akteure, sprich das bürgerliche Krisenmanagement, in Oberschwaben, einer Region, die im Durchzugsbereich und Operationsfeld der Armee des Kurfürsten und seiner Verbündeten lag. Frieß stellt die Politik der Reichsstädte Lindau, Buchhorn, Leutkirch, Pfullendorf, Isny, Kaufbeuren, Kempten, Memmingen, Ravensburg, Wangen, Biberach, Überlingen und natürlich die Politik der beiden großen Städte Ulm und Augsburg näher vor, wobei er die entsprechenden Quellenbestände aus den jeweiligen Stadtarchiven ausgewertet hat. Blieb Ulm zum Beispiel fest auf Seiten des Reichsoberhaupts, so musste die kaisertreue Führungselite in Augsburg aufgrund des Mehrheitsentscheids der Bürger klein beigeben und dem Fürstenbund die Tore öffnen. Aus der Analyse von Frieß geht klar hervor, dass der Entscheidungsfindung der Reichsstädte in Oberschwaben durchaus komplexe Prozesse zu Grunde lagen. Es war nicht die Entscheidung eines Bürgermeisters oder eines Gremiums, sondern oft eine Entscheidung einer Vielzahl von Entscheidungsträgern und anderer Akteure auf Basis verschiedener Faktoren, die Frieß mittels der Systemtheorie der »komplexen adaptiven Systeme« ausgewertet hat. Die Entscheidungen spielten sich innerhalb eines Verfassungsbogens von »republikanischer Partizipation« bis hin zur »korporativen Zunftverfassung« ab. So ist diese Studie vor allem eine Analyse der Gründe, die zu einer Entscheidung für oder gegen den Kaiser bzw. für oder gegen den Fürstenbund geführt hat – ein Prozess, der durchwegs von »hinhaltendem Verhandeln« seitens der Städte geprägt war. Aber selbst bei einer Kooperation mit dem Fürstenbund griffen die Städte nicht militärisch aktiv gegen das Reichsoberhaupt in das Geschehen ein. Das Fazit von Frieß lautet: »In der Krise des Fürstenkrieges verhielten sich die oberschwäbischen Reichsstädte wie ›komplexe adaptive Systeme‹. Sie waren flexibel genug, um aus sich heraus Reaktionen auf die externe Bedrohung zu entwickeln, die auch von einer komplex strukturierten und in unterschiedliche Lager aufgespaltenen Bürgerschaft mitgetragen werden konnten. Dazu reaktivierten die meisten Kommunen Oberschwabens die nach wie vor lebendigen und latent wirksamen republikanischen Traditionen« (S. 186).

Mit diesem vom Verlag sehr ansprechend mit Bildern gestalteten Buch erweitert Peer Frieß unser Wissen zum Fürstenaufstand um eine erhebliche Komponente und gibt darüber hinaus einen wertvollen Einblick in Entscheidungsstrategien und -mechanismen reichsstädtischer Kommunen in Krisensituationen. Die Studie führt uns zudem vor Augen, wie wichtig diese Reichsstädte für den Fürstenbund als logistische Basen und als Kommunikationszentren waren.

Robert Rebitsch

Reinhard BAUMANN, Mythos Frundsberg. Familie, Weggefährten, Gegner des Vaters der Landsknechte, Mindelheim 2019, 228 S., zahlr. Abb., ISBN 978-3-947423-15-6, € 19,95.

Sagenhaftes wurde schon zu Lebzeiten über Georg von Frundsberg berichtet: Ein galoppierendes Pferd könne er aufhalten, ein Geschütz mit seiner Hüfte verschieben, mit einem Finger einen breit stehenden Mann umstoßen. Und auch heute hält nicht zuletzt das Mindelheimer Frundsbergfest das Andenken an den »Vater der Landsknechte« fest. Doch trifft dieser Beiname zu? Dieser Leitfrage geht der Autor in seinem gut zu lesenden, populären, doch quellennahen und noch im Maximilianjahr 1519 publizierten Band nach mit klarem Ergebnis: »Der eigentliche *Vater der Landsknechte* war nicht Kaiser Maximilian I., sondern Georg von Frundsberg. Zeitgenossen haben ihm diesen Titel zugebilligt, Quellen belegen das« (S. 27). Es ist nicht zuletzt die Biographie des Feldsekretärs Adam Reißner, die Baumann als zentrale Quelle für seine kontextualisierende Lebensbeschreibung dient. Doch zieht der Autor eine Reihe weiterer Quellen für seine Studien heran, gedruckt wie die »Autobiographie« Schertlins von Burtenbach, gemalt wie die Seccobilder aus dem Torstüble der Mindelburg oder Ungedrucktes aus dem Tiroler Landesarchiv Innsbruck, dem Haus-, Hof- und Staatsarchiv Wien oder dem Bayerischen Hauptstaatsarchiv. Ohnedies ist Baumann durch seine Studien – allen voran die Frundsbergbiographie (1984) und seine Landsknechtmonographie (1994) – einschlägig zur Thematik ausgewiesen.

Nachdem die Erforschung des Landsknechtwesens durch die völkisch-heldische Depravierung in der NS-Zeit lange Zeit im schlechten Licht gestanden war, hat Baumann mit seinen Forschungen viel zu einer seriösen Militärgeschichte des 16. Jahrhunderts und deren Rehabilitierung als historische Disziplin beigetragen. Hierfür wählte er in Nachfolge der Bosl-Prinz-Schule einen gesellschaftsgeschichtlichen Zugriff, den er auch in seiner hier anzuzeigenden Darstellung weitergeführt hat, jedoch unter anderen Vorzeichen. Lange als remonarchisierend verschrien, haben Biographien spätestens seit Lothar Galls »Bismarck« (1980) in der historischen Zunft Konjunktur. In diesem biographischen Strom findet nun Baumann sein eigenes Floß. Goethes berühmtes Dictum, »es gehe darum »den Menschen in seinen Zeitverhältnissen darzustellen und zu zeigen, inwiefern ihm das Ganze widersteht, inwiefern es ihn begünstigt«, löst der Autor mit »Unterbiographien«, die, in Kapitel gefügt, ihm auch die Gliederung vorgeben. So wird nach einem ersten Überblick das familiäre Umfeld (Frundsbergs Ehefrauen, seine Kinder, sein Kompagnon Hans Jacob von Landau) umrissen; hierauf werden die »Weggefährten« vorgestellt – Frundsbergs Locotenenten wie Conrad von Bemelberg oder Franz von Kastlalt, seine Hauptleute (Ludwig von Helfenstein oder der erwähnte Schertlin), anhand von fünf Beispielen seine Knechte – von Frundsberg im patriarchalischen Verständnis »die frommen guten Knechte« genannt. Im letzten Kapitel marschieren dann Frundsbergs Gegner auf: Bartolomeo d'Alviano, Giovanni dalle Bande Nere oder Michael Gaismair. Abgeschlossen wird der Band durch zwei Karten zu den meisterlichen Alpenübergängen 1522 und 1526 sowie durch eine Bildergalerie zum Frundsbergfest.

Insgesamt, so wird man urteilen dürfen, ist der über Bezügenetze operierende Ansatz gelungen. Die Fülle der Lebensbilder fügt sich zu einem Zeitbild. Demnach ist der Band auch für diejenigen reizvoll, die sich etwa mit Frundsbergs Schwager Ludwig von Lodron oder Oswald Fragensteiner beschäftigen, dessen Zeitgedicht von der Schlacht von Bicocca das Frundsbergbild nachhaltig geprägt hat (*Her Georg, der from redlich ritter gut, / stund da in unvertzagtem mut, / wie ein beer im vordristen glit*). Von Zeitgenossen als neuer Hannibal und Leonidas gefeiert, umsegelt Baumann jedoch jede Verklärung und apotheotische Darstellung seines Helden.

Christof Paulus

Claudius STEIN, Die Kunstkammern der Universität Ingolstadt. Schenkungen des Domherrn Johann Egolph von Knöringen und des Jesuiten Ferdinand Orban (Beitr. zur Geschichte der Ludwig-Maximilians-Universität München 9) München 2018, 264 S., zahlr. Abb., ISBN 978-3-8316-4746-0, € 69.

Zway Paar tyrkhische Pantöffl [...] *Drey seltzame indianische Gewex* [...] *Ain grosser rother Marmlstain seu potius das Weibl Porphyris* [...] *Item ein Zann hypocentauri* [...] *Pileus Caroli 5ti* [...] *Ain in Holtz eingefasstes Täffelein Otthonis cardin.* [...], verzeichnet das 1682 angelegte Inventar der Knöringen-Kunstkammer (Edition S. 148–155). Antiquarium und Büchersammlung hatte der Augsburger Domherr Johann Egolph von Knöringen, der spätere Fürstbischof, 1573 zum Großteil der Universität Ingolstadt vermacht, was zur damaligen Zeit ein absolutes Novum darstellte, besaß doch keine weitere alteuropäische Universität zu diesem frühen Zeitpunkt eine Kunstkammer. Knöringens Bücherstiftung steht auch am Anfang der heutigen Universitätsbibliothek München. So lautet ein zentrales Ergebnis der anzuzeigenden umsichtigen und bedeutsamen Studie: »Die Galerie von Pisa datiert auf ca. 1640, also fast 70 Jahre nach der Ingolstädter Kunstkammer, die somit als singulärer, bisher als solcher nicht erkannter Vorläufer italienischer Kulturstadien in den damit doch nicht so stark vom Kulturgefälle betroffenen deutschen Landen regiert« (S. 73). Claudius Stein erweitert nun seine einschlägigen Studien zu den universitären Sammlungen, indem er die Stiftung Knöringens kontextualisiert und das Sammlungswesen der Universität mit ihren historischen Standorten Ingolstadt (bis 1800), Landshut (bis 1826) und nunmehr München aufarbeitet, zumal der Autor auch die Sammlung des Jesuitenpaters Ferdinand Orban, die mit Aufhebung der Societas Jesu 1773 an die Hochschule fiel und mit der Kunstkammer Knöringens vereinigt wurde, erschließt.

In der Domkustodie, einem Komplex zwischen Hohem Weg, Kustos- und Spenglergässchen (heute Hoher Weg 18), war die ursprüngliche Kunstkammer Knöringens mit der dortigen Büchersammlung und dem Kirchenschatz der Kapelle verschränkt. Gewachsen, wie Stein annimmt, in Anlehnung an die reichsstädtischen Antikensammlungen Konrad Peutingers oder Raymund Fuggers, verzahnten sich in den Sammlungen Bücherwissen und konkrete Objektschau zu einem letztlich holistischen Heil- und Weltverständnis. Der Autor zeichnet den Weg der Sammlung durch die Jahrhunderte nach (Mitte des 17. Jahrhunderts war diese aufgrund räumlicher Probleme in einem rechten Tohuwabohu), kann die geistesgeschichtliche Bedeutung seines Untersuchungsgegenstands herausarbeiten und Desiderata der Forschung aufzeigen. Akribisch wird den Einzelstücken nachgespürt: Die Münzsammlung gründete auf der des Freiburger Humanisten Heinrich Glarean, des Lehrers Knöringens. Dieser war auch an antiken Maßwerkzeugen interessiert. Ein Dutzend von diesen lassen sich dann auch beim Augsburger Domherrn nachweisen. Das Birett des berühmten Reformationstheologen Johannes Eck (ebenso wie sein Lehrstuhl) ging 1944/45 im Krieg verloren. Erhalten haben sich hingegen ein Faun (mit Knöringenwappen), eine Alabasterbüste (gemeinhin als die Ferdinands I. identifiziert) oder das Gipsrelief eines *homo doctus*.

Von besonderem Wert ist der Editionsteil der durch ein Personenregister zu erschließenden Untersuchung. Da ein geschlossener Überlieferungsbestand fehlt – in Ingolstadt waren die Dokumente zum Knöringen-Antiquarium in der 50. Schublade des Archivschranks untergebracht, wobei die Zusammenstellung sich schon im 18. Jahrhundert deutlich gelichtet hatte –, werden auf den Seiten 137 bis 160 die bisher ungedruckten und gedruckten Quellen zusammengestellt (woraufhin bis S. 219 eine Quellenauswahl zur Sammlung Orban folgt). Bereits der berühmte Bistumshistoriker Friedrich Zoepfl hat aus der Sammlung auf das Humanistenprofil Johann Egolphs von Knöringen geschlossen. In seiner Würdigung resümierte Zoepfl: »Begleiteten die Musen und Musenjünger Johann Eglof auch in den Episkopat, sie waren doch nicht stark genug, ihn, wie teilweise seinen großen Vorgänger [gemeint ist Otto Truchsess von Waldburg], in der Erfüllung der bischöflichen Aufgaben zu beirren« (Das Bistum Augsburg und seine Bischöfe im Reformationsjahrhundert, München/Augsburg 1969, S. 558). Auch wenn große Kunstkenner wie Hainhofer oder Sandrart kein Wort über die Sammlung schreiben, so sollten daraus, so Stein, keine allzu großen Schlüsse gezogen werden. Als 1660 der Bollandist und Jesuitenpater Daniel Papebroch in die Räume geführt wurde, urteilte er fasziniert: »Auf der rechten Gebäudeseite über dem Sitzungsraum des Akademierats befindet sich die vielfältige Raritätensammlung, die vernachlässigt über Tische und Regale verteilt liegt oder an den Wänden hängt. Dort gab es – was ich bisher nirgends gesehen hatte – Präparate eines Chamäleons und einer winzigen Eidechse und den Kopf einer größeren mit aufgerissenem Rachen, der perlig glänzt wie kleine weiße Elfenbeinplättchen« (vgl. S. 46 und 157 f.).

Christof Paulus

Wolfgang MÄHRLE (Hg.), Spätrenaissance in Schwaben. Wissen – Literatur – Kunst (Geschichte Württembergs. Impulse der Forschung 2) Stuttgart 2019, 509 S., 98 s/w-Abb., ISBN 978-3-17-033592-9, € 35.*

Im generalisierenden Titel des Werks »Spätrenaissance in Schwaben« mit dem Zusatz »Wissen – Literatur – Kunst« drückt sich der Anspruch aus, einen umfassenden Überblick über das geistige Leben einer historischen Landschaft in einer bestimmten Epoche zu vermitteln. Dabei bedürfen beide Begriffe in der Überschrift einer näheren Definition und Präzisierung: Weder ist Schwaben – was in einer Besprechung in der Zeitschrift des Historischen Vereins für Schwaben eigentlich nicht betont zu werden braucht – als Bezeichnung für ein Territorium oder eine Landschaft eindeutig räumlich festgelegt, noch kann eine zeitliche Epoche »Spätrenaissance«, die vornehmlich als Stilbegriff in der Geschichte der Architektur und Bildenden Kunst verwendet wird, in der allgemeinen Kultur- und Geistesgeschichte als fest umrissen gelten. Die knappe, sehr präzise Einleitung des Herausgebers beseitigt hier mit wünschenswerter Klarheit alle Unschärfen. Mit »Schwaben« ist eindeutig der Raum im deutschen Südwesten vom Schwarzwald bis zum Lech gemeint, der historisch gesehen dem Schwäbischen Reichskreis entspricht. Der Begriff »Spätrenaissance« steht zunächst einmal ausdrücklich in epochaler Sicht für das konfessionelle Zeitalter, das mit den Jahren 1530 und 1650 umrissen wird, also der Zeit von der Festigung der evangelischen Lehre im Augsburger Bekenntnis bis zum Ende des Dreißigjährigen Kriegs. Mit dieser zeitlichen Gliederung folgt das den Phänomenen des geistigen Lebens gewidmete Werk ganz der üblichen Periodisierung in der allgemeinen Politikgeschichte nach dem Muster »Von der Reformation zum Westfälischen Frieden«. In einem großen einleitenden Aufsatz

---

* Vgl. auch die Rezension von Christof PAULUS, in: sehepunkte 19 (2019).

»Spätrenaissance als Epochenbegriff. Zur Periodisierung der frühneuzeitlichen Künste im Bereich der Wissenschaften und Künste« versucht der Herausgeber aber darüber hinaus Argumente zusammenzutragen, um den Terminus »Spätrenaissance« aufgrund inhärenter Merkmale als anderen überlegenen kulturgeschichtlichen Epochenbegriff für die Zeit von 1530 bis 1650 durchzusetzen. Da alle Einzelbeiträge auch als Bausteine dafür aufgefasst werden sollen, wird darauf zurückzukommen sein.

Aus ostschwäbischer Sicht ist auf jeden Fall sehr erfreulich, dass das ganze Schwaben, auch der Raum zwischen Iller und Lech, Berücksichtigung findet, während die »offiziellen«, von den landesgeschichtlichen Kommissionen herausgegebenen Handbücher der bayerischen und baden-württembergischen Geschichte an der Illergrenze haltmachen und sich an den heutigen Staatsgrenzen orientieren. Das bedeutet zum Beispiel, dass in der Darstellung des geistigen Lebens während der »Reformationszeit und Gegenreformation (1500–1648)« im »Handbuch der baden-württembergischen Geschichte« Heidelberg und die Kurpfalz breiten Raum einnehmen, während Augsburg und der ostschwäbische Raum kaum vorkommen. In der vorliegenden Publikation wird die Kurpfalz hingegen ausdrücklich nicht berücksichtigt. Mit der Konzentration auf »Schwaben« wird damit auch das Ziel erreicht, die Kulturgeschichte Südwestdeutschlands nicht immer nur vom Glanz der kulturellen Blüte der Kurpfalz, des Elsasses und Basels im 16. und frühen 17. Jahrhundert überstrahlen zu lassen. Dafür stehen schon die Zusammenfügungen von Portraits, Titelblättern und Gebäudeansichten auf den Umschlagbildern: Herausragende Persönlichkeiten wie Johann Valentin Andreae, Marcus Welser, Martin Crusius und Nicodemus Frischlin sowie bedeutende Neubauten wie die Fassade des Schlosses Calw und das Jesuitenkolleg Konstanz umreißen den Schwerpunkt des Bands auf dem gelehrten Leben und der Baukunst in Schwaben während der Jahrzehnte vor und nach 1600. Insgesamt ist die thematische Spannweite der neunzehn Beiträge von der Mathematik und Alchemie über das Weiterwirken des spätmittelalterlichen geistlichen Spiels im Schultheater der Reformationszeit bis hin zum Schlossbau in dem vorliegenden Sammelband groß. Er enthält den Ertrag zweier Tagungen, die im November 2015 und März 2016 vom Arbeitskreis für Landes- und Ortsgeschichte im Verband der württembergischen Geschichts- und Altertumsvereine im Hauptstaatsarchiv Stuttgart durchgeführt wurde. Die fünf Abteilungen, in die der Band untergliedert ist – Gelehrsamkeit und Wissenschaft, Gelehrte und Poeten in der *res publica litteraria*, Bildungseinrichtungen und -konzepte, Literatur und Bildende Kunst – lassen mit ihren Überschneidungen schon erkennen, dass das gelehrte und literarische Leben im engeren Sinne eindeutig im Vordergrund steht. Die Konzentration darauf angesichts des umfassenden Anspruchs des Titels der Buchpublikation wird vom Herausgeber gut nachvollziehbar begründet. Für die Musikgeschichte wird auf einen 2010 erschienenen Sammelband zur Musik am Hof Herzog Friedrichs I. von Württemberg verwiesen. Ausgespart wurden auch eigene Beiträge zu den herausragenden schwäbischen Baumeistern Elias Holl und Heinrich Schickhardt sowie den Universitäten Tübingen und Dillingen, da dazu grundlegende neue wissenschaftliche Literatur vorliege. Der Hinweis darauf und die weiterführenden bibliographischen Hinweise gehören durchaus zu den Vorzügen des Bandes, so ist es unumgänglich, dass in einer Reihe von Beiträgen diese Persönlichkeiten und Institutionen mitbehandelt werden. Nicht dem Herausgeber anzulasten ist, dass Vorträge wie einer über die Gräzistik in Schwaben für die Buchpublikation nicht zur Verfügung gestellt wurden. In diesem Falle hat das aus ostschwäbischer Sicht zur betrüblichen Folge, dass die große Blüte des gelehrten Lebens in Augsburg, für die Persönlichkeiten wie Hieronymus Wolf und David Hoeschel stehen, kaum Konturen gewinnt. David Hoeschel wird nur in dem gründlichen und klaren, das Material vollständig darbietenden Aufsatz »Frühneuzeitliche Lexikographie in Schwaben (1550–1650)« von Peter O. MÜLLER mit zwei Schulwörterbüchern erwähnt, der Gräzist mit seinem wissenschaftlichen Werk kommt in dem Band nicht vor. Gleiches gilt für seinen Lehrer, den oft als Begründer der Byzantinistik gerühmten Rektor des Gymnasiums bei

St. Anna, Hieronymus Wolf, der nur in der Überblicksdarstellung »Bildungslandschaften um 1600 in Schwaben« von Sabine HOLTZ als Autor der Schulordnung von 1557 genannt wird. Für die Glanzzeit der Kultur in der Reichsstadt am Lech steht damit nur der Stadtpfleger und späthumanistische Gelehrte Markus Welser, der Architekt Elias Holl wird mit seinem Um- und Neubauten Augsburger Tortürme wenigstens ausführlicher in dem umfangreichen Aufsatz über städtische Befestigungsanlagen in Südwestdeutschlands gewürdigt.

Die berühmten Bildhauer Hubert Gerhard und Adriaen de Vries, deren großartige Brunnenanlagen neben den Bauten von Elias Holl Glanz und Pracht Augsburgs um 1600 verkörpern, tauchen nicht einmal im Register auf. Überhaupt überrascht – da der Epochen- und Stilbegriff »Spätrenaissance« am engsten gemeinhin mit der Architektur, Malerei und Plastik verbunden wird –, dass nur drei von den neunzehn Beiträgen im letzten Abschnitt (V) der »Bildenden Kunst« gewidmet sind. Einer davon ist der genannte, sehr instruktive, aber nicht unbedingt ins Zentrum der großen Kunst führende Aufsatz Christian OTTERSBACHs »Städte als Festungen«. Zeitlich und räumlich weit ausholend führt er an zahlreichen Beispielen aus dem gesamten Südwesten vom späten Mittelalter bis zum Dreißigjährigen Krieg vor Augen, dass Stadtmauern nach wie vor konstitutiv für eine Stadt sind, ihre konkrete Ausgestaltung aber abhängig von der Kriegstechnik und Feuerkraft der Waffen auf der einen Seite, von den finanziellen Möglichkeiten und dem Selbstverständnis der Städte auf der anderen Seite ist. In dem im Titel auf die Jahre von 1500 bis 1650 eingegrenzten Zeitraum spielt ansonsten eine Reflexion auf Epochen- oder Stilmerkmale keine große Rolle. Ähnliches gilt für den Beitrag Andreas TACKEs über »Malerzunftordnungen Schwabens«, der als Gründer der »Trierer Arbeitsstelle für Künstlersozialgeschichte« am Beispiel Memmingens Ergebnisse des großen Forschungsprojekts der »Kommentierten Edition der Maler(zunft)ordnungen im deutschsprachigen Raum des Alten Reichs« präsentiert. Aus diesem Blickwinkel steht naturgemäß die soziale Stellung des Künstlers in den Städten des Alten Reichs im Zentrum. Als aufschlussreiches Beispiel aus Schwaben stellt er ins Zentrum seines Beitrags den 1609 geborenen Johann Schönfeld, dessen produktivste Zeit nach dem Ende des Dreißigjährigen Kriegs beginnt und der gemeinhin als bedeutendster deutscher Maler des Barocks im 17. Jahrhundert gilt. Am überzeugendsten wirkt die Verwendung des Stilbegriffs »Spätrenaissance« über die bloße Bezeichnung einer Epoche in dem Beitrag von Stefan UHL mit »Gedanken zur Entwicklung des Schlossbaues in der Spätrenaissance in Südwestdeutschland«. In der Vollständigkeit anstrebenden Überblicksdarstellung wird aus der Anschauung heraus deutlich vor Augen geführt, wie die spätmittelalterliche Burganlage durch Bautypen wie den Kastenbau mit Eckentürmen und die Vierflügelanlage abgelöst wird, bis sich dann in der Mitte des 17. Jahrhunderts die barocke, sich zur Landschaft oder dem Garten hin öffnende Dreiflügelanlage durchsetzt. Hervorzuheben ist, dass sowohl dieser Beitrag wie auch der vorangehende zu den Befestigungen mit Ansichten und Grundrissen reich illustriert sind.

Trotz dieser umfangreichen architekturgeschichtlichen Aufsätze dominieren in dem Band eindeutig Abhandlungen zum evangelischen geistigen und literarischen Leben. Bei den in den Titeln der Beiträge namentlich genannten gelehrten Autoren überwiegen Persönlichkeiten protestantischer Konfession: Johann Eberlin von Günzburg, Johann Valentin Andreae, Jakob Schropp, Nicodemus Frischlin, Martin Crusius und Rodolf Weckherlin, doch werden auch Katholiken wie Kaspar Stiblin, Marcus Welser und Daniel Federmann eingehend behandelt. Ausdrücklich thematisiert wird die konfessionelle Spaltung zwangsläufig in der umfassenden Darstellung der »Bildungslandschaften um 1600 in Schwaben« von Sabine Holtz. Da an der Dillinger Universität die Klerikerausbildung ganz eindeutig im Mittelpunkt stand und sie bis zum Dreißigjährigen Krieg eine ›Semiuniversität‹ blieb, war Tübingen im Gebiet des Schwäbischen Reichskreises die einzige wirkliche Volluniversität, was bei einer Beschränkung auf diesen Raum das Übergewicht des mit dieser Universität verbundenen geistigen Lebens in dem Sammelband verständlich macht. Verstärkt wurde diese Ausrichtung durch die völlige Ausklammerung der großen kulturellen Blüte jesuitischer Gelehrsamkeit und Literatur in Schwaben in diesem Zeitraum. Jakob Pontanus und der in Ehingen an der Donau geborene Jakob Bidermann, der nicht von ungefähr mit einem seiner Dramen die große Reihe der »Bibliotheca Suevica« eröffnet, werden in dem Band nicht einmal erwähnt, Matthäus Rader wird nur in einer Anmerkung einmal als Briefpartner von Markus Welser genannt. Bei der Akzentsetzung auf den Begriff der »Spätrenaissance« drängen sich diese Persönlichkeiten auch nicht unbedingt auf. Die Bedeutung des Jesuitenordens im Bildungswesen der Zeit findet aber durchaus gebührende Beachtung. Interessanterweise erfolgt in dem Beitrag über das Jesuitenkolleg Konstanz die Darstellung einmal nicht aus der Perspektive der Institution oder an ihr lehrender bedeutender Gelehrter, sondern aus der der Schüler, in diesem Falle der Truchsesse von Waldburg-Wolfegg.

Den überwiegenden Teil des Sammelbandes machen sehr fundierte, zum Teil geradezu handbucharige Aufsätze zum gelehrten und literarischen Leben in Schwaben aus. In diesen Beiträgen werden nicht nur bestimmte Themenstellungen verfolgt, sondern sie bieten darüber hinaus ausführliche Biographien der Autoren und abgerundete Darstellungen der behandelten Werke oder sogar der betreffenden Gattung wie in dem Aufsatz Thomas SCHÖLDERLEs über die Renaissance-Utopien von Johann Eberlin von Günzburg, Kaspar Stiblin und Johann Valentin Andreae. Ähnliches gilt für den Beitrag von Johannes Klaus KIPF über »Daniel Federmann und die (spät-)humanistische Fazetienliteratur in Schwaben«. Die herausragende Bedeutung der Tübinger Universität drückt sich in dem Band schon dadurch aus, dass vier gewichtige Beiträge Professoren dieser Hochschule, Martin Crusius und Nicodemus Frischlin, behandeln. Der thematischen Geschlossenheit des Sammelbandes kommt dies sehr zugute, denn so ergeben sich zwischen den einzelnen Beiträge zahlreiche Querverbindungen, zumal auch in anderen Beiträgen wie in dem zu »Schwabens Wegbereiter der Algebra« ein Tübinger Universitätsprofessor, Johann Scheubel, vorgestellt wird. Der Herausgeber des Sammelbandes selbst macht auf das bisher eher wenig beachtete umfangreiche Selbstzeugnis von Martin Crusius, sein »Diarium«, das in neun Bänden 6000 eng beschriebene Seiten umfasst, aufmerksam, analysiert es als Spiegelung eines Tübinger Gelehrtenlebens und hebt das große Aufmerksamkeit für das Zeitgeschehen im Vergleich mit dem persönlicheren, religiöser Meditation gewidmeten Tagebuch des großen Genfer Späthumanisten Isaac Casaubonus, den »Ephemerides«, hervor. Die »Turco-Graecia« von Martin Crusius und sein »Diarium« spielen auch eine wichtige Rolle als frühe Zeugen und einer der Ausgangspunkte für das Interesse am Osmanischen Reich und die in ihm verbreiteten Sprachen. Die Hoffnung, die Beziehung zwischen dem deutschen Luthertum und der Ostkirche in Konstantinopel zu vertiefen, war der Anstoß zu einer intensiven Beschäftigung mit der osmanischen Sprache, wie Stefan HANSS in seinem Beitrag »Die Universität Tübingen und die Anfänge osmanischer Sprachstudien im 16. und 17. Jahrhundert« ausführt.

Die Auseinandersetzungen mit seinem einstigen Förderer und späteren Kollegen Martin Crusius sind einer der Gründe für den bewegten Lebenslauf von Nicodemus Frischlin, der vor allem als patriotischer Dramatiker in der Tradition des reformatorischen Schultheaters noch breitere Bekanntheit genießt. Ihm sind zwei Beiträge gewidmet, die beide von Mitarbeitern an einem von der Deutschen Forschungsgemeinschaft finanzierten Projekt der kritischen Edition des gesamten erhaltenen Briefwechsels dieses *poeta laureatus*, das von Philipp KNÜPFLER ausführlich vorgestellt wird, stammen. Nicht die unmittelbare Beschäftigung mit dem dichterischen Werk, sondern die neuen Einsichten, die sich aus der Beschäftigung mit diesen Selbstzeugnissen in die Haltung und Einstellung des Autors gewinnen lassen, stehen deshalb im Vordergrund. Am Beispiel der »Acta Oecumenica Consilii«, eines von Frischlin ins Lateinische übersetzten fiktiven Religionsgesprächs, zeigt Philipp Knüpfler, wie sich der Tübinger gelehrte Poet im Streit mit den Calvinisten um die Abendmahlsfrage auch aus finanziellen Gründen in den Dienst der württembergischen Konfessionspolitik stellt. Diese spielt auch in dem Beitrag von Magnus FERBER eine wichtige Rolle, wie schon sein Titel »Patriotismus und Konfessionalisierung bei schwäbischen Späthumanisten. Die Korrespondenzen von Nicodemus Frischlin und Marcus Welser im Vergleich« vermuten lässt. Der württembergische Territorialpatriotismus des Tübinger Poeten schließt zwangsläufig die Verbindung zum evangelischen Bekenntnis mit ein, versteht sich das Land doch als Heimstatt der lutherischen Orthodoxie. Als späthumanistischer Gelehrter versucht Frischlin in seinen Briefkontakten durchaus die Konfessionsgrenzen zu überschreiten, besaß dabei aber als Tübinger Professor noch eingeschränktere Möglichkeiten als der Stadtpfleger des bikonfessionellen Augsburg. Als wichtiges Ergebnis des Vergleichs zwischen den beiden Gelehrten arbeitet Magnus Ferber heraus, dass die durch die Konfessionalisierung vertiefte territoriale Zersplitterung kein gesamtschwäbisches Regionalbewusstsein mehr im Späthumanismus zuließ.

Zwei Beiträge sind in unterschiedlicher Weise ganz dem Herzogtum Württemberg verhaftet. Johannes Dillinger führt in seiner Abhandlung über »Alchemisten in Württemberg« deutlich vor Augen, dass die Förderung der alchemistischen Forschung durch Herzog Friedrich I. ein klares ökonomisches Ziel hatte: Goldmacherei um des Gewinns willen. Naturphilosophische, hermetische und paracelsistische Spekulationen spielten keine Rolle, es ging nur um Wissen mit direktem Praxisbezug zur Stärkung der Wirtschaftskraft des Staates. Unter dem Sohn Friedrichs I., Johann Friedrich, gewinnt das Herzogtum zwei Jahrzehnte später mit den Stuttgarter Hoffesten hingegen eine glänzende Stellung in der beginnenden barocken Festkultur. Den literarisch herausragenden Beitrag dazu leistete Georg Rodolf Weckherlin mit seinen »Triumf«, einer gedruckten Festbeschreibung der Stuttgarter Kindstaufe, die 1516 für den Sohn Johann Friedrichs gefeiert wurde. In ihrem Beitrag »Eine rinascimentale Alternative zum Barock des Martin Opitz? Höfische Repräsentation und nationale Literatursprache in Rodolf Weckherlins ›Triumf‹ (1616)« analysiert Heike ULRICH eingehend dieses Werk des neben Nicodemus Frischlin einzigen württembergischen Autors der Zeit um 1600, der im kulturellen Gedächtnis einigermaßen lebendig geblieben ist. Als Vorläufer und Wegbereiter gehört er einerseits schon der neuen Epoche des Barock an, von der Autorin des Beitrags wird er denn auch ausdrücklich als »der erste Dichter des Barocks« eingeführt. Andererseits verwendet Heike Ulrich viel Scharfsinn darauf, einen Gegensatz zwischen Weckherlins Verhaftung in der höfischen Sphäre im Gegensatz zur Reformpoetik von Martin Opitz herauszuarbeiten. Mit seiner Betonung der Unabhängigkeit der Dichtung habe sich Opitz durchgesetzt, was angesichts der höfischen Ausrichtung des Barocks, wie sie sich gerade in der Festkultur spiegelt, zu relativieren ist.

In dem Sammelband gehen nach der knappen Einführung zwei Beiträge den Abhandlungen in den fünf thematischen Abschnitten voraus. Aus seiner jahrzehntelangen Beschäftigung mit dieser Quellengattung heraus untersucht Wolfgang WÜST Landes- und Policey-Ordnungen auf ihre Aussagekraft für eine gesamtschwäbische landesweite und stammesbezogene Identitätsbildung. Das Ergebnis ist insgesamt doch ernüchternd. In dem territorial zersplitterten und konfessionell gespaltenen Schwäbischen Reichskreis spielen die Loyalitäten zur jeweiligen Landesherrschaft und die konfessionellen Identitäten eine beherrschende Rolle, schon der Bezug zum Schwäbischen Reichkreis ist schwach ausgeprägt, eine Prägung und Selbstvergewisserung aus einer Zugehörigkeit zu einem Stamme der Schwaben ist in diesen normativen Quellen so gut wie nicht zu erkennen. Von Bedeutung ist hingegen die Rückversicherung bei Kaiser und Reich. Ein Kernstück des Sammelbandes ist die einleitende Abhandlung des Herausgebers Wolfgang Mährle »Spätrenaissance als Epochenbegriff. Zur Periodisierung der frühneuzeitlichen Geschichte im Bereich der Wissenschaften und Künste«. Der mit diesen Ausführungen verbundene Versuch der Epochenbildung kann als einer der Anstöße für das Unternehmen der beiden Tagungen gelten, er lag als eine Leitlinie den verschiedenen Beiträgen vor und mit der Präsentation der Ergebnisse soll dieser Versuch sicher untermauert werden. Periodisierung und Epochenbildung ist ohne Zweifel eine der vornehmsten Aufgaben der Geschichtsschreibung in allen Disziplinen, ohne den ständig fließenden Strom des Geschehens zu gliedern, durch Unterteilen in Zeiträume Ordnung zu schaffen und zu systematisieren gibt es keine wissenschaftliche Beschäftigung mit kulturellen Entwicklungen. Mährle führt für den Zeitraum von 1530 bis 1650 so gut wie alle gängigen Epochenbegriffe an und wägt sie sorgfältig ab. Dabei wird deutlich, dass einen großen Unterschied zwischen der »allgemeinen« Geschichte, die den Zeitraum übereinstimmend mit verschiedenen Varianten des »Konfessionellen Zeitalters« bezeichnet, gibt und bei der Periodisierung des desselben Zeitraums durch verschiedene Disziplinen der Kulturgeschichte, bei denen eine bunte Vielfalt mit unterschiedlichen Zeitabschnitten vorherrscht. Da sich der Autor ausdrücklich auf den Bereich der Künste und Wissenschaften konzentriert, breitet er aus, welche Etikettierungen in den einzelnen Disziplinen im konfessionellen Zeitalter gängig sind, nämlich Renaissance/Spätrenaissance, Humanismus/Späthumanismus, Manierismus und Barock. Er verweist auf die größere Bedeutung, die der Epochenbegriff Späthumanismus in der jüngeren Vergangenheit gewonnen hat, schließt sich dann aber Peter Burke an, der in seinem Werk »Die europäische Renaissance« die Zeit zwischen 1530 und 1630 als Spätrenaissance bezeichnet. Welche Merkmale, Normen, gesellschaftlichen Strukturen und relevante Ereignisse außer den Anfangs- und Endpunkten Reformation und Dreißigjähriger Krieg diese Epoche konstituieren und von den vorausgehenden und nachfolgenden abgrenzen, wird nicht so recht deutlich. Zudem fehlt eine Überprüfung der Tragfähigkeit dieses Epochenbegriffs in der Auseinandersetzung mit den einzelnen Beiträgen, wenn schon in den Titeln der Begriff Späthumanismus ebenso häufig wie der der Spätrenaissance vorkommt. So steht die theoretische Einleitung etwas unverbunden neben den Abhandlungen. Im Vergleich mit vielen anderen Unternehmungen ist es dem Herausgeber aber gelungen, für ein große thematische, räumlich und zeitliche Geschlossenheit des Sammelbandes zu sorgen und Autoren zu gewinnen, deren fundierte Beiträge mit großem Gewinn zu studieren sind. Anregungen und Anknüpfungspunkte für weitere Forschungen und Diskussionen bietet das Werk zudem zahlreiche. Noch dazu angesichts des sehr moderaten Preises kann der Band daher jedem empfohlen werden, der sich für die Spätrenaissance und die Kulturgeschichte Schwabens interessiert.

Helmut Gier

Sarah HADRY, Kartographie, Chorographie und Territorialverwaltung um 1600. Die Pfalz-Neuburgische Landesaufnahme (1579/84–1604) (Studien zur bayerischen Verfassungs- und Sozialgeschichte 32) München 2020, XII + 204 S., 12 Abb., ISBN 978-3-7696-6662-5, € 39.

Lange bevor seit den 1980er-Jahren der »iconic turn« auch die deutschsprachige Geschichtsschreibung zu beeinflussen begann, konnte sich die Kartographie als ein interdisziplinäres, überwiegend jedoch bis heute geowissenschaftlich erforschtes Fach etablieren. In Stadt- und Staatsarchiven wurden aus praktischen und konservatorischen Gründen oft bereits im 19. Jahrhundert umfangreiche Kartensammlungen als Selekt angelegt. Sie bildeten für die historische und geowissenschaftliche Forschung zwar eine reiche Quellengrundlage, doch ging der Entstehungskontext bisweilen verloren. Für die in bayerischen Staatsarchiven liegenden Reichskammerprozesse wurde beispielsweise in den letzten Jahrzehnten der Kontext von Plan, Karte und Aktenführung mustergültig wiederhergestellt. Sarah Hadry beschäftigte sich nun vor diesem Hintergrund mit den seit der Renaissance entstandenen sogenannten Landesaufnahmen. Exemplarisch legte sie eine innovative Bilanz für das als Folge des Landshuter Erbfolgekriegs mit dem Kölner Schiedsspruch 1505 entstandene Fürstentum Pfalz-Neuburg (»Junge Pfalz«) vor.

Für die Regierungszeit des in Zweibrücken geborenen Pfalzgrafen Philipp Ludwig (1547–1612, reg. seit 1569), der 1577 die für die Konfessionsentwicklung wichtige Konkordienformel und 1580 das Konkordienbuch unterzeichnete, liegen diese illustrierten Quellen als Kombination von Karten und narrativer Beschreibung zahlreich vor. Gelegentlich wurden diese Aufnahmen durch Tabellen erweitert. Der Oberpfälzer Pfarrer Christoph Vogel (1554–1608) – Verfasser vieler Landesaufnahmen – bezeichnete sie mit Blick auf die Texte als *Descriptiones*. Der zeitgenössische Begriff trug wie gesagt der Tatsache Rechnung, dass sich das Genre der Landesaufnahmen aus der typischen Kombination von Text, Tabelle und Karte entwickelte. Für die Junge Pfalz sind 23 Karten zu 30 innerterritorialen Amtsbezirken und eine Zusatzkarte zum Nordgau überliefert (S. 5). Sarah Hadry ordnete deshalb in deutlicher Kritik zu Peter Wiegands Studie (Die kursächsische Landesaufnahme des 16. Jahrhunderts als Herrschaftsinstrument und Repräsentationsmedium, in: Ingrid BAUMGÄRTNER [Hg.], Fürstliche Koordinaten. Landesvermessung und Herrschaftsvisualisierung um 1600 [Schriften zur sächsischen Geschichte und Volkskunde 46] Dresden 2014, S. 107–146) die Landesaufnahme im »Medienverbund« nicht nur der Kartographie oder der Landesgeschichte, sondern – abgeleitet vom altgriechischen chóra/χώρα = Landstrich, Gegend, Boden, Region – auch der geowissenschaftlichen Chorographien zu. Letztere will Kultur- und Sozialräume möglichst genau beschreiben. Der Stellenwert liegt auf den Details, die der Kartograph mit Blick auf das Große und Ganze gerne vernachlässigte. Wünschenswert wäre hier gewesen, das zu knapp gehaltene Kapitel »Was sind Landesaufnahmen?« (S. 15–17) in den breiten Diskurs um politische Räume vor, mit und nach dem »spatial turn« einzuordnen und die Komparatistik der offenbar in zahlreichen anderen Reichsterritorien überlieferten Landesaufnahmen stärker zu betonen. Dann wären Argumente gegen die Einzigartigkeit (S. 14) von Inselforschungen zu Landesaufnahmen und für die Einordnung der Quelle im »Medienverbund« noch überzeugender ausgefallen.

Die Beschäftigung mit historischen Karten und Plänen war in der Forschung des 21. Jahrhunderts ein Schritt, der das farbige Medium nicht zum Beiwerk, sondern zum Hauptwerk kürte. Hier ist im Jahr 2002 mit Daniel Schlögls »Der planvolle Staat« für die zweite Hälfte des 18. Jahrhunderts Pionierarbeit geleistet worden, die neben den besser erforschten Druckwerken europäischer Kartengeschichte auch das weite Feld der behördlichen Kartographie einbezog. Gerhard Leidel bezeichnete sie, im Gegensatz zur bibliothekarischen Überlieferung, als »archivische« Kartographie und hat hier für die zentralen Bestände des Bayerischen Hauptstaatsarchivs mannigfache Verwendungsmöglichkeiten in Forschung, Erschließung und Darstellung aufgezeigt. Eberhard Merk verzeichnete im Stuttgarter Hauptstaatsarchiv die Karten und Pläne eines oberschwäbischen Stifts – die der Prämonstratenser von Weißenau. Und die Suche nach Kartographie gestützter Historie ist auch in Regionalarchiven angesagt. Peter Fleischmann und Richard Winkler erschlossen für die handgezeichneten Karten des Alten Reiches die reichen Bestände zweier fränkischer Staatsarchive. Für einzelne Stadtarchive liegen ebenfalls erste Bewertungen vor. Für Polen ist vor allen auf die Forschungen von Marek Słoń (Instytut Historii PAN, Warszawa) zu verweisen. Die Historische Atlasforschung am Tadeusz Manteuffel Institut der Polnischen Akademie der Wissenschaften steht in einer langen Tradition, um eine kartographisch umfassende Darstellung des Siedlungsnetzes und der räumlichen Strukturen des Staats und der Kirche im 16. Jahrhundert als grundlegendes Instrument historischer Forschung umzusetzen. Seit den 1960er-Jahren hat das Landesprojekt klare Editions- und Erschließungsregeln. Die Informationen aus der älteren Landaufnahme sind dabei für die Erstellung moderner interaktiver GIS-Karten und Datenbanken unverzichtbar.

In der landeshistorischen Forschung zu Pfalz-Neuburg spielte die Landesaufnahme bisher »so gut wie keine Rolle« (S. 13), für die Wissenschaftsgeschichte darf die von Sarah Hadry rezipierte Arbeit von Susanne Friedrich (*Zu nothdürfftiger Information. Herrschaftlich veranlasste Landesverfassungen des 16. und 17. Jahrhunderts im Alten Reich*, in: DIES./Arndt BRENDEKE/Markus FRIEDRICH [Hg.], Informationen in der Frühen Neuzeit [Pluralisierung & Autorität 16] Münster 2008, S. 301–334) als Pionierstudie gelten. Zweifelsohne lag damit für die Neuburger Landesaufnahme ein Forschungsdesiderat vor. Man ist deshalb verwundert, dass die hilfreichen Transkriptionen der 19 Amtsbeschreibungen aus der Feder des Pfarrers Christoph Vogel von Günter Frank und Georg Paulus in einem wiederum zu knappen Einleitungsabschnitt zur »Heimatforschung« allenfalls beiläufig in den Fußnoten abgehandelt wurden. Sicher ist diese Transkription, die nach Sarah Hadry »von sehr viel Fleiß« zeugt und der man gönnerhaft einen »schnellen Zugriff« auf das Quellenmaterial bescheinigte, nicht fehlerfrei und man vermisst die kritische Kommentierung. Ein sorgfältiger Umgang mit den Ergebnissen der Orts- und Heimatforschung ist dennoch unverzichtbar.

In der Summe ist es das große Verdienst vorliegender Arbeit, die in der renommierten Studienreihe zur bayerischen Verfassungs- und Sozialgeschichte aufgenommen wurde, die Pfalz-Neuburger Landesaufnahme – sie setzte 1579/84 ein – in den Kontext eines europaweiten Quellenphänomens als illustrierte und durch regionale Augenscheinkenntnis verifizierte Verwaltungsschriften eingeordnet zu haben. Hier liegen die Anschlussstellen zur internationalen, insbesondere zur ost- und westeuropäischen Quellenforschung. Die Junge Pfalz stand im Zivilisationsprozess auf Augenhöhe mit den großen Fürstentümern des Ancien Régime, die sich im 16. Jahrhundert der neuartigen – das wäre noch zu hinterfragen – Landaufnahme bedienten. Ratlos bleibt der Leser bei der Quellenanordnung der Jahrzehnte von 1520 bis 1570 zurück mit der Frage, ob es zuvor und danach nicht ähnliche Kanzleischriften der Sache nachgab. Ausgesprochen positiv wirken am Ende wiederum der Quellen- (S. 112–169) und der Abbildungsteil (S. 171–186). Über die Auswahlkriterien des Quellenschnitts mag man trefflich streiten, wenn die Verfasserin erklärt, sie folgte dem Wunsch »O-Töne zu den wichtigsten Etappen und Protagonisten der Pfalz-Neuburger Landesaufnahme« (S. 112) vorzustellen. Die sorgfältig edierten Quellen belegen aber die administrativen Netzwerke bei der Entstehung der Landesaufnahme. Kooperation und nicht verschwiegene Separation war in Europa angesagt, wenn »Maler« im Auftrag der Herrschaft ans Werk gingen. Im Juli 1591 richtete der Ulmer Kartograph (»Landtafelmaler«) Philipp Rehle, der die Aufnahme des pfalz-neuburgischen Landgerichts in Graisbach (Lkr. Donau-Ries) vorgenommen hatte, an Pfalzgraf Philipp Ludwig eine aufschlussreiche Bitte. Vom Neuburger Kanzleiregistrator Paul Rabus sei ihm gestattet worden, dass *ich die uber daß landtgericht Graispach verfertigte mappa allhie* [in Neuburg] *lassen, mich wieder nacher hauß* [Ulm] *begeben unnd daß mür selbige ehists von hinauß zur anderwerts verfertigung wider zuegeschickht werden solle* (S. 128).

Wolfgang Wüst

Gerhard SEIBOLD (Bearb.), Stammbücher aus Schwaben, Alt-Bayern und der Oberpfalz. Fünf kommentierte Editionen (Documenta Augustana 29) Augsburg 2017, 110 S., Bildtl. 116 S., ISBN 978-3-95786-132-0, € 29.

Zu den besonders aufschlussreichen, auf Personen bezogenen Quellen gehört eine Gattung von oft klein- und querformatigen Büchern, die unter dem Begriff »Stammbücher« oder als »Alba amicorum« zusammengefasst wird. Seit der Reformationszeit, zunächst an der Universität Wittenberg nachgewiesen, gab es bis um die Mitte des 19. Jahrhunderts Bücher, für die Studenten berühmte Professoren um Einträge ersuchten. Später wurde es üblich, Studienfreunde, Freunde, Gäste oder Zufallsbekanntschaften darum zu bitten. Gerade aus dem 17. und 18. Jahrhundert sind viele Beispiele bekannt, dass ein solches Stammbuch zahlreiche Einträge enthalten kann, die aus dem familiären oder beruflichen Umfeld des Besitzers stammen und sonst nur schwer erreichbare genealogische und sozialgeschichtlich relevante Angaben überliefern. Die Gattung des jeweiligen Eintrags war nicht festgelegt: Manche der Eintragenden zitierten oder formulierten Texte poetischen, religiösen, manchmal moralischen, manchmal satirischen Inhalts. Andere zeichneten oder malten allegorische oder heraldische Bildmotive. Aufgrund der Notate zu den Personen, die nicht selten später vom Besitzer ergänzt wurden, sind die Stammbücher eine wichtige historische und kulturhistorische Quellengattung, wegen der oft anspruchsvollen Bilder auch eine kunsthistorische Quelle von hohem Rang. Dies gilt vor allem dann, wenn ein solches Stammbuch in einem entsprechenden Umfeld, auf Anregung eines Kunstagenten oder Künstlers, entstanden war. Auch dafür sind Beispiele aus Augsburg bekannt, wo der Kunsthändler und Diplomat Philipp Hainhofer in der ersten Hälfte des 17. Jahrhunderts Künstler, Kunden und Vertragspartner um entsprechende Einträge anging. Seine vier Stammbücher wurden 2014 in einer umfangreich kommentierten Edition ausgewertet und vorgestellt (Gerhard SEIBOLD, Hainhofers »Freunde«. Das geschäftliche und private Beziehungsnetzwerk eines Augsburger Kunsthändlers und politischen Agenten in der Zeit vom Ende des 16. Jahrhunderts bis zum Ausgang des Dreißigjährigen Krieges im Spiegel seiner Stammbücher, Regensburg 2014). Ein Beispiel solcher Bildeinträge ist von einem der bedeutendsten Augsburger Künstler erhalten geblieben (Sibylle APPUHN-RADTKE, *Inter nos!* Johann Esaias Nilson [1721–1788] und seine Freunde im Spiegel eines Stammbuchblattes, in: John R. PAAS [Hg.], Augsburg, die Bilderfabrik Europas. Essays zur Augsburger Druckgraphik des Frühen Neuzeit [Schwäbische Geschichtsquellen und Forschungen 21] Augsburg 2001, S. 163–172) Es ist bekannt, dass gerade von Besitzern aus der Reichsstadt Augsburger zahlreiche Stammbücher in den Bibliotheken und Sammlungen von Weimar, Nürnberg oder Frankfurt am Main erhalten sind, einzelne aber auch u.a. in Stockholm.

Der Herausgeber des Hainhoferschen Stammbuchs, der Historiker Gerhard Seibold, stellt nun in einer 2017 erschienenen Publikation fünf weitere Fallbeispiele vor, zu denen neben dem Lindauer Patrizier und Handelsherrn Erasmus Furtenbach (gest. 1618), der in Augsburg tätige Arzt Octavian Ploß (1695–1751), der in Regensburg lebende Lindauer Kaufmann Johann Michael Stattmiller (1737–1775) und die von Angelika Kauffmann 1795 in London porträtierte Münchener Gastwirtstochter Maria Barbara Stürzer, verehelichte Edle von Dall'Armi (1775–1819), gehörten. Für die Kunstgeschichte am wichtigsten dürfte das Stammbuch des Augsburgers Gottlieb Christian Haid (1737–1815) sein, der aus einer weitverzweigten Augsburger Familie von Kupferstechern, Malern, Verlegern und Goldschmieden stammte und den größten Teil seines Lebens in Venedig verbrachte. Die Eintragungen in seinem Stammbuch stammen entweder von Augsburger Künstlern aus dem Zeitraum von 1756 und 1758 oder sind nach 1768 in Venedig ausgeführt wurden. Mit staunenswerter Akribie hat der Herausgeber Seibold umfassende Personendaten der Besitzer aus Archiven zusammengetragen und in Stammtafeln dargestellt. In ausführlichen Tabellen sind die Urheberinnen und Urheber der Einträge verzeichnet. Damit ist für die verschiedensten künftigen familien- und sozialgeschichtlichen Forschungen ein wichtiges Hilfsmittel bereitgestellt. Der umfangreiche Bildteil zeigt die Bildseiten der Stammbücher, die etwa im Fall Furtenbachs neben Wappen, biblischen und emblematischen Darstellungen auch kostümgeschichtlich besonders aussagekräftige Illustrationen zur Tracht vornehmer Mitglieder der zeitgenössischen Genueser Gesellschaft umfassen. Vor allem bei den Exemplaren für Haid und Stürzer überwiegen die künstlerisch anspruchsvollen Notate durch die Inskribierenden: bei Haid Johann Elias Haid, Anton Christoph Gignoux, Claude François Thiebaudt (?), James Wyatt, Georg Leopold Hertel nach Johann Esaias Nilson, Maria Helena Eichlin, Emmanuel Eichel, Gabriel Jakob Hornester; bei Stürzer J. M. Wunder, Wilhelm von Kobell, Angelika Kauffmann, Karl Graf Paumgarten, Friederike von Dittmer, C. Tylor. Man kann nur hoffen, dass auch andere Beispiele für die Gattung, die die verschiedensten »Netzwerke« zwischen dem 16. und frühen 19. Jahrhundert anschaulich werden lassen, in einer ebenso exemplarischen Weise bearbeitet werden.

Wolfgang Augustyn

Johannes MOOSDIELE-HITZLER, Konfessionskultur – Pietismus – Erweckungsbewegung. Die Ritterherrschaft Bächingen zwischen »lutherischem Spanien« und »schwäbischem Rom« (Arbeiten zur Kirchengeschichte Bayerns 99) Neustadt a.d. Aisch 2019, 778 S., 24 Abb., 3 Karten, ISBN 978-3-940803-18-4, € 76.

»Man muß diese Gemeinde sehen, um mit einemmale die volle Erklärung darüber zu erhalten, wie weit fanatische Ideen zu treiben vermögen« (S. 5). Mit diesem Zitat aus einem kommissarischen Bericht des Regierungsrats Ludwig Wirschinger nach einem Besuch in Bächingen am 18. August 1820 leitet Johannes Moosdiele-Hitzler seine umfangreiche Studie zum Pietismus in dem schwäbischen Ort an der Brenz ein. Die »volle Erklärung« der Frage, warum sich gerade die ehemalige Ritterschaft Bächingen, direkt an der Grenze zwischen Schwaben und Bayern gelegen, zu einem Zentrum der pietistischen Erweckungsbewegung entwickelte, bietet die vorliegende Studie. Seine Arbeit über Bächingen versteht der Autor dabei als »ein Bindeglied zwischen reichsritterlicher, württembergischer und bayerischer Kirchen- und Landesgeschichte« (S. 41). Gleichzeitig stellt die auch rein physisch umfangreiche Monographie einen Meilenstein der allgemeinen Erforschung des Pietismus und seiner historischen Kontexte dar. Dass Moosdiele-Hitzler diesen Anspruch an die eigene Arbeit vollständig einlösen kann, dazu tragen besonders drei Faktoren bei: der lange Untersuchungszeitraum, die Breite der Quellenbasis und die gut gehaltene Spannung zwischen Makro- und Mikrogeschichte.

Der Titel der vorliegenden Studie nennt drei Themenschwerpunkte, in die sich die Arbeit einordnen lässt, der Untertitel nimmt dazu mit der Fokussierung auf Bächingen, das zwischen dem lutherischen Württemberg und der katholischen Universitätsstadt Dillingen lag, eine räumliche Einordnung vor. Die zeitliche Begrenzung dagegen fällt für eine Promotionsschrift ungewöhnlich aus. Der Schwerpunkt der Untersuchung liegt sicherlich im ausgehenden 18. und beginnenden 19. Jahrhundert, als Bächingen zunächst als Privatbesitz an Franziska von Württemberg und 1806 an das neue Königreich Bayern fiel. Jedoch beginnt der Autor seine Ausführungen zur Konfessionskultur – ein Begriff, den der Autor methodisch überzeugend reflektiert (S. 31–35) – innerhalb des geographischen Untersuchungsraumes bereits im 16. Jahrhundert. Die Studie folgt damit insgesamt einer klaren Chronologie der Entstehung des Pietismus. Mit der Sondersituation Bächingens als Ritterherrschaft begründet Moosdiele-Hitzler eine besondere Abhängigkeit von der Ortsobrigkeit, die auch zu einer Konfessionskultur *sui generis* geführt habe. Besondere Bedeutung erfährt dann die relativ kurze Phase, als die Ortschaft an Franziska von Hohenheim, die langjährige Mätresse und zweite Ehefrau Herzog Karl Eugens von Württemberg überging, die Bächingen von 1790 bis 1811 regierte. Sie gilt als die prominenteste Pietistin ihrer Zeit und versuchte entsprechend, ihre klaren religiösen Ideale und Vorstellungen in ihrer Herrschaft auch umzusetzen. Die Nachwirkungen zeigen sich bis ins beginnende 20. Jahrhundert hinein, als etwa um 1900 einige Akteure der pietistischen Missionsbewegung aus der schwäbischen Kleinstadt hervorgingen. Die Konzeption, welche die klassische Epochenabgrenzung aus guten Gründen übergeht, mag man kritisieren können, sie belegt jedoch mehr als deutlich die Fruchtbarkeit eines epochenübergreifenden landeshistorischen Zugangs. Moosdiele-Hitzler kann so nämlich die weit verbreitete Definition des Pietismus als Epoche, die vom letzten Drittel des 17. bis zum ersten Drittel des 18. Jahrhundert reicht, als ungenügend aufzeigen. Pietismus als historisches Phänomen muss sich vielmehr gerade in der für den schwäbischen Raum typischen Verknüpfung mit religiösen Erweckungsbewegungen späterer Jahre an der konkreten religiösen Praxis vor Ort, die sich nicht immer an die Epochengrenzen der Geschichtswissenschaft hält, nachweisen lassen.

Das zweite Spezifikum stellt die breite Quellenbasis dar, auf der die Arbeit ruht. Die Profession als Archivar mag die Freude des Autors an der Arbeit mit einer Fülle an ungedruckten Quellen begünstigt haben und das Geschick erklären, auch in zunächst weniger relevanten Archiven und Institutionen, von denen der Autor insgesamt 21 für seine Recherche aufgesucht hat, ergiebige Funde zu tätigen. Der Reichtum der Quellen bietet zunächst detaillierte und authentische Einblicke in die stark konfessionell geprägte Alltagskultur sowohl der dörflichen Bevölkerung als auch der durch Pfarrer und Ortsherren repräsentierten akademisch gebildeten Oberschicht. Besonders einfühlsam behandelt Moosdiele-Hitzler die Biographie der genannten Franziska von Hohenheim, die bisher in der Forschung den unterschiedlichen Deutungsparadigmen vergangener Historikergenerationen unterlag, zu rekonstruieren. Mit der Frage »Visionärin oder Träumerin?« (S. 437) gelingt es, Merkmale »pietistisch-kameralistischer Herrschaftspraxis« (S. 328) herauszuarbeiten, deren Rekonstruktion Mehrwert für die Kirchengeschichte als auch für die Sozial- und Wirtschaftsgeschichte Schwabens besitzt. Die gut platzierten Statistiken tragen ihren Teil dazu bei. Ebenso hilfreich sind die Biographien der Pfarrer unter dem »Summepiskopat« (S. 367) der Herzogin, die als zentrale Akteure der popular-pietistischen Bewegung identifiziert werden. Insgesamt neigt der Autor wohl auch wegen der Quellenfülle zu einer sehr ausführlichen Kontextualisierung seiner eigenen Argumentation, wenn er beispielsweise auf die naturräumlichen und territorialpolitischen Grundstrukturen Ostschwabens eingeht (S. 89–95). Hier und an einigen anderen Stellen hätte der Verweis auf weiterführende Literatur wohl genügt. Insgesamt jedoch kann die Dichte und Vielzahl der ausgewerteten Quellen – kaum eine der vielen hundert Seiten schließt der Autor, ohne Originalquellen sprechen zu lassen – als eine entscheidende Stärke der Arbeit bezeichnet werden.

Ein drittes Spezifikum der vorliegenden Studie stellt die gut gehaltene Spannung zwischen Makro- und Mikrogeschichte dar. Der Autor selbst betont »das Potential dieses historischen Ausnahmefalls für die Untersuchung übergeordneter Fragestellungen« (S. 139). Er gibt Einblick in die Entstehung einer pietistischen Gemeinde an einem konkreten Ort und reflektiert die Entwicklung deren konfessioneller Identität an einer konkreten Gruppe von historischen Akteuren. Moosdiele-Hitzler belässt es jedoch nicht dabei, sondern gibt in seiner abschließenden Zusammenfassung einen Ausblick auf »Übergeordnete Fragestellungen – Weiterungen« (S. 459), welche die »religiöse Biografie« Bächingens verlassen. Die Arbeit behebt damit zwei unterschiedliche Desiderate, nämlich eine Studie zur Geschichte des Pietismus, für dessen Verständnis weitere Einzelstudien notwendig wären, sowie zur Reichsritterschaft, deren Erforschung oft an der Zugänglichkeit relevanter Archivmaterialien scheitert. Die religiös motivierten Auswanderungswellen nach Amerika im 18. und Russland im 19. Jahrhundert ermöglichen eine Einbettung der Arbeit in Diskurse der Migrations- und Globalgeschichte. In die vergleichende Landesgeschichte fügt sich die Arbeit durch die wechselnden Herrschaftsverhältnisse zwischen Ritterschaft, Württemberg und Bayern ein.

Der mehr als 150 Seiten umfassende Anhang der Arbeit erweist sich zum einen als umfangreiche Fundgrube verschiedener Arten von Quellen zu Bächingen im Speziellen und zum Pietismus im Allgemeinen im ausgehenden 18. und beginnenden 19. Jahrhundert. Zum anderen stellt sich hier die Frage, ob nicht eine separate – idealerweise digitale Publikation – dieser Fundgrube das Buch handlicher gestaltet und die Rezeption des Editionsteils erleichtert hätte. Ein qualitätvoller Abbildungsteil und ein Register schließen die Arbeit auf beinahe 800 Seiten. Insgesamt stellt die in den »Arbeiten zur Kirchengeschichte Bayerns« erschienene Promotionsschrift einen Meilenstein bei der Erforschung des südwestdeutschen Pietismus dar. Sie setzt nicht nur neue methodische Akzente für die Erforschung der Landesgeschichte und der Kirchengeschichte der Vormoderne, sondern wird sicherlich auch zahlreiche an der schwäbischen Regionalgeschichte interessierte Leserinnen und Leser erfreuen.

Markus Christopher Müller

Neueste Geschichte

Markus WESCHE (Bearb.), Zwei Bayern in Brasilien. Johann Baptist Spix und Carl Friedrich Philipp Martius auf Forschungsreise 1817 bis 1820. Eine andere Geschichte. Mit einer Edition der Reiseberichte an König Max I. Joseph von Bayern und weiteren Dokumenten zur Reise, München 2020, 448 S., zahlr. Abb., ISBN 978-3-96233-237-2, € 35.

Am 30. Oktober 1820 legte ein Schiff mit exotischer Ladung im Hafen von Triest an: fünf Affen, fünf Schildkröten, zahlreiche Vögel, insbesondere Papageien, dazu noch 87 verschiedene Pflanzen, die allerdings bei der Fahrt über den Atlantik stark gelitten hatten. Insgesamt stellten diese nur ein Bruchteil dessen dar, was der Botaniker Carl Friedrich Philipp Martius auf seiner Brasilienexpedition gesammelt hatte, nämlich rund 200.000 Pflanzenbelege von etwa 8.000 Arten. 1817 war Martius zusammen mit dem Zoologen Johann Baptist Spix nach Brasilien aufgebrochen. Rund 17 000 Kilometer legten sie dort bis 1820 zurück – von Rio de Janeiro aus tief ins Amazonasgebiet hinein. Ihre *literärische Reise*, wie eine wissenschaftliche Expedition damals in der Regel genannt wurde, war die erste und wohl bedeutendste von Bayern ausgehende Forschungsfahrt in der ersten Hälfte des 19. Jahrhunderts. Schon 1815 waren Pläne geschmiedet worden – das in weiten Landstrichen unentdeckte Brasilien galt schließlich damals als naturwissenschaftliches Eldorado. Zudem trat das Unternehmen von Spix und Martius in Konkurrenz zu anderen Vorhaben. Der bayerische König Max I. Joseph, der sich neue Stücke für seine naturkundlichen Sammlungen erhoffte, war die treibende Kraft. Die Vorgeschichte der Expedition umschatte ein rechtes Ränkespiel, so kam im Dezember 1816 der Auftrag zum Aufbruch auch relativ plötzlich. Rasch mussten passende Instrumente besorgt werden, so beim Augsburger Optiker Christoph Caspar Höschel; ein Arzneikoffer wurde zusammengestellt; gleiches galt für Landkarten und wissenschaftliche Literatur, wobei in fast allem Martius und Spix Neuland betraten. Ihre Schritte begleitete die Presse, darunter die von Cotta in Augsburg verlegte »Allgemeine Zeitung«.

Markus Wesche, Schüler des Mediävisten Horst Fuhrmann, hat nun ein Grundlagenwerk zur Expedition herausgegeben, das – im Grenzgürtel zwischen Wissenschafts- und Gelehrtengeschichte einer- und Quellenedition andererseits – zahlreiche kulturwissenschaftliche Schlaglichter auf die Unternehmung der beiden gebürtigen Franken Spix und Martius wirft. So bringt Wesche Kurzbiographien der zeitgenössischen brasilianischen Naturforscher – von Bonpland über Saint-Hilaire zu Maximilian Prinz zu Wied-Neuwied, gibt ein Profil der Akademie der Wissenschaften, unter deren Aufsicht die Expedition stattfand, ordnet die ethnographischen Beschreibungen, die Martius vielfach aus nur wenigen Wochen Beobachtungen gewann, in den Zeitdiskurs ein, diskutiert die Verfasserfrage der »Reise in Brasilien« und vieles mehr. Spix und Martius setzten den Fuß bewusst auf jene weißen Flecken Südamerikas, die Alexander von Humboldts Reise zurückgelassen hatte. Ohnedies war das Verhältnis zwischen Martius und der überragenden naturwissenschaftlichen Gestalt Europas gespannt: Martius kritisierte an Humboldt einen zu allgemeinen methodischen Zugriff auf die Pflanzenwelt und einen Schreibstil, der letztlich der überwältigenden Kraft der Tropen nicht gerecht werde. Diese Kritik erneuerte Martius, der Spix um viele Jahre überlebte, in seinem Nachruf auf den 1859 gestorbenen Humboldt. So liegt ein besonderer Reiz von Wesches Buch in der parallelen Lektüre der von der Berlin-Brandenburgischen Akademie der Wissenschaften herausgegebenen Edition der Werke Humboldts.

Der anzuzeigende Band gliedert sich in sechs Kapitel: Auf eine kurze Einführung folgt die Darstellung der komplexen Vorgeschichte zur Expedition. Dritter und vierter Abschnitt gelten der systematischen Darstellung der Erlebnisse, Forschungen und Begegnungen in Brasilien. Hierbei werden ausführlich die Anschauungen kontextualisiert, welche die Forscher – die insgesamt der zeittypischen Leitidee einer hierarchischen und auf den Menschen hin orientierten Verflechtung aller Naturerscheinungen folgten – den Indigenen entgegenbrachten. Martius sah in der wissenschaftlichen Beobachtung der Einheimischen vor allem die Möglichkeit, Aspekte zu Wesen und Ursprung der Menschheit herauszufinden. Schließlich wird die Reise im Vergleich zu den Forschungen Humboldts profiliert, ehe der sechste Abschnitt der Überlieferung der Berichte an König Max I. Joseph gilt, die Wesche in der darauffolgenden Edition ediert und mit Anmerkungen erschließt: zehn Berichte aus dem Zeitraum von 1817 bis 1821. Wesche hat seiner Darstellung umfangreiche Recherchen vor allem in Münchner Archiven zugrunde gelegt, die den bleibenden Wert des reich illustrierten Bandes ausmachen.

Als Spix und Martius Brasilien verließen, brach ein anderer dorthin auf: der Augsburger Künstler Johann Moritz Rugendas. Seine »Malerische Reise in Brasilien« erschien ab 1827, etwa gleichzeitig zu den Reiseberichten von Spix und Martius (1823, 1828, 1831), die sich beide übrigens in Aversion verbunden waren. Sie zusammen prägten wesentlich das Bild Brasiliens in Europa. Martius arbeitete fast bis zu seinem Tod 1868 an der Aufarbeitung der brasilianischen Entdeckungen. Die 40-bändige »Flora Brasiliensis« wurde die größte bislang erarbeitete Pflanzensammlung der Welt. Im heutigen Museum Fünf Kontinente fesseln die mitgebrachten Stücke noch immer die Aufmerksamkeit der Besucherinnen und Besucher. Rugendas' Bilder wiederum verbanden Genauigkeit mit Exotik und trafen auf einen interessierten Markt. Auch der Augsburger löste sich wie Martius vom Übervater Humboldt. Heutzutage genießen Spix, Martius und vor allem Rugendas in Südamerika eine höhere Reputation als in Bayern. Motive des Augsburgers zieren Tapetenmuster und Kaffeetassen jenseits des Atlantiks. Ein breites Quellencorpus mit Berichten, Tagebüchern, Briefen und auch einem Roman umgibt die Expedition von Spix und Martius. Diese wieder ins Bewusstsein gerückt zu haben, ist Verdienst des grundlegenden, durch ein Register zu erschließenden und schön aufgemachten Bands.

Christof Paulus

Dietmar SCHIERSNER (Red.), Regionale Katholizismen im 19. und 20. Jahrhundert (Rottenburger Jb. für Kirchengeschichte 38) Ostfildern 2020, 472 S., ISBN 978-3-7995-6388-8, € 29,80.

Das aktuelle Rottenburger Jahrbuch für Kirchengeschichte beleuchtet in seinem Themenschwerpunkt ein kaum bestelltes Feld und fragt nach kulturellen Eigenarten regionaler Katholizismen. Das Interesse gilt dem historisch-semantischen Zusammenhang von Region und Konfession, der Fokus soll konsequenterweise auf entsprechenden Repräsentationen und Praktiken liegen. So werden elf Regionalstudien versammelt, welche die Substrate eines rheinischen, westfälischen (münsterländischen), bayerischen, badischen, schwäbischen, böhmischen, (ober-)schlesischen und berlinerischen, zudem des Katholizismus in der DDR und in westdeutschen Einwanderergemeinden in Augenschein nehmen.

Die Aufsätze liefern oft naheliegende, in ihrer Zusammenschau gleichwohl erhellende Einsichten: Die Zuschreibungen regional definierter Katholizismen gehen über Klischeevorstellungen hinaus. Ihre Voraussetzungen liegen zum Teil in der Zeit vor 1800 (etwa durch unterschiedliche Adaptionen der von der »katholischen Aufklärung« ausgehenden Impulse), dennoch sind sie prinzipiell Produkte der Moderne und mitunter sogar erst für die Zeit nach 1945 einschlägig (z.B. in Böhmen und im Rheinland). Ihre Genese ist eng mit Fremdwahrnehmung, z.B. durch Reisende, aber auch diözesanem »Marketing« sowie den Einflüssen von regionalen Eliten, etwa dem Adel, verbunden. Sie stehen in direktem Zusammenhang mit Nationalisierungsprozessen (markant vor allem in Oberschlesien und Böhmen). Sie sind nicht von sozio-ökonomischen Problemlagen zu lösen und korrelieren mit Abgrenzungsbedürfnissen – ob gegenüber anderen nationalen Gruppen, urbanen Zentren, der Hegemonie Roms oder zwischen katholischer Bevölkerung und protestantischer Obrigkeit. Vor diesem Hintergrund lassen sich etwa die angebliche Glaubensstrenge der oberschlesischen, die vermeintliche Laxheit der böhmischen oder rheinischen, die Geschlossenheit der westfälischen oder die besondere Mobilisierungsfähigkeit der schwäbisch-fränkischen Katholikinnen und Katholiken verständlich machen.

Die Validität der Befunde wird allerdings durch verschiedene Faktoren relativiert: zum einen durch unterschiedliche Untersuchungszeiträume. Eine weiterführende Vergleichsdimension kann kaum erreicht werden, wenn manche Untersuchung im Mittelalter beginnt und das deutsche Kaiserreich nur im Ausblick berücksichtigt, während andere Aufsätze mit ihren Betrachtungen erst nach 1945 einsetzen. Zum zweiten hätte die Auswahl der untersuchten Räume sorgfältiger begründet werden müssen. Mithin ist nur bedingt ein Mehrwert erkennbar, wenn die DDR unreflektiert neben die Region Baden und die Stadt Rottweil gestellt wird. Zum dritten nehmen fast alle Beiträgerinnen und Beiträger von theoretisch-methodischen Überlegungen inklusive einer Begründung ihrer Quellenauswahl Abstand; die in der Einleitung angekündigten »Repräsentationen und Praktiken« werden sehr unterschiedlich, kaum systematisch, bisweilen gar nicht behandelt. Manche Aufsätze interessieren sich weniger für Entstehung, Formen und Wirkungen von Zuschreibungen, sondern bieten in erster Linie einen Überblick über katholische Milieuentwicklung – gerne anhand der viel beforschten Katholikentage. Der Beitrag von Rainald BECKER betrachtet vornehmlich das Verhältnis zwischen bayerischem Staat und katholischem Kirchenvolk, Dietrich THRÄNHARDT und Jenni WINTERHAGEN stellen weitgehend enumerativ die Sozialstatistiken dreier katholischer Einwandererkulturen (aus Italien, Spanien und Kroatien) nebeneinander. Josef PILVOUSEKs Aufsatz erinnert eher an einen Handbuchartikel zum Katholizismus in Ostdeutschland. Zum vierten irritiert eine Herangehensweise an regionale Katholizismen, die deren Proprium sowohl fast ohne die Bestimmung klassischer Milieuindikatoren (Zahl der Kirchenbesuche, Sakramentenspendungen, Vereinsmitgliedschaften etc.) als auch erfahrungsgeschichtliche Perspektiven durch Ego-Dokumente bemessen will. Zum fünften hätten dem Band Blickverschiebungen gutgetan – sei es durch Aufsätze mit einem dezidiert vergleichenden, transregionalen oder auch internationalen, den deutschen Sprachraum überschreitenden Ansatz.

So bietet das aktuelle Rottenburger Jahrbuch in seinem Themenschwerpunkt eine instruktive Fragestellung und größtenteils konzise und gut lesbare Beiträge (in dieser Hinsicht sei insbesondere der Aufsatz Nobert SCHLOSSMACHERs zum rheinischen Katholizismus hervorgehoben), die wertvolle Einsichten bieten und zugleich die Notwendigkeit weiterer Forschungen vor Augen führen.

Markus Raasch

Rafael SELIGMANN, Lauf, Ludwig, lauf! Eine Jugend zwischen Fußball und Synagoge, Stuttgart 2019, 320 S., ISBN 978-3-7844-3466-7, € 24.

Der historische Roman des bekannten Journalisten und Romanautors Rafael Seligmann (Jahrgang 1947) führt mitten hinein in die jüngere Geschichte Schwabens. Schauplätze sind Stuttgart, Ulm, Augsburg, vor allem aber Ichenhausen im Landkreis Günzburg, das vor 1933 als das »schwäbische Jerusalem« galt. Die dortige Synagoge wird vom Erzähler, Ludwig Seligmann (1907–1975), dem tatsächlich in Ichenhausen aufgewachsenen und auf Photographien vorgestellten Vater des Autors, wiederholt besonders wegen ihres prächtigen Sternenhimmels beschworen (S. 15 f.): »Himmel! Die Decke der Synagoge war als blaues Firmament voller gelber Sterne gestaltet. Das Himmelszelt und die Sterne leuchteten zu jeder Tageszeit in anderen Farben. Im Sommer schimmerte der Synagogenhimmel am Schabbatvormittag so hell, dass die Sterne verblassten – wie im Freien. An regnerischen Tagen nahm er die grünliche Farbe unserer Günz an. Jetzt am Abend war die Decke ins Zwielicht getaucht. Die Helle der Kerzen und des elektrischen Lichts ließen das blaue Zelt dunkel erscheinen, während die Deckensterne blinkten. Der Zauber unseres Synagogenhimmels blieb mein Leben lang ungebrochen.« Darüber hinaus beschreibt der Erzähler Ludwig anschaulich wie eindringlich die Synagogengottesdienste im Jahreslauf, wobei diesbezügliche Begriffe wie »Bima« oder »Chasan« im Glossar (S. 332 f.) erklärt werden. So weiß der Leser nach der Lektüre des historischen Romans eine Menge über den Alltag der Ichenhausener Bürger jüdischen Glaubens im frühen 20. Jahrhundert – bis zur Vertreibung und Vernichtung der Gemeinde ab 1933.

Aber der glänzend erzählte Roman bietet weit mehr als ebenso zuverlässige wie packend vermittelte Geschichtsschreibung. Der Roman ist eine auch als Schullektüre geeignete, überaus empfehlenswerte und mitreißend erzählte coming-of-age-Geschichte. Denn der Erzähler Ludwig Seligmann alias Wiggerl, auch Ludl genannt, entwickelt sich vom Knaben zum jungen Erwachsenen, der sich in der Schule, als Lehrling und auf dem Fußballplatz nicht zuletzt bei seinen christlichen Freunden und Vereinskameraden Respekt verschafft. Seine ersten Verliebtheiten und spätere mitunter verwickelten Beziehungen werden sensibel geschildert. Der fußballerisch wie intellektuell begabte Ludwig – schon der wittelsbachische Name bezeugt die selbstverständliche Beheimatung der Ichenhausener jüdischen Glaubens im Königreich Bayern noch im frühen 20. Jahrhundert – besucht zunächst das Gymnasium, das er aber aus wirtschaftlicher Not der Familie wieder verlassen muss, um Kaufmann zu werden und die Familie zu ernähren. Der Vater kam nämlich traumatisiert aus dem Ersten Weltkrieg zurück und hat all seine frühere Tatkraft als selbständiger Geschäftsmann eingebüßt. Daher müssen Ludwig und sein älterer Bruder Heinrich das Familiengeschäft übernehmen und sich als Vertreter für Textilien verdingen. Während dies in den sogenannten Goldenen Zwanzigern gut gelingt, wird die wirtschaftliche Lage in der Weltwirtschaftskrise immer schwieriger, wobei die Seligmanns mit wechselndem Erfolg sich der konjunkturellen Großwetterlage anpassen. Insofern stellt »Lauf, Ludwig, lauf!« auch einen Kaufmannsroman dar, nicht unähnlich den »Buddenbrooks« von Thomas Mann. Der dort porträtierte »Verfall einer Familie« korrespondiert mit der kontinuierlichen Verschlechterung der Lebensumstände bei den Seligmanns. Während Ludwigs Vater im Dezember 1914 noch durchaus stolz als »Feldwebelleutnant« zum Fronturlaub am Günzburger Bahnhof anlangt, von wo er von Frau und Kindern samt Hausdiener als angesehener Bürger nach Ichenhausen kutschiert wird, verdüstert sich schon während des Großen Krieges die Lage, als eine Zählung der jüdischen Kriegsteilnehmer an allen Fronten einsetzt, um die vermeintlichen jüdischen Drückeberger zu entlarven, wobei sie im Gegenteil beim Ergebnis der Zählung glänzend rehabilitiert wurden. Nach 1918 nehmen dann die Anfeindungen gegen die jüdische Bevölkerung erheblich zu und ab 1933 brechen alle Schleusen, so dass der katholische Ichenhausener Prälat Sinsheimer die eindringliche Mahnung ausspricht (S. 322): »Lauf, Ludwig! Lauf weg, so schnell und weit, wie du kannst! Wer das Kreuz verachtet und die Juden hasst, ist des Teufels.« Wie ein roter Faden durchzieht der Titel in wörtlichen Reden den Roman, in dem wiederholt die Zuschauer den herausragenden Stürmer des Ichenhausener Fußballvereins anfeuern: »Lauf, Ludwig, lauf!« – oder mehr in der Mundart: »Lauf, Wiggerl, lauf!« Nicht von ungefähr klingt hier das in den USA durchaus sprichwörtlich gewordene »Run, Forrest, run!« an. Denn auch Forrest Gump durchläuft die Geschichte seines Landes. Und während Forrest Gump im Wesentlichen die Präsidentschaften von Kennedy, Johnson und Nixon im wahrsten Sinne des Wortes laufend erlebt, tut dies Ludwig Seligmann für das schwäbische Ichenhausen von der Monarchie über die Räterepublik zur Weimarer Republik bis hin zur »Machtergreifung« 1933, nicht zuletzt als pfeilschneller, laufstarker sowie treffsicherer Fußballer und Torschütze. Darüber hinaus trifft der vielseitig begabte Ludwig nicht nur die Tore, sondern auch die Töne im eindrücklich geschilderten Synagogengesang wie im eher geselligen Gesangsverein.

Es zeigt sich im Romanganzen ein sehr differenziertes Bild vom Alltag der Ichenhausener mit jüdischer Konfession, und auch das Judentum vor 1933 wird sehr differenziert in breitem Spektrum zwischen Orthodoxie und Zionismus vorgestellt. Da der Romanautor Rafael Seligmann offenbar an der Fortsetzung arbeitet, könnten sich die Seligmanns tatsächlich zu den »Buddenbrooks« von Ichenhausen entwickeln, die wie bei Thomas Mann zu Repräsentanten ihrer jeweiligen Epoche werden. Und wie Lübeck bei Thomas Mann doch für mehr steht als nur die Hansestadt, so steht Ichenhausen bei Rafael Seligmann, der im übrigen glänzend und kurzweilig erzählt, für mehr als die kleine Stadt im bayerischen Schwaben, zumindest für das blühende Judentum in Medinat Schwaben, das seit der Frühen Neuzeit vor allem in Vorderösterreich erblühen konnte, darüber hinaus aber für eine um 1900 gefestigte christlich-jüdische Mitbürgerschaft, welche jedoch schon ab 1914 zunehmend in die Ausgrenzung der Juden mündete. Und in der Tat hat der Roman ganz Bayern im Blick, wenn etwa episodisch geschildert wird, wie die Drangsalierungen gegen Juden in protestantischen Gegenden (Frankens) früher und brutaler einsetzten als in katholischen Gebieten (Schwabens), was sich bekanntlich in den Wahlergebnissen für die NSDAP bis 1933 spiegelt. Und so wird Ludwig als junger Kaufmann im fränkischen Ansbach von der SA brutal misshandelt. Bei all den zutreffend geschilderten historischen Sachverhalten hört man keineswegs das trockene Papier der Quellen rascheln, sondern der Leser folgt nur allzu gebannt Ludwigs Lebenslauf. Dem packenden Roman ist daher (nicht nur in Schwaben) eine große Leserschaft zu wünschen.

Klaus Wolf

Epochenübergreifend

Anna-Maria GRILLMAIER, Fleisch für die Stadt. Ochsenimporte nach Augsburg und Schwaben im 15. und 16. Jahrhundert (Studien zur Geschichte des bayerischen Schwaben 44) Augsburg 2018, 556 S., 11 Karten, 40 Tab., ISBN 978-3-95786-163-4, € 32,80.

Vier Punkte machen dieses Buch zu einer lehrreichen und kurzweiligen Lektüre:

1. Die Studie ist ein anschauliches Beispiel für den Wert von Quellen zur Zollerhebung für die mittelalterliche und frühneuzeitliche Wirtschaftsgeschichte vom 9. bis zum 19. Jahrhundert. Dabei wurden von der historischen Forschung häufig die Wirtschaftspolitik und die Einnahmen von Fürsten, Kirchen und Städten sowie die interregionalen Warenströme untersucht. Wie im 21. Jahrhundert war die Einrichtung von Zollstätten ein Mittel der Wirtschafts- und Außenpolitik, das zu Spannungen und Rechtsstreitigkeiten führen konnte. In den letzten Jahrzehnten rückten bei der Auswertung von Zollregistern und ähnlichen Quellen zudem die Nachfrage nach bestimmten Warengruppen sowie das Konsumverhalten in Städten und Regionen in den Vordergrund. Diesem Trend folgt die Autorin mit ihrer umfassenden Studie der Ochsenimporte nach Augsburg und Schwaben im 15. und 16. Jahrhundert. Ihre Quellenbasis bilden in erster Linie die Zollregister der bayerischen Ämterrechnungen im Bayerischen Hauptstaatsarchiv sowie Ratsprotokolle schwäbischer Städte. Die wichtigsten Zollstellen für die Einfuhr ungarischer Ochsen nach Schwaben waren Aibling, Neustadt an der Donau, Pfaffenhofen an der Ilm, wobei die Register nicht lückenlos vorliegen und von unterschiedlicher Aussagekraft sind – eine klassische Herausforderung für die Auswertung vormoderner Quellen zur Zollgeschichte.

2. Die Versorgung mit Ochsenfleisch und der Fleischkonsum gehören zum boomenden Forschungsfeld der Ernährungsgeschichte. Qualität, Quantität und Zusammensetzung der Nahrung im Spätmittelalter und in der Frühen Neuzeit wurden in den letzten Jahrzehnten aus unterschiedlichen Perspektiven untersucht. Dabei ging es etwa um die Essgewohnheiten unterschiedlicher Schichten, um Hungerkrisen und Unterversorgung oder die Auswirkungen des kirchlichen Kalenders auf die Ernährung. Für das späte Mittelalter nach 1348 wird in der älteren Forschung aufgrund der gesunkenen Bevölkerungszahlen von einem hohen Fleischkonsum ausgegangen. Die Auswertung der Ochsenimporte nach Schwaben führt zu Erkenntnissen, die die bisherige Forschung bestätigen und weiter präzisieren. So ermittelt die Autorin exemplarisch für das Jahr 1550 einen Import von rund 12.000 Rindereinheiten, v.a. Ochsen, nach Augsburg. Bei einem geschätzten Schlachtgewicht von 200 kg pro Ochsen mit 25 % Knochenanteil und bei einer Bevölkerung Augsburgs von 40–45.000 Einwohnern ergibt sich ein jährlicher Durchschnittsverbrauch pro Kopf von circa 50 kg. Geht man davon aus, dass Rindfleisch zwei Drittel des gesamten Fleischkonsums ausmachte, so erreicht der gesamte Fleischkonsum eine durchschnittliche Höhe von 75 kg. Dies liegt knapp oberhalb der allgemeinen Schätzungen des Fleischkonsums im 16. Jahrhundert auf 30–65 kg. Wie sehr der Fleischkonsum jedoch von finanziellen Möglichkeiten und der sozialen Stellung abhing, zeigen die Ochsenimporte an den Hof des Herzogs von Württemberg. Demnach verzehrte der circa 340 Personen umfassende Hof in der zweiten Hälfte des 16. Jahrhunderts pro Kopf durchschnittlich 120–150 kg Rinderfleisch. Der Gesamtfleischkonsum lag pro Kopf entsprechend bei circa 200 kg. Diese Korrelation dreht sich übrigens Ende des 20. Jahrhunderts um, denn erstmals in der Geschichte konsumiert heute die Oberschicht durchschnittlich weniger Fleisch als die Unterschicht. Der gegenwärtige jährliche Durchschnittsverbrauch liegt bei circa 60 kg.

3. Die Zollregister und andere Quellen machen es möglich, den Ochsenimport von Ungarn nach Schwaben in vielerlei Hinsicht anschaulich zu rekonstruieren. Behandelt werden von der Autorin die Akteure und Organisation (Händler und Metzgergesellschaften), die Finanzierung (Handelshäuser, Kommunen, Händlerdynastien), der Ochsentrieb (Organisation, Routen, Kosten, Weide- und Mastplätze) sowie die administrativen Maßnahmen in Ausnahmesituationen wie Reichstage und temporärer Fleischmangel. Die Studie lässt den Leser den Ochsentrieb quasi miterleben und leistet zugleich einen Beitrag zur Ausdifferenzierung der öffentlichen Verwaltung in der frühen Neuzeit. Unter anderem lernt der Leser die Entwicklung der Fleischtaxe für Rind- und Ochsenfleisch kennen, die von einem Gremium aus Mitgliedern des Rates und der Metzgerzunft festgesetzt wurde und in etwa den Getreidepreisen folgte. Der Preis für das Pfund Rindfleisch stieg im 15. Jahrhundert von 2,5 auf 3 Pfennige und im 16. Jahrhundert von 3 auf 8 Pfennige. Die Erhöhung um beinahe das Dreifache entspricht dem europaweit zu beobachtendem Anstieg des allgemeinen Preisniveaus im Rahmen der sogenannten Preisrevolution des 16. Jahrhunderts. Dabei sollte man allerdings nicht vergessen, dass dies einer jährlichen Inflationsrate von unter 1,5 % entspricht. Allerdings führte die Preiserhöhung für die Empfänger stagnierender Löhne zu einem Kaufkraftverlust (und zu weniger Fleischkonsum).

4. Die Studie überzeugt zuletzt durch eine gelungene Kombination von breiter empirischer Quellenerschließung und anschaulicher Darstellung einer wichtigen Forschungsfrage. Damit zeigt die Autorin den Wert wirtschaftshistorischer Spezialstudien für allgemeine historische Fragen und gegenwartsrelevante Diskussionen.

Thomas Ertl

LANDKREIS AICHACH-FRIEDBERG (Hg.), Altbayern in Schwaben. Jahrbuch für Geschichte und Kultur 2019, 262 S., 136 Abb., 22 Karten, ISBN 978-3-9813801-7-0, € 15,90.

Dreizehn Beiträge vereint der neueste Band von »Altbayern in Schwaben«. Mit ihren verschiedenen Themen stehen sie für die historische und kulturelle Vielfalt des Landkreises Aichach-Friedberg. Heterogen wie die Autoren selbst ist auch deren Herangehensweise an die jeweiligen Themen. Durch eine homogene Aufbereitung des Bands gelingt es dem Redaktionsteam, die Reihe der einzelnen Aufsätze zu einem in sich runden Gesamtwerk zu vereinen. Lobend zu erwähnen ist auch die überaus qualitätvolle Aufmachung. Beeindruckend sind die zahlreichen überwiegend farbigen Abbildungen von ausnahmslos guter Qualität.

Der zeitliche Bogen, den das Jahrbuch 2019 spannt, erstreckt sich von der Vorgeschichte bis in die Gegenwart. An seinem Beginn steht ein Beitrag Michael SCHMIDBERGERs (»Überraschungen der Vorgeschichte in Schiltbergs Norden. Xanderberg und Rapperzeller Bach«, S. 9–29), in dem der Autor nicht nur neue Erkenntnisse präsentiert, sondern gleichzeitig auf das Verschwinden der archäologischen Spuren durch aktuelle Bautätigkeiten hinweist. Ihm schließt sich ein Aufsatz von Helmut RISCHERT (»Burgstall, Schloss und Hofmark Rapperzell und ihre Besitzer«, S. 30–56) an, der eine ausführliche Beschreibung eines Adelssitzes im Landkreis vorlegt. Der ehemalige Archivar, Kreisarchivpfleger (von 1973 bis 2019) und Burgenforscher Rischert hat rund ein Dutzend solcher Sitze im Landkreis bearbeitet und damit wichtige ortsgeschichtliche Grundlagen geschaffen. Seine gründlich recherchierten Beiträge bildeten einen festen Bestandteil des Jahrbuchs »Altbayern in Schwaben«. Sie werden in Zukunft fehlen; Helmut Rischert verstarb im November 2019.

Der Beitrag Anna-Maria GRILLMAIERs (»Auf dem Weg nach Augsburg durchs Aichacher und Friedberger Land. Der Import ungarischer Ochsen im 16. Jahrhundert«, S. 57–75) beleuchtet lokale Aspekte eines europäischen Themas und zeigt, welche Bedeutung das westliche Altbayern auch während der Frühen Neuzeit für Augsburg hatte. Zwischen den beiden Aufsätzen von Angela BONHAG (»Neues zur Meringer Luidl-Forschung«, S. 76–90) und Rainer ROOS (»Bier und ehemalige Brauereien im Wallfahrtsmarkt Inchenhofen«, S. 125–158) steht die Arbeit von Julian SCHMIDT (»Katholischer Klerus und barocke Blüte«, S. 91–124), deren Untertitel »Untersuchungen zu den kirchlichen Strukturen des Barock in den Landkapiteln ›Bayermünching‹ (= Merching), Friedberg, Aichach und Rain anhand des Augsburger Diözesanschematismus von 1762« ein eher trockenes Thema vermuten lässt. Dem Autor gelingt es jedoch, aus den Daten eines statistischen Kompendiums ein überaus lebendiges Bild zu extrahieren. Er erstellt damit ein z. T. überraschendes Soziogramm der Geistlichkeit im genannten Untersuchungsraum. Mit seiner Analyse hat Julian Schmidt eine wichtige Grundlage geschaffen, um die meist lokalgeschichtlich genutzten Daten des Schematismus von 1762 besser einordnen zu können.

Wie bereichernd in einem solchen Jahrbuch Autoren sind, die aus anderen Fachbereichen kommen, zeigt sich beim technikgeschichtlichen Beitrag Georg Johann FELBERs (»Als es Licht wurde. Das Elektrizitätswerk Aichach«, S. 159–187), der akribisch die Elektrifizierung der Stadt Aichach im ersten Viertel des 20. Jahrhunderts nachzeichnet. Verdienstvoll und für ein Jahrbuch wichtig, das die Geschichte im Landkreis in allen Facetten aufgreift, sind Beiträge, die sich auf lokaler Ebene mit der NS-Zeit auseinandersetzen. Entsprechende Aufsätze kommen diesmal aus der Feder von Wilhelm LIEBHART (»Christus! – Nicht Hitler«, S. 188–192) und Angelika PILZ (»Der Kreistag der NSDAP in Aichach 1938«, S. 193–208). Liebhart zeichnet »eine politische Anekdote aus dem freiherrlichen Hause von Beck-Peccoz 1936« (so der Untertitel) als Beispiel für Resistenz im Alltag nach. Angelika Pilz hingegen widmet sich in ihrem Beitrag den Kreistagen der NSDAP. Diese »Reichsparteitage im Kleinformat« (S. 193) waren ein Alleinstellungsmerkmal des NSDAP-Gaus München-Oberbayern. Vom 1938 in Aichach abgehaltenen Kreistag existiert ein rund 25-minütiger Film, der das Großereignis dokumentiert. Er belegt, wie schnell es der NSDAP auch im katholisch-konservativen Aichach gelungen war, das öffentliche Leben zu bestimmen. Einer Tradition der letzten Jahre folgen Gerda PATSCH-FESENMAYR und Gabriele GÜNTHER (»Der Heimatkundliche Kreis Dasing e.V.«, S. 228–238). Regelmäßig werden im Jahrbuch Vereine vorgestellt, die sich im Landkreis Aichach-Friedberg der Belange von Geschichte und Kultur annehmen. Neben der jeweiligen Vereinshistorie werden auch Ziele und Aktionen dieser Institutionen beschrieben. Zu den festen Bestandteilen von »Altbayern in Schwaben« gehören auch einzelne naturkundliche Beiträge. Wie schon in den letzten Jahren verfasste für den vorliegenden Band Gerhard MAYER (»Schwalben im Wittelsbacher Land«, S. 239–248) einen beeindruckend bebilderten und auch für Historiker angenehm leicht zu lesenden Aufsatz.

Ebenfalls seit einigen Jahren Usus sind Beiträge, die im Nachgang zu Vorträgen des Wittelsbacher Heimattags entstanden sind. 2018 stand die eintägige Veranstaltung unter dem Motto »Kulturlandschaft Wald«. Im Jahrbuch finden sich dazu Aufsätze von Elisabeth WEINBERGER (»Zur Geschichte des Waldes im Wittelsbacher Land«, S. 209–227) und Hans-Peter DIETRICH (»Der Höglwald bei Zillenberg. Ein Kleinod der Waldforschung«, S. 249–259). Elisabeth Weinbergers »Blick auf die archivalische Überlieferung zur Forstgeschichte um Aichach und Friedberg« (Untertitel) bezieht sich auf die einschlägige Überlieferung in den staatlichen Archiven. Die Autorin schafft mit ihrem Quellenüberblick eine sehr gute Grundlage für alle, die weiter zur Geschichte des Walds im Landkreis Aichach-Friedberg forschen möchten. Der Beitrag Hans-Peter Dietrichs über den Höglwald bei Zillenberg beschreibt anschaulich die »Geburt eines bedeutenden bayerischen Waldforschungsstandortes in der Ära des Waldsterbens« (Untertitel). Der Autor greift einen wichtigen Aspekt der Umweltgeschichte auf und erläutert die internationale Bedeutung dieses Standorts seit den 1980er-Jahren. Zwar sind die Probleme des sauren Regens inzwischen Geschichte, angesichts der aktuellen Herausforderungen hat der Höglwald als Waldklimastation jedoch weiterhin eine herausgehobene Bedeutung für ein modernes Waldmonitoring.

In der Zusammenschau bietet das Jahrbuch »Altbayern in Schwaben« eine breit gefächerte Sammlung verschiedener Themen, die alle in direktem Zusammenhang mit Geschichte und Kultur des »Wittelsbacher Landes« stehen. Die Beiträge sind einerseits nach wissenschaftlichen Grundlagen erarbeitet, behalten andererseits aber den interessierten Laien als Adressaten immer im Auge. So gelingt es dem Landkreis Aichach-Friedberg, ein im besten Sinne heimatkundliches Lesebuch herauszugeben. Kurzum: Gelungene Geschichtsvermittlung.

Christoph Lang

Abkürzungs- und Siglenverzeichnis

1. Archive und Bibliotheken

ABA	Archiv des Bistums Augsburg
BayHStA	Bayerisches Hauptstaatsarchiv
BSB cgm, clm	Bayerische Staatsbibliothek codex germanicus/latinus Monacensis
StA, StadtA	Staatsarchiv, Stadtarchiv (z.B. StA Regensburg, StadtA Nördlingen)
StAA	Staatsarchiv Augsburg
StadtAA	Stadtarchiv Augsburg
SuStBA	Staats- und Stadtbibliothek Augsburg

2. Allgemeine Abkürzungen

Abb.	Abbildung(en)
Abh.	Abhandlung(en)
Abh. München	Abhandlungen der Bayerischen Akademie der Wissenschaften philosophisch-historische Klasse
ADB	Allgemeine Deutsche Biographie
AKG	Archiv für Kulturgeschichte
Bearb., bearb. v.	Bearbeiter (bei Editionen), bearbeitet von
Bd., Bde.	Band, Bände
Beih.	Beiheft
Beitr.	Beitrag, Beiträge
BlldLG	Blätter für deutsche Landesgeschichte
DA	Deutsches Archiv für Erforschung des Mittelalters
Diss. (masch.)	Dissertation (maschinenschriftlich)
EA	Erstauflage
Erg.-Bd.	Ergänzungsband
fol.	Folio
FS	Festschrift
HAB	Historischer Atlas von Bayern
Hg., hg. v.	Herausgeber, herausgegeben von
HJb	Historisches Jahrbuch
HRG	Handwörterbuch zur deutschen Rechtsgeschichte
HV	Historischer Verein
HZ	Historische Zeitschrift

Jb.	Jahrbuch (Jahrbücher)
JffL	Jahrbuch für fränkische Landesforschung
JVAB	Jahrbuch des Vereins für Augsburger Bistumsgeschichte
Kat.	Katalog
LMA	Lexikon des Mittelalters
LThK	Lexikon für Theologie und Kirche
MB	Monumenta Boica
MGH	(es gelten die Abkürzungsgepflogenheiten der Reihen)
MIÖG	Mitteilungen des Instituts für österreichische Geschichtsforschung (bis 1942: MÖIG)
ND	Neudruck, Nachdruck
NDB	Neue Deutsche Biographie
NF, NS etc.	Neue Folge, Nova Series etc.
QE	Quellen- und Erörterungen zur bayerischen (und deutschen) Geschichte
RI	Regesta Imperii
RTA	Deutsche Reichstagsakten
SB München	Sitzungsberichte der Bayerischen Akademie der Wissenschaften philosophisch-historische Klasse
SFG	Schwäbische Forschungsgemeinschaft
Slg.	Sammlung
SMGBO	Studien und Mitteilungen zur Geschichte des Benediktinerordens und seiner Zweige
TRE	Theologische Realenzyklopädie
UB	Urkundenbuch
übers. v.	übersetzt von
$^{(2)}$VL	Die deutsche Literatur des Mittelalters. Verfasserlexikon (2. Auflage)
ZBLG	Zeitschrift für bayerische Landesgeschichte
ZGO	Zeitschrift für die Geschichte des Oberrheins
ZHF	Zeitschrift für Historische Forschung
ZHVS(N)	Zeitschrift des Historischen Vereins für Schwaben (und Neuburg)
ZKG	Zeitschrift für Kirchengeschichte
ZRG Germ., Kan., Rom.	Zeitschrift der Savigny-Stiftung für Rechtsgeschichte. Germanistische, Kanonistische, Romanistische Abteilung
Zs.	Zeitschrift
ZWLG	Zeitschrift für württembergische Landesgeschichte

Bibelabkürzungen folgen den Loccumer Richtlinien.